Martin BERNAL
BLACK ATHENA : The Afroasiatic Roots of Classical Civilization
II The Archaeological and Documentary Evidence

黒いアテナ

古典文明のアフロ・アジア的ルーツ

II 考古学と文書にみる証拠 (上)

マーティン・バナール
金井和子訳

藤原書店

Martin Bernal

BLACK ATHENA Vol. II

Represented by Cathy Miller Foreign Rights Agency, London, England

This translation published by arrangement with
Martin Bernal c/o Cathy Miller Foreign Rights Agency
through The English Agency (Japan) Ltd.

日本の読者へ

二つの理由から『黒いアテナ』が日本語に翻訳されたことを嬉しく思います。

第一に、この著作が新たに教養ある読者の手に届くことは喜ばしいことだからです。今後の版にとり入れるために、役にたつ論評や批判が読者のなかから寄せられることを願っています。

第二に、私は『黒いアテナ』というプロジェクトの中心となる着想を日本から得たので、この著作が日本語で手に入ることは私にとってきわめて大きな喜びだからです。日本は、初めから、私に古代ギリシアの不可欠なモデルを提供しました。

日本文明もギリシア文明も、大量で長期にわたる言語、宗教、その他の文化的影響を外部から受けいれました。日本は中国、朝鮮およびインドから、ギリシアはエジプトおよびレヴァントからの影響でした。しかし同時に、日本もギリシアも、このような文明に決して吸収されずに、土着の文化的特徴を保持しました。

日本とギリシアはこのような文化的特徴を保持したので、他の文化からあれこれを取捨選択し、そのうえで受容・拒否することが可能でした——あるいは、取捨選択し、受容・拒否せざるを得ませんでした。他の文化から受容するときも、まえもって適合させたものを受容しました。このような混合のプロセスのなかから、並はずれてゆたかな味わいのある魅力的な文化が日本とギリシアに生まれました。

このような理由から、日本の読者のために、『黒いアテナ　Ⅱ』を翻訳し出版するという骨の折れる仕事を引き受けて下さった金井和子氏と藤原書店に深く感謝します。

二〇〇四年五月一八日、イタカにて

マーティン・バナール

黒いアテナ　上巻

目次

第2章　ボイオティア地方とペロポンネソス半島におけるエジプトの影響　紀元前第三千年紀Ⅰ——祭儀・神話・伝説にみる証拠　…　163

第6章 セソストリスⅡ——祭儀・神話・伝説にみる証拠

下巻目次

まえがきと謝辞

『黒いアテナ　Ｉ』の出版は私の人生を変えた。それ以前の私は孤立した研究者であり、正確に言えば、少数の親しい友人や仲間がいて、彼らと多くの実りある議論や手紙をやりとりする研究者であった。にもかかわらず、私の考えていたアイデアは、本質的にはイマジネーションの産物であり、そのアイデアは私の頭のなかにある私のものであった。ところが、この本の出版によって私のアイデアは社会的なものになった。他の人びとがそれを議論し論難するのを聞いて、私は喜びもし、面くらいもした。私のアイデアは自分で、ほとんど制御できない、影響さえ及ぼすことができない公共のものになってきたからだ。もちろん、これはきわめて当然である。アイデアがどう受け止められるかということは、著者の当初の複雑な意図よりもはるかに重要であるのだから。

『黒いアテナ』は、フリー・アソシエイション・ブックス社のロバート・ヤングと同社の全員のおかげですこぶる上首尾なスタートを切った。私は、この本にたいする反応は低調で、全体的には敵対的なものと予想していた。しかし、一九八七年三月に出版されたその数日後、『ガーディアン』紙に二ページの特集記事が載り、その後すぐに、賛成論や色々な立場からの書評が連続して登場した。私は、このような著書を書いた私の執筆能力にたいする徹底的な非難や正面きっての攻撃を予想していたが、最初の二年間、そうしたことは一切なかった。色々な書評は通常、私の著作の史学史上の主張は認め、考古学上の主張については判断を留保し、言語学上の主張には疑念を隠さなかった。

このような書評のおかげでいくつかのアメリカの大学出版会がこの本に関心を示し、以前原稿を見て断った出版社からも交渉の再開を求められた。しかし、以前よりずっと愛想がよく丁寧な言葉ではあったが、この企画は出版を決める専門家の編集者《リビューアー》たちによってふたたび没になった。ラトガーズ大学出版会のケネス・アーノルドは、『黒いアテナ』を条件なしで出版するために――人文科学部門編集者のレスリー・ミッチナーの熱心な支持もあって――、このような編集者《リビューアー》による通常の手続きなしに、一年間に三冊は彼が出版できるという権利を行使することに決めた。ある編集者《リビューアー》は、大学出版会は出版可能なアイデアの幅を狭めているという私の主張に、この著書が世に出たこと自体、私の主張の反証であると批判した。しかし今述べたように、本書はイギリスとアメリカ合州国で通常の出版過程を迂回するかたちで出版されたのであり、それがその批判への答えである。ともあれ、私の著書を出版することでみずからを危険にさらした二人の編集者、ロバート・ヤングとケネス・アーノルドに感謝する。ハル基金はコーネル大学の教授が執筆した本の出版社に資金を援助する基金であり、フリー・アソシエイション・ブックス社に潤沢な財政支援を与えた。

イギリスとアメリカ合州国で、本書の反響に類似点と相違点があるのは興味深かった。もっとも著しい相違は政治的立場に関係あるものだった。イギリスの反響はきれいに二つに分かれた。敵対的な書評がトロツキスト的立場の『ソーシャリスト・ワーカー』誌に載ったが、これが単に批評家の個人的考えの反映なのか、トロツキズムが全体としてヨーロッパ中心主義であることの反映なのか、私にはわからない。しかし、一般に本書は左派とリベラル派に歓迎され、『インディペンデント』紙以下の右派に無視された。

アメリカ合州国の反響のパターンはもっと複雑だった。左派ははじめから『黒いアテナ』を歓迎したが、興味深いことに、当の編集者たちから「タイムの右派版」の雑誌と考えられていた『インサイト・マガジン』誌が良心的で公平な特集を組んだのだ！　イギリスと異なっていたのは、アメリカのリベラル・エスタブリッシュメントからの反応だった。『黒いアテナ』はますますニュース価値を高めたにもかかわらず、『タイム』誌や『ニューズウィーク』誌には論評も議論も載らなかったし、『ニューヨーク・タイムズ』紙は長い間これを完全に無視した。

しかし、相違点よりも類似点のほうがもっと重要である。イギリスでもアメリカでも、黒人社会やその他の非ヨーロッパ人社会から直ちに肯定的な反応があった。これらの社会のインテリたちはこの本を好意的に書評し、本の販売を積極的に促進し、集会やメディアとのインタビューで、私は自分のアイデアを語る多くの機会を与えられた。

映像アーチストやデザイナーからも注目すべき関心が寄せられた。アート関係の新聞・雑誌には『黒いアテナ』について多くのもっとも鋭い書評が掲載された。彼らのこの反応は、一部は、アート分野の人びとが一般に急進的であり、正統的権威を拒否することに原因がある。しかしそれ以上に、彼らは長い間、エジプト美術とギリシア美術に密接な関係があると感じており、『黒いアテナ』がそれを説明する歴史的枠組みを提供したからだと思う。

驚くことはもっとあった。イギリスにもアメリカにも、私の考えに共感し、実際に同じような考えを明言するかなりの人数の古代史家や古典学者がいることがわかった。この発見は嬉しかったが、そのために私の知識社会学の大きな欠点が明らかになった。すぐれた古典学者のフレッド・アールは私の友人であり、長年にわたって彼は私を大いに援助し励ましてくれた。にもかかわらず、古典学を一枚岩の学問として考えていた私は、古典学に絶望的なほど過度に単純化したイメージを持っていた。古典学を敵と見ていた私は、勝つためには出し抜く、すなわち、一般の教養人を納得させるしかない、とくに古典学以外の分野の学者たちを納得させるしかないと信じていた。しかし私は二つの点で間違っていた。実際、ギリシア人やローマ人が自分たちの遠い過去をどう書いていたのか、それについて古典学者以上によく知っている者はいない。そして真実が何であれ、私の考えている方向は、古典学者の研究対象である古代人が考えていた方向と同じであった。さらに、〈アーリア・モデル〉とその実証主義的歴史書にたいして、公けにはなっていなかったが、不満の声があったことを私は知らなかった。このようなあれこれの理由から、この分野にほとんど無知かまったく無知の一般人よりも、かなりの人数の古典学者のほうが私の議論を受け入れる用意ができていた。

こうした専門家の率直さのもっとも驚くべき例として、イスラエルのバール・イラーン大学で教えたことがあり、いまはアメリカ合州国の主導的な黒人大学のひとつ、ハワード大学〔南北戦争終結後の一八六七年に黒人解放奴隷のために創立された大学。現在は非黒人も学んでいる〕で教えている古典学者のモリー・マイエロヴィッツ・レヴァインがいる。彼女は『黒いアテナ』を読み、学生はこれに関心をもつだろうと直感した。しかし本の全体は気に入ったが、どこまで信頼できるか、どこまで教材として使えるかについて不安を感じた。そこで彼女はパネル・ディスカッションを計画し、それをアメリカ言語学会の年次総会で行うことを提案した。

彼女からこのディスカッションへの参加を求められ、私は出席を快諾した。しかし私は、この提案はさっと受け入れられないだろうし、何かの拍子で受け入れられたとしても、集まりの悪い時間帯に奥の部屋を割り当てられるという形で無視されるだろうと確信していた。ところがそれは完全な間違いだった。「学会長パネル」と名づけられたこのディスカッションは、結果として、聴衆がもっとも集まる時間帯にボールルームで行われた。

そこでの集会とそこで出された批判的意見は全体として魅力的だった。しかし私がもっとも感動したのは、暑い部屋に、三時間休みなしで坐っていた聴衆の辛抱強さであった。聴衆のなかに、私の考え方に宗旨換えした人がいたかどうかはわからない。にもかかわらず、議論の対象となった問題が強い関心を集めたことは間違いなかった。そのことを示す事実もあった。このディスカッションの議事録の出版を打診してきた専門雑誌が三誌あり、もっとも活動的な古典学雑誌『アレトゥーサ』の特別号に議事録が掲載されたという事実である(1)。

パネル・ディスカッションが予告され、まだ始まらない前に、私は偶然、科学史家のトマス・クーンに会った。彼が示した反応は、集会の開催があまりに早すぎる、普通、旧来の学問はそれほど速く根本的挑戦には応じない、であった。これにたいして私は次のように答えた。まず第一に、私たちはいまあらゆる学問分野で、根本的な変化の可能性、つまり「パラダイムの」転換の可能性が見える「ポスト・クーン時代」に生きている、そして第二に、別のレヴェルで言えば、古典学者たちは彼らの満足のいくように私をずたずたにするだろうと。これに応えてクーンは、集会で実際に何が起こるかは「まったくどうでもいい」、大切なのは、ディスカッションの場が設定されることで与えられる正統性だと語った。

　間違いなくクーンは正しかった。一九八九年一月に集会が開かれて以来、古典学者たちは私の考え方を「正統的権威」としては受け入れていないが、尊敬すべき異種としては広く認めている。しかしだからといって、反対がまったくないということではない。反対はつねにあり、一九八九年夏までは小声でささやかれていた。一人のインド＝ヨーロッパ語の言語学者の反応にこの激しく深い敵意を見ることができる。彼は私的な会話のなかで、現実に存在したホロコーストを否定した「修正主義者」の仕事と私の仕事とを比較した。この比較は少なくとも次の二つの点で興味深い。まず第一に、一般的な反ホロコーストの論調と私の反〈アーリア・モデル〉論を同じ動向ととらえ、それに感情的に反発している点で。第二に、言語学者たちは遠い時代の言語的関係の再構築と、厖大な証拠によって立証された今なお人びとの記憶にある歴史的事件が同じ真実性をもつ、と信じることができる実例という点で。しかしこのことは、私の能力への攻撃と同じように、晩餐会での話題であり、公的な発言や公表された論文ではなかった。

　一九八九年夏以来、私への抵抗が公然と現れ、『黒いアテナ』への猛烈な攻撃がいくつか公けになっている。それを誘発したのは、アメリカ言語学会で集会が開かれたり、アメリカの黒人《ブラック》がこの本を利用したりしたからである。これらはいずれも、『黒いアテナ』のアイデアが世に知られずに簡単に姿を消していかないことをあきらかにした。

　きわめて右寄りの雑誌、『ニュー・クライテリオン』と『ナショナル・レヴュー』の二誌は私の政治的立場を攻撃しはじめた。『ニュー・クライテリオン』誌の場合、書評者が『黒いアテナ』を読み、そこで展開された議論を熟考したことはあきらかだった。彼は『黒いアテナ』に興味ある議論がいくつかあることを認めたが、この著作のもつ本質的な邪悪さによってそれがそこなわれていると主張した。彼は、私の著作には、結晶学者で科学史家、そして有名な共産主義者である私の父〔ジョン・D・バナール（一九〇一―七一）〕のマルクス主義の影響があると考えた。にもかかわらず、彼はマルクス主義と〈アーリア・モデル〉が完全に両立し、〈アーリア・モデル〉の枠内で仕事をしている多くの著名なマルクス主義者の古典学者がいることを正確に理解していたので、これは彼の主張と矛盾した。

私が父の強い影響をうけたという評者の主張には一理あると思う。しかし父が私に与えた影響は、マルクス主義という特定の考え方ではなく、彼の思想や歴史的ヴィジョンの広さ、弱者へ共感といった一般的な特性である。

『ナショナル・レヴュー』誌からの攻撃はさほど面白くもなく、啓発されることも少なかった。当初この雑誌は、著者の私が黒人であるとか、ギリシア人は金髪だとヘロドトスが書いているとか、ばかげた的はずれの主張をしていたが、その後すぐに、私の元学生が私を「なま白顔《じろがお》の」イギリスの毛沢東主義者だと非難した手紙を載せた。にもかかわらず、私の返事がそっくりそのまま掲載されたのは嬉しい驚きだった。

学問上の保守主義と政治上の保守主義は必ずしも相関関係にないが、保守的古典学者は私が初めに予想していた通りの反応を見せた。私は彼らから無能な「変人」と言われたり、少なくとも、そうほのめかされることが多い。一九八七年か一九八八年にそう非難されていたなら、私の著書の学問的名声は粉々にうち砕かれていただろう。しかし今では、それはもうあまりに遅すぎる。

なぜなら、私はもはや「奇人」「変人」と言われる資格がないからだ。誰が「奇人」「変人」か、誰がそうでないか、それを制度的・社会的な基準を用いて判断できるとすれば――主観性を完全に回避できるなら判断すべきだと私は思う――、私にもはやその資格はない。なぜならあるアイデアについて、それともっとも関係ある学問――古典学とエジプト学――の学会の年次総会で特別部会が開かれ、著者が考古年代測定国際会議での講演を求められているような場合、そのアイデアに「奇人の」「変人の」という形容詞をつけるとすれば、それはことばの濫用である。『黒いアテナ』については専門雑誌の特別号が二つも出ている。

イギリスとアメリカで、専門家でない知識層は私の主張を支持するだろうと思っていたのも私の見込み違いだった。概して、彼らには『黒いアテナ』が知られていなかったからだ。上述したように、『黒いアテナ』の記事は『インディペンデント』紙、『タイムズ』紙、『サンデー・タイムズ』紙、『タイムズ文芸付録』紙に一切載らなかった。アメリカでは『ニューヨーク・タイムズ』紙の書評にも登場しなかった。『ニューヨーク・タイムズ』紙のこの怠慢は重要であり興味深いので、詳しく考察する価値がある。全体の事情を再構成するのは難しいが、あえてしてみよう。『黒いアテナ』が初めて『ニューヨーク・タイムズ』紙の書評委員会で取りあげられた一九八八年、私はそれが独断的に却下されたことを聞いた。その後、合州国でもっとも大きな影響力をもっている黒人学者、ヘンリー・ルイス・(スキップ・)ゲイツから頼まれて、私は『黒いアテナ』の書評と新聞の関連記事をひとまとめにして彼に渡した。親切にもゲイツは強力な推薦文を書き、私の用意した一式にその推薦文をつけて『ニューヨーク・タイムズ』紙に転送してくれた。しかし何も起きなかった。その年の暮れ、私の出演したテレビのトーク・ショー番組、「ライク・イット・イズ」を見た「ニューヨーク・タイムズ」の黒人記者が、『黒いアテナ』の書評はどうなっているか調べたが、社内に本が見つからなかった。彼は私に書評のため本を一冊送ってほしいと頼んだ。しかし何も起きなかった。ラトガーズ大学出版会からの問い合わせには、もうすぐ書評が載ると請け合っていたにもかかわらず、である。一九八九年秋、APA〔アメリカ言語学会〕のディスカッションを載せた『アレトゥーサ』誌の特別号が出たあと、ラトガーズ大学出版会が再度問い合わせた。その時になってようやく『ニューヨーク・タイムズ』紙は、『黒いアテナ』とその反響について特集記事を組む計画に同意した。特集記事という形であれば、どちらにせよ書評者は立場を明確にする義務はないので、私にはそれが最善と思われた。私はかなり詳しいインタヴューを受け、カメラマンが研究室に派遣されて私の写真を撮った。この時点で、『ニューヨーク・タイムズ』紙の別の記者から電話があった。彼女はエジプト人が黒人《ブラック》だったという黒人《ブラック》たちの主張の特集記事の取材中で、私にも一時間以上インタヴューし、新聞に彼女の記事が掲載された。エジプト人が黒人《ブラック》だったという問題は『黒いアテナ』の末梢的関心事にすぎなかったので、記事のなかで『黒いアテナ』が大きく取り扱われていないのは当然だった。しかしその敵意ある否定的な書き方は、この本にたいする読者の関心に水を差すねらいにあることは明らかだった。その後、『黒いアテナ』の特集記事の話はどうなったか。跡形もなく消えてしまった。

有力新聞である『ニューヨーク・タイムズ』紙で私の本の議論を阻んだ力は何なのか。次のような事情ではなかったかと推測する。編集部は最初、この本は馬鹿げた本だと考えた。次に、論駁する価値ありと考えたが、その意欲や能力のある専門家を見つけるのが困難だった。時間が経過するにつれて、対応の遅れを認めるのがますます厄介になってきた。最後に、『黒いアテナ』をばっさりと切り捨てるような書評を載せれば、私を支持する黒人《ブラック》たちから怒りの手紙が殺到するだろうとの恐怖が、新しい要因として登場した。この事情の背後にあったのは、立派な学問のルーツが人種差別にあり、人種差別が頑迷な思想にもリベラルな思想にも浸透しているという考え方への、根本的な不快感ではなかったかと推測する。

『ニューヨーク・タイムズ』紙に書評が載らなかったことは何を意味するのか。この新聞にあまりにも依存している教養あるリベラルな白人層に『黒いアテナ』が届かなかったことを意味する。この本の情報を広げたのは、学界と黒人《ブラック》社会を中心とする口コミであった。これは何を意味するのか。この本のアメリカ合州国での売れ方のパターンが尋常でなかったことを意味する。ピークのあと売れ行きが落ちるパターンではなく、『黒いアテナ』は二年以上にわたって着実に売れ続けた。

今となっては、私の提案したアイデアを粉砕するのはあまりに遅すぎる。すでにこれは確固たる学問的な議論になってしまった。ウォーターゲート事件の発覚後、ニクソン元大統領の共犯者のH・R・ハルデマンがいみじくも言ったように、「練り歯磨きをチューブから出せばもう元には戻せない」。『黒いアテナ』はアメリカの黒人《ブラック》社会が長年抱いていた多くの信念を補強している。友人の古典学者のなかに、『黒いアテナ』が黒人《ブラック》の人種差別主義者に利用され、私は迷惑ではないかと質問した人がいた。私はそれにたいして、どんな種類の人種差別も私は憎む、だから迷惑だと答えた。私は黒人の人種差別主義者の立場をとらない。しかし私の場合、白人の人種差別にたいする関心ほど黒人の人種差別への関心は大きくない。直接的・間接的に、正統的な古典世界観や〈アーリア・モデル〉を頻繁に利用しているのは白人の人種差別主義者である。いずれにしても、政治状況はさておいて、私が自分の後半生をこの研究に傾注しているのは、〈改訂版古代モデル〉によってより不正確でない歴史記述ができると考え、枝分かれした歴史のもつれをほどくことが魅力的だからである。白人の人種差別を攻撃するために研究しているわけではない。

『黒いアテナ　I』の「まえがきと謝辞」で感謝したすべての人びとに、この場でも感謝したい。なかには、私の変則的な活動を許してくれたばかりでなく、賞まで与えて励ましてくれたコーネル大学政治学部が含まれている。特別に感謝したいのは、フレデリック・アール、グレゴリー・ブルー、ソール・レヴィン、デイヴィッド・オーエンである。加えて、私に多くの重要な情報を与え、私の執拗な質問に辛抱強く答えてくれたエリック・クライン、スーザン・ホリス、エドワード・メルツァー、ゲーリー・レンズバーグ、アンソニー・スノッドグラス、ジェイムズ・ワインスタインの全員にも感謝したい。

アノア・アブデル・マリク、メグ・アレクシオウ、タリク・アリ、アハメド・ベン・ベラ、ジェフリー・チェスター、エレーニ・カビット、バジル・デイヴィッドソン、マーガレット・ドラブル、グレゴリー・デュナン、スキップ・ゲイツ、アンジェラ・ジリアム、リチャード・ゴット、ショマルカ・ケイタ、モリー・マイエロヴィッツ・レヴァイン、リスタヴェルト・ミドルトン、ジョナサン・ミラー、ジョン・ネイジェミ、ジル・ノーブル、ジョン・ペラドット、ジャミル・レイジェップ、ジョン・レイ、ナンシー・ラメイジ、エドワード・サイード、ロバート・スティーグリッツ、マイケル・ヴィッカーズ、レイモンド・ウェストブルック、ジャック・ウィンクラーは、過去三年にわたって私を励まし、この研究全体を援助してくれた。彼らに深い感謝の気持ちを表したい。

本書『黒いアテナ　Ⅱ』の執筆をとくに援助してくれた人びとにも感謝したい。なかには、マイケル・ベイリー、ジョージ・バス、パトリシア・バイケイ、ジョン・コールマン、ピーター・ダニエルズ、D・O・エッツァード、ルーシー・グッディソン、ピーター・フーバー、モリー・アイエルゥリ、バーナード・ナップ、ピーター・クニホウム、A・ランブロポロ、コニー・ランブロウ＝フィリプソン、アーネスト・マクライン、サラ・モリス、スコット・ネーゲル、ケヴィン・パング、アンドリュー・ラメイジ、バリー・ストラウス、コーネリウス・ヴァミュール、エミリー・ヴェルミュール、アニタ・ヤンナイがいる。

一九八六年／八七年の冬の間、フリー・アソシエイション・ブックス社のボブ・ヤング、アン・スコットその他の人びとは休みなく働き、並はずれた努力で素晴らしく魅力的な本を出版した。フリー・アソシエイション・ブックス社の社員全員に感謝したい。とりわけ、私の乱雑な原稿を倦まずに読んで整理した編集者のセリーナ・オグラディ、校正を担当したレオフランク・ホルフォード＝ストレーヴェンズ博士とアデイヤ・ヒーニス、索引を担当したジェイン・ディエックマンに感謝する。私の原稿の多くの誤りが正されたのは彼らのお陰である。しかし本書にはまだ多くの事実や解釈の間違いが残っている。当然それはすべて私の責任である。

イギリスの出版社に感謝するとともに、アメリカの出版社にも感謝の言葉を述べたい。特に、レスリー・ミッチナー、マリリン・キャンベル、ケン・アーノルドは、私を終始励まし、支え、適切な助言をしてくれた。私の大ざっぱなスケッチや曖昧な指示にもとづいて、見事な地図を描いてくれたジェニー・ジャーディンにも大変感謝している。『黒いアテナ　Ⅰ』の「まえがきと謝辞」にも書いたように、家族の愛情と支援なしに本書を書き上げることなど考えられない。私には妻のレスリー、娘のソフィー、息子のウィリアム、ポール、アダム、パトリック、義理の息子のマーク、母のマーガレットという家族がいるから、これまでも、そしてこれからも、現実との接点を保つことができる。すべての学問的業績はこの現実がなければ無意味である。

転写＊と発音

＊転写 transcription とは、言語学の専門用語で、ある言語〔本書ではエジプト語やセム語など〕の言語表記を、英語のアルファベットなどを用いて別の一般的な表記方法に書き換えることをいう。

エジプト語

本書で用いたエジプト語の単語の正書法は、現代のエジプト学者に受けいれられている標準的な正書法である。ただ一つの例外は、ꜣという記号を用いて、〔ヒエログリフの〕「ハゲワシすなわち、アーレフ ˀaleph の二重音」をあらわしたことである。多くの場合、これを句読点のコンマを縦にふたつ並べた活字記号であらわす。

古エジプト語のꜣが実際にどんな音であったにせよ、セム語の筆記文字では r や l 場合によっては n と転写された。すくなくとも紀元前一七世紀の第二中間期まで、この子音の音価は保持された。後期エジプト語では、ꜣはアーレフ ˀaleph の単音になったと思われるが、のちには南部英語の r と同じように、隣接音をウムラウト母音に変えるだけになった。エジプト学者たちが用いたꜣはアルファベット順でいえば最初の記号であり、ほかにも音価のはっきりしない文字がある。私はひきつづきこれらの文字を使用する。

エジプト語の ỉ はセム語のアルファベット第一字アーレフ ˀaleph と同アルファベット第一〇字ヨード yōd の両方に相当する。アーレフ ˀaleph は多くの言語とアフロアジア語族のほとんどの言語に見いだすことができる。これは——コックニー〔ロンドン訛りの英語〕で bottle を boˀle、butter を buˀe と発音するのと同じような——声門閉鎖音である。

大半のセム語にみられるエジプト語のʿayin の音は、アーレフʾaleph を有声音化した音である。エジプト語では「後舌」母音の o あるいは u と関連する音だったと思われる。

初期のエジプト語で——ヒエログリフではうずらの雛であらわされる文字——w は、おそらくは純粋な子音だったと思われる。ギリシアにもっとも大きな影響を与えた言語である後期エジプト語では、この音は頻繁に母音の o か、u か、いずれかの音で発音されたように思われる。

エジプト語の r は、通常セム語とギリシア語では l と転写する。のちにエジプト語では r は弱音になり、ʒ の場合と同じように、ウムラウト母音に変わるだけになった。

ḥ として転写されるエジプト語とセム語は、h の強勢音として発音されたように思われる。

エジプト語とセム語の ḫ は、英語の loch の発音の ch の音と似た音をあらわす。のちにこの文字は ś と完全に混同されるようになった。

エジプト語の ḫ は ḫy の音をあらわしているように思われる。これも ś と混同されるようになった。

本書で s と書かれている文字は、s と z のいずれの文字にも転写される。

š は sh あるいは skh という発音であった。のちには ḥ および ẖ と混同される場合がきわめて多くなった。

ḳ は k の強勢音をあらわしている。首尾一貫性を欠くが、場合によってはセム語の一般慣例にしたがい、セム語で同一音をあらわす q を用いた。

t の発音は、おそらく最初は t^{y} だったと思われる。中エジプト語では t と混同されていた。

同じように、ḏ と d の入れ替わりは頻繁におこなわれた。

エジプト語の名前

エジプトの神々の名前の母音化は、もっとも一般的なギリシア語への転写にしたがった――たとえば ʾImn はアムンと転写した。

有名なファラオたちのギリシア語名――たとえばラメセス Ramessēs――はガーディナーの著作〔Gardiner, A. H., *Egypt of the Pharaohs*, Oxford : Clarendon Press〕の一九六一年版に依拠した。

コプト語

多くの場合、コプト語アルファベットはギリシア語文字に由来するのでギリシア語と同じように転写する。コプト語アルファベットのうち、エジプト語のデモティック〔民衆文字〕からの文字は以下の六文字のみである。

ϣ š　ϧ ḫ　ϫ ḏ

ϥ f　ϩ h　ϭ ǧ

セム語

セム語の子音は比較的伝統的な方法で転写する。いくつかの複雑な音についてはすでにエジプト語との関連でふれた。それ以外については次の通りである。

カナン語の ḫ は ḥ と融合した。本書での転写は語源学にもとづいて、のちの ḫ でなく ḥ を用いる。ṭ は t の強勢音である。

通常 th と表記されるアラビア語の音は、本書では t^y と転写する。dh/d^y についても同じである。

ウガリット語に見られる文字で、アラビア語アルファベット第一九字ガイン *ghain* に相当する文字は ǧ と転写する。

セム語の k の強勢音は、エジプト語と同じように、ḳ ではなく、q と書きあらわす。

セム語子音の文字ツァーデー *tsade* は、その発音が ts であることは確実であり、ṣ と書きあらわす。紀元前一千年紀以降、ヘブライ語では子音のシーン *shin* は š と書きあらわす。しかしそれ以前の時代のヘブライ語では、š ではなくて、s とのみ転写する。というのは、s の音の古さと音域に私は疑問をもっているからだ（Bernal, 1988）。しかしこのことから、ヘブライ語の子音サーメク Samekh との混同が生ずる。なぜなら、この音も ś と転写するからである。ヘブライ語の子音スィーン Sin は ś と転写する。

転写ではダゲッシュ〔強調記号〕もベガドケファト begadkephat〔b, g, d, k, p, t の発音上の違い〕も省略する。煩雑さをさけるためだけでなく、古代におけるその音域とその存在への疑念があるためでもある。

母音化

紀元九世紀と一〇世紀、ヘブライ語の母音化はマソラ学者〔正確なヘブライ語聖書の伝承を目指して聖書本文の標準化作業をおこなった学者たちのこと。マソラは「伝承」を意味する〕によるヘブライ語聖書の校訂によって完成したが、この母音化にははるか昔の発音が反映しており、次のように転写する。

記号の名称		組合せなし	י y との組合せ	ו w との組合せ	ה h との組合せ
パターハ	*Pataḥ*	בַּ ba	–	–	– –
カーメーツ	*Qåmeṣ*	בָּ bå	בָּי bâ	–	בָּה båh
ヒーレーク	*Ḥîreq*	בִּ bi	בִּי bî	–	– –
ツエーレー	*Ṣērê*	בֵּ bē	בֵּי bê	–	בֵּה bēh
セゴール	*Sᵉgōl*	בֶּ be	בֶּי bệ	–	בֶּה beh
ホーレム	*Ḥōlem*	בֹּ bō	– –	בּוֹ bô	בֹּה bōh
キッブーツ	*Qibûṣ*	בֻּ bu	– –	בּוּ bû	– –

弱母音化された強勢母音には次のようなものがある。

בְּ bᵉ　　חֲ ḥă　　חֱ ḥĕ　　חֳ ḥŏ

通常はアクセント符号とカンティレーション〔詠唱〕符号をつけない。

ギリシア語

子音はオーソドックスな転写で書きあらわす。

υ は y と転写する。

長母音 η は ē と、長母音 ω は ō と書きあらわす。重要な長母音 α の場合は ā となる。

通常はアクセント符号をつけない。

ギリシア語の名前

ギリシア語の名前の翻訳には首尾一貫した英語表記は不可能である。なぜなら、一部のあまりに有名な人物——たとえばトゥキュディデスやプラトン——は、ギリシア語名の Thoukydidēs や Platōn にたいして、ラテン語名のツキジデス Thucydides やプラトン Plato が与えられているからである。他方、ほとんど知られていない人名や地名をラテン語名にするのは無謀だろう。したがって、比較的よく知られた名前はラテン語名にしたが、それ以外はギリシア語名から翻訳した。パウサニアスの著作のピーター・レヴィ訳はバランスがとれた訳であり、私の好みによくあっている。できるだけレヴィ訳にならったが、ギリシア語の長母音記号は多用しなかった。

年表

〔年表の年代はすべて紀元前の年代である。〕

表1　エジプトの年表

〔それぞれの研究者たちがエジプト王朝の年代について採用している年表。〕

王　朝	ブレステッド Breasted	マイヤー Meyer	CAH	ヘルック Helck	メラート Mellaart	バナール Bernal
第一	3400	3315±100	3100	2955	3400	3400
第二			2900	2780	3200	3200
第三	2980	2895±100	2730	2635	2950	3000
第四	2900	2840±100	2613	2570	2850	2920
第五	2750	2680±100	2494	2450	2725	2800
第六	2625	2540±100	2345	2290	2570	2630
第七	2475	—	2181	2155	2388	2470
第八	2475	—	—	—	2388	2470
第九	2445	2360±100	2160	—	—	2440
第一〇	—	—	2130	—	—	—
第一一	2160	2160	2133	2134	2287	2140
第一二	2000	2000/1997	1991	1991	2155	1979
第一三	1788	1778	1786	?	1946	1801
第一四	—	—	—	—	—	—
第一五	—	—	1674	1655	1791	1750
第一六	—	—	1684	—	—	—
第一七	—	—	—	—	—	—
第一八	1580	1580/75	1567	1552	1567	1567
第一九	1315	1320	1320	1306	1320	1320
第二〇	1200	1200	1200	1196/86	1200	1200

出典：Breasted（1906, I, pp. 40-5）; Meyer（1907b, pp. 68,178）; CAH〔*Cambridge Ancient History*〕（I. 2B, II. 1およびII. 2の巻末の年表）; Helck（1971, 年表; 1979, pp. 146-8）; Mellaart（1979, pp. 9および19）.

表2　メソポタミアおよびシリアの年表

〔メソポタミアおよびシリアの諸都市と歴代の王たちの年表。〕

地名／年代	ラガシュ ウンマ キシュ	アッカド	アッシュール	マリ	エブラ
2600					
					イグリス=カラム
2550				エブルル=リ	イルカブ=ダム
			トゥディア		
				イク=シャル	アル=エンヌム
2500					エブリウム
	エアンナトゥム			シュル=ダム	イビシュ=シピシュ
2450					
2400	ルガルザゲシ				
		サルゴン (2380-2325)			
2350					
2300		ナラム=シン (2300-2238)			
2250					
2200		シュ=ドゥルル (2214-2199)			

〔歴代の王の治世等について古い年代をとっているものが**長年表**、新しい年代をとっているものが**短年表**あるいは**低年表**、その中間が**中年表**である。〕

長年表	バビロン	アッシュール	マリ
2000		エリシュム一世 (1997-71)	
		イクヌム	
1950		シャッル=キン	
		プズル=アッシュール二世	
		ナラム=シン	
1900		エリシュム二世	
		シャムシ=アダド (1869-36)	
1850	ハンムラビ (1848- 1806)		
			ジムリ=リム (1831-18)
1800	シャムスイルナ (1805-1767)		
	カッシート王朝		
1750			
1700	アミツァドゥカ (1701-1683)		
	シャムスディタナ (1681-51)		
	ヒッタイトの征服に続いて カッシートの支配		
1600			
1250		トゥクルティ=ニヌルタ一世 (1244-1208)	
	バビロン陥落 1235		

中年表 ケンブリッジ古代史(CAH)	**バビロン**	**アッシュール**	**マリ**
1900		エリシュム一世 (1906-1867)	
		イクヌム	
1850		シャッル=キン	
		プズル=アッシュール二世	
		ナラム=シン	
		エリシュム二世	
			イアクトゥン=リム
1800		シャムシ=アダド (1813-1781)	
	ハンムラビ (1792-50)		
			ジムリ=リム (1775-62)
1750	シャムスイルナ (1749-12)		
	カッシート王朝		
1700			
1650	アミツァドゥカ (1646-26)		
	シャムスディタナ (1625-1595)		
1600	ヒッタイトの征服に続いて カッシートの支配		
1250		トゥクルティ=ニヌルタ一世 (1244-1208)	
	バビロン陥落 1235		

短(低)年表	バビロン	アッシュール	マリ
1900		エリシュム一世	
		(1885-4?)	
		イクヌム	
1850		シャッル=キン	
		プズル=アッシュール二世	
		ナラム=シン	
1800		エリシュム二世	
			イアクトゥン=リム
		シャムシ=アダド	
		(1749-16)	
1750	ハンムラビ		
	(1728-1684)		
			ジムリ=リム
			(1711-1698)
1700	シャムスイルナ		
	(1675-47)		
	カッシート王朝		
1650			
1600	アミツァドゥカ		
	(1581-63)		
	シャムスディタナ		
	(1561-31)		
	ヒッタイトの征服に続いて		
	カッシートの支配		
1600			
1250		トゥクルティ=ニヌルタ一世	
		(1244-1208)	
	バビロン陥落 1235		

表3　エーゲ海地域の年表

〔それぞれの研究者たちがエーゲ海地域の年代について採用している年表。EM は初期ミノア文化期、MM は中期ミノア文化期、LM は後期ミノア文化期、LH は後期ヘラドス文化期の略記号である。〕

陶器年代	CAH	K&M	Bet.	バナール 1	バナール 2
EMⅠ	3000?				3300
EMⅡ	2500?				3000
EMⅢ	2200				2400
MMⅠA	1900				2050
MMⅠB		2000			1950
MMⅡ	1800				1820
MMⅢ	1700	1775-50		1730	1730
LMⅠA	1600	1675-50		1650	1675
LHⅠ	1550				
LMⅠB/LHⅡA	1500	1600-1575	1610	1550	1600
LMⅡ	1450	1500-1475	1550	1450	1520
LHⅡB	1430	1550			1520
LHⅢA1	1400		1490		1470
LMⅢA	1380		1490		1470
LMⅢA2/LHⅢA2			1430-10		1410
LMⅢB/ LHⅢB	1275	1375-50	1365		1370
LMⅢC/LHⅢC	1180		1200		1210

CAH =*Cambridge Ancient History*, 3rd edition.
K&M = Kemp and Merrillees (1980) *Minoan Pottery in Second Millenium Egypt*.
Bet. = Betancourt (1989) ‘High chronology and low chronology : Thera archaeological evidence.’
バナール 1 = *Black Athena*, Volume 1.
バナール 2 = *Black Athena*, Volume 2.

『黒いアテナ』のすすめ

小田　実

私は、今、ホメーロスの『イーリアス』の翻訳にとりかかっている。訳していて、あらためて考えるのは、ホメーロスとは何者か。これはアメリカ合州国「留学」[*1]の帰途、一九六〇年にギリシアを初めて訪れて以来、長年考えて来た疑問だ。この疑問は、ギリシアとは何か、ギリシア人とは何者かの疑問につながっている。

ホメーロスはふつう「ヨーロッパ、西洋文学の父」とされている詩人だ、しかし、ホメーロスが生きていたころ、私たちが考える「ヨーロッパ、西洋」は存在したのか。「ヨーロッパ、西洋」はただの土地の名ではない。ヨーロッパ文明、西洋文明あっての「ヨーロッパ、西洋」だ。ホメーロスが生きた紀元前八世紀に、その名の文明があっただろうか。当時の「ヨーロッパ、西洋」はただの黒い樹林のひろがりの土地としてあっただけのことではないのか。

同じことは、時代はもう少しあとのことになるが、「(西洋) 哲学の始祖」ソクラテス、「(西洋) 歴史の父」ヘロドトス、「(西洋) 医学の開祖」ヒポクラテスにも言える。彼らが生きた時代には、「ヨーロッパ、西洋」はいぜんとしてただ黒い樹林のひろがりとしてあった土地で、その名の文明があったわけではない。

なかったものの「父」や「始祖」「開祖」になれるはずはない。逆に言えば、その子孫を僭称することはできない、元来が無関係なはるか昔の偉人を先祖と称して自分を偉く見せるのはサギ師がよくやることだ。私には、「ヨーロッパ、西洋」は長年そのサギをやって来たサギ師のように見える。ホメーロス、ソクラテスらはギリシア人、ギリシアをふくめた東地中海世界の人間――その先祖であったことはたしかだが、それはどのような先祖であったか。今、ギリシア、東地中海世界に旅すればすぐ判ることだが、その地の住民は私たちがヨーロッパ人、西洋人と言うとすぐさま思い浮かべる金髪、長身、まっすぐ長い脚というたぐいのギリシアの彫像めいた人間群ではない。第一、彼らの肌は純粋に「白い」ものではない。もっと色がついている。もっと「黒い」。

私も一九六〇年に初めてギリシアを訪れたとき、北部へは行かなかったが、アテネに滞在しながらペロポンネソス半島をほぼ一周したり、クレタ島その他のエーゲ海の島にも船で出かけて旅して歩きながら、その人びとの「黒い」印象をもった。私の旅はクルーズで一周というものではなく、田舎のオンボロバスと、当時のヨーロッパで使われていた言い方で言えば「オートストップ」――ヒッチハイクの車を乗り継いでの無銭旅行に近い旅で、それだけギリシア人社会のなかに入り込む度合いは強い、深い旅だったからにちがいない、[*2]その印象は強かった。社会の奥の、あるいは下のチマタの人であればあるほど、「白い」度合いより「黒い」度合いは強くも深くもなった。その印象は、今も、ギリシアに行くたびにある。

私にはギリシア人自身が、自分をヨーロッパ人、ヨーロッパ世界の一員として考えることに異和感をもっているように見えた。この異和感は、庶民――チマタのギリシア人であればあるほど強くなる。一九六〇年の最初のギリシアへの旅のなかで私をおどろかせたのは、ギリシア人がパリへ行くことを「ヨーロッパへ行く」ということばで言いあらわしていたことだ。いや、今も似たようなことばや気持の表現を私は耳にする。「どこかちがう」――彼らがそう感じていることは今も変わらない。その「どこかちがう」の「どこか」は何か。

そのころも今も、次のようなことばをギリシアでギリシア人の口から聞くことがある。典型的なのは、アテネのタクシーの運転手が口にした次のようなことばだ。「わたしたちのギリシアは民主主義という現代の政治原理のもとも、現代の科学技術のもとも、みんなつくった。しかし、そのつくった光り輝くもののもとをすべて『ヨーロッパ、西洋』にさし上げてしまって、自分たちは空っぽ、まっ暗、何んにもない、おくれた、貧しい国になった。」私がタクシーの運転手にそう言われたとギリシア人の知人に言うと、それはギリシア人が多かれ少なかれ心の奥底で思っていることだと応じた。

「どこかちがう」の「どこか」にはあきらかにこうした「おくれた」「貧しい」がふくみ込まれている。ギリシアが光り輝くもののもとすべてをあたえてしまった「ヨーロッパ、西洋」が「先進世界」なら、あたえてしまって、「おくれた」「貧しい」国になってしまったギリシアは「おくれた」「貧しい」途上国だ。しかし、そこでまたギリシアはちがう。そう感じさせるものがある。それはギリシアが同時に、「おくれた」「貧しい」国々の代表者、代弁者として、その立場を自任して、「ゆたかな」「進んだ」「ヨーロッパ、西洋」の「先進国」「先進世界」、力まかせに世界の政治経済を牛耳る傲慢、横暴に正面きって対し、たちむかおうとする態度を強くもっていることだ。このギリシアの立場は強い。「ヨーロッパ、西洋」がそれこそ「先進国」「先進世界」となったもとの民主主義にしろ科学技術にしろ、土台はすべてギリシアがあたえたのだから。

私が最近ギリシアを訪れたのは一九九九年と二〇〇二年だが、どちらの場合も、私はギリシアのそうした態度がかもし出すいぶきのようなものを感じとった。

一九九九年に訪れたのは、コソボ紛争にかかわって「北大西洋条約機構」（NATO）軍が当時のユーゴスラビア連邦に対して空爆を行った三月のことだ。私は家族といっしょにちょうど空爆が開始された二四日当日の夜、大阪からジュネーブ経由で空路アテネに着いた。その日は、「ＮＡＴＯ」軍の空爆が開始されただけではなかった。同じ「ＮＡＴＯ」軍の一員でありながら、そしてまた、もちろん「ＮＡＴＯ」軍をもつ「ヨーロッパ共同体」（ＥＵ）の一員でもありながら、ギリシアがその空爆に反対して、主要都市のアテネなどではその日を皮切りに連日空爆に反対する集会やデモ行進が行われたのだが、その連日の行動が始まった日でもあった。空港へむかえに来た友人は、「始まった」とまず、私たちが大阪からアテネにむかう空路の旅のあいだに始まった空爆のことを言い、そのあとすぐ、アテネの全市あげての集会とデモ行進についても同じことばを使ってつづけた。

それから二週間、私たちはギリシアにいたのだが、アテネでは連日、その空爆反対、反戦のデモ行進に行きあった。ふつうこうした市内のデモ行進については、交通渋滞で最大の被害を受けるタクシーの運転手たちはどこの国でも文句をつけるものだ。しかし、そのときのそのデモ行進に限って、文句を言わなかった。それどころかたいていがデモ行進に支持を表明、もっとやれと言った。ギリシア人は古来、自由を何より重視して、絶対に人と同じことを言わない、同じことをしないで生きて来た、何ごともまとまってひとつにならない、まとまらないことを自由な国ギリシアの国の誇りとする偉大な国民で、政治勢力も、新聞も世論も千差万別、にぎやかにちがいをきそいあう国だが、友人たちの言によれば、長いギリシアの歴史のなかで、これほど政治勢力も新聞も世論もそれこそ挙国一致的に空爆反対、反戦で一致したことはなかった。結果として、連日の大集会、デモ行進になった。

空爆反対、反戦の理由は、バルカン半島のように民族の利害が複雑にからまりあった土地で外国の武力介入ほど百害あって一利なしの行動はない、ギリシアは昔からそれをやって手痛い失敗を重ねて来た——だが、この文字通り全土、全都市あげての空爆反対、反戦の大行動の展開を見ていると、「おくれた」「貧しい国」を支配して手前勝手にことをやってのけて来た、そして、今もそれをつづけようとする「ゆたかな」「進んだ」「ヨーロッパ、西洋」を中心とする「先進国」「先進世界」に対する怒りが底に強くわだかまってあるように見受けられた。

ことに怒りは、今、その「ヨーロッパ、西洋」の中心としてあるアメリカ合州国にむけられていて、アテネの目抜きの大通りには、「USA」の「S」を「卐」に替えて、「U卐A」と大書した壁の落書きをいくつも見かけた。これがべつに過激すぎる反応だと見えなかったのは、ギリシアの有力紙『カシメリニ』英語版までが「アメリカ人は人殺しの自動小銃を手にした無思慮な子供と同じ」と書き、今やそのアメリカを中心として動く「西」側の「ギャング万才」の態度にギリシア人はついて行けないのだと主張していたからだ。**(99.3.24-28)**

三年経って二〇〇二年四月にギリシアを訪れたときにも、私は同じアメリカを中心とした「ヨーロッパ、西洋」に対する「おくれた」「貧しい」国々、その世界を代表、代弁してのギリシアの怒り、いらだちをさらに強力に感じとった。そのときには私はアテネ国立大学に講義をしに行ったのだが(何を教えたのかと好奇心をもつ人がいられるかも知れないので書いておこう。英文科で日本文学を講義しろと言うので、「原爆文学」を教え、哲学科では日本におけるギリシア哲学の受容についてしゃべれと頼むので、「明治」の日本が「西洋」を入れるにあたって、なぜ、哲学の思弁的部分をもっぱら入れて、ギリシア哲学のもうひとつの重要な部分、行動哲学的部分の修辞学《レトリケー》を入れなかったかを講じた)[*3]、大学の建物の壁には、ひとところの日本の大学のように過激な政治スローガンを羅列したビラが張りめぐらされていた。多くが反戦、反米、そして、「おくれた」「貧しい」世界を代表、代弁し、「ゆたかな」「進んだ」「先進国」「先進世界」を弾劾するビラであった。

ことに前年二〇〇一年「九月十一日」のアメリカ合州国での「同時多発テロ事件」以来、アメリカがひき起こしたテロリスト撲滅に名を借りてのアフガニスタンに対する「報復戦争」、イスラエルのパレスティナに対する「国家テロ」という言い方がもっとも適切な武力、戦争行使——とアメリカ合州国を中心とする「ゆたかな」「進んだ」「ヨーロッパ、西洋」の「先進国」「先進世界」の横暴は今や許しがたいところにまで来ている。この認識の下、ちょうど私のアテネ国立大学での講義が始まる日の前日夜には、アテネの中心のシンタグマ広場では、パレスチナ支援の野外音楽集会が開かれていた。

「非政治」を生き方の基本としていると見える日本の音楽家には考えられないことだが、西洋の音楽家は「政治」を核心にすえてこうした音楽集会をときどき開く。ことにギリシアでは政治的音楽集会の企ては多く、また激しい。一流、人気者の歌手、演奏家、作曲家が登場して（逆に、こういうところに出て来ないのは「一流、人気者」ではない）音楽集会はひんぱんに行なわれるのだが、その夜のパレスチナ支援の音楽集会も万余の人がつめかけて来た大集会になった。

そこで私はビラを拾った。ビラの文句はただ一行、「カミカゼは貧乏人のF－16だ。」

「カミカゼ」は当然のことながらギリシア文字で書かれていたが、意味は、最新の武器（そのひとつがF－16だ。そうした最新の武器は大半がアメリカ製のものだし、イスラエルの「国家テロ」の戦争を強力に支えているのはアメリカだ）を使って攻めて来る「ゆたかな」「進んだ」イスラエルに対しては、「おくれた」「貧しい」パレスチナ、それにつながるイスラム世界、「第三世界」には、「貧乏人のF－16」である「自爆攻撃」しかないということだ。そこでの「カミカゼ」にはひところ「ヨーロッパ、西洋」でバカ受けしてはやったミシマ的美的賛美の「カミカゼ」の甘美はなかった。もっと実際の神風特攻隊に結びついたせっぱつまった悲愴があった。

集会に来ていた若者が、私に、ギリシアほどヨーロッパで「反米」の国はないと言った。私はうなずいたが、若者はさらにことばを継いで、日本はどうしてそれほど「親米」なのかと訊ねた（ほんとうにどうしてか）。

昔はよく現代のギリシア人が「黒い」のは、金髪、白い肌、長身、長脚のギリシア彫像の栄光の時代のあと、ギリシアの周囲の蛮族（英語のバーバリアンということばはギリシア語の「バルバロス」から来ている。すなわち、文明人のギリシア人の耳にはバルバルとしか聞こえないわけの判らないことばをしゃべる連中はそれだけで野蛮人だ。そういうことになった）と混交、混合し、さらには蛮族中の蛮族のトルコ人の支配を長期間にわたって受けたからだと言われたものだ。最近はそうでもなくなって、あれは昔からそうだったのだと言われるようになって来ていたが、それをまちがいなくそうだと強力に主張した一書が近年になって現れた。それが、この一九八七年に第Ⅰ巻が世に出たマーティン・バナールの『黒いアテナ』だ。彼はそう証拠を集めて主張しただけではなかった。元来が本質的に「黒いアテナ」だったのを「白いアテナ」に変えたのは一七八五年に始まるドイツを中心とした「ヨーロッパ、西洋」の歴史の「偽造」だと、これもまた強力、鮮烈に主張した。

この本のことをここで長々と説明するつもりはない。すべては『黒いアテナ』自体を読めば判ることだ。ただ、ここで私なりにまとめ上げた紹介を少し書いておけば、バナールは今はアメリカ合州国のコーネル大学の教授だが（それともすでに引退しているかも知れない、それほどの年齢だ）、もともとはイギリスのケンブリッジ大学で中国学を勉強し、教えもしていたイギリス人の七十歳に近い年の学者だ。若いときには、ベトナム反戦運動に参加し（そのころ、ひょっとしたら、私は彼に会っていたかも知れない）、同時に当時イギリスでは事実上何の研究もされていなかったベトナムを研究、日本史も勉強した。両者ともに、混合しながら、同時に独自に文明をつくり出していて、それはのちのギリシア研究のいい「モデル」になった（そう彼は『黒いアテナ』第Ⅰ巻の「はしがき」で書いている）。
そのあと、同じ「はしがき」のなかでの彼自身のことばを引用して言えば、「世界の危険と興味の中心となる焦点はもはやアジアではなくて東地中海になった」と彼には見えて来て、そちらに研究対象を移し、ヘブライ語（彼には少しユダヤ人の血が入っている、そう彼は言う）、エジプト語を学び、さらにギリシア研究に至って、彼は重大な「発見」を二つする。ひとつは、ギリシア語の語彙の半分はインド・ヨーロッパ語系のものだが、あと二五パーセントは西セム語系（ヘブライ語――古来のユダヤ人言語もそこに入る）、二〇―二五パーセントはエジプト語だという「発見」だ。しかし、なぜかくも混交が起こったのか。それはかつて古代ギリシアがエジプトと西セム語系言語をもつ古来のユダヤ人の国フェニキアの植民地だったからだ――これがバナールの第二の「発見」だが、そうだとすれば、当然、古代ギリシアには、フェニキアのユダヤ人要素とともに、「黒い」アフリカの一部のエジプトもギリシアの構成要素のなかに入って、古代ギリシアは「白いアテナ」ではなくなり、「黒いアテナ」、そうとしか考えられないものになる。そうバナールは強力に主張する。

これだけでも大問題になって論争がまきおこってふしぎはないが、もうひとつ、彼は重大な主張を証拠を集めてやってのけた。それは、さっき述べた歴史の「偽造」である。それは大航海時代以来、侵略と植民地支配で世界の中心にのし上がって来た「ヨーロッパ、西洋」が、ことにそのなかで新興勢力のドイツが牽引力になって、近代になって自分たちの文明を古代ギリシアに始まるものとして、ここ二百年のあいだに元来が「黒いアテナ」だったはずの古代ギリシアを、「白い」自分たちの先祖であるのにふさわしく「白い」アテナに「偽造」してのけたというのだ。この本の副題は「古典文明のアフロ・アジア的ルーツ」だが、その第Ⅰ巻（これが一九八七年にまず出版された）にさらにもうひとつつけられた副題は「古代ギリシアの捏造　一七八五年―一九八五年」とまさに激しい。また、きびしい。

これでこの本が「ヨーロッパ、西洋」で問題にならなかったらふしぎである。案の定、大論争がまき起こり、それはまだつづいている。「聖書以来、東地中海についてのもっとも論議された本」と評した学者もいるし、「好むと好まざるとにかかわらず、バナールの事業は、ギリシア文明の起源と古代エジプトの役割についての次の世紀における認識を深いところで示している」と言った学者もいる。そして、この二つの発言を紹介しているのは『大学における異端』[*4]と題した、これまでの『黒いアテナ』にかかわっての論争を「肯定」「否定」あわせてまとめて紹介した本だが、

『黒いアテナ――古典文明のアフロ・アジア的ルーツ』
第Ⅰ巻　古代ギリシアの捏造　一七八五年―一九八五年

こうした本が出版されていることだけでも、論争の規模の大きさと激しさが判るだろう。「賛否」両論半ばと言いたいが、マーティン・バナール自身が書いているように、「否」が「賛」より多いようだ。そして、「否」が古代ギリシア研究の専門家に多くて、「賛」は私自身をふくめて、この本をこれから読もうとしている読者のような専門家でない知識人――「知的大衆」に多いと、これもバナール自身が書いていた。

専門家のなかでもっとも批判的、いや、攻撃的なのは、アメリカ合州国のウェルズレイ大学のメアリ・レフコビッツで、彼女は同じ大学の同僚の専門家とともに、『黒いアテナ再訪』[*5]と題した、各分野の「否」の専門家二十人の論文を集めた五二二頁の大部の本を編してつくった。この大部の本の裏表紙に、何がこの本のなかで問題にされているのかが判る設問が列挙されている。『黒いアテナ』が提起している、そして、専門家が「否」と答を出している問題であるのと、なぜかくも大論争になったかが判ると考えるので、ここで引用しておきたい。設問は次の四つだ。

「西洋文明は古代エジプト、フェニキア人によってつくられたのか。」
「古代エジプト人は黒人と都合よく呼ばれていいのか。」
「古代ギリシア人はエジプト人、フェニキア人から宗教、科学、哲学を借り受けたのか。」
「学者たちは人種差別《レイシズム》と反ユダヤ主義によって西洋文明の根源《ルーツ》を無視して来たのか。」

四つの設問のうち、最後のものについて少し書いておきたい。人種差別とか反ユダヤ主義とか、およそ学問と無関係な、そうであるはずの、そうであるべきはずの政治的問題が学問上の論争に結びつくことは日本ではふつう考えられないことであるからだ。しかし、アメリカではよく問題になる。アメリカほどではないにしても、ヨーロッパでも問題になる。

『黒いアテナ』が論争の対象になっていたころ、アメリカ社会で、盛んに論じられ始めた問題には、「性《ジェンダー》」と「人種《レイス》」

の二つがあったように思う。西洋、ことにアメリカで問題になることは、すぐさま多くの人が論じて訳書が出たりする日本で、「性《ジェンダー》」、そしてそれに結びついたかたちでの「女性《フェミニズム》」の問題はたしかにはやりの問題になったのに対して、「人種《レイス》」の問題はあまり論じられることがなかった。そう考えれば、『黒いアテナ』がアメリカでその「黒い」の「賛否」をめぐって大論争になっていても、日本ではほとんど紹介されることもなく今日まで来たのは判るような気がする。アメリカではこの問題についていろんな本が出ているので、どこの誰ので読んだのか記憶はあやしいので今特定できないが、誰かが、今、アメリカでは古代の歴史を学校で教えられなくなっている、教えようとすると、ギリシアはもっと「黒い」世界だったと言い出す生徒が必ず出て来て、ことが紛糾するからだとぼやいていた。

ただ、こうしたことのすべてが『黒いアテナ』のせいではない。この本とは無関係に、古代についての「黒い」専門家の古典研究も進んで来ていて、いろんな研究書が世に出されて来ている。なかでも有名なのは『盗まれた遺産』[*6]と題した一書で、「ギリシア哲学ということばは誤称である。そんなものはないからだ」と主張する黒人学者のジョージ・ジェイムズの「ギリシア哲学はエジプト哲学から盗んだものだとする」この本は、私が所持する一九九八年の第十版で、九万部以上が出版されていると表紙に印刷されている。そして、このジェイムズの本ばかりではなく、最近問題にされるようになった人類、文明の起源をアフリカにおこうとする動きに対して、前記メアリー・レフコビッツは『アフリカからではない』[*7]と題した題名通り挑戦的な一書を一九九六年に出版して、そうした動きは「ヨーロッパ中心主義」に対する「アフリカ中心主義」だとして激しく非難した。

彼女が批判、いや、攻撃した対象には、たとえば、一九八六年に六三歳で死んだセネガルの文化人類学者チェイク・アンタ・ディオプがいるが、彼の『文明か野蛮か』[*8]を読んでみると、人類は黒人、白人、黄色人種、すべてアフリカに発している、文明はエジプト文明から発するが、エジプト文明はまちがいなく「黒人文明」であるとするまさに雄勁な著作で、レフコビッツはやっつけているが、私には十分に説得力に富んでいる研究のように思われた。

ただ、かんじんのエジプト語がまるっきり読めない無学な私はここでどちらが正しいかの大議論をするつもりはない。私が述べておきたいのは、『黒いアテナ』以外にも、今まさにこうした「人種《レイス》」にかかわっての学問的大論争が日本の外では、なされて来ているということだ。そして、その大論争に人種差別《レイシズム》がからんでいないか。それも大問題、大論争になる——日本の外では。

『盗まれた遺産』の事例をこの問題にかかわって書いておこう。『黒いアテナ』第I巻でバナールが書いていたことで言えば、このギリシア文明のみならず世界大の規模においての文明の形成における古代エジプトの重要性について書いた数少ない研究のひとつである『盗まれた遺産』は（そうした研究は、バナールによれば、西アフリカとアメリカの黒人学者によってのみなされて来た）、のちに爆発的に人気を博するまでは（なにしろ、九万部以上が出版されることになったのだ）少部数の出版しかなされないまま図書館にも置かれず、学界からはまったく無視されて来て（学界を支配するのはもちろん、「白い」学者たちだ）、バナールが南部の小さい大学で教えるジェイムズのこの「魅力的な小さい本」の存在を知るのは、彼が似たような研究を始めてすでに八年が経ってあとのことだ。こうした無視、軽視の事態は、この本が世に知られるようになったあともつづいて、バナールは自分の大学コーネル大学の図書館に置くように二度頼んだが断られ、最後にようやく小さな分館に置いてくれるようになったが、そこでも図書館おすすめの本としては認められていない。

これがアメリカ社会の今日の事態だ。もちろん、こうした事態をもってして「人種差別」だとは言えない。そうした言い方をすればたちどころに否認されるにちがいないが、そのにおいはどこかに残る。

こうした事態にあって、よく使われるのは、研究、本の質の理由だ。質が劣っているので、この研究、本はわが図書館には置かない——これがよく使われる理由だが、この質の問題でいつでも出て来るのは、専門家が見てどうかという問題だ。

この問題で面白い事例は『黒いアテナ』自体だ。もう一度、レフコビッツを引き合いに出すと、彼女はその厖大な『黒いアテナ』批判、攻撃の『黒いアテナ再訪』の序文で、『黒いアテナ』はただの「アマチュア」学者の思いつきの研究であるにすぎないとこきおろしている。彼女によれば、十九世紀末にも同じような思いつきを言い出したダブリンの大学の先生がいたが、彼はべつに考古学の専門家ではなくて、ただのギリシア文学の教授であったにすぎない。この先生はバナールと同じようにギリシアのエジプトによる植民地化というような思いつきをオクスフォードの学者仲間に書き送ったりしていたが、彼はもちろんその領域においてのただの「アマチュア」学者にすぎない。オクスフォードの学者たちからは無視されて終わった。

『黒いアテナ』はそれと同じことだと「専門家」レフコビッツは言う。私にはバナールの学識、あるいは、逆にバナールを「アマチュア」とこきおろすレフコビッツの「専門家」としての学識を判定する能力はないが、私にはバナールの学識、そして、研究それ自体は決して「アマチュア」程度のものとは思えない。しかし、たとえ、彼が「アマチュア」だとしても、バナール自身が主張するように、トロイの遺跡をみごとに発掘してみせたハインリッヒ・シュリーマンは言うに及ばず、クレタ線文字Bをギリシア語としてこれまたみごとに解読してみせたマイケル・ベントリスも偉大な「アマチュア」だった。シュリーマンの本業が企業家なら、ベントリスは建築家だ。

バナールは『黒いアテナ』第I巻の「序文」の冒頭に、科学における「パラダイム」転換の必要を説いたトーマス・クーンのことば、「新しいパラダイムの根本的な発案をなしとげる者は、たいてい常に、彼らがパラダイムを変えるその領域において非常に若いか、非常に新しいか、そのどちらかである」を引用したあと、中国研究を長年して来た自分が今『黒いアテナ』でしていることは、厳密な意味でのパラダイム転換ではないとしても、それと同じように根本的なことだと述べていた。私も彼のことばに同意する。

私がこの本のことを知ったのは、この決して大衆的でない研究を大衆化したと言われる『ニューズ・ウィーク』一九九二年九月二三日号の記事を通じてだった。「クレオパトラは黒かったか」の派手な文句を表紙に印刷したこの『ニューズ・ウィーク』の紹介記事を読んだときの一種の衝撃を私はいまだに憶えている。衝撃は派手な文句のせいではない。『黒いアテナ』が、私が長年抱いて来たホメーロスとは何者か、ギリシアとは何か、ギリシア人とは何者か――の疑問にひとつの解答をあたえてくれる本になるのではないかと感じとったからだ。

実際に『黒いアテナ』を手にとって読んだのは一、二年あとのことだったが、読んだあと、これは訳して日本で出すべき労作だと思った。その私の思いを実現するのには、二つの課題の解決が必要だった。まず、いい訳者を見つけること。もうひとつは、本を出してくれる出版社を見つける。それからかなりの年数が経ったあと、前者は私の昔の教え子（彼女は「浪人」ではなく高校生だったが、私は予備校で英語を教えた）金井和子に頼むことで、また、後者は藤原書店が出してくれることで、二つの課題はめでたく解決を見た。いや、もうひとつ課題があった。この本の日本語訳がいい読者を見つけ出すこと――これは、すでに今、この本を読み出そうとするあなた自身の問題だ。では、読み出してくれたまえ。私の紹介者としての役割はここで終わりにしたい。

金井が訳して、今ここにあるのは、『黒いアテナ』第Ⅱ巻だが、第Ⅱ巻ははじめのほうで第Ⅰ巻を要約してくれているので、この巻から読むといい。バナールの計画ではⅣ巻で終わる労作で、もうすぐ第Ⅲ巻が出るはず。

もう二つ、最後につけ加えて書いておきたい。ひとつは、バナールが『黒いアテナ』で主張していることは、二〇〇一年の「九月十一日」以来、テロリスト撲滅、テロリスト国家一掃の大義名分の下、アメリカ合州国を中心としての「ヨーロッパ、西洋」の「先進国」「先進世界」の力のごり押しがさらに強化、強行されて来ているなかで、ひときわ重要なものになって来ていることだ。今はものごとを根底からとらえなおすことが万事にわたって求められているときだが、ことに、この力のごり押しを強化、強行している「ヨーロッパ、西洋」(のなかに、日本もまぎれもなく入っている。「イラク戦争」に事実上加担して来て、さらに自衛隊を送ることで加担の度合いを強め、深める今、ことにそうだ)について、その作業は必要だ。ただ、それは、たとえば、「文明の衝突」というようなはやりの言説に安易に入り込むことではない。そういう派手なことばでことを論じるまえに、「ヨーロッパ、西洋」文明のありようそのものをもっと深く根底からとらえなおすこと――それが今必要なことだ。『黒いアテナ』はそのとらえなおしの作業に大きな示唆をあたえてくれるにちがいない。

そして、もうひとつ、これはいやなことだが、あえて書いておこう。バナールは植民地をふくめてフェニキア人―ユダヤ人のギリシアに対するかかわりあいをギリシア文明の形成の重要な要素として主張した。しかし、こちらの主張のほうは、『黒いアテナ』でのエジプトとギリシアとのかかわりあいの主張が激しい論難の対象になっているのにくらべてさして非難されていない。エジプトは「黒い」ので、それだけいやなのだろうか。『黒いアテナ』批判、攻撃の文章のなかで、いつも強力に出されるのはエジプト人は「黒い」肌色ではない、エジプトは「黒い」文明ではない、あれは肌色も文明も別種の色なのだという主張だが(レフコビッツらが言う「アフリカ中心主義者」は、ディオプがそのひとつの例だが、エジプト、エジプト人はすべて「黒い」と主張する)、おしなべて言って、「黒い」ことは「ヨーロッパ、西洋」にとって文句なしにいやなことであるように見える。「ヨーロッパ、西洋」の、今その一部としてある日本、日本人にとってはどうか。

＊1　「留学」と引用符をつけて書くのは、「フルブライト留学生」として私が「留学」先のハーバード大学（その芸術科学大学院。私の専攻は古代ギリシア文学）であまり勉強したおぼえはないからだ。しかし、アメリカ社会のなかで一年余暮らすことで大いに学んだ。その意味で「留学」した。

＊2　この旅については、私は旅行記、『何でも見てやろう』（河出書房新社、一九六一年。今は講談社文庫）のなかで書いている。

＊3　私の「古代ギリシア・ギリシア文学」についての論究は、私が訳した「ロンギノス」の「崇高について」とともにまとめて、「ロンギノス」と「共著」のかたちで出した同じ題名の一書のなかにある（河合文化教育研究所、一九九九年）。「ロンギノス」の「崇高について」は「明治」の日本がとり入れなかった古代ギリシアの「行動哲学」の修辞学《レトリケー》の重要な著作である。日本ではどういうわけかまったくと言っていいほど紹介されていないが、それこそ「ヨーロッパ、西洋」ではアリストテレスの「詩学」と並んでよく論じられている著作である。「ロンギノス」と引用符つきで著者名を書くのは、かつてそうとされたこの作者の名前が今はたしかでないとされているからである。

＊4　Jacques Berlinerblau, “Heresy in the University”, Rutgers University Press, 1999.

＊5　Mary Lefkowitz, and Guy MacLean Rogers, eds, “Black Athena Revisited”, University North Carolina Press, 1996.

＊6　George G. M. James, “Stolen Legacy”, Africa World Press, 1992.

＊7　Mary Lefkowitz, “Not Out of Africa”, Basic Books, 1996.

＊8　Cheikh Anta Diop, “Civilization or Barbarism”, Lawrence Hill Books, 1991.（ただし、原文は仏文、これは英訳）。

黒いアテナ

古典文明のアフロ・アジア的ルーツ　上

II　考古学と文書にみる証拠

修正伝播論の第一人者、
V・ゴードン・チャイルド
を追憶して

凡例

一　本書は Martin Bernal, "Black Athena—The Afroasiatic Roots of Classical Civilization", Volume II : The Archaeological and Documentary Evidence, Rutgers University Press, 1991. の前半、すなわち、まえがきと謝辞から第Ⅵ章までの翻訳である。但し、原書で巻末にある「地図と図表」（本巻に関連するもの）および「用語解説」は収録した。

一　原文の（　）は（　）のままである。

一　原文でイタリック体になっている箇所は作品名・論文名・強調表現の場合は「　」で括り、単行本・定期刊行物の場合は『　』で括った。但し、強調表現の場合は傍点で示した箇所もある。

一　原語を補う場合は、該当する語の後ろに小活字にて補った。

一　原注は［　］で示した。

一　訳者注は〔　〕で示し、小活字とした。

一　〈　〉は意味を取りやすくするために訳者が補足した。

一　引用文で邦訳のあるものは参考にしたが、原書が採用している英語版とは底本に異同があるので、基本的に原文から翻訳した。参考にした邦訳文献は「参考文献」（下巻）に示す。

一　ギリシア語の人名・地名等は、原文では母音の長短がローマ文字で示されているが、翻訳文では原則として音引きしなかった。

序

『黒いアテナ』シリーズの『第I巻』では古代ギリシアの起源について二つの考え方を論じた。第一の考え方は、ギリシアには当初ペラスギ人やその他の未開種族が住んでいたと主張するもので、私はこれを〈古代モデル〉と呼んだ。ペラスギ人たちを文明化したのは、「英雄時代」にギリシアの多くの地域を支配したエジプトやフェニキアの植民者であった。ところが第二の〈アーリア・モデル〉の考え方によれば、ギリシア文明は、北方から来たインド＝ヨーロッパ語を話す、初期の「前ギリシア」人による征服の結果生まれた混合文化であった。五世紀に流布した〈古代モデル〉は一八世紀まで残っていたが、一九世紀初めに放棄され、一八四〇年代に〈アーリア・モデル〉がそれにとって代わった。私は『第I巻』でその過程の跡づけを試みた。

このシリーズ全体の輪郭については『第I巻』の序に書いてある。そのなかで私は、〈アーリア・モデル〉は私が〈改訂版古代モデル〉と呼ぶものにとって代わられるべきだという信念を述べた。この〈改訂版古代モデル〉は、エジプト人とフェニキア人の入植が古代ギリシアに大きな影響を与えたと認める一方、ギリシア語が基本的にインド＝ヨーロッパ語であるという疑う余地のない事実も考慮し、最近の考古学によるさまざまな年代修正も盛りこんである。『第I巻』の最後で私は次のように述べた。

［〈アーリア・モデル〉の］概念には過ちや誤謬がある。しかしだからといって、必ずしも〈アーリア・モデル〉が無効になるわけではない。〈アーリア・モデル〉とほぼ同時期に考えだされ、その動機の多くが同じように「不名誉な」ダーウィニズムは、大変役に立つ発見的体系として残ってきた。にもかかわらず、ニーブール、ミュラー、クルツィウス、その他の人びとは、アーサー・ケストラーの言う意味で「夢遊病者」であり、彼らが記述した「科学的」発見は、後世には受け入れられない的はずれの理由や目的に役立てるためのものであった――これはおそらく立証できるだろう。私が本書で提起したのは、答えられなければならない問題にすぎない。〈アーリ

ア・モデル〉の起源がいかがわしいものでないとすれば、〈古代モデル〉にたいする〈アーリア・モデル〉の本来的な優越性が問われなければならない(1)。

私が提案した〈改訂版古代モデル〉の効用や「真実」について、『第I巻』の書評の多くはいくぶん懐疑的であった。しかし他方では、歴史記述についての私の図式と、〈アーリア・モデル〉を確立した大部分の人びとが――遠慮なく言えば――人種差別主義者で反ユダヤ主義者であったという私の主張については、おおむね受け入れられた。彼らの歴史叙述が人種差別的・反ユダヤ的態度に影響されたことも認められた。私はこれを研究計画の続行に許可が出たということだと考えている。

しかし研究の形は根本的に変わった。『第I巻』を読んだ多くの批評家から、私が『第I巻』の序でのべたようなやりかたでは説得的な著作を生み出すことは非常に困難だという助言があった。彼らはまったく正しかったので、結果として三つの重要な点で研究計画を変更しなければならなかった。まず第一に、私は当初、考古学と青銅器時代の文書という二つの証拠に二章をあてる計画だったが、その二種類の情報資料に本の全体をあてる必要のあることがわかった。

第二に、異なる種類の証拠をはっきり分離しておくという私の意図は、ほかの証拠に言及しないまま、ある証拠の重要性を指摘することは不可能とわかったので、完全に挫折した。紀元前二一世紀、クレタ島の宮殿時代の権力確立に、当時のエジプト中王国初期の中央権力が復活した影響がきわめて大きかったという私の主張を例にとろう。この主張は、当時のクレタ島への牡牛崇拝の導入と、牡牛崇拝のエジプトでの先行例と並行例とを結合して初めて説得的主張になる。同じように、私はミト・ラヒーナ碑文〔エジプトのメンフィス郊外の村ミト・ラヒーナで発見された碑文。第5章参照〕の重要性を吟味する場合、古典期ギリシアとヘレニズム時代の資料と考古学的証拠を、広範囲に見ておかなければならない必要性を感じた。こうして私は、学問的な厳密性を資料に適用する企てを放棄し、タイプの異なる多くの情報を同時に扱う「盛りだくさんの叙述」という方向に転じた。

このことは、当初の研究計画にたいする第三の最も重要な変更をもたらした。私は〈アーリア・モデル〉と〈改訂版古代モデル〉のどちらにも偏しないという公平の仮面をはずすことにした。〈改訂版モデル〉にコミットしている私が公平の仮面をつけているのは困難だということはつねづねわかっていたが、結果的に不可能とわかった。私は二つのモデルの発見的効用を「中立的」に判断するのをやめ、そのかわり、〈アーリア・モデル〉よりも〈改訂版古代モデル〉の方が古代ギリシア文明の発展と本質を完全に説得的に叙述し説明できることを示すつもりである。

〈アーリア・モデル〉でなく〈改訂版古代モデル〉を選ぶ本質的な理由

一九七二年、古典学者R・A・マクニールは魅力的な——しかし根本的には誤解を招く——論文を発表した。彼はそのなかで、エーゲ海地域の「前史」への接近方法として、「①考古学上の人工遺物、②言語、③使いたければ人骨、④ギリシアの神話と伝説」の四つがあると述べた(2)。しかし今日の考古学者の大きな関心は、建造物、植民の形態、農業活動・産業活動の痕跡にあり、人工遺物に限定されていないという事実がある。人骨証拠は非常にあいまいなものであり、考古学がそれを容易に包摂できるのも事実である。このような事実による小さな反論とは別に、彼の議論には大きな問題がある。それは同時代の文書が省かれているという問題である。エーゲ海地域の青銅器時代は、マクニールが述べているような「前史」ではない。エジプト、レヴァント、メソポタミアのテクストはエーゲ海地域について多くを語っており、さらには、線文字Aと線文字Bという音節文字が書かれた粘土板もある。したがって、文書情報が第一に重要であると私は考えている。こうした理由から、当初私は本書を「同時代の文書」についての章から始めるつもりであった。しかしエーゲ海地域は、文書証拠が実質的にまったく存在しない新石器時代と初期青銅器時代まで、考古学によってさかのぼることができる。したがって私は計画を変更し、本巻の第10章で初めて、近東地域とエーゲ海地域の接触についての文書証拠を扱うことにした。

マクニールは考古学、言語学、形質人類学、伝説という彼の四つのカテゴリーの証拠を総合して考えようとする企てに強く反対している。彼は、カテゴリー間の相関関係については誰も確実なことは言えないという分別ある主張から反対しているのだが、同時に、学者は自分の専門外の専門的奥義を理解できるとは思えないから、そのような隣接分野を侵害してはならないというあまり説得的でない主張からも反対している。後者の議論への私の反論は、『第Ｉ巻』を読んだ読者にはあきらかだろう。

さらに、私はマクニールの言う〈確実性〉という要件を受け入れることはできない。この研究全体の私の主張は、〈確実性〉ではなく、〈妥当性〉を競い合うことにその基礎をおいている。この分野では、〈確実性〉は到達不可能だからである。したがって最大限できることは、〈妥当性〉に到達することであり、危険を承知のうえで、あらゆる情報源からの証拠を結合することが最善となる。したがって本書では、異なるアプローチを区別するつもりでいるが、区別できなくても問題ではない。

〈改訂版古代モデル〉の価値を異なる情報源に照らして検討する前に、このモデルを〈アーリア・モデル〉とつきあわせ、〈改訂版古代モデル〉の相対的・本質的な〈妥当性〉を考えておきたい。〈古代モデル〉と〈アーリア・モデル〉を比べると、〈古代モデル〉には、私たちが主題としている時代にずっと近い時期に存在したという長所がある。しかし、近東からギリシアへの植民がおこなわれたと私が考えている紀元前一八世紀と、〈古代モデル〉の存在が初めて立証される紀元前五世紀の時間的間隔は、シャルルマーニュ〔カール大帝、（七四二―八一四年）〕の時代と現代の二〇世紀を隔てる時間よりも長い一二〇〇年の間隔があるという議論や、ミュケナイ時代〔青銅器時代〕とギリシア古典時代〔鉄器時代」のあいだには時代を分ける分水嶺があるために、フェニキア人とエジプト人が植民したと仮定される時期と二〇世紀の私たちとの間の三五〇〇年の隔たりに比べて、質的な時間は短くないという議論もできるだろう。

にもかかわらず、このような主張が否定されるいくつかの理由がある。第一に、ルース・エドワーズがその著『フェニキア人カドモス——ギリシアの伝説とミュケナイ時代の研究』で示したように、アルカイック時代（紀元前七七六年—五〇〇年）や幾何学模様陶器時代（紀元前九五〇年—七七六年）にさえ、〈古代モデル〉が存在したことを示唆する多くの状況証拠が文学と芸術にたくさん残っている。歴史上の間隔はこれによって数世紀短縮される(3)。さらに、線文字B粘土板の証拠は考古学情報の大量な増加によって補強され、少なくとも宗教においては、ミュケナイ時代とギリシア古典時代まで、かなり連続していることが確認されている(4)。

私は別のところで、西セム語のアルファベットは紀元前一四〇〇年以前にエーゲ海地域に導入されたと述べ、いずれにしても、最近発見された金石文とその解釈から、ギリシア語によるアルファベットの借用あるいは適用が紀元前一一世紀以後だったとする可能性はきわめて小さいと論じた(5)。たとえギリシア語によるアルファベットの導入がずっと遅れて紀元前九世紀だったと仮定しても、キプロス語の音節表は——最近まで——、五世紀以上も立証されないまま残っていたし、クレタ島東部では、一〇〇〇年にわたる線文字Aの使用が立証されている。このことから、紀元前一二世紀のミュケナイ時代の宮殿社会の崩壊直後に、線文字Bの知識がすべて失われたとする可能性はきわめて小さくなる(6)。したがって、後期青銅器時代の文書の一部が初期鉄器時代まで残っていたと考える理由は十分ある。

他方、紀元前一二世紀と紀元前八世紀の間にはかなりの文化的退行があり、この時期に事実情報の多くが散逸し、神話、伝説、民話の多くがひとつに融合したことは疑いない。にもかかわらず、やがて、おそらく数世紀の間に、線文字とアルファベットが部分的に重なったことは確実である。こんにちでは、文字のあるなしで、ギリシアの青銅器時代と鉄器時代を完全に区分することはほとんど不可能になっている。

たとえば、『イリアス』第二歌の軍船表には、ホメロスがそれを書いた紀元前九世紀にはその多くが消滅していたと思われるミュケナイ文化期の都市名が多数ふくまれている。したがって、『イリアス』が青銅器時代の文字資料にもとづいて書かれた可能性は非常に高いと思われる。さらに、文字や口承で伝えられた伝承もあり、ギリシア古典時代とヘレニズム時代の著作家たちは良好な状態で保存されているミュケナイ文化期の遺跡を訪ねることができた。私たちはある種の考古学があったことも知っている(7)。

ギリシア古典時代には、地中海の対岸で、フェニキア人やメソポタミア人ばかりでなくエジプト人も手に入れることができる青銅器時代からの重要な記録があった。ヘレニズム時代には、エジプトのマネト〔紀元前三世紀のヘリオポリスの司祭長、ギリシア語でエジプト史を著した〕、ビュブロスのフィロン、メソポタミアのベロッソス〔紀元前三〇〇年頃のバビロニアの神官、ギリシア語で三巻の『バビロニア誌』を記した〕のような神官や学者によって、古代のテクストの一部がギリシア語に翻訳あるいは要約された(8)。アブデラのヘカタイオス、エフェソスのメナンドロス、その他の人びとが利用したのもこうした情報やその他の情報源だった。これより前の紀元前六世紀には、シロスのペレキデスがエジプト語とカルデア語の著作にもとづいて著作したとされている(9)。

対照的に、ヘロドトス〔紀元前五世紀、小アジアのハリカルナッソス生まれのギリシアの歴史家〕、ディオドロス・シケリオテス〔シチリアのディオドロス〕、その他の古代の著作家たちは誤ったエジプト史像を伝えていた。このエジプト史像は多くの点で、オリジナルの情報源に接近できた近代のエジプト学者よりも劣っていた(10)。しかし、エジプト第一二王朝時代に大規模な遠征や艦隊がシリアとシリア以遠に派遣されたことは、〔一九七四年の〕ミト・ラヒーナ碑文の発見によって知られたことであり、近代エジプト学の功績は疑いないが、その知識が完全であるというように過大評価すべきではない。ヘロドトスは他のギリシアの著作家と同じように、エジプト第一二王朝のこの遠征について、セソストリス（本書第5章、6章を参照）の征服に言及するなかで述べているように思われる。これはきわめて注目すべき事柄である。

したがって、ギリシア人が近代の学者の知らないエジプトとエーゲ海地域の関係を知っていた可能性はかなり高い。より一般的なレベルで言うなら、エジプト学者たちが頼みとしているエジプトの伝統は、多くの点でマネトから伝えられ、いまなお彼らが用いているエジプト王朝の伝統的枠組みも、彼が伝えたものだった。これは重要である。エジプト学者たちはヘロドトス、プルタルコス、ディオドロスにも頻繁に言及し、これらの著作家たちとの直接的接触によって、彼らの古代エジプト「感覚」をやしなったが、古代人たちの「感覚」が近代人の「感覚」と同じではありえない。

近代のエジプト学者はギリシア古典時代とヘレニズム時代のギリシア人よりも相対的に優位な立場にあるが、レヴァントの優位さとは比べものにならない。ウガリット〔シリア北部の地中海東岸にあった古代都市〕から出土した粘土板は、断片ではあるが、西セム族の宗教と神話の重要な証拠であり、同時に、後期青銅器時代に一世紀以上もシリアの主要な港だった都市〔ウガリット〕の魅力的な状況が詳細に書かれている。テル・エル・アマルナ〔エジプト中部ナイル川東岸にある古代都市〕で発見された楔形文字の書簡から、私たちは紀元前一四世紀のシリアの地中海沿岸とパレスチナの政治状況を知ることができる。しかし、レヴァント南部の文字資料は圧倒的にパピルスに書かれており、フェニキアの諸都市ではとくにパピルスが贅沢に使われていた。紀元一世紀、ユダヤの政治家で歴史家のフラウィウス・ヨセフスは次のように書いている。

> ギリシア人と接触した民族のなかで……、太古からの年代記に関心をもっていたのはエジプト人とバビロニア人であった。ありきたりの日常生活についても、公けの記念行事についても、最も多くの文字による記述を利用したのはフェニキア人であった。このことは広く認められた事実であり、私が言うまでもないと思う(11)。

さらに、フェニキアの諸都市は紀元前第一千年紀の間にひどく破壊されたが、ヘレニズム時代とローマ時代まで残っていた文書もあったと思われる。ヨセフスが書いているように、

国内の歴史や諸外国との関係で記憶すべき出来事について、テュロス〔聖書ではツロと呼ばれる都市〕の人びとは過去長い間公けの記録を保有し、収集し、大事に保存してきた……。彼ら〔紀元前一〇世紀のテュロス王ヒラムとイスラエル王ソロモン〕の間で交わされた多くの手紙はこんにちまで保存されている(12)。

しかし、こうした文書のなかで近代まで残ったものはひとつもなかった。こんにち私たちが所有するカナン語の作品のうち、唯一重要な断片は旧約聖書である。旧約聖書の歴史的価値はきわめて高い。しかし旧約聖書の関心は、主として、エーゲ海地域はもちろん、地中海地域とも接触の少ない内陸国家のイスラエルである。後期青銅器時代のレヴァント、つまり東地中海とその沿岸諸国についてのテクストはほとんどなく、きわめてあいまいで断片的な考古学的記録が残っているだけであり、近代の学者の知識はギリシア古典時代とヘレニズム時代の知識とくらべるとわずかである。

エーゲ海地域そのものでは、線文字Bの粘土板によって計り知れないほど貴重な言語学上の証拠が出され、後期ミュケナイ文明の宮殿時代の経済について重要な知識が得られている。しかし後期青銅器時代のギリシアの宗教については、興味あるヒントさえ粘土板に書かれていないし、神話や歴史については何も述べられていない。

過去一世紀の間、ギリシアではこれまでにない組織的な発掘が行われ、地中から重要な証拠が発掘されてきた。中期青銅器時代と後期青銅器時代の連続する地層から、特徴的な陶器の出土が確認されている。しかし絶対的な年代決定は不確定であり、私たちが最も関心を寄せている時期の一つについていえば、最近まで、中期青銅器時代と後期青銅

器時代の境界はとくに不明瞭であった。ギリシアと中東の対照歴史年表については激しい論争がおこなわれている⒀。通説の年表と合致しない放射性炭素年代測定法（炭素14法）や独立した他の年代測定法を信用しない傾向もあった。たとえば、著名な考古学者のパウル・アストロムの次の主張を読んでみたまえ。

エーゲ海地域の青銅器時代の時期を正確に決定するに際して、私は放射性炭素年代測定法が役に立たないことを強調したい。これは実例によって論証できるだろう。テラ島〔エーゲ海のキクラデス諸島最南端の火山島で、現在のサントリーニ島〕の滅亡期か、それより少し前の七つのサンプル群を炭素14法で測定すると、その平均修正値は紀元前一六八八年±一五七年と出る。しかしその他の根拠から、噴火は一五世紀前半に起きたという一般的な合意があるので、放射性炭素年代測定法の結果が途方もないものであることはあきらかである⒁。

この場合、他の多くの測定によってアストロムが「途方もない」と考えた古い年代の方が正しいことが確認され、本書の第7章〔日本語訳は下巻〕で示すように、多くの学者はいまではこの問題から手を引いている⒂。ここで私があきらかにしようとしているのは、〈アーリア・モデル〉の正統性はエーゲ海地域の考古学に新しい科学技術が応用されるはるか以前に確立したものであり、〈アーリア・モデル〉の科学技術の測定結果への反応は、測定結果によってモデルを調整したり放棄するのでなく、測定結果をモデルに無理やりはめ込もうとするものだったということである。しかし、〈アーリア・モデル〉と〈古代モデル〉の優劣の判断は、モデルが確立したあとで利用できるようになったすべての情報ではなく、モデルがつくられた当時の知識によらなければならない。〈アーリア・モデル〉の確立は一九世紀半ばであった。たとえば、当時、年代についての考古学的知識はまったくなかった。考古学の年代決定は、一八八〇年代にフリンダーズ・ピートリ〔一八五三―一九四二年、英国のエジプト学者で考古学者〕がエジプトで発見したミノア期とミュケナイ期の陶器の年代を決定して初めて確立したのである⒃。

しかし、陶器による正確な年代決定が始まり、陶器の生産地があきらかになったとしても、それで陶器の作り手や使い手の言語がわかるわけではない。陶器に完全な文化的断絶があらわれない限り、侵略や人口移動があったことも証明されないし、侵略や人口移動がなかった可能性も除外できない。したがって、考古学に頼っていては、私たちの関心——つまり、青銅器時代のエーゲ海地域にたいするエジプトとフェニキアの影響のタイプ、範囲、期間——に答えることはできない。

ギリシア古典時代とヘレニズム時代の人びとは青銅器時代の知識をもっていたが、彼らは青銅器時代についてどれほど多く知っていたのだろうか。その評価を左右するのは紀元前一三世紀後の文化的断絶の大きさである。エジプトの場合、紀元前六世紀前半にエジプトの神官がソロン〔ギリシア七賢人の一人〕に語ったところによれば、青銅器時代を知る人はいなかったという⒄。紀元前一三世紀後の数世紀間、エジプトは政治的にはいくらか不安定で、経済的にはやや衰退したにもかかわらず、文化的連続性や過去の知識に実質的な断絶がなかったことはあきらかである。紀元前一二、一三世紀には、〈海の民〉による近東への侵略があり——これについては『第I巻』の巻末の付録に叙述した——、この侵略によってレヴァント、つまり東地中海沿岸諸国に変化が生じた。徹底して商業的ではあるが、君主が圧倒的な権力をもつ青銅器時代の都市にかわって、宮殿ではなく神殿が優位を占める新しいタイプの都市と、私たちが便宜的に「奴隷社会」と呼んでいる社会が生まれた⒅。しかし都市は、このような社会の根本的な変化にもかかわらず、数世紀どころか数十年後には破壊から復興し、強固な物質的文化が継続した。私たちは紀元前一一世紀のエジプトの旅行家ウェン・アモンの知見から、少なくとも主要都市のビュブロス〔ベイルートの北にあるフェニキア人の古都〕には一世紀以上にわたって公的記録が保管されていたことさえ知っている⒆。

小アジアのアナトリアでは混乱によってヒッタイト帝国が滅亡したが、ヒッタイトの専門家ジェイムズ・マックィーンによれば、「いまでは、混乱が四〇〇年間続いてほとんど遊牧民生活に返ってしまった、というような仮定はできない」という[20]。〔ヒッタイト〕帝国の伝統の多くは鉄器時代になっても残っていた。すでに論述したように、ギリシアの場合もまったく例外ではない。時代の断絶は普通考えられているほど劇的でなかった。全体として、断絶は地域的には破局だったにもかかわらず、東地中海地域を全体として見れば、いわゆる暗黒時代によって過去が完全に切り離されたわけではなかった。

実際、「暗黒時代」は不適切な名称である。もともとこの名称は、紀元五世紀と八世紀の間に生じたきわめて例外的な文化的崩壊期を指して使われてきた。この危機を生き延びたビザンチン帝国の場合、そのために根本的改革をしなければならなかった。エジプト＝ギリシア＝バビロニアの慣行と科学や哲学の一部分を伝えていたイスラム世界は、完全に生まれかわった。ローマ帝国の継承者と自称した西ヨーロッパのフランク帝国の場合、ローマ帝国とは似ても似つかぬ帝国になった。全体としていえば、中東の青銅器時代の文明はギリシアとローマの征服によって弱体化していたものの、ゴート人とアラブ人が侵略しキリスト教とイスラム教が勝利するまでは命脈を保っていた[21]。

一神教の勃興にともなう文明の破壊によって、シュメール語、アッカド語、エジプト語のような初期の大文明の言語が失われた。このため、紀元五〇〇年と紀元八〇〇年の間の劇的な文化的断絶からみると、紀元前一二世紀の動乱はとるに足りない。したがって、〈古代モデル〉を主張する人びとが生きていた時代の古代世界には、青銅器時代の伝統は衰微しながらもまだ生きていた。これとは対照的に、〈アーリア・モデル〉を擁護する人びとは、真の断絶後、多くの世紀が経過した時代に生きていた。

そこで、一般的には、〈古代モデル〉の著作家には共通の文化を持つ青銅器時代の「感覚」があり、青銅器時代について知る情報も〈アーリア・モデル〉を支持する人びとより多かった。これはあきらかである。しかし、〈アーリア・モデル〉を弁護する人びとは自分たちの優位性を主張し、その根拠を利用できる情報の量に求めるのではなく、「軽々に信じやすい」古典時代やヘレニズム時代のギリシア人とは異なり、自分たちのモデルは情報の不足を補ってあまりある「批判的アプローチ」と科学的観点に基づいていると主張している。

ドイツ語の *Altertumswissenschaft* を英語に翻訳すれば「古代の科学」である。しかしこのドイツ語には英語の翻訳にあるような厳密な意味はない。にもかかわらず、当時の新しい学問であった *Altertumswissenschaft* が広い意味で「科学的」だという意識は、一九世紀の学者たちが以前の「バロック時代の」学者をすべて無視できるという興奮と自信を示している。正確に言えば、「科学的」という最初の主張はカント的な用語の影響のもとに一七九〇年代に行われ、蒸気や電気で技術的突破がなされた一八一〇年代と一八二〇年代よりも前のことであった。にもかかわらず、鉄道、汽船、電信がそれ以前のすべての輸送・通信手段を凌駕したように、一九世紀の言語学者と古代史家たちは、歴史にたいする彼らの科学的で「批判的」なアプローチや「方法」によって、自分たちはそれ以前のすべての学者よりも範疇的に高次元にあると確信した。

新学問の学者たちにとって〈古代モデル〉は妄想だった。「科学的」歴史家はギリシア神話に出てくる半人半馬のケンタウロス、半女半鳥のセイレン、そのほか自然史の法則に背く神話の登場人物を割り引いて考えなければならなかった。おなじように、「人種の科学」に背くという理由から、ギリシア人を文明化したのはエジプト人とフェニキア人だったという古代の見方は抹殺されなければならなかった。多くの学者にとって、この「人種の科学」は残りのすべてを包摂する至高の科学であり、いわゆる「歴史の人種的原理」は、歴史家による歴史研究への主要な新しい貢献とみなされた(22)。

『黒いアテナ　I』で詳細に論じたように、古典学研究と政治的イデオロギーとの関係という光に照らして見ると、〈アーリア・モデル〉に客観的妥当性があるという主張には説得力がないように思われる(23)。これを簡単にいえば、動物学や物理学については一九世紀の学者は古典時代の学者よりも信頼がおけるが、ギリシアにたいする近東の影響については、〈アーリア・モデル〉を考え出した多くの人びとは古代ギリシア人に比べてはるかに「客観的」でなかった。古代ギリシア人は、古い文明に惹きつけられたいという願望と、身近にいた嫌われ者のエジプト人やフェニキア人よりも自分たちは文化的に優位な存在でありたいという欲望のあいだで引き裂かれていた。一九世紀の古典学者が——少数の例外はあったにしても——「人種的」特徴にこだわり、ヨーロッパ人の根本的優位を是認する方向に流されていたのとはきわめて対照的だった。

上述したように、少なくとも部分的には、〈アーリア・モデル〉を生みはぐくんだのはヨーロッパ中心主義と人種差別だった。これは事実である。しかしだからといって、このことから、〈アーリア・モデル〉が誤りだとか、役に立たないということにはならない。マルサス主義をひどく嫌っている人が、あきらかにマルサス主義を下敷きにしているダーウィンの進化論について、きわめて有益だと考えることは可能である。アーリア人の北インド征服という仮説は、私たちの問題とより多くの直接的な関連がある。疑いもなく、一九世紀の人種差別主義者のインド学の学者たちがこの仮説に大喜びだったのは事実だが、だからといって、この仮説が偽りだということではない。最近、急進的学者たちがこの仮説を批判したが、失敗に終わった(24)。ギリシアと異なってインドには、北方からの征服という古くからの強力な伝統が存在し、アーリア語以前の言語も多少は残っていた。このことも注目しなければならない。私は本書の第8章〔日本語訳は下巻〕で、ヒクソスのエジプト侵略にはシリア北部の人びとが関わっており、ひょっとするとインド=イラン語やインド=アーリア語を話す人びとも含まれていたと考えたヴィクトリア時代と二〇世紀初頭の歴史家たちは、おそらく正しかったということを論ずるつもりだ。このように、〈アーリア・モデル〉が適切な場合もある。では、ギリシアの場合、なぜこのモデルは正しくないのか。〈アーリア・モデル〉を考え出した人種差別主義者たちが、アーサー・ケストラーの言う「夢遊病者」だったわけではないだろう。ということは、内在的理由からではないが、彼らの同時代人ダーウィンと同じ方法で、うまく説明できる実りあるモデルをつくることもできたはずだった。

しかし、ギリシアの言語と文化に多くのインド＝ヨーロッパ語的要素があることが知られてきた一八八〇年代以来、〈アーリア・モデル〉が発見的モデルでなくなったのは事実である。したがって、〈アーリア・モデル〉が〈古代モデル〉に勝利したからといって、〈古代モデル〉よりも優れているという指標にはならない。ダーウィニズムは自然史の長期的理解に豊かな実りをもたらすが、古代ギリシアの起源や性格を説明する場合、起源と性格のいずれについても〈アーリア・モデル〉による説明はあきらかに不十分である。実際、ダーウィニズムと〈アーリア・モデル〉はきわだって対照的なモデルである。私の分析や語源の説明に賛同するか否かはともかく、広範囲にわたる謎の部分がいまなお古代ギリシアにあることは誰にも否定できない。したがって、私は本書および続巻で、古代ギリシア人が彼らの歴史について考えた〈古代モデル〉が本質的に好ましいという理由を示すと同時に、〈アーリア・モデル〉はあまりにも不適切なモデルであり、古代ギリシアについては〈改訂版古代モデル〉のほうがはるかによく説明できることを示すつもりである。

若干の理論的考察

さて、〈古代モデル〉から〈アーリア・モデル〉に戻って、より抽象的に〈アーリア・モデル〉を見てみよう。クーンの図式は自然科学の歴史に向けられた。にもかかわらず、彼の図式は人文科学における革命的な変化を研究するのに有用だと思う。『黒いアテナ　I』では、古代「モデル」とアーリア「モデル」は〈パラダイム〉、つまり〈専門母体《ディシプリナリー・マトリクス》〉であると考えた。いまでは私は、以前よりももっとためらわずにそう考えている。〈アーリア・モデル〉はクーンの「専門母体」の要件に合致している。〈アーリア・モデル〉は「なぜ〈専門《ディシプリナリー》〉なのか。特定の専門領域の研究者がそれを共通してもっているからである。なぜ〈母体《マトリクス》〉なのか。それぞれがさらに明確化する必要のある整序されたいろいろな種類の要素で構成されているからである」[25]。社会学者バリー・バーンズが述べているように——クーンがそう主張することもある——、一つの「パラダイム」すなわち「専門母体《ディシプリナリー・マトリクス》」があるとき、

> 文脈から独立して旧パラダイムでなく新パラダイムを選ぶことを「合理的に正当化」することは……まったく不可能である。「前進」や「進歩」という証拠があっても無駄である。〔しかし新パラダイムを採用することによって〕概念、理論、手続きが変更され、判断の基準が変更される。……いかなるものも〔新旧パラダイムの〕相対的評価を長続きさせることはできない。同じ基準で比較できない〔新旧パラダイムの〕科学生活の形態を選別するものは何か。革命がそれを選別する[26]。

私は〈アーリア・モデル〉と〈改訂版古代モデル〉という二つのモデルの有用性を客観的「中立的」に評価するのをやめて、〈改訂版古代モデル〉という新モデル、すなわち新パラダイムで何ができるのかを論証することにした。この議論で述べられているのはその理論的理由である。クーンは、一つの生産様式から次の生産様式への移行というマルクス主義の弁証法を思い起こさせることばで、次のようにも語っている。

> 科学者は二つのきわめて重要な条件が満たされない限り、それ［新しいパラダイム］を受け入れるのを渋る。その条件とは第一に、新しいパラダイム候補が他のどんな方法によっても解決は不可能であると一般に認められた未解決の問題を解決できるように見えること。第二に、新しいパラダイムは以前のパラダイムによって蓄積された具体的な問題解決能力のうち、相対的に大きな部分を保持すると約束しなければならないこと。この二つの条件である[27]。

ラカトシュは、クーンのパラダイム・シフトの恣意性と思われたものを批判し、「説明の剰余価値」を強調したが、上記の主張は多くの点で、「説明の剰余価値」に類似しているように思われる(28)。〈古代モデル〉の考え方は、エジプト人とフェニキア人によってギリシア人の文明化が行われたというもので、一九世紀の世界観——歴史の主たる決定要因は人種であり、肌が白色、褐色、黒色の順に劣った人種だという序列は自明であるという世界観——と矛盾した大いに変則的な考えであり、そのため、〈古代モデル〉の価値は低下した。ギリシア文明の「現地起源説」は一九七〇年代になって初めてコリン・レンフルーがあきらかにした。しかしすでにこの説は、一八二〇年と一八四〇年の間にK・O・ミュラーとジョージ・グロートによって提示され、とうに乗り越えられていた問題だった(29)。初期ギリシア史の内的ダイナミクスを「現地起源説」で研究するメリットはまったくなかった。実際にグロートはこの研究を完全に放棄してしまった(30)。

そればかりではない。〈アーリア・モデル〉はギリシア語とインド=ヨーロッパ語を関係づける「範型」も提供した。しかしこの新モデルはクーンの〈パラダイム〉の第二要件——すなわち、「以前のパラダイムによって蓄積された科学的知識の具体的な問題解決能力のうち、相対的に大きな部分を保持すると新しいパラダイムが約束すること」——を満たしていなかった。ところが、〈古代モデル〉を破棄して〈アーリア・モデル〉を確立した人びとは大成功し、新たに理論の構築を始めた。では、一九世紀の古代史家はなぜクーンのパターンに適合していないのか。その答えは、〈古代モデル〉のどこに大きな誤りがあると彼らが考えていたか、ということにあると思われる。彼らにとっては、〈古代モデル〉とは異なるモデル——あるいは、モデルなどでは決してないもの——が望ましかった。〈アーリア・モデル〉が成功した内在的理由は、ギリシア語の基礎がインド=ヨーロッパ語にあることを説明する力があったからにすぎない。したがって、疑う余地のない優位は〈アーリア・モデル〉に移った。そして一方でギリシアの伝統を否定すると同時に、他方では、古代人の知っていたギリシアにおける近東文化の多くの痕跡を否定する必要があった。要するに、〈アーリア・モデル〉は〈古代モデル〉に取って代わったが、この事実が〈アーリア・モデル〉に本質的卓越さを与えるわけではない。

各章の議論の要約

この節では、本書にこれから登場する迷路のような事実や説をたどる読者のために、この迷宮を導くいくつかの糸ぐちを示し、本書の内容のあらましを述べる。すでに述べたように、本書の議論の中心は青銅器時代のギリシアとギリシア以外の東地中海地域とギリシアとの関係であり、情報源は考古学と当時の文書の二つである。そのほかの情報源は言語、地名、神話、宗教であるが、これらについては『第Ⅲ巻』と『第Ⅳ巻』で中心的に議論する。

第1章の要約

第1章は紀元前二一〇〇年のクレタ島を扱う。この島はアフリカ、ヨーロッパ、アジアという三大陸の真ん中に位置し、しばしばこれら大陸間の最も重要な「橋」のひとつと考えられてきた。この章で扱うのはクレタ島の石器時代、つまり新石器時代の簡単な概観である。長期にわたるこの時期のクレタ島に、紀元前六〇〇〇年以前にアナトリアから農業と陶器製造が導入され、キクラデス諸島やギリシア本土からの影響ばかりでなく、エジプト、リビア、レヴァントの影響があったことを示す考古学的遺物が残っている。

新石器時代にエーゲ海地域周辺で最も繁栄したのは、ギリシア北部の小麦を生産する広大な平原であり、その間ずっとクレタ島は比較的重要ではなかった。しかし紀元前三〇〇〇年より少し前に青銅器時代が始まると、これらの地域は衰退に向かい、南エーゲ海の沿岸地域と島々はますます豊かになり、より発展した。繁栄する地域はなぜ転換したのか、その原因を議論する。繁栄する地域が転換したのは、東方から新たに導入された「地中海性」作物、とくにブドウとオリーブがもたらされたからという説と、この説でいうブドウとオリーブの導入時期については疑問があるので、それよりも海運業の進歩と貿易の増加によるという説がある。両説はいずれも、繁栄する地域が北から南に移ったのは近東との接触があったことを示していると思われる。

微量の鉛を含有する陶器や金属製品の原産地を正確に割り出せる新しい科学技術によって、二〇世紀初頭の「修正伝播論者」の理論が正しいと確認され、ケンブリッジ大学考古学教授コリン・レンフルー率いる極端な孤立論の立場は不利になった。第四千年紀末から第三千年紀初頭は中東の貿易が拡大した時期の一つであり、貿易相手の地域は西は遠くスペインとハンガリーまで、東は遠くアフガニスタンまで拡がった。いまではこれはあきらかである。このような広大な地域のなかで、東地中海周辺地域の接触が限られていたという考えは不合理になっている。

クレタ島に焦点をしぼった第1章では、この時期のクレタ島に冶金の新技術と新様式の陶器が登場した問題を論じ、あわせて、レヴァント起源と思われる他の文化的特徴について議論する。ギリシア語がクレタ島に登場する紀元前第二千年紀後半まで、初期青銅器時代初頭のクレタ島では、西セム語が——支配的言語ではないとしても——重要な言語になった可能性は最も高いと思われる。同時に、初期ミノア期のクレタ島の宗教がエジプトの大きな影響下にあったことはあきらかであり、紀元前第三千年紀以降のクレタ島にはレヴァント系ばかりでなくエジプト系の遺物や芸術モチーフも発見されている。

この章では、この時期の考古学者でフェミニストのルーシー・グッディソンの著作についても議論する。グッディソンが攻撃したのはクレタ島人の神が地下に住む地母神であるという考えであった。彼女は太陽が女性だったことを図像学から論証した。一九世紀と二〇世紀の学者たちは、非アーリア人の間で崇拝されたのは地母神のイメージだったという考えを好んだが、そこにはイデオロギー的に興味深い理由がある。一九世紀初頭以来、言語学者たちは天空を崇拝するアーリア人を男性的で精神的であり、彼らに征服された人びとは本質的に女性的であり、大地と物質が彼らの関心であると考えた。エジプトでは、太陽は男性であるが、天空は女性であり、大地は男性とされることが多かった。ルーシー・グッディソンは彼女が再構成したクレタ島の宗教を正しく理解している。彼女はクレタ島とエジプトの宗教との並行関係を指摘する。たとえば、クレタ島神話では太陽は船に乗って天空を航行し、また、嘆き悲しむ二人の女性が登場するが、この女たちはエジプト神話に出てくるオシリスの死を悼むイシスとネフティスという二人の女神に似ているように思われる。

全体として、クレタ島には文化的地域差があり、こうした差異の全てが新石器時代から続くその地方独特の要素を含んでいたことはあきらかであると思われる。しかしクレタ島の各地域には近隣の文化の大きな影響も観察される。キクラデス諸島からの影響は島の北部に、アナトリアからの影響は島の北東部に、エジプトやレヴァントからのいっそう大きな影響はそれぞれ南部と南東部に見られた。この見方は慎重で常識的であり、極端な〈アーリア・モデル〉が登場してのち長い時間が経過した一九六〇年代まで、完全に受けいれられていた。ギリシア以前の文化に「オリエント」の影響があったことは、この時期までは受けいれられ、〈アーリア・モデル〉の脅威にはほとんどなっていなかった。非インド＝ヨーロッパ語を話すが、ヨーロッパ系で白色人種だった前ギリシア人は、ギリシア文化にたいするアフリカとユダヤの文化的影響を浄化するフィルターの役割を果たした。こうして、たとえば、著名な進歩的考古学者で考古学理論家のゴードン・チャイルドは、若い頃はアーリア人の優越性をあからさまに擁護したにもかかわらず、「修正伝播論」とヨーロッパにたいする近東の決定的影響に賛成の立場で議論を展開した。

一九七二年以来、ケンブリッジ大学の考古学者コリン・レンフルーは紀元前第三千年紀のエーゲ海地域の解釈では最も影響力のある人物である。ギリシア文化の源流についての研究は、北方から侵入したと言われるアーリア人ではなく、エーゲ海地域に住む先住諸民族に求める傾向を強めており、レンフルーはその方向に沿ってギリシア文明の考古学研究と宗教研究を行ってきている。実際、〈現地起源モデル〉を主張するレンフルーは、インド＝ヨーロッパ語はギリシアばかりでなくヨーロッパ全体にも、農業とともにやってきたと言う。彼の図式によれば、紀元前第三千年紀のクレタ島には古代の学者によってレヴァントとエジプトの大きな影響が認められていたし、ギリシア文明にたいするレヴァントとエジプトの影響は紛れもないものだった。したがって彼に必要だったのは、ギリシアに東方からの影響をうけない無垢な子供時代があることだった。彼は次のように述べている。

一千年の間、南エーゲ海全域にわたって、あらゆる分野で目覚ましい変化が起きていた。……こうした発展にはオリエントからの借りがほとんどなかった。しかしこの時期、その後のミノア＝ミュケナイ文明の基本的特徴が決定されたのである(31)。

エジプトとフェニキアがギリシアに与えた影響をすべて否定する学者について、私たちは彼らを「極端なアーリア主義者」と呼んだ。しかしそれどころか、中東の文明がギリシア以前の文明に与えた影響をすべて否定する人びとをどう呼べばいいのだろうか。彼らにふさわしい言葉を見つけるのは容易でない。同時に、彼らは、最初のヨーロッパ人は青銅器を使用する二輪戦車《チャリオット》に乗ったアーリア人ではなく、新石器時代の農民だと見ている。彼らを「超ヨーロッパ主義者」と呼んでも、満足できる呼び名ではないと私は思う。

第2章の要約

第2章と第3章の主題は主としてボイオティア地方である。ギリシア中央部のボイオティア地方は周囲を山に囲まれた平野であり、平野には何本かの川が流れ込み、川は湿原や浅い湖沼を形成することが多い。なかでも、最も大きく有名なのはコパイス湖である。せきとめられた川が湖になっているところも多い。しかし青銅器時代には、いくつかの洞窟を結んで海への出口を作ったり、湖を干拓するために、水路が作られ、トンネルが掘削された。排水と灌漑の技術はきわめて複雑で精巧だった。水路やトンネルは青銅器時代の終わりに破壊され、その後再建の試みはいくつかあったが、青銅器時代のそれに代わるものは一九世紀になるまで建設されなかった。

こうした水路やトンネルの精巧さは、当時、地中海に流れ込むエジプトの河川流域にだけ見られた。このことは、はるか昔のボイオティア地方に、最新の発掘によれば、エジプトのピラミッドの模倣とおもわれる階段状の人工的な墳丘が存在したこととあわせて考えると、たとえこの地方がエジプトの植民地でなかったとしても、青銅器時代初期にエジプトの影響があった可能性は高い。

第2章では始めに、ギリシア古典時代とヘレニズム時代の著作家がボイオティア地方とエジプトの関連をどう見ていたかを概観する。「テーバイ」と呼ばれる首都がボイオティア地方にもエジプトにもあり、ナイル川の河岸やデルタ地帯とボイオティア地方のコパイス湖岸の沼沢地との間にはさらに多くの類似点がある。しかしこの章の大部分では、ボイオティア地方とエジプトの神話と祭儀にみられる並行関係を議論する。とくに、コパイス湖南岸に見られるアテナ神の祭儀は重要であり、この祭儀の源流をたどれば、アテナ神に相当するエジプト神話の水をつかさどる神、ネイトの祭儀に行きつくと考えられる。エジプト神話によれば、ネイトはナイルのデルタ地帯を遊弋《ゆうよく》する牝牛であり、やがて彼女は聖なる都となるサイスに定住したと言う。ギリシア神話に登場するテーバイを建設したカドモスは、牝牛のあとについていき、牝牛が休んだところに町を建設したとされているので、ここには際だった類似性がある。

カドモスはそこで牝牛をいけにえとして捧げ、アテナ神祭儀を定めたが、女神のエピクレシスすなわち異名はオンカまたはオンガという不思議な名称だった。オンガまたはオンカというこの名称について、古代の著述家パウサニアス〔紀元二世紀のギリシアの旅行家・地理学者〕は何も説明していないが、これをエジプト語だと考えた人びととは異なって、彼はフェニキア語だと考えていた。オンカという名前は、ヘレニズム時代のギリシア人にはアヌキスmktとして知られたエジプトの女神の名前に由来することはほぼ確実である。アヌキスはナイル川のあちこちの岸辺に浮かぶ島々と滝の女神だった。したがって、ギリシアのテーバイが建設された場所が三つの川の流れこむ急斜面の断崖だったことはきわめて興味深い。そのほかに、オンカと並行関係がある名前、オンカイオスが神話に出てくる。ペロポンネソス半島のアルカディア地方にあるオンカイオスは、急流のラドン川のほとりに関係する名前であり、そのあたりのラドン川は島々のあいだを流れている。テーバイの建国神話、とりわけカドモスの妻ハルモニアをめぐる神話には頸飾りやひもにまつわる話が多い。オンカという語が「頸飾り」を意味するセム語の語根、ʿnq との語呂合わせであったことはあきらかである。

このほかにも第2章では、ギリシアのテーバイと密接に関係する神話に登場する女性で、ゼウスに誘惑され、その結果ヘラクレスを生んだアルクメネについても考察する。ギリシア、とりわけテーバイの最も偉大な半神〔ヘラクレス〕を作り上げているのはメソポタミアや西セム、そしてエジプトの多くの要素であり、これについてはもっぱら第2章の一節で詳しく議論する。こうした要素の大部分は、これらの三文化が生みだした神話上の人物であるが、なかにはエジプトのファラオ、とくに中王国のファラオも含まれており、彼らの征服とギリシアに与えた大きな影響について後の章で議論する。

以上のことから、より一般的な問題が二つ提起される。第一に、一般にはとりわけギリシア的な概念と考えられてきた〈半神〉の英雄——英雄はかならず王族だった——の起源が、〈人間であると同時に神である〉というエジプトの〈神なるファラオ〉に求められる可能性があるという問題。第二に、ギリシアの著述家エウヘメロス〔紀元前三〇〇年頃のギリシアの哲学者〕が同時代人として、アレクサンドロス大王の並はずれた征服と、ヘレニズム期の神格化された君主の統治の確立を目の当たりにして述べた考えのなかに、検討すべき内容があるという問題。エウヘメロスは、神話の神々とはひときわすぐれた人間のことであると述べ、〈神のモデルは人間である〉と考えた。ところが現代では、エウヘメロスに由来する「エウヘメリズム」という言葉は――私自身このような現代的意味で使っているので気がとがめるが――、エウヘメロスが述べたこととはまったく正反対で、神話の登場人物である神を歴史上の人物である人間に変えることを意味する。すなわち「エウヘメリズム」とは、〈人間のモデルは神である〉という説である。実際には、エウヘメロス本人が述べたような〈神のモデルは人間である〉場合も、こんにちの「エウヘメリズム」の意味のような〈人間のモデルは神である〉場合も、かなり頻繁に起きたに違いない。そしてヘラクレスの人物像形成に、エジプト中王国のファラオが重要な要素だった可能性はあるだろう。

第3章の要約

第2章の議論を全体としてみると、そこで論証しているのはボイオティア地方の神話と近東の神話との間に見られる詳細で複雑な並行関係であり、その並行関係は紀元前第三千年紀にさかのぼると思われるものもあるが大部分は青銅器時代にまでさかのぼる。このような論証は、第3章で論ずるボイオティア地方をめぐる近代の考古学者たちの対立的な主張を評価するための背景を準備するために欠かせない。前述したように、青銅器時代にエジプトの影響があった可能性を示す主な材料は二つある。第一に、テーバイ王アムピオンとその双生児の弟ゼトスの墳墓である「ピラミッド」の存在がある。確実なことは、これが人の造った大きな墳墓であること、古典時代とヘレニズム時代を通じてきわめて神聖な場所であったこと、アムピオンとゼトスはテーバイの建設者と見なされていたことだ。アムピオンとゼトスがテーバイの最初の建設者であったのかどうかについては、古典時代以来ずっと論争が続いている。すなわち、テーバイの建設者としてはるかに有名なカドモスよりも先に、彼らがテーバイにやって来たのかどうかについては議論がある。古くからの伝承を伝えたホメロスは、彼らはカドモスよりも先に来たと主張した。これに加えて、フェニキア語の情報源を使ったと考えられるペレキデスは、その後テーバイは破壊され、その廃墟の上にカドモスがテーバイを再建したと述べた。

アムピオンとゼトスの墳丘は、陶器年代区分では初期ヘラドス文化第Ⅱ〔ＥＨⅡ〕期のもので、この時期は紀元前三〇〇〇年から紀元前二四〇〇年のあいだであり、エジプト古王国時代にまでさかのぼれることはほとんど疑いない。墳丘を発掘したテオドル・スピロプロスは、精巧な階段状の建造物はエジプトの初期のピラミッドに似ていると考えた。墳丘の最上部の墓は略奪されていたが、これらはエジプトのものだったとスピロプロスは考えている。しかし発掘で発見されたきわめてわずかな遺物からその起源を正確に指摘することは難しい。私が前に述べた神話的背景と、この時期のエジプト人がピラミッドを建造していたという私たちの知っている事実から無理なく想定できることは、この記念碑的な墳丘の建造に必要な大規模な建設工事に、エジプトの軍事的・政治的存在《プレゼンス》がなかったとしても、少なくともエジプトの影響はあったということだろう。

最近の発掘から、ＥＨⅡ期のボイオティア地方は高度に繁栄し都市化されていたことが分かってきた。より衝撃的なのは、コパイス湖北岸のオルコメノスの近くで、この時期のいわゆるルンドバウ〔Rundbau ドイツ語で丸屋根の建物という意味〕つまり「円形建築物」が発見されていることである。最も妥当な説明は、これらの建物を穀物倉庫と見る説明だろう。一九七〇年代末に死ぬまで、ギリシア考古学の第一人者だったスピリドン・マリナトスは、これらの穀物倉庫はエジプトで見られたり、エジプトの墓にはっきりと描かれている穀物倉庫ときわめて似ていることをあきらかにした。したがって彼は、このような穀物倉庫から、非常に早いこの時期のギリシアにエジプトの影響があったことがわかると主張した。このような穀物倉庫があったことは、この地方に大量の余剰穀物があったことも示している。このような余剰穀物は当然、コパイス湖の沿岸と湖に流れ込むケピソス川の河岸の産物だっただろうが、余剰穀物は人工的な排水と灌漑の結果だったと考える方がより妥当と思われる。

コパイス湖周辺の最古の堀や干拓地について、その建設をＥＨⅡ期までさかのぼることができるというのは最近の考えではない。学者としての人生をもっぱら水利工事に費やしたドイツの技術者で考古学者のロイファーは、コパイス湖の堀や干拓地はこの時期に造られたと考えていた。現代の学者は彼の説を受け継いでいるが、彼らはより慎重に、最も古いものは前ミュケナイ文化期のものだと主張しているにすぎない。しかしスピロプロスは、彼が堀で発見したＥＨⅡ期の陶器によってロイファーの立場は確認されたと主張している。こうして、「ピラミッド」、堀、ルンドバウ、この時期の全体的な繁栄という証拠がより集まって、紀元前第三千年紀中期のボイオティア地方で大規模な建設工事がおこなわれていたということを示している。そのうえ、こうした建設工事にエジプトが関係していたことを示しているのは、「ピラミッド」やルンドバウだけではない。このころすでに、何千年間にもわたって、メソポタミアには排水と灌漑の精巧な設備があったが、エジプトはギリシアにずっと近く、古王国時代を通じて大規模な水利工事に関わってきていた。したがって、コパイス湖の管理をふくむ複雑な問題に取り組むために、必要な専門技術の供給源となったのがエジプトである可能性はきわめて高いと思われる。

青銅器時代のギリシアで、排水と灌漑の設備があった地域はボイオティア地方だけではなかった。ペロポンネソス半島の中心にあるアルカディア地方の山岳地帯には、ボイオティア地方と似たいくつかの堀とダムがある。これらの堀とダムが建造された年代は不明だが、調査した考古学者や技術者によれば、その類似性からボイオティア地方のものと同時期に建設されたと考えられる。もっと注目しなければならないのは、アルゴス平原のティリュンス遺跡の近くにある巨大なダムである。このダムの規模はボイオティア地方やアルカディア地方のダムよりもはるかに大きく、類似性はまったく見られない。

ＥＨⅡ期にルンドバウがあったという発見によって、ティリュンスのダム建設が初期青銅器時代に始まったという可能性が大きくなる。ルンドバウは巨大であり、アルゴス平原の全ての生産物を貯蔵できたように思われる。このことは、そこが大いに繁栄したというばかりでなく、レンフルーのモデル――この時期は小規模な農業がおこなわれていたというモデル――では考えられないタイプの、強力な中央集権的な政治支配、あるいは少なくとも経済支配がそこに存在したということを示している。大規模なこの支配機構の存在は、「瓦屋根の館《やかた》」として知られるこの時期の堅牢な建物がレルネで発見されたことによってもうかがわれる。「瓦屋根の館」が小規模な宮殿であったか中央行政府であったかはともかく、ルンドバウが暗示する中央集権的な複雑な行政機関があったというイメージは、この館によって確認される。

第3章では地名、とくに洪水と灌漑に由来する地名を考察する。ペネオスすなわちペネイオスは川や湖に共通する地名で、これはギリシア全土、とくにボイオティア地方の北にあるテッサリア地方とアルカディア地方の両地域に見られる。この語の語源はインド＝ヨーロッパ語ではなく、エジプト語の P3 Nw(y)（洪水）だった可能性が一番高いと思われる。地震のため川が遮断されて洪水が起き、遮断と洪水や灌漑を結びつけるギリシア独特の伝統からペネオスすなわちペネイオスという地名になったと考えられる。

ギリシアの川の名前で最も頻繁に使われる言葉のひとつはケピソスである。エジプトでは通例、流水、川、そのほか水がさまざまな形態をとる場所の地名に Ḳbḥ (w) が使われているが、ギリシア語のケピソスはエジプト語の Ḳbḥ (w) に由来すると私は考えている。ケピソスはあきらかに、エジプト語の語根の *ḳbb*（冷たい）と *ḳbḥ*（清める）を結びつけた言葉である。ナイル川の第一瀑布のエレファンティネ近くに二つの洞窟があり、そのひとつは Ḳbb という名前であり、第一瀑布はナイル川の源流と見なされており、Ḳbḥ (w) という名前からは一般に、〈地中から湧き出す清らかで冷たい水〉が連想されると思われる。ギリシア語のケピソイは、大部分ではないが多くの場合は地下から流れ出る川、あるいは地下を流れる川であり、清めの儀式に用いられた。エジプト語の Ḳbḥ (w) は水鳥の棲む湿地帯の沼や湖の名前としても用いられた。この語はコパイス湖そのものはもちろん、ケピソスと呼ばれる川が流れ込んでいるアルカディア地方のカピュアイ湖とも、語源上の連関があるように思われる。

青銅器時代の堀と水路の遺跡近くに、ボイオティア地方とアルカディア地方のいずれにもオルコメノスと呼ばれる都市がある。オルコメノスという地名は線文字Bの粘土板にも見いだせる地名であり、これが青銅器時代にさかのぼる地名であることはあきらかである。この語の語源はインド＝ヨーロッパ語族の一派であるリトアニア語の動詞、*veržiu*（囲む）から再構成した「閉じる」を意味する語根から出たものだとされている。しかしこの説明よりも、この語の語源はカナン語の語根*ˆrk*であるという説明の方がずっと妥当と思われる。*ˆrk*は基本的に、「整列させる」、「列を作らせる」、あるいは軍事的な意味で「戦線を整える」を意味する。*ˆrk*という語根は、*arch-*で始まる単語で、ギリシア語のなかに豊富な音結合群をもつ語のもとになったと思われる。インド＝ヨーロッパ語には、「最初に行く」を意味したり、軍事的な意味で「司令する」を意味する*arch-*に相当する語源はない。したがって、*arch-*はもちろん、*orcho-*も*ercho-*もセム語の*ˆrk*からの借用だったと思われる。こうしたことから、地名のオルコメノスやエルコメノスは「整えられた」、「囲まれた場所」を意味し、近くの堀や水路を指している。もっとも、オルコメノスは根本的にはセム語起源のことばだが、語尾の*-menos*はギリシア語の受動相分詞と思われるので、地名そのものはギリシア語とされているようだ。しかし*-menos*は、言語学者がセム語の*mayim*（河水）からの興味深い「混成語」と呼ぶものかもしれない。「管理された河水」ということならば、これは状況にぴったり適合するだろう。

語の語源は、古代における現実の灌漑工事の文脈のなかでその可能性を探求しなければならないが、ギリシアに灌漑工事に必要な技能がもたらされたのは、第一にエジプトから、第二にレヴァントからだったことはまちがいなく、エジプトからの移民と初期の灌漑を結びつける伝説もある。しかし、これらの語が到来したのは青銅器時代のどの時期であるのか、その時期を明確にするのはきわめてむずかしい。水利用の工作物そのものは紀元前第三千年紀にはじまったのはあきらかと思われるが、紀元前第二千年紀になっても造成がつづいており、語の到来はあとからだったかもしれない。実際、インド＝ヨーロッパ語がギリシアに到来した時期がEHⅡ末期か中期青銅器時代にまでさかのぼるとすれば、実質上、語の到来があとだったことは確実と思われる。しかし祭儀や伝説のなかには、ずっと昔にさかのぼる可能性のあるものがある。とりわけ、灌漑の女神ネイト／アテナの祭儀や伝説と、この女神と荒地の神セト／ポセイドンとの戦いについての祭儀や伝説は、ずっと昔にさかのぼることができる。

興味深いことだが、ギリシアの伝承では頻繁に、二重の建設神話がでてくる。ひとつには、神々に二つの出自、二人の母、二人の父などがあるように、二重化は神学と神話に共通する神秘化作用であると説明できるかもしれない。あるいは、レヴィ＝ストロースのように、二重化は神話の構造的必要条件であると説明できるかもしれない。しかしギリシアの伝承の場合、二重化には歴史的根拠がある可能性が高いと思われる。鉄器時代のギリシア人たちはおぼろげに、暗黒時代はひとつだけではなかったことに気がついていた。すなわち、トロイア戦争後の数十年間のミュケナイの陥落とヘラクレイダイの帰還という暗黒時代だけではなく、それよりもっと昔に暗黒時代があったことに気がついていた。ひとつは紀元前一六世紀頃と考えられるデウカリオンの大洪水のころの暗黒時代、もう一つはそれよりずっと前の、アムピオンとゼトスのテーバイが滅ぼされた暗黒時代であった。

陶器年代区分EHⅡ期のギリシアには繁栄し洗練された社会と経済があり、その多くの遺物の特徴はエジプト的であった。さらに、エジプトは古王国時代の絶頂にあり、その影響がこの時期のギリシアにあったことは驚くべきことではないだろう。これはまったく疑いない。この時期のボイオティア地方とアルカディア地方では、あきらかにエジプトの遺物だというものはまだ発見されていない。しかし、少数だが重要な古王国時代エジプトの遺物が、クレタ島ばかりでなく他のエーゲ海地域でも発見されている。全体として、多くの状況から次のことがいえる。すなわち、紀元前第三千年紀のエーゲ海地域はもちろんギリシア本土で、エジプトからの大きな影響と、それに比べれば小さいがレヴァントからの影響が見られた――これが第3章の私の主張である。

第4章の要約

紀元前第三千年紀末になると、クレタ島の発展はギリシア本土とはまったく異なる形態をとるようになった。それ以前のギリシア北部の繁栄と経済活動をクレタ島と比べると、どちらかといえばギリシア北部の方が大規模だったと思われる。さらに、エジプト古王国と初期および中期第三千年紀のレヴァントの遺物はクレタ島の方が多く発見されているが、前述したように、エーゲ海地域の中部・北部と中東の間には、同じように密接な接触があったと思われる。クレタ島とギリシア本土の違いがあらわれたのは、紀元前二四世紀の、ギリシアの陶器年代区分EHⅡ末期以後と、クレタの陶器年代区分EMⅡ末期以後であった。ギリシアでは没落があり、その後、都市化と定住の密度が衰退した。対照的にクレタ島では、大宮殿につながる原《プロト》宮殿時代と呼ばれる発展がみられ、最初の大宮殿は紀元前第三千年紀の最後の世紀に建設されたとおもわれる。

初期ミノア文化期のクレタ島は農耕社会であり、都市化の度合いは大きくなかった。それが官僚の支配する適度な大きさをもつ宮殿社会に発展した原因について、これまでかなり討論がおこなわれている。レンフルーと超ヨーロッパ主義者たちは、クレタ島のこの変化を認め、これは本質的に内発的な発展だったと主張しているが、これは驚くべきことではない。他方、クレタ島考古学の創始者アーサー・エヴァンズ卿〔一八五一―一九四一年、クレタ島のクノッソス宮殿を発掘した〕や、彼の最も優秀な弟子J・D・S・ペンドルベリなどの〈修正伝播論者〉が注目するのは、EMⅢ期の地層から発見されたレヴァントやエジプトの遺物の数の多さと、冶金技術の変化や石製・陶器製の壺の意匠の変化が、レヴァントとエジプトの影響をそれぞれ反映しているという事実である。さらに〈修正伝播論者〉は、クレタ島の宮殿様式と、エジプト及びレヴァントが中東にその運営方法を伝えた宮殿組織――中東の宮殿組織はクレタ島に何世紀も先行していた――との本質的類似性にも注目している。こうして、彼らはクレタ島の変質を東方からの影響と関連づける傾向にあった。

まったく別の方法から、何人かの若いケンブリッジ大学の考古学者が類似の結論に達していることは興味深い。彼らは超ヨーロッパ主義者の教え子だが、エヴァンズが想定し、またある程度はレンフルーも想定している、考古学上の証拠をスムーズな進化論的発展モデルにあてはめようとする場合に生ずる困難な問題に取り組んできた。近年、ダーウィン進化論を批判する断続平衡説〔種の変化では長期で比較的安定した期間と急速な種分化の期間が交互に現れるという、一九七〇年代に米国の学者スティーヴン・J・グールドが唱えた説〕が提唱されているが、彼らがいま用いているのはその論法である。彼らはまた、原《プロト》宮殿時代の特徴が近東とのコミュニケーションの急速な増加にあることにも注目している。にもかかわらず、彼らは前世代の〈修正伝播論者〉と同じように、こうした発展がどうして、なぜ、起きたのか、それについてはあいまいではっきり述べていない。

クレタ島に最初に宮殿が建設された時期は、エジプトでは第一一王朝が支配していた時代であった可能性がきわめて高く、クレタ島の変容はこれによって説明できるかもしれない。この第一一王朝の開祖は〔エジプトの〕テーバイ州からやって来た上エジプトの黒人《ブラック》であり、エジプトの統一は、のちに中王国として知られるようになったこの王朝によって回復された。エジプトはこの王朝のもとで軍事力を増強し、レヴァントに遠征したことは疑いない。この第一一王朝がアテネの南にあるアッティカ地方のラウリオン鉱山から採掘した銀を輸入していたことは、鉛同位体分析によって分かっている。このことと、クレタ島で発見されたこの時期のエジプトの遺物から、クレタ島の宮殿建設は同時代のエジプトの権力確立の結果だったという可能性が出てくる。しかし考古学的根拠だけでは、クレタ島とエジプトのつながりは乏しいように見える。

ところが、ほかにも証拠がある。クレタ島の宮殿社会の最も著しい特徴のひとつは牡牛祭儀だった。クレタ島に牡牛祭儀があったという証拠は、クレタ島の宮殿遺跡の存在からもあきらかだが、同時に、クレタ島のミノス王が人身牛頭の怪物ミノタウロスを監禁するために、ラビュリントス〔迷宮〕を造らせたというギリシアの伝承からもあきらかである。クレタ島内には牛に適した平原が多少はあるが、山地がクレタ島最大の特徴であり、このため、そこは野生ヤギすなわちアグリミアの生息地になっている。このように、地理的に見れば、初期ミノア期の最末期までクレタ島に牡牛祭儀の証拠がまったくないことは驚きではない。紀元前第二千年紀のクレタ島の牡牛祭儀の起源は、紀元前第七千年紀のアナトリアの新石器文明のチャタル・ヒュユクで盛んだった牡牛祭儀に求められることが多い。しかしクレタ島にはこの時〔紀元前第二千年紀〕まで牡牛祭儀がなかったので、この説は受け入れ難い。多くの、あるいは大部分の農業技術がこのアナトリア文明からギリシア本土だけでなくクレタ島にも伝えられたことは、おそらく真実だろう。私はこれまで何度となく、「沈黙からの議論」に反対してきた。にもかかわらず、紀元前第七千年紀から紀元前第二千年紀末までの四〇〇〇年間、アナトリアにもエーゲ海地域にも牡牛祭儀の証拠が欠けており、そこからいくつかの困難が提起される。地理的にアナトリアとほぼ同じくらいクレタ島に近く、時間的にまさに同時期の紀元前二一世紀にクレタ島の牡牛祭儀の起源を求めることができるなら――すなわちそれはエジプト第一一王朝であるが――、牡牛祭儀のアナトリア起源という仮説の妥当性はゼロに近くなる。

　牡牛は力強く美しいため、異なる多くの文化で宗教的崇拝の対象になっていた。エジプトでは先王朝時代以来、牡牛と牡牛の角《つの》は祭儀上大きな意味をもっていた。エジプト王朝の支配が始まってからも多くの牡牛祭儀がおこなわれたが、聖牛アピスの祭儀は最も有名である。この祭儀は、第一王朝の最初の統治者にして立法者、のちにギリシア人にメンフィスすなわち Mn nfr のメネス、あるいはミンとして知られる人物によって始められた。クレタ島の伝説的な統治者で立法者のミノス王もまた、牡牛祭儀とミノタウロスと密接な関連があることは印象的である。描かれたミノタウロスの像は、人間の身体に牡牛の頭をもつと伝えられるエジプトの神々とほぼ同じであった。

エジプトにはほかにも重要な牡牛祭儀があった。現在のカイロのちょうど北東にある都市ヘリオポリスでは、ムネヴィス［太陽神ラーの化身としての黒牡牛］祭儀がおこなわれ、エジプト語の名称ムネヴィスはヒエログリフで （曲がりくねった壁）と記されていた。ギリシアの伝説によれば、ミノス王の命令でクレタ島にラビュリントスを建造したダイダロスはエジプトを手本にこれを建造したという。そして、現存するギリシア語で最初に「ラビュリントス」について言及されている場所はクノッソスの迷宮ではなく、ファイユーム湖の湖畔にある第一二王朝のファラオ、アメンエムハト三世が葬られた壮大な葬祭神殿であった。ラビュリントスという名称は、ニマアトラー **N m3ꜥ.t Rꜥ** というこのファラオの別名に由来するのであって、このファラオはヘレニズム時代のギリシア人からいろいろな名前で呼ばれており、なかにはラバレスやラバリスなどの名前も含まれていたと、私は考えている(32)。

そういうわけで、ここには三重の並行関係がある。エジプトには **Mn** の名称と関連する牡牛祭儀があり、**Mn** とは王朝創始者／立法者の称号でもあり、「曲がりくねった壁」と関連する牡牛でもあった。これらのすべては古王国時代にまで、すなわちクレタ島の宮殿建設以前にまでさかのぼる。他方、クレタ島にはミノス王とラビュリントスに関連する牡牛祭儀があった。伝説によれば、ミノス王はかならずしも威厳ある立法者でなく、時にはサテュロスのように好色だったから、この並行関係はますます複雑なものになる。しかし、好色なミノス王は巨大な男根像で有名なエジプトのミンという神に似たところがある。エジプトのミン神はのちにサテュロスの守護者であるギリシア神、パンの原型になったと考えられる。ミン神が第一王朝の創始者、ミン／メネスと混同・融合されることもあったと思われる。

牡牛と結びついたもうひとつのエジプトの祭儀はモンチュ祭儀であった。モンチュはとくに北エジプトの戦争と征服の重要な神だったが、「モンチュは満足したまう」を意味する第一一王朝のファラオ、メンチュホテプの守護者として、全エジプト的に著名な神になった。したがって、クレタ島に牡牛祭儀が登場したのは、紀元前二一世紀、第一一王朝がエジプトを再統一し、その勢力を外国に伸ばしながら牡牛祭儀を広めていった時期とまさに同時期であったと思われる。モンチュという名称は、「モンチュが与えた」あるいは「モンチュから与えられた」を意味する*Rdi Mntwという形で、ミノス王の兄弟であると同時に、彼自身も王で征服者で裁判官であるラダマンテュス王の伝説のなかに残っている。エジプトの新王国では、第一王朝の創始者ミンと中王国の創始者メンチュホテプを時にはいっしょに礼拝することもあったので、彼らはギリシア伝説のミノス王とラダマンテュス王の関係にまったくよく似ている。エジプトでは、ミン／メネスとミン、そしてモンチュとメンチュホテプのように、神とファラオが融合していたと思われるが、クレタ島の場合も、ミノス王とラダマンテュス王が神であると同時に王であっても妥当だろう。

このようにエジプトとクレタ島には一致したパターンが見られるが、これはつぎのように解釈できる。第一に、これは単なる偶然と解釈できる。しかしエジプトとクレタ島の並行関係に見られる精巧さと密度から、この可能性は少ないように思われる。

第二に、この一致は古典時代とヘレニズム時代のエジプトとギリシアの神官がつくりあげたものだと解釈できる。しかしこれも実質上不可能な解釈である。ヘシオドスやホメロスの著作にミノスやラダマンテュスの名前が登場し、ミノスやラダマンテュスの伝説の大部分が紀元前一〇世紀か九世紀にすでに存在していたことは、彼らの著作からあきらかだからだ。だとすれば、並行関係ができあがったのはそれよりももっと早い、おそらく「暗黒時代」だったかもしれない。しかし、エジプトとギリシアの接触の性質と当時のギリシア宗教の無秩序な状態から、この可能性は非常に低いと思われる。並行関係が「暗黒時代」よりもっと早い時期にできあがっていたとすれば、東地中海の周辺地域で接触があり、エジプトでもギリシアでも宗教が繁栄した紀元前一五世紀と一四世紀という可能性が最も高くなるだろう。実際、ギリシアの伝説はこの時期に形成されたのかもしれない。しかし、考古学では、クレタ島の牡牛祭儀はエジプトのモンチュ祭儀が最盛期だったまさにその時に始まったとされており、あらゆる理由から見て、基本的な並行関係はその時までさかのぼるように思われる。

紀元前第三千年紀末がエジプトとクレタ島に一致が見られる時期だったと解釈するもう一つの理由は、紀元前二〇〇〇年頃、エジプトで国家祭儀が牡牛モンチュから牡羊アムンに変わったからである。エジプトの神々のなかで、とくに北部の占領地との関連でモンチュは依然として重要な神であり、クレタ島でも牡羊ザンすなわちゼウスが宗教的に非常に重要になってきたのは事実である。他方、エジプトで牡牛祭儀が行われなくなったあとも、クレタ島では牡牛祭儀があいかわらず中心的祭儀だった。これはたとえば、仏教が発祥地のインドで衰えたのに、スリランカや東南アジア、ネパールやチベットでは残ったというように、文化的中心部で失われたものが文化的周辺部に残るという一般的な文化パターンに合致するように思われる。これはキリスト教にもあてはまる。キリスト教はそれをつくり出したシリア＝パレスチナとエジプトでは多数派の宗教ではなく、ヨーロッパと東アフリカで生き延びたのだった。

クレタ島に牡牛祭儀をもたらしたのはエジプトであり、クレタ島と近東ではいくつかの祭儀や図像が似ているばかりでなく、宮殿の建築様式や社会も似ていたことはほぼ確実である。これによって、クレタ島の先《プレ》宮殿時代から原《プロト》宮殿時代への「跳躍」は、少なくとも同時代の中東からの間接的な刺激の結果であり、この地域でエジプトがふたたび覇権を主張したことがそれと関連していることはあきらかである。ラダマンテュス王の伝説と考古学的証拠が示しているように、エジプトは紀元前二一世紀の南エーゲ海地域で、ある程度の宗主権をもっていた可能性があると私は考えている。

第5章の要約

第5章と第6章では、ギリシア人がセソストリスという名で知っている第一二王朝のファラオ、センウスレトの「征服」を議論する。セソストリスと彼の軍隊はアジアを越え、スキタイ——ロシア南部の大草原地帯《ステップ》——からカフカスまで遠征し、その結果広大な地域を征服した。この遠征については、ヘロドトスやその後の著作家によってかなり詳細に記されたものがのこっている。インドまで遠征したアレクサンドロス大王の時代以後、著作家たちはセソストリスもアレクサンドロス大王と同じように遠くまで遠征したと記した。ところが一八世紀以来、近代の学者はこうしたすべての書物の価値を割り引いて考え、彼らの大部分は長い間、センウスレト〔実在したファラオ〕とセソストリス〔伝承上のファラオ〕を同一視するのを嫌った。彼らの主張では、エジプトはキュロス大王以後はペルシアに、アレクサンドロス大王以後はマケドニアに支配されたので、古代人の著作はあきらかにこの大王たちを超える征服をおこなった民族的英雄を発見しようとする試みであり、したがって、〔セソストリスの遠征は〕ヘレニズム時代の著作家ディオドロス・シケリオテス〔シチリアのディオドロス〕による誇張であった。近代の学者たちにとって、文明化されたアフリカの軍隊が南西アジアばかりでなくヨーロッパも征服したというのは受けいれがたいことであり、これが彼らの疑い深さを大いに助長した。古代人たちの考えは、一九世紀末と二〇世紀初期の組織的人種差別の時代にまっこうから対立した。

二〇世紀中期になるまでは、碑文の証拠と考古学に基づいて、エジプト第一二王朝時代にエジプト「帝国」が存在したこと――少なくとも、シリア＝パレスチナにエジプトの勢力地帯が存在したこと――は、一般に合意されていた。しかしその後、懐疑主義が登場し、一部の学者はエジプト「帝国」の存在を疑うまでになった。レヴァントには「帝国」があったという根拠がなかったので、センウスレト／セソストリスの征服はまったく問題外であった。

メンフィスで、つまり現在のミト・ラヒーナ村で大量の碑文が発見され、その予備的解読から、センウスレト一世と彼の後継者アメンエムハト二世が陸路と海路の両方で多くの大遠征を行ったことが知られるようになり、エジプト第一二王朝の「帝国」がシリア＝パレスチナに存在したと考える人びとの主張が裏づけられた。彼らの遠征は、南はアフリカのヌビアやもっと南のクシュまで、北はアジアのシナイ半島のレバノン、さらにもっと北のスティ Stt――のちにギリシア語で「アジア」と同一視された地――まで達した。いくつかの都市が滅ぼされたが、エジプト語の史料にこれらの都市の名前は登場しない。遠征によってエジプトにかなりの戦利品、一番注目されるものとしては捕虜と金属——とりわけ鉛と銀——がもたらされた。

エジプト中王国、とくに中王国と南西アジアの関係の研究に生涯をささげた長老の学者ジョルジュ・ポーゼナーは、ただちに、ミト・ラヒーナ碑文はシリア＝パレスチナ一帯にエジプト中王国が宗主権をもっていたという彼の強い確信を支持する強力な証拠だと考えた。彼のこの考えを支持したのはイスラエルの考古学者ラファエル・ギヴェオンであった。

「第一二王朝帝国」という考えに反対だったアメリカのエジプト学者のウィリアム・ウォードの反論は、予想どおりだった。彼は、この碑文が刻まれたのはずっとのちの第一九王朝であり、遠征があったとされる時代から七〇〇年後の碑文は遠征の証拠としては使えないと主張した。しかし、こんにち、おそらく最も卓越したエジプト学者であるドイツ人ヴォルフガング・ヘルックは、かつてはエジプト中王国の南西アジアへの勢力拡張という考えに反対だったが、ポーゼナーの碑文の証拠の扱い方に納得し、碑文を第一二王朝のものだと考えている。ヘルックは、遠征の範囲はキプロスから南アナトリアにまで及んだとも論じている。

私はヘルックの議論からさらに進んで、碑文〔の解読〕を通じて、ギリシア人著作家の報告したセソストリスによる広範囲な征服が歴史的事実であったかどうかの問題をあらためて議論する。実際には、このような碑文がなくても修正を始めるべきであった。すでに述べたように、古い史料に記されていてそれが古代に反論されていない場合、私たちはこうした図式を作業仮定として取りあげなければならない。

ギリシア人著作家の報告が妥当かどうかを評価するまえに、彼らの主張を可能な限り調べ、詳細に記録しておく必要がある。たとえば、ヘロドトスはセソストリスがアジア「大陸」を横断して進軍したと記したが、ヘロドトスは彼が遠くチュホトカ〔ユーラシア大陸の北東端で現在はロシアの自治州。対岸はアラスカ〕やベーリング海峡まで進んだと言っているわけではない。実際、古代の著作家たちはこのファラオがインドまで行ったというディオドロスの主張に疑問をもっていた。この文脈でヘロドトスが「アジア」と言うとき、彼がこんにちの小アジア、つまりトルコと呼ばれる地域を指していたことはあきらかである。この場合、セソストリスの軍隊はアナトリアを通って黒海の北からカフカスまで、三〇〇〇マイル以上行軍したと考えるべきであるが、この距離は二〇〇〇年間も強い印象を与えた、記憶に値する長い距離であった。しかしこれはアレクサンドロス大王の行軍距離よりもかなり短く、今世紀に中国共産党が〔端金から延安まで〕長征した距離に匹敵する。長征の行軍も徒歩だったが、セソストリスやアレクサンドロス大王の行軍とは異なって、長征には安定した国家や海路による補給で支援される利点はなかった。

第5章には年表についての節が二つ含まれている。初めの節はセソストリスの年表と直接の関連はない。しかしこの節は重要である。考古学者が学問としての考古学を「科学的」基礎のうえに確立したいと考えるとき、いくつかの困難が生ずるが、この節でそのすばらしい例証が提供されるからである。この節の関心はエジプトの年表にある。エジプトの年表は二〇年前まで、エジプトを除く中東地域とエーゲ海地域に年代の基礎を提供しなければならなかった。その理由は、紀元前第三千年紀あるいはそれ以前にまでさかのぼることができる王とその在位期間の一覧表が、エジプトだけにあったからだ。しかしこれらの一覧表は完全とはほど遠く、互いに矛盾するところもあった。有力な王朝と王朝の間にはいわゆる「中間期」が存在し、この間のエジプトの政治的混乱は歴史上の記録や年代記に再現されている。にもかかわらず、天文学の観測から得られた第一二王朝の年代の助けをかりて、大半の学者は第一王朝の始まりを紀元前三四〇〇年頃と考えていた〔天狼星シリウスの出と太陽年の始まりが同時に起きるのは一四六〇年に一度だけで、これは第一二王朝の紀元前一七八一年から一七七七年の間に起きたとされていた〕。

紀元二〇世紀の中頃、自分たちの学問と自分たち自身の「科学的な」地位を確立したいという強い気運がエジプト学者と古代史家のあいだに高まった。そして「科学的な」地位を達成する最も簡単な方法は、懐疑的になることであり、慎重になることであると思われた。蓋然性に基づく議論は許されなくなり、推論的と思われないことが絶対に必要だった。〈空間〉と〈時間〉の問題では、彼らはとりわけ懐疑的で慎重だった。〈空間〉的には、古代の活動の地理的範囲を限定する傾向が大きくなり、〈時間〉的には、古い年代を新しい年代に引き下げる傾向がさらに大きくなった。こうして「新科学的」学者たちは、王の在位をできるだけ最短の期間と考え、ファラオが後継者と王座を分け合う共同統治は長期間にわたり、王朝も重複したと主張することによって、エジプトの王朝の始まりを紀元前二九世紀であるとすることができた。その後、このような過激な考え方への反動が生まれ、エジプト王朝の始まりをかつて合意されていた紀元前三四世紀よりも二、三〇〇年新しい、紀元前三一世紀とする妥協が成立した。

過去二〇年以上にわたって、「現実的な」自然科学者が舞台に登場している。ナイーブで偏見のない彼らは、自分たちの分析方法を用いることによって、いまや分析によって解決できる問題は解決したいと望んでいる。彼らが放射性炭素年代測定法やその他の技術を用いて測定した年代の多くは、従来の考古学の説よりもずっと古いという結論が出る傾向があり、これは誰にも驚きだったが、彼らにも驚きだった。しかし第5章の年表の節の私たちの関心は、いまなお熾烈な闘いがくり広げられている闘争にある。

「ちゃらんぽらんだ」というのがおおかたの同僚の評判だが、ひらめきのある一風変わった考古学者のジェイムズ・メラートは、一九七九年に年表についての論文を出版した。彼はこの挑発的な論文のなかで、放射性炭素年代測定法による新しいデータに合致するように近東の年表の全面的改正を求めた。考古学者たちはただちに、データの選択が不公平で、データがゆがめられていると、この論文を攻撃した。彼らの攻撃は成功したが、現状防衛はほんの短期間だった。しかし、その後しばらくの間は、研究室の放射性炭素年代測定法による年代決定は「誤差」が「正しく直される」まで続けられた。つまり、従来の年表にデータが合致するまでくり返された。興味深いことに、こうした「誤差」のばらつきは双方向だったにもかかわらず、第三千年紀と第四千年紀の年代決定では、その過半数はあっさり二〇〇〇年から五〇〇〇年は「古すぎる」と考えられた。ある著名な研究室の場合、この「誤差」は誤差として数年間そのままだったが、ついにこの「誤差」を「訂正」し、慎重ではあったが、遺跡は以前の測定年代より二、三世紀は新しいと考古学者たちに明言した。しかし彼らは「誤差」について、つまり訂正の根拠について一切説明しなかった。

一九八〇年代末、テキサスとスイスの科学者グループが複数のピラミッドから新たに八〇の炭素標本を採取して分析し、古王国の歴代のファラオの年代は従来の説よりも平均して三七四年は古いという結果を得た。実際、これはメラートが提案した年代よりもずっと古く、彼の主張の強力な支えとなった。

メラートの説は二〇世紀初頭の説に戻るもので、第一王朝の始まりは紀元前三一〇〇年ころでなく紀元前三四〇〇年ころであり、第三王朝――つまり古王朝最初の王朝――の始まりは、『ケンブリッジ古代史』に書かれているような紀元前二六八六年でなく、三〇〇〇年ころだったという説である。私はいまではそう考えており、その理由は前述した。これによって、エジプト文明の年表に基づいて決められたエーゲ海文明の陶器年代区分の初期ミノア／ヘラドス文化I期の始まりは、紀元前三〇〇〇年から三三〇〇年へ、初期ミノア／ヘラドス文化II期は紀元前二五〇〇年から三〇〇〇年へさかのぼることになった。

メラートは、古王国の年代がさかのぼれば必然的に中王国の年代もさかのぼると主張したが、このことは、古代エジプトのすべての年表が拠りどころにしていた、天文学の観測から得られた第一二王朝の年代の放棄を迫ることになった。他方、彼は新王国時代の年表については従来通り、新王国時代は紀元前一五六七年に始まったと考えていた。このように、古王国時代には時代をさかのぼらせた年表を、新王国時代には時代を下らせた低年表あるいは中年表を用いるならば、第二中間期〔中王国時代と新王国時代の間の時期〕の期間は長くなる。

この第二中間期の年代と期間の決定については第8章で詳細に議論するが、従来の説にいくつかの問題があることは疑いない。にもかかわらず、私は従来の説の放棄にまったく気が進まない。天文学の観測から得られた第一二王朝の年代決定にはかなりの根拠があると思われるからだ。したがって、メラートは中王国と新王国をはさんだ第二中間期の期間を従来よりも長いと考えているが、私は古王国と中王国をはさんだ第一中間期を長いと考えたほうがよいと思っている。過去七〇年間、この第一中間期はとりわけ徹底的に短縮されてきた時期だった。それはこれが「推論の余地が最も大きい」時期であり、この時期の短縮や削除が、第一王朝と古王国の始まりを望み通りの新しい時期に設定できる最も容易な道だったからだ。したがって、私はエジプト古王国についてはその年代を修正するが、中王国と新王国については従来の範囲の年代にあると考えている。

メラートは年代修正をエジプトの年代に限定しなかった。彼は、放射性炭素法で測定するならば、紀元前第四、第三千年紀のメソポタミア文明の年代もさかのぼると主張したからである。ここでエジプトとメソポタミアの両地域の年代の同時性、つまり並行関係が視野に入ってきた。彼の説の一部は、異なる分野の科学的研究、つまり統計学者ピーター・フーバーの科学的研究によって支持された。フーバーは、紀元前第二千年紀の初めにメソポタミアで観測された金星と月食の記録を研究していたが、彼はその記録にもとづいて、この観測データはいわゆる中年表や低年表とは両立しないが、いわゆる「長」年表と非常によく一致することを論証した。「高」年表は二〇世紀初頭の学者たちが使用し、メラートがその使用を求めている年表であり、「長」年表の年代よりもずっと昔にさかのぼる。「高」年表と「長」年表を混同してはならない。

放射性炭素法を使って研究している科学者や専門家と同様に、フーバーが何か企んでいたのでないことはあきらかだった。研究の結果、古い年代と出るか新しい年代と出るか、そんなことは気にもとめずに、彼は解決できる興味深い問題であると見ていたにすぎなかった。しかし、考古学者は彼のように公平でなかった。数十年は年代が下ると考えた彼らは、フーバーの調査結果の受けいれを拒んだ。だが、考古学者たちにも援軍はあるように思われる。未発表で未確認だが、アナトリアの宮殿から得られた年代表があり、それが中年表を、いや、ひょっとすると低年表さえ支持すると思われるからである。したがって、どの年表にも正しい可能性はあるといわなければならない。

「長」年表を受けいれるとすれば、紀元前二〇世紀後半と一九世紀前半、エジプト・レヴァント・南エーゲ海地域とアナトリア・バルカン半島・カフカスのあいだには、一方には平和と繁栄、他方にはたび重なる破壊という著しい対照が見られた。後者の破壊は近代考古学の従来の説によれば、この地域の初期青銅器時代の終わりを示している。通常、破壊の原因は北方からの侵略とされているが、アナトリアやバルカン半島の破壊時期の堆積層に、「北方」独特の遺物はこれまで発見されていない。他方、アナトリアの堆積層にはエジプト第一二王朝の若干の小遺物が発見されている。エジプト第一二王朝のアナトリアへの進出というシナリオは中年表にはそぐわないだろうし、短年表では問題にならないだろう。

テーバイのちょうど南のトゥードにあるモンチュ神殿で、アメンエムハト二世時代の宝庫が発見された。この発見によって、正しい年表は「長」年表であり、〔アナトリアでの〕破壊はエジプトの軍事行動の結果であるという可能性が強まっている。発見された宝庫には、ラピスラズリの円筒印章はもちろん、アナトリア原産の銀製の器《うつわ》もいくつかふくまれていた。ラピスラズリはアフガニスタンで採掘され、それをメソポタミアで円筒印章に加工したもので、円筒印章のひとつはアナトリアで加工された可能性があった。実際に、発見された遺物の原産地で最も可能性の高いところは中部アナトリアだっただろう。紀元前二〇世紀と一九世紀、私たちはアッシリアの貿易植民地がアナトリアに存在したことを知っているが、その結果、メソポタミアの円筒印章がアナトリアに伝えられていた可能性は非常に高くなるだろう。

〈トゥードの財宝〉はアナトリアとエジプトの交易の結果という可能性もあった。しかし財宝が供物として、とりわけスティ Sṯt の征服と関連した神、モンチュの神殿に奉納されていたことから、これが軍事的に獲得された戦利品であった可能性は非常に高いと思われる。ミト・ラヒーナの碑文にスティ Sṯt からトゥードのモンチュ神殿へ戦利品が寄進されたと刻まれていることは、この仮説にとって強力な援軍になる。したがって、「アジア」が小アジアを意味すると理解するならば、考古学はセソストリスが「アジア」を征服したという古代の著者たちの主張を裏づけるように思われる。

古代トラキア、つまり現在のブルガリアから出土した証拠はあまりはっきりしない。紀元前二〇世紀末と一九世紀初期の間に大きな破壊があったことは確実である。エジプトでは、バルカン半島だけから手に入れることのできるいくつかの宝石や貴石は第一二王朝になってはじめて登場する。しかしこれらの貴石類は長距離貿易によって獲得されたのかもしれない。したがってファラオがこの地域を「征服」したことはあり得るが、古代トラキアの証拠はアナトリアのような強力な証拠に遠く及ばない。スキタイ、つまりロシア南部のステップをセソストリスが「征服」したという立証はさらに難しいだろうが、当時、この地域の住民の大部分は遊牧民だったので、証拠はさらに乏しい。

第6章の要約

セソストリスがカフカスを征服したという主張を調べるには、別の種類の証拠に目を向ける必要がある。その証拠とは後世の伝承であり、第6章ではこれについて議論する。黒海東岸の国だったコルキスの住民についてヘロドトスは、彼らはそこに住みついたセソストリス軍兵士の末裔だと考えていた。この主張にはいくつかの根拠があった。なかには、自分たちの先祖はセソストリス軍の兵士だというコルキス人の主張や、彼らはエジプト人と同じように黒人《ブラック》で髪がかたくて縮れ毛だとヘロドトスが認めた特徴もふくまれていた。事実そのとおりかどうかはともかく、典型的な中王国の兵士のなかに、エジプト人ばかりでなくステレオタイプ化されたヌビア人も含まれていたことを私たちは知っている。

このようなコルキス人の先祖についてのヘロドトスの説は、後世の著作家たちに受けいれられ、尾ひれがついた。なかでも最も注目すべき著作家は、紀元前二世紀のアレクサンドリア大図書館の碩学な学者、ロドスのアポロニオスであった。彼の書いた叙事詩『アルゴナウティカ——アルゴ船物語』は、イアソンが〔ヘラクレスやテセウスら〕半神の一団を率いて彼の魔法の船アルゴに乗り、コルキスまで金毛羊皮を探しに行く話である。この叙事詩には黒海の南と東の沿岸に住む民族が登場する。これらの民族については、アポロニオス自身の時代より以前に確かめられた多くの知識があり、詩人が正確な歴史資料を利用できたことが確認されている。また、ヘロドトスはコルキス人が彼らとエジプトの関係を知っていたのとは異なって、エジプト人のほうはそれを知らなかったと記しているが、この叙事詩ではそれが誤りだということも暗示されている。『アルゴナウティカ』の長い一節によれば、ギリシア人が住む以前にコルキスを支配し建国したのはエジプトのファラオだったという。これをコルキス文化についてのいくつかの報告とあわせて考えると、少なくとも紀元前五世紀、コルキス人は——彼らの伝承が本質的には正確でなかったにしても——自分たちがセソストリス軍の兵士の末裔だと信じていたというヘロドトスの説を確認することができる。

さらに、黒海沿岸の保養地スフミに近い亜熱帯地方に、こんにちでも黒人《ブラック》のアフリカ系住民が住んでいるという驚くべき事実がある。スターリン時代の民族分散政策と人種間結婚の強制をいきのびた彼らは、熱心なイスラム教徒であり、カフカス語のひとつであるアブハズ語を話す。間違いなく、彼らの先祖の一部は比較的最近、この地域がトルコの支配下にあったころ移住した人びとであった。しかし、黒海沿岸に住んでいる黒人《ブラック》住民については一七世紀にまでさかのぼることができるし、古くは紀元四世紀までさかのぼることもできる。したがって、ここでの時間的な隔たり〔紀元二〇世紀と四世紀〕はヘロドトスの時代〔紀元前五世紀〕とセソストリスの時代〔紀元前二〇世紀—一九世紀〕との時間的隔たりと比べて決して大きいものではなく、アブハズとグルジアの学者が認めているように、黒人《ブラック》住民が昔から住んでいたという可能性を排除することはできない。

ほかにも、エジプトの大征服者が通過したという伝承が残っている地域がある。紀元前第二千年紀のレヴァント、フルリ、アナトリアの雷神だったバアル、テシュプ、タルクウンの肖像は間違いなく、エジプト中王国時代の〈敵を打ちすえるファラオ像〉の大きな影響がみられる。最も顕著な類似点は、上エジプトの白冠をモデルにした縦長の帽子であり、なかには帽子の前面にファラオの表象であるウラエウス〔蛇形紋章〕がついているものもあり、込みいっている。しかし、こうした雷神像とファラオ像の最も著しい類似点は足の位置と姿勢である。第2章で私は、中王国のファラオがヘラクレスの人物像に与えた可能性を提起したが、ヘラクレスとこのような〈敵を懲らしめる神々〉との関連も考察する。

議論はそれにとどまらない。オシリス／ディオニュソスの東方教化・征服伝説はアレクサンドロス大王に大きな影響を与えたが、少なくともその一部はセソストリスの数々の勝利の神話化であり、本来の意味のエウヘメリズム化——偉大な人間が神になるという説——の実証であったと思われる。セソストリスとアレクサンドロスには直接的関連もあった。当時、エジプト人たちはアレクサンドロスをセソストリスの再来と考えており、彼の死後まもなく登場したアレクサンドロス伝説は、ヘレニズム時代に一般に流布していたセソストリスの物語や叙事詩をモデルにしたことはあきらかだと思われる。実際に、ヘロドトスやその他のギリシアの著作家たちの伝えたエジプトのセソストリス伝承が古いものだったことははっきりしていた。「オシリスの征服」は第一八王朝の時代から立証されている。

ヘラクレスとディオニュソスの神話のなかに、セソストリスの征服という事実が間接的に生き続けている可能性はあるが、それとは別に、たぶんその神話から生まれたと思われるギリシア土着の伝承が二つあった。ひとつはアテナイを建国したエジプト人のケクロプスについての伝承であり、ケクロプスという名前の由来は、セソストリスのプレノメン〔即位名のこと。ファラオの王名にはほかに誕生直後に与えられるノメン（誕生名）があった〕のケペルカラー Ḫpr kȝrr か、あるいは、彼の偉大な孫であるセソストリス三世のプレノメンであるカーカウラー Ḫr kȝw Rʿだった可能性がある。アテナイはラウリオン鉱山の近くにあった。こんにち、この鉱山の銀は第一一王朝時代のエジプトに供給されていたことが知られている。したがって、エジプト人のアッティカ地方への植民がセソストリスの遠征の一般的なパターンに合致するのは確実であり、その大きな動機は金属の獲得にあったのだろう。この問題については『第Ⅲ巻』でさらに議論する。

人びとが第一二王朝の征服を記憶していたというもうひとつの可能性は、ギリシア神話に登場する黒人の半神、メムノン〔ギリシア神話では暁の女神エオスとティトノスの子〕の伝承である。叙事詩の伝えるところでは、メムノンはトロイア王プリアモスに参戦を請われた武将であり、メムノンはトロイア方のなかで「容姿最も優れた武将」〔『オデュッセイア』、第一一歌、五二二。本書第6章、注(116)参照〕であったと、ホメロスが歌っている。実際に、メムノンの伝承は北西アナトリアで最も頻繁に語られている。その地で彼は、女たちと鳥が彼の死を嘆き悲しむ豊饒の神オシリスでもあり、また、ヘロドトスがセソストリスと同一視した半神の征服者でもあった。

ギリシア人がメムノンをエチオピア人、つまり黒人《ブラック》であると考えていたことは間違いない。しかし、彼らは「エチオピア人」という人びとが二種類いたと考えていたので、問題はこみいってくる。ギリシア人にとって、エジプトの南に住む人びともエチオピア人だったが、メソポタミアとペルシャ湾の東側にあった古代王国、エラムに住む「黒人《ブラック》」の住民もエチオピア人だった。エラム文明は古い文明であり、その文明はメソポタミアのセム文明とシュメール文明と同じくらい古かった。その言語は、こんにち、南インドに最も強く残っているドラヴィダ語族に属していた。エラム王国には「ネグリト」〔東南アジア・太平洋州の背の低い準黒人種〕系の住民もいたが、大多数は南インドのタイプの黒人《ブラック》だったと思われる。ギリシア古典時代になると、ペルシャの支配下にあったエラム人はメムノンを民族的英雄と考えた。ギリシアには間違いなく、メムノンが〈暁〉と〈東方〉からやって来たという強い伝承があった。

他方、メムノンはアフリカのエチオピア人であり、ナイル川流域と関係しているという伝承も同じくらい強かった。メムノンという名前はỉmnḥtpすなわち、アメンホテプ三世のギリシア語名とされ、エジプトのテーバイのナイル川対岸にある有名な像、〈メムノンの巨像〉の名前でもあった。しかし、この巨像にはギリシア語でアメノトゥおよびパメノトゥという落書きがあり、これはこの像はアメンホテプの像として認識されていたことを示していると思われる。

しかし、実際は、ギリシア語名のメムノンはエジプト語名のアメンホテプimnḥtpから来た名前でないことはあきらかである。エジプト語名でアメンエムハト、ギリシア語名でアメネメスという名前はセソストリスの父〔同一世〕と息子〔同二世〕の名前だが、メムノンという名前が彼らの名前から来たことははっきりしている。しかも、ミト・ラヒーナ碑文およびその他の情報源から、アメンエムハトという名前は彼の征服と関連する名前だった。私たちは第一二王朝の王族が南の上エジプト出身であり、彼らの先祖のなかにヌビア人がいたことも知っている。したがって、東方からメムノンと呼ばれる黒人《ブラック》の半神である征服者が北西アナトリアにやって来たという伝承は、エジプトの遠征軍がセソストリスの息子で後継者のアメンエムハト二世に率いられ、アナトリアを通過していったという歴史的事実にぴったり一致する。ホメロスがウェルギリウスよりも気がとがめなければならない理由はない。なぜならホメロスは、紀元前一三世紀のトロイア戦争の登場人物に紀元前一九世紀の半神を持って来たが、ウェルギリウスは〔その著『アエネイス』で〕、紀元前九世紀のカルタゴの建国者ディードーをトロイア陥落の同時代人として登場させているのだから。実在の人物であれ虚構の人物であれ、メムノンが半神の原型になったこともあきらかである。アメンエムハト二世の死後七〇〇年たってもなお、ミュケナイ王にアガメムノン、つまり「偉大なメムノン」という名前が用いられた。

したがって現在、広範囲の地域で考古学上、図像学上、伝説上、説明できない多くの不可解な事象があるが、ギリシアの報告とミト・ラヒーナ碑文が語る基本的真実を受け入れるならば、これらの事象は結びついて意味のあるものになる。セソストリスの遠征について前述のように限定するならば、そこには本質的に不可能で妥当性のないものはまったく存在しない。実際には、セソストリスの遠征についてそれが歴史的事実だったことを受けいれずに拒否することのほうがずっと厄介である。

セソストリスの征服を再構成する場合、ギリシアの報告と伝説が中心になる。しかしケクロプスがエジプト人だったという物語とは明確に異なり、伝説にはファラオがギリシアに行ったということはまったく出てこない。たとえば、

メムノン伝説が集中しているのはギリシアそのものでなく、北西アナトリアである。（以上、本書上巻）

第7章の要約

第7章の主要な関心はクレタ島の北七〇マイルにある火山島、テラ島大噴火の年代修正の問題である。この問題はいくつかの理由から重要な問題だが、これによってエーゲ海地域の年代を画してきた陶器年代区分の時期が、従来考えられていたよりもさかのぼることになるのでとりわけ重要である。この年代修正により、近東の影響の痕跡がみられた時代が早められ、文書情報によってテラ島と近東に密接な接触があったとされる時代と、考古学の示す時代が同時期だったことになる。そしてこれは、学者たちが新しい証拠の意味に真っ正面から向き合おうとせずに、従来の定説にどのようにしがみつきたがるかを示すもうひとつのケース・スタディにもなる。『黒いアテナ　I』で私はみずから災いを招いたのだが、テラ島の噴火年代は従来の紀元前一五〇〇年あるいは一四五〇年ではなく、もっと早い時期の紀元前一六二八年―一六二六年だったと考えた。なぜならアメリカ合州国西部とアイルランドの両地域の樹木の年輪の特徴から、噴火は早い時期だったことが示され、これは炭素14法の証拠とはるかにうまく合致したからである。この時期、エジプトからの報告が途絶えていたが、これも噴火が早い時期だったことで説明がつく。エジプトについては紀元前一五〇〇年から一四五〇年にかけて非常に多くのことが知られているが、紀元前一七世紀末については空白であった。では、とりわけ、どんな根拠で噴火は遅い時期と予測されていたのだろうか。その根拠はただたんに、テラ島の噴火が原因で、クレタ島のミノア文明の支配が崩壊してギリシア人のミュケナイ文明が勝利したということだけであった。エジプトの記録から知られているように、ミュケナイ文明の勝利は紀元前一四五〇年ころだった。

『黒いアテナ　I』の出版後、噴火は早い年代だったことを支持する証拠が数多くあらわれている。このことは、ドイツとイギリスで行われた樹木の年輪の調査から分かっている。とりわけ、グリーンランドの氷冠に残された冬の降雪と夏の雪解けによる氷層の研究から分かっている。この時期に急激な酸性度の上昇がみられたということは、紀元前一六四〇年頃、テラ島規模の火山が噴火したと考えられることを示している。一本の藁ならぬ一片の氷がラクダの背骨を折ってしまった。いまでは青銅器時代を専門とするほとんどすべての考古学者が、噴火は紀元前一七世紀だったことを認めている。

あきらかに客観的な反対証拠に直面しているのに、考古学者たちはなぜこれほど長い間、このように浅薄な仮説にしがみついていたのか。その理由を議論する審理に第7章の一節をあてる。このような審理は、「だれにも間違いはある」と考えられているような状況では一般に悪趣味とされているが、私の目的は、まず第一に、このような仮説が将来、具体化することへの警告である。第二に、伝統尊重派にそのコストを払ってもらうことにある。こんにちアカデミズムの世界では、現状を無批判に受容することもふくめて、不作為の罪にたいしては大変寛大だが、作為の罪は厳しく処罰される。私は、二種類のあやまち、すなわち、不作為の罪と作為の罪あるいは遂行の罪の取り扱いにみられる格差をできることなら縮小したい。

第7章の後半は、噴火の記憶が人びとに残っていると思われる三つの伝承にかかわる。第一の伝承は『聖書』である。「出エジプト記」でイスラエル人がエジプトから脱出する際のいくつかの現象は、長い間、火山活動ではないかと考えられてきた。こうした現象は「人が手に感じるほどの暗闇」(「出エジプト記」第一〇章二一節)とか、昼は「雲の柱」、夜は「火の柱」が彼らを導いた(「出エジプト記」第一三章二一節)という話に見られる。とりわけ、紅海がまっぷたつに裂け、そして閉じ、突進するファラオの軍隊が呑み込まれて溺死する話は、火山性津波――テラ島噴火の結果、エジプトとパレスチナの地中海沿岸に及んだ津波――がもたらしたと思われる結果と驚くほどよく似ている。

こうした伝説が紀元前一四五〇年や紀元前一五〇〇年ではなく、紀元前一六二八年にまでさかのぼるとすればどうなるだろうか。そうなれば、イスラエル人のエジプト捕囚や一時逗留という聖書の伝承の根底に、ヒクソス王朝によるエジプト支配についての人びとの記憶があったという、古代の強力な仮説が補強されると思われる。のちのイスラエル人は当時エジプトに住み、あきらかに重要な役割を演じていた。ヒクソス王朝の追放は紀元前一五七〇年ころであり、テラ島の噴火後五〇年以上が経過していたので、二つの事件が正確に同時期だったというわけではない。したがって、伝説のなかでこの二つの劇的事件はひとつになったと思われる。にもかかわらず、かつてテラ島が噴火したと考えられていた年〔紀元前一五〇〇年あるいは紀元前一四五〇年〕とくらべて、紀元前一六二八年はずっと古い年代となり、この年はヒクソス撃退の年〔紀元前一五七〇年頃〕とかなり近い。このような地震災害がイスラエル人を助けたという考えは、あきらかに彼らの神のヤハウェが地震およびあらゆる自然災害の神だったという事実とつながっている。ヒクソスはエジプト版ヤハウェの神であるセトに寄進していたが、これはこの祭儀が噴火の前から行われていたことを示している。にもかかわらず、セト信仰が噴火によって大盛況になったという推測には根拠がある。

第二に、プラトンが彼の対話編『ティマイオス』と『クリティアス』のなかで報告したエジプト＝ギリシアの伝承を考察する。この伝承は紀元前六〇〇年頃、エジプトの都市サイスを訪れたアテナイの政治家ソロンが〔エジプトの神官から〕聞かされたアトランティス大陸の驚くべき物語である。伝承によれば、アトランティスは大西洋上に浮かぶ豊かで堂々たる島だった。この島の国王たちは連合を組んで大軍隊を召集し、エジプトを除くアフリカ全土と、アテナイを除くヨーロッパの全土を征服した。アテナイは彼らに英雄的に抵抗した。アトランティスは劇的に滅亡したが、その原因は地震と洪水だった。

ここには二つの融合、すなわち、一つは地理的な融合、もう一つは歴史的な融合があるように思われる。学者たちはかなり長い間、噴火と洪水による滅亡とテラ島の噴火とのあいだには関連があると考えていた。しかしプラトンは、アトランティス大陸がヘラクレスの柱——ジブラルタル海峡——の向こう側、したがって大西洋にあったとはっきり述べている。私の解釈では、プラトンはテラ島について言及したのだが、「アトランティス」という語が混乱のもとであった。そもそも、アトランティス、アトランティック〔大西洋〕、山脈や巨人の名前のアトラスの語幹は*Atla-*であり、語源はエジプト語の**itrw**である。そしてこのエジプト語はナイル川や大量の水、とりわけ、世界を取り巻いていると考えられた川の名前であった。実際、この語は意味論的には、メソポタミア起源と思われる語、オケアノス（大洋）と等しい。したがって、海としてのアトランティスはテラ島が浮かぶ地中海だったということが大いにあり得るだろう。もっとも、アトランティスはアトランティック・オーシャン〔大西洋〕、つまり大西洋のかなたのアメリカと漠然と結びついていたということもあり得るだろうが。

これに時間的混乱も結びつく。セム語**yām**（海）からの借用語で、後期エジプト語の*ym*は*itrw*と同義語であり、紀元前一二世紀にエジプトを攻撃した「海の民」を記述するのに用いられている。プラトンがアトランティスからの侵略というかたちで文明世界にたいする攻撃計画を記している一節は、ラメセス三世による碑文のなかで、「海の民」は「彼らの島々で謀議［した］」と刻まれた事実と驚くほど似ている。ヘラクレイダイの帰還、つまり「ドーリス人の侵略」を「海の民」の侵略につづいて起きたエーゲ海地域の民族移動と関連させるなら、アテナイ人は当時、北方の侵略者に実に敢然と立ち向かった。しかし、世界がこれによって救われたと主張するならばそれは誇張だろう。そういうわけで、ソロンの物語は二つの時期すなわち、近代エジプト学でいう第二中間期と第三中間期が重なりあっているように思われる。第二中間期には噴火によるテラ島の滅亡とヒクソスのエジプト侵攻があり、第三中間期は政治的混乱の時代だった。

しかし、第三中間期にも火山の大噴火があったことは興味深い。紀元前一一五九年、アイスランド最大のヘクラ火山で三回目の大噴火が起きた。最近、アイルランドとスコットランドの考古学者と古気候学者が発表したところでは、第三回目の大噴火以前、数十年間にわたって生活環境はあきらかに悪化していたが、ヘクラ火山の噴火の結果、ブリテン島北西部の人口は激減した。状況はあまりはっきりしたものでなく、危険の及ばなかった地中海地域では同じような不可抗力の破局はなかったが、気候パターンは似たようなものだっただろう——環境の悪化は紀元前一三世紀末から人口移動と混乱をもたらし、一二世紀中期頃の没落につながったのかもしれない。

紀元前一六二八年〔テラ島の噴火〕と紀元前一一五九年〔ヘクラ火山の噴火〕の二つの火山噴火は、はるかに劇的で長期的な影響を中国に与えたと思われる。やや脱線になるが、中国系アメリカ人科学者ケヴィン・パングの魅力的な気候学の仕事を中心に、この問題を第7章であつかう。パングと彼の同僚が使用している中国の記録は、過去四〇〇〇年間の気象記録を確定するのに有用である。紀元前九世紀以降については、火山噴火の結果と思われるものも含めた「異常な」自然現象の記述によって「異常」が起きた年代をかなり正確に決定することができる。紀元前九世紀以前については、年代決定についてかなりの論争があるために困難が伴う。しかし、夏の没落は紀元前一七世紀、商〔殷の別称〕の没落は紀元前一二世紀とパングは考えており、私は彼の意見に賛成する。

パングの——この年代にもとづいた——主要な論点は、テラ島の噴火およびヘクラ火山第三噴火が、中国最初の王朝である夏と商の没落と相互に関係しているということにある。したがって、王朝崩壊と関連して報告された多くの異常現象——二つの太陽、青白い太陽、乾いた霧、夏の霜など——を真剣に考察しなければならない。最近まで多くの学者は、「天命」があらたまった、旧王朝は新王朝によって打倒されて当然である、ということを論証する政治的目的のために、このような異様な自然現象が新王朝によって捏造・誇張されて報告されたと理解していた。

いまでは報告にはいくらかの真実があったと思われる。また、噴火とそれが引き起こした気象上の「不可思議」は、作物の不作という経済的帰結とともに——ほかにも社会的・政治的要因があったことはもちろんだが——、夏と商の没落の、十分な原因とはいえないまでも、必要な原因だったと思われる。

正確な報告だったらしいということになると、夏王朝の没落と商王朝の勃興を記したテクストの根拠が、一般に想定されている孔子の時代である紀元前六世紀頃のものではなく、もっと早い時期のものだった可能性が出てくる。すなわち、商の没落後の紀元前一二世紀か、あるいは、伝承でいう紀元前一七世紀だったかもしれないという可能性が出てくる。これはいずれの場合も、中国の大夫《たいふ》が孔子の生まれる五〇〇年前かそれ以上前から、「孔子の」ことばで考えていたことを示している。したがって、自分は開祖でなく伝達者だと述べた孔子の言葉を真剣に受けとめなければならない。

この年代修正はより広範な影響をもたらす。なぜなら、これによって「枢軸時代」説の「支柱」のひとつが失われるからである。「枢軸時代」説は、偶然か神の摂理か、紀元前六世紀と五世紀の世界に異常なことが起きたという説であり、真の宗教、哲学、科学はこの時代に始まったという。「枢軸時代」説によれば、中国に孔子と老子が、インドに釈迦が、ペルシャにゾロアスターがあらわれた。ユダヤ教がバビロニアで成立した。なかでも最も重要なのは、「ギリシアの奇跡」であった。しかしいまでは、孔子がその確固たる思想的基盤をおいたのは紀元前一二、一一世紀の周時代初期の文化であり、彼がはるか昔の伝統に依存していたことはあきらかであると思われる。釈迦が異を唱えたのは、彼が生まれる一〇〇〇年以上も前から存在していたヒンズー教であった。ゾロアスター自身は、いまでは紀元前第二千年紀の人だったとされている。『聖書』も、その大部分ではないとしても多くの部分が紀元前六世紀よりもはるか昔に書かれていた。したがって、この「枢軸時代」に起きた唯一の「革命」は、実際にはギリシアの「革命」だった。ところがこの「革命」も、エジプトとレヴァントの宗教、哲学、および、科学の伝統から多くの恩恵を受けたものだと私は確信している。

「枢軸時代」説の隠れた意図はギリシアの事例で露呈する。「枢軸時代」説は、ギリシア人が、したがってヨーロッパ人が、文明世界の始まりにいたという説である。したがって、この説はギリシア古典時代の文明の技術ばかりでなく、その精神と理性の基礎にもなったアジアとアフリカの偉大な青銅器文明を否定した。否定しなければならなかった。

テラ島の噴火とヘクラ火山第三噴火が夏と商の没落に果たした役割は、長期的に中国史に決定的で重要な影響を与えたように思われる。ケヴィン・パングはこの問題について何も述べていない。しかしほぼ五〇〇年を隔てたこの二つの噴火〔の影響〕は、中国の王朝継承の歴史的パターンの確立に重大な役割を演じたと私は考えている。この王朝継承の歴史的パターンは、たとえば、もう一つの東アジアの大国である日本にはない。また、噴火という徴《しるし》によって天命のあらたまりがはっきりと示され、中国でもヴェトナムでも、「非正統的権威」への反乱が正当化される伝統が確立したことも重要だったと私は考えている。中国とヴェトナムでは、そのあらたまりが組み込まれた天命の伝統が受けいれられ、それが農民一揆の強力な伝統となった。したがって、多くの社会の農民運動が千年王国的であるのにたいして、中国とヴェトナムの農民運動は来世とは対照的な現世の政治変革の可能性に結びついている。

紀元一九世紀、日本の学者はヨーロッパ語の「レヴォリューション」の翻訳語に革命（天命のあらたまり）という語を選んだ。漢字の革命には伝統的な意味と西洋的な概念が含まれていた。一九四〇年代末期の破局によって、国民党は間違いなく天命を失った。したがって、新しく天命を与えられた共産党は社会と民族の革命的熱狂の波にのり、社会改造のため伝統的な御墨付きと義務さえ手にした。このような二重の権威があったため、毛沢東と彼の支持者は異常な速さで土地の集団化に成功し、前代未聞の過激な大躍進〔毛沢東による経済工業政策、一九五八年—六一年〕と文化大革命〔一九六六年—一九七六年〕に乗り出すことができた。したがって、中国にはいまなお、三五〇〇年以上昔のテラ島の噴火の痕跡が残っている。

第8章の要約

第8章では、北東からエジプトにやって来たヒクソス人を扱う。中王国末期にエジプトに侵略・侵入した彼らは、少なくとも一世紀半以上にわたって下エジプトを支配し、紀元前一五七〇年頃、エジプト＝ヌビアの第一八王朝によって追放された。第一は、エジプトの記録からはきわめて不確かな年代についての問題である。私はそこで、パレスチナの陶器年代区分にもとづいて、少なくとも紀元前一七四〇年までにはヒクソス人がナイル川東部のデルタ地帯にやって来たと主張する。第二に、ヒクソス人がどんな民族であるかを考察する。そのために、ヒクソス人についての歴史的記述がどのようなものであったか、という観点からアプローチする。エジプトの神官マネトが書いた古典的なスタンダード・テクストによれば、ヒクソス人はエジプトを侵略して冷酷に支配した「東方地域からやって来た侵略者で、素性がつまびらかでない民族」であると述べられている。上述したように、少なくともヘレニズム時代には、著作家たちはヒクソス人のエジプト支配とイスラエル人のエジプトにおける捕囚あるいは一時逗留を関連させていた。したがって一九世紀末までは、侵略者たちはイスラエル人かあるいは原イスラエル人だった――いずれにせよ、セム語を話す人びとだった――と思われていたようだ。

しかし、反ユダヤ主義の組織化によって状況は変わった。繁栄した大河の流域を急襲したこの北方系の人びととは、典型的なアーリア系民族であり、セム系民族ではない、と見なされたからだ。議論のために、一九世紀末の学者の場合のように、アラブ系民族だった可能性については考慮された。このようなヒクソス人の見方を裏書きしたのは、彼らを「素性がつまびらかでない民族」と述べたマネトの記述と、第一八王朝の碑文であった。この碑文には、ヒクソスの首都に住んでいる民族が記されており、「放浪の民」つまり「彼らの間にいた異国人」――Šmзw――とともに、セム語を話すシリア＝パレスチナ人――エジプトの標準用語でꜥзmw――が住んでいたと記されていた。このことは、ヒクソスの中核部分がセム系ではなかったことを示していると解釈された。

突然の征服という点で、モンゴルとトルコはあきらかにヒクソスと似ていることに気がついたドイツ人学者たちは、ヒクソスは「アジア内陸部の」民族だったのではないかと考えた。そしてこの内陸部の民族はたちまち、発見されたばかりのフルリ人と同一視された。フルリ人はセム語やインド＝ヨーロッパ語を話さず、ほぼこの頃にカフカス山脈を越え、メソポタミア北部に移住してきたと思われていた。いまでは、彼らが紀元前第三千年紀に、おそらくそれよりもっと以前から、メソポタミアにいたことが分かっている。フルリ人のミタンニ王国はエジプトの第一八王朝と同時代であり、ミタンニ王国の国王や神々の名前や二輪戦車《チャリオット》の操縦に関連することばの一部について、それがインド＝アーリア系でないにしてもインド＝イラン系の言語であることが認められ、学者たちはますます研究に熱中した。国王や神々の名前がインド＝イラン系の言語であるということから、この王国がアーリア系の「支配民族」の建国によるものであることが強く示唆され、「支配民族」の優位は二輪戦車《チャリオット》と関連した。紀元前一七世紀以来、シリア＝パレスチナ人についての情報はほとんどないか、まったくなかった。にもかかわらず、この地域が紀元前一五世紀にふたたびエジプトの報告に登場したとき、そこに登場したのは多くのフルリ人と若干のインド＝イラン系の名前をもつ戦士であった。この事実は学者たちの考えを勇気づけた。

このような考えに抵抗したエジプト学者が若干いた。自分たちの専門領域への不法侵入に反感をもった彼らは、劇的に大きな影響をもたらす事態を嫌悪した。なかには、フルリ人やアーリア人をヒクソス人に含めるという反ユダヤ的な含意を嫌う学者もいた。彼らは、多数のヒクソスの名前の語源はセム語である、インド＝ヨーロッパ語は皆無である、聞いた限りではフルリ語も皆無であると指摘して、自分たちの反対論を裏づけた。

この論争は一九二〇年代と一九三〇年代に継続的に行われた。中部ヨーロッパ人と古代史家たちは、ヒクソス人がフルリ人とアーリア人によって構成されていたと考え、それ以外の地域のエジプト学者たちは、ヒクソス人は圧倒的にセム的特徴をもっていたと強調した――それがこの論争の全体的方向だった。しかし、〔ヒクソス人には〕通常はインド＝イラン系の人びとは含まれなかったが、一部がフルリ人だったことについては大部分の学者が認めていた。第二次世界大戦後、反ユダヤ主義とアーリア人「支配民族」論にたいする急激な反動があり、それがヒクソスにたいする態度に大きな影響を与えたように思われる。

そこで学者たちは、ヒクソス人の構成について、インド＝ヨーロッパ人だった可能性はもちろん、フルリ人だった可能性もないと考えるようになった。彼らは侵略があったという考えにも異議をとなえ、セム人のエジプトへの移住や浸透は緩慢で目立たないものだったという考えに傾いた。こんにち使われている低年表や中年表も彼らの考えを支持した。この年表では、フルリ人がシリアとメソポタミアに勢力を拡大したとされる時期は紀元前一七世紀にすぎなかった。しかし、これではあまりにも時代がくだりすぎ、ヒクソスの最初の活動との接点を見出すことは不可能であった。したがって、そのために、ヒクソス人がフルリ人で構成されていたとの主張を捨てない少数派は、ヒクソス人に二つのタイプ――初期のセム人の侵入者と後期のフルリ人に率いられた征服者――を区別しなければならなくなった。

メソポタミアに「長」年表を採用するなら、フルリ人の勢力拡大はヒクソスがエジプトにやって来た直前の紀元前一八世紀前半だったことが立証されている。「長」年表を採用しなくても、イスラム、モンゴル、中国の太平天国の出現と対比するならば、強力な軍隊が一、二年のうちに突然姿を現すことはまったく不可能なことではない。しかし、どちらにしても、フルリ人やインド＝イラン系の人びとのヒクソスへの影響を否定しようとする彼らの政治的傾向は称賛されるが、私は彼らは誤っていると考える。証拠が示しているように、ヒクソス人はフルリ人、あるいはインド＝イラン系の人びとによって構成され、さらに、おそらくは二輪戦車《チャリオット》部隊と関連した人びとであったと思われる。

したがって、これはあきらかに「アーリア・モデル」の事例であると思われる。北方の野蛮人の征服が時々あったことを私が否定したことはない。実際、インド北部はその例であった。そこでは「アーリア・モデル」の伝統が強く、その後の言語の区分にも「アーリア・モデル」が当てはまる。『黒いアテナ』はただ、「アーリア・モデル」はギリシアには当てはまらない、ギリシアにはそのような伝統がなく、言語の区分にもそれに相当するものがない、という議論にすぎない。

ヒクソス人のなかにフルリ人とインド＝イラン系の人びとがいたというのを受けいれるとしても、エジプトを征服した彼らが圧倒的にセム語を話す人びとだったことは絶対に間違いない。ヒクソス人の名前の多くはセム系であり、テル・エル・ダバアでおこなわれたヒクソスの首都の発掘は、その物質文化がシリア＝パレスチナ的、あるいはエジプトとレヴァントの混合であったことを示している。フン族の王アッティラの略奪部隊を構成したのは圧倒的にローマ人の昔からの隣人だったゲルマン人であり、西ヨーロッパの大部分を支配するようになったのも野蛮なフン人の文化ではなく、ゲルマン人の文化だった。したがって、その場合とまったく同じように、ヒクソスのエジプト侵略がもたらした最終的影響は、シリア＝パレスチナの文化と言語のほかには新兵器類であった。

第9章の要約

第9章では、その後も続いたと考えられるヒクソスの攻勢を議論する。攻勢の矛先は、今度はエーゲ海地域に向けられた。この攻勢について書いたのは私が最初ではない。今世紀初め、ドイツの力のある古代史家エドゥアルト・マイヤーとそのほか数人がこの問題を提起している。最近ではケンブリッジ大学のフランク・スタッビングズによって、ヒクソスの王子がミュケナイの〈竪穴墓《シャフト・グレイヴ》〉に埋葬されたと論じられている。しかし一般には、過去五〇年以上にわたってこの考え方は時流からはずれていた。

私はこの章で、過去二〇年間の発見に照らして、マイヤーやスタッビングズの主張を復活させるつもりである。最近の最も重要な展開は、テラ島噴火の年が修正されたことによって、多くの陶器年代区分が年代をさかのぼって修正されたことにあった。このような新しい年代は、紀元前一八世紀の最後の二五年間、近東の特殊な芸術・技術によって関連づけられるエーゲ海地域の物質文化に断絶があったことを示している。そしてこのことは、こうした断絶と刷新がヒクソスと結びついているにちがいないことを意味している。したがって、私はこの問題については〈古代モデル〉に従わない。〈古代モデル〉では、紀元前一五七〇年ころ、エジプトを追放されたフェニキア／エジプト系のヒクソス人がギリシアにやって来たとされているが、近東からエーゲ海地域への植民はヒクソスのエジプト支配の末期ではなく、支配の初期に近い紀元前一七三〇年ころであった。これが私の主張である。実際、この点が〈古代モデル〉の第二の「改訂」であり、第一の「改訂」は、ギリシア語の基礎は北方から来たにちがいない——どのように来たか、いつ来たかはともかく——、これをみとめることにある。

第9章第一節では、紀元前一七三〇年ころにクレタ島で起きた変化に関わる問題をあつかう。この時期、クレタ島のすべての宮殿は破壊されたが、すぐに再建された。断絶前後の文化には本質的な連続性が見られるが、断絶をはさんだ旧宮殿と新宮殿には相違があり、歴史家はこの相違を明確に区別することができる。近東の影響は旧宮殿それ自体にも大きかったが、新宮殿にはさらに強い影響が見られた。この点については一般的な合意もある。

大半の学者の見るところ、クレタ島の冶金術については連続性が見られ、彼らは新時代の武器には近東、とくにシリアの技術の強い影響があることも認めている。クレタ島に剣が導入されたのは、陶器年代区分の中期ミノア第Ⅲ期（紀元前一七三〇年—一六七五年）だった。「剣」を意味する二つの主なギリシア語はシポス xiphos とパスガノン phasganon であるが、そのいずれにもインド＝ヨーロッパ語の同族語や関連語が見あたらない。このギリシア語の語源はエジプト語とセム語だろう。それがこの節の議論である。同時に、剣と同じように、後期青銅器時代の「驚異の兵器」、二輪戦車《チャリオット》もクレタ島に到来したと思われる。

美術の分野では、エーゲ海地域と近東のどちらの地域においても実質的に未知だった様式が登場する。新しい様式を要約すると、「空中跳び」という新しい形式で、空中で四肢を前後に拡げた動物の動きは敏捷さという効果をうみだす。一般的には、生命力、飛翔、スピードを強調する。この様式はエジプトとシリア＝パレスチナで発見されたヒクソスの一部の装飾品にも見てとれる。

この時期に導入された重要な二つのモチーフは、翼のあるスフィンクスとグリフィンであった。スフィンクスの発祥地はずっと昔のエジプトだったが、紀元前一八世紀末、クレタ島に登場した翼のあるスフィンクスはシリア型で、とくにヒクソスと結びつけられてきた。

とりわけシリア的な形態の、ライオンの胴体と鷲の頭と翼をもったグリフィンがクレタ島に導入されたのも、陶器年代区分の中期ミノア文化第Ⅲ期であった。その後の五〇〇年間、エーゲ海地域の全域で、「空中跳びのスタイル」で戦いや狩りをしているグリフィンが頻繁に描かれた。グリフィンは、クレタ島ではクノッソス最大の宮殿の玉座の側面に、ピュロスではミュケナイ文化時代の玉座の側面に刻まれており、このことは単に美術史の問題ではなく、大きな政治的重要性があることを示唆している。したがってグリフィンは、翼のあるスフィンクスと同じように、ヒクソス王権のシンボルだったと思われる。クレタ島の現地の支配者たちが、グリフィンを借用した可能性はあるだろう。当時、近東で流通したタイプの武器の量が増え品質も大いに高まったが、これも借用だったと説明できるかもしれない。しかし、クレタ島の支配者がヒクソス人自身だったという可能性のほうがずっと大きいように思われる。この段階で、クレタ島の宮殿がすべて破壊され、レヴァントの影響とヒクソスのシンボルが増えたという理由からだけではない。クノッソスの旧宮殿が破壊された地層で、生き生きした新芸術様式のいくつかの印章と、あきらかに王族とみられる二人の人物像が発見されているからでもある。一人の人物は若い王子で、もう一人は髭をたくわえた人物であった。同時代の遺物で、この髭の人物と対比されるのはエリコのヒクソス人の墓で発見された男子頭部の形をしたすばらしい壺と、ミュケナイの〈竪穴墓《シャフト・グレイヴ》〉で発見されたマスクだけである。

この時期にヒクソスがクレタ島を征服したという証拠はない。しかし全体としては、いま一歩といういくつかの状況を関連づけ、エドウアルド・メイエルその他の歴史家の提唱したヒクソスのクレタ島征服という仮説に従うならば、時間の節約になるだろう。クレタ島以外のエーゲ海地域にも、この仮説を支持する状況証拠がある。

第9章の第二節では、テラ島の大噴火によって埋まった現在のアクロティリという町の遺跡をあつかう。遺跡のほんのわずかの部分しか発掘されていないが、世界はその出土品にあっと驚いた。これはあきらかに繁栄した地中海の町の遺跡であり、こんにちでも見いだせる基本的なタイプの町である。発掘された二階建ての家々には、ふつうであれば腐敗してなくなってしまったものがたくさん遺っていた。したがって、アクロティリは青銅器時代のポンペイであり、しかも保存状態はポンペイよりも良好であった。ポンペイと同じように、世界を最も驚かせた発掘品は大量のフレスコ画であった。フレスコ画は私たちに当時の芸術家の技法を大いにものがたっているが、それよりもはるかに魅力的に、噴火前の数十年間のテラ島社会についてものがたっていた。フレスコ画には、テラ島社会が裕福で洗練された階層社会であるばかりでなく、それが高度なコスモポリタン的社会であり、クレタ島だけでなくアフリカとレヴァントについての知識もあったことが描かれていた。エジプトの影響の強さ、とりわけ儀式に使われる船に見られるエジプトの大きな影響に専門家たちは驚いた。フレスコ画に描かれた上層階級が、縁飾りのついたローブを着ていることにも彼らは戸惑った。私はこの衣装によく似たものがシリアに見られると考えている。

アクロティリの絵画とそこに描かれた文化にはクレタ島の大きな影響が感じられたが、美術史家は「ミュケナイ的な」ところもあることに注目した。ギリシア本土に典型的なかぶとを着用した武装した男子像と、ミュケナイの〈竪穴墓《シャフト・グレイヴ》〉で発見された風景——ニエロと呼ばれる金属エナメルの技法で描かれていた——と似たものがあったからだ。しかし私はもっと普通に、ニエロ技法もその風景も「ヒクソス・インターナショナル的」文化のもつ性格を表すと考えたほうがよいと考えている。

テラ島噴火の年代、したがってこの町が灰に埋まった年代を紀元前一六世紀末か一五世紀であったと考えるならば、この社会のコスモポリタン的性格はまったく驚くべきであった。しかしいまでは私たちは、テラ島噴火年代の修正によって、紀元前一七世紀——ヒクソスがクレタ島を征服したと仮定するとそのほぼ一世紀後——の社会の諸相がフレスコ画に残されていることを知っている。実際に、このような仮定は、壁画のひとつに描かれた国王のシンボルのグリフィン像はもちろん、かつて読み解くのに困惑したフレスコ画、コスモポリタニズムとエジプトの影響、戦争と

「ミュケナイ的な」影響とたいへんうまく一致する。

テラ島もその一部だったキクラデス諸島については、クレタ島の支配下にあったという伝承が古典時代には多かった。クレタ島の支配が一時期にすぎなかったと考える理由はない。にもかかわらず、多くの学者は中期青銅器時代末と後期青銅器時代初めがクレタ島支配の時代だったと考えている。この考えは妥当だろう。しかし、もしこの時期のクレタ島がヒクソスの君主の支配下にあったとすれば、これは紀元前一八世紀末と紀元前一七世紀の間、キクラデス諸島がヒクソス人に支配されていたことを示しているだろう。ヒクソスの君主の活動はもっと北方に及んだのだろうか。

これまで、ギリシア本土で出土した最もセンセーショナルな青銅器時代文化の発見は、ドイツ人企業家で考古学の天才ハインリヒ・シュリーマン〔一八二二―一八九〇〕によるミュケナイでの発見だった。これはほぼ間違いない。ミュケナイの町で〈竪穴墓《シャフト・グレイヴ》〉を発掘したシュリーマンは、それ以来「ミュケナイ」文化として知られるようになった文化の、いまなお壮麗さの失われていないきわめて見事な遺物を初めて発掘した。ミュケナイ初期の支配者の墓にはたいへん意外な副葬品が埋葬されていた。副葬品の第一印象は暴力と野蛮であり、その後もその印象はぬぐえない。大量の兵器、なかにはニエロ象眼で美しく装飾された兵器があり、立派な髭をたくわえた戦士の金箔をほどこしたマスクもあった。

詳細に観察すると、意外な折衷主義が見られる。陶器類はギリシア本土の中期ヘラドス文化の伝統に属するが、その他のほとんどすべては異国的であり、あきらかにギリシアにはないものだった。クレタ島からの影響が最も大きいが、バルト海地方の琥珀、アルプス山脈の水晶、アフリカのダチョウの卵など、なかにはもっと遠い地域からのものも含まれていた。シリア＝パレスチナとエジプトの文化の影響があるものもいくつかある。しかし、シリア＝パレスチナとエジプトの文化的影響は主に変則的なもので、最もふさわしい言い方でいえば「エジプト的でない《オフ・エジプト》」、つまり「ヒクソス・インターナショナル的」ということになるだろうと私は考えている。このような異質な物質文化の起源はあきらかにこみいったものにちがいない。その起源を説明しようとするどんな歴史的枠組みも、同じようにこみいっているにちがいない。

ここで提起する歴史的枠組みのパターンは、いくらかイングランドの〈ノルマンの征服〉のパターンに似ている。紀元一〇世紀、スカンディナヴィアからのヴァイキングは英国海峡に面したフランス北西部のノルマンディー地方を占領した。そして「ノルマン人」は一世紀かそれ以上たって、一〇六六年にイングランドを侵略し征服した。〈ノルマンの征服〉の結果、イングランドにもたらされたのはスカンディナヴィア人の言語と文化ではなく、彼らに従ったフランス人やイタリア人、そして行政官の言語と文化であった。もちろん、ノルマン人とヒクソス人との間には違いがある。ノルマン人の場合、一〇六六年までにすでにフランスの文化に染まっていたが、ヒクソス人の場合は勢力の拡大が急速だったので、その首長や君主たちは彼らの物質文化の多くを保持し、おそらくは言語もまた保持しつづけていただろう。にもかかわらず、ヒクソス人はエジプトでのセム化の程度が大きかったために、野蛮な「帝国」を急速に拡大したフン人、モンゴル人、ムガル人の例に見られるように、ヒクソス人が征服地に持ち込んだのは彼ら自身の文化の影響ではほとんどなく、他の民族の文化であったと思われる。したがって、ドイツ文化はフン人の助けを借りて西ヨーロッパに持ち込まれた。東アジアの文化はモンゴル人の助けを借りてイランとヨーロッパに持ち込まれた。ペルシャの文化はチュルク語系ムガル人の助けを借りてインドに持ち込まれた。どの場合も、征服者は受け入れる側の文化の形を変えた。

ここで提起する仮説は、〈竪穴墓《シャフト・グレイヴ》〉とその他の初期ミュケナイ文明の墓に葬られている王族はシリアからの侵略者だったヒクソス人であり、おそらく、彼らはフルリ語を話し、インド＝イラン語さえ話した可能性があるという仮説である。しかし、支配階級の多数はセム語を話すレヴァント系の人びとであり、また、彼らとともに、大半がセム系言語を話すかなりの数のエジプト人とクレタ島人もおそらくは支配階級であっただろう。エジプトの文化、とりわけその宗教はヒクソス人、エジプト人、クレタ島人の三つの民族集団すべてに完全に浸透していた。したがって、一方では、陶器様式の継続とギリシア語がインド＝ヨーロッパ語であるという事実から、現地の住民と文化が存続していたことが立証される。他方では、物質文化の断絶および新しい異国的な影響をエジプトとフェニキアによる植民地化というギリシアの伝承と結びつけると、そこから紀元前一五世紀あるいは一四世紀にペロプスの子孫〔アカイア人〕がアナトリアからギリシアにやって来るまで、ギリシアにエジプトからの征服者とギリシアの一部か全土を支配していたレヴァント系の人びとがいたことが示される。テーバイの場合、もとのフェニキア人の王朝は一三世紀にテーバイが陥落するまで存続した。

紀元前一四〇〇年以降、ギリシアには現地ギリシアの影響とアナトリアの影響が見られるが、ここで提起する歴史的枠組みからみると、「ミュケナイ的」芸術様式と私たちが見ていたのは、一八世紀にシリアに登場した〈ヒクソス・インターナショナル〉様式の名残と考えられる。その地の洗練された伝承が豊富にあるエジプトとクレタ島では、この芸術様式は大部分が――完全にではないが――消滅していた。対照的に、遅れた発展段階の中期ヘラドス文化期にあったギリシア本土には、対立する文化が少なかったためにヒクソス様式が残り、それが後期青銅器時代のエーゲ海地域に特徴的な芸術様式になった。

言語に関するかぎり、紀元前第三千年紀のエーゲ海地域ではエジプト語とセム語の語と名称が通用していたことはほとんど疑いない。これが私の考えである。紀元前一四七〇年以後、エジプトが東地中海を支配した後期青銅器時代のあいだずっと、ギリシアがこの二つの言語から大量の語を借用したことは確実である。紀元前九五〇年から三〇〇年までの幾何学模様時代、アルカイック時代、古典時代にも、ギリシアは同じように大量の語を借用していた。にもかかわらず、言語としてのギリシア語が成立した可能性が最も高いとされる紀元前一七三〇年から一五三〇年の数世紀間は、ギリシアが西セム語とエジプト語を話す人びとに支配された時期であったと思われる。当時、これらの言語がギリシアで高い地位を占めていたことは実質上間違いない。

第10章の要約

第10章では、同時代の文書にみる証拠すなわち、エーゲ海地域との接触について青銅器時代に書かれたエジプトとレヴァント側の報告と、エジプトとシリア＝パレスチナとの接触についてのエーゲ海地域側の言及を議論する。

第一節ではエジプトの記録をあつかう。この節でもほかと同じように、著作家たちは彼らが記したさまざまな地名でどこを意味していたのか、それを決定する必要がある。たとえば、少なくとも第一二王朝以来、北西に位置するある外国にMnwsという語が用いられてきた。この国はかつて、おそらくはフェニキアと思われるFnhwと連合した国であった。近代の学者のなかには、Mnwsをミノスとクレタ島と結びつける者もいる。しかし状況は決して単純ではない。第4章で私はミノスの派生語と最初のファラオのミン／メネスについて論じた。さらに、南エーゲ海地域にミノアと呼ばれる地名があり、その多くが西セム語のM^{e}nuḥâh（休息地）の派生語だった可能性がある。しかし、Mnwsがクレタ島のいくつかの地域を指す語だった可能性は大きい。この場合、この文書はクレタ島の王たちがセソストリスの宗主権を受け入れたことを示唆する証拠になる。また、本書の始めの章で述べたほかの証拠もこれを示唆するように思われる。

Kftiwすなわちカフトゥという名称は問題がずっと少ない。墓に描かれたKftiwの君主たちの像があまりにも「アジア的《アジアティック》」と見えるため、Kftiwの場所はどこにあるのか、繰り返し異議申し立てが試みられている。しかしKftiwがクレタ島を指す名称であるという一般的通念をくつがえす根拠はない。なぜならこの地名は、エジプト第一八王朝のファラオ、アメノフィス三世像の台座に記されている地名であることが確認されているからである。Kftiwは台座にあるいくつかのエーゲ海地域の地名の筆頭に置かれていた地名であった。Kftiwの最も早い使用例は、遠隔地貿易のパートナーとして紀元前二四五〇年―二一〇〇年の第一中間期に言及された例である。この語が最も頻繁に使用されたのは第一八王朝時代であった。とりわけ、トゥトモセ三世がシリア＝パレスティナの多くの地域を征服し、Kftꞽw の王がファラオに贈り物を捧げているところが知られている紀元前一四七〇年代以後、これは最も頻繁に用いられた地名だった。

このイメージは近代の学者たちにとってやや不愉快だった。したがって彼らは、エジプト人の主張を否定するためにいくつかの根拠をさがし出した。しかし私は、エジプト人の主張には理由があると考えている。たとえその理由が、レヴァントで優位を占めていたのはエジプトだったため、目端の利く――そして／あるいは――野心的なエーゲ海地域の支配者であればファラオと折り合う必要があった、というだけであったとしても。

しかし、ほかにも理由があるかもしれない。トゥトモセ三世は「九弓〔古代にはエジプトの敵は「九弓」と表現された〕を平定した、彼ら九弓は、ワジ・ウェル W3ḏ wr の真ん中にある島々すなわち、Ḥ3w nbwt と反抗的な異国の国々であった」と主張していた、という記述は、エジプトが――この時代のエジプトはすでに海軍を有していたことが知られている――エーゲ海地域に海洋遠征軍団を送り込んでいたことを示していると思われる。ワジ・ウェル（大いなる緑）は昔から「海」を意味する語であったが、新王国時代には地中海という意味に限定され、とりわけ、しばしばエーゲ海に限定されて使われる語であった。

エジプト学者アラン・ガーディナーによると、第三千年紀の『ピラミッド・テキスト』に出てくる Ḥ3w nbwt（島々の向こう側）というのは、「エーゲ海地域を指す語として十分に正確な記述」であると考えられる。この説に異議を唱えたのは別のエジプト学者でエジプト＝エーゲ海地域関係の専門家、ジャン・ヴェルクウトだった。ヴェルクウトは、『ピラミッド・テキスト』の大部分は紀元前第四千年紀につくられたものである、Ḥ3w nbwt をエーゲ海地域と同一視するには高度の地理的知識がこの時代に必要である、したがってこれは不可能である、と主張した。私は、先王朝時代のエジプトに全般的な地理的知識があったという考えには問題はまったくないと思う。しかし古王国時代末になって記された『ピラミッド・テキスト』に出てくるこの語については、後世の改竄だった可能性があるかもしれない。しかし第3章で議論した他の証拠から、エジプトの高官たちがエーゲ海地域の存在に気がついていたことはあきらかである。

いずれにしても、私たちは新王国以後、Hȝw nbw がエーゲ海地域およびギリシアを記述するのに用いられたことを知っている。実際に、紀元前一四五〇年以後のトゥトモセ三世の治世以後、Hȝw nbw が Kftiw にとってかわりはじめた。このことは、Kftiw という名称がプトレマイオス朝ではフェニキア人を指すのに用いられたという事実と考えあわせると、住民のうち、支配層ではなかったにしても重要な部分の住民がセム語を話した時期のクレタ島を記述するため、Kftiw というこの語が用いられたことを示している。

新王国時代に「ギリシア」を表すのに用いられた名称に、Tinȝy すなわちタナヤと、Dȝ-in すなわちデネあるいはデニエンというグループがある。このグループがホメロスがギリシア人を表すときに最も頻繁に用いたダナオイ人と呼ばれた人びとと同語であることは間違いない。古代エジプト語で Tinȝy は〈年老いた人〉をあらわすので、これともつながりがある。エジプトの側から見ると、Tinȝy は語根 *tni*（老年の、老いた）につながり、ギリシアの側から見ると、〈年老いた人〉はダナオスについての記述に完璧に合致する。伝承によれば、エジプトからやって来てギリシアのアルゴスを植民地化したのはダナオスであり、彼は〈年老いた人〉として描かれていた。植民地化して土地を灌漑したというダナオスのもつ積極的面は、語呂合わせではあるが、古代エジプト語の *dni*（配置する、灌漑する）とも一致する。さらに dni はセム語の d(y)n(n)（裁く）とも関連する。このような結びつきに古代の著作家たちが気づいていたことはあきらかであった。にもかかわらず、「ギリシア」を表すこの名称の由来はこの語源論では明快に説明できない。なぜなら紀元前二五〇〇年頃にさかのぼるメソポタミアのテクストのなかに、あきらかに〈はるか西方〉を指す語として Da-ne^{ki} という語が記されていたからである。

紀元前一四七〇年と一二五〇年にはさまれた時期、エジプトはレヴァントの君主たちを通じて直接・間接にTinȝyと関係があったと思われる。一つの墓にTinȝyの首長たちがトゥトモセ三世に貢ぎものを持って来ているところが描かれている。上述したエーゲ海地域の都市の一覧表を刻んだアメノフィス三世像の台座には、KftiwとTinȝyという二つの項がある。

デネあるいはデニエンは、紀元前一二世紀にエジプトとレヴァントを荒らし回った〈海の民〉のひとつの名称でもあったが、ホメロスのダナオイ人と関連する語でもある。これは聖書〔「ヨシュア記」一九章四〇節〕に書かれたダン族とも結びつきがある。ダン族はもともと、〈海の民〉に組み込まれたイスラエルの民だったと考えることができるだろう。

メソポタミアとシリアのテクストのなかにもエーゲ海地域が登場する。Da-ne^{ki}の名称については前述した。シリアの都市エブラ〔一九七五年に大量の楔形文字粘土板文書が発見されたアレッポ付近の古代都市〕で見つかったテクストのなかに、似たような都市の一覧表があり、そこにAm-ni^{ki}という都市の名前が刻まれている。Am-ni^{ki}はおそらく、古くから知られているクノッソスの港町の名前、アムニッソスと結びつけることができるだろう。ユーフラテス川上流の都市マリで見つかった紀元前一八世紀の都市一覧表のなかに、カプタラ（クレタ島）は貿易相手国と贅沢品の中心的製造地として出てくる。

意外なことに、シリアの港町ウガリットの遺跡から出土した紀元前一四世紀と一三世紀の大量の記録にギリシア人が登場しない。これは当時、ウガリットに宗主権をもっていたヒッタイトの王がミュケナイの王国を封鎖した結果として説明できるだろう。しかし、すべての貿易が封鎖されたわけではなかった。クレタ島と定期的に貿易していたウガリットのタムカラム（国から貿易免許を得た商人）の報告書がのこっている。

しかし、ウガリット・テクストはあきらかに、レヴァントとギリシアの間にもう一つのタイプの接触があったことを示している。ウガリットの伝説や賛歌の多くは、ギリシア初期の伝説や賛歌と驚くべき並行関係にあり、それがギリシアと聖書のテーマの重要な「橋渡し」となる場合が多い。したがって、このレベルでも、後期青銅器時代にはすでに東地中海地域に共通する文化が存在していた。

エーゲ海地域には青銅器時代の記録があり、これらの記録は線文字Aと線文字Bで書かれている。いまではいずれの文字も解読されているが、これらの音節文字はミノア文明とミュケナイ文明のエーゲ海地域の多くの地域、とりわけクレタ島で使われていた。線文字Aで書かれた言語の語族が何かについては、いまなおかなりの議論がある。にもかかわらず、そこには相当数のセム語の単語が含まれていた。これらの単語は贅沢品ばかりでなく、穀物やブドウのような必需食料品や、「すべての」、「全体の」、というような基本語も網羅していた。このような単語が線文字Aに含まれているのはなぜか。その理由は、私が考えるようにこの言語はセム系だからか、あるいは、未知のクレタ島の言語がセム語を大量に借用したからか、そのいずれかにちがいない。どちらにしても、これはクレタ島とレヴァントの緊密な結びつきを示している。

線文字Bはギリシア語の筆記体に非常によく似ている。線文字Bが解読される以前の状況は、少数の人びとが、紀元前七世紀にチトン *chitōn*（衣服の一種）、クリソス *chrysos*（金）というようなギリシア語がセム語からの借用語として導入されたことを認めているだけであった。しかしいまでは、これらの語が紀元前一四世紀、あるいは一三世紀にすでに存在していたことが分かっている。したがって、線文字Bにはほかにも多くのセム語とエジプト語からの借用語があるということをたとえ認めない人がいたとしても——私は借用語の存在を確信しているが——、この線文字Bのテクストは、青銅器時代の間に、語彙の借用とともに、語彙の借用にしたがって文化の接触があったという確かな証拠となっている。

テクストであきらかにされるミュケナイ宮殿の経済と社会も、近東の宮殿とかなり密接な往来があったことを示している。テクストで使われている度量方法や役所の書式でさえ、エジプトと南西アジアから特別に借用したものであることが証明されている。さらに、線文字Bのテクストに出てくる人名のなかには、おそらくその語源はセム語、フルリ語、エジプト語であろうと推測されるものが多数ある。アイクピティオという名はアイギプトス、すなわち「メンフィスの人」あるいは「エジプト人」を意味する語である。ミシラジョという名はセム語のムスリィであり、「エジプト人」を指す。アラダジョはおそらく「〔フェニキアの都市〕アルワドの人」を意味し、トゥリダジョとトゥリジョは「テュロスの人」を指すと思われる。紀元前一七世紀のエジプトに「Kftiw の〔住民の〕名前をどのように表記するか」についてのパピルス文書があり、この文書はこの島にまったく異種類の人びとがいたことを示している。同じように、紀元前一六世紀のエジプトで Pꜣ Kfty（クレタ島人）の人名が出てくる。このように、エジプト、レヴァント、エーゲ海地域の断片的な文書情報は、すべて同じ方向を指し示している。すなわち、少なくとも紀元前一七世紀、もしかするとそれよりずっと以前から、青銅器時代の東地中海地域周辺で、かなりの接触と人種的混合があったことを示している。

第11章の要約

第11章では後期のミュケナイ文明期のギリシアを扱う。本書で使用する年表では、ミュケナイ文明は紀元前一八世紀から一二世紀まで、長く存続した。かなりの文化的連続性があったこともあきらかである。類似の芸術様式とモチーフ、とりわけスフィンクスとグリフィンは、全期間を通して継続的に使用された。考古学の証拠が少ないために、これ以前の数世紀間、ギリシアの経済と社会の構造がどうであったかについて確実なことは言えない。初期のミュケナイ人たちの関心は、強迫観念とはいえないだろうが、戦争であった。これは〈竪穴墓《シャフト・グレイヴ》〉やその他の墳墓から知ることができる。しかし、紀元前一七世紀以降のテラ島の壁画装飾を見れば、少なくともキクラデス諸島にはかなり洗練された平和な社会があったことがわかる。キクラデス諸島には比較的裕福な都市化された社会があったという考古学の証拠もある。

墓が残っているのとは対照的に、初期の王宮遺跡はこれまで発見されていない。その理由はおそらく、ミュケナイ文明は初期から後期まで文化的連続性があり、王宮が改築されたためだろう。前時代の建造物は、破壊されるよりも改築されるほうが遺跡として残りにくい。しかし、後期のミュケナイ文明期の宮殿は相当数が発見されている。ミュケナイ文明時代末期以降は、すでに述べた線文字Bが書かれた粘土板が残っており、これは宮殿の経済と社会構造にかんする重要な文書の証拠である。

このような証拠が示しているのは、暴力的な英雄社会から文官が支配する官僚社会への変容だろう。しかし、実際の状況はそれほど単純でなかったことはあきらかだった。テラ島の壁画には紀元前一七世紀の洗練された平和な社会が描かれているが、ミュケナイ文明最末期の宮殿が恒常的に要砦化されていたのも事実である。したがって、ミュケナイ文明の大半の時期、ギリシアを支配していたのはいくつかの王国だったが、これらの王国では文官による官僚制と、諸王国間の戦争と戦士的エートスとが共存していた。私の考えでは、この状況と最も近い並行関係にあるのは紀元八世紀以降の日本である。そこでは、繊細で洗練された宮廷文化と、それと対照的な「封建的」で軍事的価値を崇める武士道が併存していた。

後世のギリシアは偉大な先史時代を大いに強調した。にもかかわらず、ギリシアの伝承の関心は後期青銅器時代の経済的・文化的成功ではなく、「英雄時代」の戦争行為にあったことは興味深い。一つの理由は、疑いもなく、すぐれた物語は、恐れを知らぬ流血の行為から生まれるからだ。しかし、大部分の伝説は宮殿が没落した紀元前一二世紀の〈暗黒時代〉に形成されたので、伝説は文明が失われ、戦争・忠誠・裏切りが長期的に激化した時代がもたらした結果だったとも思われる。

第11章で議論する紀元前一五五〇年から一二五〇年の三世紀間は、青銅器時代である。この時期は、文書の上でも考古学の上でも、エジプトとレヴァントがエーゲ海地域と接触したという証拠が数多くあり、これは疑いない。しかし最近まで、エジプトとレヴァントをエーゲ海地域と相互に関係させることは困難であった。なぜなら、エジプトの文書でエーゲ海地域との密接な関係が指摘される時期――トゥトモセ三世（紀元前一四七〇年―一四五〇年）の治世末期と、アメノフィス三世および彼の息子のアクエンアテン（紀元前一四一九年―一三六四年）の治世――は、考古学的証拠から、通説のうえではエジプトとギリシアの間で最大の接触があったとされた時期とはいえなかったからである。エジプトとギリシアの間で最大の接触があったのは、陶器年代区分でいう後期ヘラドス文化第ⅢＡ〔ＬＨⅢＡ〕期（従来の説では紀元前一四〇〇年―一二七五年）と後期ヘラドス文化第ⅢＢ〔ＬＨⅢＢ〕期（同、紀元前一二七五年―一一八〇年）であった。しかし、いまでは、新しく作成された年表にもとづいたエジプトの対照歴史年表が作られ、テラ島噴火の年代が修正されたことでエーゲ海地域の青銅器時代の陶器年代区分の年代も改められた。したがって、こうした最新の年代表によれば、ＬＨⅢＡ期の開始は紀元前一四九〇年から一七四〇年のあいだ、ＬＨⅢＢ期は紀元前一三七〇年から一二二〇年のあいだと、年代をさかのぼらせなければならない。エジプト新王国の年代表は変わらないので、エジプトとレヴァントがエーゲ海地域と密接に接触していたことを示す歴史学と考古学の証拠が同時性をもつことになり、筋が通る。

　このような年代修正はクレタ島の歴史の時代区分にも影響を及ぼす。トゥトモセ三世の治世（紀元前一四《マ》六《マ》〇年―一四五〇年）末期の墓に、古代の歴史家たちの印象に長く残った壁画があった。それはファラオへの貢ぎ物を持ってきたクレタ島人のミノア風のキルトがミュケナイ風に塗り直された壁画である。紀元前一四世紀、少なくとも一三世紀のクレタ島ではギリシア語が優位であり、これは線文字Ｂの粘土板から認められている。したがって壁画が塗り直されたのは、ミュケナイ文化期のギリシア人がクレタ島を侵略したか、侵略ではない何か別の形でクレタ島に到着した証拠と考えられてきた。通説によると、陶器年代区分後期ミノア文化第Ⅱ期は紀元前一四五〇年に始まった。この頃、クレタ島各地の宮殿が破壊されて島全体の行政府がクノッソスに集まったのは事実であり、この事実は通説とぴったり一致するように思われた。そのほかにも、この時期のクレタ島に〈竪穴墓《シャフト・グレイヴ》〉が導入されたというような通説を補強する議論が行われたが、この議論はその後立ち消えになってしまった。クノッソスの宮殿そのものが破壊された年代についてアーサー・エヴァンズ卿は、後期ミノア文化第ⅢA期の時代すなわち、紀元前一三八〇年頃だったと断言したので、ミュケナイ人がクレタ島にやって来た年は紀元前一四五〇年頃でなければならなかった。ギリシア語がクレタ島の首都の公用語として確立するためには時間が必要であった。

しかしこの数十年間、言語学者レナード・パーマーが率いる異端の学者集団は、クノッソスの宮殿は紀元前一三世紀末まで残っており、宮殿から発見された線文字Bの粘土板の年代はその二〇〇年前〔紀元前一五世紀末〕ではなく、この世紀〔紀元前一三世紀〕末でなければならないと主張している。最近の考古学的証拠の解釈はパーマー説を裏づけているように思われる。このため、いまでは、ギリシア人がクレタ島にやってきたのは紀元前一三〇〇年以前であればどの時点でもあり得るのだから、ギリシア人がクレタ島に到着するための必要条件はもはや存在しない。

しかし、それでもなお、紀元前一五世紀中ごろにクレタ島で権力の移行があったと強く主張されているのは、支配者交代を示すエジプト語の証拠があるからである。**Kftiw**という名称が使われなくなり、**Tni**という名称が使われることが多くなったが、そこからも〔クレタ島の〕支配者交代がうかがわれる。しかし、この変化は陶器年代区分のどの時期におきたのか。この問題は依然として残っている。LMⅡ期の陶器製造は前代のLMⅠB期から発展し、次代のLMⅢA期に引き継がれた。したがって、権力の移行があったかどうかは陶器では分からない。いずれにしても、陶器以外のすべての証拠の示すところ、この時期のクレタ島に言語の変化はあったが、文化には本質的な連続性があった。絶対年代をそのまま使うか、あるいは一四七〇年頃のところまで年代を少しずらせば、事態は非常に簡単になるだろう。これを陶器年代区分で見ると、後期ミノア文化初期と後期ヘラドス文化ⅢA期になるだろう。汎エーゲ海様式のこのような陶器は、地中海地域全体とそれ以外の地域で発見されており、とりわけ、トゥトモセ三世の勝利後、エジプトの支配下や影響下におかれた地域として知られているキプロス、レヴァント、エジプト、ヌビアの地で発見されている。

中部アナトリア高原でミュケナイの陶器が発見されていないのは興味深い。この時期、この地を支配していたのはヒッタイトであった。第11章では数節をエーゲ海地域とアナトリア地方の関係の検討にあてる。その一節では、ヒッタイトとその西隣りの王国、アルザワとアシュワ（「アジア」という語はこれに由来する）について書かれたヒッタイト語の記録を議論する。紀元前一五世紀末になると、ヒッタイト語の記録にアヒヤワという西の新興国家がでてくる。一九二〇年代以来、多くの学者がこの新興国家を〈アカイア人〉の国と同一視しているが、〈アカイア人〉という名は、ホメロスが多くの場合に〈ギリシア人〉を指して使った語であった。状況は極めて錯綜したものだが、少なくとも、ヒッタイト語の記録とのちのギリシアの伝承から次のような像を描くことは妥当であると思われる。すなわち、〈アヒヤワ／アカイア人〉とはギリシア化した西アナトリア人とギリシア人が混じった人びとであり、彼らはヒッタイト帝国の周辺部とエーゲ海地域の両方に居住し、各地を荒らしまわっていたらしい。彼らは、ペロポンネソス半島〈ペロプスの島〉という地名の由来となったギリシアの伝説的半神、ペロプスとも関連がある。また、ホメロスの叙事詩に登場するミュケナイ王アガメムノンとスパルタ王メネラオスも、自分たちはペロプスの子孫であると称している。私は、ペロプスという名前はエジプト語のP3 Rprt（皇太子）に由来すると考えている。したがって、ペロプスとは称号であり、人の名前ではない。ペロポンネソス半島北西部のエリス地方は〈アカイア人〉の勢力、すなわち〈ペロプスの子孫〉の勢力の最初の拠点となったと思われるが、この地域がペロプスを原型とする人びとにいつ攻略されたのか、年代を確定するのはむずかしい。紀元前一四二五年から一三〇〇年のあいだの、ある時点だったことはあり得るだろう。〔ダナオスの子孫すなわち〕〈ダナオイ人〉〔のアルゴス人〕と〔ペロプスの子孫の〕〈アカイア人〉のあいだに、物質文化上の差異が認められないことも問題をむずかしくしている。ホメロスは両者を明瞭に区別していないが、彼と同じように、文書と伝承の証拠も同じく両者を明瞭に区別していない。エジプト人は両者をTniʾw、Iḳwš（アカイア人）と呼び、エジプトに侵入する〈海の民〉の仲間と考えていたと思われる。

最も単純な説明は、紀元前一八世紀末、「ヒクソス人」の英雄によって建設された王国の末裔が〈アルゴス人〉で、新しい「アナトリア人」の王朝によって征服された人びとが〈アカイア人〉だ、という説明だろう。ペロプスの末裔〔アカイア人〕がエリス地方にいつ王国を建国したかという問題はむずかしいが、それはミュケナイ／アルゴス、スパルタのような王国がいつ〈アカイア人〉に支配されるようになったか確定するのがむずかしいのとまったく同じである。はっきりしているのは、ヒクソスの最後の王朝すなわち、テーバイにあったカドモスの末裔の王朝が一三世紀末まで存続したということだけと思われる。

アカイア人がアナトリア人と関係があったことは事実である。しかしだからといって、アカイア人がヒッタイトと同盟関係にあったということにはならない。事態はまったく逆で、〔ダナオスの子孫すなわち〕〈ダナオイ人〉〔のアルゴス人〕の場合と同じように、〈アカイア人〉は中部アナトリア人の長年の敵であったと思われる。ヒッタイト語の文書には、アヒヤワとは不断に戦争があったと記されている。ヒッタイトの領土からミュケナイの陶器が発掘されていないことはすでに述べた。同じように、ミュケナイで発掘されたこの時期の外国製品のなかにヒッタイトの製品は含まれていない。アメリカ人の考古学者エリック・クラインが指摘するように、発掘品のなかにはエジプト製やレヴァント製が相当数含まれているが、ヒッタイト製の可能性があるものはひとつしかなく、おそらくそれはヒッタイトの支配が及ばないアナトリアの製品であろう。

この時期の発掘では、ミュケナイ製品はきわめて広範囲に分布して発見されており、メソポタミアとシリア北部ではヒッタイトの商人が活発に貿易をしていたことも知られている。この二つの地域圏がたがいに排他的だったのはなぜか。アヒヤワとアカイアの同一視という考えは却下するとしても、この二つの地域が互いの存在を知らなかったとは考えられない。アヒヤワとヒッタイトは地理的に似た地域を占領していたので、互いの製品を必要としなかったという説明もあるが、この説明は本当とは思われない。たとえこの説明に多少の真理があるとしても、強固な政治的な意志によって、相互に経済的に独立していたことは十分に考えられる。文書でも考古学でも、この仮説を裏づける証拠がある。文書上の証拠は、紀元前一三世紀、ヒッタイトとシリア北部にあったその属領の国王との間にかわされた協定である。ヒッタイトはこのなかで属領にたいして明確に、アヒヤワからの貿易船の領地通過を阻止せよと要求していた。考古学上の証拠は、ミュケナイ陶器が北シリア一帯のＬＨⅢＡ期の地層からは大量に発見されているのに、ＬＨⅢＢ期の地層からは一切発見されていないということである。この差は、ＬＨⅢＢ期が始まった紀元前一三七〇年頃、この地域はヒッタイトの支配下にあったという事実から説明するのが最も妥当だろう。

したがって、紀元前約一四三〇年頃から紀元前約一二三〇年頃まで、ギリシアとヒッタイトは敵対関係にあったという可能性が最も高い。もちろん、ヒッタイトの好敵手はエジプトであった。紀元前一五世紀中ごろ、トウトモセ三世はおそらくエーゲ海地域に討伐軍を派遣している。しかし他方では、文書と考古学の証拠がいずれも示しているように、ギリシアの指導的な諸王国はその次の一世紀のあいだ、エジプトの勢力圏内にあることに満足し、このファラオから「いのちの息吹を受けとっていた」。

この時期、ギリシアとエジプトには貿易と文化の面で密接な接触があったことは疑いない。この接触についてふれた文書は第10章で論じたが、それとは別に、密接な接触を裏づける考古学の証拠がかなり存在している。すでに述べたように、エジプトの支配力と影響力がおよんだ地域一帯で、ＬＨⅢＡ期とＬＨⅢＢ期（紀元前一四七〇年―一二二〇年）のミュケナイ製陶器が大量に発見されている。同じように、あらゆる種類の品物を入れる容器として用いられたカナン製の大壷がエーゲ海地域で多数発見されている。

最も大量のレヴァント製容器は、トルコ南西部の海岸のカシュ沖から引き上げられた難破船から発見されている。

その数は一二〇以上もあった。船が難破したのは、エジプトが最強だった時代の末期、紀元前一三六〇年ころと考えられる。だが、船の積荷は驚くほど豪華であり、後期青銅器時代の東地中海地域の貿易のひろがりを示している。象牙や黒檀ばかりでなく、大量の銅インゴットが発見されたことから、銅貿易が広範囲に行われていたことが確認されている。当時、銅の主な採掘地はキプロスとサルデーニャであった。錫は銅に比べて量は少ないが、アフガニスタン、ボヘミア、コーンウォールといったはるか遠隔地から地中海地域に運ばれていたことも暗示される。

最近の最も興味深い発見のひとつは鉛と鉛含有銀の交易であり、現在ではその交易を鉛同位体の分析によって跡づけることができる。アテネの南にあるアッティカ地方のラウリオン鉱山は、少なくともエジプト中王国時代の初めから、こうした金属の主要な輸出元であった。これらの鉱山が産出する鉛は後期青銅器時代のあいだずっと、メソポタミアでもエジプトでも発見されている。

最近、ミュケナイでもうひとつ魅力的な発見があった。数枚のファヤンス焼き〔緑青色の彩色をほどこした陶器〕のエジプト神殿の定礎埋納《ファウンデーション・デポジット》物の記念銘板を分析すると、アメノフィス三世というファラオの名前が出てきたのである。これがエジプトでの発見であれば、考古学者はすぐに、定礎埋納物の記念銘板のまわりに何か神殿の痕跡はないだろうかと探したにちがいないようなたいへん興味深い発見であった。しかしミュケナイでは、貴重な遺物の宝庫は発見されたが、神殿がどこに建てられていたのかという敷地の位置は確定されなかった。他方、こうした遺物は儀式上は重要であるが、それ自体は固有の価値がなかったので、こうした遺物が輸入品だった可能性や、持ち帰った記念品だったという可能性は少なかった。当時、エジプト王とミュケナイに接触があったという文字がほかにあるとすれば、それは当然、ミュケナイで発見されたエジプト神殿建立の重要性をあきらかにするだろう。たとえ、そうした建造物が短期間しか続かなかったとか、まったく建設されなかったとしても。

しかし、エジプトとギリシアの当時の親密な接触を示しているのは記念銘板に書かれていた文字だけではない。うわぐすりに含まれた鉛の分析から、それがラウリオン鉱山の鉛であることが分かった。これはどう説明できるだろうか。当時のギリシアに、記念銘板をつくれるエジプト王の官立工場があったという説明か、あるいは、たまたまギリシア産の鉛を使用してエジプトでつくられたうわぐすりだったという説明か、そのどちらかだろう。説明としては、うわぐすりはギリシア産の鉛を使ってエジプトでつくられたという可能性がずっと高いと思われる。当時、紀元前一四〇〇年頃、エジプトとエーゲ海地域の間にきわだって複雑に入り組んだ関係があったことは、これによってもあきらかである。

象牙、黒檀、没薬《もつやく》やその他の香料、ダチョウの卵、おそらく鳥の羽毛やパピルスといった熱帯の産物が、エジプトや他のアフリカ地域からの輸出品であったことを私たちは知っている。ギリシアは金を産出したが、アフリカは金も多少は輸出したらしい。奴隷は圧倒的に北から南に運ばれたと思われる。貿易の多くはレヴァント経由であり、レヴァント自体もヒマラヤスギや高級製品を輸出した。他方、エーゲ海地域からの輸出品は、高級陶器および、ミュケナイ製の容器に入るあらゆるもの——オリーブ油は間違いなく含まれていた——だったことが知られている。鉛と銀もギリシアの輸出品であった。

ところで、こうした貿易パターンは不均衡であった。こんにち、ギリシアは金属類の大輸出国だったことが分かっており、あきらかな貿易不均衡を何かほかの政治的・経済的要因によって説明する必要があるように思われる。一つは、エジプトの政治力と海軍力がエーゲ海地域を搾取していたという仮定である。これは基本的に経済的な説明だが、エジプトはアルカイック時代と古典時代（紀元前七七六年—三二五年）のギリシアに小麦を輸出していたのと同じように、すでに東地中海全域に小麦を輸出していたと思われる。大規模な小麦貿易が可能な大積載能力のある船舶がすでに存在していたことは、文書と考古学の情報源からもあきらかになっている。紀元前一三世紀には、エジプトがアナトリアとレヴァントに飢饉救済のための物資を海路で送ったことも知られている。当時、のちにフェニキアを形成したレヴァントの都市のなかには、ほぼ確実に、小麦が定期的に不足していたところがあった。これと同じ世紀には、文書と考古学の証拠がいずれも示すように、南ギリシアの人口密度はきわめて稠密で、小麦の生産高も驚くほど少なかった。このことは、頻発する飢饉および／あるいは恒常的な小麦の輸入という事態を示唆していると思われる。古典時代のギリシアは黒海地方から小麦を輸入したので、黒海地方の小麦も輸入されたのかもしれない。しかし、大部分の小麦は、エジプトからだった可能性の方がはるかに高いと思われる。ギリシアのある伝承に、トロイア戦争のはるか昔、エジプトがアッティカ地方の飢饉を救済したと伝えられているのは興味深い。エジプトがギリシアその他の地中海地域に小麦を輸出するというのが、古典時代、ヘレニズム時代、ローマ時代にみられたパターンであった。小麦や製パンに関するいくつかのギリシア語の語源がエジプト語らしいということを考え合わせると、このパターンがすでに後期青銅器時代に確立していたことを示している。

後期青銅器時代を通じて、東地中海地域の貿易を支配したのは誰だったのか。過去二〇年の間、この問題をめぐって、激烈な学問的討論のひとつがたたかわされている。〈極端なアーリア・モデル〉が勝利して以来、東地中海貿易を全面的に掌握したのは精力的なミュケナイ人だったという説が有力になっている。この説を正当化したのは、エーゲ海地域でつくられた陶器類がレヴァントとエジプトで多く発見されており、その数は、レヴァントやエジプトでつくられた陶器類がエーゲ海地域で発見されるというケースよりも多かったという事実であった。しかし、壺類の取引をしたのはだれかを考える場合、陶器類は必ずしも適切な指標ではない。たとえば、紀元一七世紀以降の西ヨーロッパ周辺地域の大半の陶器類が、中国とその周辺地域で製造されたという理由だけで、これら中国製の器《うつわ》が西ヨーロッパ周辺で取り引きされたと仮定するのは誤りだろう。さらに、何人かの学者が指摘しているように、ウガリット出土の大量の貿易記録のなかに、ギリシア人は登場しない。ギリシア人が登場しない理由について、私はヒッタイトがその属国にアヒヤワとの貿易を封鎖したという地域的現象であると説明できると考えている。にもかかわらず、線文字B

の粘土板によってあきらかにされたエーゲ海地域の宮殿経済よりも、ウガリットやその他のレヴァントの諸都市のほうがはるかに商業的だったことはほとんど間違いない。すべての貿易がフェニキア人に掌握されていたことは、ホメロスの叙事詩にもはっきり述べられている。

この時期末期と推定される最初の難破船が、トルコ南岸のゲリドンヤ岬沖合で発見されたとき、船を引き揚げたジョージ・バスは船の乗組員たちがレヴァント人だったと考えた。ところが、これよりもっと重要なのは、彼が発見し引き揚げたカシュ沖の沈没船であった。この発見によって、乗組員の「国籍」が単純ではなくなったからだ。おそらく、乗組員はいろいろな民族で混成され、そこにギリシア人もいたことはほぼ確実であった。西セム族に創造的な役割があったことを否定する〈極端なアーリア・モデル〉と、創造的役割は認める〈柔軟なアーリア・モデル〉との争いには意味がある。にもかかわらず、結局、これは無駄な議論である。いまでは、紀元前一四七〇年と一二二〇年のあいだの東地中海地域が完全にコスモポリタン的だったことはあきらかだからである。したがって雑多な積み荷を載せた船には、エジプト人はもちろん、レヴァント人もエーゲ海人も、さまざまな人びとが一緒に乗り組んでいた。なかには、この平和と繁栄がパックス・ミュケネアカ〔ミュケナイの平和〕の結果だったと主張する学者もいる。アーリア主義者は原因と結果を取り違えたと思われる。紀元前一四七〇年から一三七〇年のあいだ、この地域で支配的勢力だったのはエジプトであり、一三世紀末までずっと、エジプトが軍事的・政治的・文化的に重要であったことは疑いない。したがって、パックス・アエギプティアカ〔エジプトの平和〕のもとで貿易が栄え、人びとが繁栄を謳歌したという仮定のほうが正しいと思われる。

紀元前第二千年紀後半の大部分の間、エーゲ海地域を含む東地中海全域にはこのようなコスモポリタン的な社会が存在していたので、文化的孤立という考え方はばかばかしい考えになっている。ギリシアの文化、とりわけ言語に、エジプトと西セムからの借用があったことは十分に考えられる。借用があったという証拠には本質的な妥当性があり、これを否定する根拠がないことは確実と思われる。しかしそうなると、〈アーリア・モデル〉も〈現地起源説〉も擁護できないが、狭い意味の〈古代モデル〉の根拠も薄弱なものになり得るだろう。というのは、このように長期間密接に接触していたとすれば、征服や植民地という助けがなくても、宗教上、言語上、その他の文化上の借用を説明することができるからだ。しかし、後期ミュケナイ期のギリシアですでにギリシア語が話され、のちのギリシア語の名前の神々が崇拝されていた事実は、この考えに反している。この頃までには、私がエジプト語や西セム語の起源であると考えている語と名称は、ギリシアに十分定着していたように見える。さらに、テラ島の壁画から、少なくともキクラデス文化は紀元前一七世紀にはすでに完全にコスモポリタン的だったことが知られている。したがって、紀元前一四七〇年から一二二〇年の間の東地中海地域には密接な接触があったが、すでにこの頃に、アルカイック時代と古典時代の文化として知られているギリシアの文化が形成されていたことはほとんど疑いないと思われる。とするならば、私たちはもっと昔の影響を探求しなければならない。なかには、私がギリシア文化に基本的な影響をあたえたと確信するエジプト文化とセム文化の影響もある。その影響のなかには、上述したように、紀元前第三千年紀やそれ以前にさかのぼることができるものもある。

とはいえ、考古学の証拠が示しているように、決定的な時期は紀元前第二千年紀後半であり、この影響はヒクソスの征服と植民地化と関係があると思われる。

第12章の要約

本書の最後の第12章では、紀元前一二五〇年から一一五〇年の一〇〇年間のミュケナイ時代末期を扱う。この章の中心は二つの都市——ギリシアのテーバイとトロイア〔小アジア北西部の古代都市〕——の攻城と破壊である。陶器年代区分が低年表で設定されているために、ここでも年代が混乱している。通説では、陶器年代区分の後期ヘラドス文化第

ⅢB〔LHⅢB〕期と同第ⅢC（LHⅢC）期は、それぞれ紀元前一二七五年と一一八〇年に始まった。考古学上の証拠の示すところ、テーバイの破壊はLHⅢB2期であり、この時期は通説では一二〇〇年頃にあたる。ホメロスが描いた都市トロイアがどこの地層であったかについては、考古学上、二つの候補地がある。第一は、通説では紀元前一二七五年ころとみられているLHⅢB初期に破壊された跡が残るトロイア第Ⅵ市である。通説のこの年〔紀元前一二七五年ころ〕は、伝承によるトロイア陥落の年――すなわち紀元前一二五〇年から一一七〇年のあいだ――よりも昔である。さらに重大なことだが、伝承では一般にテーバイの陥落のほうがトロイアの陥落より早かったとされているが、この年〔紀元前一二七五年ころ〕では陶器年代区分による通説のテーバイ陥落の年よりも早くなる。しかし、トロイアの第二の候補地はトロイア第Ⅶａ層であり、このトロイアはLHⅢC期の初め頃――通説では紀元前一一七五年以後――、ホメロスが述べたとおりに火災で破壊され滅亡した。この年は低年表のギリシア史の年代にちょうど一致するが、伝承ではギリシア軍は十分組織化された大遠征軍だったと伝えられており、すでにこのときミュケナイ文明は急速に衰退していたので、この年で調整するのはむずかしい。

このように、どの地層の「トロイア」が滅亡したかということが混乱し不確定だったため、トロイア戦争そのものが史実かどうかという疑問が懐疑論者から出された。たとえば、一九六〇年代と一九七〇年代にケンブリッジ大学で古典学を研究していた有力な人物モーゼス・フィンリーは、世界があっと言ったシュリーマンのトロイア遺跡発掘以来、かつて問われたことがなかったかたちでこの疑問を問いかけた。しかし、陶器年代の新区分によって、二つの方向から状況があきらかにされる〔たとえば、旧区分の年代で紀元前一二七五年だった年は新区分では紀元前一二一〇年に修正される〕。第一に、トロイア第Ⅵ市が崩壊した年は、通説でトロイアが破壊された年とされる紀元前一二一〇年頃よりも一世紀以上も早い時期すなわち、紀元前一三五〇年頃と設定し直さなければならない。紀元前一二一〇年という年は、伝承によるトロイア陥落の年〔紀元前一二五〇年から一一七〇年のあいだ〕のちょうど真ん中の年であり、トロイアが滅亡した状況も叙事詩の記述とぴったり一致する。ギリシア人の野営地と推定される海岸での発掘品とあわせて考えると、ホメロスが基本的な史実を述べているのはあきらかである。

第12章では、考古学とヒッタイト文庫によって確実になったトロイアの複雑な歴史にいくつかの節をあてる。トロイアは、ダーダネルス海峡を通って黒海へ航海する途上、順風を待つために船が停泊しなければならない重要な場所に位置し、繁栄を極めた都市だったが、後期青銅器時代にはヒッタイトとギリシアの間で翻弄された。ホメロスは——そしてギリシアの伝承全体も——、ヒッタイトについてはまったく言及していない。ヒッタイト帝国が最終的に崩壊するのは紀元前一二世紀初めだが、一二三〇年代にはすでに西アナトリアへの支配権と影響力を失っていたという事実がそれを説明するだろう。したがって、いくつかの意味でトロイア戦争は、権力の真空を満たそうとするギリシア側の試みと、それに抗する西アナトリアと南アナトリアの諸国家とトラキア人の同盟による戦争だったと思われる。

第12章では、テーバイについてもいくつかの節をあてる。私は半神カドモスの伝承に象徴されるヒクソスの王たちによって、第二のテーバイ建設が行われたと考えている。この章のいくつかの節で、その後のテーバイの歴史の再構成とその概略を示す。カドモスの時代はいつ頃だったのだろうか。カドモスの時代は古代にはそれほど昔だったと考えられていなかったが、学者のなかには、古代のこの説を支持するものもいる。ここではこのような問題をめぐって議論をする。学者たちがカドモスの時代をそれほど昔ではなかったと考えたのには強い動機があったと私は考えている。すなわち、アルファベットをギリシアにもたらしたのはカドモスだったという伝承と、アルファベットの導入は最も早くても紀元前一三〇〇年頃だったという彼らの確信を調和させたいという願望があった。私の主張は銘文に刻まれている文字にもとづくものだが、セム語のアルファベットがギリシアに導入されたのは紀元前一四〇〇年よりも遅くはない、おそらく、紀元前一八〇〇年に近いころだっただろうという主張である。したがって、カドモスと彼に象徴される侵略が、ダナオスと彼の植民地化とほぼ同時期の、紀元前一七三〇年ころだったという古代の主要な伝承を疑う理由はまったくないと思われる。

紀元前一三世紀のテーバイ人たちは、自分たちの支配者はカドモスおよび、結局はフェニキアを先祖とする古代の王家の家系につらなる末裔であると考えていた。このことは、古い時代の図像学の証拠ともよく一致する、古典時代の豊富な考証からほぼ確実である。この伝承には正真正銘の歴史的根拠があることは疑いなく、このころすでに、ヒクソスの支配した王国で残ったのはテーバイ王国だけになっていたことも疑う余地はない。

テーバイが近東との接触を続けていたか、接触を復活していたことはあきらかである。カドメイオン、すなわちテーバイ宮殿のなかでいくつかの近東の宝物が発見され、なかにはテーバイが陥落したときに加工中だったり再加工中だった宝物も発見された。このことから、近東の細工師の一団が宮殿内で働いていたと考える学者もいる。最も驚くべき発見はラピスラズリの円筒印章のコレクションで、その大半はバビロンのカッシート王朝時代に作られ、公務や宗教で使われていた。西アジアの印章を専門にする上級研究員イーディス・ポラーダは素晴らしい追跡調査論文のなかで、こうした印章の出所がバビロンのカッシート王朝を征服したアッシリアの征服者、トゥクルティ・ニヌルタ一世によって略奪された神殿だったことをあきらかにしている。彼女の主張では、これらの印章は彼が貿易品として、あるいは外交上の理由から、ギリシアに送ったものであった。ポラーダはギリシアとアッシリアの間の貿易妨害をもくろむヒッタイトの協定があったことは知っていたが、アッティカ地方のラウリオン鉱山産の大きな鉛の大きな塊《インゴット》に、トゥクルティ・ニヌルタの名前が押印されているという証拠で確認できるとは知らなかった。

したがって、テーバイが陥落した時、この都市が近東と密接な接触があったことは疑いない。他方、近東との接触という点で、テーバイが当時のギリシアの諸国家のなかで特別だということはなかった。同じように、テーバイ王の先祖は疑いなくカドモスとフェニキア人だったとしても、このような発掘品そのものから、テーバイが近東の民族によって建設されたということが立証されるわけではない。

アッシリアによるバビロン征服の年は、紀元前一二三五年頃とされており、これは妥当だろう。いつテーバイの最終的滅亡が始まったのか、その開始時期がこのバビロン征服の年によって決まってくる。今日では、テーバイの最終的滅亡が始まったのは一二二〇年代だったと考えなければならない。ギリシアの伝承によれば、テーバイの滅亡はトロイア戦争よりもわずかに早かったので、紀元前一二一〇年頃のトロイアの陥落で最高潮に達したトロイア戦争は、一二一〇年代だということになる。

第12章では、ミュケナイ時代の終焉と青銅器時代文明の全体的滅亡についても考察する。青銅器文明は紀元前一二世紀に滅亡したが、その前兆がテーバイとトロイアの陥落だったと考えられる。一二世紀初め、エジプトの文書で報告されている「海の民の侵略」があった。この「侵略」には北アナトリアと西アナトリア、レヴァントとエジプトからの侵略が含まれており、この侵略によってヒッタイト帝国は滅亡し、レヴァント沿岸の諸国家も一時的に滅んだ。エジプトはかろうじて生き残ったが、その勢力は遥かに弱体化した。

このような侵入とその後の植民に関わることもあった民が、私たちがいま「ギリシア人」と呼ぶ人びとであったことは間違いない。他方、このような移住と、同時期にギリシアで起きていた混乱がどのように関係しているかについて、正確にいうことはむずかしい。ギリシアの大きな混乱は、ドーリス人によるギリシア北西部からギリシア南部諸地域への侵入・征服にあらわれている。真偽はともかく、ドーリス人の王は自分たちは「ヘラクレイダイ」すなわち、神々とかつてのエジプト＝フェニキアの支配王朝の末裔であると主張した。こうして彼らは、アルゴス、スパルタ、その他の地域にいたペロプスの子孫にとってかわり、自分たちの正当性を主張した。後世のスパルタ王が自分たちはユダヤ人の遠縁にあたると考えたのは、彼らの先祖がエジプト＝フェニキアにつながっていたからであった。そしてユダヤ人たちも彼らの事実上の先祖あるいは想像上の先祖と同じように、自分たちの指導者はエジプトから追放されたヒクソスの王だったと考えていた。

ギリシアの混乱は紀元前一一五〇年代に最も激しくなり、このときミュケナイそのものが陥落したように思われる。この青銅器時代の崩壊にはあきらかに多くの理由があった。一つの仮説は、青銅器時代崩壊の根底にある理由は、紀元前一三世紀の第四・四半期以来、北半球全体に影響を与えた気候の悪化にあった。この問題については第7章でやや詳しく議論する。しかし、この気候悪化説にしたがって研究した学者たちによれば、長期的な気候の悪化はなかったとされている。さらに、彼らはときには数年間続くような干魃があったことを認めているが、他方では、同じような干魃はギリシア南部がかなりの人口を支えていた紀元前一四世紀にもあったと主張している。これは妥当な主張だろう。この難問を切り抜けるには、紀元前一四七〇年―一二二〇年のあいだ、飢饉を乗りきるためにエジプトの穀物を利用したという考えを受け入れることだ――これが私の主張である。したがって、エジプトは〈海の民〉の侵略によって弱体化すると同時に、穀物を海路で輸送する可能性が断たれたため、ギリシアの経済は次のように移行せざるを得なかった。すなわち、陶器年代区分のＬＨⅢＡ期とＬＨⅢＢ期に、製造業と専門的農業が主体だったギリシア経済は、ＬＨⅢＣ期になると、人口が少なく、比較的頻繁に干魃が来ても延命できる、生存維持型経済に移行した。

紀元前一三世紀末と一二世紀の長期的衰退は、原因を気候的要因と政治的要因の両方に求めることができるが、主な原因はパックス・アエギプティアカ〔エジプトの平和〕の政治的崩壊だったと思われる。しかしいくつかの地域では、紀元前一一五九年に起きたヘクラ火山の噴火後の気候の悪化が青銅器時代文明を倒したとどめの一撃だったようだ。中国では周王による商の打倒が始まった。大ブリテン島北西部では人口が激減した。イランではエラム中王国が崩壊した。ギリシアでは宮殿社会が滅亡した。こうした事件がヘクラ火山噴火後の一〇年間に起きた事件であることは興味深い。

しかし、エジプトは倒れなかった。レヴァントも急速に財力と権力を回復した。他方、近東周辺の地域は復興に長い時間がかかり、復興後は社会形態が一変した。ギリシアでは、はるかに素朴な部族社会が官僚制の宮殿社会にとって代わった。総じて、紀元前八世紀と九世紀の復興は、紀元前一一世紀にフェニキアが確立した商業と製造業の盛んな都市国家という方向で進み、市民たちは奴隷の労働に依存しながら、強力な権利意識をもっていた。違いを象徴的にいうなら、かつて宮殿があったところに都市が生まれ、集団のアイデンティティを代表する神々の神殿が都市を見下ろしていた。

しかし、近東の影響のあたらしい波とギリシア土着の伝統との関係は別の話であり、本書の主題ではない。

『黒いアテナ　I』の序で、私は大胆にもそのとき計画していた『第II巻』と『第III巻』の内容をあきらかにした。しかしいまでは、それがどんなに誤っていたかということがあきらかになっている。したがって、今回は計画中の『第III巻』と『第IV巻』の詳細については立ち入らない。一般的には、『第III巻』と『第IV巻』は『第I巻』の序で述べた『第II巻』と『第III巻』で扱う領域を網羅する。しかし、『第III巻』と『第IV巻』では〈改訂版古代モデル〉の細部を少し変えるほか、これまでと基本的に異なる点がでてくる。『第III巻』と『第IV巻』では、私は本巻と同じ方向にもとづいて、「盛りだくさんの」叙述によって〈改訂版古代モデル〉の有益性の論証を試みるつもりでいる——そこが基本的に異なる点である。これは公平な競争とは対照的であり、本書の執筆にとりかかった私は、最初、公平な競争ができると思っていたがそれは誤りであった。

第1章

宮殿時代以前のクレタ島

——紀元前七〇〇〇年—二一〇〇年

近東とエーゲ海地域の関係を見渡そうとするとき、出発点となる地域がクレタ島であることはあきらかである。その理由は、まず第一に、新石器時代以来、この島が南西アジアと北アフリカと接触していた証拠と、その関係が初期青銅器時代のあいだも続いていた証拠があるからである。第二に、クレタ島に宮殿文明が起きた紀元前第三千年紀末期と紀元前第二千年紀初期以降、この島はエジプトとレヴァントの影響をギリシア本土に伝達・濾過する地域としてはたらいていたからである。したがって、紀元前第二千年紀のミュケナイ文明の形成・発展にとって、クレタ島の影響は重要であった。

この章で私たちはクレタ島の最も古い時代の歴史を考察するが、それは紀元前約七〇〇〇年から二一〇〇年まで、新石器時代と初期青銅器時代にわたる長い期間である。

ここでの私の関心は考古学にある。しかしだからといって、学問としての考古学に固有の優越性があると考えているわけではない。また、本書の主な対象である紀元前第二千年紀（すなわち紀元前二〇〇〇年—一〇〇〇年）のエーゲ海地域を知るために、考古学が唯一の道だと考えているわけでもない。私が考古学に焦点をしぼった理由は二つある。まず第一に、考古学は歴史時代や先史時代においてもつねに知識を得る重要な方法だからである。第二に、伝説や言語学から得た資料は非常に役に立つが、通常は年代的正確さを求めるのはきわめて困難だからである。たとえば紀元前第三千年紀をあつかう場合、同時代の文書が相対的に少ないために、頼れる証拠は考古学から得られた情報だけである。しかし私は、先史時代でさえ、考古学の証拠を分離して扱うことが望ましいとは思わないし、可能であるとも思わない。したがってこの章では、後世の伝説、神話、宗教祭儀、ときには言語や固有名詞という証拠だけでなく、同時代の諸文化の文書から得られた証拠によっても示されるコンテクストのなかに、考古学の証拠を入れて考察するつもりである。

このようなコンテクスト上の問題に加えて、学問としての考古学に固有の問題点もある。私は（科学的方法が用いられている他の諸学問と対照して考えた場合)、考古学が独立した科学であるか否かという複雑な哲学的問題に立ち入るつもりはない(1)。考古学の理論は、低レベルな理論でも私たちの関心対象である特定の諸問題に影響をおよぼしているので、それを考察したいだけである。遺物や遺物が発見された場所や地層については——発掘がきちんと行われている場合——、その真正さに疑問をはさむ余地はほとんどない。こんにちでは、遺物の素材を科学的に研究することによってその原産地を知ることができる。放射性炭素年代測定法——有機体の死滅によって崩壊が始まる放射性炭素〔とりわけ炭素14〕の比率を測定することで年代を決定する方法——と年輪年代学——樹木の年輪によって年代を決定する方法——によって、絶対年代が分かる場合もある。他方、その遺物がどんなふうにそこに来たのか、それは何をあらわしているのかについては、考古学者や歴史家の主観的解釈が受けいれられているにすぎない。同じように、近代の考古学者たちが重大な関心をよせている建造物や農業・産業の痕跡を見ると、彼らの解釈と実態との間には大きな落差がある。とりわけ、他の地域の建造物や産業の痕跡との関係をたどる場合に落差は大きい。要するに、データそれ自体が決定的な解答を出すということはめったにない。データにできるのはせいぜい、考古学者があれこれ推測する範囲を確定することである。

「伝播論」と「孤立論」の論争

大部分が推測であるようなこの分野においても、当然、流行は重要な役割を演じている。私は『黒いアテナ I』で植民地主義と「伝播論」が好まれること——すなわち、「高次の文化」は征服および/または移住を通じて拡大するという信念——の関係について簡単に論じた(2)。ここではギリシアの〈古代モデル〉、〈アーリア・モデル〉、〈改訂版古代モデル〉がすべて伝播論であることを思い起こさなければならない。「孤立論」は——「進化論」とも呼ばれるが、「孤立論」を擁護する人たちはこれを「進化論」と呼ぶのが好きなため混乱を招いている――、土着的な発展すなわち、地域の創造性とイニシアティブを信頼する考え方である。この考え方は「伝播論」にたいする健全な反発と考えられ、一九四〇年代以来、考古学を支配してきた。

伝播論のもつ植民地主義的な側面を最もあからさまに攻撃したのは、ヌビアの著名な考古学者、ウィリアム・アダムズの書いた論文だったが、伝播論はコリン・レンフルーやその他の孤立論者の著作でも大きなテーマである(3)。考古学上の証拠の伝播論的解釈に反対する彼らは強力な反論を提唱し、この反論は中心的雑誌のひとつ、『古代』に掲載されたアダムズの論文「侵略、伝播、進化」の最後でつぎのように要約されている。

> 考古学に完璧な証明がない限り、既存のどの解釈も新しい発見に照らして再吟味すべきである。残念だが、証拠を無視して解釈を受けいれても全く意味はない。どの理論も蓋然的なものだから、理論の上に理論を構築しても、蓋然性が減るものではない。確固たる証拠のみが蓋然性を減らすのである。歴史という建造物を構築する資材ブロックとして最終的に役に立つのは、確固たる証拠だけである(4)。

しかし残念なことに、「解釈」と「確固たる証拠」はそれほど都合よく切り離せるものではない。考古学者が遺跡を選定したまさにその瞬間から、彼らにある種の先入観があることはあきらかであり、発掘の場所、発掘の方法、発掘の範囲、発掘品の吟味、発掘品の汚れ除去、発掘品の記帳、発掘品の保存についての決定、それらすべてに考古学者に先入観があることもあきらかである。重要性があるという判断も、それは必然的に主観的であることを免れない。アダムズの結論は公平に見えるかも知れないが、私が序でふれた論文の著者マクニールの場合と同じように、アダムズの結論は伝播論と伝播論がもっている人種差別的含意――と彼が考えたもの――へ攻撃であった(5)。アダムズやマクニールのような学者は、考古学や他の「証拠」にもとづいた先史時代にかんするすべての仮説の有効性を否定するなかで、伝播論を捨て、地域の土着的進化と孤立論に賛成している。

「証拠」についての彼らの批判を十分に受けいれる——また、仮説の根拠が不確かなことは絶えず思い起こさなければならない——としても、私たちはいま持っているものを最大限利用しなければならないし、仮説の構築を続けなければならない——これが私の立場である。なぜなら、まず第一に、仮説のない研究は無意味な寄せ集めを生みだすと確信しているからである。第二に、仮説は絶対的「真実」ではあり得ないが、多かれ少なかれ、異なる諸仮説は真理を発見するのに役立つし、私たちの仕事は最も不都合の少ない仮説を構築し選択することだからである。第二の点から次の二つの系が出てくる。①新しい仮説の構築を禁止することによって、必然的に、はるかに信頼性のない証拠に基づいた古い仮説がそのまま残される。②証明しなければならないのは〈孤立〉ではなく、伝播論でいう〈関連〉である——と誤って考えられている——ので、仮説の禁止に孤立論的偏見があることはあきらかである。私の立場はいわゆる「修正伝播論」と呼ばれるもので、文化的変化は、外部の影響と内部の発展のうちのいずれか一方の結果として、あるいは、一般に両者の複雑な相互作用から生じ得る——これが私の考えである。

現在、青銅器時代（紀元前三三〇〇年—一一〇〇年）のエーゲ海地域はどう考えられているかを見るとき、現在の孤立論の思想的状況に注意しなければならない。大まかに言えば、つい最近まで考古学者は二つの陣営に分かれていた。ひとつのグループは『黒いアテナ　I』で概略を述べた陣営であり、フランク・スタッビングズや故スピリドン・マリナトスのような基本的に保守的な学者がふくまれていた。〈古代モデル〉の影響をうけた彼らは、後期青銅器時代の紀元前一五七〇年頃、ギリシアはエジプトやレヴァントに侵略されたと主張しているが、この侵略はギリシアの文化に重要なインパクト、つまり長期的なインパクトを与えなかったと述べている。第二のグループは、古代ギリシアの考古学と歴史を研究している大部分の定評ある中年研究者たち——たとえばジョン・ビントリフ、ピーター・ウォレン――である。このグループは体系的な孤立論を主張する傾向がある。レンフルーの〈現地起源モデル〉によれば、新石器時代初期以来、ギリシアには文化的に重要な外部からの移住は皆無だったとされ、彼らもそう考える傾向がある。とりわけ彼らが強硬に反対しているのは、エーゲ海地域に近東から侵略――あるいは重要な植民――があったという考え方である[6]。レンフルーは、ギリシアには近東との重要で大きな接触がなかったばかりでなく、〈前ギリシア人〉の時代も同じく純粋で外部の影響がなかった時代だったと強調することによって、実際に、〈アーリア・モデル〉の創始者たちの上を行っている。

ここで、『黒いアテナ I』でふれなかった重大なギャップを埋めておく必要がある。私は『第I巻』で、二〇世紀初頭、〈過激なアーリア・モデル〉が至上のものとして君臨していたと述べた。エネルギッシュなアジア人《アジアティック》がエジプトから世界中に文化を広めたという、エリオット・スミスの伝播論についても簡単に考察した[7]。しかし、『第I巻』で私がふれなかった考古学の学派があった。この学派はより穏健ではるかに影響力の大きい学派であり、ヨーロッパ文明は結局、近東に起源があると主張した彼らは、敵対者から〈「光は東方から」《エクス・オリエンテ・ルクス》信者〉というレッテルが貼られた。

こうした「修正伝播論者」のなかで、最も傑出した人物はスウェーデンの考古学者オスカー・モンテリウスだったが、彼にはとりわけイギリスに多くの著名な弟子がいた。なかでも最も重要な弟子はジョン・マイレス卿とオーストラリア人の偉大な考古学理論家ゴードン・チャイルドだった[8]。紀元前第三千年紀の間にエーゲ海地域の住民が受けいれた専門技術は、大部分ではないにしても、多くは近東からの技術だった、というのが彼らの主張だった。しかし私が『第I巻』で述べたように、マイレスもチャイルドもアーリア人の人種的優越性を完全に確信していたし、古代ギリシア人の文明が最も優秀なアーリア人の文明のひとつだったことも確信していた。〔ギリシアは近東から専門技術を受けいれたという〕信念と〔アーリア人は人種として優越しているという〕信念の間には潜在的な矛盾があったが、これは矛盾とは考えられなかった。「前ギリシア人」という存在を想定することによって、この「前ギリシア人」がアーリア系ギリシア人と近東系ギリシア人を分離するフィルターの役割を果したからであった(9)。

修正伝播論の反対者のなかには、『第I巻』で議論したようなサロモン・ライナハのような人びとがいた。ライナハは、ヨーロッパのすべての発展の起源はアジアにあるという説を東洋的蜃気楼と呼んで攻撃した。二〇世紀初期のドイツ考古学の最有力人物、グスタフ・コッシナも修正伝播論に反対だった。コッシナの主張によれば、すべての支配民族――アーリア人、フィン人、シュメール人――は結局、シュレスヴィヒ＝ホルシュタインの出身であり、劣等民族にとって優等民族との混血は利益であり、最も偉大な文明は北ドイツの場合のように――これはまさにそのケースだった――、汚染されていない純粋な支配民族のいるところで勃興した(10)。このような人種差別主義を是認することは断じてできない。他方、レンフルーとウォレンの著作の試みは多くの点で、モンテリウスとチャイルドの修正伝播論に対立する孤立論――あるいは進化論――を復活させ、〔人種的に〕汚染されない純粋さというものをエーゲ海地域に適用しようとする試みであった。したがって彼らの思想は、ヨーロッパ文明は世界で最も偉大な文明であり、もっぱらインド＝ヨーロッパ語を話すヨーロッパ人によって創られたと考える点で人種差別的な面をもっている。レンフルーの厖大な著作の表題には『紀元前第三千年紀におけるキクラデス諸島とエーゲ海地域』という挑発的な題がつけられているが、これはきわめて意味深長である。しかも逆説的だが、この著作はレンフルーがチャイルドの説を論駁しているにもかかわらず、「V・ゴードン・チャイルドを追悼して」捧げられている。

紀元前約一四五〇年――このころミュケナイ人はこの地域で支配的になったと思われる――に先立つ時期のクレタ島を論じようとすると、私たちは孤立論者と修正伝播論者の論争に巻き込まれることになる。しかし修正伝播論者でさえ、「ミノア」文明には一定のヨーロッパ的「自由」と「雄々しさ」があり、それは近東の文明に欠けているものだと主張する傾向がある(11)。

紀元前二一世紀前のクレタ島

新石器時代（紀元前七〇〇〇年―三二〇〇年）

紀元前一世紀と紀元一世紀を生きた地理学者ストラボン〔紀元前六四頃―紀元二四頃〕によると、クレタ島はエーゲ海地域ではなく、ギリシアとアフリカの中間に位置していた(12)。クレタ島を研究している考古学者で歴史家のキース・ブラニガンが述べているように、クレタ島は「両大陸の偉大な諸文明の技術と工芸が行きかう通路に位置し、技術と工芸はそこを通って第三の野蛮な民族に伝達された」(13)。考古学上の証拠が示すように、クレタ島に影響を与えた主要な地域は五つあり、アナトリア、レヴァント、エジプト、リビア、そして最後にキクラデスとギリシアであった。おそらく紀元前第八千年紀か第七千年紀に、農業がアナトリアからクレタ島に――ギリシア本土の場合と同じように――伝えられたことはほとんど疑いないと思われる(14)。その後、新石器時代の間ずっと、クレタ島には現地の発展と外部からの影響の両方がみられた。後期新石器時代、紀元前第五千年紀のクレタ島の発掘品に、新様式の彩文陶器がある。この彩文陶器についてアメリカの考古学者ソール・ワインバーグは、これは同時代のメソポタミアとシリアで発見されたウバイド陶器にもとづく陶器だと主張した。『第I巻』の序で私が暫定的に提案したように、中東でのウバイド陶器の伝播とセム語の拡大は関係している可能性があるので、クレタ島と中東にはおそらく言語学的関連もあると思われる(15)。

クレタ島考古学の創始者アーサー・エヴァンズ卿〔一八五一―一九四一年、クノッソス宮殿を発掘した英国の考古学者〕はリビアのペニス・ケースをつけた男たちがクレタ島の新石器時代の堆積層で発見されたので、クレタ島にはリビアの影響があったと考えた。しかし英国の考古学者シンクレア・フッドはこのような「股袋《コッドピース》」は先王朝時代のエジプトにも存在したので、エジプトからの伝来だった可能性があると指摘している。彼は、クレタ島にペニス・ケースが残っていたのを見て、次のような一般性についても指摘している。「このようにクレタ島では古いものが保存されており、これはクレタ島のミノア文明の多くの側面を解き明かす鍵になる。クレタ島では、もともとは近東のほかの地域で盛んだった信仰や風習がなかなかすたれない傾向があった」⒃。そのほかにも、この鋭い観察にはみのりある応用例がいくつかあり、それについては以下で検討しよう。

アーサー・エヴァンズの説には、エジプト考古学とエーゲ海地域考古学の知識を結びつけたJ・D・S・ペンドルベリとギリシアの考古学者S・アレクシオウが追随した。彼らはいずれも、新石器時代のクレタ島にリビアの影響があったこと、そして、のちにクレタ島のトロス墓すなわち、ドーム型墳墓というかたちに発展していった石塚にもおそらくリビアの影響があったということを認めている⒄。エジプトの影響を示すものとしては、クノッソスの後期あるいは終末期新石器時代の堆積層で発見された、エジプト先王朝時代のいくつかの石鉢《ストーン・ボウル》とひとつの棍棒頂部がある⒅。このような伝播論的立場に反対するウォレンとレンフルーは、クレタ島で発掘されたこの種の新石器時代の石器はおそらく弓錐《ゆみきり》でつくられたものだろうし、現地のクレタ島の発展の結果であると主張している⒆。しかし、当時のエジプトで似たような製品が大規模に生産されており、その製品の一部がクレタ島で発見されていることは事実である。だからといって、伝播論がこれによって証明されるものではないが。アーサー・エヴァンズやその他の考古学者が唱えた説に有利な議論の妥当性がきわめて高いことは、このような事実からあきらかである⒇。したがって私が提唱しているのは、きわめて古い時代から、多くの異なった東地中海地域の文化がクレタ島で行き交ったことを示す十分な証拠があるということである。

初期青銅器時代（紀元前三三〇〇年頃―二〇〇〇年頃）

初期ミノア期のクレタ島を考察するまえに、青銅器時代初期の東地中海地域を全体として見ておく必要がある。一般に初期ミノア文明の形成は、紀元前第四千年紀末、南西アジアとエジプトで起こった文化的爆発とあきらかに関係していたことはほとんど疑いない。

この時期はちょうど、メソポタミアのセム＝シュメール文化がシリアまで拡大した時期にあたっていた(21)。フェニキアの都市ビュブロス〔レバノンのベイルートの北にある古代都市遺跡〕の発掘から、この町が当時かなり都市化していたことが分かっている(22)。紀元前三四世紀には、エジプトも第一王朝のもとで統一された。あきらかにこのような発展は各地域内部の新石器文化にもとづいており、各地域は独特の文明を形成するようになった。にもかかわらず、このような多少とも同時進行的な変化はすべて、少なくとも〈伝播という刺激〉（すなわち、地域内の発展を刺激する地域外の諸活動）よってつながっていたことはあきらかである。同時代の発展ばかりではない。たとえば、紀元前第四千年紀末のメソポタミアと先王国時代末期および第一王朝のエジプトのあいだには、特定の様式上の類似があることから、各地域がつながっていたことを示している。

さらに、当時、エジプトとイランを、そしてメソポタミアとアフガニスタンを結ぶ貿易ネットワークが存在していたことも、考古学の証拠が示している(23)。ファラオの最も古い墳墓が発見されているのはエジプトではなくヌビアだが、その発掘品のなかには、はるか遠くスーダン西部のコルドファン高原やレヴァント沿岸地域の産物だったものが含まれている(24)。当時のエジプトがパレスチナやスペインと接触していたことを示す強力な考古学の証拠もあり、この時期のメソポタミアの粘土板がルーマニアで発見されている(25)。これはそれほど驚くようなことではない。まず、メソポタミア文明がきわめて珍重し実用の役に立てた鉛、銀、錫はすべて、トランシルヴァニア地方のハンガリーとボヘミアから産出されたと思われるからである。実際、第四千年紀末のジェムデット・ナスール期のウル〔ユーフラテス川下流の古代シュメール人の都市〕遺跡で鉛製の盃が四つ発掘され、鉛の同位体分析から、この盃はハンガリー産の鉛で作られたとされている。鉛同位体分析法は、放射性同位元素が一定の速度で崩壊する性質を利用して、特定の鉛に含まれる放射性元素のウラニウムとトリウムの比率からその鉛の地質学的年代を決定する方法である。この方法は鉛だけに適用されるばかりでなく、鉛を含むその他の金属、とりわけ銅と銀にも適用できると思われる(26)。

画期となった時期は紀元前三三〇〇年頃であった。このころ、技術上の変化がもたらされたばかりでなく、地理上の変化ももたらされた(27)。新石器時代を通じてずっと、のちにギリシアとなる地域のなかで最も豊かだったのは肥沃な農業平野を擁する北部のテッサリア地方とマケドニア地方であった。これにくらべて、クレタ島やギリシア南部の社会ははるかに小規模で、繁栄もしていなかった。そこには限られた耕作用地しかなく、降雨もあてにならなかったことを考えると、驚くにあたらない。ところが、紀元前第三千年紀の初めになって状況は逆転した。南部に経済ブームが起こり、北部が沈滞し、南エーゲ海地域の豊かさがはっきりしてきたからだった。この新しい状況については説明する必要があるだろう。

レンフルーは、この経済的拡大は新しい作物、とりわけブドウとオリーブが導入された結果であり、ブドウやオリーブは穀物に適した北部の平野よりも岩石の多い海岸べりや島で繁茂したからだと主張している(28)。しかし最近、初期青銅器時代に、ブドウやオリーブの「商業的」利用があったかどうか――あるいは、そもそもブドウやオリーブがあったかどうかさえ――かなり疑わしくなってきている（後述するように、言語学上の証拠からはこの点についてはかなりあいまいである）。いまではレンフルーの追随者たちは、このような新作物ではなく、航海術の改良と、降雨が不安定なため不作になる地域に作物を供給する南エーゲ海地域の貿易の進展を力説するようになっている。彼らはレンフルー学派内にとどまり、このような仮定の貿易をエーゲ海地域に限定してはいるが、小規模だが活動的な貿易都市圏のネットワークが存在したと考えている(29)。少なくとも紀元前三二五〇年以来、このような貿易ネットワークが中東地域にあったので、おそらくこの経済的・社会的革新に関わったのは、直接の伝播ではないが、伝播による刺激だったと思われる。これは当時のクレタ島から出土した重大な証拠から見て大いにあり得るだろう。

クレタ島の小平原を支配した文化は、初期青銅器時代の初期ミノア期を通じてかなり変化した。島の北部では新石器時代の伝統が持続し、キクラデス諸島の影響も続いたことが陶器によって分かっている。しかし島の東部と南部では、やがては島の北部でさえ、新しい様式の陶器であるアギオス・オヌフリオス式陶器が優勢になった。このアギオス・オヌフリオス式陶器については、アナトリア起源だったことが示唆されている。しかしブラニガンがその著書『クレタ島の宮殿の創設』のなかで述べているように、

> 淡黄褐色の地に赤の顔料がかかった陶器は、クレタ島以外ではただ一箇所、シリア＝パレスチナ地方でみられる様式と思われる。紀元前第四千年紀末のシリア＝パレスチナ地方にそれとまったくよく似た陶器があるからである。シリア＝パレスチナ地方にはミノア期の陶器と装飾の意図が酷似し、なかには形状がそっくりな陶器もある。さらに、それ以前の「パレスチナの」銅石器時代〔新石器時代から青銅器時代への過渡期〕の陶器、とりわけいわゆる鳥型瓶《バード・ベース》陶器については、クレタ島にもよく似たものがある。したがって著者としては、ほかの証拠からみても、「クレタ島南部の」メサラで発展したアギオス・オヌフリオス式陶器が東方の影響下にあったという可能性を考えている(30)。

ブラニガンが述べている「ほかの証拠」とは、横穴式共同墓地のトロス墓と、そこに集められて埋葬されていた頭蓋骨であった。彼はこのような証拠と青銅器製造そのものの採用から、パレスチナからシリアを経て、人びとがクレ

タ島に移住したという仮説に行きついた(31)。レンフルーはブラニガンの仮説の妥当性に異議をとなえることができなかったので、反論のため一歩ひいて、仮説の立証を求めるざるを得なかった。レンフルーは「初期ミノアI期の地層には、エジプトや近東との接触を示すものが一切なかったことは疑いの余地がない」と述べている(32)。

アメリカの考古学者ソール・ワインバーグの場合も、紀元前第三千年紀のクレタ島とパレスチナのガッスル文化〔死海の北東にあったパレスチナの金石併用文化〕とのあいだに、いくつかの驚くべき並行関係があると主張している。彼は、「鳥型瓶《バード・ベース》、壺底部の畳目文様、杯の長い足、吊り下げ用つまみ、粘土製ひしゃく、つや出し文様、チーズ壺、渦巻き文様、石棺での屈葬、甕棺による埋葬、小型容器、彫刻装飾」のあいだの並行関係を列挙している(33)。このような並行関係はイギリスの考古学者ブラニガンとフッドによっても認められ、詳しく論じられている(34)。レンフルーはワインバーグの理論を「興味深い理論だ」と認めている。しかし、彼の著作全体が依拠しているのは、ゴードン・チャイルドおよび彼の思想的末裔のワインバーグとブラニガンが提唱する「修正伝播論」は絶対に間違っている、という仮定である(35)。

遺物のなかにはエジプトやレヴァントからの輸入品もある。初期ミノア期のクノッソスにはかなりの植民があった。これまで私たちが見てきたように、ほかのエーゲ海地域と同じように、クノッソスでもエジプトの先王国時代と古王国時代の石鉢《ストーン・ボウル》、クノッソスや外国で細工された象牙製品が発見されている(36)。しかしレンフルーがわざわざ述べているように、「クレタ島には、そこで発見されたエジプトの石鉢《ストーン・ボウル》をのぞけば、紀元前第三千年紀を通じて外国と接触していたという証拠はほとんど存在しない」(37)。

しかし実際には、孤立論者にはほかの問題がある。たとえば、初期青銅器時代のエーゲ海地域の広い範囲で、陶器をつくるのにろくろが使われていた形跡がある。一九三〇年代、ゴードン・チャイルドはろくろの使用を伝播の結果であると提起したが、ウォレンとレンフルーはこの説に異議を唱え、レンフルーは次のように述べている。

最古のろくろはウルク期のウル遺跡で発見された。これと比較できるような古いろくろがエーゲ海地域に存在しないことは確実である。トロイア第Ⅱ層と［キリキアの都市］タルソスにはあきらかにある種の接触があった。したがって、キリキア〔小アジア東南部の古代王国〕でろくろを使って作られた陶器は、伝播途上の中間地点だったと言えるだろう。チャイルドの伝播論はこのような形で支持することができる。しかし他方では、ろくろの登場以前にエーゲ海地域で回転台が使われていたかもしれないとするならば、ウォレンが提唱しているように、エーゲ海地域でろくろが独立して発達していた可能性がでてくる。ろくろの起源がどこであれ……[38]。

この箇所でも他の箇所でも、レンフルーが唱えるチャイルドの伝播論への反論はこじつけであり、私はオーストラリア人〔チャイルド〕の主張が揺らぐとは思わない。しかしこのような彼の反論から、彼がエーゲ海地域を近東と切り離しておきたいという強烈な願望はあきらかである。ともかく、ワインバーグ説やブラニガン説の詳細を受けいれるにせよ受けいれないにせよ、クレタ島や南エーゲ海地域がこのような長距離貿易に影響されなかったことなどあり得るだろうか。前述したように、エジプト先王国時代の石鉢《ストーン・ボウル》がクノッソスで発掘されている。紀元前三三〇〇年以前の数千年紀に、この地域に海外貿易活動があったことも、キクラデス諸島のメロス島で広範囲に発見された黒曜石から分かっている。初期鉄器時代、クレタ島からエジプトまで船で直行し、帰って来るというのはふつうのことであり、特別なことではなかった。ホメロスがこれを立証している。ドイツのエジプト学者で古代国際関係の専門家W・ヘルックは古代の黒曜石貿易について、新石器時代と紀元前第三千年紀のあいだに航海術が忘れ去られた証拠はないと指摘している[39]。こんにち一般に認められているように、紀元前第四千年紀末、いまよりも良港が多かった南エーゲ海地域では航海が進歩し、この地域の社会は貿易に深く関わっていた[40]。

孤立論の描き出す像に妥当性がないのは、証拠から演繹すると、孤立論が出てくるように思われないからである――ともあれ、孤立論の定式化は、新しい科学的方法が考古学に適用されることによって粘土や金属の産出地が決定されるより前であった。孤立論は、本質的にイデオロギー的構築物である。『文明の勃興』の序でレンフルーは次のように書いている。

> 伝播論者はエーゲ海文明がオリエントからの借り物だと広く主張している。しかし私はこの見方は不適当であると考えるようになった。伝播論は、考古学上の記録が実際になにを意味するかを説明できない。ゴードン・チャイルドの言葉を借りるならば、「野蛮なヨーロッパをオリエント文明の光で照らすこと」がヨーロッパ先史時代の唯一の統一的テーマだそうだが、もはや私たちはこの言葉を受け入れることはできない……。一〇〇〇年［紀元前第三千年紀］の間、南エーゲ海地域全域で、農業、工芸技術、社会組織、美術、宗教、貿易、人口など、あらゆる分野でめざましい変化が起きていた。こうした発展がほとんどオリエント文明の霊感のおかげでなかったことは明白である。しかもこの時期に、のちのミノア＝ミュケナイ文明の基本的特徴が決定されつつあった（傍点引用者）(41)。

宗教と神話の歴史家マーティン・ニルソンのような学者は、ミノア＝ミュケナイ文明と古典ギリシア文明は本質的に連続していると見ている。レンフルーがこのような見方を受けいれていることもあきらかである。したがってここでは、全体としてのギリシアとヨーロッパの文化の独立性が問われており、問題は重大である。モンテリウス、チャイルド、そして彼らの信奉者たちは、紀元前二〇〇〇年以降、エーゲ海地域の文化には重要な断絶があったと考える傾向にある。しかしレンフルーはニルソンと同じように、エーゲ海地域の文化には本質的連続性があったと見ている。したがって、新石器時代と初期青銅器時代に、エーゲ海地域に重要な近東の影響があったとレンフルーが認めるということは、それはすなわち、このような近東の影響がすべてのギリシア文明の中心にあったことを認めるということになる。

初期ミノア期には、そのほかにも近東からやってきたものがあったようだ。この時期、近東から初めて亜麻とその製品である亜麻布がもたらされたと思われる(42)。レンフルーによれば、紀元前第三千年紀のあいだにクレタ島にブドウとぶどう酒作りがもたらされたとされるが、最近、これを疑問視する学者も出ている。エーゲ海地域に近東からブドウとぶどう酒作りがもたらされたとするならば、言語学上の証拠が役立つ可能性があるだろう。

ワイン *wine* という語は、「ブドウ」を意味すると同時に「ぶどう酒」も意味し、専門用語ではあるが漠然とした用語であり、通説では「さまよえる語」とされ、複数の言語にこの語に似た語はあるが、起源についてはわからない(43)。この語の語根はインド＝ヨーロッパ語族にくまなく認められる。たとえばギリシア語のオイノス *oinos* や、ラテン語のウィヌム *vinum* や、アルメニア語の *gini* や、ヒッタイト語の *wiyana* がそれに相当する。しかしこれらの言語ばかりでなく、セム語の *wayn* や、アラビア語の「黒ブドウ」に相当する語、エチオピア語の「ブドウの木」を意味する *wǎyâne* にも語根が認められる。また、アッカド語の *inu* や、ウガリット語の *yn* や、ヘブライ語の「ワイン」に相当する語 *yayîn* にも語根が認められる。ロシアの言語学者のイリッチ・スヴィティッチとA・B・ドルゴポルスキーは、いずれもノストラティック超語族《スーパーファミリー》（アフロ・アジア語族やインド＝ヨーロッパ語族ばかりでなく、他の複数の語族を擁する言語の超語族）の存在を確信している学者であるが、彼らによれば、以上の語群の共通の祖先はノストラティック超語族ではなく、むしろ、「ワイン」は「インド＝ヨーロッパ基語」——本書ではインド＝ヒッタイト基語——のセム語からの借用語と考えられる(44)。

しかしクレタ島の場合、次の点すなわち、線文字Aで書かれたミノア語の「ワイン」——その形は *yane* である——

は、線文字Bでは、おそらくはインド＝ヒッタイト語がその語源と思われる *wono* に相当する語だろう、という点に注目しなければならない[45]。*yane* という語は一般的語根から独立して発展したということもあり得るが、〈語頭の *w-* が *y-* に変化する〉という、とりわけ西セム語に見られる語形変化だった可能性のほうがずっと大きい。大部分の学者が西セム語に〈*w-* が *y-* に変化する〉という語形変化が現れたのは紀元前第二千年紀以降だったと考えている[46]。若い考古学者たちによれば、青銅器時代初期から野生のブドウはエーゲ海地域に自生していた、しかしこの地域でブドウが栽培されるようになったのは紀元前第二千年紀の中期以降だったので、このような語形の変化は彼らの主張を裏づけている[47]。しかし言語学上の証拠はそれほどはっきりしたものではない。〈*w-* が *y-* に変化する〉のが見られるのは、西セム語の周辺言語のアモリ語――この言語は紀元前第三千年紀までさかのぼることができる――と、第三千年紀のもうひとつの西セム語であるエブラ語の一部だけだからだ[48]。にもかかわらず、紀元前第三千年紀に野生のブドウを表す言葉として *yane* という言葉が導入されていたということになれば、この形の語を使用していたのは確実に、紀元前第二千年紀にレヴァント沿岸に住んでいたセム語を話す人びとであった。したがって、紀元前第二千年紀にブドウ栽培と一緒にやってきた言葉を考えるなら、それはまさに *yane* という形の言葉だっただろう。

だからといって、初期ミノア期のクレタ島文化がもっぱら近東的な文化だったというわけではない。まして、繁栄していたが本質的には田園生活をしていたクレタ島の人びとが、大都市や国家の支配的する社会――当時のメソポタミア、シリア、レヴァント沿岸、エジプトに暮らす人びとの社会――で暮らしていたというわけでもない。外部から導入された多くの文物が現地の文化に吸収され、そこから混合と多様性が生み出されたというのがゴードン・チャイルドの「修正伝播論」であり、本書は彼の立場を支持する。

初期青銅器時代のクレタ島の宗教

レンフルーとウォレンは「修正伝播論」に反対する彼らの立場を明確にしたが、その後、考古学的遺物によってあきらかにされたクレタ島の宗教思想について、魅力的な新しい研究が発表された。この研究によれば、クレタ島の宗教思想は一般的には同時代の中東の、とりわけエジプトの宗教思想と密接に関連しているとされる。紀元前第三千年紀の発掘品を手始めに、エーゲ海地域を専門とする考古学者ルーシー・グッディソン博士は、クレタ島とキクラデス諸島の死と埋葬に関するきわめて雑多なイメージのなかにみられる一定の特徴を追求した。彼女はきわめて巧みに、建造物と美術品の中心は、死を再生の準備と考える表現であると同時に、女性の子宮と陰部の象徴的表現であったことを論証した。

さらにグッディソンは、ミノア期の宗教はもともと「地母神」崇拝にもとづくものだという従来の説をきっぱり否定し、そのかわり、ミノア期の宗教は女神である太陽神崇拝にもとづく宗教だったと主張している。ところが他の学者たち、とりわけマーティン・ニルソンは、ミノア期の図像学の中心が太陽であった——まして、太陽に女性的特徴があった——ことが理解できなかった。グッディソンの解釈は強力な証拠に支えられていたから、こうした反応は彼女には意外だった(49)。

アーリア主義者たちにとって、前ギリシア時代の宗教は大地あるいは地下にもとづいた宗教であり、これにたいしてアーリア人の宗教は天空の宗教であった。グッディソンはこの固定観念を考慮にいれることができなかった。この観念から連想されるのは、ギリシアの宗教の〈天上の「オリュンポス的」側面〉と、〈地下あるいは地上的側面〉とのあいだに実在する緊張と区別である。他方、これが発展して、近代の「民族」に応用され、ロマン主義的で人種差別的な、精神と物質というマニ教的な二元論の一部分を構成した。ドイツ・ロマン派のフリードリヒ・フォン・シュレーゲル〔一七七二―一八二九〕が唱えた言語学では、他の言語、とりわけセム語は「動物的」であるが、インド＝ヨーロッパ語は「精神的」であるとされているので、彼の言語学のなかにこのような考え方があるのはすでに明白だった(50)。一九世紀末、〈精神的なアーリア人、物質的な劣等民族〉という考え方が盛んになり、これはナチ・イデオロギーのかなめになった(51)。この区別が初めて現れたのは一八二〇年代の古典研究であり、これを主張したのが〈古代モデル〉を破棄したカール・オットフリート・ミュラー〔一七九七―一八四〇〕であった。ミュラーは、荒唐無稽だが非常に大きな影響を与えた著作『ドーリス人』に心血を注ぎ、優秀な北部民族の宗教はアポロ的な宗教――すなわち、天上的かつ太陽的宗教――であることを強調した(52)。つい最近まで、ギリシアの宗教の神々は、ギリシア的な天上の神々とエーゲ海的な地下の神々の混合である、というのが標準的な見方であった。しかしこれは検証された見方ではなかった。しかしいまでは、ギリシア宗教の権威であるドイツのヴァルター・ブルケルトによって、事実上、オリュンポスの神々と侵略者ギリシア人とのつながりが断ち切られてしまった。彼の指摘では、ギリシアの地下神崇拝に近い祭儀があるとすれば、それはオリュンポスの神々の宗教ではなく、他のインド＝ヨーロッパ語族の宗教であるだろう(53)。このような指摘は、北部征服説をとなえる〈アーリア・モデル〉の立場をかなり弱いものにしている。

話をグッディソンのクレタ島の太陽崇拝に戻そう。グッディソンは、この太陽崇拝――とりわけ太陽を女性とする見方――はクレタ島を他の地域と区別する特徴であり、クレタ島地方に特有のものだったと主張している(54)。しかしそれ以外の特徴については、クレタ島とエーゲ海地域およびエジプトは共通していると見ていた。とくに、船にのった太陽が日中は天空を、夜中は地下を航行するという考えと、植物に死と再生のイメージを見ていたというのが共通している。エジプトの宗教には、このふたつによく似たテーマが見いだせる。太陽神レー〔太陽神ラーの別称〕とともに、幾艘もの聖なる帆船が天空を航行する話もエジプト神話にある。同じように、オシリスが彼の兄弟セトに殺され、やがて復活して勝利する話、オシリスの息子ホルスが復讐する話もある。このような神話は、季節によって作物や植物が生長し、死んでいくことと密接に結びついている(55)。

クレタ島の多くの墳墓の近くで、「舞踏」の間が発見されている。グッディソンはこれが哀悼の場などの祭りの場だったと主張し、その哀悼の場とは、エジプトの女神イシスとネフティスが手足をばらばらにされた彼らの兄弟／夫、オシリスの遺体を嘆き悲しむような場だったと考えている。この時代の印章には、二人の女性が描かれているものがあり、グッディソンはその女性たちがこの姉妹のエジプト女神だった可能性があるとも考えている(56)。

時代は少し下るが、グッディソンはクレタ島の小高い聖域に奉納されているコガネムシと、エジプトの聖なるコガネムシのスカラベとを結びつけて考えている。コガネムシが糞玉を高いところまで押し上げていくのは、太陽のひと巡りであると考えられた。グッディソンはこれと関連して、ミノア文化期の代表的なコガネムシは太陽を背中に背負ったコガネムシだったと述べている(57)。スカラベが登場するのは紀元前第三千年紀中頃だが、それ以前に、エジプトの宗教で「太陽の」女神とされるネイトと関連するコガネムシが存在した可能性は大きい。この問題は、次の第2章と『黒いアテナ Ⅲ』で論ずる(58)。

初期青銅器時代から中期、後期をへて初期鉄器時代にいたるまで、クレタ島にかなりの文化的連続性があったというルーシー・グッディソンの指摘は、コリン・レンフルーとピーター・ウォレンの考える文脈に似ている。しかし、レンフルーとウォレンが孤立した状況のクレタ島に連続性と発展を見ているのにたいして、グッディソンの考えはもっと複雑で、彼女はクレタ島の文化と中東とのあいだに持続的で実り豊かな相互作用があったと見ている(59)。

このような相互作用についてはヴァルター・ブルケルトがもうひとつの例を挙げている。それは宗教的シンボルの「双斧《ダブル・アクス》〔訳注1〕」である。彼は紀元前第四千年紀のメソポタミア北部のアルパチヤから紀元前第三千年紀のメソポタミア中部と東部のシュメールとエラムまで、「双斧《ダブル・アクス》」を跡づけた。のちにクレタ島と結びつけられる〈牡牛祭儀〉とは異なって、〈双斧《ダブル・アクス》祭儀〉は第三千年紀の前半のトロイア第Ⅱ層にも、初期ミノア文明期のクレタ島にも見いだされる[60]。しかしクレタ島との関係は、〈牡牛祭儀〉より〈双斧《ダブル・アクス》祭儀〉のほうが深い。〈双斧《ダブル・アクス》祭儀〉のルーツは上エジプトであり、この祭儀は古王国時代のエジプトで盛んであった[61]。このことは、北東アフリカの神ミン〔生殖と豊饒の神で、テーバイの北の古代都市コプトスに大神殿の遺跡がある〕のシンボル、「双矢石《ダブル・ベレムナイト》〔訳注2〕」と関係があると私は考えているが、その意味については第4章で議論する。したがって、〈双斧《ダブル・アクス》〉はヨーロッパとアナトリアで最も典型的なシンボルのひとつとされているが、そのルーツは本当はアフリカと近東だったと考えられる。〈双斧《ダブル・アクス》〉がヨーロッパとアナトリアにだけ、あるいはアフリカと中東にだけ見られるというようなことは、まったく道理に合わない[62]。したがって、「オリエントの神秘思想がクレタ島の人びとの役にたったとすれば、それはすばやく双斧《ダブル・アクス》で削られて形を整えられたと考える」[63]というようなアーリア主義者の意見は、細部は不正確であるし、論調は不愉快である。

結論

したがってここで、レンフルーとウォレンの修正主義をしりぞけ、モンテリウスとチャイルドの一般的な立場――そしてワインバーグ、ブラニガン、その他の人びとが主張している立場――すなわち、初期青銅器時代のクレタ島が新石器時代にくらべてはるかに大きな文化的影響を受けたのは、一般的にいえば近東からであり、とりわけエジプトからであった、という立場を再確認するが、これには十分な理由があると思われる。このことは、当時の陶器の様式と形状、陶器をつくるろくろの導入、亜麻、亜麻布、おそらくはブドウの栽培、埋葬習慣、図像学に顕著に現れている。

こんにち、初期ミノア文化期が始まったとされている紀元前第四千年紀末のこの時期、エジプト文明はすでに確立していた[64]。シリアとレヴァントが高度に都市化してきたのもこの時期であった。紀元前第三千年紀初期は、エジプト古王国の高度文明の絶頂期であった。紀元前第三千年紀末には、エジプト人とヌビア人がはるかに遠いイラン東部やアフガニスタンと貿易していた証拠がある(63)。同じように、紀元前第三千年紀前半、商業の発達した都市文明のシリアとレヴァントには、ひじょうに複雑で広大な貿易ネットワークがあった。なかには、初期ミノア文化期が始まったころ、クレタ島にパレスチナからの移住があったという仮説をとなえている考古学者もいる。これが事実であるかどうかはともかく、考古学上の直接証拠と状況証拠の両方から、ミノア文化の初期とその後の発展段階を通じてずっと、近東とエジプトの影響が初期ミノア文化に浸透していたと確信できる理由は十分ある。

紀元前第三千年紀末のクレタ島の宮殿の発展については第4章で見ることにして、その前に近東、とくにエジプトと、ギリシア本土、とりわけギリシア中部の主要な地域であるボイオティア地方との関係を考察したい。

第2章

ボイオティア地方とペロポンネソス半島におけるエジプトの影響　紀元前第三千年紀 I

――祭儀・神話・伝説にみる証拠

これからこの章で、灌漑と排水に関してボイオティア地方とエジプトの神話に非常に多くの複雑な並行関係があることを見ていこう。私の企ては、ボイオティア地方とエジプトの神話と伝説の解明であり、同時に、ボイオティア地方以外のギリシア、とりわけペロポンネソス半島のアルカディア地方の神話と伝説にみられる、エジプトの神話と伝説との密接な並行関係についての解明である。このような並行関係に伴うのは地名の類似だが、地名ばかりではない。物理的証拠として排水機構――これは多くの場合エジプトの水利工学の影響と考えられている――もある。このような排水機構はボイオティア地方にもペロポンネソス半島でも発見されているが、詳細については第3章で議論する。

祭儀、神話、地名、考古学上の証拠をあわせて考えると、ボイオティア地方とその他のギリシアの地方は、青銅器時代を通じて、エジプトとレヴァントから大きな影響を受けていたことが強く暗示される。こうした影響は初期ヘラドス文化期（陶器年代区分ではおよそクレタ島の初期ミノア文化期）に始まった可能性もきわめて高い。しかし、何らかの形でエジプトの宗主権がおよんだエーゲ海地域の国家があったとしても、このような影響がエジプトの植民地化の結果だったと論証できる証拠はまったくない。したがって、初期青銅器時代（紀元前三三〇〇年頃―二二〇〇年頃）と後期青銅器時代（紀元前一七〇〇年頃―一二〇〇年頃）のあいだに近東とエーゲ海地域の状況に多くの並行関係があるかもしれないが、実質上、直接の宗主権があったことが暗示されるのは後者の後期青銅器時代だけである。

ヘレニズム時代やローマ時代に、テオフラストス〔紀元前三七二頃―二八七頃、ギリシアの哲学者で植物学の祖〕、プリニウス〔紀元二三―七九、ローマの著作家、『博物誌』の著者〕、プルタルコス〔四六?―一二〇?、ギリシアの歴史家、『英雄伝』の著者〕などの著作家は、ナイル川沿岸とコパイス湖沿岸とのあいだの並行関係について頻繁に書いていた。彼らは二つの地域の浮島、水草、ナツメヤシ、亜麻布製造には類似性があると考えていた(1)。このような証拠の蓄積があるために、農民集団の移住やエジプトによる征服という考えが「根拠のないものとは思われない」と、カール・オットフリート・ミュラーも述べている(2)。しかし、当然、彼は議論を続け、これは見かけにだまされるケースであることを論証した(3)。

にもかかわらず、ミュラーも知っていたように、エジプトとコパイス湖のふたつの湿地帯を結びつけていたのは地理的類似性だけではなかった。神話や伝説もまた、エジプトのナイル川や湖沼と、コパイス湖の沿岸とボイオティア地方の都市テーバイを結びつけていた。ギリシア語のテーバイ、コパイス湖、ケピソス川といった地名の語源や、ミニュアイ人、ラピテス人といった民族名の語源がエジプト語だったということが妥当であることについては、後の章で議論する(4)。オイディプスとスフィンクスをめぐる神話のように、ボイオティア神話には多くのエジプト的な側面や西セム的な側面があるが、この問題については『黒いアテナ　Ⅳ』で考察する。私が第2章で言いたいのは、祭儀、神話、固有名詞といった証拠から、エジプトの影響があったということだけである。第3章ではこの文脈をふまえて、エジプトによる植民地化という考古学上の証拠が、紀元前第三千年紀にさかのぼるコパイス湖周辺で見られることを論ずるつもりである。

セメレとアルクメネ

まず、伝説上の王女アルクメネに目をむけよう。テーバイに住んでいたこの王女はゼウスに誘惑され、ヘラクレスを産んだ。アルクメネ祭儀はコパイス湖沿岸ではきわめて重要な祭儀であった。ゼウスのふたりの息子、ディオニュソスとヘラクレスの誕生のあいだには緊密な並行関係があり、彼らの母〔セメレとアルクメネ〕はテーバイと密接な関係のある女性であった。『イリアス』のなかで、ゼウスが過去の愛人たちを思い出して語る次の一節がこれを裏づけている。

あるいはまた、勇名轟くポイニクスの娘で、わたしにミノスと神にも見まごうラダマンテュスとを産んでくれた女〔エウロペ〕、さらにはテーバイのセメレやアルクメネ――アルクメネは豪気の子ヘラクレスの、セメレはディオニュソスの母となった女だ(5)。

この一節によれば、テーバイの伝説的建設者のフェニキア人カドモスは、彼の妹エウロペ(勇名轟くポイニクスの娘)を通じてギリシアの半神ヘラクレスとディオニュソスと結びついているばかりでなく、エウロペはセメレとアルクメネと組みになっている(6)。『黒いアテナ Ⅰ』で私は、ゼウスの愛人のイオという名前はエジプト語の「牝牛」からの派生語であると述べた(7)。神話によれば、カドモスの娘セメレもまたゼウスに誘惑され、ディオニュソスを産んだ。イオと同じように、セメレという名前の起源はエジプト語と見られる。しかし、セメレにはこのほかにも語源と考えられる語があり、はっきりはしないがフリュギア語の「空」、ギリシア語の「月」の *selenē* という説もある(8)。セム語学者マイケル・アストゥアは、セメレは西セム族の神 Şml(ワシの母)の派生語であり、Şml とバアル Bar al(ウガリットでオシリス/ディオニュソスにあたる神)の神話にはディオニュソスの誕生譚と四肢切断譚に似た話があるので、彼らに共通する特徴があるのはあきらかであると述べており、その可能性も大きい(9)。したがって、セメレという語に西セム語の影響があったと考える理由は十分ある。

にもかかわらず、セメレの語源として最も有望で基本的な語はエジプト語の *sm3t*(野生の牝牛)と思われる。いまなおナイル川渓谷に暮らすシルク族やヌエル族と同じように、牧畜民のエジプト人にとって牝牛は富裕と美の基準であり、エジプト人の牧畜民としての文化的起源は、とりわけ、「王の配偶者」を意味するエジプト語の *sm3t* や *sm3yt* が使われていることによって分かる(10)。上エジプトの牡羊神アムン――古代ギリシアではゼウスにあたると考えられていた神――とゼウスに王の属性があったことを考えれば、*sm3*(*y*)*t*、すなわちセメレが妻であるのはきわめてふさわしいと思われる。

ボイオティア地方で、ゼウスとアムン神との関連がとりわけ明確に確立されていたことに注目しなければならない。紀元二世紀、ギリシアの旅行家パウサニアスが記しているように、テーバイのアムン神の神殿には紀元前五世紀のギリシアの詩人ピンダロスが詩を献呈した彫像があった(11)。ピンダロスが「オリュンポスの王アムン」という歌詞の賛歌を書いたことは憶えておこう(12)。

アルクメネの語源は主としてエジプト語であるが、彼女の身分はセメレよりも低い。動詞の *rḫ*「知る」には聖書的な意味で「知る」、つまり、性的に相手を「知る」という意味がある。*rḫ nsw* と *rḫt nsw*（王を知る男女たち）の語源が立証されているように、**Rḫ imn** の語源も立証されている(13)。したがって、ギリシア語の **Alkmaiōn**——テーバイと関係があるアルゴス人の英雄の名前——と **Alkma(o)n**——七世紀のドーリス人の詩人の名前——は、ギリシア語では一般的な固有名詞の要素である **Alki-**（保護者）と関係しているかもしれないが、語源は **Rḫ imn** である可能性がある。そうなると、ゼウスの愛人アルクメネという名前は ***Rḫt imn** に由来すると思われる。エジプト語では音節中の *ts* は不安定であり、エジプト語のアメンホテプ **ʾImn ḥtp** をギリシア語ではアメノフィス **Amenōphis** と表記するように、転写のときに *ts* がときどき消滅した。***Rḫt imn** の音節中の *ts* もそのように消滅したのだろう。紀元前第二千年紀中期のエジプト語 **ʾImn** を母音化すると、**ʾAmāna** となることがわかっている〔古代エジプト語は話すときには母音を使ったが、筆記するときには母音を表記しなかった〕。エジプト語では語頭が二子音や三子音である場合はつねに添頭母音になり、アクセントのない母音は短縮されることも分かっている(14)。したがって、エジプト語の ***aRḫᵉmāna** からの借用語がギリシア語では ***Alkmāna** として、次いでイオニア方言ではアルクメネとして容易に受けいれられた。***Rḫt imn** ／アルクメネはアムン／ゼウスの妻として完全に似合いの相手と思われる。

すでに見たように、アルクメネという名前がエジプト語である可能性は高いが、次に彼女の背景のエジプト的要素について簡単に考察しなければならない。前述のようにアルクメネにはゼウス／アムンとの関連があり、以下で述べるように彼女の息子ヘラクレスは基本的にエジプト的性格をもっている。それとは別に、ヘロドトスによればアルクメネと彼女の夫の一人、アンピトリュオンはエジプト人であった⒂。アルクメネのもう一人の夫、ラダマンテュスのエジプト的性格については第4章で論ずる。ここではアルクメネの夫、したがってヘラクレスの継父のラダマンテュスが、この半神に弓矢の使い方を教えたと考えられていることを述べるだけで十分である⒃。エジプト神話でラダマンテュスの原型とされるモンチュについても第4章で論ずるが、モンチュが弓術の守護神だったので、これは興味深い。

女神アテナとボイオティア地方のアテナイ——アテナ・イトニア祭儀とアテナ・アラルコメナ祭儀

アルクメネの墓はコパイス湖の南岸、〔ボイオティア地方の〕ハリアルトスの近くにあった（古代に行われたコパイス湖の掘削については第3章で論ずる）。近くにはラダマンテュスのものとされる墓とアテナイ〔ギリシアの首都アテネ〕建国の英雄ケクロプスを祀る神殿もあった。実際、この地域にはこのほかにも、多くの「アテナイ〔アテネ〕の」痕跡がある。いまも女神アテナの神殿が残っており、コパイス湖の氾濫で浸水した二つの町——アテナイとエレウシスと呼ばれる町——があった場所と考えられていた。ストラボンの示唆によれば、これらの都市を建設したケクロプスは、アッティカ地方でもこれらと同じ名前の大きな町を建設した⒄。さらに、ハリアルトスそのものにも英雄ケクロプス祭儀があった。もっとも、このケクロプスが〔ボイオティア地方にあるコパイス湖近くの〕アテナイの建国者なのか、それとも、のちに〔アッティカ地方の〕アテナイ〔ギリシアの首都アテネ〕王のひとりになったケクロプス——パンディオンの子のケクロプス——なのか、多少の議論がある⒅。

現代のボイオティア地方の専門家、J・M・フォッセイとA・シャハターによれば、彼らは互いの議論を補佐しあって、この「アテナイ・モチーフ」がハリアルトスの西まで伸びるのはこれよりずっと後世のことであり、アテナイ〔アテネ〕がこの地域を支配した紀元前一七一年と一二一年の時期だったと論じている[19]。しかし実際は、フォッセイの立場はそれほど極端なものではなく、彼は「この地方特有の純粋な伝統と、アテナイ人が作った伝統と［の］……融合」があるかもしれないと認めている[20]。しかしシャハターでさえも、この地域の二つの祭儀——アテナ・アラルコメナ祭儀とアテナ・イトニア祭儀——が「かなり古い」ものであったことは認めている[21]。

ハリアルトスの西一〇キロメートルのコロネイアにあるアテナ・イトニアの社《やしろ》は、ボイオティア地方の中心的祭儀であり、アルカイック時代（紀元前七七六年—五〇〇年）と古典時代（紀元前五〇〇年—三二五年）にはあきらかに活況を呈していた。この社を造ったのは、トロイア戦争（紀元前一二一〇年頃）後のいつのころか、北方からこの地にやってきて征服したボイオティア人であり、この地方はこの征服者の名前にちなんでボイオティアと呼ばれた、という伝承が伝えられていた。パウサニアスの報告によれば、〔イトニアという名の〕名祖《なおや》であるイトノスは、ボイオティアの名祖になったボイオトスの父親であった〔訳注1〕。戦争の神アテナ・イトニア祭儀は、古典時代とヘレニズム時代の間を通じてテッサリア地方の中心的祭儀であり、ストラボンの考えでは、アテナ・イトニア祭儀をもたらしたのは征服者のボイオティア人であり、彼らはテッサリアの故郷からそれをコパイス湖岸の都市に持ち込んだのだった[22]。

〈イトニア〔イトノスの〕〉という名称はどこに由来するのだろうか。候補は二つあると思われる。ひとつはエジプト語の*ʾItn.t*（太陽円盤）である。クレタ島では太陽が女性であり、それがたいへん古い概念だったことについては第1章ですでに論じた。古代エジプトでアテナに相当する女神ネイトが*ʾItn.t*であったことは実証されている。ただし、その唯一の立証例は紀元二世紀のものである。したがって、これは確実にエジプトの伝統ではなく、むしろギリシアの影響の結果だったかもしれない。しかし、太陽の舟に乗るネイト、とりわけネイトと太陽の結びつきを象徴する太陽神レー〔ラーの別称〕の目、太陽円盤を飾る聖蛇コブラのウラエウス〔蛇形記章〕などは、少なくとも第一八王朝にさかのぼる[23]。鞘翅目の甲虫《こうちゅう》とネイトの結びつきはさらに古い。スカラベとおなじように、おそらくは光輝いていただろう甲虫は太陽と関係があり、甲虫の図像はスカラベのそれよりもずっと以前からあったと思われる(24)。太陽とネイトの最も強い結びつきは、紀元前第三千年紀前半のエジプト古王国時代であったようだ。そのうえ、初期ミノア文化期のクレタ島で、ソーラー・ビートルの図像がすでに一般化していたという証拠が出土している(25)。おそらく、古代エジプトのきわめて古い伝承の反映が、時代が下ってギリシア〔のクレタ島〕で立証されたのだろう。

紀元前第二千年紀のエーゲ海地域から、女神アテナと太陽円盤およびヘビ――女神の盾や胸当てにはほとんどいつもゴルゴン〔その一人がメドゥサ〕の首がついており、ゴルゴンの頭髪はヘビだった――との結びつきを示す証拠も出土している。この問題は『黒いアテナ　III』で論ずる予定だが、女神のこのような狂暴な性格はアテナ・イトニアの好戦的性格と大変よく一致する。

しかし、形容句〈イトニア〔イトノスの〕〉の起源には別の説があり、その説はもっと直接的な関係がある。コロネイアでのアテナ・イトニア祭儀がテッサリア地方に起源があると述べたストラボンは、クラリオス川あるいはコラリオス川とコロネイアの語はごろ合わせだったとも述べている。この川はそこから女神の両の乳房のような二つの泉が流れ出ると考えられており、川が祭儀上、重要なことはあきらかであった(26)。

ストラボンのこの指摘は、〈イトニア〉の語源についてもう一つの可能性を提起する。紀元六世紀の地理学者、ステパノ・ビザンティオス〔ギリシアの地理学者、コンスタンチノープルに住み、地理学辞典を著した〕によれば、クレタ島の都市イタノスの名祖《なおや》はポイニクスの息子であった(一方、ポイニクスはフェニキア人の名祖であった)。イタノスのこのようなセム的要素を追跡したのはF・C・ムーヴァーズとヴィクトル・ベラールで、彼らはイタノスという名の起源を *ʾêtån* あるいは、*ʾêtån*（四季を通じての、絶えず流れ出る）というヘブライ語にあると考えた(27)。それ以来、この名はそれぞれイタノやウタノとして、線文字Aと線文字Bの両方で慣用例が実証されている。Itan-あるいは、Iton-というように異なるのは、セム語の å をギリシア語や他の言語に転写するとき、ほぼ同じくらい頻繁に、a を ō と転写したと思われるという事実から説明できる。たとえば、ギリシア語で **Kōthōn** として知られているカルタゴの小さい内港の名称は、後期カナン語の ***qâṭân*** あるいは ***qâṭon***（小さい）に由来する(28)。イトニアを流れる小川が祭儀上重要なことがあきらかであるなら、そこはボイオティア人が来る以前からイトニアという名前であり、これが祭儀の地と定める理由になったのかもしれない。後期青銅器時代のボイオティア地方には西セム族がいた確率が大きいことは、イトニアがセム語だった可能性を示している。しかし、エーゲ海地域のあちこちで頻繁にイタノス／イトノスという地名が見られるので、この地名の名祖が土地の言語のなかで独立した力を持っていたことを示していると思われる。

アテナ・イトニア祭儀よりもアテナ・アラルコメナ祭儀のほうが古いこと、そして私たちがこれから見るように、二つの祭儀を結びつけようとする論拠があることについて、学者たちの意見は大体一致している。ホメロスは「アラルコメナイのアテナ〔アテナ・アラルコメナ〕」に言及している(29)。シャハターはほかの理由からも、アテナ・アラルコメナが非常に古いものだったことを認めている。すなわちその理由は、アテナ・アラルコメナは古代においても古いとみなされていた、先史時代の伝承が集まっている、アテナ・イトニア祭儀に近い場所——三キロメートルしか離れていない——に位置していた、という理由であり、これらはすべて事実だった。〈アラルコメニオス〉は、ボイオティア地方で〈年末に太陰暦を太陽暦に合わせるためのうるう月〉を指す語だが、この語もまた、アテナ・アラルコメナが太古の昔からあったこと、そしてアテナと結びついていたことを示唆している(30)。一般に認められているように、暦には古くからの名称がそのまま残っている。

オギュゴス、オグおよびゴグ

この祭儀についてはほとんど知られていない。アラルコメナあるいはアルコメナは、ボイオティア地方の最初の伝説的支配者オギュゴスの三姉妹のひとりであると考えられていた(31)。パウサニアスによると、オギュゴスは英雄エレウシスの父親であり、アッティカ地方の町エレウシスはこの英雄の名にちなんで名づけられた[32]。オギュギアは『オデュッセイア』に出てくるカリュプソが住む島の名前であった。島、ボイオティア地方、アッティカ地方を結ぶオギュゴスとオギュギアという語の根源には、原始の洪水という概念がある。とりわけ、オギュゴスをコパイス湖の氾濫と結びつけたのはドイツの古代史家エドゥアルト・マイヤーであった[33]。オギュゴスがなぜボイオティア地方にもアッティカ地方にも関連するのだろうかという謎は、コパイス湖とその西岸にあって浸水した町――アテナイとエレウシス――を結びつけることで解けるだろう。オギュゴスは太古の昔という意味と湿地帯という意味の二重の意味をもっているが、これはアイスキュロス〔紀元前五二五?―四五六? ギリシア悲劇の父とされる劇作家〕が『ペルシアの人々』の一節で、ボイオティア地方のテーバイでなくエジプトのテーバイにふれたなかに出てくる[34]。

きわめてはっきりしているのは、オギュゴスあるいはオギュゲス、そしてオギュギアの語源が西セム語だということである。決して一般的ではないが最も普通のこととして、オギュギアとオケアノス――大洋あるいは世界の縁――はいずれも、セム語の語根√ʿwg(円を描く)からの派生語とされている[35]。この語には世界を取りまく大洋や山脈という意味があり、西セム族の神話的人物、バシャン地方のオグにも同じ意味がある。オグはオギュゴスと酷似している。オグは聖書のなかで、レファイム人すなわち、原住民の巨人族〔ヘブライ人以前にパレスティナに住んでいた民族〕の最後の子孫であり、この巨人族は黄泉の国のぬかるみと関係のある葬式や死者の霊魂と関連していた[36]。他方、このような特徴とは対立するが、ギリシアでもレヴァントでも、レファイム人は医学と結びつく治療やヘビと関連していた。彼らは生命、再生、肥沃ともつながりがあった[37]。

ウガリット語〔ヘブライ語と密接な関係にあるセム語族の死語〕のテクストでは、レファイムあるいはレピムは *qdmym*(東の、あるいは大昔の)と呼ばれ、テーバイの建国者の名前、カドモスと同一の語根に由来する語であった[38]。旧約聖書の『申命紀』には、カナンの全域に住んでいたレファイム人の最後の生き残りがバシャン地方の王オグであったと記されている[39]。したがって、彼は最古の住民として、ボイオティア地方でのオギュゴスの立場ときわめてよく似ている。バシャン地方は一般に、モアブ国の北、いまのヨルダン川東岸に位置していたとされる。しかし、この地はふつうは不毛の地とされているのに、バシャン地方は肥沃な土地および肥えた家畜と関連していた[40]。このように、ボイオティア地方の豊かな湿地の牧草地とバシャンは並行関係があった。

オグはノアの大洪水ただひとりの生き残りであった。西暦紀元〔C. E.〕の五世紀から六世紀にかけてバビロニアで書かれた古代ユダヤの聖書注釈書『ミドラシュ』によれば、オグはノアの箱船の一番高いところに座っていたので大洪水を生き延びたという[41]。アストゥアはオギュゴスとオグを関連させていない。しかし彼は、オギュゴスに相当するのは聖書ではノア、メソポタミアではウトナピシュティム、ギリシアではデウカリオンであると考えている[42]。伝承では、ノア Noah——正しくは Noaḥ——という名前はセム語の語根√**nwḥ**（休息する、定住する）に由来すると考えられている。しかし、語根の最後の文字は *ḥ* であるが、ノア Noaḥ にはエジプト語の *nwy*（水、洪水）の影響がありそうだ。このエジプト語の影響から、『イザヤ書』に出てくる変則的な語 *mê noaḥ*（洪水）と、『七〇人訳聖書』〔紀元前三世紀、エジプト王の命令で七〇人のユダヤ人が七〇日間でギリシア語に訳したとされる旧約聖書〕で、ノア Noaḥ が Nōe と記されていることが説明できるだろう[43]。したがって、ある意味では、ノアは彼と結びついた洪水そのものだった。ノアという語のこのような両義性や二重の機能は、オグとオギュゴスという語についてもあてはまる。これとの関連で興味深いのは、後期エジプト語で *wg3* が「水のさまざまな種類、洪水」を意味していることだ[44]。エスナ〔テーバイの南に位置する古代エジプトの町〕がある上エジプト第三州（第三地方）に、Wg(3) という地名があり、これは「大運河、もしくはナイル川の流れ」を意味するらしい[45]。エスナは上エジプトのネイト祭儀の中心地であった。この祭儀とアルゴリス地方のトロイゼン〔ペロポンネソス半島東部の町〕のアテナ祭儀との関連については『黒いアテナ III』で議論する。ここで注目しなければならないのは、Wg(3) と水およびエジプトでアテナに相当する女神ネイトとの興味深い結びつきだけである。

しかし、オグとオギュゴスはいずれも、それが Wg(3) の派生語であると考えるのはむずかしい。オグの場合、セム語の名前の最初の *rayin* が問題になる。とはいえ、エジプト語の *w* と *r* は近い関係にあるので、これは克服できない障害ではない。つぎにオギュゴス Ōgygos だが、この語が Wg(3) からの派生語だったとすると、エジプト語のどのテクストにも Ōgygos の二番目の *g* があったという証拠がない。これが問題である。

しかし、西セム語にはそれがあった痕跡がある。第一は、聖書に記されている巨人ゴグである。ヤフェト〔ノアの第三子〕の息子ゴグは、兄弟のマゴグとともにはるか遠い北方の地に住んでいたと考えられていた。したがってゴグとオグは別人であり、ゴグが死ぬときには「バシャンの雄牛と水牛」を犠牲としてほふり、食らえという預言が『エゼキエル書』に記されている[46]。ゴグは単に「巨人」を表す西セム語だった可能性があり、その語根√*gg* は「屋根、柱廊、頂上」を意味し、アッカド語、ウガリット語、カナン語での慣用が実証されている。アムハラ語では、*gegg* は「ほかの歯より突出する歯」を意味している。このような語で誇張されているのは高さであり、ゴグやマゴグという名前からこの可能性は大きくなる。いずれにしても、ジュリアス・ポコーニーやピエール・シャントレーヌのような尊敬すべき辞書編纂者が厭わずに繰り返し述べているように、ギリシア語のギガス gigas（巨人）の語源がインド＝ヨーロッパ語族にないことに疑問の余地はない。ギガスがセム語に由来するかどうかともかく、オギュゴス Ōgygos に *g* がふたつあるのはギリシア語の影響だったかもしれない。

アストゥアはオギュゴスをセム語の語根√ˀ*gg*（焼ける、燃え立つ）に由来すると主張している。彼はこれを多くの場合洪水は火災と関連するという根強い伝承と結びつけている。ギリシア神話の洪水の英雄デウカリオンの妻がピュラ（火災）と呼ばれている事実は、洪水が火災と関連している実例である[47]。私は第7章で、この伝承には火山の噴火、とりわけ紀元前一六二八年のテラ島の大噴火という歴史的根拠があることを論ずるつもりである。『タルムード』

に残っているユダヤの伝承では、バシャン地方のオグをほぼのみ込んだ洪水は火災を起こし、オグが巨人のような怪力でなかったら、焼け死んでしまっただろうと伝えられている[48]。

要するに、エジプト語の *wg3*（洪水）から西セム語のオグが派生したという説は説得力に欠け、セム語の√*gg* からギリシア語のギガス *gigas* が派生したという説もはっきりしない。にもかかわらず、オギュゲス、つまりオギュゴスとオグのあいだには、緊密な並行関係があるように思われる。いずれにしても、現地ギリシア生まれでボイオティア地方を代表するオギュゴスには、近東とのあいだに入り組んだ多くの関係があることは疑いない。

アラルコメネ

さて、話をオギュゴスの娘アラルコメネ、あるいはアルコメナに戻したい。アラルコメネはオデュッセウスが誕生した土地と考えられたが、英雄の故郷イタケ島にもアラルコメネという場所があるので、混乱するのは当然だろう[49]。もっと重要なのは、地名のアラルコメネの名祖《なおや》がアラルコメネウス〔ゼウスとヘラを和解させたとされる〕であるということで、彼はアラルコメネとコロニアの南を流れるトリトン川の川岸でアテナを養育したという伝承がある。

そのほかに、アテナにはリビアのトリトン川のそばで育てられたという伝承もある[50]。ヘロドトスは、現在のチュニジアの南にあったと思われている「リビア」のトリトン川とアテナを関連させている[51]。他の古代の著作家たちは、「リビア」が北アフリカや西アフリカの様ざまな場所にあったと考えており、その大部分は湿地帯と関係する土地であった[52]。紀元前三世紀、アレクサンドリアの図書館にいた学者、ロドス島のアポロニオスが書いた叙事詩『アルゴナウティカ――アルゴ船物語』については第6章で論ずるが、そのきわめて興味深い一節によれば、トリトン川はナイル川の古称だったという。トリトン川という名前の語源は、ポセイドンの息子、トリトンに結びつけられる以外は不満足なものしかなく、漠然とギリシア語のトリトス *tritos*（第三の）と関係するらしいと考えられている。しかし私は、ギリシア語の語根 *trito-* はエジプト語の *tryt-*——動詞 *tr*（尊敬する）の名詞形——と混同される場合が多く、*tryt-* は王や神を指す場合に頻繁に用いられる語であったと考えている。『エジプト語辞典』の編集代表アドルフ・エルマンとヘルマン・グラポウによれば、*tr* は *twr*（尊敬する）からの派生語である。しかし、この語の基本的意味は「清める」である。『死者の書』という表題は紀元一九世紀のエジプトのイメージにふさわしいが、この書は古代エジプト人には魂の案内書『日のもとに出現するための書』という名で知られていた。この書は最も広く慣用が実証されているエジプト語のテクストのひとつであり、それは紀元前一七世紀の第一七王朝にまでさかのぼる。そこに書かれている  Twr は、穀物が豊かにみのり、農耕に恵まれたパラダイス、すなわち「祝福の野」を流れる川の名前であった(53)。トリトンの語源についてのこの説は満足できるものではないが、ナイル川や他の川の川岸や湖の岸辺沿いにみられる排水と地味豊かな土地の創出が、アテナとネイト——すなわちエジプトのアテナ——と関連していたことは憶えておかなければならない。

　イトニアはアラルコメナイの西三キロメートルに位置し、東三キロメートルにはアルクメネの墳墓がある。アテナ・イトニア祭儀とアテナ・アラルコメナ祭儀は結びつかなければならないのだろうか。シャハターは隣接する両地域のアテナ崇拝が基本的に関連すると主張し、アラルコメナイはアテナ・イトニア祭儀の発祥地で、おそらくは洪水の危険のために西に移動したのだろうという仮説も示唆している(54)。古代の権威——アテナ・イトニアとアテナ・アラルコメナに言及した四世紀のアフリカ生まれのキリスト教擁護論者ラクタンティウスと、二つは同じものを意味すると述べた紀元前六世紀のギリシアの詩人バッキュリデス——はシャハターの議論に賛成しているが、彼の一般的議論を受け入れるにはそこまで主張する必要はない(55)。

　このような並行関係があるとすれば、アテナ・イトニア祭儀の興味深い特徴がアテナ・アラルコメナ祭儀にも当てはまるかもしれないと思われる。たとえばアテナ・アラルコメナ祭儀は、少なくとも紀元前六世紀から、ヘビに似た生物と関連していたことはあきらかである[56]。シャハターによれば、アテナ・イトニアはハリアルトスでゼウスの妻となったので、ボイオティア地方のレカネ *lekane*（浅い鉢）に描かれているヘビは粗野な「地下神」のゼウスであった[57]。ゼウスが「ヘビ」で「地下神」だったという痕跡はいくつかある。ギリシアに見られるこのような図像については、ふたつのエジプト的な説明ができるだろう。ひとつは、ファラオの王冠についている頭をもたげたコブラ、すなわちウラエウス〔蛇型記章〕と女神ネイトとの関連からの説明である。ウラエウスは女神であることの決定的な標識でありシンボルであった。しかしこれよりもはるかに妥当するのは、描かれているのはネイトの息子で、エジプト古王国以後は頻繁に彼女の夫に擬せられるワニの神、ソベクだという説明である。ヘビに似たこの生物はコロネからの出土例があり、紀元前六世紀のボイオティア地方の別の壺にも描かれ、とぐろを巻いたヘビを前にした女神アテナの絵が小アジアの沿岸のプリエネで発見されている[58]。ソベクは洪水、川岸、とりわけファイユーム湖――ナイル川流域に接した広大な湿地帯とオアシス――の神であった。したがってこのような神の祭儀は、コパイス湖の湿地帯の湖岸にきわめてふさわしいと思われる。アルクメネとアテナ・アラルコメナの結びつきについてはこの章の後半で見るので、ここではネイトのもうひとつの別の側面について考察しておきたい。

ネイト、水をつかさどる神

『黒いアテナ　Ⅲ』では、ネイトの都市であるサイス、すなわちḤtNtとアテネの密接な関係だけでなく、ネイトとアテナの緊密な関係についても論ずるつもりである。しかしこの節では、コパイス湖沿岸のアテナ祭儀を見ておくために、エジプトの女神ネイトがもっている一つの側面の考察が不可欠である。

女神ネイトには戦士として、織り手として、天空の神としてという多くの側面がある。にもかかわらず、彼女は本質的にはウシ――多産な牝牛3ḥ3t Ahet――の神としての特徴があり、これはMḥt Wrtすなわち、大洪水、沼地、最初の水と関連している。これについての詳細は、紀元前第一千年紀のサイス王朝とプトレマイオス王朝のテクストで立証されているにすぎないが、後期古王国時代（紀元前二七〇〇年―二五〇〇年）のピラミッドに刻まれた『ピラミッド・テキスト』の記述と中王国時代（紀元前二一〇〇年―一七五〇年）の『コフィン・テキスト』の記述から、このことはあきらかである。ピラミッドにはその建造よりもずっと以前から知られていたことが刻まれ、石棺《コフィン》にもはるか古い思想が刻まれている[59]。第一王朝時代、ナイル川の西デルタの湿地にあるサイスでネイト祭儀があったことが知られているが、もっと昔からだったかもしれない[60]。

『ピラミッド・テキスト』は彼女の一側面を次のように記している。「ネイトはMḥt Wrt［大きな湿地］のほとりにある彼女の湖にやってきた。……ネイトは両岸を目の届く限り緑の草地に変えた」[61]。新王国時代の『日のもとに出現するための書』〔『死者の書』〕では、彼女は河岸と島に関連していると考えられている[62]。後世の文書では、ネイトがどのように水中から陸地を造り、「島と河岸を隔てる」かについて詳しく述べられている。古王国時代、彼女は「通路を開通させる」女神だった。これはあきらかに小舟にのった宗教行列や葬列の先導を意味した。*Wp(i)*は水路を「開く」も意味した[63]。したがって、彼女は水路を造り、耕地でない湿地を整地する女神だった。

ネイトとセトとの戦い、アテナとポセイドンとの戦い

エジプトの女神ネイトは洪水、運河、灌漑、干拓の守り神であった。ギリシア神話の女神アテナのもつ多彩な特徴は現代の学者には不可解だが、このようなネイトの役割はアテナを理解するカギになるかもしれない。たとえば、アテナイ〔アテネ〕、トロイゼン〔ペロポンネソス半島東部の町〕、そしてギリシア各地におけるアテナとポセイドンの戦いを例

にとると、アテナとポセイドンの戦いはネイトとセト（エジプトのポセイドンに当たる）および邪悪なヘビ、アポピとの戦いのあいだには並行関係がみられる(64)。ギリシアの宗教の専門家で、正統派の指導的学者ルイス・ファーネル〔一八五六―一九三四〕は二〇世紀初頭、アテナとポセイドンの対立を次のように説明している。

> ギリシアの宗教のなかには、もともと性格に親和性のあるパラス〔アテナ〕とポセイドンを結びつけるものは存在しなかった。アテナイ〔アテネ〕のアクロポリス、コロノス地区、おそらくはスニウム、トロイゼン、スパルタ、〔アルカディア地方の〕アセーで、そして多分コリントスでも、パラス祭儀とポセイドン祭儀は近接した場所で行われており、二つの祭儀は最初はしばしば争ったが、最終的には和解するところも出てきたと推測される。アッティカ地方の領土を求めるアテナとポセイドンの争いは、海の侵食と後退を暗示し、地形の変化の象徴であるという説明は、妥当なようだが真実ではない。これと似ているのがコリントスでのヘリオスとポセイドンの争いである。この説明も自然で無理がなく、ありそうなことだと思われるが、誤りだと分かっている。なぜなら、まず第一に、ヘリオスとポセイドンが争っているアクロコリントスは、ギリシア人の誰も洪水の浸水や大波の危険があったことを記憶していない高台にあるからである。第二に、遠い昔、コリントスではヘリオス祭儀が盛んだったが、その後、イオニアのポセイドン崇拝のまえに影が薄くなったという証拠が豊富にあるからである。コリントスのポセイドン崇拝に地形上の理由があったのは間違いない。しかし、ヘリオスとポセイドンの争い（コリントスの伝説）、アポロと大蛇ピュトンの争い（デルポイの伝説）、三脚台《トリポッド》を競い合うアポロとヘラクレスの競争（デルポイの伝説）、ポセイドンとアテナの反目（アッティカ地方の伝説）、そしてその他の多くの神々の争いすべてに、おそらくは中核になる歴史的事実、すなわち、現実の信仰対立——先住民《アボリジナル》が大切にはぐくんできた信仰と、新参の移住民が持ち込んだ信仰との対立——が内包されている。アテナは古来からアッティカ地方の女

神であり、ポセイドンはイオニア人の重要な神であった。先住民アッティカ人と新住民イオニア人の対立と和合は、宗教的には、アクロポリス上でのアテナとポセイドンの不和と和解だったのかもしれない[65]。

ファーネルのこの一節には基本的な欠陥がある。それは、バルトルト・ニーブール〔一七七六―一八三一〕が先駆となり一九世紀の古代史家が愛した「人種」や「民族原理」に、ファーネルが問題を矮小化している点である[66]。アテナがアテナイ〔アテネ〕と堅く結ばれていたのは当然だった。古代人はポセイドンがイオニア人のパトロンだったと考えていた。私も古代人のこの考えを受けいれる。私はさらに進んで、この考えをミュケナイのポセイドン贔屓《びいき》とヒクソスのセト崇拝に結びつけて考える。他方、「アテナイの先住民《アボリジナル》」がイオニア支配者民族の「前に影が薄くなった」と考えなければならない理由はまったくない。

スイス人ヴァルター・ブルケルトは現代のギリシア宗教の大家であり、彼の理論はこのような人種差別的なものではない。彼の力点は民族原理ではなく、ふたりの神と馬との関連にある[67]。このような馬祭儀がいくつかあったことは疑いない。私は『黒いアテナ Ⅳ』で、紀元前一八世紀以来、ポセイドンが二輪戦車《チャリオット》と関連があったらしいことについて論ずるつもりである。他方、私の知るかぎり、アテナとポセイドンが二輪戦車に乗って戦っているという記述や表現はない。私は以下で、アテナ祭儀とポセイドン祭儀および、彼らは二輪戦車がギリシアへ導入される前から反目していたということをあきらかにするつもりである。ブルケルトは――アポロとポセイドンの争いとの類推から――、アテナとポセイドンの争いは青年と老人の世代間の抗争を象徴していたとも主張している[68]。昇る太陽のシンボルとしてのアポロは、エジプトのアポロに当たるホルスとケプリと同じように青年であり、彼の叔父／敵であるポセイドン／セトよりも年が若い。アテナはポセイドンの姪だが、彼女やネイトの状況はそれほどはっきりしたものではない。奇妙なことに、ふたりとも年をとるようにみえないし、とりわけ若いわけでもない。

このような図式で分析すると、何が残るだろうか。まず第一に、ファーネルが早々と放棄した議論――争いは「海の侵食と後退を暗示し、地形の変化の象徴である」という議論――が残る。ファーネルはここで、純粋の海神としてのポセイドン像にまどわされている。実は、ポセイドンは――エジプトのセトやウガリットのヤム（海）と同じように――、耕地の境界をものともしない無秩序の神でもあるからだ。したがって、ポセイドンの勢力範囲のなかに海が含まれているは確かだが、そこには地震、砂漠の遊牧民のロバや馬なども含まれている[69]。ファーネルが述べた争いは手入れされた土地と混沌とした水の争いだが、水は海水の可能性もあるし、真水の可能性もある。エジプトのホルスとセトとの争いは、普通は人間と川や湖に棲む大きくて強い動物すなわち、ワニ、より一般的には河馬《ヒポポタマス》との争いとしてあらわされる。ヒポポタモイ *hippopotamoi*（河の馬）の姿はあまり馬に似ていないので、このギリシア語とその概念は、セトとのちにギリシアでセトに相当する存在となったテュポンを通じて、馬と関連するようになったのかもしれない。これは注目すべきことであり、興味深い。

エウロタス川はペロポンネソス半島第二の川であり、アセーとスパルタはその水源と氾濫原《げん》の町である。アテナ祭儀とポセイドン祭儀は、この川とこうした町とのかかわりから説明できるだろう。（アテナイ〔アテネ〕における争いは本来、アッティカ地方沿岸のトリアシオン平原をめぐる争いであった。）しかし、ギリシアのアテナイと、エジプトの湿地に囲まれたネイトの町サイスのあいだには密接な関係があった。その関係ほど確実ではないが、水利用の工作物が必要だったエジプト南部のネイトの町エスナと、アルゴリス地方のトロイゼンとのあいだの関係も密接だったようだ。このことから、ギリシアの町の二重祭儀――アテナ祭儀とポセイドン祭儀――は十分に説明できるだろう。多くの点からみて、Ḥt Nt／サイスにおけるネイトとセトの戦場は、アテナイにおけるアテナとポセイドンの戦場に置き換えられたのだった。

異なる神々とその神々への信仰を説明しようとするとき、異民族間の宗教対立のあらわれであるとか、世代間の宗教対立のあらわれであるとか主張するのでなく、神々の闘争そのものが祭儀の中心だったという考え方のほうが、はるかに妥当すると思われる。フォンテンローズやその他の人びとが示しているのは、このような神々の闘争には普遍性があるということであった(70)。ここで強調したいのは、ギリシアの場合、このような多くに共通するテーマのなかに特定の形態を見いだすことができるし、それはたいていの場合、とりわけエジプトや西セムにも見いだすことができるテーマだということだけである。

エジプトにおいてもほかの大部分の地域と同じように、人間が生きるためには〈悪魔のような自然の力〉と〈自然の馴致〉の両方が必要だった。したがって、私はアテナとポセイドンの闘争では馬祭儀は根本的なものでないと述べたが、「馬に子馬を孕ませるのはポセイドンであり、馬を意のままに操るための手綱やくつわなど、馬勒《ろく》を発明するのはアテナである」と指摘したヴァルター・ブルケルトは絶対に正しい。ここにははるかに高い普遍性があらわれており、ここから「自然の根源的力とそれを利用する智恵がきら星のように生み出される」からである(71)。

ポセイドン／セト

アテナをあとにまわして、ここでポセイドンを考察する必要がある。彼の祭儀はコパイス湖の南地域にもあった。ハリアルトスの東一〇キロメートルにこんもりした森があり、やがてポセイドン・オンケストスの神殿が建てられた。この神殿はハリアルトスとテーバイを分ける山越えの道に位置していたので、シャハターがこれをテッサリア地方の荒れ地の山越え道や横谷《おうこく》〔山脈の軸にたいして直角となるような谷〕にあったその他のポセイドン祭儀の中心地と結びつけたのは妥当だろう。このようなポセイドン祭儀の中心地は、彼によれば青銅器時代にまでさかのぼると考えられる。シャハターはこのオンケストスのポセイドン祭儀をカラウリアン・アンピクティオニー——ギリシア南部の多くの主要な平原にある町のあいだで結ばれた都市連合――とも結びつけている。カラウリアン・アンピクティオニーは、最近はこれに懐疑的な見方もあるが、初期ミュケナイ時代から始まっている都市連合であった[72]。オンケストスのポセイドン祭儀は、とりわけ荒涼とした地形と馬とに結びついていた。ポセイドン・テルプサ祭儀についても同じことが言える。ポセイドン・テルプサの神殿は、ティルポシアン山の南側の崖下にあったことが一般に認められているテルポサの泉――あるいはティルプサの泉――があるところに位置し、アラルコメナイとの距離はわずか一キロメートルであった[73]。ポセイドンと荒れ狂う女神エリニュスとのあいだに生まれたのが魔法の馬アリオンであり、この馬はヘラクレスを助け、もう一人の半神アドラストスを救い出したことは有名である[74]。この神話にはもっと重要な意味があり、それはアリオンがアルカディア地方のテルプサで生まれたことではっきりする。ポセイドンはここでいやがるデメテル・エリニュスと交わり、アリオンが生まれた[75]。

並行的名前のエリニュスとアリオンは、エリス *eris*（争い）という語といくらか結びついているように思われる[76]。ここでもまた、この神話を理解するためにエジプトの神話が役立つ手びきになる。

フォンテンローズは、エリニュスとコレー／ペルセポネとの神話のエリニュスはエジプト神話ではネフティスにあたる。ネフティスはイシス（ギリシア神話ではペルセポネの母で地母神のデメテル）の姉妹であり、セトの妻であった。セトは地下に住むということでは、ギリシア神話ではハデス〔死者の国の支配者〕であった。

ネフティスはギリシア神話のペルセポネ、つまりコレーがそうだったように、善の神でもあり、また悪の神でもあった。ネフティスは彼女の姉妹を助け、オシリスとホルスを保護したが、同時に死の女神でもあった[78]。ネフティスは不変の豊饒を象徴する姉妹イシスとは正反対の、いわばイシスの鏡像であり、普通は子を生《な》さなかったとされているが、山犬の神アヌビスという一子があったと考えられていた。どの神話にでもそうだが、エジプト神話でもよくあることで、アヌビスの父親についてははっきりしていない。兄のオシリスという説もあるし、夫のセトという説もある[79]。父親がセトだとすれば、ギリシア神話の話ときわめてうまく一致し、アヌビスはポセイドンの子、アリオンと結びつく。アヌビスの父親に諸説あるのは、神学上のアヌビスの特徴の結果だろうと思われる。アヌビスは死と密接に結びついているが、彼の役割（これについては『黒いアテナ　Ⅲ』でもっと十分に論ずる）は本質的に肯定的なものだった。アヌビスは冥界へ魂を導く案内人であり、ギリシア神話では霊魂を死者の国に導くヘルメス・プシュコポンポスにあたる。死者を救い、彼らを安全なところに連れて行く点では、アヌビスはアリオンに似ていると思われる。ギリシア神話では馬に置き換えられているが、一般にポセイドン、エリニュス、アリオンの物語はエジプト神話のパターンに従っているように思われる。

デルポスとアヌビス

しかし、このパターンは次のように複雑に入りくんでいる。何人かの学者が指摘しているが、デルポイの三泉のひとつであるデルプサという名前と、テルプサ／ティルプサおよびデルポス――デルポスはポセイドンの息子あるいはアポロと、デウカリオン（洪水）の娘メラントすなわちメライナとのあいだに生まれた息子の名前――とのあいだに並行関係がみられる[80]。この結びつきに重要な意味があるのはあきらかである。というのは、ホメロスの『アポロ賛歌』のなかで、アポロはデルポイに彼の神殿と神託所を建てるまえに、テルプサの泉も候補地に考えていたと歌われているからである[81]。さらにこれについては、アルカディア地方の三つの地名、テルプサ Thelpousa／テルプサ Telpousa／デルプシア Delphousia によって確認されている。ここからデルポスとアポロとの同一視が生まれ、デルポイでのアポロ祭儀をめぐる複雑な状況も出てくる。この問題については以下で論ずるが、『黒いアテナ　Ⅲ』と『第Ⅳ巻』でも議論する。ここではただ、いくつかの問題点を提起するにとどめる。

紀元五世紀のギリシアの辞書編纂者ヘシュキオスの指摘によれば、デレパト Delephat という語と「カルデア語」の金星を表す語のあいだには結びつきがあるという。この指摘にもとづいてヴィクトル・ベラールは、〈テルプサ Thelpousa ／テルプサ Telpousa ／デルプシア Delphousia〉という語群と、セム族のディルバト Dilbat（明けの明星）祭儀を同一視した[82]。もしもそうであるとすれば、この立場は私たちの観点から見てそれほど興味をひくものではない。私たちにとってはるかに興味があるのは、デルポスがポセイドンの息子あるいはアポロと、メライナすなわちメラントとのあいだに生まれた息子と見られていた事実である。ギリシア神話のポセイドンをエジプト神話のセトと同一視し、アポロをオシリスの息子ホルスと同一視することが認められるならば、デルポスの父親をめぐるあいまいさはアヌビスの場合と驚くほど似ている。

メライナ／ネフティス

デルポスの母親についての問題のほうがはるかに興味深い。フォンテンローズはメライナとギリシア神話のガイア（大地）を同一視し、そうすることで彼は間接的にメライナを地母神デメテルと同一視している[83]。メライナ／メラントという名前が「黒い」を意味するギリシア語の語根メラン *melan* と関連することおよび、ギリシア語の著作では頻繁に大地が「黒い」と称されていることは疑いの余地がない。このような理由から、メライナの息子デルポスはアフリカの黒人《ブラック》と考えられていたと思われる。デルポイとアテナイ〔アテネ〕から出土した五世紀のいくつかのコインに刻まれているのは、彼の肖像と見ることができる[84]。しかし、このギリシア語の語根そのものはどこに由来するのだろうか。

インド＝ヨーロッパ語族に黒い色を意味する共通の語根は存在しないが、シャントレーヌはバルト語派〔インド＝ヨーロッパ語族の一派〕に**meln*（青い染み）という同語源語があると述べている[85]。しかし、ギリシア語の語根メラン *melan* の語源は、〈西方の山〉を表すエジプト語の M3nw だと考えたほうがずっと妥当だろう——M3nw は夕方太陽が沈むところであり、下界（これについては第4章と第10章でもっと詳しい議論をする）の入口だからである(86)。ギリシア語の語根メラン *melan* がエジプト語の Mȝnw に由来するということになれば、この語はセム語の語根√ˆrb——これは「入る」、「太陽が沈む場所」、「西」、「黒」を意味する——周辺のセム語群ときちんとした類比関係があるだろう。これはホメロスのギリシア語ではエレボス *erebos* にあたる語であり、*erebos* はリデルとスコットの模範ギリシア語辞典によれば「地上から黄泉《ハデス》の国に続いている下界の暗い場所」と定義されている。エレボスがアッカド語の *erebu*（日没）に由来する語であることはほぼ確実である。

この場合、メライナ／メラントはたんに「黒い」を意味するだけでなく、日が沈んだあとの西の方角と夕暮れの暗さも意味するだろう。これによって、メライナ／メラントと、ボイオティア地方の伝説と祭儀で重要な役割を演ずるエウロペ——この名前は *ˆrb* に由来する——との結びつきが可能になるだろう(87)。夕暮れとの関連では、メライナ／メラントはふたりのエジプト／ギリシアの女神——Ḥrt Tmt／アルテミス（獰猛なライオンの姿をした日没の太陽の女神）あるいはネフティス／ペルセポネ（生と死の境や昼と夜の境の女神）——のうち一人とも結びつくだろう。前述したように、メライナ／メラントはデメテルと関連し、また、テルプサの神話にあるようにポセイドンのエリニュスの凌辱とも関連しているが、そうだとしても、後者のネフティス／ペルセポネと関連する関連する可能性のほうがずっと大きく、その関連はますます強いものになりうる。プルタルコスはその『エジプト神イシスとオシリスの伝説について』のなかで、オシリスとネフティスの密通を次のような寓話として記している。

「地の果てや山の縁、大地が海に接する所をエジプト人はネプテュス〔ネフティス〕と呼びます。ですからこのネプテュスのことをテレウテ（「果て」）ともいい、彼女はテュポンの妻だと彼らは申します。ナイル河が増水して氾濫し、ずっと果ての方に住んでいる人びとの所へ近づくと植物がぐんぐん生長してくる様を見て人々は、オシリスがネプテュスと交わった、と申します。」[88]。

前述したように、このテルプサの泉は古コパイス湖の水際から数メートルの崖下にある。古コパイス湖は古代のあいだの大半は、海抜九五メートルだったと思われる等高線からちょうど一キロメートル離れているところにあった[89]。泉はちょうど、プルタルコスがエジプトではネフティスの領域であると述べた氾濫原《げん》の縁《ふち》に位置していた。しかしエジプト神話とギリシアの神話には基本的な違いがある。エジプトではセトの妻、ネフティスは慈悲心あふれる洪水のオシリスに誘惑される話だが、ギリシアではペルセポネはハデスに力ずくで犯され、エリニュス（メライナ／メラント）はテルプサ／ティルプサで狂暴な水のシンボルであるポセイドンに辱められる話だからである。にもかかわらず、プルタルコスの寓話とボイオティアの神話との並行関係は驚くべきものである。

しかしこの並行関係が重要な意味をもったためには、あきらかに一致させるのが困難な二つの条件を一致させる必要がある。まず第一に、ポセイドンとセト、ペルセポネとネフティスの同一視が受け入れなければならない。古典時代とヘレニズム時代、彼らの同一視は公式には受けいれられていなかったが、私は本書の続巻でその結びつきを論証するつもりである。第二に、見たところエジプトの物語はたいへん古いと思われるが、もしそうであるとすれば、これは初めから寓話であったにちがいないし、あるいは、プルタルコスに先立つ一千年紀以上にわたって、寓話的意味を持ちつづけていたにちがいない。これを受けいれることも見かけほど困難ではない。これには多くの実例があり、最も顕著な例はプルタルコスがオシリスをめぐる神話を語っている例である。彼は一〇〇〇年以上さかのぼる伝承を記していると考えられる[90]。ネフティスとペルセポネ／エリニュスの同一視を認めるとすれば、ティルプサの神話とプルタルコスの寓話のあいだにみられる驚くべき並行関係について、これを「ギリシア的解釈」の一例であるとする主張は無視できる（ギリシアの文化にはエジプトと南西アジアから多くの借用があるという後世のギリシア人による誤った解釈を指して、アーリア人主義者の学者は「ギリシア的解釈」という用語で呼ぶ）。ボイオティア地方の祭儀が非常に古かったという理由からも無視できると同時に、古典時代とヘレニズム時代のギリシア人とエジプト人たちは、ポセイドンとセトの同一視をおおやけには認めることができなかったという理由からも無視できる。

アリオンとペガソス

多くの学者は注目していないが、魔法の馬アリオンの誕生譚と勇者ベレロポンとペガソスの物語はきわめてよく似ている(91)。神話では、天馬ペガソスは西ハイパーボレアあるいはリビアで、ポセイドンがメドゥサに孕ませて生まれたとされ、とりわけ泉と結びついている。英雄ベレロポンはこの天馬を手に入れて馴らし、ペガソスは主人を助けて怪物キマイラを退治した。その後、ベレロポンは厚かましくも天馬に乗ってオリュンポスに駆け上ろうとして地上にふり落とされ、ペガソスは天上にとどまって神々のしもべとなった。

マイケル・アストゥアによれば、ベレロポンという名前はセム語の*Baˆal-rå̉phôn（癒しの君主）に由来し、ペガソスの図像や神話のテーマと同じように、彼の先祖の多くが南西アジア系であることもあきらかである(92)。しかしアストゥアは、ペガソスの名前と起源については説明できないでいる。

少なくともヘシオドスの時代——私はこれを紀元前一〇世紀と考えている——以降、ペガソスという名前は *pēgē* あるいは *pāgā*（泉あるいは流れる水）と結びついていることが認められていた(93)。紀元前一世紀、ストラボンはヒッポクレネ Hippokrēnē（馬の泉）について、これはティルポッシオンとコパイス湖の南約一〇キロメートルにあるヘリコン山のペガソスの泉であると記している(94)。シャントレーヌはこの語源が不明であると認めているが、推論をすすめて、泉は冷たいという理由で、「固着、あるいは固定する」を意味し、まれに「凝結、あるいは凍結する」を意味する動詞、*pēgnymi* と *pēgē* が関連しているかもしれないと述べている。ところが、*pēgē* あるいはその動詞形の *pēgazō* には液体の噴出、液体の動き、涙などの意味があるので、これは奇妙な推論である。

pēgē とペガソスの語源についてはるかに妥当な説明は、次のエジプト語の語群に由来するという説明だろう。その語群というのは *pg3w*（洗濯用の広口容器）、*pg3*（開口部、たとえば谷に通じる開口部）、*pg3*（突発する、はじける）、*pgy*（傷口が開く）などであり、書くときはすべての語に決定詞すなわち、*psg* あるいは *pgs*（泡、または吐き出す）がついている——母メドゥサの切り落とされた首からペガソスがほとばしり出たことに注目すべきである。さらに、決定詞がついている地名には Pg3と Pgs があった。

エジプト語の **P3gh s*（ガゼル）、および *gs*（走る）と *gst*（速度）という語の組み合わせでペガソスという名前が作られたらしいが、これについては以下で示す(95)。

リビアとの関連と馬

以下では、ティルポッシアという名称が T3lbyw（リビア）に由来する可能性を論じよう。私がここで考察するのはリビアにおける馬と泉の結びつきであり、リビアという名称は、現代の国家のリビアと古代の「リビア」——マグレブ全域とサハラおよび、サハラ以南を含む地域——の両方を指す。エジプトの西にあるこの国は、こんにちと同じように古典古代の時代も砂漠で有名である。しかしこの地域は、馬と二輪戦車《チャリオット》とオアシスでも知られていた。そこに、紀元前第二千年紀中頃、新王国時代になって初めて、エジプト経由でロバと馬が持ち込まれたとおもわれる。紀元前一三世紀の第一九王朝になると、この地域でエジプト人が多数のロバや馬を捕獲していた(96)。古典時代には、リビアはすぐれて馬の国になっていた。ピンダロス〔紀元前五世紀頃のギリシアの詩人〕はリビアの東にあった町キュレネを「良馬」の町と呼び、三世紀の詩人カリマコスはそこが「最優秀馬の産地」であると記している(97)。しかし二〇世紀初め、オリック・ベイツは古代リビアについて次のように述べている。「馬とは言っても、ポニー同然に小さい馬だった。しかし強靱で、しなやかで、駿足で、イヌが主人に従うような優れた調教を受けていることが多かった」(98)。上述したように、イヌのアヌビスと馬のアリオンを同一視する立場から見ると、この指摘は興味深い。

　リビア人は馬の飼育に長けていたが、二輪戦車《チャリオット》の優秀な乗り手としての評判も高かった。紀元前一一七一年、ラメセス三世は彼らからほぼ一〇〇台の二輪戦車を捕獲したと述べた(99)。サハラのはるか南のニジェールでは、岩に数百台の二輪戦車を描いた絵——そのなかにはこの時期に描かれた絵もあった——が発見された(100)。古典時代には、北アフリカのほとんどすべての種族が戦争で二輪戦車を用いたと思われる(101)。ヘロドトスによれば、四頭立て戦車《クアドリガ》は、リビアからギリシアにもたらされた(102)。ホメロスも四頭立ての戦車が使われたことを記しているので、これは紀元前八〇〇年以前にあったにちがいないし、もっと以前からあったのかもしれない(103)。最も可能性が高い時期は紀元前一二世紀、リビアとギリシアが〈海の民〉として同盟関係にあった頃だろう。

　一方の馬と二輪戦車、他方の泉とオアシスの結びつきは、リビアの遊牧民の名前を見れば分かる。馬に乗り、あるいは二輪戦車を使って、内陸部から沿岸地域を侵略した最も有名な種族名のひとつはニグレタイ、すなわちニグレトであった。彼らの美しくあざやかな黒はラテン語の *niger* の語源となり、そこからポルトガル語、スペイン語、英語の「黒人《ニグロ》」に発展した。この種族の名前はセム語の語根 √(n)gr（砂に流れ込む水）に由来し、ガール、ゲール、ナガール、ニジェール、とりわけニジェール川というような地名の起源となった。ただし、ニジェール川が東の大西洋から砂漠に向かって流れ込むというのは説明に窮する(104)。

ノバタイ族

　セム語の語根 √nbṭ は、「ほとばしる水」あるいはオアシスを意味した。アラビアでは、砂漠とオアシスの民はナバトウ、ナバタイ、ナバテァンとも呼ばれていた。状況を複雑にしているのは、上エジプトの二つの町、オンボスとオンビとしても知られているエジプトの地名がNbtあるいはNbytだからである。砂漠の縁にある町オンボスは、しばしば「オンボスの神」、あるいはNbtyの神として知られているセト祭儀の最も重要な中心地であった[105]。こうして、砂漠の神セトおよび彼の民と動物はオアシスの民と堅く結ばれていた。したがって、このような民のうち、どの民が東サハラに住む遊牧民のノバタイの名前の起源になったかをあきらかにすることは不可能であり、それほど興味ある問題ではない。彼らの町はナイル川上流のヌビアにあり、ナバタあるいはナパタという名前で知られていた[106]。古代エジプトの地理学にくわしいアンリ・ゴーティエによると、プトレマイオス朝時代にTɜ n Nɜpytw（ナピトゥの土地）という地名があり、彼はその土地をリビアと考えていた。この民がリビア東部出身のノバタイかもしれないし、紀元二九四年にエジプト南部の国境を防衛するため、ローマ皇帝ディオクレティアヌスが協力を求めた人びとだったのかもしれない[107]。ノバタイをリビアの特定の種族と同一視しようとするさまざまな試みがなされてきたが、満足すべきものはこれまで出ていない[108]。にもかかわらずこのような言及は、「オアシスの住人」ノバタイについて、ヌビアやアラビアだけでなくリビアからの報告もあったということを論証するには十分である。

セトとポセイドン、Nbtyとネプトゥヌス

ヘロドトスによれば、四頭立て戦車《クアドリガ》ばかりでなくその保護神のポセイドンもリビアからギリシアにもたらされたという。「ポセイドンという名の神を知っていたのはリビア人だけであり、彼らは昔からこの神を尊崇している」[109]。アラン・ロイドはヘロドトスの『歴史　巻二』に申し分ない注釈をつけているが、この記述については一切述べていない。〈アーリア・モデル〉の枠のなかで研究しているロイドにとって、ポセイドンが「インド＝ヨーロッパ／ギリシアに起源があることは疑う余地はなく、この神がギリシアにもたらされた年代は少なくともアカイア文化期［後期青銅器時代］である」と彼は主張している[110]。私は『黒いアテナ　I』で、ポセイドンという名前がエジプト語＝セム語

の混種語 P3(w) Sidôn（シドンの神）からの派生語であるという仮説を述べた(11)。したがって、ポセイドンという名前はインド＝ヨーロッパ語とリビア語のいずれか一方である、というような主張は私には受け入れられない。前述したように、私はポセイドンをエジプトのセトに相当する神と見ている。セトは古典時代までは悪の典型と考えられた神であった。

以上のことから、ヘロドトスに情報を伝えたエジプト人がなぜギリシアの尊敬される神ポセイドンをかたくなに否定し、彼をエジプトの外にある荒野、すなわちリビアの神と考えていたのか、その理由が説明できるだろう。ひょっとすると、ヘロドトスはエジプト人のこの話を聞いていたので、ポセイドンをリビア、あるいはもっと西にあるトリトン川とトリトニス湖と結びつけたのかもしれない(12)。したがって、ポセイドンはオアシスの荒々しい住民たちの狩猟、馬、二輪戦車《チャリオット》との関連するばかりでなく、リビアの河川・湖沼などの水域とも関連すると思われる。

ここで、ポセイドンのラテン語名のネプトゥヌスについて考えてみなければならない。上述したように、セム語の√nbt はオアシスやオアシスの住民を表すのに用いられる語根であり、ナバタ、ナパタという地名や、古代後期にリビア東部に住んでいたノバタイ族という名前に使われた。しばらく話をこの語根に戻す。ローマ近郊にある町ネペテには川と泉があり、一八四〇年代に古代愛好家ジョージ・デニスはこの町について次のように書いている。

> カンパーニャ［ローマ周辺の平原］の広々した川をあとにした彼［旅行者］は樹木の茂る区域に入っていった。そこはイギリス人にとって、中部イタリアで数少ない故郷を想い出させる場所であった。一面が緑の芝生だった。……ヨーロッパ大陸では非常に珍しいことだが、イギリス公園の風景が生き生きと模倣されていた(13)。

実際、そこはオアシスであった。ローマの周辺には——ローマという名前そのものも含めて——、セム語にその語源があると思われる地名が多い。この問題については『黒いアテナ　Ⅲ』で論ずるつもりである。地名のネペテがセム語の語根の派生語であるという説は、語義上きわめて適切と思われるので、簡単に片づけることはできない。ネペテに西セム語の人名や種族名の接尾辞の-*ån* あるいは-*ôn* を付けて、ネプトゥヌスの語源となる語ができたと考えるのは妥当だろう——ネプトゥヌスはエジプト語の Nbty すなわち、セトの有力候補であった(14)。したがって、ネペテという地名があることによって、砂漠のオアシスと乾燥帯であるヨーロッパの水源とその周辺地域とのあいだに、いくつかの類似点を見た人がいるということが判る。このような背景を認めると、ポセイドンがティルプサの泉と関連することはまったく自然であると思われる。

ポセイドン、ティルプサおよびリビア

ティルプサ／テルプサ／テルプサ Tilphousa/Telphousa /Thelpousa という名前は一体どんな要素から構成されているのだろうか。ひとつには、基本的に「一対」あるいは「兄弟」を意味するデルプサとデルポスが結びついていると思われる。デルプサとデルポスについてはすでにふれたが、より詳しくは『第Ⅳ巻』で論ずる(15)。しかし私は、この語はエジプトの地名 T3lbyw（リビアの地）とエーゲ海地域の地名の接尾辞 -s(s)a とも関係があるという点を主張したい(16)。T3lbyw という語が Rb あるいは Libu すなわち、リビア人の異形であるということは実証されている。この名前そのものは紀元前一三世紀、ラメセス二世の治世以後にあらわれるが、当時、エジプト西方の遠隔地に住む種族を意味したと思われる(17)。〈海の民〉による侵略すなわち、北東と西からやってきた人びとによる侵略のあいだ、Libu は——エジプト人から見れば——西部砂漠の支配住民であった。

ホメロスの時代以来——あるいはそれより前の時代以来——、ギリシア人はリビアをナイル川以西のアフリカ全域を含む地域として理解していた。T3lbyw とボイオティア地方のテルプサに並行関係があるというためには、このこと

を忘れてはならない[118]。アフリカのこの地域の大部分は砂漠とオアシスであった。同じように、ボイオティア地方のテルプサには切り立った崖とそのすぐ下の「オアシス」に似た泉があり、泉からは――リビアにおけると同じように――トリトン川が流れ出し、湖に注ぎ込んでいた。エジプトのイシスの姉妹で子を生《な》さなかったネフティスは、ギリシアのエリニュス／ペルセポネすなわち、ギリシアのイシスであるデメテルの恐るべき姉妹に相当する女神であり、この女神たちと並行関係にある女神には、テルプサの、「リビアの」、という副名がついている[119]。前述したように、エリニュスにあたるメライナ／メラントがManwすなわち、エジプト語の「西方の山」と関連するとすれば、これもまたリビアとの結びつきを暗示するだろう[120]。さらに、アフリカのリビアはメライナ／メラントとデルポスの黒と並行関係もあるだろう[121]。こうしたことやポセイドン神話自体のリビアとの関連から、テルプサの語源をTslbyw と考えるのはきわめて妥当と思われる。

アルカディア地方のテルプサ

地理学的にみて、アルカディア地方のテルプサをリビアと同一視しようという主張ははっきりしている。アルカディア地方のテルプサはラドン川に面した場所にあり、山あいに発したラドン川は様ざまな水路を通って、小氾濫原《げん》の平原に流れ込んでいた。ラドン川という名前は、ボイオティア地方のテーバイを流れていたイスメノス川の別名であり、ペロポンネソス半島のアルカディア地方とエリス地方の二カ所にもラドン川という名前の川がある。アルカディア地方のラドン川は、アテナとポセイドンが共同して尊崇されていたペネオス湖をみなもとにする「泉」から流れ出ている。こうした泉や水路は地震により頻繁にせき止められ、水流が突然止まり、その後洪水を引きおこした[122]。こうしたことはすべて、地震の神ポセイドンのしわざと考えられたことはあきらかだろう。下流のテルプサでは、デメテル・エリニュスの陵辱と説明されたかもしれない。エリス地方のラドン川は、エリス地方のピュロスすなわち、「出入り口」でペネイオス川に流れ込んでいる。とりわけ、ペネウスの語源はエジプト語のP3Nw(y)（水あるいは洪水）である可能性が大きいので、ラドン川とペネイオス川という二つの名前の結びつきは二重に興味深い[123]。

アストゥアの指摘によれば、リビアのトリトン湖から遠くないところにラトンあるいはレトンという名前の川があり、彼はこれをウガリット語のドラゴンLtn、ヘブライ語のLiwyåtån（リヴァイアサン）――この海の怪獣は近代の学者からウガリット人の海神ヤムYam(m)と同一視されている――と結びつけている[124]。この語源論は、神話でヘラクレスが、おそらくはリビアで退治したとされるラドン――ヘスペリスの園の黄金のリンゴを守っていた大蛇の名前――によって強められる。ヘシオドス〔紀元前八世紀頃のギリシアの詩人〕によれば、この大蛇が川である可能性は大きい[125]。世界は内部に地獄をかかえながら、周囲を川／大蛇／ドラゴンにとり囲まれているという考え方は、紀元二、三世紀のエジプトのグノーシス派のテクスト、『ピスティス・ソフィア』に残っており、神話収集家ジョセフ・フォンテンローズがこれを昔のエジプト的概念とを結びつけているが、これは妥当と思われる[126]。この問題については第7章で、世界を取りまく大海としてのアトラス＝アトラントスと関連させてさらに詳しく論ずる。もちろん、巨人アトラスも大西洋《アトランティック・オーシャン》も、ヘラクレス、ヘスペリス、リビアと密接な関係があった[127]。

アポロニオス・ロディオス〔ロドス島のアポロニオス、紀元前三世紀から二世紀のギリシアの詩人〕の注釈者は、ラドンとはドラゴンのテュポンであり、テュポンはシリアのオロンテス川の泉で息絶えたと記している[128]。オロンテス川は地震により、川の流れとその方向を頻繁に変える川であった。ギリシア神話のテュポンは公式にはエジプトのセトにあたるが、これとの関連でアストゥアが指摘するように、ウガリットでセトとポセイドンに相当するYm(m)あるいはTpt Nhr（裁きの川）もドラゴンとして描かれている[129]。したがって、ギリシア、レヴァント、エジプトにおいては、ラドン／Ltnは川、ドラゴン、そして地殻変動の神と関連していた。

ネイト／アテナとネフティス／エリニュス

議論をボイオティア地方のラドン川からボイオティア地方の湖岸周辺に戻す。ボイオティア地方の湖岸周辺で、ポセイドンは未開墾の湿地の神でもあり、また泉の神でもあったが、このことは容易に理解できる。エリニュスもポセイドンと似たような守護神であるが、それはこの女神をペルセポネとセトの妻のネフティスと関連させることができるからである。同じように、水管理と土地改良の神としてのアテナは、まさに水管理と土地改良が進む場所にしかるべき位置を占めている。しかし、この二柱の女神、エリニュスとアテナの関係にはやや理解しにくい。

ひとつには、エリニュスとアテナがゴルゴンのメドゥサを通じて結ばれていたからである。前述したように、メドゥサはペルセポネ／ネフティスと、ついでに言えばリビアと緊密に結びついていた。しかし、アテナは怪物メドゥサの死とその首の切断に関わりながら、他方で、メドゥサの首のついた楯を手にすることでメドゥサと結びついていた。青銅器時代にさかのぼるこの関係については以下でも論ずるが、さらに詳しくは『第Ⅲ巻』で議論する。

アヌキス／オンカ

ネイト／アテナとネフティス／エリニュスという二柱の女神を結びつけるもうひとつの環がある。それがここでの私たちの関心であり、その環はオンカという名前である。アルカディア地方のテルプサにはデメテル・エリニュスの社《やしろ》があり、その場所がオンケイオンであった。オンケイオンという名の起こりはアポロ・オンカイオスの息子とされるオンコス王であった(130)。しかし、オンカ、アポロ・オンカイオス、オンコスといった語はオンケイオンという場所の名前に由来するのであって、その逆ではないと思われる。

オンカの語源はエジプトの女神アヌケトmkt であり、ヘレニズム時代のギリシア人にはアヌキスとして知られていた女神の名前に由来することはほぼ確実である。エジプト語とセム語の ^ayins は頻繁に後舌母音の *o* と *u* と結合した。たとえば、エジプト語ʿ3（偉大な）に由来するコプト語の接尾辞 *-o* や、エジプト語のアンク *ʿnḫ*（生命）にあたるコプト語の *ōnh* と *ōnḫ* を参照せよ。最後の *-t* はエジプト語では通常は脱落し、ギリシア語ではかならず脱落する。したがって、オンカをアヌケトの派生語とすることは、音声学上まったく問題はない。

アヌキスは、エジプト南部の辺境、ナイル川第一瀑布の早瀬に近いエレファンティネに祀られている神で、牡羊の頭をもつ創造神クヌムと関連する神であった。この女神はこの瀑布の周辺、とりわけサヘル、エレファンティネ、フィラエの島々と結びついていた[131]。ナイル川がエジプトにどっと流れ込む場所の女神として、彼女はナイル川の源流とナイル川の洪水にも関連していた──ヘロドトスによれば、ナイル川の源流はひとつと考えられることもあった。この女神の使いの動物はガゼル **P3 ghs* であり、これは前述したペガソスの語源のひとつと照らし合わせてみると興味深い。おそらくガゼルは、女神アヌキスの島々を流れ過ぎる急流の「速さ」*gst* と関連したのだろう。アヌキス像は非エジプト的で、ヌビアの髪飾りをつけていた[133]。彼女はネフティスとも緊密な関連があった。

したがって、オンカイオスは複数の要因から決定された名前であろう。ラドン川の速い流れが緩慢になって島々ができた場所にあるテルプサは、デメテル・エリニュスの中心的聖地であり、オンカイオスはこのような背景にあった。規模はずっと小さいが、ネフティスと関連する女神、アヌケトmkt 祭儀の中心はナイル川の瀑布にある島々であり、この背景にもオンカイオスは完全に一致するだろう。

ネイト／アテナとアヌキス／オンカ

オンカイオス祭儀よりもはるかによく知られていたのは、アテナ・オンカあるいはアテナ・オンガ祭儀であった。

伝説によれば、聖なる牝牛に導かれ、牝牛が休息したところにテーバイを建設したカドモスが、テーバイの中心のこの場所にアテナ・オンカ祭儀を確立したとされている。

ネイト／アテナとアヌキス／オンカの関連を認めるならば、ネイトとアヌキスをつなぐ環の発見が予想されるが、この二柱のエジプトの女神の関連についてはまだ実証されていない。しかし、プトレマイオス朝時代のエスナではネイトと牡羊の神クヌムは夫婦であり、同じ世界創造神として表されていたので、この環の存在は考えられないことではない。さらに、ネイトが神聖で創造的な牝牛アヘト 3h3t だったという面から見ると、彼女はクヌムの母と見なされていた。ネイトにかんする基本的著作を書いたラマダン・エル・サイエドは、ネイトとクヌムの関連はずっと古いものであると考えている(134)。

おそらくこのようなネイトとクヌムの関係がギリシアの祭儀に反映されたと思われる。クヌムは Nb Ḳbḥw（瀑布の君主）として広く知られていたが、ただ単に Ḳbḥ と言われることもあった(135)。次の章では、エジプト語の Ḳbḥ（ナイル川の瀑布、あるいは洞窟から湧き出す清水）という語がギリシア語の一般的な川の名前のケピソス Kēphis(s)os——この語は地下を流れる流水に関連する——の語源であることを論ずる(136)。ケピソスは神話の人物でもあり、それ自体でクヌムと関連すると私は考えている。たとえばアルゴスの地では、ポセイドンでなくヘラに領地を与えた裁判官の一人がケピソスであり、この神話はほかの場所で伝えられているポセイドンとアテナの抗争と非常によく似ている(137)。アルゴスの町にはケピソスの聖地があり、パウサニアスはそのそばにメドゥサの頭部があったと記している(138)。メドゥサとアテナの関係も、メドゥサとエリニュス／ペルセポネの関係も、前述した通りである。同じように上エジプトでも、ネフティスとの関連によって、ネイトばかりでなくアヌキスもまたクヌムの伴侶であった。したがって、クヌム／ケピソスを通じて、アヌキスとネイトのあいだにつながりがあったということは十分にあり得るだろう。

エスナのネイト大神殿に刻まれたローマ時代の碑文には、ネイトはアヘトであり、彼女は太陽をふたつの角のあいだに挟んでサイスに泳ぎつき、定住したと記されている。この碑文から、ネイトとアテナ・オンカの関連と、テーバイの建設をもたらした牝牛とアテナ・オンカを結ぶ伝承との関連が緊密になる[139]。このアヘトの物語はたいへん昔の話と思われる。前述したように、紀元前第三千年紀初期の『ピラミッド・テキスト』以降、ネイトはMḥt Wrt（大沼）の牝牛と同一視されていた[140]。最初期の王朝時代以来、ネイトが彼女の町サイス、つまりḤt Nt（ネイトの館）と同一視されていたことも知られている。中王国時代の『コフィン・テキスト』では、ネイトはレーの母とされていることが実証されている。こうしたことを考えあわせると、エスナの神殿に刻まれている後世の碑文が、はるか昔の物語を反映している可能性はきわめて大きい[141]。

マイケル・アストゥアは、聖書のなかにも牝牛のあとをついて行ってそこに町を建設するという話があり、おそらくこういう話はほかの西セム族の文化でも知られていただろうと述べている[142]。しかし、アヘトとしてのネイトの話およびサイスの建設者としての話と、牝牛について行ってそれが止まった場所で牝牛をアテナのいけにえに捧げ、テーバイ建設とアテナ・オンカ崇拝の両方の礎を築いたカドモスの話との並行関係は、聖書の話よりはるかに緊密である。さらに、アヘトはクヌムの母なので、アヘトとしての女神ネイトがクヌムに最も近い側面、したがってアヌキスに最も近い側面が、まさにエジプト神話の中心である。したがって、町の建国神話が生まれる前後の状況、とりわけテーバイの町を取り囲む地理的状況――以下を参照せよ――は、まさにネイト／アテナとアヌキス／オンカの融合が考えられる状況だろう。

パウサニアスはテーバイのアテナ・オンガ祭儀について次のように書いている。「このアテナはフェニキア語でオンガと呼ばれるが、エジプト語ではサイスとは呼ばれない。このことは、テーバイに来たカドモスはエジプト人であり、フェニキア人ではなかったと考えている人びとへの反駁になる」[143]。カドモスの出自についてはエジプト人かフェニキア人かで混乱があり、この問題については第7章で論ずる。ここでは、パウサニアスがアテナとサイスのあいだに緊密な結びつきがあったと考えているのは正しいし、アテナ・オンカについての彼の困惑も間違っていなかった、ということを指摘しておきたい。アテナ・オンカという名前はこの女神の標準的な名前ではなく、この女神とアヌキスが融合した名前である。オンカがエジプト語かフェニキア語か、パウサニアスは確信がなかったが、それには十分な理由があった。

最も妥当な説明は、アヌキスのエジプト語名のアヌケトꞽnḳtが動詞ꞽnk（取りまく）に由来するという説明である。これによって、小さい流れが女神の島々を取りまいていることが説明できるだろう。しかし、川の急流は首飾りのようなかたちになると考えるか、あるいは、奔流に点在する島々を宝石の連なりと考えるなら、アヌキスという名前とセム語の語根√ʿnq（首飾り）の並行関係のほうがずっと妥当性が大きい。こじつけと考えられかねないが、そうとは思えない要因が二つある。第一は、テーバイの町がテーバイ平原の急斜面にあったという地理的状況であり、テーバイ平原には崖の下でひとつに合流する二、三の川や小川が流れていた(144)。したがって、テーバイのあった場所は、エジプト語の島々をꞽnḳt（取りまく）という状況と、セム語のʿnq（首飾り）という状況のいずれにも似ていた。第二に、カドモスの妻の名前は「つなぎ合わせる」を意味するハルモニアであり、二人の豪華な結婚式の贈りものが有名なホルモン *hormon*（首飾り）であったという事実は、実際古代には、テーバイの地形がこのようにみられていたということを示している(145)。

エウリピデスの劇『フェニキアの女たち』のなかに、こうした関連のすべてを見てとることができる。テーバイの陥落では、フェニキアの女たちのコロスが、テーバイはフェニキア人によっていしずえを築かれた町だったと次のように歌っている。

また、ハルモニアーの婚礼には、天に座を占める

神々も降りて来て席につき、祝福を与え給うた。また、テーバイの城壁
と塔とは、
アムピーオーンの奏でる竪琴の音に魅せられて、
ふたつの流れの間に、すなわち、ディルケーの泉からの流れが、
流れの先にイスメーノス川を見ながら、
大地を潤し、緑の野を養っていたあたりに自らを積み上げたというでは
ありませんか[146]。

繰り返し〈糸状のひも〉が歌われていることに注目してほしい。（ハルモニアもホルモン *hormon* も、セム語の語根√hrm に由来することは『第Ⅲ巻』で論ずる。）

もちろん、ハルモニアにはほかにも多くの神話的属性があった。たとえばアストゥアは、彼女が「館の貴婦人、あるいは宮殿の貴婦人」という尊称をもつシュメール人とセム人の女神と結びつきがあると述べている[147]。このことは、「館の貴婦人」をも意味するネフティス、すなわち Nbt Ht とハルモニアが近い関係にあるということになる。したがって、ボイオティア地方のテーバイでのオンカ祭儀とハルモニア祭儀との関連は、エジプトでのアヌキスとネフティスの同一視と符合する。ハルモニアについてはこのほかにも、彼女とその夫カドモスはのちに蛇に姿を変え、ヘスペリスの園で暮らしたという物語がある。この神話にもまた多くの側面がある。（ヘスペリスの園にも住む）一連の「首飾り」のようなイスメニオス／ラドン川と同じく、ハルモニアもすでに蛇だった、というのもそのひとつと思われる[148]。にもかかわらず、私がここで強調したいのは、ハルモニアが「首飾り」という彼女の名前によって rnkt や、rnq およびオンカと近い関係にある、という点である。

前述したように、rnḳt の語源は動詞 *inḳ* に由来するという説明が最も妥当だろう。*inḳ* という語と決定詞によって、エジプト語にも「首飾り」を意味する**rnḳ* という語があったという可能性が出てくる。しかし、ボイオティア地方にはほかにも多くのセム語の名前が存在しているので、このような名前はセム語起源であると実証される可能性のほうがずっと大きい。したがって、オンカという名前の起源について、パウサニアスがエジプト語かフェニキア語か迷ったのは、そもそも祭儀が始まった初めから、二つの言語が併存していたことを反映していると思われる。

アテナ・オンカとアテナ・アラルコメナ

おそらくこのパターンと関連するもう一つのエジプト語の語根は、音声学的に*rnḳ* に近い*rrḳ* である。オンカと似た母音の発音のギリシア語はエジプト語の*rrḳ*（誓う、誓い）に由来するホルコス *horkos*（誓い）であり、コプト語は *ōrk* だろう[149]。*rrḳ* の基本的意味は、決定詞の〈麻の帯〉にみられるように「縛る」を意味し、*rnḳ*（取りまく、首飾り）と同類語である。しかし、エジプト語の*rrḳ* がコプト語に変わる場合、必ず *ōrk* という語になるわけではない。ファイユーム方言〔コプト語の方言〕では、rrḳ（誓い）は ōlk になる。この語の関連形に*rrky*（晦日）、*rrky rnpt*（大晦日）があり、これは一般に使われていた。おそらく、一年は小さな円環であるという意識から生まれた語だろう。

エジプト人たちは、四種類とはいわないが三種類の暦を使っていた。そのうち、前述した神話にとって主要な暦は、こんにち「政暦」として知られる暦であった。この暦は一年を一カ月三〇日の一二カ月に分割し、そこに「エパゴメンタル日」、すなわち五日間を「追加する」暦であった。この暦の新年は、太陽が沈むのとほぼ同じころ、天にオオイヌ座のシリウスが姿をあらわす現在の七月なかごろであり、シリウスはナイル川の洪水が始まるしるしであった。少なくとも第一八王朝まで、洪水が初めて起きる月の最初の日に、ナイル川瀑布の神で創造神クヌムの祭礼がおこなわれていた[150]。したがって、*rrky rnpt* は彼の伴侶のアヌケト*rnkt*／アヌキスと結びついており、アヌケト*rnkt*／アヌキスはナイル川の洪水と考えられ、この女神は少なくとも後世にはソプデト／ソティス、シリウスの女神と同一視されていた(151)。

rrḳy はコプト語で**ōrk* あるいは**ōlk* と書いたが、それぱかりでなく *alke* というようにも書いた。

ということで、問題はふたたび、この語とアルクメネおよびアラルコメナとの関連に戻る。ここでは、単なる音声学上の並行関係だけではなく、暦との関連も重要である。*rrḳy rnpt* は五日間の〈エパゴメンタル日〉のうち、イシスとネフティスに捧げられた最後の一日を指すが、すでに述べたように、ボイオティア地方では、暦を調整するためのうるう月は〈アラルコメニオス〉と呼ばれていた。アラルコメナとアテナとの関係は以下の項で論ずるが、ここではただ、-mena と-mēnē がギリシア語の *mēnē*（「一月、二月などの」月）にあきらかに似ていると思われる点に注目しなければならない。シャハターは、暦で〈アラルコメニオス〉にあたる月をアテネでは〈アテナイオス〉と呼んでいたと主張しているが、これはまさしくアテナ・アラルコメナと合致する(152)。伝説では、ゼウスは一昼夜のサイクルを三昼夜に変えてアルクメネとたわむれ、息子のヘラクレスを身ごもらせたとされており、エジプトの*rrḳy rnpt* とボイオティア地方の〈アラルコメニオス〉はいずれも、暦の不確実性という点でこの伝説とほぼ一致している(153)。

したがって、似たような語根*rnk* と*rrk* のあいだの込み入ったことばの組み替えから、テーバイのアテナ・オンカ祭儀とアヌケト*rnkt*／アヌキスのあいだの（したがって、ネフティスとギリシアのネフティスにあたるエリニュスとペルセポネのあいだの）、さらには、アテナ・アラルコメナ祭儀とアルクメネ祭儀のあいだの、並行関係が見えてくるように思われる。しかし、このような関係が完成するには、アテナ・アラルコメナとアルクメネとの関係を確立しておかなければならない。

アテナ・アラルコメナとアルクメネ

アルクメネは重層的な名前と思われる。すなわち、この名前の基礎は語呂あわせであり、少なくとも、*Rḥt ỉmn（アムンの伴侶）と*rrky*（年の暮れ）というふたつの異なる起源があるようだ。

アテナはたびたび独身として描かれ、ポセイドンやヘパイトスのような競争相手がいる。ところがハリアルトスとおそらくコロネイアで、アテナ・イトニアがゼウスと夫婦だったことは興味深い（アテナ・イトニア祭儀とアテナ・アラルコメナ祭儀についてはすでに論じた）。ゼウスは、ゼウス・カライオスあるいはゼウス・ケライオス（角を生やした）として、ボイオティア地方全域で尊崇されていた。このことからシャハターは連想し、少なくとも紀元前五世紀初めのピンダロスの時代以来、テーバイで尊崇されていた雄羊の角をもったエジプトの神「アムン」がここで関連するのかもしれないと考えた[154]。しかし、研究者としての彼は〈アーリア・モデル〉の枠組みをはずれることなく、この考えを誤りであると思っている。他方、〈アーリア・モデル〉をとらない人びとは、この地におけるゼウスとアテナの合祀と、ゼウスの配偶者としてのアルクメネという事実を結びつけ、アテナ・アラルコメナの神殿からわずか七キロメートル離れたところにアルクメネの墓があるのは事実であり、ふたつの名前が似ているのは意味があり、たんなる偶然の一致ではないという可能性が高いと考えている。

『黒いアテナ　I』でふれたように、アラルコメナとアルクメネという名前はエジプト語の地名の接頭辞 **R-**（のなかへ入る）が共通しており、アラルコメナはアルクメネの派生語だという可能性がある[155]。エジプト語の接頭辞 **R-** は、ギリシア語では **La-** と転写でき、単一子音のまえに添頭字母音が来る可能性がある。これについてはすでに見てきた。さらに、**R-** の使用範囲は広いので、ただたんに「の領地」を意味することも多い[156]。この場合は「アルクメネの領地」となるだろう。後期青銅器時代、ボイオティア地方に多くのカナン語の影響が見られたとすれば、アラルコメナの語頭のA-は冠詞の *ha* に由来する可能性もある。これによって、たとえば、ロドス島の中央にある最高峰の山の名前アタビュリス山が、カナン語の*Hatabōr（中央の一番高い部分）から来た語であることがわかる(157)。他方、アラルコメナの語頭のA-はたんなる添頭字かもしれない。アラルコメナが「アルコメニアの領地」を意味するのなら、アテナ・アラルコメナはある意味で、アテナとアルクメネ――「アムンあるいはゼウスの配偶者」――が融合したのかもしれない。

ネイトとアムンのあいだにはいくつかの関連がある。前述したように、ネイトはときには *im* つまり太陽円盤と結びつけられた。彼女は太陽神レーの母とも見なされていたので、アムン＝レーの習合によってアムンとも結びつけられた。少なくとも第三〇王朝――紀元前四世紀――以降、ネイトはアムンのふたりの配偶者、アメネトと女神ムトと同一視されていた(158)。ネイトと女神ムトが古い時代から同一視されていたことについては以下で議論しよう。また、ネイトはとりわけ北部征服と関連するエジプトの戦士の神モンチュと関係があり、これも興味深い。エーゲ海地域とかかわった可能性があるファラオのメンチュホテプ二世については第4章で考察するが、第一一王朝の二つの興味深いレリーフに、モンチュとネイトがこのファラオを庇護している場面が刻まれている(159)。ネイトとモンチュ、そしておそらくネイトとアムンは、第一一王朝と第一二王朝のファラオたちの守護神であったと考えられる。こう考えると、アルクメネの結婚と、裁判官で立法者のラダマンテュスとのあいだに興味ある並行関係が生まれる。ラダマンテュスは、ギリシアにおけるモンチュ神にも、第一一王朝のファラオのメンチュホテプにも相当する人物であり、彼については第4章で論議する。そうすると、中王国のファラオに酷似するヘラクレスをアルクネメに産ませた、ゼウスとの興味深い並行関係も出てくる。

ヘラクレス

ヘラクレスの原型——シュメール起源とセム起源

ヘラクレスは複雑な逸話を豊富にもった神話上の人物である。幾筋にも絡み合っている逸話を解きほぐすのは容易な仕事ではない。ヴァルター・ブルケルトによって、ヘラクレスは（現在から）二〇〇〇〇年から一五〇〇〇年前にさかのぼる後期旧石器時代、強大な動物をしとめ、シャーマンとして死者の国を往来する偉大な狩人であったことが突きとめられている。より明確に言えば、紀元前第三千年紀、弓と棍棒でライオン、ドラゴン、猛禽等を退治するライオンの毛皮を着た英雄像が、シュメールやアッカドの印章に刻まれていると彼は指摘している(160)。注意深く名指しを避けているが、ブルケルトの念頭にあるのはシュメールの英雄ギルガメシュであることはあきらかであり、ほかの学者たちはその名前をあきらかにしている(161)。もともと、ギルガメシュは紀元前二六〇〇年ころウルクの町を支配していた。彼の死後数世紀たつうちに、彼のまわりに伝説が集積したことはあきらかである。しかし、紀元前二一〇〇年ころになって初めて、彼の偉業の最初のテクストが現れた。これは『ギルガメシュ叙事詩』として知られており、作られたのは紀元前第二千年紀の前半であったと思われる(162)。

ギルガメシュは戦争好きな支配者であった。彼は平穏な結婚生活を棄て、野生児のエンキドゥと一緒に遠くまで旅をし、怪物フワワと天の牡牛を退治した。エンキドゥの死後、黄泉の国に友を訪ねたギルガメシュは不死を求めて旅立った。神話学者によれば、この叙事詩もまたきわめて錯綜した物語と言える。歴史上の人物のギルガメシュ、世界中の物語に見られる民間伝承的テーマ、なかには天文学上・哲学上重要なものも含まれているかもしれない物語、そうしたものがこの叙事詩を作りあげた[163]。

ヘラクレス周辺のギリシア神話に、ギルガメシュ叙事詩はどのくらい影響を及ぼしているのだろうか。このシュメールの史詩が世界中の民間伝承的テーマのどこを利用したのかについて、答えることは当然不可能である。同じように、ギルガメシュとヘラクレスはいずれも、死ぬべき存在〔人間〕と不死の存在〔神〕の境目にいるにしても、この特徴はあまりに一般的すぎて、ふたりの英雄のあいだに特別な関係があるとは言えない。しかし、ギルガメシュもヘラクレスも、二輪戦車《チャリオット》に乗らないで歩く、剣よりも棍棒を使うなど、いくつか特定の類似点がある。このことは、ギリシアの英雄〔ヘラクレス〕の原型ができたのが紀元前一七五〇年より前であることを意味すると思われる。二輪戦車と剣が地中海地域に登場したのは紀元前一七五〇年であり、これはたちまち王と英雄のシンボルになった。同じように、ギルガメシュもヘラクレスも単独で行動するか、あるいはひとりの献身的な友か従者とふたり連れで行動し、その死は彼らに大きな動揺を与えた。

フェニキアの重要な神メルカルト、すなわち Mlk qrt（都市の王）は、フェニキアの都市テュロスの守護神であった。ギルガメシュとヘラクレスの橋渡しができるのはこの神かもしれない。ヘロドトスの詳細な記述も石碑に刻まれた碑文も、メルカルトをヘラクレスと同一視していることはあきらかである[164]。

テュロスのメルカルト祭儀がどのくらい古いものであったのか、これはわからない。ヘロドトスによれば、ヘラクレスの神殿はテュロスの町そのものと同じくらい古く、この町の創建は彼の時代の二三〇〇年前、すなわち紀元前二七〇〇年だったと考えられた。フランスのセム学者ルネ・デュサーが指摘したように、これはメルカルトの原型になった神々のひとり、バアル（ハダド）を指しているのかもしれないが、このメルカルトはその後、多くの神々が融合して生まれた神である[165]。現代では、大多数の学者がメルカルト尊崇はもっと新しい時代だったと主張している。最も極端な説を唱える学者は、メルカルト尊崇が立証されている最古の碑文は紀元前一〇世紀であり、メルカルト祭儀はこの町のもっと古い崇拝信仰に取って代わったと示唆している[166]。メルカルトは、メソポタミアの神ネルガルや、後述する西セムの疫病の神レシェフをふくむ多くの神々と同一視されており、このこともほぼまちがいない[167]。

ヘラクレスという名前は、この半神の原型が近東にあったことを暗示しているように思われる。古代の通説では、ヘラクレスは「ヘラの誉れ」を意味すると理解されていた。ともあれ、ヘラクレスという名前の最後の音節をクレオス *kleos*（有名な）であると考えてその語源を探ると、最初の部分はヘラ **Hēra-**と関係する語になるだろう——ヘラ **Hēra-**は女神ヘラの名前と、おそらく「ヒーロー」〔半神、英雄、勇士〕という語のなかにも見いだされる。通常インド＝ヨーロッパ語では、ヘラ **Hera-**は語根の****ser***（仕える、あるいは保護する）から来た語とされる。このインド＝ヨーロッパ語源説に、ミュケナイ文化期ギリシアの専門家ジョン・チャドウィックは反対であった。その根拠は、この女神〔ヘラ〕の名前は線文字Bの **Era** に由来し、**Era** には復元語の***herwa** の *w* が脱落しているので、*w* が必要である、というものであった[168]。この批判が適切かどうかはともかく、ヘラクレスのいくつかの特徴から、ヘラと *hero* の語源を西セム語の語根に求めるほうがよいと思われる。この西セム語の語根は三つあり、そのすべての基礎は、子音√ḥrr のパロノメイジアすなわち、ことばのもじりから成っている。

セム語の第一の語根は、ヘラクレス、ヘラ、ヒーローの中心的性格を表す語根、√ḥrr（高貴な、自由な）である。ヘブライ語の *Ḥor* は「自由の身に生まれた」あるいは「高貴な」を意味し、ウガリット語には **Ḥrr** という名前がある。この語根は紀元二〇世紀の現在も、ベン・ハー〔L・ウォーラスの同名の小説の主人公の名前で、映画化された〕という名前や、アラビア語起源のスワヒリ語 *uhuru*（自由）のなかに生きている。しかし、線文字Bの **Era** が示しているように、**Hēra** という語のなかの **ē** は、西セム語からの復元母音 ***a*** の転化ではなく、第一次語の *ē* であるという発音上の問題がある[169]。

√ḥrr の第二の意味は「焦がす、あるいは焼く」である。アッカド人の神エッラ **Erra**（焦がす者）の名前はこれに由来する。エッラは紀元前第三千年紀のサルゴン時代には知られていたが、彼にまつわる叙事詩が作られたのは紀元前第一千年紀初期、メソポタミアがとりわけ厳しい時代だったと思われる。エッラすなわち「焦土」は、凶暴で残忍だが勇ましい戦士であり、得意とするのは荒廃と灼熱の日照りによる飢饉であった。彼は多くの点で、大いに恐れられた疫病の神、ネルガルと同一視されている(70)。ここにギリシアのヘラクレスの「狂気」と破壊的衝動の根源があると思われる。これはまた、とりわけフェニキアのヘラクレス祭儀に見られるこの英雄と火の密接な関係にも関係するだろう。音声学的関係は *ḥor* よりもずっと深い。エッラは語根√ḥrr に由来する語で、アッカド語では最初の *ḥ* が脱落するが、西セム語では脱落しないで残っただろうことは疑いない。しかし、西セム語の場合、*r* がふたつ重なることはない。したがって、エッラに相当する西セム語は*Ḥera だったであろう。ただし、*e* の性格についてははっきりしない。

第三のセム語の語根は√ḥrr——語源的には√ḫrr——であり、「穴をあける」を意味する。√ḥrr（高貴な、自由な）と同じように、発音するときはヘブライ語の後舌母音 *o* と *u* を加える。この語根のもつ意味の広がりは、トンネルの掘削や灌漑を整備するヘラクレスの側面を反映しているように思われる。しかし後述するように、このような彼の側面には、これ以外の語源も考えられるかもしれない。

さらに、ヘラクレスの語源はエジプト語の Ḥr すなわち、ホルスに求めることができる。Ḥr の語は復元すれば*Ḥāruw であり、獰猛なハヤブサと太陽神の両方を指すこの名称は、ファラオの名前〔ホルス名〕としても用いられた。この問題についてはあとで議論する。

錯綜し直接的な立証も不足しているが、西セム語の (Ḥ)era はあきらかにヘラクレスやメルカルトのような勇士を指す語であった。その最も強力な証拠はアブデラ〔ギリシア北東部のトラキアの古都〕という都市の名前である。アブデラの語源が西セム語の*ʿabdera（エラの僕《しもべ》）である可能性は大きい。人の称号が地名に発展するのは稀だが、ないわけではない。その例は、神託で有名なカリア地方〔エーゲ海に面した小アジア南西部地域〕沿岸の都市ディディマである。この地名はディダイマイオス（双子）——アポロの称号——に由来する。デルポイとデロス島の語源はデルポス

Delphos——これもまた「双子」という意味で、アポロのエピクレシス〔異名〕として用いられる——であり、これについては『第Ⅲ巻』で議論する。

アブデラの場合、この名前をもつ都市とヘラクレスのあいだには疑う余地のない関連が存在している。伝説によれば、トラキアのアブデラはヘラクレスのお気に入りの従者だったアブデロスが殺されて埋葬された場所であり、トラキアのアブデラと南東スペインのアブデラのいずれにおいても、ヘラクレスはその名の由来となった神とされていた。あきらかにセム語系の接頭辞**Abd-**を無視するにしても、この語はギリシア語からは説明できない。なぜなら、トラキアのアブデラはギリシア語圏になる以前——しかもかなり昔——、フェニキアと深い関係があった地域であったのみならず、スペインのアブデラはフェニキア人集団が植民したイベリア半島の南東部海岸の中心地でもあったからである[171]。

ヘラクレスの原型——エジプト起源

ヘロドトスはヘラクレスの「名前」の起源はエジプトであると明言しているため、セム語起源説を強く主張すると少々厄介である[172]。アラン・ロイドは、他の学者たちのこれまでの議論と同じように、ヘロドトスが「名前」と記したとき、名前でなく「概念」を意味したのだと示唆している。ロイドは、『歴史』のほかの箇所と同じようにこの箇所についても、ヘロドトスがギリシア的解釈という迷妄——ギリシアの歴史家たちはエジプトの神々がギリシア名で呼ばれていたと本当に信じていたという迷妄——の犠牲になっていると考えている[173]。いまではあきらかになっているが、私はギリシア的解釈が迷妄であるとは思わない。アポロ、アテナその他のギリシアの神々の多くの名前がエジプト語であり、ヘロドトスが「名前」という場合、普通は名前を意味していると考えている。しかし、この〔ヘラクレスの〕場合、はっきりした証拠がないので、ヘロドトスが言及しているのはヘラクレスという概念にすぎないと主張している慎重な学者たちが正しいのかもしれない。

しかし、ヘロドトスに情報を提供した人びとの念頭にひとつの名前があった可能性はある。それはḤr k3だったかもしれない。Ḥr k3という名前の語形が初めて実証されるのは紀元前二世紀のプトレマイオス四世時代であり、大抵の場合Ḥk3（魔術）と表記された⒄。Ḥk3つまりHekaは、複雑なエジプト宗教世界のなかでも、とりわけおぼろげでつかみどころのない神である。この神は基本的に魔術の化身であり、エジプト宗教の専門家ヘルマン・テ・ヴェルデの言葉によれば、この神は「魔術的パワー、神的で創造的エネルギー、人間的創造性、生き生きした活力、摩訶不思議な効験」をもっている⒅。しかし、このようなあまりに曖昧な特徴では、この神とヘラクレスを結びつけることはできない。さらに音声学上の大きな問題として、紀元前第一千年紀末期までには、Ḥr k3の発音はḤk3と同じであり、おそらくはHikだったという問題がある。実際、Ḥk3の発音とḤr k3の発音は同一なので、Ḥr k3と表記されたと思われる。したがって、rと3を流音とみるならば、古風な読みを求められるだろう。

しかし、両者は関係がなかったと片づける前に、関係があったという説に有利な一、二の点を考察しなければならない。まず第一に、Ḥk3は混沌を表象する蛇体の怪物、アポピスを退治したと考えられていた⒆。第二に、のちのプトレマイオス朝時代には、歩くライオンの姿をした「剛勇の勇士で、ネイトの息子」として知られた神、トゥトゥとḤ(r)k3とのあいだに密接な関係も存在していた。このようにトゥトゥは、まぎれもなくライオンのように勇壮な、アルクメネ／アテナ・アラルコメナの息子ヘラクレスに似ていた。トゥトゥ尊崇が盛んだった紀元一、二世紀はヘラクレス祭儀が最高潮だった時期とも重なっていた⒇。Ḥ(r)k3とトゥトゥはいずれも、大空の神のシュー〔太陽神レーの子〕が姿を変えて顕れたものと考えられており、シューとヘラクレスとのあいだには確実に関係があった。この点については後述する。第三に、エスナにあるプトレマイオス王朝時代とローマ時代のネイトとクヌム〔雄羊の頭をした創造神〕の神殿には、神の子どもの姿をしたḤ(r)k3がまつられており、母親はネイトであった。ヘラクレスには子どもの頃の彼にまつわる神話があるので、これは間違いなく大きな意味がある。さらに、このことによって Ḥ(r)k3と幼いホルス——Ḥr p ẖrd「子どものホルス」（ギリシア語ではハルポクラテス）——が結びつく(178)。ヘラクレスとハルポクラテスが古代後期に混同されていたことは、紀元前三世紀の初期のアレキサンドリアの図書館で、テーバイ王の年代記を編集したエラトステネスの記述からあきらかである。エラトステネスはファラオのセンフルクラテスについて「ヘラクレス・ハルポクラテス」として記述している(179)。

では、以上のことからどういうことが分かるだろうか。ヘラクレスの名前はエジプト起源であるとヘロドトスに伝えた人びとおよび、伝えられたことを書きのこしたヘロドトスの念頭にḤ(r)k3があった可能性は大きい。しかし、可能性があるだけで、実際にヘラクレスの名前がḤrk3に由来したということはほとんどありえない。ヘラクレスの-klēsは「誉れ」を意味し、固有名詞に用いられる頻度の高いギリシア語の接尾辞にすぎないと考えた方がはるかに妥当だろう。しかしヘラクレスという名前は、Hera および「ヒーロー」hero という語と同じように、セム語の語根 √ḥrr——とりわけ √ḥrr（高貴な、自由な）から——の影響があったと思われるが、ホルス、すなわち*Ḥāruw に由来する語だと思われる。しかしここには、線文字BのEraに示されるように、Hera の ē は古代ギリシア全域に見いだされる字であって、ギリシア東部方言に見られるような、*a* が *ē* に変化した結果ではないという音声学上の問題がある。にもかかわらず、語に意味上の並行関係があるというのは印象的である。まず第一に、ヘラクレスとホルス／アポロには太陽と半神に関係するという類似点がある。とりわけ、ヘラクレスとギリシアの半神は似ており、他方、ヘラクレスとエジプト中王国のファラオは似ている。ファラオの称号はいつも、公式にはḤr および、いわゆるホルス名から始まっている。

ハトシェプスト女王は第一八王朝のファラオであり、ヘラ Hera との関連で言えば、彼女がとりわけ Ḥrt nt ḏrm（「純金の女ホルス」）と自称したことも注目すべきであり、興味深い(180)。

ヘラクレスという名前にこのようないくつかの側面があったとすれば、ギリシア神話に登場するヘラクレスが幼児期をシリアやメソポタミアで過ごさなかったことは意外ではない。しかし、彼はエジプトと多くの接点があると考えられていた。

ヘラクレスは複数の人物の混合体であったと近代の学者は見ている。この点、ヘラクレスと呼ばれる異なった多くの人物がいたと頻繁に主張していた古代の著作家たちもまったく同じだった。ヘロドトスは、〈神〉のヘラクレスと〈ヒーロー〔半神〕〉のヘラクレスを区別し、太古の昔のジプトのヘラクレス、フェニキアの植民地タソス〔エーゲ海北部の島〕で尊崇されていたフェニキアのヘラクレスと、ギリシアのテーバイのヘラクレスを区別した(181)。紀元前一世紀の歴史家ディオドロス・シケリオテスは、三種類のヘラクレスがいたと考えていた。まず第一に、エジプトのテーバイで生まれ、全世界を征服したヘラクレス、第二に、オリュンピア競技祭を創設したクレタ島のヘラクレス、第三に、トロイア戦争の直前に生まれたアルクメネとゼウスの息子のヘラクレスであった(182)。キケロは六種類のヘラクレス〔ラテン語の Herculeses〕を区別していた。第二種類のヘラクレスはエジプトのヘラクレス、第四種類のヘラクレスはテュロスのヘラクレス、第六種類のヘラクレスがギリシアのヘラクレスであった(183)。

ヘラクレス、ヘリシェフおよびレシェフ

最古ではないにしても古いヘラクレスはエジプトの伝承のどこに見いだせるだろうか。これまでヘラクレスと同一視されていたのは、「自らの湖の上にいる者」を意味する雄羊神ヘリシェフ Hry š-f——ギリシア語名アルサペス——であった。この神の祭儀は、ナイル川デルタ地帯にあるヘラクレオポリス・パルヴァを中心に小規模に行われていたが、その後、ファイユームのヘラクレオポリス・マグナとして知られる町——エジプト名は Nn i-nsw (t)（王の子らの町）——が祭儀の中心地となった。アルサペスは、ヘラクレスと同じように王の子らと結びつき、アムンによく似た神と

も同一視され、その後、アムンと同化されることが多かった。しかし、彼はオシリスと同じように肥沃・多産の神でもあった。彼は肥沃・多産と関連があり、これを彼の名前とその中心的崇拝地の状況――ファイユームとナイル川デルタ地帯は湿地帯であり、そこでは干拓事業が行われていた――と考えあわせると、彼が灌漑と排水に関係していたことがわかる(184)。ヘラクレスのこの側面については後で議論する。

西セム語の **Ra-sa-ap** は、紀元前第三千年紀の中頃からエブラ〔シリア北西部のアレッポの近くにあった古代都市〕で崇拝されていた神で、これは立証されている。しかし、ヘリシェフの語源は、西セム語の戦争と疫病の神 **Rsp** すなわち、レシェフであると思われる(185)。しかし、ヘリシェフの語源となるような満足すべきセム語は存在しない(186)。ビュブロス〔レバノンのベイルートの北にある古代都市でフェニキア人の古い町〕にヘリシェフの神殿があったことは知られているし、そこやほかのところでこの神がレシェフと混同されていたことはほとんど間違いない(187)。カナン人の神のレシェフが新王国時代のエジプトで崇拝されていたのは事実である。しかし、だからといってこの事実は、ヘリシェフとレシェフの一体化を無効にするものではない。これと比較として、エジプトの女神 **W3ḏyt** が西セムの女神 **Qdšt** と同化され、エジプトでそのまま崇拝されたことについては『黒いアテナ Ⅳ』で論ずる。

実際に、エジプトでのレシェフ崇拝にはいくつかの興味深い特徴がある。まず第一に、彼を祀る谷がヘリシェフ崇拝の中心地であるヘラクレオポリス・マグナの真北に位置していると思われる。ペルシア時代〔ペルシアによるエジプト占領は紀元前五二五年〕のエジプトに、「**Nni-nsw** 王の息子のレシェフ」（ヘラクレオポリス・マグナ）と読むこともできるし、「レシェフの息子の **Nni-nsw** 王」とも読むこともできる碑文がある(188)。どちらの読み方にしても、レシェフとヘリシェフ――のちに当初の「自らの湖の上に」という意味は失われた――のあいだには、密接な関連があったと思われる(189)。

エジプトでは――少なくとも第一八王朝以来――、レシェフはファラオの戦いの神と見なされ、とりわけ弓術の神としてはモンチュと同一視されていた(190)。第4章で論ずるように、ラダマンテュス――彼をモンチュと同一視すべきだというのが私の主張である――は、ヘラクレスの継父にあたるという並行関係がある。ヘラクレスに戦いの技術を教えたのはラダマンテュスの分身、アンピトリュオンであり、アルクネの夫でもあった彼はテーバイに追放された(191)。

レシェフとヘラクレスのいずれも、アルサペスと同一視されることはあきらかである。そうだとすれば、レシェフとヘラクレスのあいだに密接な並行関係が存在するということにより、三者の関係は完全なものとなる。陸軍の将軍で古代史家だったイガエル・ヤディンは彼の死後出版された論文でのなかで、西セムのレシェフとギリシアのアポロはいずれも矢と疫病に関連することから同一視されることが多かったが、レシェフはネルガル〔バビロニア神話で、太陽の神、戦争と疫病の神〕ともヘラクレスとも同一視されていたことを論証した。レシェフに奉納されたライオンの頭部をもつリュトン〔底部が動物の頭をした角さかづき〕がウガリットで発見され、ヤディンはこれを利用して、レシェフとライオンの同一視という問題に決着をつけた。さらに彼は、これをヘラクレスとライオンとの関連に結びつけた。ヤディンは以前の著作のなかで、いずれも本質的には太陽とライオンに関係するヒーローのヘラクレスとサムソンを同一視した。サムソンの出自はイスラエルの一部族のダン族であり、ダン族はもとは〈海の民〉のひとつだったとヤディンは考えていたが、これは妥当だろう。

このように、エーゲ海地域のヘラクレスとカナン地域のレシェフのあいだには融合があるとヤディンは考えていた(192)。私は、両者の関連はこれよりずっと以前からあり、関係する人物群のなかの最古の人物はエジプトのヘリシェフだったと考えている。こうした神々には、太陽、放浪、好戦的な弓の使い手、ライオンとの強い結合関係、子どももしくは年若い青年というような特徴がある。こうした特徴によって彼らは、ギリシアのアポロに相当するエジプトの朝の太陽の神ホルス、つまりḤprr にきわめて近い存在とされる。したがって、たとえば、フイリスティア〔地中海東岸にあったペリシテ人の国〕の町アルスフ――この地名はレシェフあるいはヘリシェフに由来する――はギリシア語でアポロニアと呼ばれ、レシェフはキプロス島の碑文でアポロと同一視されている(193)。しかし、だからといってヘラクレスとレシェフの同一性が弱まることにはならない。

ヘラクレス、コンスおよびシュー

ゼーテからグウィン・グリフィス、ロイドまで、これまで多くの学者はヘラクレスをもう一人のエジプトの神、コンスと同一視してきた。コンスはテーバイで崇拝された三神の一人であり、母はムト、父はアムンであった。コンスという名前の由来は、動詞の *ḫns*（旅する）と思われる。これは旅するヒーローあるいは、ロイドの言う「天空を放浪する者」に合致するだろう(194)。しかしエジプト学者のジョルジュ・ポーゼナーは、王子と目《もく》されているコンスと *ḫns* とのパロノメイジア《ことばのもじり》、*ḫ-n-nsw（王の子）という語を復元し、これをヘラクレオポリス・マグナすなわち、Nni-nsw(t)（王の子らの町）と結びつけた。彼は、コンスが神々の王であるアムンと関連していたばかりではなく、地上の王とも関連していたと主張した(195)。これらの神々の多くは、アムンと同じようにテーバイを中心に崇拝されていた。多くの伝承で、ヘラクレスがギリシアのテーバイで生まれ育っていることは注目すべきであり、興味深い。

ゼーテ、グウィン・グリフィス、ロイドの指摘では、コンスは猛々しい戦士であり、大空の神のシューと密接に同一視された(196)。シューの獰猛さは激しく照りつける真昼の太陽と関連している。そうなると、√ḥrr（焦がす）や悪鬼／ヒーローのエッラとも対応する(197)。シューの主な役目は地を天から切り離し、天を支えることにあり、ここにはヘラクレスとアトラスの伝説との並行関係がある。伝説によれば、アトラスは初めはヘラクレスを欺いて天を支えさせたが、ヘラクレスはふたたびアトラスにその重荷を負わせたという。アトラスの名前がエジプト起源であることについては第5章で議論する(198)。

ヘラクレスとシューの同一視を強める話に、ヘラクレスとアンタイオスの闘いの話がある。エジプト伝説のシューと同じように、ヘラクレスは巨人アンタイオスを地面から離し、空中に持ち上げて退治した。アンタイオスには、彼がリビアに住み、ポセイドンの息子だったという伝承がある(199)。この話がエジプトで持つ意味は、エジプト学者ガーディナーによって確認されている。エジプトのアンタイオスに相当するのはrmtywyだが、ガーディナーはこれが形を変えたセトであること論証し、次のように述べている。

従来、エジプトの^Antyweyは、ギリシアでヘラクレスが退治したと考えられたリビアの巨人アンタイオスと同一視されてきたが、その唯一の根拠は、名前が同一であるということだった。前述のとおり、エジプトのセトはギリシアのテュポンと同一であるから、エジプトの伝説とギリシアの伝説はかつて想像されていたよりも多くの類似点をもつことが分かる(200)。

リビアとの同一視は、リビアとネプトゥヌス〔ローマ神話の海神でギリシア神話のポセイドンに当たる〕、ポセイドン、アンタイオス／^Antyweyとの関連に加えて、セトとポセイドンをさらに結びつける理由となる。ルネサンス期に、おそらくは古代から伝えられた「エジプト人ヘラクレス」とリビア王アンタイオスとの戦いについての伝承があったことは興味深い。マキアヴェリはこれを『ローマ史論』のなかで次のように述べている。

詩人たちの伝説によれば、リビア王アンタイオスはエジプト人のヘラクレスに攻められ、王国の領土内でヘラクレスを待ち受けたときは無敗だったが、ヘラクレスが彼を巧妙に領土の外に誘い出したので、アンタイオスは領土と生命を失ったという(201)。

リビアのアンタイオスにヘラクレスが勝利したということは、彼がホルスにも、エジプトのファラオにも、シューにも似ているということになる。しかしヘラクレスをシューと同一視する学者たちは、トゥトゥが、したがってḤr k3が、形を変えたシューだとは述べていない。したがって彼らの議論から、ヘラクレスの名前がḤr k3に由来する可能性が大きくなる。

さて、コンスの母、ムトについて考えよう。この女神が有名になったのは、カルナクに三人のファラオのための神殿が建てられた第一八王朝（紀元前一五〇三年頃—一四八三年頃）のハトシェプスト女王の治世だけであった。しかし、彼女の名前は中王国時代に現れていることが立証されている[202]。第二〇王朝（紀元前一一八四年頃—一〇八七年頃）には、ムトはネイトと結びつき、その後、二人が融合したことが立証されている[203]。ムトはネイトが新しく姿を変えた女神にすぎないのかどうかの問題は残るが、これは二人が青銅器時代末期に同一視できたことを示している。ここでふたたび、シュー、トゥトゥ、Ḥ(r)k3のすべてが、ネイトの息子と考えられていたことに注目しなければならない[204]。したがって、ネイトとムトが一致し、アテナ・アラルコメナとアルクメネが一致するという関係は、シューおよびḤ(r) k3とヘラクレスが一致する関係と見事に適合すると言えるだろう。

ヘラクレスとエジプト中王国のファラオたち

ギリシア人はヘラクレスをエジプト中王国（紀元前二一〇〇年頃—一八〇〇年頃）のファラオと考えていた。ここで、ヘラクレスのこの側面を考察しておかなければならない。後述するように、このギリシアの半神は灌漑事業をする点で古王国のファラオにも中王国のファラオにも似ていたが、とりわけ中王国のファラオに似ていた。一般に、ヘラクレスはギリシアのテーバイから来たと考えられていたが、もっと古くはエジプトから、はっきりいえば、エジプトのテーバイからきたと考えられていた[205]。シューと同じように、中王国のファラオたちはテーバイ州の出身だったことが知られていた。ギリシアの伝承によれば、第一二王朝のファラオたちは大征服者であり、彼らはリビア、エチオピア、スキタイ、カフカス地方のコルキスまで軍隊を動かしたと、ギリシア人は信じていた。

近代の学者によって、中王国時代におけるエジプトのヌビア征服が事実だったと認められ、なかにはシリア＝パレスチナ地方にまでエジプトの宗主権が及んでいたと考えている学者もいる。にもかかわらず彼らは、ヘロドトスとディオドロスがその征服はセソストリス——第一二王朝のファラオ、センウスレト一世——による征服だったと述べているのに、それが事実だった可能性について考えたがらない。しかし私は、第5章と第6章で、この征服の妥当性を詳細に論ずるつもりである。こうした議論を受け入れるなら、現実に行われたこのような征服は、神話上の人物ヘラクレスの、征服者としての側面をささえる根拠だったと考えるのはむずかしくない。征服とヘラクレスを結びつけるためには、ただ、南の〔エジプトによる〕征服が事実だったと認める必要があるにすぎない。もっとも、紀元前第二千年紀のギリシア人がそんな遠い土地の出来事を知るのは不可能だったという反論はあるだろう。しかし、結局、中王国による征服は、征服者ヘラクレスというイメージを喚起するほど十分に大きかったと思われる。

ヘラクレスやのちのギリシアの半神《ヒーロー》と同じように、第一二王朝のファラオは死ぬべき運命の人間と不死の神との境界線上にいる存在と考えられていた。ヘロドトスによれば、ひとりのヘラクレスは古いエジプトの神であり、もうひとりの半神《ヒーロー》ヘラクレスはずっと後世の人物であった(206)。ヘロドトスは『歴史』のほかの箇所で、エジプトでは半神を祀ることはないと述べている(207)。アラン・ロイドによれば、エジプト人が祀る神はただ、学者、賢者、卓越した能力をもつ魔術師のみであった。古代ギリシアと古代エジプトにみられるこのような態度の相違は、もちろん、それぞれの文化のエートスの相違を示している(208)。

ロイドはここでは熱心のあまり古代ギリシアと古代エジプトの区別がついていないように思われる。実際に、エジプト人が神として祀ったのは、完全に異なった種類の人びと、すなわちファラオであった。ファラオはギリシアの半神《ヒーロー》と同じように、王家の生まれであり、途方もなく勇敢な行為を行うと考えられていた。ファラオにたいするこのような崇敬は、第一一王朝と第一二王朝でとくに強かった。メンチュホテプ二世、アメネメス一世、同二世、センウスレト一世、同三世は、後世の世代からとりわけ神として崇拝され、その後も彼らへの祭儀は活発であった(209)。したがって、Hrで始まり、しばしばその名前を繰り返す称号をもつ神のファラオは、神と人間の混血であるヘラクレスと似ている。さらに、第一二王朝の絶頂期のファラオは、その後継者と共同統治するのがならわしであった。エジプトでは、半神《ヒーロー》である王家の子どもたちはコンス、アルサペス、ヘラクレスと関連し、この関連はヘラクレスにも他のギリシアの半神《ヒーロー》たちにもぴったり一致する。

ヘラクレスの腹違いの兄弟のディオニュソス〔彼も半神であり、父はゼウスで母はセメレであった〕は、征服するのに軍隊を使った(ディオニュソスの征服がセンウスレト一世の征服に由来したことは第4章で論ずる)。しかし、ヘラクレスは彼とは異なり、ギルガメシュと同じように、単独で行動するか、従者をひとり連れていると考えられている。このことは、ヘラクレスをエジプトのファラオと区別すると思われる。しかし、テクストに書かれている宣伝では――ファラオを描いた図像でこれはさらに著しい――、征服したのはファラオ自身であり、軍隊の援助はほとんどなかったと記されていた。

大型野獣をしとめる狩人としてのヘラクレスの役割についてはすでに述べた。これもまた、絵画やレリーフに描かれているファラオの壮大な狩猟の場面と比べることができる。ギリシアの著作家たちはセソストリスにすぐれた狩猟の才能があったことを書き留めていた(210)。

水利技術者としてのヘラクレス

ヘラクレスには水利技術者としての側面があり、これは彼の特徴から見てやや違和感がある。しかしこの側面は、エジプト中王国――と古王国――のファラオが行ったと伝えられている事業と興味深い並行関係もある。敵を倒し怪物を退治する半神《ヒーロー》の話はありふれているが、運河やトンネルを掘削する半神《ヒーロー》の話はかなり珍しい。ところが、ヘラクレスをめぐる神話に最も頻繁に登場するモチーフの一つが掘削の話である。

メソポタミアのある印章には、ヘラクレスに似た半神《ヒーロー》が七つの頭をもった怪物を退治している像が刻まれており、この像が紀元前第三千年紀にまで遡ることはあきらかである。これはウガリットの神話に出てくる七つの頭をもったドラゴンである**Ltn**（ラドン）退治と関連し、**Ltn**はあきらかにウガリット神話の海と川の神、ヤム**Yam**（**m**）と結びついている[211]。にもかかわらず、ヘラクレスの有名な一二の功業のうち、第二の功業のヒュドラ（水）〔九つの頭をもった蛇〕退治には、川の分流やいくつかの河口をせきとめる水利事業のイメージが浮かぶ[212]。ヘラクレスの第五の功業は、アルペイオスとペネイオスという川の水で、アウゲイアス〔ギリシアのエリスの王〕の不潔な牛舎を掃除することだった。有害な糞を垂れ流すステュムパリデス〔スチュムパリス湖の近くにいた人食い鳥〕をヘラクレスが退治する話は、悪臭ただよう沼沢地を干拓する話と結びつく。アウゲイアスの牛舎を掃除する話でもそうだが、この話でも川のひとつがペネイオスと呼ばれており、これは注目すべきことである。ペネイオスという名前がエジプト語の**P3 nw**（洪水）に由来することについては次章で議論しよう[213]。ヘラクレスの第一〇の功業はストリュモン川をせきとめ、自分の家畜を家に連れ帰ることであった。第一一の功業で、ヘラクレスが退治する怪物ラドンが川に関係していることはすでに議論した通りである。これは幼児のヘラクレスが二匹のヘビを絞め殺す話と関係があるのかもしれない。二匹のヘビはテーバイの貨幣に刻まれ、この町のシンボルになった。そして、二匹のヘビはテーバイの町を流れる二つの川――その一つがラドン川だった——を表象するのかもしれない(214)。これとは反対に、ヘラクレスがケピソス川の流れを変え、コパイス湖を氾濫させたとする強力な伝承もあった(215)。

このようなヘラクレスの側面が、ある意味で、セム語の語根√hrr ∧ √ḫrr（トンネルを掘削する）と関連する可能性については前述した。このことは、彼が「自らの湖の上にいる者」、すなわちヘリシェフ／アルサペスと同一視されていることにも結びつくだろう。とはいえ、やはり最もはっきりしているのは、ヘラクレスとエジプト中王国のファラオとの並行関係と思われる。

ヘロドトスによれば、エジプト王ミンはナイル川デルタ地帯の源に位置するメンフィスを洪水から防ぐため、堤防を築いた(216)。ヘロドトスは、第一二王朝の大征服者セソストリスは捕虜を使って、建設工事と灌漑工事を行ったとも記している(217)。また、モイリス王、つまり迷宮を建設した第一二王朝のアメンエムハト三世が灌漑工事に関わっていたことも、彼の記述は強く示唆している(218)。このようなヘロドトスの報告を敷衍したのはディオドロスであった。ディオドロスは、モイリスがどのようにファイユームを干拓し、それによってどのようにナイル川の高度と流量を管理したかを詳しく述べている(219)。彼は、町を洪水から守り、灌漑を改良したセソストリス——ディオドロスは彼をセソシスと呼んでいたが——の活動にもふれている(220)。

このように、水利技術者ヘラクレスというイメージと、古典時代のギリシア人たちが考えていた灌漑・干拓をする第一二王朝のファラオというイメージのあいだには驚くべき類似性がある。実際、エジプト人や古典時代のギリシア人が考えた神格化された人間〔ファラオ〕のイメージと、半神《ヒーロー》ヘラクレスのイメージのあいだ大きな並行関係があることは疑いない。この類似性を明確にしたのは、テーバイの第二六代の王と第三四代の王について、第二六代は「ヘラクレス・ハルポクラテスであるセンフィロクラテス」、第三四代は「シストシケルメス、剛勇のヘラクレス」と述べたエラトステネス〔紀元前二七六年頃—一九四年頃、ギリシアの天文学者・地理学者〕であった。第二六代のセンフィロクラテスが誰であるかをあきらかにするのは難しいが、この王はエジプト中王国のファラオのひとりだったと思われる。第三四代のセンフィロクラテスはアメネメス一世と二世に続いて述べられており、現代の学者たちは彼をセソストリス一世、三世、あるいはその両方だと考えているが、これは妥当だろう㉑。一九世紀のエジプト学者のライヒャルト・レプシウス〔一八一〇―八四年、探検隊を率いてエジプトにおもむき、多数の資料を収集して古代エジプト史の年代確定に貢献したドイツのエジプト学者〕は、セソストリスとヘラクレスの同一性を詳細に論じた論文のなかで、「古代の批評家の立場で言うと、両者〔ヘラクレスとセソストリス〕がいずれも伝説の上で結合し、このことは明白に認識され、指摘されていた」と述べている㉒。

ヘラクレスが登場した年代は、あきらかに、剣と二輪戦車《チャリオット》が登場する以前の時代にさかのぼるということを忘れてはならない。したがってヘラクレスは、二輪戦車が現実としても象徴としても使用された新王国時代（紀元前一五七五年―一一〇〇年）のファラオとは異なっていた。他方、第一一王朝と第一二王朝のファラオは、ライオンの毛皮を身に帯び（そして身に帯びた姿が誇示され）、棍棒を得意げに振りかざしていた㉓。中王国のファラオの神格化が行われたのは彼らの治世の最中か、その直後であった㉔。後世になってからの神格化ではなかった。したがってヘラクレスのこの特徴は、紀元前一一〇〇年以前の青銅器時代にできあがった神話の基本的特徴であった。第一二王朝のファラオは、テーバイ王家の神で、神としてのファラオの父、アムンにとりわけ保護されていたが、ゼウスの子のヘラクレスは、ギリシアのテーバイではとりわけ密接にアムンと同一視されていた。さらに、メンチュホテプと呼ばれる第一一王朝のファラオたちはモンチュ、すなわちMntwに捧げられたのにたいして、ある意味でヘラクレスは、ギリシアのモンチュに相当するラダマンテュスの息子であった。ラダマンテュスについては第4章で議論する。前述したようにアテナとアルクメネは同一視されるが、ギリシア神話のなかで、アテナがヘラクレスを頻繁に援助し支援していることは疑いない。同じように、ネイトはメンチュホテプ二世の守護神であったというあきらかな証拠があり、第一二王朝のファラオたちにとってこの女神はヘラクレスにとってのアテナと同じ働きをしていた。このことはほとんど疑う余地がない。

近代の学者たちは、ヘロドトスとディオドロスのセソストリスの征服に関する報告に嘲笑を浴びせてきているが、中王国の水利事業の成功についての彼らの記述は、テキストや考古学の証拠によって確認されている。ファイユーム湖の干拓事業は主として第一二王朝時代に行われたが、エジプトの灌漑は、紀元前三四〇〇年ころにエジプトを支配した古代エジプト最初の王メネスから始まるという伝承があり、この伝承は正確であると思われる。ダムによって水をせき止めることは古王国時代（紀元前三〇〇〇年—二五〇〇年）からあったという考古学的証拠もある[225]。セソストリスの原型と目されているセンウスレト一世—三世が運河を建設したという証拠は数多く発見されており、これはモイリスについても当てはまる[226]。モイリスという名前は二つの起源があったと思われる。第一は、ファイユームの入り口近くにある町の地名、**Mr wr**（大きな湖、あるいは大きな水路）を起源とする説。第二は、実際にファイユーム湖で灌漑事業をした、一般にはアメンエムハト三世として知られている第一二王朝のファラオの名前、ニマアトラー **Nemar rēr**を起源とする説である[227]。

したがって、神話に出てくるヘラクレス像の形成に、こうしたファラオたちの業績が重要な役割を演じたという考えを真剣に取り上げなければならない。

ヘラクレス——ボイオティア地方における中王国時代のファラオとして

ギリシア神話のヘラクレスは本質的にテーバイの半神《ヒーロー》であり、通常彼の生誕地と考えられたテーバイは、彼が若い頃に行った多くの偉業の舞台であった。ヘラクレスを祀る場所はボイオティア地方にも数カ所あった。ここで考察するのはエジプトとの関連、とりわけ中王国のファラオとの結びつきを示す祭儀の一部であり、この考察は役立つと思われる。

ボイオティア地方西部にある二つの町、テスピアイとティスベは非常によく似た名前で、いずれの町にも大きなヘラクレス祭儀があった。この指摘は妥当だろう[28]。町の名前は、両方ともフルリ人の嵐の神のテシュプに由来するとアストゥアが指摘しているが、この指摘は妥当だろう[28]。青銅器時代のボイオティア地方になぜフルリ人の影響があったのだろうか。まず第一に、ヒクソスについては後述するが、エーゲ海地域を植民地化したヒクソスの一部にフルリ人がいた可能性があったからである。第二に、青銅器時代末期にアナトリアの影響があったからである。こうした問題については第9章と第11章で議論する。

このように、フルリ人の影響とヘラクレス祭儀の間に独特の結びつきが見られることは、半神の妻のヘベ〔ゼウスとヘラの娘で青春の女神〕の名前が示している。数人の学者の論証によれば、ヘベという名前はたんなる「若さ」を意味しない。ドイツの言語学者パウル・クレッチマーは説得的な議論によって、この名前をヒプタ――この名前は『オルペウス賛歌』のなかに二箇所でてくる――と結びつけ、ヘベとヒプタはともにテシュプの妻でフルリ人の女神、ヘバトに由来することをあきらかにした[29]。ヘラクレスをテシュプと結ぶと、間違いなくアナトリアと南カフカスの方向になる。しかし、だからといって、この結びつきが中王国のファラオから遠く離れるわけではない。第6章と第11章で議論するように、センウスレト一世によるアナトリアと南カフカス征服の痕跡は、上エジプトの白冠をかぶったファラオの図像にも、「敵を懲らしめる神」、とりわけテシュプの図像にも残されている。

テスピアイでヘラクレスの聖域を見つけたパウサニアスは次のように記している。

この聖域ができた時期はアンピトリュオンの義理の息子のヘラクレスの時代よりも古く、これは[それ以前に]ヘラクレスと呼ばれた半神のための聖域……であった。私はこの古いヘラクレスの聖域をイオニアのエリュトライとテュロスでも見た(230)。

テュロスではヘラクレス／メルカルト祭儀が行われていたが、これについては前述した。パウサニアスによれば、エリュトライのヘラクレス像は「いわゆるアイギナ風の彫像、すなわち最も古いアテネ風の彫像とは似たところがない。これは純然たるエジプト風の彫像である」(231)。ティスベにある大きな堀は水を管理し、耕作地を提供していたが、これは注目に値する。

コロネイアでも、またテスピアイでもティスベでも、ヘラクレスはカロプスとして、またヘラクレス・カロプスとして知られ、もっと多くの場合はカロプス・ヘラクレスとして知られていた。カロプスという名前は「きらめく瞳の」を意味したと思われる。しかしこの名前は、ハリアルトスにある社《やしろ》に祀られている伝説上のアテナイ〔アテネ〕の建国者、ケクロプスと関係している可能性がある。ケクロプスについては『黒いアテナ　Ⅲ』で詳論する。ここでは、この名前がセンウスレト一世、二世、三世のプレノメンであるケペルカラー Ḫprk3 Rr、カーケペルラー Ḫrḫpr Rr、カーカウラー Ḫr k3wRr と関係していると述べるにとどめる。したがって、ボイオティア地方のヘラクレスがエジプト第一二王朝と関連する可能性はさらに大きくなる。

結　論

青銅器時代の間、ギリシアのボイオティア地方およびアルカディア地方と近東には長期的で緊密な結びつきがあったが、本章の関心はそれを示すほんのわずかな証拠にすぎない。本巻の後半では、コパイス、ケピソス、オルコメノス、ミニュアイ、テーバイそのものを含むボイオティア地方の重要な地名の語源は、エジプト語とセム語であったことを考察する。エジプト神話とギリシアの神話の登場人物、たとえば〈エジプトとボイオティア地方のスフィンクス〉、〈ホルス／Ḫprr とアポロの太陽崇拝〉、〈Tm とアルテミス〉、〈ギリシアのオイディプスとエジプトの K3 Mwt.f（彼の母の牡牛）〉のあいだには、同じように複雑で入り組んだ並行関係があり、この問題については『黒いアテナ　Ⅳ』で取り扱う。本章では、地下水路、灌漑、排水をめぐる並行関係だけを扱った。

すでに見たように、コパイス湖の湖岸地方とテーバイでは古くからアテナ祭儀が行われており、これはエジプトの湿地帯と干拓地の女神ネイトにまつわる神話と並行関係にあったと思われる。ギリシアでのアテナとポセイドンの争いと、エジプトとリビアでの耕地の開墾と未開墾のあいだには、類似性が見られるようである。テーバイのアテナ・オンカ祭儀は、エジプト神話のアヌキス通じて、〈ネイト／アテナ〉と〈ネフティス／ペルセポネ／エリニュス〉が融合することを示し、水の流量と水の管理が結びついていることを示している。〈rnḳt ／オンカ〉と〈rrḳ ／ *alke*〉のあいだには関係があると思われ、オンカとアルクメネという二つの名前は結びついていると思われる。イトニアとアラルコメナでのアテナ祭儀には関連があり、これによってアテナはアムン／ゼウスの妻でヘラクレスの母のアルクメネと同一視される。エジプトの女神ネイトは、第一一王朝のファラオのメンチュホテプ二世の母として描かれていた。テーバイの半神《ヒーロー》、ヘラクレスの人物像は多くの要素が複雑に絡みあって形成されているが、そのなかで、エジプト的要素はギリシア人の考えていたような最古の要素ではなかったが、基本的な要素であった。このこともまたあきらかである。一方に神のシューとヘリシェフ／アルサペスがおり、他方に中王国のファラオがいた。すでに見たように、水利技術者としてのヘラクレスの功績の大部分の背景にアルサペスとファラオがいる。

したがって、並行関係はヘレニズム時代のコパイス湖とエジプトのあいだに見られただけではない。エジプト神話とボイオティア地方のアテナ祭儀のあいだにも複雑な類似性があり、水利技術者としてのヘラクレスの伝説と、中王国のファラオによる排水・灌漑事業のイメージおよび現実とのあいだにも並行関係があった。全体として、古代ボイオテイア地方全体の水利用の工作物、とりわけコパイス湖とエジプトの水利用の工作物には何らかの結びつきがあったとする証拠は豊富だと思われる。

これまで議論した神話のなかには、青銅器時代末期と思われるものがあった。こうした神話についてホメロスとヘシオドスは、少なくとも紀元前一〇世紀には存在したと述べている。しかし彼らは別のところで、これらの神話が紀元前一七世紀より以前にさかのぼることはないと指摘している。これを最もあきらかに示す例は、馬に姿をかえたポセイドンとエリニュスが語られている神話である。前述したように、紀元前一七世紀以前の中東とエーゲ海地域に、馬はそれほどたくさんはいなかった。おそらく、これと同じことは、テルプサ Telphousa／テルプサ Thelpousa という名前と Tȝlbyw や、Rb およびリブ Libu という名前との関連についてもあてはまるだろう。少なくとも紀元前第三千年紀初め以来、エーゲ海地域の人びとはリビアを知っていたが、彼らは紀元前第二千年紀中頃になるまで、この国とこの国の馬を関連させていなかった。同じように、あきらかにフルリ語であるティスベ／テスピアイ、へべがギリシアに登場したのは、紀元前一八世紀末のヒクソスによる侵略以後であった。この問題については第9章で論ずる。また、オギュゴスをめぐる火の神話はおそらく、紀元前一六二八年のテラ島の噴火以後はじめて登場したようだ。

これからの本書の記述でその理由があきらかになるだろうが、私たちが探求しているのは遠い昔の神話と祭儀の痕跡である。本章から確実にいえることは、ヘラクレス、アルクメネ、ラダマンテュスをめぐる基本的な神話が紀元前第二千年紀の変わり目に生まれたということだけである。他方、ボイオチア地方の最も古いアテナとポセイドン崇拝は、それよりもずっと以前からあった。このように不確かな年代を確定するには、考古学から得られた証拠をみる必要がある。次章ではそれについて論じよう。

第3章

ボイオティア地方とペロポンネソス半島におけるエジプトの影響

紀元前第三千年紀II——考古学にみる証拠

私は前章でボイオティア地方の神話や伝説の複雑なもつれを解こうと試みた。ボイオティア地方の神話と伝説は、ギリシアの他の地域、とりわけペロポンネソス半島のアルカディア地方と密接な並行関係があると考えられていた。ボイオティア地方とアルカディア地方には似たような地名があり、かなりの数の排水計画の物的証拠が残っている点も似ており、そこにも並行関係があると考えることができる――灌漑用の工作物にはエジプトの水利工学の影響があったと考えられる場合が多い。

『黒いアテナ　I』では、エジプトとレヴァントがギリシアに影響を与えた決定的時期は紀元前第二千年紀であり、とりわけ紀元前一七三〇年から一六〇〇年の間であったことを私は論じた。そして、これはヒクソスがエーゲ海地域に植民し、「植民地」を建設した時期であったことを主張した。さらに調査をすすめると、これよりもずっと以前に重要な影響があったことが判明した。このような影響群のひとつは、紀元前第三千年紀の前半、すなわちギリシアの陶器年代区分でいう初期ヘラドス文化期にギリシア本土に伝えられたもので、当時、エジプトは古王国時代であった。その他の影響は主としてクレタ島に伝えられ、紀元前二一〇〇年から一八〇〇年のエジプト中王国時代、すなわちクレタ島の陶器年代区分でいうEMⅢ期―MMⅢ期に、クレタ島以外のエーゲ海地域にもその影響が広まった。最初の影響群を本章で考察し、その他の影響群については本書のあとの章で考察する。

ボイオティア地方で発見された灌漑用の工作物が青銅器時代にさかのぼることは疑いない。しかし、それが青銅器時代のどの時期に属するかについてはかなりの議論がある。灌漑工事がボイオィア地方で初期ヘラドス文化期に始まったことを示す証拠は増えている。それに比べて、アルカディア地方のダムの建設年代は不確実だが、おそらくボイオティア地方と同じように古い年代であろう。コパイス湖の北にあるオルコメノスでは、エジプト型の穀物倉庫だったと思われる建物が発見され、その時期は初期青銅器時代にさかのぼると思われる。ボイオティア地方の経済は、エジプトから大いに影響された灌漑に基礎をおく、高度な経済だったらしい。これはテーバイにある巨大な墳墓の存在がよく示している。この墳墓を発掘したテオドル・スピロプロスは、これを初期ヘラドス文化Ⅱ期にさかのぼる「ピラミッド」と考えている。

青銅器時代のピラミッドは、ペロポンネソス半島北東部のアルゴリス地方ではひとつも発見されていない。しかし、青銅器時代の巨大なダムに加えて、初期ヘラドス文化期にさかのぼる巨大なエジプト型の穀物倉庫がティリュンスの近くで発見されている。これらの遺跡や初期青銅器時代の建物のかなりの数の遺跡が、アルゴス湾の先端の町レルナから二〇キロメートル弱離れた場所にあるので、このアルゴリス地方にも、エジプトから大きな影響を受けた洗練された国家があったということを示している。ギリシア南部とギリシア中部の各地で、「瓦屋根の館」がいくつか発見されていることは、これらの地域にある程度の政治組織と、少なくとも社会的結合があったことを示している。

こうしたことを考えあわせると、祭儀・神話・地名・考古学から得られた証拠によって、青銅器時代のギリシアのボイオティア地方とその他の地域に、エジプトとレヴァントの大きな影響がみられたことがあきらかになる。こうした影響が、初期ヘラドス期だったことも事実上確実である。いくつかの伝説にみる証拠から、その影響が初期のエジプトやレヴァントの植民地化の結果であることを示すことはできる。しかし、この時期のエーゲ海地域の国家の一部に、エジプトのある種の宗主権は及んでいたかもしれないが、そのことを示すものはこの伝説にみる証拠以外ほとんど存在していない。したがって、近東とエーゲ海地域では、紀元前第三千年紀の初期青銅器時代の状況と紀元前第二千年紀の後期青銅器時代の状況に多くの並行関係があるが、エーゲ海地域がエジプトやレヴァントの支配者から直接的支配をうけていたことを示すものは、実質的には紀元前第二千年紀だけである。

スパルタの考古学——アルクメネの墳墓

紀元前第二千年紀と紀元前第三千年紀の考古学的証拠を検討するまえに、まず、古代考古学の発掘報告の記述から始めたい。

紀元二世紀、プルタルコスはその著作のなかで、四〇〇年以上も昔に発見されたと彼が述べているものについて言及し、次のように記している。すなわち、紀元前三八二年から三八〇年のあいだ、ボイオティア地方はスパルタによって占領され、その間、スパルタ王アゲシラオス二世は彼の兵士に命じて、コパイス湖南岸の都市ハリアルトス近郊にあったアルクメネの墳墓と考えられていたものを掘り返した。

> 墓のなかには、それほど大きくない青銅製の腕輪が一つと、石化して堅いかたまりになった土塊《つちくれ》の入っていた二つの陶器製の壺のほかには、石〔骸骨だったかもしれないと解釈する説もある〕が一つあるだけで、ほかの遺物はまったくなかった。しかし、墳墓の前に長文の碑文が刻まれた青銅製の銘板が埋まっていた。銘板は驚くほど古いために読むことはできなかったが、洗浄すると文字がはっきり現れてきた。文字は特異な異国の文字であり、筆跡はエジプト文字に酷似していた。そこでアゲシラオスは複製を作り、急いでエジプト王〔のファラオ、ネクタネボ Nḫt nbf すなわちネクタネビス（紀元前三七九年—三六三年）〕のもとに送った。……神の言葉を代弁する神官コヌピスに宛てたアゲシラオスからの長い文書を携えて、ひとりのスパルタ人がメンピス〔エジプトの都市〕にやってきた。このころコヌピスは、プラトン、ペラレトスのエロピオン、そしてかく言う私、シンミアースと多くの哲学論議を交わしていた。このスパルタ人はエジプト王からの命令を持っていた。命令には、コヌピ

スがこの碑文を解読できるのならば、それを翻訳し、ただちに王のところに届けるべし、と書かれていた。コヌピスは三日のあいだ閉じこもり、あらゆる種類の古文書の筆記文字を詳細に調べ、碑文を解読し、それを翻訳して王に書き送った。彼はその翻訳を私たちにも教えてくれた。彼によれば、碑文はムーサ〔文芸・芸術・学問などをつかさどる九人の女神〕に敬意を表して行われる競争を賞揚している。碑文の字体は、アンピトリュオンの〔義理の〕息子であるヘラクレスを教えた〔エジプトの〕プロテウス王の時代の字体である。神は碑文のなかで、どのような場合もつねに哲学を競争の場とすることにより、余暇と平安を享受せよ、武器を棄てよ、争いの当否はムーサと議論に訴えることで決着させよ、とギリシア人に勧告していた(1)。

この一節に何か意味があるとすれば、どう理解できるだろうか。当時、スパルタがボイオティア地方を支配し、スパルタ王アゲシラオス二世が軍隊を掌握していたことは間違いない。墳墓の発掘を命じたアゲシラオスの動機が何であったかは不明だが、一六年前の紀元前三九五年、王の庇護者で想い人の、粗暴で有名なスパルタの将軍リュサンドロス〔ペロポンネソス戦争でアテナイの艦隊を撃破した〕がハリアルトスで戦死したという事実と関連しているのかもしれない。『ギリシア案内記』の著者パウサニアスは、リュサンドロスの墓はハリアルトスの近くにあったと記している。しかし、現代の学者ピーター・レヴィは、リュサンドロスという名前は大昔の墳丘と結びつくようになったと主張している(2)。このような状況が何をあきらかにするのか分からないが、おそらく、アルクメネの墳墓の発掘は何らかの意味で、リュサンドロスという「半神」祭儀を通じて、スパルタの利害を促進することと結びついていたのだろう。とにかく、リュサンドロスとの結びつきは、プルタルコスが引用した一節の信憑性を高めている。

墳墓から発見された遺物が詳細に記述され、これといった特徴のない遺物だったことは、この発見の報告の妥当性を示しているように思われる。ここには、ヘビ、巨大な骨、すばらしい財宝というような話は出てこない。紀元前四世紀のギリシア人は――〈古代モデル〉を受け入れていたので――、古代の遺物や銘板はエジプト製だったと考えていたが、これは『黒いアテナ　I』を読んだ人なら驚くようなことではない。ボイオティア地方のアルクメネの墳墓の場合、とりわけその可能性があり、その理由については以下で論ずる。したがって、この発見について権威ある論文を書いた疑い深いJ・シュワルツでさえ、このプルタルコスの話を受け入れている(3)。

アゲシラオスが生涯にわたってエジプトと関わりがあったことも知られている。紀元前三九六年、ファラオのネフェリテスはアゲシラオス二世を援助し、ペルシア討伐のためにスパルタ遠征軍を送ろうとした彼に補給品を送った。そしてこのスパルタ王は活動的な長い生涯の終わりの紀元前三六〇年、ペルシアと戦うために傭兵隊を率いてエジプトに渡り、故国に帰還する途中亡くなった(4)。哲学者の伝記を書いたディオゲネス・ラエルティオスによれば、数学者で天文学者のクニドスのエウドクソス〔紀元前四世紀に天文学、哲学、倫理学などの分野で幅広く活躍し、とくにエジプトとギリシアの宗教の習合に関心を持っていた〕は「〔スパルタ王〕アゲシラオスから〔エジプト王〕ネクタネビスあての紹介状をたずさえて、医師のクリュシッポスとともにエジプトに赴いた。そしてネクタネビスは神官たちに会うよう推薦し彼に勧めた」(5)。エウドクソスとクリュシッポスは、紀元前三九〇年にスパルタの植民地となったカリア地方クニドスの出身であった。したがって、エウドクソスがアテナイ〔アテネ〕に滞在したのは事実であり、他方、スパルタからエジプトの新しい王に派遣された代表団に二人が入っていた可能性は大いにある。しかし、問題はその年代である。ディオゲネスによれば、エウドクソスのエジプト訪問は彼がアテナイに滞在した直後、すなわち彼が二三歳の時であったから、それは紀元前三八一年よりまえであったに違いない。やはり、このエウドクソスのエジプト訪問の年は代表派遣団がエジプトを訪問した年と十分に一致する。年代の食い違いは、彼の年齢が誤っているか、彼のアテナイ滞在とエジプト滞在のあいだの旅行が脱落しているか、どちらかで説明できるだろう。実のところ、アゲシラオスは治世の末期と同じように、初期の紀元前三七九年―三六三年にもNḫt nb.f ネクタネビスとの交流があったようである(6)。実際、とりわけ紀元前三七九年は重要な年である。この年、かつて反ペルシア軍を率いたキプロス島のサラミスの僭主エヴァゴラスはペルシアに降服した。同年、ネクタネビスは、かつてアゲシラオスが同盟を結んだファラオ、ネフェリテス一世が興した第二九王朝最後のファラオを滅ぼした。したがって、ペルシアを自国の湾外に留めておくには、ほかに同盟国がいない状況のなかで、ギリシア最強の国家、スパルタとの関係を固めることがきわめて重要であった。

エウドクソスや派遣団と銘板の翻訳とのあいだの結びつきは、エウドクソスがコヌピスという名前のエジプトの神官の教えを受けたという古代の伝承によって緊密になっている(7)。紀元前三九〇年頃、プラトンがエジプトでコヌピスと哲学的議論をしたという話も大いにあり得る(8)。この話は、エウドクソスがたずさえた〔アゲシラオスからの〕紹介状、そしてアゲシラオスが求めた翻訳、そのいずれの信憑性も高めている。スパルタがエジプトのファラオに送った文書をファラオがコヌピスに解読をまかせた話が正確な話であったということは、きわめてあり得る話と思われる。

しかし、だからといって、墳墓で発見された遺物がエジプト製だったということにはならない。実のところ、遺物がエジプト製であった可能性は小さい。青銅器製の腕輪と陶器製の壺は、初期あるいは中期ヘラドス文化期（紀元前三三〇〇年―一七〇〇年）か、ミュケナイ文化期（紀元前一七〇〇年―一二〇〇年）のものだったことを強く示唆している。墳墓の前にあった青銅製の銘板ははるかに問題が多い。これまでこれと似たものは、エジプト、レヴァント、エーゲ海地域で栄えた文化で発見されていないからである。しかし、これを理由に、この発見の報告が信用できないというのは合理的でない。こうした文化のどこかひとつで、墳墓の前に青銅製の銘板をおいた可能性は大いにありうる。銘板に刻まれていた文字が、実際にヒエログリフだった可能性も小さい。実のところ、「碑文の字体は、アンピトリュオンの〔義理の〕息子であるヘラクレスを教えた〔エジプトの〕プロテウス王の時代の字体」だったので、線文字Bか、あるいは線文字Aか、楔形文字だった可能性が最も高いと思われる(9)。碑文がエジプト語のヒエログリフで書かれていたとすれば、コヌピスがあきらかに銘板の解読に苦労していたことは説明できないだろう。教養あるエジプトの神官であれば、難なくヒエログリフは解読できるのだから。

プルタルコスの話で最も信頼できない部分は、コヌピスが碑文の意味を次のように翻訳する箇所である。すなわち彼の翻訳によれば、ヘラクレスは、

ムーサ〔文芸、芸術、学問などをつかさどる九人の女神〕に敬意を表して行われる競争を賞揚している。……神は碑文のなかで、どのような場合も哲学をつねに競争の場とすることにより、余暇と平安を享受せよ、武器を棄てよ、争いの当否はムーサと議論に訴えることで決着させよ、とギリシア人に勧告していた。

しかし、私たちはこれをつまらないことだと片づけてはならない。この報告が正確だとすれば、ムーサの祭儀はハリアルトス地方の中心的祭儀であったと考えられ、コヌピスはボイオティア地方について多少の知識があったと思われる。エジプトの神官がヘラクレスを選んだことに、重要な意味と意図があったことも確かである。私たちがすでに見たように、古代にエジプトのヘラクレスとボイオティア地方のヘラクレスのあいだには基本的なつながりがあった。リュサンドロスの墳墓を勝手に青銅器時代の墳墓にあてはめることによって、ボイオティアの一地方を「永遠にスパルタの」地だったとすることもできる。さらに、ヘラクレスはテーバイの半神でもあるが、スパルタの「ヘラクレイダイ」〔スパルタのドーリス人貴族〕の伝説上の先祖でもあったから、ヘラクレスの名前への言及は、ボイオティア地方におけるスパルタ人の駐留《プレゼンス》に正統性を与えると考えられるだろう。宗教的観点から見て、スパルタの占領は実際にはきわめて不安定であった。スパルタはテーバイのアクロポリスを占拠して聖地を冒瀆し、アゲシラオスはこれを是認したからであった⑽。他方、この時期のスパルタは内紛の戦争で忙しく、コヌピスのテクストはスパルタの宣伝文書とは読めない。実際このテクストは、紀元前三八〇年にペルシアにたいする汎ギリシアの政治的・文化的団結を呼びか

けた弁論家、イソクラテス〔紀元前四三六—紀元前三三八〕の『パネギュリコス』であるように読める。この碑文の「翻訳」については、これをペルシアにたいするギリシア——おそらくスパルタの覇権下にあったギリシア——の団結をよびかけるエジプトのアピールだった、と説明するのが最もありそうな説明かもしれない。しかし、結局、紀元前三三七年にエジプトにやって来た救援はアテネの司令官カブリアスの救援であった。彼はそれまでずっとボイオティア地方のテーバイで反スパルタの守りを固めていた(11)。

この碑文がエジプト語と考えられていたのはなぜか。それを説明するのは難しくない。四世紀のギリシアでは〈古代モデル〉が優勢であったことに加え、(第2章で見たように)アルクメネ、その夫ラダマンテュス、その息子ヘラクレス、コパイス湖の湖岸の町ハリアルトスにあったその墳墓は、テーバイとボイオティア地方全体と関係があるばかりでなく、エジプトとも関係があったことは明確だったからである。

アムピオンとゼトスの墳墓

さて、古代考古学から現代考古学に転じよう。テーバイはいまなお生きている町であり、この事実からその発掘はきわめて難しい。このため、テーバイの歴史時代と先史時代のすべての時期の理解がさまたげられており、初期ヘラドス文化期の性格の復元はとりわけ困難になっている。初期ヘラドス文化Ⅱ期(紀元前三〇〇〇年—二四〇〇年)と初期ヘラドス文化Ⅲ期(紀元前二四〇〇年—二〇五〇年)の家屋の遺跡があり、アルゴリス地方のレルナやその他の地で発掘されたものとよく似た「瓦屋根の館」が残っており、これが宮殿か集会場、あるいはその両方のはたらきをしていた可能性がある(12)。おそらく、紀元前第三千年紀にはすでに、テーバイは重要な中心地であっただろう。この印象を強めているのは、テーバイに残っている、ピラミッドといってもかまわない記念碑の存在である。

一九七〇年代初め、ボイオティア地方考古学局の監督官であったテオドル・スピロプロスは、彼がかかわった発掘と調査についてかなりの数の論文を書いた。そのなかで、ボイオティア地方にエジプトの軍事的・政治的影響力《プレゼンス》とその影響があった可能性に直接的に関係した論文は二編ある。第一の論文の題名は「エジプトのボイオティア地方の植民地化」、第二の論文は「コパイス湖地域研究序説」であった。エジプトのボイオティア地方の植民地化というスピロプロスの主張は、二つの重要な考古学遺跡にもとづいていた。その遺跡はいわゆるアムピオンとゼトスの墳墓と、コパイス湖からの排水に使われた堀と水路の複雑で精巧なネットワークである。

一九八一年に出版された本のなかで、スピロプロスは第一の遺跡、すなわち、テーバイ市の北方にあり、町を取り囲む二つの川の合流地点を望む急斜面にある大きな塚を論じている。この塚は昔からアムピオンとゼトスの墳墓として知られていた。ヘシオドスが書いたとされているものに、アムピオンとゼトスが「竪琴を弾いてテーバイの城壁を築いた」とある。前章で述べたように、ハルモニアの首飾りとテーバイが関連するならば、弦楽器のイメージがあることは興味深い[13]。ホメロスは、双子の「アムピオンとゼトスの二人は七つの門のテーバイの町を初めて築き、これに城壁をめぐらせた——勇猛の二人ではあったが、広大なテーバイに、城壁なしでは住むことができなかった」と記している[14]。彼らの敵が野蛮な部族——アオネス人、テミケス人、ヒュアンテス人、レレゲス人、ペラスギ人——であったことはあきらかであり、これらの部族は土着か、あるいはすぐ南方のアッティカ地方に住む人びとであった[15]。（ペラスギ人および、アオネス人とヒュアンテス人という名称がエジプト語 **iwn(t)yw**［野蛮人］の派生語であったことについては、『黒いアテナ I』で紙幅をつかって論じた）[16]。そこで、ホメロスの考えにしたがえば、アムピオンとゼトスは外からやってきてこの地域を植民地にしたと思われる。ヘシオドスやその他の昔の著作家たちも、六世紀の神話収集家ペレキデスも彼らと同じように、テーバイの建国は双子のアムピオンとゼトスによると考えていた（神話では、のちにボイオティアとして知られるようになるこの地方の最初の王は第2章で論じたオギュゴスであった。

しかし彼はテーバイの建国者ではなかった[17]。ペレキデスの書いたテーバイの歴史によれば、アムピオンとゼトスの町〔テーバイ〕はフレギア人から防御するために建設されたが、双子が死んだあとは、北方のテッサリア地方〔ギリシア中東部のエーゲ海に臨む地方〕からやってきたと思われるフレギア人によって破壊された。実際に、フレギア人の語源はエジプト語の P3 rk(y)w （敵）であった可能性がある。そこで、その後ずっとのちに、放置されたこの場所にカドモスとカドモスの一党がテーバイを再建したと考えられた[18]。

しかしフェニキア人カドモスについては、彼はテーバイのたんなる一建国者ではなく、この町を創ったあの建国者だったという強力な伝承もあった。西セム語の *qedem* には、「東方の」という意味ばかりでなく、「大昔の」という意味もある。いずれにしても、このほかに、後世の立証にすぎないが、テーバイを最初に植民地化したのはカドモスだったという伝承があった。そこで、アムピオンとゼトスをどう扱うかという問題が生じた。紀元前五世紀のヘラニコスや紀元前四世紀のフィロコロスのような歴史家は、年代の順を逆にして、双子よりもカドモスのほうが時代が古かったと考えた[19]。パウサニアスはこの説に従ったが、アムピオンとゼトスの造ったテーバイはカドモスが建設したカドモスの砦《カドメイア》よりも下の層にあったと述べている[20]。しかし、この説やこれに類した説には問題があった。なぜなら、その後のテーバイの王たちは確実にカドモスの末裔と考えられていたからである。そのため、カドモスが建設したとされるカドモスの町《カドミッド》の復元が必要であった。紀元前五世紀初頭の著作家ミレトスのヘカタイオス〔前五五〇頃—四九〇〕と紀元前四世紀の歴史家エフォロス〔小アジアのチュメ出身の紀元前四世紀の歴史家〕はこの複雑な状況を回避し、紀元前一世紀の著作家ストラボンは彼らにならった。こうしてホメロス説は否定され、ストラボンはアムピオンとゼトスはテーバイではなく、その南西にあるエウトレシスを創建したと述べた[21]。

アムピオンとゼトスの伝説には、たとえば、ローマの建設者とされる双子のロムルスとレムスの伝説のように、町の建設者を双子だったとするあきらかに民間伝承のモチーフがみられる。にもかかわらず、これが最も古くから立証された伝承だったという妥当性は否定できないだろう。のちに「アムピオンとゼトスの墳墓」と呼ばれた墳墓が、青銅器時代にもそう呼ばれていたという証拠はないが、もっと昔の名称は知られていない。アイスキュロスはこの墳墓に言及していると思われるし、パウサニアスの時代にこの墳墓は大いに尊敬されていた[22]。実際に、現代の学者イオアニス・ロウカスとエヴェライン・ロウカスが強調しているように、この遺跡は古代を通じて神聖な場所と考えられており、その上にはほぼ三〇〇〇年間、なにも建築されなかった[23]。この墳墓が町で最古の建造物であることもほとんど疑いない。今世紀〔二〇世紀〕、この丘陵は数回発掘され、初期ヘラドス文化期と後期ヘラドス文化期の墓がいくつか発見されている[24]。一九七一年、テオドル・スピロプロスはこの丘陵を発掘し、この丘陵は芯棒が日干し煉瓦でできた、石張りの墓室をもつ階段状のピラミッドだったと考えた。驚いたことに、彼は墓室で、双子伝説で伝えられている二箇所のぼみの痕跡を発見した。

墓室はすでに古代には荒らされていたが、盗掘をまぬかれた小さい金の首飾りペンダントが三個見つかった。ユリの花の形をしたペンダントは、表面に「パピロイド」の形が印され、二重螺旋模様と真珠で飾られていた[25]。こうした宝飾品の地理的来歴ははっきりしない。次章で示すように、青銅器時代には、クレタ島とエーゲ海地域でエジプトの影響がかなり大きかった[26]。とりわけ、パピルス模様の装飾は最終的にはエジプト起源の装飾である。しかし当時、このモチーフはクレタ島で広汎に使われていたので、宝飾品がパピルス模様だからといって、エジプト製だったとはいえない。宝飾品の年代については比較的問題はなく、紀元前第三千年紀のものだったと思われる。スピロプロスはこうした宝飾品および同時に発見された陶器の破片から、この墳丘が陶器年代区分のEHⅡ期であると考えて、彼の著書のなかで紀元前三〇〇〇年―二四〇〇年と述べている[27]。ボイオティア地方古代遺跡主事補のサランティス・シメオノグロウは、詳細な著『テーバイの地形調査』のなかで、この墳丘の年代はそれほど古くないと否定的見解を述べた。そして墓室内で発見された陶器は――どの時期のヘラドス文化期であるかは特定しなかったが――、陶器年代区分のヘラドス文化期のものと考えた[28]。しかし、陶器が青銅器時代のものだというスピロプロスの結論は大部分の学者が認めており、この結論に異議を唱える理由はないと私には思われる[29]。

墳墓が青銅器時代のものだったことは認められてきたが、他方、これがエジプト起源であるというスピロプロスの考え方はそれほど快く受け入れられていない。この墳墓の建造時期は、インド＝ヨーロッパ人が到着した時期として最も普通に考えられているEHⅡ末期よりも前であった。にもかかわらず、アーリア主義者たちはこれをクルガン――すなわち、ロシア南部とバルカン諸国に見られる、インド＝ヨーロッパ基語を話した人びとに特徴的な墳墓――であると説明しようとしてきた[30]。ところがクルガンは平原に石と土で造られた墳丘であり、これは不自然な比較である。アムピオンとゼトスの墓はクルガンとは完全に対照的に丘の上に造られた墳墓であり、墓の頂部は煉瓦でおおわれ、入念に階段がつくられ、内部は葬式の祭儀と関連すると思われるいくつかの細長い部屋に分かれていた[31]。

スピロプロスが注目しているのは石櫃《いしびつ》の前の空間である。彼は二箇所の壁龕《へきがん》をもつこの空間をアクセス・シャフトに相当する入り口の間――すなわち、傾斜したドロモス〔通路〕――と考え、これをキプロス島のラピトスとエンコミの墳墓と比較している[32]。クレタ島の墓についてスタンダードな著作を書いたインゴ・ピニは、ドロモス〔通路〕のあるクレタ島の墳墓にはエジプトの影響がみられると確信している[33]。スピロプロスは、シャフトのある墳墓の原型がエジプトであることからクレタ島のシャフトのある長方形の墳墓とアムピオンとゼトスの墳基との間に直接的な関係があるとも考えている[34]。しかし、彼の議論の根拠は薄弱である。というのは、クレタ島の墳墓は紀元前第二千年紀初期の旧宮殿時代に始まるからで、彼のいうアムピオンとゼトスの墓の建造年代よりもずっとあとだからである。

アムピオンとゼトスの墳墓と、ギリシアのさらに北方、レウカス島やカロネアにある同時代の墳丘とのあいだに並行関係を見ようとする企てがあるが、これにはまったく説得力がなく、アムピオンとゼトスの墓がギリシアでほかに類のない独特の墓であるということは、ほとんど疑いがないように思われる[35]。たいへん奇妙なことに、アムピオンとゼトスの墓に最も近い並行関係にあるヨーロッパの例は、巨石群のストーン・サークルが残るエイヴバリー村〔イングランド南部〕のすぐ村はずれにあるシルバリー・ヒルである。これは白亜を用いて入念に建造された階段状のピラミッドで、アムピオンとゼトスの墓よりもやや古いが、年代はほぼ同時期の紀元前二八世紀か二七世紀にさかのぼり——こんにちではエジプトでの大ピラミッド建造は紀元前三〇〇〇年から二八〇〇年のあいだと思われるので——、その二、三世紀後になる[36]。この考えは二〇世紀初期と中期の学者たちから嘲笑を浴びたが、私はシルバリーのピラミッドを造った人びとが同時代のエジプトのピラミッドのことを知っていたことは疑いないと思っている[37]。他方、ウェセックス地方〔イングランド南西部〕がエジプトの第三、第四王朝の植民地にされたことは——最も少なめに言っても——、ほとんどありえないだろう。

アムピオンとゼトスの墓の場合、それを建設した人びとはエジプトのピラミッドについて知っていた。これも同じようにあきらかである。他方、アムピオンとゼトスの墳墓が建造されたと見られるＥＨⅡ期には、エジプトではもう階段状ピラミッドは流行していなかったと指摘されている[38]。この異議は見かけほど重大ではない。第一に、長期にわたった陶器年代区分のＥＨⅡ期（紀元前三〇〇〇年—二四〇〇年）のどの時期にこの墳墓が造られたのか、断言するのは不可能だからだ。ＥＨⅡ期の初期に建造されたとすれば、最大の階段状ピラミッドが建造された第三王朝（紀元前三〇〇〇年から二九二〇年）と同時代になるだろう。第二に、側面のなめらかなタイプのピラミッドが発達したあとも、階段状ピラミッドは大きな宗教的意義を保持していたという事実がある。そのうえ、階段状ピラミッドの建設はつづいた。第五王朝のファラオ、ウセルカフ（紀元前二七〇〇年頃）の太陽神殿は階段状の建物であり、また、最大の階段状ピラミッドだった第三王朝のファラオ、ジョセル（紀元前三〇〇〇年頃）のピラミッドが、数世紀後を経過した第五王朝になってもなお、ひときわ神聖なピラミッドだったということは十分に考えられる[39]。第三に、簡単な理由だが、本国で途絶えた様式が海外で採用される可能性は大きい。

それにもかかわらず、イオアニス・ロウカスとエヴェライン・ロウカスの次の考察はあきらかに正しい。彼らは、メソポタミア〔バビロニアやアッシリア〕では階段状の寺院のジッグラトがひきづつき建設されたので、ギリシアのピラミッドにはメソポタミアの影響の可能性があると述べている(40)。起源はピラミッドだったかもしれないジッグラトは、ピラミッドと同じように神聖な建物であり、人間が天上に到達できることを象徴していた。数千年紀のあいだ、アムピオンとゼトスの墳墓がひときわ聖な場所として神聖さを保持していたのは、そこにこのような機能があり、半神だった王の、現実のであれ想像上のであれ、墓所であったことはほとんど疑いないと思われる。この墳墓がボイオティア平野のはかり知れない豊穣さの源泉と考えられていたこともあきらかと思われる。

パウサニアスによれば、

> ゼトスとアムピオンの合葬墓は小ぶりな土墳である。ポキス地方のティトレアの住民は、この墓から土を盗もうとする。盗もうとする時期は太陽が天の牡牛座を通過する際で、この時期に墓の土を取ってアンティオペ〔神話で双子のゼトスとアムピオンの母〕の墓の上に置くと、ティトレアの大地には穀物が稔り、テーバイでは収穫がなくなるからである。

次いでパウサニアスがこの伝承の古さを示すために引用したのは、紀元前七世紀と六世紀のバキスの神託であった(41)。パウサニアスの時代（紀元二世紀）のティトレアには、イシス女神のために建てられたギリシアの中で最も神聖な社《やしろ》があり、そこではエジプト風の儀式が厳密にとり行われていた(42)。この風習がどのくらい昔からのものであるか知る方法はないが、『黒いアテナ I』で述べたように、おそらくヘレニズム時代あるいはローマ時代のエジプト化運動の一環として確立されたものだろう(43)。にもかかわらず、この祭儀が「エジプトのやり方そのものであった」ことは興味深い。しかし、パウサニアスがバキスの予言の言葉を引用したように、ホメロスの『ガイア賛歌』とエウリピデス作の散逸した悲劇『アンティオペ』の断片にも似たようなことが記されている。このような記述はすべて、〔ティトレアとテーバイの〕対抗関係とアムピオンとゼトスの墳墓の土がもつ不思議な力についての伝承が、ゆうに青銅器時代までさかのぼるということを示している(44)。

エジプトでは、中王国時代にもファラオたちがピラミッドを建造し、その大部分がファイユームの湿地帯の湖を見下ろす場所にあり、彼らは湿地帯を排水して肥沃な大地に変えていたことに注目しなければならない。これらのピラミッドはアムピオンとゼトスの墳墓よりも新しく、ギリシアでファイユームに相当するのはコパイス湖だが、ファイユームの湿地帯の湖を見下ろすピラミッドは、テーバイ平原を見下ろすアムピオンとゼトスの墳墓との興味深い並行関係を示している。テーバイの墳墓を造った人びとがピラミッドを模倣し、墳墓の建造にかなりの財力と労働力の動員力を伴ったことは事実である。しかし、だからといって、ピラミッドを建設した人びとがエジプトの植民者だったという証明にはならない。すでに見たように、墳墓に関連する遺物で、決定的にエジプトに由来するものはひとつもない。しかし、エジプトのギリシア植民地化を主張しているスピロプロスの論拠は墳墓だけではない。彼にとってははるかに重要なのは、コパイス湖の大規模な水利用の工作物であり、彼はこの年代を陶器年代区分のＥＨⅡ期、つまり紀元前二六〇〇年頃―二三〇〇年頃と見ている。本書ではＥＨⅡ期は紀元前三〇〇〇年頃―二四〇〇年頃だったと考えているが。

コパイス湖の排水

コパイス湖はボイオティア地方の北西にある約三五〇平方キロメートルの平坦な盆地状の湖である。ケピソス川とその他の小さな川がこの湖に流れ込んでいるが、東側と海へ通ずる道はプトオン山塊によってさえぎられている。しかし、石灰岩の山脈には洞窟がいくつも穿たれ、コパイス湖の水は人工の地下水路すなわち、カタヴォトラ *katavothra*〔複数形は *katavothres*〕によって海に排水できるし、それによらなくても排水できる。コパイス湖は青銅器時代のある時期、かなり長期間にわたって、冬に排水し、夏に灌漑していた。そのため、ダムと干拓地を複雑に配置し、平地の北端沿いにケピソス川を管理し、改良したカタヴォトラと海の方へ排水できたことは疑いない。しかしこのシステムは、おそらく、北方民族のドーリス人とボイオティア人が南部を掃討したと伝えられる後期ヘラドス文化II期末（紀元前一一五〇年頃）に壊れてしまった。したがって、なかには古典時代に修復された干拓地もあったが、盆地状のこの地域は紀元前一一〇〇年以後の鉄器時代には冠水し、不毛な湿地となった。テーバイとボイオティア北部の町オルコメノスは、青銅器時代には大きな富と政治権力をもっていたのとは対照的に、アルカイック時代と古典時代（すなわち紀元前八世紀から四世紀）には後進地域になってしまったが、これはこうしたことから説明できる。

紀元前四世紀末、アレクサンドロス大王がふたたびこの湖の排水を試み、この盆地のまん中を貫通する巨大な水路が掘られた。しかし工事は政治的もしくは技術的理由から、あるいは両方の理由から頓挫した。いずれにしても、コパイス湖は湿地帯の湖のままだった——その後、コパイス湖は二千年紀以上にわたっていっそう大きくなった。一八七〇年代、フランスのある会社が排水工事を試みて失敗した。一八九〇年代になってはじめて、イギリスの会社によって青銅器時代の事業に匹敵する工事が行われ、コパイス湖はふたたび肥沃な農業地帯に変貌した(45)。

青銅器時代の排水と灌漑は、湖の北岸にあったさまざまな「入江」あるいは「湾」を囲い込み、少しずつ土地を干拓することから始まった。にもかかわらず、このような干拓には高度に洗練された水利工学上の技術が必要であり、社会的安定と大規模な政治組織が関係していたことは疑いない。

この干拓事業が提起している最大の問題の一つは、その工事が行われた時期である。考古学者のフォッセイとウォーラスはミュケナイ文化期（紀元前一七〇〇年頃―一二〇〇年頃）と見ている[46]。他方、干拓事業に五〇年間かかわってきたドイツの水利技術者と考古学者たちは、最古の工事はもっと早い時期から始まったと主張している。このように主張する碩学の研究者、S・ロイファーによれば、工事は「初期ヘラドス文化期」に行われたという[47]。彼の後継者、たとえばクナウスは、工事をしたのは「ミニュアイ人」と考えている。伝承では、ミニュアイ人は排水工事をまかされていた（「ミニュアイ人」という語はエジプト語のMniw［牧夫］に由来しているが、この問題については『黒いアテナ Ⅲ』で議論する）。ギリシアの伝承によれば、「ミニュアイ人」とは、コパイス湖の北の町、オルコメノスに住んでいた古い部族を指した。ミニュアイという名称は、のちに、典型的な中期ヘラドス文化期の陶器と考えられるオルコメノスの代表的な陶器形式と結びつけられた。しかし、この近代の関連づけは恣意的であり、〈古代モデル〉の枠組みのなかでは、ミニュアイ人をもっぱら中期ヘラドス文化とだけ関連して考えなければならないという理由はない。このことは強調しておかなければならない。

いずれにしても、クナウスと彼の共同研究者は、彼らの厖大な著作の第一巻には『ミニュアイ人によるコパイス湖の水利工事――ヨーロッパ最古の河川管理』という表題を、第二巻には『紀元前第二千年紀におけるミニュアイ人のコパイス湖周辺地域の治水工事』という表題をつけている。したがって、彼らや他の同時代人の学者の念頭にあった水利工事の開始時期は、スピロプロスが主張しているより時期よりはあとだが、ミュケナイ時代、つまり後期青銅器時代よりはまえの、中期青銅期時代（紀元前二〇五〇年―一六七五年）だったことは疑いない[48]。当然、ドイツの学者たちはこれよりもさらに正確な年代の確定にはきわめて慎重である。クナウスと彼の共同研究者は一九八四年に出版された本のなかで、排水工事の開始は紀元前二一〇〇年と一九〇〇年のあいだだろうと見積もった[49]。しかしクナウスは一九八七年、最も古い時期の工事は「おそらく、中期ヘラドス文化期の後半のある時期」に始まったと述べている[50]。ということはすなわち、本書が提起する年表では、紀元前一八三〇年から一六七五年のあいだの、ある時期ということになる。

しかしクナウスは、スピロプロスが証拠として提出した陶器——コパイス湖北岸で発見されたこの陶器は、おそらく、アムピオンとゼトスの墳墓と同時代の初期ヘラドス文化期にさかのぼると思われる——を考慮していない(51)。最も古い時期の排水工事の開始年代がいつだったかという問題について、D・コンソラやイオアニスとエヴェライン・ロウカスのようなギリシアの考古学者たちは、早い年代を主張するスピロプロス説を受け入れている(52)。スピロプロスは、伝承に出てくるミニュアイ人とはミノア人のことであり、したがって、ミニュアイ人とエジプト人を同一視すべきであると主張している(53)。私はミニュアイ人とミノア人を同一視する彼の新説は受け入れないが、コパイス湖周辺に見られる高水準の水利工学は、古王国時代最盛期のエジプトに由来するという彼の考えが正しいことはあきらかである(54)。したがって、アムピオンとゼトスの墳墓とコパイス湖岸の最古の堀は何らかの意味で関連しており、それらが紀元前第三千年紀にさかのぼるという彼の主張には妥当性があると思われる。にもかかわらず、この時期のボイオティア地方からは、明確にエジプトの遺物とされるものは発掘されていない。

しかし、スピロプロスの仮説を支持する状況証拠はかなり存在している。第一に、EHII期を通じて、この地方は豊かで富んだ地域である。残念ながら、十分な発掘が行われ、発掘記録が出版されているこの時期の集落遺跡は多くない。しかしこの時期、テーバイの南東一〇キロメートルにあるエウトレシスにはやや大きな村落があり、ヒュリケ湖の湖岸にある町の北七キロメートルにあるリタレスで発掘が行われた。この発掘では、明確な都市計画をもって繁栄したEHII期の入植地があったことがあきらかになり、アナトリア、マケドニア、キクラデス諸島とのあいだに、貿易による接触があったことが証明されている(55)。

穀物倉庫

オルコメノスには、直径八メートルから二・五メートルの、さまざまな大きさの丸い建物、すなわちルンドバウの遺跡が数カ所ある。ルンドバウ遺跡の存在によって、紀元前第三千年紀の中期までに、ボイオティア地方で水利工事が始まったという可能性が高くなっている。のちに青銅器時代のギリシア考古学の大立て者になったスピリドン・マリナトスは、一九四六年、この建物は墓や神殿や住居ではなく、エジプトの絵に描かれた穀物倉庫にきわめてよく似たものであり、ひな型はキクラデス諸島のメロス島で発見されていると主張した。彼の主張によれば、ルンドバウの大きさは、それが広大な面積の土地から収穫される穀物の貯蔵庫であることを示しており、このように大きな穀物倉庫は、大規模な政治組織が存在したことを示していた。ルンドバウの年代については、マリナトスは陶器年代区分の初期ヘラドス文化Ⅰ期およびⅡ期であると考えた。彼はさらに、これもまたＥＨⅡ期に、ペロポンネソス半島北部のアルゴリス地方のティリュンスに、周囲が八八メートル、円蓋の高さが概算で二四・六メートルの、がっしりとした「実に巨大な」レンガ造りの円形の建物があったらしいと指摘した。もしもこの建物が穀物倉庫ならば――おそらくそうだと思われるが――、アルゴス平野全体で産出する穀物を貯蔵するのに使われたのだろう[56]。

マリナトスの論文は彼の専門家仲間を困惑させたと思われる。一方では、この論文を書いたのは、ギリシアの古代考古学界を一九五〇年代、一九六〇年代、一九七〇年代初期にわたって牛耳った学者だった。他方では、紀元前第三千年紀のギリシア本土にエジプトの影響と大規模な政治・経済組織があったというこの論文が示唆する説は、この時期の北ヨーロッパのギリシア研究全体の一般的傾向に反していた。

他の多くの人びとが混乱したのと同じように、孤立論の闘士、コリン・レンフルーが混乱したことはあきらかである。というのは、巨大なルンドバウが穀物倉庫だとすれば、初期青銅器時代のギリシアの農業は小規模で局地的な農業であったという彼の生態学的モデルは大きな打撃を受けるからだ。彼は『文明の出現』のなかの一節で、ルンドバウが穀物倉庫であることは疑わしい、これらは「おそらく、住居と見なされるべきだろう」と主張した(57)。しかしほかのところでは、オルコメノスのルンドバウとティリュンスのレンガ造りの建物は、穀物の貯蔵庫だったかもしれないことを認めた。にもかかわらず、これが彼の図式——すなわち、紀元前第三千年紀のギリシアの農業は「最低生存水準を維持するシステム」にもとづいていたという図式——に、ダメージになるということは依然として認めていない(58)。

コパイス湖の水が排水され、ティリュンスの近くに、高さはそれほどではないがもっと大規模なダムがあったことを考えると、このような大きな穀物倉庫と水利用の工作物を関連づけることは妥当と思われる。

すでに見たように、穀物倉庫の年代はＥＨⅠ期とⅡ期（紀元前三三〇〇年頃—二四〇〇年頃）にさかのぼる。ティリュンスのダムの年代については議論が分かれている。アメリカ人学者のジャック・マーティン・バルサーは、コパイス湖のダムから類推して、ティリュンスのダムの年代は後期ミュケナイ文化期であると考えている(59)。しかしクナウスは、アルゴリス地方のティリュンスのダムはボイオティア地方のダムに比べてはるかに大きいので、このダムとコパイス湖の堀とのあいだに並行関係はあり得ないと主張している。いずれにしても、クナウスはコパイス湖の堀の年代は紀元前一八三〇年と一六八〇年のあいだと考えている(60)。しかし、ティリュンスのダムの年代はそれよりも古く、初期ヘラドス文化Ⅱ期の開始時期であったと彼が確信しているのは興味深い(61)。したがって、これはティリュンスの穀物倉庫と対応が可能だった。他方、コパイス湖の干拓地の年代についてクナウスは、穀物倉庫の年代のＥＨⅡ期よりもずっとあとだったと考えている。しかし、スピロプロスは穀物倉庫と灌漑を関連させ、灌漑の年代もＥＨⅡ期だったと考えている(62)。こうして、ルンドバウは穀物倉庫であり、それがエジプトの影響を受けたことは十分考えられることであり、その正確な年代は〔本書の年代区分すなわち〕時代をさかのぼらせたＥＨⅡ期かもしれない。おそらくこうしたことは妥当と思われる。他方、状況は不確実であり、示唆できることはただ、コパイス湖（とペロポンネソス半島）の排水が紀元前三〇〇〇年頃―二四七〇年頃のエジプト古王国時代に、エジプトの影響下に行われたということだけかもしれない。とりわけ、ケピソス川の肥沃な河岸と自然に排水されて長いあいだ干上がっている湖底からの収穫物を貯蔵するため、このような穀物倉庫が役に立った可能性があるからだ。

ティリュンスから数キロメートル離れたレルナに「瓦屋根の館」という小宮殿の遺跡があり、その年代はＥＨⅡ期にさかのぼる。この「瓦屋根の館」も、この時代に余剰農産物があり灌漑が行われていたことを示す状況証拠になっている。にもかかわらず、レルナとテーバイにある「瓦屋根の館」は、このような小宮殿がもっぱら灌漑と関連すると考えてはならない。ペロポンネソス半島南西部のメッセニア地方でも「瓦屋根の館」が見つかっており、この地域に灌漑があることが期待されるが、その近くにダムの痕跡は皆無である。しかし、「瓦屋根の館」はアイギナ島にもあり、そこに灌漑があったことに疑問の余地はない[63]。

アルゴリス地方の灌漑と植民

『黒いアテナ　Ｉ』で私は灌漑についてふれた。灌漑したのはおそらく、アルゴスを植民地化したアルゴスの建国者ダナオスであり、彼は伝承によると紀元前第二千年紀のヒクソス時代にエジプトからやってきた。ダナオスという名前は、エジプト語の *dni*（配置する、灌漑する）に由来するか、あるいは、そのエジプト語のもじり《パロノメイジア》かもしれないため、ダナオスの灌漑という面が強調されてるのかもしれない[64]。そうだとすれば、彼の特徴のいくつかの側面は、紀元前第二千年紀の灌漑ではなく、紀元前第三千年紀の灌漑に由来するのかもしれない。しかし、その理由については本書の第9章で論ずるとして、伝承上の彼の特徴が混じり合った人びとと諸々の事件は、少なくとも、主として紀元前第二千年紀に属している。それが私の主張である。

一方、神話上の人物でなくとも伝説上の人物であり、アルゴスの最初の王でイオ〔ゼウスに見初められるが、ヘラの嫉妬でゼウスに雌牛に変えられる〕の父親イナコスは、ダナオスのずっと以前からアルゴスに住んでいたと一般には考えられている。イナコスについては、アルゴスで一番大きなイナコス川の擬人化であるという単純な解釈ができるかもしれない。しかしこの地名には伝統的な説明がないので、私は『第I巻』で次のことを提起した。すなわち、イナコスはエジプト語のアンク *rnḫ*（生命）に由来し、このエジプト語は「途切れることなく流れる河川」という語にも使われ、*rnḫ dt*（願わくは王に永久《とこしえ》の生命あらんことを）というきまり文句にあるように、ファラオの形容辞として頻繁に用いられる語であった、と(65)。

一般に、イナコスは土着の、すなわちその土地の生まれと考えられていた。しかし教父エウセビオス〔カエサレアのエウセビオス、二六〇頃―三三九頃〕は、イナコスがダナオスと同じようにエジプトからの植民者だったと述べた。そしてこの伝承は一八世紀のフランスの学者、ニコラ・フレーレとバルテルミ師によって取り上げられ、彼らは実際に、イナコスとその神話上の息子フォロネウスが紀元前二〇世紀にエジプトからアルゴリス地方にやって来た植民者だったと主張した(66)。イナコスという名前はエジプト語に起源をもつ可能性があり、そのエジプト語はあきらかに王族、水、太古という意味をもっている。だとすれば、ティリュンスのダムとルンドバウ、そして紀元前第三千年紀に「宮殿」として使われたと思われるレルナの「瓦屋根の館」と結びついたエジプト人の灌漑と植民地化さえ、人びとの記憶に残っていたのかもしれない。しかし、このことは推測の域をでない。

アルカディア地方の排水と灌漑

ティリュンスとコパイス湖に見られる排水と灌漑は、排水と灌漑の工事としては最大規模であったが、ギリシアにおけるこのタイプの水利工学のその他の実例は、ティリュンスばかりでなくペロポンネソス半島中部のアルカディア地方にも見られた。

アルカディア地方の自然の特徴については、テルプサとペネオス湖から流れているラドン川について論じた第２章でその一端を述べておいた。ペネオス湖の水は、カタヴォトラ（地下水路）を通じてステュンパロス湖にも通じていた。パウサニアスによれば、地元の伝承ではこの水路を造ったのはヘラクレスであったという[67]。この水路は人造の水路であり、少なくとも人が改良を加えた水路であったという考えは、現代の調査によっても認められている。最も最近の調査は、クナウスと彼のチームの調査であり、彼らはペネオス湖、ステュンパロス湖、カピュアイ湖、そのすぐ南にあるペロポンネソス半島のオルコメノス、アルカディア地方のトリポリの南西の町テゲアに近いタッカ湖を調査した。すべての調査から、この地方ではかなりの数のダムが建設され、自然のカタヴォトラが改良されていたことが分かっている[68]。

これらの建造物の年代についてはまったく判然としない。なかにはヘレニズム時代やローマ時代のものもあった。しかしほとんどは青銅器時代末期のものであった。その証拠に、近くにミュケナイ時代にさかのぼる入植地がある[69]。トロイア戦争の時代に、アルカディア地方のオルコメノスは「家畜に富む」町であったとホメロスは述べている[70]。

青銅器時代に富裕な地域だったアルカディア地方は古典時代には後進地域になっていた。このコントラストは一般に、昔の方が排水と灌漑が効果的だったからと指摘されているようである。もう一つ、青銅器時代にさかのぼるダムと水路が伝説上の人物のヘラクレスと関係していると指摘されている。不確実なところが多いヘラクレスだが、彼がこの時期〔青銅器時代〕に属することはあきらかである[71]。クナウスと彼のチームが指摘しているように、アルカディア地方のダムはティリュンスのダムとボイオティア地方のダムときわめて似ている。この点こそまさに、アルカディア地方の水利工学が大昔からあったことをはるかに確実に示している。ティリュンスとボイオティア地方のダムがミュケナイ時代に存在していたことは確実であり、アルカディア地方のダムがそれよりもあとの時代であったと考えなければならない理由はない。しかし、クナウスと彼の共同研究者たちはペロポンネソス半島のダムがコパイス湖の「ミニュアイ人」が造ったダムとよく似ていると指摘しているので、これらのダムが後期ヘラドス文化期というよりも、初期あるいは中期ヘラドス文化期に始まった可能性が出てくる[72]。

ボイオティア地方とアルカディア地方の地名にみる並行関係

ボイオティア地方とアルカディア地方のダムと水路の建造技術に大きな類似性があったことは、現代の考古学者たちに強い印象を与えている。しかしそれよりもさらに驚くべきことは、両地方の排水・灌漑のための工作物周辺の地名にみられる並行関係である。第2章で述べたとおり、ボイオティア地方にもアルカディア地方にもラドン川という名前の川があり、ティルプサとテルプサ、オンカとオンカイオスという名前に類似性がある[73]。さらに衝撃的なことに、いずれの地方にもオルコメノスという地名がある。ボイオティア地方のオルコメノスは、コパイス湖の最も古い干拓地に近いと思われるところの地名であり、アルカディア地方のオルコメノスは、古代のカピュアイ湖周辺とオルコメノスのあいだの水路上に戦略的に置かれた町の名前であった。テッサリア地方のプティオティス平原の端にもオルコメノスという地名があった。

オルコメノスが古い名前であることはほとんど疑いない。オコメノとエコメノという形が線文字Bにある。チャドウィックはこの文字がアルカディア地方のオルコメノスを指すものではないと強調しているが、この二つが古典時代に見いだされるオルコメノスとエルコメノスという語の異形に正確に合致することを認めている——しかし、ボイオティア地方のオルコメノスの可能性について彼は考えていない(74)。シャントレーヌによれば、オルコメノスの語源は「つまびらかでない」。しかし一般に、この語は「ブドウあるいは果樹の列を意味する語幹 *orch-* に由来すると考えられており、これには「生垣」とか「庭園」、あるいは囲い、という二つの関連した意味が含まれている。そこでクナウスは学問的伝統に従い、オルコメノスという地名は「囲まれた場所」を意味すると見ている(75)。しかしこれには、彼も認めているように問題がある。二つのオルコメノスの町はいずれも、灌漑のまん中ではなく、上に位置しているからだ。しかし彼は——ストラボンとパウサニアスの記述をもとにして——、ボイオティア地方のオルコメノスはもとはコパイス平野にあったが、青銅器時代末期の洪水のあとになって初めて後世の場所に移動したと主張している(76)。他方、アルカディア地方のオルコメノスについては比較できるような証拠は何もない。

語根 *orch-* の語源についてのインド＝ヨーロッパ語説によれば、この語根は ***wer-gh*（閉じる）から復元できる語であり、リトアニア語の *veržiu*（囲む）と古ノルド語〔アイスランド、スカンディナヴィア半島、ユトランド半島で八世紀—一四世紀に用いられた言語〕の *virgill*（調子を合わせる）という語のなかに見いだせる。しかし *orch-* の語源については、カナン語の語根 *ʿrk* 説もそれと同じかそれ以上の妥当性をもっている。カナン語のこの動詞は基本的に、「秩序よく整え」て「列にする」を意味するが、それよりももっと頻繁に、軍事組織で「戦線を整列させる」という意味で用いられる。しかし、カナン語説にはわずかだが次のような音声学上の問題がある。つまり、カナン語の最初の文字がベガドケファット〔begadkephat〕として知られている現象を見せ始めるのがいつだったのか、それがはっきりしていない。あるいは、***b, g, d*** および、母音のあとの ***k, p*** と ***t*** のような非強勢音の破裂音が、摩擦音化（軟音化）しなくなった——そのため *ʿrk*

が*ʿrkh* になる——のはいつだったのか、それがはっきりしていない。にもかかわらず、セム語 *k* のギリシア語 *ch* への転写は普通に行われていたので、セム語 *k* とギリシア語 *ch* を同一視することは十分に正当化できる。摩擦音化を促進したのは、おそらく、もう一つのセム語の語根*ʿrḥ*——*ʿrḥ*（道、旅する、来る、到着する）に由来する——と混同されたからだろう。インド＝ヨーロッパ語に語源のないギリシア語のエルコマイ *erchomai*（旅する、来る、行く）は、*ʿrḥ* が起源だと思われる。

カナン語の*ʿrk* と*ʾrḥ* という二つの語根は、ギリシア語に多くの派生語をもっているようだ。*ʿrk* の場合はおそらく、「戦列を整える」という意味であり、*arch-*——これはインド＝ヨーロッパ語に語源がない——から始まる並はずれて多数の語を擁するギリシア語の語群の起源になっている。シャントレーヌによれば、この語根は「最初に行く、率先してやる、始める」という基本的意味をもっている。彼は *archein* を軍事的意味で「命令する」という意味にも翻訳し、ここから「率いる」、あるいは「早く early」という意味をもつ多くの派生語が生まれたと考えている(77)。したがって、*orcho-*と *ercho-*はセム語からの借用語だったと思われる。ここから、オルコメノスやエルコメノスは、「管理された」あるいは「囲い込まれた場所」を意味し、水を管理する堀と水路を指すという仮定が真実味を帯びてくる。しかし、オルコメノスの初めの部分の「オルコ」については、最終的にはセム語起源ではあるが、メノスはこの地名自体がギリシア語であることを示すギリシア語の受動相分詞と思われる。しかしオルコメノスの地名は、「河川」を意味するセム語系のカナン語 *mayîm*——あるいはアラム語の *mayîn*——との混成語である可能性がある。他の多くの言語と同じように、セム語でも二重母音 *ay* はたびたび単母音化される場合が多く、短縮されて *ê* になる(78)。「管理された河川」はこの文脈にぴったりあてはまる。

ここで、私たちは灌漑と関連する二つのギリシア語の語源について考察しなければならない。第一の語は、古代の著作家たちがダムと築堤を表す語として用いた語、コーマ *khōma* である。ヘブライ語では都市その他の広い地域を囲

む壁を *hôma*（壁）というので、この語はこのヘブライ語に驚くほど似ている。しかし、ヘブライ語の *hôma* はギリシア語のコーマ *khōma* よりも孤立している。したがって、借用というなら、おそらく西から東への借用であろう。第二の語はゲピュラ *gephyra* である。この語の起源はヘブライ語であり、のちに「橋」という意味で使われたが、もとの意味は「築堤」であると古典学者ジェイムズ・フッカーは主張した。彼はこの語が「掘る」、「堀」、「堡塁」という意味をもつヘブライ語の語根、√gb に由来すると述べている(79)。私は『黒いアテナ　Ⅲ』で、音声学的根拠からみて、ゲピュラ *gephyra* の由来はセム語の*qwbr（埋める）にさかのぼれるかもしれないことを論ずるつもりである。いずれにしても、次のヘロドトスの報告は、この語がセム語に由来することを強く暗示している。

……ゲピュライオイ族というのは、本来エレトリアと称せられている地方に発した部族であると自称しているが、私が調査してあきらかにしたところでは、今日ボイオティアと称せられている地方に、カドモスとともに移住してきたフェニキア人であり、この地方のタナグラ地区を割当てられて定住していたものであった。ところがまずカドモス一党が、アルゴス人によってこの地から追われたのち、つづいてゲピュライオイ族もボイオティア人に追われて、アテナイへ難を避けることになった(80)。

したがって、青銅器時代に侵略者カドモスとともにギリシアにやってきた「築堤」という名前をもつ部族は、明確にフェニキア人と分類されていた。このことは、セム語を話す人びとがボイオティア地方の灌漑用の工作物と関わりがあったことを示す興味深いヒントになる。青銅器時代のボイオティア地方とアルカディア地方の祭儀と神話にはセム族の影響があったという証拠があり、これはこれらの地名、単語、人名がセム語だったらしいということとうまく合致するだろう(81)。

ドイツの学者カルキイクとハインリッヒの指摘によれば、アルカディア地方のオルコメノスの近くにあるオリュクシス山はオリュッソ *oryssō*（運河を掘削する）という語と関係があり、「掘削山」という意味である[82]。しかしインド＝ヨーロッパ語には語幹 *oryg/k* を満足に説明できる語源はない[83]。他方、セム語には、ジョブが「乾いた地面を浸食する」という語から立証した語根 √ʿrq（浸食する、かじる）がある[84]。オリュクシス山の近くにサイティス山があった。ネイト／アテナの本拠地であるサイスと水管理との関連についてはすでに論じた[85]。どちらの山もペネオス湖のほとりにあるオルコメノスの近くにあった。

ペネオスという名前は、ボイオティア地方とアルカディア地方の水と灌漑に関する地名にエジプトの影響があるということを示している。すでに述べたように、ペネオスとペネイオスは〔エジプト語の〕P3 Nw(y)（洪水）――おそらくコプト語のパナウかもしれない――からの派生語であった[86]。ペネイオスはペロポンネソス半島北西部のエリス地方の川の名前であり、ラドン川がこの川に流れ込んでいた。また、ペネイオスはテッサリア平野を流れるテッサリア地方〔ギリシア中東部のエーゲ海に臨む地方〕の主な川の名前でもあり、古代にはこの川はもともと湖であったと考えられていた。しかし、地震すなわちポセイドンのしわざによって、テッサリア地方のペネイオス川は海に注ぐようになった[87]。紀元五世紀、エジプトの叙事詩人ノンノスは――古代の史料にもとづいて――、この劇的事件を世界の終焉の大洪水と結びつけた[88]。アルカディア地方のペネオス川でも同じように洪水があったことも強く示唆されている。ラドン川がペネオス川へ流れ込む口が地震によって頻繁に塞がれたことはすでに述べたが、自然あるいは人工のカタヴォトラ〔地下水路〕もまた同じように脆弱だった[89]。プリニウス〔紀元二三―七九年〕は歴史時代になって五回の洪水があったと報告している[90]。パウサニアスはこれについて次のように書いている。

ペネオス平原はカリュアイの下方に横たわる。かつてこの平原に水が溢れて昔のペネオス市は流失した。そのため今日でも山腹にここまで水位が上ったと伝える痕跡が残っている(91)。

ジェイムズ・フレイザー〔一八五四―一九四一、人類学者で『金枝篇』の著者〕とその後の学者たちもこの線は洪水があった痕跡だったと考えているが、クナウスと彼の共同研究者たちはこの線は人工湖の水位線だったと見ている(92)。（ペネオス／ペネイオスを人名のピネア／ピネスと混同してはならない。人名のピネア／ピネスはヘブライ語の Pînḥâs と同じように、エジプト語の Pꜣ Nḥs［ヌビア人、あるいは黒人《ブラック》］）から派生した語である。この問題については第8章を参照）(93)。

アルカディア地方にあるエジプト語が語源と思われるもう一つの湖はカピュアイ湖である。エジプト語の地名の Ḳbḥ(w) は小川、川、その他の水域を表すのに用いられる最も普通の語の一つである(94)。この語はあきらかに語根の *ḳbb*（冷たい）と *ḳbḥ*（清める）と結びついている。Ḳbb はエジプトのエレファンティネの近くある地下のほら穴の名前であり、ヘロドトスの『歴史』によれば、ナイル川の水源と考えられている泉がそこから湧き出していた(95)。

エジプト語の Ḳbḥ(w) が地下のほら穴から湧き出している冷たくきれいな水と関連していることは、神秘的な泉とカタヴォトラがカピュアイ湖に水を供給していることときわめてうまく一致する。イソス -*issos* はエーゲ海地域で一般的に見られる接尾辞で、これがケピソス川というコパイス湖に注ぎ込んむ主要な川の名前と、ギリシアで最も頻繁に使われている川の名前の一つに見いだされる。こうした語の多くは――大部分の語ではないとしても――ほら穴に由来し、清めの儀式を指すときに用いられる語であった(96)。エジプト語ではあるいはという決定詞をつけて、Ḳbḥ(w) は水鳥の棲息する池や湖の地名を表すものとして用いられた(97)。これはカピュアイ湖に当てはまっただろうし、コパイス湖そのものにふさわしいことは確実だった。

しかし、クナウスは別の説を唱えている。彼が引用しているのは「コパイはオールを、プラタイアは舵を、イカロスは帆を、ダイダロスは帆柱を発明した」というプリニウスからの一節である(98)。この一節は見過ごしにできない。プラタイアとプラテー *platē*（オール、すなわち舵）は明白な言葉遊びであり、イカロスと翼の伝説も「帆」と合致するように思われる。パウサニアスとプルタルコスは、巨大な木製の偶像を造るために一番大きな樫の木を伐採するというダイダラの祭儀に、ボイオティア地方とアッティカ地方の境にあるプラタイアの市民が関わっていたと記している。実際これは、エジプト人たちが *Ḏed* すなわち、「安置像」を作ることと関係しているのかもしれない。伝説によれば、ダイダロスが帆柱を発明したというが、これもそのことから説明できるだろう(99)。しかし、コパイスとオールとの関連を理解し認めるとしても、それはこれほど簡単ではない。クナウスはコパイス湖の運河は排水と灌漑のためばかりでなく、内陸交通のためにも用いられたと考えており、この考えと彼の語源論――コパイの語源は「オール」にあるという語源論――を結びつけている(100)。運河が内陸交通にも用いられたということは妥当である。しかしだからといって、彼の浅薄な語源論とこの場所が「オール」と呼ばれていたというあり得ない説がこれで埋め合わされるわけではない。

　したがってコパイスという名前は、カピュアイの場合と同じように、エジプト語の地名 Ḳbḥ に由来すると考えるほうがはるかに妥当と思われる。Ḳbḥ はまさしく〈浅い沼地の湖〉を意味する語であり、その検証例は豊富にある。このように、コパイスとカピュアイという地名は、ボイオティア地方とアルカディア地方ある灌漑に関連する地名だが、地名がエジプトと驚くべき結びつきのあることを示す実例でもある。

　以上のさまざまな語源論から何がいえるだろうか。ギリシアの多くの地名の起源がエジプト語と西セム語にあるとおもわれるという事実は、この地名が命名されたとき、エジプト語と西セム語を話す人びとがギリシアにいたということを示しているのかもしれない。しかし、ギリシアにエジプト語とセム語を話す人びとが移住しなくても、地名はエジプトとレヴァントに由来したということはあり得るので、それは確実とはいえない。もうひとつの問題は、地名の命名がいつだったのかという年代決定にかかわる問題である。命名は〔灌漑など〕水利用の工作物が建設される以前だったのか、建設している最中だったのか、建設された以後だったのか。

問題をさらに複雑にしているのは、ボイオティア地方とペロポンネソス半島で水利工学が始まったタイミングである。これまでの議論が示すように、ボイオティア地方とアルゴリス地方にみられる水利用の工作物は、初期ヘラドス文化期に設置されはじめたと思われる。そしてそこからの類推から、アルカディア地方についても同じことがいえると思われる。しかし、アルカディア地方の場合は、ボイオティア地方とアルゴリス地方から数世紀は遅れたと思われる。以上のことから、私たちは結論として、ボイオティア地方とアルゴリス地方の技術が似ているのは、ボイオティア地方の経験が南部のアルカディア地方に適用された結果であり、したがって、地名は中東から直接ではなく、ボイオティア地方からペロポンネソス半島にもたらされた、というべきだろうか。さらに、水利用のシステムが始まった時期はもっと前だったとしても、少なくともこれらの地名の一つのオルコメノスは、後期青銅器時代に用いられていた地名であったが、このシステム構築の始まりと地名の命名のあいだに、必然的な結びつきはまったく存在しないのだろうか。

このように、地名の問題は全体として極度に込み入った問題である。一方で、神話にも登場する名前、たとえばティスベやテスピアイのような地名の起源は中東にあり、ギリシアにこれらの地名が持ち込まれたのは後期青銅器時代――すなわち、水利用の工作物が最初に建設され時代よりあとの時代――だったことはほぼ確実である。しかしそのほかの地名は、それ以前の時代からギリシアにあったと思われる。私が確実にいえるのは次のことである。すなわち、青銅器時代の終わりまでに、水利工学と結びついたいくつかの地名があった、そして、大部分の地名の語源がエジプト語と西セム語だったというのは妥当性がある――それだけである。したがって、地名は決して確実な証拠ではないが、最も簡潔にいえば次のように考えることができると思われる。このような地名がギリシアにもたらされたのはダムと運河そのものと同時期であり、ダムと運河の建設にかかわったのは西セム語やエジプト語を話す人びとであり、その時期はおそらく初期青銅器時代、ほぼ確実にミュケナイ文明期であっただろう。

初期ヘラドス文化期ギリシアの社会と政治の構造

アルゴリス地方のティリュンスとレルナに基づいて、ギリシア最初の「国家」を考えてみたい。アルゴリス平野はかなり広大な平野であり、ときたま混乱した時期が紀元前第三千年紀中期にあったが、この地域が大いに繁栄した地域であったことはあきらかである。ここではこの点を強調しなければならない。

アルゴリス湾に突き出た町レルナは、ＥＨⅡ期の間中ずっと、多くの家々が並んだかなり大きな集落であり、町を城壁が取り囲み、小「宮殿」である「瓦屋根の館」のある美しい都市であった(101)。しかし、レルナはティリュンスそのものよりも小さい町であり、おそらくこの地域にはほかに大きな都市があったことも十分にあり得る。さらに、すでに述べたように、レルナの「瓦屋根の館」に似た「瓦屋根の館」は、メッセニア地方〔ペロポンネソス半島南西部、イオニア湾をのぞむ町〕、アッティカ地方とアルゴリス地方の間にあるアイギナ島、そしておそらくテーバイでも発見されている(102)。したがって、初期青銅器時代のアルゴリス地方に豊かで洗練された社会があったことはほとんど疑いない。さらに、ティリュンスにあった穀物倉庫とダムの規模から見ると――それがこの時期に属するとして――、この地域にある種の政治的統一体が存在したようにみえる。エミリー・ヴァミュールは、ティリュンス社会は「共同体的」だったと思われるが、どのようなタイプの社会組織であったかはあいまいだと述べているだけである。しかし、同時代の近東の社会組織と国家構成を見るならば、アルゴリスの社会はエジプトやレヴァント沿岸の大貿易都市ビュブロスのような王国や公国か、あるいは、当時のシリアの大都市エブラのような貴族層や富裕層が支配する「ヴェネチア的」

政体か、そのいずれかだったと思われる(103)。

当時、コパイス湖は完全に干拓されていなかったし、穀物倉庫はティリュンスのものよりも小さかったが、ボイオティア地方のオルコメノスには公国、すなわち小「共和国」があったにちがいないと思われる。テーバイにあるアムピオンとゼトスの墳墓の規模は、かなり大きい国家がテーバイにもあったことを示しているだろう。アルカディア地方のダムの背後にどんな形態の社会組織があったのだろうか。これを推測するのははるかにむずかしいが、一般的には、ＥＨⅡ期のギリシア本土にいくつかの国家があり、なかにはかなり大きな国家があったことはあきらかと思われる。

少なくともアッティカ地方とキクラデス諸島のシフノス島で、商業的採鉱が行われていたこともあきらかである。両地方から採掘された鉛がクレタ島とボイオティア地方のＥＨⅡ期の遺跡で発見されている(104)。アルゴリス地方ドコスの沖合に沈んでいたＥＨⅡ期の難破船から鉛のインゴットが二つ発見されているが、これはあきらかに、アッティカ地方の先端〔スニオン岬〕から八〇キロメートル奥にあるラウリオン鉱山の鉛と銀であったことを示している(105)。次章で見るように、紀元前第二千年紀初頭、ラウリオン鉱山の銀はエジプトに輸出されていた(106)。ドコスの船はきわめて重要で、これはレヴァントやエジプトまで達することができたと思われる。しかし、船の行き先がレヴァントやエジプトだったという証拠はない。実際には、難破船が発見された場所からみて、船はペロポンネソス半島南部のアルゴリス平野かクレタ島を目指していたと思われる。しかし紀元前第三千年紀前半、おそらくエーゲ海地域では、鉛はすでに商品だったということができる。最近の冶金学研究の示すところ、ラウリオン鉱山の採掘が始まった時期を紀元前五世紀であると見る従来の説は、少なくとも二千年は誤っている(107)。

この時期、ギリシア本土に大きな国家があったという仮定にはいくつかの問題があると思われる。まず第一に、クレタ島よりもはるか北方のアルゴリス地方とボイオティア地方には宮殿や国家があったと思われるが、前章で私たちが見たように、エジプトとレヴァントの影響を十分に吸収していたと思われる初期青銅器時代のクレタ島に、なぜ宮殿や国家がなかったのか――その理由は説明が困難だという問題である。最も納得のいく説明は、クレタ島の地理的特性からの説明だろう。つまり、メサラ平野はおそらく例外だろうが、クレタ島には排水と灌漑に適した重要な湿地がなかったために、大きな社会組織がなかったという説明である。したがって、私たちが見るように、クレタ島は中期青銅器時代と後期青銅器時代は宮殿の経済構造を支えることができたが、初期ミノア文明期すなわち、前宮殿時代のクレタ島は宮殿がなくても繁栄し、高度の文化が開花した。初期青銅器時代に経済と文化が隆盛をきわめ、近東の文化と接触していたキクラデス諸島の場合も――知られている限りでは――、いかなる歴史段階にも宮殿は存在しなかった[108]。コパイス湖の排水と青銅器時代のボイオティア地方に富裕階級が存在したということは、農業の潜在可能性を最大限利用するために、ギリシア本土で大規模な社会組織が必要とされたという主張の強力な論拠となる。

もう一つの問題は、このような文化的国家が存在し、近東全域に文字の筆記が確立していたとすれば、「ギリシアの」諸国家は確実に文字の読み書きができただろう。しかし、筆記文字の痕跡はまったくのこっていない。ここから、沈黙からの議論によって、初期ヘラドス文化期のギリシアでは印章の製造あるいは、使用がなかったと考えられてきた。しかしいまでは、ギリシアで印章が製造され、それに彫刻する伝統が生きていたことがあきらかになっている[109]。このことは、この社会で、個人および／あるいは組織に財産権という意識が強くあったということを示している。初期ヘラドス文化Ⅱ期の出土品には、陶工が刻んだマークの実例が豊富にのこっている。しかしこれらの符号は音節文字の線文字とは似ても似つかない。このようなマーク以外に、この時期にこの地域で文字が筆記されたことを示すものはまったく存在しない[110]。

一般に、筆記された文字は壊れやすくもろい表面に描かれたわずかなマークなので、これに「沈黙からの議論」――これについては私は別のところで詳しく論じた――を当てはめるときは、とりわけ用心しなければならない[111]。したがって、初期ヘラドス文化期のギリシアに筆記文字の痕跡を発見できなくても、私は心配しない。しかし、もしもこの時期のこの地域に筆記された文字があったとすれば、それはクレタ島の象形文字（ヒエログリフ）か、あるいは線文字Aと線文字Bの原型か、そのどちらかに似た文字であったことはほぼ確実だろう。次章で示すように、学者たちは線文字Bは線文字Aに直接由来するのではなく、紀元前一六〇〇年ころ、プレ線文字Aから分岐した文字だったと主張している(12)。キプロス語、線文字A、線文字Bのあいだに見られる音節文字表の相違をどう説明するのか。紀元前第三千年紀の中頃になるまで、これらの言語に共通する〈基言語〉はほとんど存在しなかったという私の主張が、それを説明する。ここで私の仮説を擁護するなら、もしも隣接する社会が文字を読み書きのできる社会だったとすれば、少なくともエーゲ海地域とアナトリア地方の比較的大きい国家――小さい共同体ではない――で、筆記文字が使われていたかもしれない。私が主張するように、この地域にアルファベットが紀元前第二千年紀中頃に導入されたとすれば、クレタ島とギリシア本土になぜ公式の筆記文字の音節文字表が残っていたのだろうか。その理由はこのような深い結びつきから説明できるだろう。

もしもスピロプロスのエジプト植民地説が彼の示唆するとおりに包括的理論だとすれば、ヒエログリフすなわち、エジプト文字の筆写体文字であるヒエラティック〔神官文字〕がボイオティア地方へ導入されたことは確実だろう。しかし、前述の考察はこのような彼の理論に反する。初期ヘラドス文明期のギリシアで最も一般的に用いられた筆記文字が、エーゲ海地域語とアナトリア語のどちらかであったということは、その他の文化の言語が用いられた可能性もあることを示している。この事情は、口語の場合にはっきりそうだといえるだろう。他方、「ピラミッド」、灌漑のための工作物、穀物倉庫の存在は、初期青銅器時代のエーゲ海地域国家にたいするエジプトのきわめて大きな影響を示している。しかし、当時、この地域にかなりの人数のエジプト人がいたという主張を支持する考古学の証拠は、それだけではない。

エーゲ海地域に見られるその他のエジプト古王国の考古学的痕跡

紀元前第三千年紀中期のエジプトとエーゲ海地域との接触を考察するまえに、この時期の近東文明が隆盛をきわめ、外交と貿易の面で近東を超えた大きな広がりをもっていたということを強調しなければならない。このころまでに、シリアの都市エブラは現在のクルジスタン〔アジア南西部のトルコ、イラン、イラクなどにまたがる高原地帯〕の王国と交流があり、ラピスラズリは確実だが、おそらくは錫も、アフガニスタンからメソポタミア地域にもたらされたことが知られている[113]。鉛同位体分析によれば、スペイン南東部のアルメリアから、この時期のメソポタミア地域に銀と銅がもたらされていた[114]。このような貿易範囲の規模をみると、エジプトとエーゲ海地域の接触は、多くの点で地方レベルの往来と考えることができる。

第1章では、紀元前第三千年紀のエジプトのクレタ島への影響について論じた。第10章では、古王国時代のエジプトで、おそらくはエーゲ海地域について言及していると思われる史料を吟味するつもりである。したがってこの節では、エジプト以外の場所から出土した考古学的証拠だけを考察する。アルゴリス地方のミュケナイとアシネで――同地方にはティリュンスもある――、先王国時代あるいは初期古王国時代のエジプトの石鉢《ストーン・ボウル》が二つ発見されている。しかし、ミュケナイの石鉢は後期ヘラドス文化期の陶器のコンテクストで発見されたものであり、アシネの石鉢もおそらくはミュケナイ時代、すなわち作られてから一五〇〇年から二〇〇〇年のちに発見されたものだろう。エジプト学者でクレタ島考古学者J・D・S・ペンドルベリは、並はずれて美しく耐久性のあるこの遺物について、これはクレタ島経由で伝わったか、あるいは後世に墓が荒らされ、その結果伝わったものだろうと示唆している[115]。第三千年紀のアルゴリス地方にエジプトの影響があったことを考えると、その当時ギリシアに伝来した鉢《ボウル》は、財宝として副葬されるか、あるいはしまいこまれたという可能性は過小評価できない。同じように、アシネで発見されたボタン型印章をエジプトの印章と同一視した発掘者の説について、それではエジプトとギリシアの「接触があまりに早すぎる」というイデオロギー的根拠から、簡単に片づけてしまうことはできない⑯。他方、これは一つの可能性にすぎず、付加的証拠としての印章にあまりに大きい期待をかけてはならない。

疑う余地のない古王国時代の遺物がもう一つある。それは、おそらく紀元前二六世紀に君臨したと思われるエジプト第五王朝の創始者、ウセルカフが建造した太陽神殿の名前を刻んだ大理石の杯《さかずき》である。この杯はペロポンネソス半島の南東沖に浮かぶキュテラ島で発見された⑰。この遺物はかなりデリケートなものだが、製造後それほど時間がたたないうちに、この島に持ち込まれた可能性がある。第五王朝が没落する前ならば、神殿からものが「消える」ことはあり得ないので、この杯は第五王朝が没落後に持ち込まれたにちがいないと、ヘルックは主張している⑱。キュテラ島とセム族の強い関連を考えると、この杯は紀元前第二千年紀のある時点で、レヴァント人が運んできたものだろう。たとえばこの島には、紀元前第二千年紀の初頭に君臨したエシュヌンナのナラム・シン王が寄進した奉納板があり、そこには楔形文字が書かれている⑲。ク＝テ＝ラは第二千年紀中期以降のエーゲ海地域のエジプト語の地名リストに出てくる地名であり、これについては第10章で論ずる。キュテラ島という名前の語源はセム語の *ktrt*（王冠）であり、加えて、この島の別名、あるいは「二重語」〔たとえばホスピタル、ホステル、ホテルのような同語源異形〕のスカンデイア島という名前の語源は、エジプト語のセケムティ *sḫmty*（エジプトの二重冠）〔上エジプトの王冠すなわち白冠と、下エジプトの王冠すなわち赤冠を組み合わせたもの〕でもある——この点については『第I巻』で述べたとおりである⑳。

しかし以上のことから、この大理石の杯《さかずき》をEHII期のエーゲ海地域とエジプトが接触したという証拠として用いることができるかどうか、それは分からない。この証拠は示唆に富むが、依然として不確実な証拠であることにかわりはない。この時期、キュテラ島はギリシア本土の勢力圏というよりもクレタ島の勢力圏であったと思われるので、これがギリシア本土へのエジプトの影響を示す明快な証拠であるともいえない(121)。

このほかにエーゲ海地域から出土した古王国時代の遺物が二つある。しかしこの二つの遺物にはまったく別の問題がある。なぜならこれは、金儲けのために財宝を探し回っているハンターが発掘した埋蔵物のなかにふくまれていた黄金の遺物であり、彼らが悪徳業者に売り込もうとしたか、あるいは売り込みに成功したものだからである。

このような遺物のなかで最も悪名が高いのは、いわゆる「ドラク財宝」と呼ばれるものである。これはトロイアの東一六〇キロメートルにあるマルマラ海〔トルコ北西部の内海でダーダネルス海峡を経てエーゲ海につながっている〕に近いドラクで発掘されたと見られる。現地のヨルタン文化の黄金の数個の遺物と、鉄製の剣——初期青銅器時代の遺物としては注目される——が一つと、見たところ王座と思われる第五王朝のファラオ、サフラーの称号のある数個の黄金の薄板がいくつか含まれていたとされる。「財宝」は一九五九年、『ロンドン・イラストレイテッド・ニューズ』に絵入りの記事が出たが、その後消えてしまったために、その信憑性について疑念が表明されてきた(122)。しかし私は、これらの遺物を調査し、短いながら独創的な論文を書いたジェイムズ・メラートの鑑定を受け入れる用意がある(123)。もしもこれらの遺物が本物であれば、黄金の薄板はこの地の支配者——おそらくドラクの支配者であろう——にエジプトから与えられた正式の贈り物だったと思われる。これはもしかすると、この地域一帯にある種のエジプトの宗主権が及んでいたことを示している。

古王国時代のエジプトがアナトリアと接触があったことを示す考古学的証拠は、これだけではない。ギザ〔エジプト北部のナイル川西岸の町〕のエジプト第四王朝の墳墓からキリキア〔地中海に面した古代の小アジアの南東部〕の水差しが発見され、キリキアのタルソス〔キリキアの首都〕でエジプト第六王朝のボタン型印章が発見されている(124)。アナトリアでは、南東部のキリキアと北西部のトロイアやドラクの間には驚くべき量の接触があり、前述の遺物はキリキアとエジプトとの間に貿易関係と正式の接触があったことを示している。しかしだからといって、ドラク財宝の場合と異なり、エジプトのエーゲ海地域における軍事的・政治的影響力《プレゼンス》を論証するものではない。

しかし、エジプトの軍事的・政治的影響力《プレゼンス》は、王女の墳墓と思われるもう一つの黄金の埋蔵物によって示される。これは疑いもなくエーゲ海地域のものと思われるが、その明確な出所は不明である。ヘルックは、この遺物が出土したのはドラク財宝と同じように、アナトリア西北部――もしかするとトロイアそのもの――であり、初期青銅器時代にさかのぼる唯一のコレクションであると考えている(125)。なかで最も目をひく遺物は、第五王朝のファラオ、メンカウホルとジェドカラーの治世のきわめて地位の高い役人の持ちものだった黄金製の大きな円筒印章である。個人の持ち物である印章は、どんなふうに北部エーゲ海にやってきたのだろうか。「彼ら〔エジプト人たち〕はエジプト以遠の地中海沿岸地域に外交や貿易のため使節を送ったのだろうか。……信任のあかしとしてこの印章を携えてきた使節は結婚したのだろうか、殺害されたのだろうか、あるいは国外で印章を奪われたのだろうか」とエミリー・ヴァミュールとコーネリアス・ヴァミュールは推測する(126)。ヴァミュールは、ビュブロスで発見されたアラバスターの壺にサフラーばかりでなくメンカウホルとジェドカラーというエジプトのファラオの名前があったことを指摘し、紀元前第三千年紀、エジプトの高官が東地中海を航海したという彼らの考えを裏づけている。したがって、この時期、エジプトが海外領土への関心をもっていたという考えはけっして途方もない考えではない、金の円筒印章のような個人の貴重な私物が紛失したことについては、確実に説明する必要がある。エミリー・ヴァミュールは別のところで、初期ヘラドス文化期におけるキクラデス諸島と他の「ギリシアの」海上貿易の広がりについて書いており、最近の論文では、当時のボイオティア地方の港に繁栄した国家があったことを論証している。そしていま、その証拠はドコスの難破船から見つかっている。したがって、ギリシアが北西部アナトリアよりも遅れた地域だったと考えなければならない理由はまったくない(127)。

〈古代モデル〉一般を受け入れる人びと、とりわけ、ギリシアのディオニュソス祭儀はエジプトのオシリス祭儀に由来すると考える人びとにとっては、さらに、紀元前第三千年紀にエジプトとギリシアのあいだに接触があったという証拠がある——それは、アッティカ地方の沖合に位置するケオス島の紀元前第三千年紀の地層にみられる、豊穣の神としてのディオニュソス祭儀の存在である[128]。

このような証拠の断片をすべてつなげると、エジプト学者で比較美術史家のウィリアム・スティーヴンソン・スミスが述べた次の可能性が大きくなる。

王権の保護下で陸路と海路の貿易が拡大し、これがより明瞭になったのは第五王朝だったと私たちは考え始めている。そのため、スネフェル［第四王朝最初の王、紀元前二九〇〇年頃］からペピ二世［第六王朝最後の王、紀元前二四五〇年頃］までの時代は……エジプトにとってさい先のよい時代であり、エジプトはエーゲ海世界に気づくようになった[129]。

別の言い方をするならば、古王国時代のあいだずっと豊かだったエジプトは、ビュブロスやレヴァントの沿岸地域と不断に商業的・政治的に接触していたばかりでなく、ファラオたちの政治力は強大で、貿易活動や略奪行為から知られるように、南の近隣地域に関心をもっていた。だとすれば、当時、エジプトとエーゲ海地域のあいだに接触がまったくなかったなら、それは驚くべきことだろう。さらに、このような接触はエジプトのギリシアにたいする影響の結果であり、その逆でなかったことはほとんど疑いない。したがって私は、エーゲ海地域のクレタ島やその他の場所で発見されたエジプト古王国時代の遺物は——その数は比較的少ないが——かなり重要だと考えている。にもかかわらず、エジプトの影響の証拠としてずっと印象的なのは、テーバイの「ピラミッド」、灌漑用の工作物、穀物倉庫であると考えている。

初期青銅器時代「高度」文明の終わり

通説では、初期ヘラドス文化Ⅱ期のギリシアの文化と繁栄は紀元前第二三世紀（私の考えではこの年代は紀元前第二五世紀にさかのぼるべきである）におきた一連の破壊によって終わった。大部分の歴史家は、この断絶をインド＝ヨーロッパ系言語のバルカン半島への導入と関連させている。私は、それ以前にインド＝ヒッタイト系言語のうえにインド＝ヨーロッパ系言語が重なったという考えに傾いており、破壊による断絶とインド＝ヨーロッパ系言語の導入との間に関連があったという考えに与する気持ちはない。しかし、北方の種族が破壊とその後の植民に関わり、この時期にインド＝ヨーロッパ系言語がギリシアに導入されたということはほとんど疑いない[130]。この時期、レルナが破壊されてアルゴリス地方が荒廃し、エミリー・ヴァミュールが述べているように、「［レルナの］瓦屋根の館が焼失したのち、ギリシアが同レヴェルの文明にふたたび近づくには五〇〇年以上かかった」ことはまったく疑いない[131]。にもかかわらず、紀元前一二世紀のミュケナイ文明の破壊につづく「暗黒時代」の状況がまさにそうだったように、紀元前二五世紀の破壊後、どの地域も等しく荒廃していたわけではなかった。影響のなかった地域もあったと思われるし、近隣地域の敗北から実は利益を得た地域もあったと思われる。さらに、各地で全体的な人口変動があったようだ。たとえば、大部分の証拠が示しているように、ＥＨⅡ期末期以後のボイオティア地方にもギリシアの他の地方と同じような急速な人口の減少と繁栄の衰えがあったが、ボイオティア地方では二四世紀の破壊は比較的少なかったと思われる[132]。これにたいしてシメオノグロウは、ＥＨⅡ期のテーバイおよびボイオティア地方全体に人口の劇的増加があり、文化水準も高かったと反論している。彼は仮説として、これを外部——ただし北ではなく南——からの「侵入」と結びつけている。とはいえ、確信的「アーリア主義者」である彼は早々に、これは「エーゲ海地域内部の人口移動」

であったと付け加えている[133]。

ＥＨⅢ期中におきた「侵入」をカドモス伝説と結びつけているシメオノグロウは、カドモスはこの時期にクレタ島からやって来たと考えている[134]。私はサランティス・シメオノグロウの考古学的結論に異議を唱えたくないが、彼の説にはいくつかの問題点がある。同じように、初期ヘラドス文化期のカドモスとダナオスの伝説は外国の、主としてエジプトの影響があったことを示しているという、スピロプロスの説にもいくつかの問題点がある[135]。

第一に、伝承の多くの箇所で、カドモスはフェニキア人であり、彼の名前はセム語起源であると明快に語られている。これについては第12章でもっと詳しく取り上げる。第二に、シメオノグロウ説とスピロプロス説はいずれも、アムピオンとゼトスが建設したテーバイをカドモスが再建したというホメロスの伝承を否定している。六世紀の歴史家ペレキデスの解釈によれば、ホメロスの伝承はカドモスの到着前に古いテーバイの町が崩壊していたことを示している[136]。しかし、シメオノグロウはそのかわりに、最初の建国者はカドモスだったという逆の順序の伝承のほうが好ましいと考えている[137]。ＥＨⅢ期と中期ヘラドス文化期の初期に、繁栄は衰退期にあったというのが従来の考古学の考えである。これは古い伝承と一致するが、この問題については第12章で論ずる。

ギリシアの初期ヘラドス文化Ⅱ期の破壊は、エジプトの古王国の崩壊と第一中間期の政治的・社会的分裂と同時期に起きたと思われる。エジプトとレヴァントは、紀元前第一三世紀と第一二世紀に後期青銅器時代文明を終わらせた侵略の痛手から急速に回復したように、この時期の混乱からすぐに回復した。しかし周辺のエーゲ海地域は「暗黒時代」が長引き、それは何世紀も続いた。

結論

第2章で論じた地名、宗教祭儀、地方的伝承に見る盛りだくさんで込み入った証拠の文脈から見て、青銅器時代を通じて、ボイオティア地方とペロポンネソス半島の各地がエジプトとセム語を話すレヴァントの圧倒的な影響をうけたことは実質的に確実である。

これをもっと正確に言うのはむずかしい。なかには、おそらくアテナとポセイドンに関係する神話も含まれるだろうが、湿地帯の管理をめぐる争い――と私は考えている――に関連する神話があり、それは初期青銅器時代にエジプトからやってきたもので、そのとき、エジプト人が排水・灌漑にかかわったのだろう。そのほかの神話、たとえばゼウス、アルクメネ、ヘラクレス――彼には多くの特徴がある――の神話は、紀元前第二千年紀にギリシアにようやくやって来た。他方、とりわけ馬に関する神話は、紀元前一八世紀に実際にギリシアに二輪戦車《チャリオット》がもたらされてから創作されたにちがいない。カドモスについての伝説も、そこにずっと古い部分が含まれていることは疑いないが、これもまた紀元前一八世紀以降にやって来たのだろう。

すべてを総合して考えると、神話・伝説・地名は、ボイオティア地方、アルゴリス地方、アルカディア地方に、エジプト語と西セム語を話す人びとの圧倒的な影響が持続していたことがわかる(138)。

このような構図は考古学的記録と比較的うまく合致すると思われる。アムピオンとゼトスの墓の「ピラミッド」建設と、初期青銅器時代のコパイス湖の最も古い排水計画に、エジプトの大きな影響があった可能性についてはくわしく論じた。オルコメノスの近くにある「エジプト型の穀物倉庫」についても同じようにくわしく論じた。ミュケナイ時代のテーバイの宮殿と、紀元前一三世紀のテーバイの宮殿《カドメイオン》の宝庫から発見された近東の豪華な数々の遺物については第12章で論じよう。これはこのような接触と影響が続いていたことを立証している。

私たちが関心をもっているこの時期に、ボイオティア地方とエジプトのあいだにどんなかたちの関係が存在したのだろうか。残念だがその確定は不可能である。直接的な植民地化という形だった可能性はきわめて低い。〈沈黙からの議論〉は危険だが、エジプトの遺物も発見されていないし、エジプトの植民地だったことも立証もされていないばかりでなく、ボイオティア地方の筆記文字体系はエジプトのヒエログリフすなわち、ヒエラティック〔神官文字〕ではなくて、むしろエーゲ海地域の筆記文字体系であったということにも注目しなければならない。にもかかわらず、この時期以降、ボイオティア地方にエジプトの技術が見られることを示す考古学的証拠がある。また、エジプトとセム族の祭儀、神話、伝説はこの地方に深く浸透している。そして、紀元前第三千年紀のエーゲ海地域にエジプトの役人が住んでいたこともあり得る。以上のことから、エジプトがここにある種の宗主権をもっていた可能性はかなり大きい。

ボイオティア地方のこの状況は、ギリシアの他の地域にどの程度まで拡大できるのだろうか。考古学が示すように、アルゴリス地方に、エジプト型の穀物倉庫や、エジプトで見られるような水利工学を利用できる、高度な政治統合体が存在したことはあきらかである。ここから、そこにエジプトの宗主権があったというのは可能であり、アルゴスとエジプトの間に外交関係があったことは実質上確実と思われる。ボイオティア地方にもアルカディア地方にも、建設関連の神話と地名があり、そこには驚くべき並行関係がみられるが、同時に排水・灌漑についても、両地方には驚くべき並行関係が見られる。このことは、もしもアルカディア地方の水利用の工作物が早くも初期ヘラドス文化期に始まっていたとすれば、アルカディア地方でもエジプトとセム人の影響があったということを示唆している。したがって、きわめて早くから、もしかするとインド＝ヒッタイト語に対抗するインド＝ヨーロッパ語が到着する以前からかもしれないが、エジプトとレヴァントの青銅器時代の文明はエーゲ海地域に圧倒的な影響力をおよぼしていた。

初期青銅器時代のクレタ島とキクラデス諸島の状況は、ギリシア本土の状況と大きく異なっていた。このエーゲ海の島々には大変魅力的で洗練された物質文化が栄え、都市生活の痕跡はいくらか残っているが、強力な国家権力があったことを示すものは残っていない。第1章で示したように、少なくともクレタ島の場合、その文化にエジプトとレヴァントが大きな影響を与えていたことは、考古学的証拠から疑いない。これはエジプト語の文献証拠で裏づけられると思われるが、それについては第10章で見ることにしよう。事実、エーゲ海地域と近東との関係を見ると、初期青銅器時代のエジプト古王国が最盛期だった時代と、後期青銅器時代の新王国の力が強大だった時代との間には、基本的な類似性があるように思われる。

もちろん、顕著な違いも多い。まず第一に、第一中間期の分裂と混乱後、紀元前二一世紀の中王国王朝の登場にともなってエジプトの権力は復活したが、これが重要な役割を演ずることによって、クレタ島が宮殿と国家をもつ地域へ変容したと思われるという事実がある。対照的に、ギリシア本土と北方の島々にとって、中王国の登場はそれほど意味はなかったと思われる。

紀元前二〇〇〇年以後、「ミノア人の」クレタ島は文化的に強力な、おそらく政治的にも強力な存在となったが、このためにクレタ島は、私たちがこれから見るように、「ギリシア」文明の発展のなかで決定的となった紀元前第二千年紀前半の間ずっと、近東とエーゲ海地域のあいだに唯一介在する最も重要な存在となった。エーゲ海地域の初期青銅器時代と後期青銅器時代には、もうひとつ決定的違いがある。それは、紀元前第三千年紀のエーゲ海地域には、〔エジプトやレヴァント地域による〕直接的植民地化という証拠がほとんどないか、あるいは、まったくないという点である。他方、第9章で私たちが見るように、紀元前一八世紀と一七世紀には、エジプト＝セムの文化と言語をもったヒクソスの君主たちが実際にギリシアに植民地を建設し、長期的な王朝を創設したという可能性が大きい。

第4章

クレタ島の旧宮殿時代とエジプト中王国

——紀元前二一〇〇年—一七三〇年——

この章ではもとに戻って、小共同体から構成された繁栄し洗練された社会から、宮殿に支配された中央集権的な国家の集合体へ変化したクレタ島を考察することにしよう。この変化によってクレタ島の形態は、それに先立つ何世紀もの間、中東の多くの地域で一般的になっていた形態と一致するようになった。独自の特徴をもったクレタ島の発展は、それ自体きわめて重要である。また、後期青銅器時代に支配的だった後期ミュケナイ文明をつくりあげた最も重要な要素の多くが用意され、のちのアルカイック時代とギリシア古典時代の基礎がつくられたことからも、その発展は重要である。

この章で強調するのは宮殿が出現した背後にあったエジプトの影響である。古代の伝承では、宮殿の出現にエジプトの影響があったといわれていたが、二〇世紀には、アーサー・エヴァンズが一九〇〇年ころにクノッソスを発見して以来、エジプトの影響は軽く扱われてきた。〈アーリア・モデル〉の信奉者たちは、驚くほど洗練されて立派な「ミノア人の」クレタ島の文化が発見されたことによって、クレタ島は「東洋」と「ヨーロッパ」のあいだのたんなる踏み石であるという考えに耐えられなくなった。こうして、クレタ島は古代ギリシアの、したがってすべての西洋文明を産みだした親の一人と見なされるようになり、もう一人の親は、力強いインド＝ヨーロッパ人を産んだ中央アジアの大草原地帯と山々ということになった(1)。

初期ミノア文化第Ⅲ期——前宮殿時代

陶器年代区分でいう初期ミノア文化第Ⅲ期が終わって中期ミノア文化第Ⅰａ期が始まったのは、紀元前第三年紀から紀元前第二千年紀に入った境目のころで、クレタ島史でいえばこの移行は宮殿時代の始まりを画している。初期ミノア文化期のクレタ島は、その大部分が相対的に社会的未分化な状態にある農村社会であったが、これにたいして中期ミノア文化期の社会は、中央の宮殿によって支配される国家のひとつであった。

孤立主義者のコリン・レンフルーが外部の影響による変化の広がりを力説したくないのは驚くにあたらない。したがって彼は、「前宮殿時代から原《プロト》宮殿時代の移行における連続性が強調されなければならない」と主張している(2)。前宮殿時代という語は、初期ミノア文化期全体——私はこの意味で前宮殿時代という語を使う——と、宮殿建設直前の数十年間との両方を指すために、用語上の難点がある。最近、若い学者たちは宮殿のなかった初期ミノア文化期の時代と、前宮殿時代の初期ミノア文化期を区分する重要性を再確認し始めている。前宮殿時代から原《プロト》宮殿時代へのスムーズな発展というイメージに疑問を抱いた彼らの関心の中心は、クレタ島東部の南岸にあるミルトス遺跡である。なぜなら、そこに宮殿時代間際の初期ミノア文化期末期の集落があったと見られているからだ。この遺跡を詳細に研究した若い考古学者T・M・ホワイトローは、ミルトス遺跡は初期ミノア期のクレタ島社会と前宮殿時代のそれとをつなぐものではないと見ている(3)。ほかの学者たちもこの見方を受け入れる傾向にあり、ケンブリッジ大学のある考古学者は、「ミルトス遺跡が再解釈されて以後、宮殿時代のMM期と宮殿時代の原型《プロトタイプ》のEM期はただたんに量的に異なるだけだとはいえなくなった」と述べている(4)。もう一人のケンブリッジ大学の考古学者ジョン・チェリーも同じような結論に到達しているように思われる。彼は「ミノア文化期クレタ島における複雑な社会の進化、変革および起源」と題する論文のなかで、自分は「紀元前二〇〇〇年をはさむ数世紀間に起きた宮殿社会への移行が、いくつかの観点から見て、これまでになかった段階への飛躍的な大変化だった」可能性があると提起しているにすぎないと主張している(5)。この慎重な言いかたは、活動的で大衆受けの良いコリン・レンフルー教授がいるケンブリッジ大学ではほとんど驚くにあたらない。しかし、チェリーの真意がどこにあるかはあきらかである。チェリーは、アーサー・エヴァンズと彼の同時代人たちが創始したクレタ島考古学の進歩的進化論——レンフルーはその伝統にすっぽりはまっている——を批判するばかりでなく、この伝統をヴィクトリア朝的な進化論、すなわちダーウィニズムと比べてもいる。したがって彼は、クレタ島考古学に、相対的平衡状態から突如として変化が起きるという断続的平衡説――最近の生物学ではこの説が有力で、スムーズな進歩を主張するダーウィニズムが退けられている――を適用する。チェリーの議論の基礎は、都市と田園のあいだおよび諸社会階級のあいだの驚くべき分化と、精巧な宮殿組織であった。彼はクレタ島と近東のあいだのコミュニケーションがこの時点で急速に増大したことを示す考古学的証拠も強調している[6]。

この現象を検討するまえに、クレタ島と近東という二つの地域の年表を見ておかなければならない。アーサー・エヴァンズが確立した独創的な年代区分である陶器年代区分年表〔陶器の特徴によって年代を区分した年表〕の基礎は、古代エジプト王国の三つの時代であった。エヴァンズのいうクレタ島の初期ミノア文化〔EM〕期はエジプトの古王国時代に、中期ミノア文化〔MM〕期は中王国時代に、後期ミノア文化〔LM〕期は新王国時代に対応していた。この全体の枠組みは驚くほどうまく続いてきたが、過去五〇年の間、多少の修正をしなければならなかった[7]。修正された理由は、ひとつには、もっぱら東地中海諸地域の関係を研究してきたアメリカのエジプト学者ウィリアム・ウォードが述べているように、「陶器年代区分年表を用いているエーゲ海地域専門家の大多数は、MMⅠa期の開始時期を紀元前二〇〇〇年頃か、あるいは〔エジプト〕第一二王朝の開始時期としている」ことが認められたからであった[8]。したがって、彼によれば、MMⅠa期よりも前の時代であるEMⅢ期は、紀元前二二世紀の最後の数十年のあいだに始まったと思われる。最近になって、カドガン教授はMMⅠa期の開始時期を紀元前二〇五〇年ころとしており、この年代のほうが炭素14法の測定値にずっと合致すると思われる[9]。しかし、一般に彼や他の専門家は、最初に宮殿が建設されたのはMMⅠa期が始まる数十年後であったとする点で一致している。いずれにしても、紀元前第二千年紀の変わり目の二五年の間にクレタ島に大宮殿が建設されたと思われる[10]。しかし、それ以前に、ほぼ一世紀間続いた前宮殿時代が存在したことはあきらかであり、この点ではEMⅢ期とMMⅠa期の境界がはっきりしていない。実際には、クノッソス出土のMMⅠa期の陶器類とクレタ島東部出土のEMⅢ期の古い陶器類は部分的に重なっている。ウォードが論じているように、ＥＭⅢ期の後半の大部分の時期と前宮殿時代はエジプトの第一中間期に対応する時期ではなく、むしろ、紀元前二三世紀中期に始まり紀元前二一世紀に最盛期をむかえたエジプト中王国時代の最初の王朝、第一一王朝と同時代であった⑾。

ＥＭⅢ期のあいだずっと、クレタ島では一般的に中東との、とりわけ、エジプトとの接触が急増した。考古学者のキース・ブラニガンは、クレタ島におけるシリアの影響という新しい波に注目している。たとえば彼は、クレタ島の冶金には連続性もある一方で、「シリアやキリキアで用いられた型と技法のかなりの影響があり、この時期とそれに続く時期には、実際にシリア製の短剣が輸入されている」と指摘している⑿。別の考古学者のＯ・クルジスコウスカは、ＥＭⅢ期のあいだずっと、エジプトあるいはシリアからの象牙の輸入と、エジプトからの、おそらくはカバの牙の輸入が増加したことの重要性に注目している⒀。

ＥＭⅢ期のクレタ島で出土した陶器類のなかに小型の円筒形広口瓶とミニチュアのアンフォラ〔取っ手が二つで、首が細長く底のとがった壺〕が混じっていたが、ピーター・ウォレンはその原型がエジプトの石製品にあることをあきらかにしている⒁。

考古学者のＬ・ヴァンス・ウォトラスは、「ＭＭⅠ期には新しい形の瓶がいくつか現れた。なかには、脚付きグラス《ゴブレット》、竜骨の形をした杯、円錐形の杯、溝が彫ってあるカンタロス〔ループ状の取っ手が二つ付いた高脚杯〕、獣の姿をした神の頭部がついたリュトンが含まれており、こうした器《うつわ》は、長い前史をもつ近東の器を真似てクレタ島に現れた」と指摘している。彼はまた、こうした器はクレタ島、エジプト、レヴァントで特殊な祭儀に用いられたもので、その間には関連があると見ている⒂。さらに彼は、高速（軸受け）ろくろはＭＭⅠ期―ＭＭⅡ期のクレタ島南部にはじめて出現したと思われるが、それは近東からはじめて導入されたものであり、「宮殿制度が要請する専門化と量という要求を満たすため」だったと、妥当で興味深い示唆もしている⒃。

鉛同位体分析と螺旋文様

この時期のクレタ島では本物のエジプト製の遺物も発見されている。クレタ島南部のメサラにあるトロス墓は、周囲の状況からＥＭⅢ期とＭＭⅠ期と見られるが、そこでエジプトのスカラベ〔オオタマオシコガネの形を彫刻した宝石や陶器で、底平面に記号等が刻まれた護符や装飾品〕が六つ発掘された[17]。このことは、発掘されたスカラベの寸法や数以上に重要である。というのは、ＥＭⅢ期に初めて現れるクレタ島の印章とエジプトの印章とのあいだの精密な様式を根拠に、クレタ島とエジプトの結びつきが確認されるからである[18]。ペンドルベリは、「〔エジプトとクレタ島のあいだの〕並行関係の多くはあまりにも緊密であり、現に輸入品があったことを考えあわせると、この時期のエジプトとメサラとのあいだに直接的接触があったと考える以外にない」と述べている[19]。ペンドルベリよりもまえに、エヴァンズはエジプトとクレタ島に結びつきがあると考えていた。しかし、一九二八年にベルリンで本を出したＦ・マッツは、エヴァンズのこの考えを攻撃した。マッツは、この時期のクレタ島の宝飾彫刻にはバルカン半島やドナウ川流域との結びつきが見られると考えた[20]。ほかのドイツやオーストリアの学者たちが気に入っているのは、クレタ島の印章製造がアナトリアに起源があるという説である[21]。しかし、この説に傾いているウォードも、「この説を支持する学者たちが最近も著作で議論しているが、それにもかかわらず、エヴァンズの最初の考えを支持する驚くべき量の証拠がある」ことを認めている[22]。

さて、北〔のギリシア〕から南〔のエジプト〕へという結びつきに目を向けよう。すると、鉛同位体分析によって、紀元前二一世紀の第一一王朝の二つの彫像がアッティカ地方のラウリオン鉱山産出の銀で造られたという魅力的な可能性がでてくる。この分析が間違っている可能性や、前章で述べたような接触を通じて、数世紀以前の古王国時代に輸入された銀だった可能性はあるだろう。ラウリオン鉱山からエジプトへ輸入された品目については第11章で議論する。しかし、最も可能性の高いのは、初期中王国時代のエジプトとエーゲ海地域のあいだに、直接あるいは間接の貿易関係や政治的接触があったという説明だろうと思われる[23]。

最も頻繁に北の影響として挙げられている実例は螺旋文様である。ドイツ人学者たちが螺旋文様問題と呼ぶ問題は、紀元前二一世紀と二〇世紀に、クレタ島でもエジプトでも螺旋文様の装飾が頻繁に使用されたという事実から生まれている。フィムメンやヘルックのようなドイツ人学者は、この装飾が北から、おそらくキクラデス諸島から来たと解釈している[24]。第二次世界大戦後の反伝播論的状況のなかで最も人気が高かったのは、螺旋文様が三つのすべての場所で、他と無関係に創作されたという解釈である[25]。この解釈を詳述したウォードは、この文様が容易に創作されることを力説し、伝播の中心地は三地域――キクラデス諸島、トルコ東部、イラン――だったと仮定している[26]。これは受け入れられるように思われる。

しかし、実際は、少なくとも紀元前第三千年紀の中期以降、螺旋文様は中東やエーゲ海地域のいたるところで見られる平凡な文様だった[27]。さらに、螺旋状に曲がった線というモチーフは古王国時代のエジプトにも存在した。そのうえ、このモチーフの二つの例――ムネヴィス〔エジプト神話の太陽神ラーの化身としての黒牡牛〕の「曲がりくねった壁」と、wt すなわち、ミンの聖なる紋章の真っ直ぐに伸びたスパイラルと角《つの》」――は、とりわけ牡牛祭儀と結びついていた。牡牛祭儀はこの時期に別の理由からクレタ島にエジプトから導入されたと思われる（後述参照）。したがって、紀元前第二千年紀の変わり目のころ、エジプト＝クレタ島の螺旋文様はキクラデス諸島やアナトリアの螺旋文様と似たものだっただろうが、その象徴的な用法はおそらくエジプトに由来したのであろう。

クレタ島の宮殿

クレタ島の牡牛祭儀の起源について議論するまえに、牡牛祭儀が盛んにおこなわれた宮殿を考察しておかなければならない。クレタ島では、最初の宮殿は紀元前二一世紀の最後の数十年間に造営され、紀元前一二世紀まで存続したと思われる。その頃のクレタ島は、二五〇〇年以上にわたってミュケナイ文明のギリシアの支配下にあった(28)。

クレタ島は活発な地震活動地域に位置しているために、軍事行動や偶発の火災による破壊よりも地震による倒壊のほうが多かったと思われる。にもかかわらず、紀元前一四五〇年頃のギリシア人の到来を別にすれば、紀元前一八世紀末近くのMMⅡ期とMMⅢ期のあいだに唯一の文化的断絶があり、その断絶によって初期宮殿時代と後期宮殿時代は建築上はっきり区別されている(29)。宮殿の構造とシンボルの使用は変化したが——その変化の一部については後述する——、八〇〇年以上にわたる宮殿時代を通じて、クレタ島には注目すべき連続性があったと思われる。したがって、私たちは後期宮殿時代末の宮殿の官僚制と経済についてかなり知っているので、それとの類推から、初期宮殿時代の性格の多くを考察しても間違いないだろう。

およそ紀元前二〇〇〇年のクレタ島宮殿の建設は、疑いなく、一〇〇〇年以上にわたって大部分の中東地域で確立された経済・社会制度が南エーゲ海地域に拡大したことを意味している(30)。さらに、経済・社会制度の導入は一般的なレベルにとどまらず、具体的な細部も伴っていた。生涯の大半を宮殿の建築学的研究に打ち込んだジェイムズ・ウォルター・グラハムは、いまなお宮殿について権威のある著作『クレタ島の宮殿』を著し、そのなかで次のように述べている。

クレタ島の宮殿と近東の宮殿とのあいだにいくつかの類似点があることはほとんど否定できない。そして……クレタ島とエジプトの建築様式のあいだについても同様のことがいえる。

とりわけ、［ユーフラテス川上流にある］マリ宮殿と〔クレタ島の〕ミノア宮殿のあいだの一般的性格には類似性がある。そこには、中庭を囲むかたちで配置された部屋、使用目的別に区画された内部空間、……粘土製湯船のある浴室、謁見の間がある。しかし、このような広範囲におよぶ類似性があるにもかかわらず、あまりにも大きく根深い相違点があるために、あるタイプの宮殿建築様式が多少とも他のタイプの建築様式に本当に影響を与えたかどうかは、誰にも分からない。ある種の一般的建築方法、たとえば「ハーフティンバー」〔木組み構造を露出させてその間を石などで埋める様式〕やオルソスタット〔墓の壁になることが多い直立した巨石〕のような方法も広く普及している……。

細部にも類似性がある。たとえば、マリの宮殿とクノッソスの宮殿のクレーパイプ区画《セクション》……のあいだに、あるいは、クレタ島宮殿の縦溝のついた円柱の柱身や一部の柱頭……とエジプトの宮殿の円柱のあいだに類似性がある。限定的ではあるが、壁画も接触が見られる分野である……。

現在入手できる証拠から、次のようにいえるだろうと私は考えている。すなわち、紀元前二〇〇〇年ころ、クレタ島に最初の宮殿ができたとき、クレタ島の建築家たちはよその宮殿の建築様式を一般的な形で知っていたが、クレタ島の必要と環境に適合し限定された宮殿形式を創りだした。そして彼らが用いた建築技術は、総じて彼らになじみ深い東地中海地域の伝統的技術であった。……［彼らは］より効率的で、その地方独特の建築形態を発達させた。この建築形態は、ある程度、海外の宮殿の建築様式の影響をうけたものであり、……新しい装飾形式にはとりわけエジプトのものが用いられた。……ファラオを真似て、クレタ島の王がエジプト型の宴会場を欲した場合に、豪奢さを加えるためエジプト型が採用された可能性がある……(31)。

ここで彼は、近東とエジプトの影響を不承不承認めている。そしてその後の論文で、クレタ島南部のファイストスの後期宮殿時代の宮殿にエジプト特有の建築様式の影響が見られることを詳述したときも、次のようにしぶしぶ認めている。

私は以前の論文で、クレタ島の建築様式のいかなる形成・発展段階をみても、外部からの強い文化的影響があったと考える根拠はないと述べた。いまなおその考えに変わりはない。しかし、細部の装飾が類例なく豪華な装具《トラッピングス》や、接見あるいは宴会のための大広間にみられる華麗な特徴は、外部から持ち込まれた可能性が考えられるばかりでなく、おそらくは外部から持ち込まれたと思われる(32)。

宮殿の場合、豪華な装具《トラッピングス》等は余計なものではない。こうした装具やそれの生み出す壮麗さは政治体と経済の運営にとってきわめて重要な意味をもっている(33)。このような「細部」は、クレタ島に初めて建設された宮殿に見いだすことができる。たとえば、エジプトとクレタ島の宝飾品は驚くほど似ているが、これはテーマでも技術でもかなりの借用が行われ、それが旧宮殿時代に始まったことを意味している(34)。クレタ島絵画の装飾的モチーフの多くは、中王国時代のエジプトに見いだすことができる。たとえば、「古代クレタ人」はエジプト絵画のしきたりに従って、女性を黄色／白色に、男性を赤色／茶色に描いている。背中がワニで、直立したカバの姿で描かれているエジプトの出産の女神タウエレト T3 wrt（大いなるもの）は、このころクレタ島にやって来たと思われる神であるが、この女神の姿はエーゲ海地域の考古学者たちに「ジーニー」として知られている昆虫に姿を変えた。このようなことは、クレタ島美術のいたるところで生じた(35)。

このほかにも、クレタ島の宮殿に「クレタ島的な」装飾的・宗教的シンボルを見いだすことができる。この章と本巻の後半では、これらのシンボルとエジプトのシンボルとの関係を論ずる。同じように、クレタ島と中東の宮殿の官僚構造と経済構造のあいだには、細部にわたって驚くべき並行関係が見られる。これについては第10章で考察する。最近ウォトラスは、東洋を起源とするEMⅢ期の芸術上・建築上の革新は、宮殿制と官僚制のクレタ島への導入と結びついて、「王政の一部」として一体化されて導入されたにちがいないと論じている。レンフルーの孤立論は、彼によって明確に——しかも効果的に、と私は考えている——粉砕されている。ウォトラスはまた、クレタ島でも近東でも、宮殿社会という特定の社会形態が見いだされるが、宮殿社会は富の増加と都市化それ自体が生み出すものでないことは、多くの歴史的並行関係によって論証されていると指摘している(36)。エーゲ海地域の考古学者のあいだでは、ウォトラスの考えはまったくはやらない。しかし、彼の結論は考古学以外の学問分野の学者にとっては文句のつけようがないために、エーゲ海地域孤立論を主張する人びとはそれに異論を唱えるのが難しいことを知っている(37)。

少なくとも、つぎの二点はあきらかである。まず第一に、宮殿と社会の細部はもちろん、中心をも形づくった一般的なパターンは、中東からクレタ島に伝来したという点。第二に、紀元二〇世紀の大半の学者はこの事実を認めるのを渋ってきたという点。

私はすでに、クレタ島は近東から借用したという考えに敵意をもつ学者としてグラハムを引用したが、このことは彼の著作を通じて明白である。また、このような態度がより明瞭に現れている学者の実例はキース・ブラニガンだが、一方で彼は、クレタ島への外からの影響という考えに驚くほど偏見がない学者として、以前に名前を挙げた学者でもある。彼は次のように述べている。

しかし、とりわけ、クレタ島の宮殿の建築構想は、青銅器時代のほかの地域の宮殿の建築構想とはまったく異なる。クレタ島の宮殿の焦点は中庭にある。この中庭のまわりに宮殿が配置され、中心から外部に伸びていった。このように、宮殿の設計者はあらかじめ決められた空間や形態と彼の設計プランとの合致を強いられなかったことがわかっている(38)。

ここで語られているのはあきらかに、クレタ人が何らかの意味で「原ヨーロッパ人」であり、したがって、クレタ人がアジア人やアフリカ人とは異なる自由な存在であるというイデオロギー的確信である。このような意味で、頻繁に引き合いに出されるのは、クレタ島の宮殿に内壁がないということである。宮殿に内壁がないということは、牧歌的で平和なクレタ島社会の性格を例証するためにも用いられる。これは多くの点で、ヴィンケルマン〔一七一七—六八年、ドイツの考古学者で美術史家〕が描いた〈のどかで無邪気なギリシア人像〉——一八世紀と一九世紀に一般に普及したのはこのギリシア人像であった——と似ていると考えられるだろう。同じように、アーサー・エヴァンズは〈幸福で平和的なクレタ人像〉を再構成したが、最近、この再構成に大きな影響を与えたのは、エヴァンズを取り巻いていた上流階級的な教養環境であったことがあきらかにされている(39)。

にもかかわらず、そうは言っても、宮殿と宮殿を包含した文明には、特殊「クレタ島的」なにかがある。しかし、同じような地域的特殊性は、中東的宮殿が存在したすべての地域——メソポタミア、シリア、アナトリア等——に当てはまる。これらの地域の宮殿はすべて、その地域の地理的・社会的・経済的・文化的状況を反映していた。最近の発掘では、クレタ島で人間が生け贄にされていたことが強く示唆されているので、クレタ島社会はアーサー・エヴァンズが望んだような牧歌的な社会でなかったことが立証されている(40)。にもかかわらず、後期宮殿時代の状況とは大いに異なり、初期宮殿時代のクレタ島の国防と暴力への関心は比較的小さかったと思われる。これは紀元前二〇〇〇年から一七三〇年の初期宮殿時代に、クレタ島の宮殿「諸国家」間が比較的調和がとれた関係にあり、外からの脅威もなかったことを示している。

そのほかのクレタ島の特色、たとえば、海事関連の技術に見られる装飾性は地理学から簡単に説明することができる。クレタ島が〔東地中海地域の〕地理的中心に位置していることにより、クレタ島の宮殿文化が同時代の他の宮殿文化と明確に異なっていることもあきらかである。この時期のクレタ島は、レヴァントの影響やエジプトの影響、そしてまた、諸地域の影響が合流する場所であった。というのは、前宮殿時代の始まりに見られる鮮明な断絶にもかかわらず、レンフルーが正しく指摘しているように、初期ミノア文化〔EM〕期から中期ミノア文化〔MM〕期にかけて、かなりの連続性が見られるからである。こうした連続性は、孤立していた結果生まれたのではなく、頻繁に文化的に混合した結果生まれたことを忘れてはならないが、初期ミノア文化期のクレタ島が独特の文化的アイデンティティをもった洗練された社会であったことは疑いない。

クレタ島の文字

このようなクレタ島の独立性は、宮殿時代のクレタ島がエジプトのヒエログリフ〔象形文字〕やバビロニアの楔形文字を採用しないで、独自のヒエログリフ〔象形文字〕と音節体系を用いたことに反映されている。通説では、クレタ島の筆記文字は、宮殿が建設されたすぐ後の時代のMMI期に、EMI期以来用いられてきた記号を絵文字の形に整えるかたちで発達してきたと考えられている。この説によれば、絵文字は次の二、三世紀のあいだ、紀元前一八世紀後期のMMⅢ期の初めまで使用され、その後、音節文字表をもった線文字Aがそれに取って代わり始めた。線文字Aは、線文字Bがそれに取って代わるまで引き続き使用された。線文字Bはギリシア語の筆記に適合する類似の文字であり、紀元前一四五〇年ころのギリシア人のクレタ島侵略とともに、クノッソスで使用されるようになった。

この説にいくつかの問題点があることは認められている。まず第一に、線文字Bは線文字Aから直接に派生したのではないという事実から生ずる問題がある。ここから必然的に出てくるのは、線文字Bは線文字Aより前の言語から枝分かれした言語だという仮定であるが、この仮定は、線文字Aが絵文字から直接発展したという前述の通説の枠組みからは生まれない。ギリシア人がクノッソスの宮殿を征服したときに、クレタ島で発展したのが線文字Bであるという魅力的で単純な理論を主張することも不可能になる。証拠となる文字〔クレタ島の線文字B〕を説明するには、これよりもずっと以前に、ギリシア本土に線文字Bが存在したと主張する必要がある。

アメリカ人古典学者スターリング・ドウによると、〔線文字Bの〕音節文字表は紀元前一六〇〇年ころに創られたとされるが、これは通説を支持する歴史家たちに二つの問題を提起する。第一に、ギリシア人は彼らが宮殿を攻略する前に、なぜこのような筆記文字を必要としたのかという問題。第二に、何世紀もの長いあいだ、この筆記文字の用法はどうして立証できなかったのかという問題(41)。どちらも重大な問題でないと私には思われる。〔まず第一の点についていえば〕きわめて単純な政治的・経済的構造の社会がきわめて複雑で洗練された筆記文字を使用し発達させた例として、紀元千年紀末に中国の西にあった新絳《しんこう》〔中国山西省南部〕で発達した西夏文字がある。いずれにしても、前章で論じたように、ギリシア本土では早くも紀元前第三千年紀の中期に、いくつかの重要な国家が登場していた。〔次いで第二の点についていえば〕紀元前第二千年紀の数世紀間のギリシアで立証が欠けていることについて、沈黙からの議論を恐れるというのはすなわち、保証のない信頼を考古学においていることを示していると私は考える。筆記文字の記録のなかには、もっと長期にわたって明白な中断期間のある実例は多い(42)。

通説のもうひとつの問題は、線文字A、線文字Bおよびキプロス語〔ギリシア語の一方言〕の音節文字表との関係から生まれる。おそらくキプロス語の音節文字表は、二つのエーゲ海語〔線文字Aおよび線文字B〕のもとになった音節文字表よりもずっと古い祖《おや》音節文字表から派生している。これを図で示せば次のようになる。

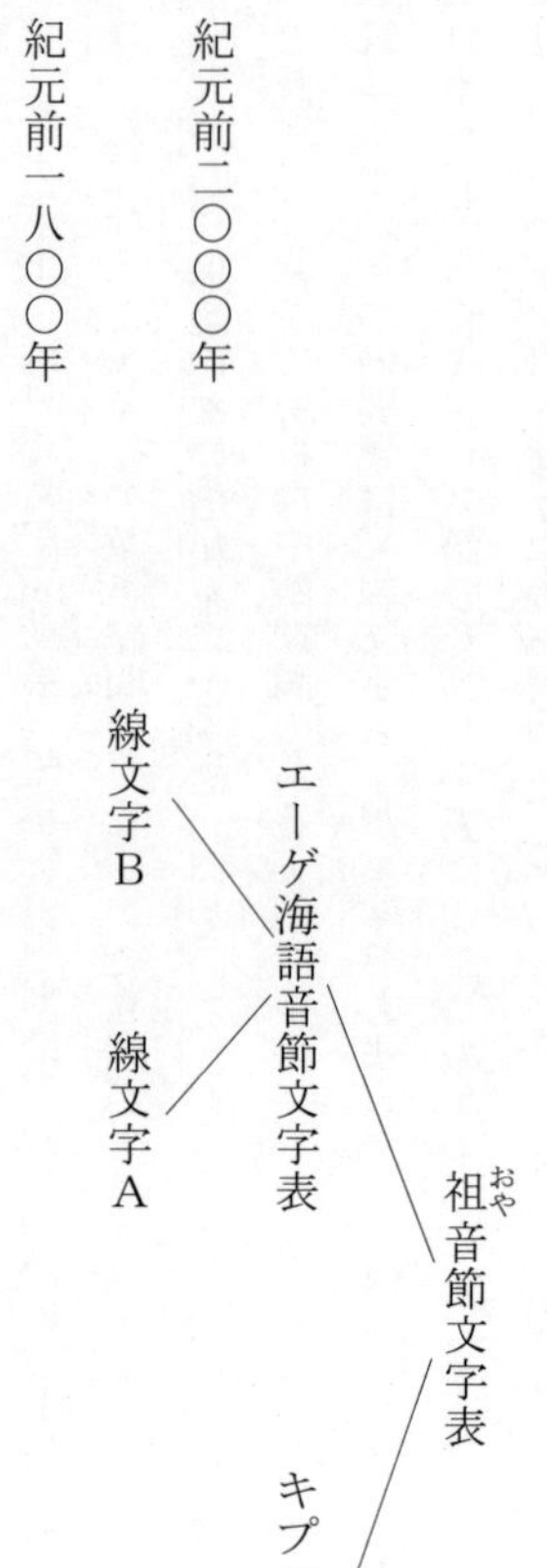

クレタ島のファイストス宮殿跡から、紀元前第三千年紀末のＭＭＩＡ期にはすでに線文字Ａの一形態が使用されていたという証拠が見つかっている(43)。事実、ＭＭⅢＢ期（紀元前一七〇〇年頃）に、いくつかの異なる地域方言の線文字Ａ——線文字Ａの最古の粘土板の多くはこれである——が書かれており、この事実から、紀元前一七世紀と一六世紀には、線文字Ａの使用が始まってから長い時間が経過していたという考えが有力になっている(44)。線文字Ａが紀元前第二千年紀に変わる頃に生まれたとすれば、線文字Ｂのもとになった文字は紀元前第三千年紀に存在していたに違いない。この場合、線文字Ａ、線文字Ｂ、キプロス語の各音節文字表のもとになった祖《おや》音節文字表は、紀元前第三千年紀中期かそれ以前に発達していたに違いない。この音節文字表が紀元前二五〇〇年前に発達していた可能性は大きい。このときまでには、レヴァントで、多くの言語に適合した順応性の高い楔形文字が十分に定着していたのは事実だったからだ。

したがって、初期青銅器時代初め、キプロス島からアナトリア南部を経てクレタ島に広がるどこかの地域で、絵文字の次に発達したのが各音節文字表の祖《おや》音節文字表であった、という仮説が最も妥当と思われる。この祖音節文字表では、有声子音と無声子音が区別されていなかった。これはセム語学者サイラス・ゴードンの説によると、アナトリアやクレタ島の多くの言語と似ており、ギリシア語とは似ていない。

したがって、立証の不足はあるにしても、おそらく前宮殿時代のクレタ島では、絵文字と音節文字がともに十分に定着していたようである。宮殿のなかった時代のクレタ島と前宮殿時代のクレタ島のあいだには文化的断絶があり、紀元前二一世紀のクレタ島にはレヴァントとエジプトから大きな影響があった。にもかかわらず、宮殿時代のクレタ島で楔形文字やヒエログリフ〔象形文字〕、あるいはヒエラティック〔神官文字〕が採用されなかった理由は、おそらくここから説明できるだろう。逆説的だが、このような図式はレンフルーの文化的連続性という主張を確認するのに役立つかもしれない。初期ミノア期から中期ミノア期のクレタ島では、文化的連続性が――文字という重要な領域に――みられるからだ。

初期宮殿時代の祭儀シンボル

しかし、前宮殿時代と初期宮殿時代のクレタ島には、文字以外の多くの領域で重要な革新があった。しかも目立つのは、レヴァント起源やエジプト起源と思われる革新の数が驚くほど多いことである。なかには、*sṯ*（肩胛関節）や tit 𓎬（結合部 tie）のような宗教的シンボルがある。後者の tit 𓎬 は、Ḏed 𓊽 を二重にしたもので、これにアンク rnẖ ☥ を加えて、葦で造った祭儀用舞台を意味すると同時に、あばら骨に腱のついた牡牛の脊柱を意味した。命の象徴とされるアンクは、サンダルの革ひもをあらわしているのかもしれないが、ヨーロッパバイソンの椎骨をあらわしていると考えたほうが妥当だろう(45)。紀元前第二千年紀初期のクレタ島では、エジプトの宗教的シンボルである牛が使用されており、それは「神聖な角《つの》」のなかにもっとはっきり見ることができる。「神聖な角」のモチーフは、その機能がクレタ島の宮殿文化の装飾にすぎないとおもわれるほど頻繁に用いられている。二〇世紀初期のエジプト学者であるニューベリーとゲールテの認識では、この宗教的シンボルはエジプトの二つのシンボル——すなわち、角をあらわす *wpt* 𓄋 と、谷で分けられた二つの山をあらわす *dw* 𓈋 ——を合体させたものに由来した(46)。MMⅡ期に初めて登場したこの二つのシンボルはクレタ島土着と思われるが、概念的にはその融合はずっと古く、エジプト起源であった。紀元前第二八、二九世紀の第五、第六王朝の『ピラミッド・テキスト』のなかに、この融合を示す一節が刻まれている。

Wpy「山が二つに割れ、この王が生まれた。王の身体には力がみなぎっていた(47)」

Wpy はあきらかに *wpi* 𓄋𓊪𓏴（開口部、とりわけ分娩時の子宮開口部）と結びついている。二つの山との関連は、もう一つのシンボルすなわち、〈二つの山に挟まれた地平線上の太陽〉、〈太陽が沈むところ〉、〈生と死〉のシンボルの *3ḫt* 𓈌𓏏𓉐 あるいは 𓄿𓐍𓏏𓆰 に由来すると思われる。これはエジプトと初期ミノア期の宗教における不死と植物の復活と結びついている（第1章参照）。そしてこの結びつきは、*3ḫt*（氾濫）、*3ḫt* すなわち *3ḫt*（耕作地）、*3ḫ*（パピルスの茂み）、そして *3ḫ*（霊、あるいは霊になること）という語群に見いだすことができる。これはギリシア語の語根 *lakh-*（植物、緑色）にも現れていると思われる(48)。*3ḫ 3ḫ*（緑野になる）という語は、通常オルガスという名前で知られているエレウシス〔古代アテナイの北西にあった都市〕の肥沃で神聖な平原の名前、ラリアンに現れていると思われる(49)。

ニルソンは「形の類似性」は認めたが、このようなエジプトのシンボルとクレタ島の「神聖な角《つの》」を同一視することは認めなかった。エジプトの記号 𓈋 はシンボルだが、クレタ島ミノア文化期の例は神聖な場所や対象物を明示するために使用されたたんなる祭儀の対象である、というのが彼の議論だった。クレタ島のシンボルがなにか特定の神と結合するものではない、というのも彼の主張だった(50)。しかし、現代の学者バリー・B・パウエルは、二つの山〔に似たシンボル」について同じことが当てはまると指摘し、そうでないニルソンのあいまいな反論を退けている[51]。そこで、「神聖な角」もクレタ島宮殿で発見されたエジプトの宗教的シンボルのレパートリーに加えることができるだろう。これはほとんど疑う余地がない。

牡牛崇拝のアナトリア起源説

牛の角《つの》についての議論から、次はクレタ島宮殿における牡牛崇拝に移り、この祭儀の起源がエジプト中王国初期であった可能性について考察しよう。事実上もシンボルとしても、牡牛は魅力的で力強い動物である。したがって、牡牛崇拝は多くの地域に存在し、その地域で生まれた場合が多かったように思われる。しかし、クレタ島は山地であり――クレタ島という名称はエジプト語の**K3yt**（高地）に由来するのかもしれない――、そこでは牡牛よりもヤギや野生のヤギのアグリミアにはるかに適している[52]。これが事実であれば、牡牛崇拝はどこから来たのか。例によって東方に起源を探さなければならないが、その場合、人気のある候補地はアナトリアである[53]。ヴァルター・ブルケルトは、今では基本的な著書になった『ギリシアの宗教』で次のように述べている。

> チャタル・ヒュユクの新石器時代の発掘品から分かるように、実際、エヴァンズによって「神聖な角《つの》」と呼ばれた角状のシンボルが本物の牡牛に由来することはほとんど疑いない。チャタル・ヒュユクの神殿の物置には、正真正銘の牡牛の角が列になってぎっしり詰め込まれているところが発見されている。これらはまだ野生だった牡牛を狩ったときの戦利品であり、女神の神殿の境内に納められている……。〔牡牛崇拝が〕チャタル・ヒュユクからクレタ島に〔伝播して〕行く途中の場所もいくつか発見されはじめている。聖域のモデルはキプロス島にあり、

紀元前第三千年紀末にさかのぼる……(54)。

彼の議論は、双斧《ダブル・アクス》の由来の議論でもそうだが、クレタ島の牡牛崇拝の起源の議論でも重大な問題がある(55)。実際、チャタル・ヒュユクの牡牛崇拝は強い印象を与えるが、チャタル・ヒュユクで牡牛崇拝が栄えて消滅したのは紀元前第六千年紀、すなわち、キプロス島やクレタ島で「神聖な角《つの》」が最初に立証された時代より三〇〇〇年以上も昔であり、彼はこの点を重視していない。ところが実際には、エジプトにも同じように目立つ伝承――時には発掘品――が見られる。エジプトでは、紀元前第一一千年紀から第四千年紀の初期王朝時代にかけて人間を埋葬した場所にしるしをつけたが、そのしるしは地上に角を突き出した牡牛の頭部であった(56)。

しばしば論じてきたように、「沈黙からの議論」にあまりに大きな関心を払うべきではないが、立証する証拠が三〇〇〇年間なかったとしても、祭儀で使用された牡牛の角がアナトリアに存在したことはあり得るだろう。にもかかわらず、前節で論じたように、「神聖な角《つの》」の起源ばかりでなく、クレタ島の牡牛崇拝全体の起源もエジプト＝クレタ島と考えるのが妥当であり、牡牛崇拝のアナトリア起源説は強引なこじつけと思われる。

新石器時代と初期青銅器時代のクレタ島には、牛を描いた図像がほとんど見られない(57)。紀元前第三千年紀末のキプロス島には牡牛崇拝がある。これと同時期のクレタ島の宮殿時代初期には、牡牛がクレタ島の宗教生活の中心になっている。

雷と性――ミン、パンおよびブワザ

この節では考古学を少し離れて、紀元前二一世紀と二〇世紀のクレタ島に、突如出現したと思われる牡牛崇拝の起源のもう一つ別の可能性を吟味しよう。クレタ島の牡牛崇拝の起源は、当時から三〇〇〇年以前の証拠で立証されているアナトリアでなく、当時のエジプトの第一一王朝であった、というのが私の主張である。しかし、中王国初期の牡牛崇拝の問題に入るまえに、それ以前のアフリカにおける牡牛崇拝と、その牡牛崇拝とクレタ島との関連を見ておかなければならない。

まず、エジプトの神ミンから始めることにしよう。ミンはギリシアの神パンに相当し、ヘロドトスによれば、ギリシアのパンは「大変古く、最初の神々といわれる八神の中に入る」(58)。紀元前一世紀、歴史家のディオドロス・シケリオテスは、メロエ——上ナイル川沿岸の政治・経済の一大中心都市であり、現在のハルツームの北一〇〇マイルのところにあった——のエチオピアの神々の名前を数え上げ、イシス、パン、ヘラクレス、ゼウスと記している(59)。彼より年下だが同時代人の地理学者ストラボンは、彼らがヘラクレス、パン、イシス、そしてもう一柱の異邦の神を崇拝していたと述べている(60)。その他の神々が何であるか、その正確な同定については『黒いアテナ　Ⅳ』に譲る。ここでの私たちの関心は、パン、つまりエジプトのミンである。

ミンは、エジプト最古の時代の二都市、コプトスとアクミムにさかのぼることができる。しかし、ミン——おそらくこの名前は最初は*Minw と発音されたのだろう——は古くから、エジプトのすぐ南の上ナイルにあったヌビアと、海路でさらに南に下った東アフリカ地方のプントと関連があった(61)。中王国時代にミンは「若きよそ者」と呼ばれており、彼が南方からやって来たことはあきらかだった(62)。ミンはプトレマイオス朝のテキストのなかで頻繁に、プントと結びつけられていが、同時にMḏ3すなわち、現在のエジプト南部とスーダン東部にあたるナイル川の東にある砂漠に住んでいたベジャ族——彼らはいまなおそこに住んでいる——と結びつけられていた。彼は熱帯産の贅沢品を施し与える神と見なされていた。フランスのエジプト学者シャシナや他の学者たちは、ベジャ族は紅海沿岸とナイル渓谷を結ぶ貿易を仲介したのだろうと考えている(63)。

エジプトではミンは肥沃や成長と関連していたので、砂漠の神としての彼への崇拝信仰とはそぐわないように見える。この点について私は、土地を肥沃にする雷雨の力を象徴する東アフリカの神、ブワザとミンを比較すれば折り合いがつくと考えている。

おそらく、イラクやシリアのヤジディズ派やアラウィ派を別にすれば、グラーゲ語を話すエチオピア中南部の非キリスト教徒や非イスラム教徒は、こんにち、セム語を話す唯一の「多神教徒」である。なかでも、とりわけブワザつまりバゾは、その専制的暴力と性欲ゆえにいまなお信仰の対象になっている。グラーゲ語の賛歌は次のように歌っている。

おお、ブワザ神よ、御身の訪れぬところなく、
御身の訪れぬケイエ［住居］はなし。
御身が殺めぬ父や息子はいずこにあるや。
御身と出奔せぬ母や娘はいずこにあるや(64)。

興味深いことに、ブワザという名前そのものの語源がこのあきらかに矛盾する二つの側面を反映していると思われる。ブワザはセム語すなわちアフロ・アジア語族の語根√BZに由来し、この語根には多くの異なる語形がある。辞書編集者デイヴィッド・コーエンはこの語根を「分離する、分割する、分配する」と「膨脹する、種付けする、増やす」の二つの系統に分類している(65)。

ブワザという名前はカナン語文化圏ではボアズであるが、この問題については『黒いアテナ　Ⅲ』で論ずる。旧約聖書の「ルツ記」では、ボアズはナオミの親戚の名前として登場し、彼が豊饒・肥沃と関連していることは、ベツレ

ヘムの麦打ち場で彼がルツと結婚を約束するところに示されている(66)。旧約聖書には、ヤハウェの神殿の前に建てられた一対の柱の一つの名前がボアズと名づけられたと記されており、この用法はブワザの雷の側面に対応する。おそらくボアズは、カナン人の他の神殿の前に置かれていた、似たような柱の名前でもあったのだろう(67)。グラーゲ人のブワザ祭儀にこれに相当する儀式があるが、それは神殿の前に柱を建てる儀式である。ブワザの祭司はマガ——この名前がペルシャ語のマギに似ていることは不可解だが興味深い——と呼ばれる。落雷で倒れた樹木から切り取られた小さな木片（サナ）には御利益《ごりやく》があるため、それを祭司は方々に配ってまわる。木片は敷地の入り口や小屋の外に近い地面の上に置かれるが、人類学者のウィリアム・シャックが述べているように、「サナが置かれている場所はどこも、その土地や地所が祝福された場所であることを表し、他の人びとはボザの（ブワザの）の報復を恐れてその場所を敬う」(68)。グラーゲ人にとって、家の前に置かれたこのような精神的避雷針は、神殿の前に建てられた〔カナン人にとっての〕ボアズに相当する。西セム族の宗教では、人びとはこのような荒々しく創造的な神から身を守る必要があった。ウガリット語の賛歌と叙事詩では、土地を肥沃にする一方で、樹木を激しく揺らし切り裂く暴風のように、情け容赦なく人を罰するバアル神が称えられており、これはそのことを示している(69)。

　この祭儀とクレタ島が結びつく可能性があるのは興味深い。アリストテレスの弟子だったクレアルコスが記しているように、紀元前五世紀、南イタリアのタラントンの人びとはイアピュゲス族と呼ばれる人びとが住んでいたカウシナという近くの都市を征服したが、このため彼らは雷に打たれるという罰をうけた。そこで、タラントンの人びとは罰をうけた人びとの家の前に柱を建て、「天より降る神」であるゼウス・カタバイテスにその柱を捧げ、犠牲を供えた。

　このタイプの祭儀が、「クレタ島の方向を指している」と述べたのはイギリスの古典学者A・B・クックだが、彼の主張は妥当と思われる。実際、クレアルコスが詳述したのは、イアピュゲス族のもとになった語、イアピュクスの起源がクレタ島にあったという伝説を証拠立てるためであった(70)。クックは、ゼウス・カタバイテスの稲妻とクレタ島の双斧《ダブル・アクス》——これこそゼウス・カタバイテスのシンボルであったと彼は確信していた——には、関係があるということも示唆している(71)。

　双斧《ダブル・アクス》〔訳注1〕ついて、ブルケルトはその図像が紀元前第四千年紀のメソポタミアまで跡づけられることをあきらかにしたが、その宗教的意味について、彼は一切明確に述べていない。しかし、第1章で私が述べたように、最古期のエジプトでも双斧祭儀があったと思われる(72)。クックの示唆を受け入れるなら、少なくとも、クレタ島の双斧は柄が付いているものもいないものも、その宗教的目的の一つは、イアピュゲス族の柱がもっていた目的と同じであり、現実的・精神的な稲妻を防ぐことはあり得たことだろう。以下では、大まかに言うなら、双斧の形はゼウスの稲妻に似ていることを見ていくことにする。したがって、グラーゲ人にとって、落雷で倒れた樹木から切り取られたサナはブワザから彼らを守ってくれるものとして役に立つものであり、双斧が象徴するのは落雷と避雷の両方であった。

　エジプトのゼウスに当たるのはアムン神〔多産と生命を象徴する羊の頭をもつ神で、別名アメン神ともいう〕であり、彼が稲妻をもっていたかどうかは定かではない。しかし、初期にはアムンとモンチュ Mntw のいずれにも関係する場合が多かったミンは、あきらかに稲妻すなわち、Ḫm をもっていた。Ḫm はミンのシンボルであり、これは彼を崇拝していた二都市、すなわちアクミム／パノポリスとコプトスの名前に使われ、ギリシア語ではケミスとして知られている古代上エジプトの第九番目の州の名前にも使われた。少なくとも第一王朝（紀元前三四〇〇年—三二〇〇年）にさかのぼるこの不思議な記号の意味は、はっきりしない。ガーディナーはこれを仮に「双矢石《ダブル・ベレムナイト》〔訳注2〕」と呼び、「［このシンボルの］最古の例は、矢柄の両端に矢尻がついている形」であったと指摘した(73)。エジプト学者G・A・ワインライトの主張によれば、Ḫm は稲妻が様式化されたもので、牡羊の雷神が牡牛と融合したのちにミンからアムンに引き継がれた(74)。したがって、おそらく当時の自然史の知識では説明できない化石のベレムナイトは、エジプトでもギリシアでも同じように稲妻と解釈されたのだろう。ギリシアのアルカイック時代のゼウスは、一方の手に矢石《ベレムナイト》の稲妻をもち、他方の手にアンモナイトによく似た柄の曲がった杖をもった姿をしている[75]。七世紀には、Ḫm すなわち、「双矢石」と非常によく似た稲妻をまさに投げつけようとするゼウス像がある[76]。

エジプトの多くの神が旗をもったのにたいして、ミンの神殿の前には儀式用の竿を立てた。これは注目にあたいすることであり、興味深い。これらの竿とは i3t すなわち、i3wt であり、このシンボルは前述したように、ゆるんだ螺旋に加えて、竿の上に戴っている牡牛の頭部、あるいは牡牛の角《つの》を表していると思われる。螺旋の意味ははっきりしない。このシンボルは羊飼いの杖、あるいは/および、化石のアンモナイトだったかもしれない。おそらくアンモナイトだった可能性の方がずっと大きいだろうが、最もありふれた腹足類の化石であるアンモナイトの形は、とぐろを巻いた――もちろん頭部のない――ヘビに似ている。ヘビそのものが稲妻と見なされていたのかもしれない。アンモナイトという名前はエジプトのアムン神にちなんだ名前だった。こんにち、それがアンモナイトと呼ばれているのは、中世の学者たちがその化石をアムン神の角（コルヌ・アンモニス）と呼んだからだが、中世以前にアムン神の羊の角とアンモナイトとの類似性、したがって関連性に気がついた人びとがいたことはほとんど確実である[77]。子宮をもあらわす i3t は、と記されるので、螺旋と迷宮《ラビュリントス》を表しているのかもしれない[78]。

双矢石《ダブル・ベレムナイト》、すなわち Ḫm が同じように用いられていたかもしれないという徴候があるのも興味深い。*ḥm*（社《やしろ》）と *ḥm*（神聖な像）はと記され、これが立証されるのは中王国時代以後にすぎないが、*ḥm* は「神聖な」を意味する可能性があるように思われる。また、神の力を表すしるしとしての「双矢石」は、クレタ島における双斧《ダブル・アクス》よりもっと頻繁に、一般的な神聖のシンボルとして用いられていた[79]。先王朝時代と古王朝時代のエジプトでは、儀式に用いられた双斧が発見されており、エジプトはクレタ島の「双斧」の最も重要な起源ではないとしても、一つの重要な起源だった可能性がでている。

ミンに戻ることにしよう。ミンには乾燥した荒野の神という側面と、耕作された肥沃な土壌の神という二つの側面があり、ミン崇拝を研究したエジプト学者のゴーティエとシャシナはこれを説明して、熱帯地方のプントで始まったミン崇拝がサハラ砂漠東部をへて上エジプトに伝わり、上エジプトのコプトスの古くから肥沃の神だったK3 mwtf（彼の母君の牡牛）と同化するようになったと主張している(80)。コプトスには古王国の始まり以前にさかのぼるミンの彫像が残っているので、このような融合が起きたとすれば紀元前第四千年紀だったにちがいない(81)。正確に記述しようとする場合、この事例はとりわけ誤りを避けなければならない事例だと私は考えている。上エジプトを含む東アフリカの広い一帯に、家畜と結びついたミン・タイプの神崇拝があったことは簡単に同意できることで、この神への崇拝は湿潤な地域では穀物の豊饒と関係し、乾燥した地域では不断に起きる降雨のない雷鳴と関係している――これが私の考えである。ミンはよそ者の住んでいる山国と特別な関係があった(82)。

ミンの主な動物が牡牛だったことは間違いない。ミンはK3 mwt.fと呼ばれたばかりでなく、K3 nfr（美しい牡牛）、K3 nht（力強い牡牛）とも呼ばれた。彼を牡牛の角で表すこともあった(83)。さらに、牡牛の男根に似た彼の巨大な男根は、股間からでなく腹部から下がっていた。にもかかわらず、ドイツのエジプト学者エーベルハルト・オットーが述べたように、ミンと牡羊神アムンのあいだにはつねに「根本的な類似性」が存在していた(84)。第一一王朝以来、ミンとアムンはテーバイと関連があり、新王国時代になる頃には、多くの祭儀のなかで、アムンとレーは巨大な男根像としてのミンと融合したと思われる(85)。

ところで、ギリシアの神パンは山羊と同一視されているが、これは牡羊／山羊のアムン神がミンとこのように融合した結果であると説明できる。パンはミンから派生した神と確認できるように思われるが、それはその巨大な男根と、家畜の繁殖力や荒野における生活に関連するからである。そればかりではない。パンとミンはいずれも鞭を持っており、パンはその従者サテュロスと同じように、しばしばネグロイドのように真っ黒く描かれてもいるからである。パンの母の名前はカリストというが、このエジプト的な名前と神学上の位置については、『黒いアテナ　IV』で議論する。

一九世紀初め、ニーブール〔一七七六―一八三一、近代歴史学の祖と言われる歴史学者〕の後援者だったロマン派の詩人で神話学者のヨハン・ハインリッヒ・フォス〔一七五一―一八二六〕は、パンという名前はヨーロッパ語の語根***pa(s)***（防護する、保護する）――「牧草地」、「牧者」はこれに由来する――からの派生語だろうと推測した(86)。スイスの古典学者フィリップ・ボルゴーはパンについての著作がある学者だが、彼は六世紀にパオニと呼びかけられたパンへの寄進があったことが判明していることから、フォスの説は確証されたと考え、この語は***Pāwōn** に由来し、最終的な語源は *s* のある***Pa(s)ōn** だったと主張している(87)。ボルゴーのこの説を疑わしいと考えるシャントレーヌは、オランダの学者C・H・ロイホの説すなわち、パンという名前は「ギリシア以前」の名前で、アポロの古名とされるパイアオン **Paiāōn** の二重語〔同語源の異形語〕という説を採用している(88)。**Iōn** や、**Iaōn** および、**Paiōn** という名前と、エジプト語の **iwn** や、**p3 iwn** すなわち、「野蛮人」や「あの野蛮人」との派生関係については、『黒いアテナ　I』ですでに言及した(89)。全体として、このような名前は野生児のパンにふさわしいと思われる。

しかし、パンという名前の源泉はこれだけとは思えない。パンを***Paiāōn** の省略形とするのは、古代に近東や地中海文明で不可思議なものと考えられた、神聖で神秘的なパロノメイジア、すなわちことばのもじりの影響が大きかったのかもしれない(90)。一つの候補はギリシア語パン（汎、全）である。しかし、そのほかにもミンと結びついたエジプト語が二つある。たとえば、パンは **P3 ḥm** つまり、「**Ḥm**」〔双矢石《ダブル・ベレムナイト》〕と関係がある可能性がある。また、それよりもずっと大きい可能性は、パンという名前がエジプト語の ***p3 im***（うめき声）の影響を受けているというものである。音声学的には、ギリシア語のパン *pan* や、パノス *panos*（ナイル川の魚）はエジプト語の ***p3 in***（魚）と並行関係にある(91)。意味論的には、***p3 im***（うめき声）と ***rš***（ギシギシという音をたてる）および、***rš***（シーダー杉）とのあいだには類似性がある。いずれの語も、エジプト神話でオシリスが木にいる場面で使われたものである(92)。神の名とうめき声との関連は、セム語の **Bākūi**（嘆き悲しまれる者）に由来するバッコスと、インド＝ヨーロッパ語に由来するペンテウス〔カドモスの孫でバッコス崇拝に反対して殺された〕（嘆き悲しまれる者）にもみてとることができる(93)。パンとうめき声をあげることとの関連も、*panikos* と *panismos*（パニックと恐怖）という語にみてとることができる。タムズを述べた話のなかで、この関連をはっきり示したのはプルタルコスであった。毎年その夭折を嘆き悲しまれるタムズが、メソポタミアとシリアの豊穣と穀物と家畜の神、ドゥムジ／タンムズであることはあきらかである(94)。タムズは多くの点でエジプトのオシリスに当たる。プルタルコスによれば、タムズは小舟に乗ってパロデスのところに行き、「偉大なパンは死んだ」と叫ぶようにと告げられた。彼がそう叫ぶと、「彼が叫び終わらないうちに、大きな悲嘆の声があがった。悲嘆の声は一人でなく大勢で、悲嘆には驚きのひびきが混じっていた」(95)。

ミンとミノス

余談を続けよう。エジプトの好色な牡牛のミンとギリシアの好色な山羊のパンとの関係に続いて、今度は、エジプトの「ミン」がミノスという名前でエーゲ海地域に存在した可能性を考えてみよう。

少なくともヘシオドスにさかのぼるギリシアの伝承によれば、クレタ王のミノスは「人間の王のなかで最も王らしい王」であり、立法者であった(96)。ホメロスは彼を冥府の裁判官と考えていた(97)。冥府の裁判官というこの役割はきわめてエジプト的であり、これによってミノスはオシリス〔エジプト神話の冥界の王〕と同格になるように思われる。しかし、新王国時代までには、アムンは姿を変えたオシリス、より正確にいえば、オシリスのバ *bꜣ* すなわち「霊」と考えられた。紀元前七世紀のサイス〔ナイル川デルタ地帯の古代都市〕の『死者の書』のなかには、この時代には死者の裁判官としてのオシリスと同化していたアムンに、死者が訴えるということが書かれている(98)。このような観点から考えると、クレタ島のミノスはエジプトのオシリスに似ており、アムンにも似ていた。ミノスは、アムンとミンとの同化によってミンにも似ている。
オルブライトは、エジプト語の外国の地名ミノゥス **Mnws** はミノスを介することでクレタ島と同一視されるべきだ、という仮説を提唱している。この仮説については第10章で考察する。私は、ミノスが **M3nw** すなわち、太陽が沈む山と関連するという可能性も考えている。**M3nw** は、アムンとも同化される太陽神レーと直接的な関連をもっているからである(99)。しかし残念だが、**Mnws** と **M3nw** の発音が不明なので、ミノスを **Mnws** や **M3nw** と同一視するというのは仮説である。とりわけ、ギリシア語にはクレタ島を直接指す語がなく、クレタ伝説上の王〔ミノス〕を指す語があるにすぎない。

ミノスという名前のこれよりはるかに妥当な説明は、この名前の語源がエジプト初代のファラオ、ミン〈紀元前三四〇〇年頃〉に由来するというものである。のちにミンという名前はメネスというギリシア語に転写されたが、ヘロドトスはそれよりも数世紀以前に、彼をミンと記していた(100)。しかし、ミンという名前には大きな問題がある。それはすなわち、新王国時代に作られた公式の王名表では、第一王朝の王には〈ネスウ・ビト名〉〔ファラオの即位の時点で王に与えられる名前の一つで、〈スゲとミツバチの者名〉ともいう〕が用いられ、新王国時代の現存する王には〈ホルス名〉〔この名もファラオが即位する時点で与えられる〕が用いられているという問題である。したがって、王名表には〔ミンの〕〈ネスウ・ビト名〉である **Mn'i** は記されているが、ミンという名前は新王国時代の碑文に二箇所見いだされるにすぎない。したがって、ミンにどんな〈ホルス名〉が付けられていたかを知るのはむずかしい。ガーディナーとロイドは、ミンは〈ホルス名〉をナルメルという王朝最初のファラオだと考えており、おそらく彼らは正しいだろう(101)。

しかし、この問題は私たちにとってそれほど重大ではない。この名前が第一王朝初期のファラオによって用いられたのはあきらかであり、その後一般に、**Mn(i)** は王朝支配の創始者と考えらたからである。ミンという語は、他動詞の〈確立する〉という意味にも用いられる ***mn***〈堅固な、確立した〉のごろ合わせだった可能性もある。この場合、クレタ島のミノスが、この島の「創始者」であり統一者である王の称号だったことはあり得るだろう[102]。ギリシア古典時代にはミンは初代のファラオだったばかりでなく、どんな場所であれ、統一的統治をもたらした開拓者《パイオニア》と考えられていたと思われる。ディオドロスは、ミンとクレタ島のミノスとの間には、あきらかな並行関係があると考えていた。彼によれば、このエジプト人〔ミン〕は、

> ……偉大な魂の持ち主であったばかりでなく、記録に名前が残っているすべての立法者のなかでも最も公徳心に富んだ生涯を送った人物であった。伝承では、彼〔ミン〕の語ったところでは、彼に法を授けたのはヘルメスであり、ヘルメスは彼が大いなる恵みを与えるであろうと確信したからだと伝えられている。このことはギリシア人の間で、クレタ島ではゼウスからミノス王が、ラケダイモン人のなかではアポロからリュクルゴスが、法を授けられたとされているのとちょうど同じであった[103]。

私たちがいま考察しているのはクレタ島の牡牛祭儀であるが、後世の伝承でミン／メネスが牡牛祭儀と関連していることは興味深い。紀元二、三世紀のローマの作家アエリアヌスは、アピス〔メンピスで崇拝された聖牛〕崇拝の創始者はメネスであると述べた[104]。エジプトの歴史家マネト〔紀元前三世紀のヘリオポリスの祭司長で、エジプト史をギリシア語で著した〕はアピス崇拝の確立は第二王朝だったと主張しているが、第一王朝のファラオ、アハ **ꜥḥ** の時代からアピス崇拝が行われていたという反証も記している[105]。さらに、ミン／メネスと **Mn nfr** すなわち、アピス祭儀の遺跡が残っているメンフィスとの間には多くの関連がある[106]。したがって、たとえアエリアヌスの著作がアピス祭儀の始まった時代から三〇〇〇年以上も後になって書かれたものだったにしても、アピス祭儀の創始者はメネスだったというアエリアヌスの主張は、あらゆる理由から受け入れることができるように思われる。これはこのような長期にわたって伝承が根強く

永続した注目すべき実例であり、有益な例であると私は考えている。要するに、名前の類似性、牡牛祭儀との関連、政治的創始者としてのエジプトの支配者のイメージを考えるならば、立法者、死者の裁判官としての〔クレタ島の〕ミノスが、〔エジプトの〕ミン／メネスに由来したというのは妥当と思われる。

しかし、ミノスの原型はミン／メネスだけではない。そのほかに少なくとも二つの原型がある。その一つがムネヴィス〔太陽神レーの化身としての黒い牡牛〕である。前に引用した著作の一節は、ディオドロスがあきらかにメネスを指して述べている箇所であったが、実際に彼が用いていたのはムネヴィスという名前であった。ギリシア語名前であるムネヴィスは、現在はカイロ郊外の町イウヌ iwn すなわち、ヘリオポリスの神聖な牡牛を指し、これについては『黒いアテナI』で論じた[107]。エジプトでは通常、この牡牛の名前は Mr Wr すなわち「偉大な Mr」と記されていた。しかし、中王国時代の『コフィン・テキスト』では、これを Nm wr と記したようである[108]。二〇世紀初め、ドイツのエジプト学者クルト・ゼーテは、ムネヴィスという名前はエジプト語の *Mnewe という語形に由来すると述べ、*Mnewe はその後 Mnì と記されたことがあきらかにされて以来、彼の説の正しさが確かめられている[109]。

実際、エジプトでは大昔から、*mr* や *mn* および *nm* という三つの複子音はかなり混同されていた。中王国時代のあいだに、セム語の名前に含まれる *ls* がほとんど自動的に *r* *ȝ* そして *n* と転写されたことに注目しなければならない。その最もよく知られた例として、セム語を話す住民の町、グブラ Gubla が Kbn と転写された例があり、この町はのちに、ギリシア人にビュブロス〔レバノンの北方にあるフェニキア人の都市〕という名前で知られた町であった[110]。*mr* や *mn* および *nm* という三音はすべて牛と関連し、*mrw* は「牡牛」、*mry* は「闘牛」を意味した。Mnìは別として、*nmìw*（牛飼い）、*mnrt*（乳牛）、*mnmnt*（畜牛）という語もあった。Mnmn mwt.f（彼の母君の牡牛）というのはミンの異名であった。*mnìw* にきわめて似た語である *nmìw* は「遊牧民《ベドウィン》」を意味している[111]。*nmnm* は *mnmn* と同じように「揺れる」を意味し、「家畜の群れのように移動する」ということも意味する。*nmì* つまり  は「横断する」を意味し——

後期エジプト語では「旅して回る」を意味する——、は「モーという牛の鳴き声」を意味する。いずれの場合もが含まれており、ガーディナーが「どんな理由か分からないが」音声的に *nm* と解釈すべきであると考えていたことは興味深い。しかし、これと同じは、*mrrt* すなわち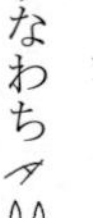（通り道）や、ムネヴィス／牡牛すなわち、Mr Wr を指す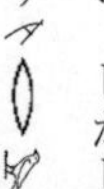、あるいは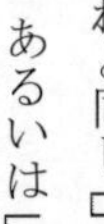のなかにもある。しかし、*nm* と発音する「曲がりくねった壁」は、後期エジプト語では *nmr*（壁を据え付ける、壁を築く）を意味するようになる。ギリシア語の語根 *nom-* は、ノマディテス *nomaditēs*（遊牧民）という語にもノモス *nomos*（法）という語にも見いだされるが、それがエジプト語の音結合群《クラスター》の *nm* に由来することについては、『黒いアテナ　III』で論ずる[12]。

以上を総合すると、エジプトとクレタ島のあいだには三重の並行関係が存在することが分かる。すなわち、一方のエジプトには〈初代ファラオのミン〉の名前と関連した〈牡牛祭儀〉と〈曲がりくねった壁〉があり、他方のクレタ島には〈初代王のミノス〉と関連した〈牡牛祭儀〉と〈迷　宮《ラビュリントス》〉〔ミノスが牛の怪物ミノタウロスを閉じこめるためにダイダロスに造らせた迷宮〕がある。そしてこの並行関係は、古典学者でエジプト学者のアラン・ロイドがあきらかにしているように、メンフィスのアピスとヘパイストス（プタハ）の神殿のそばで行われたドロモスでの闘牛についてのストラボン〔紀元前六四年頃―紀元二三年頃、一七巻の『地誌』で有名なギリシアの地理学者〕の記述——これは古王国時代にさかのぼるエジプトの伝統であり、ホルスとセトとの闘いを象徴すると思われるという記述——によってさらに密接になっている[13]。ドロモスを英語に訳すのはむずかしい。それが競走する場所を意味することはあきらかだが、形状がはっきりしていない。円形劇場である場合もあったかもしれないが、大通りや競走路である場合も多かっただろう——曲がりくねった壁のある場所だっただろうか。闘牛は *mry* と呼ばれることが多く、*mry* が Mr Wr と結びつく語であることはあきらかであった。そのうえ、Mr Wr ／ムネヴィスは牡牛として表現されることもあり、おそらく後世になってからだけだろうが、牡牛の頭部をもった人間として表現された。したがって、ムネヴィスとミノタウロス〔ミノスの妻パシパエと牡牛との間に生まれた人身牛頭の怪物で、クレタ島のラビュリントスに閉じこめられた〕は驚くほど似ている[114]。

ミノスの工匠だったダイダロスがクノッソスに造ったラビュリントスは、古代の伝承ではエジプトをモデルにしたものだと伝えられていた[115]。ラビュリントスの現存する最古の用例はヘロドトスの『歴史』に登場する例であり、これはクレタ島にある建造物ではなかった。ヘロドトスの記したラビュリントスは、エジプト第一二王朝のファラオのアメネメス三世（アメンエムハト三世、紀元前一八五九―一八一四）が葬祭殿として建造した巨大で複雑な建造物を指し、現在のハワラ、すなわちファイユームへの入り口にあるエル・ラフーンから西に数マイル離れたところにあったラビュリントスのことであった。これは注目すべきである。驚いたことに、この堂々たる建物はヘロドトス以後の時代も残存したので、紀元前一世紀にストラボンも見ていたかもしれない[116]。

ハインリヒ・ブルクシュ〔一八二七―九四〕はエジプトで副王イスマイル（一八六六―一八七九）に仕え、シャンポリオン〔一七九〇―一八三二、ロゼッタ・ストーンの碑文を解読したフランスのエジプト学者〕のあとにゲッティンゲン大学のエジプト学の初代教授になったエジプト学者であった。彼は一八七九年に大著『古代エジプト地理辞典』を出版し、このなかで、ギリシア語の〈ラビュリントス〉はエジプトの建造物の名前の***R-pr R-ḥnt**（湖の入り口にある神殿）という語に由来するという説を唱えた[117]。***R-pr R-ḥnt** という語の慣用は実証されていない。しかし、***r-pr*** は「神殿」を表す一般的用語であった。また、**R-ḥnt** はコプト語ではレホネ **Leḥōne** あるいはリホネ **Liḥōne** という語で登場する地方の名前であり、現在ではエル・ラフーンという村の名前として残っている。明白な理由から、この説はその後数十年のあいだあきらかに冷遇され、ゴーティエは一九三〇年代にその著書『地理辞典』のなかでこの仮説を強く否定した[118]。二〇世紀初頭、リュディア語〔リュディアはエーゲ海に面した小アジア西部の国家〕で双斧《ダブル・アクス》を意味する ***labrys*** を語源とする説がエジプト語の***R-pr R-ḥnt** を語源とする説を完全に駆逐したが、それは双斧のシンボルがクノッソスで頻繁に見いだされ、その妥当性が高まったからであった[119]。前述したように、双斧はミノア文化期のクレタ島で重要な宗教的シンボルだったことは事実である。しかし、なぜこの名前を建造物につけたのか、その理由を判断するのは容易でない。いずれにしても、かつてクレタ島でリュディア語、あるいは他のアナトリア語が使われていたかは確実でない。〈ラビュリントス〉とリュディアを結びつける主要な伝承がないことは確実である。では、なぜこのような無理で強引な仮説がまかり通ったのだろうか。その理由は知識社会学の問題にかかわるが、一八八〇年以後のドイツとイギリスの大半の学者のあいだでは、〈ラビュリントス〉の語源をエジプト語、あるいはセム語に求めるのは想像を絶したことであり、彼らが好んだのは近東ではなく、「小アジアの」アナトリアの影響だったからだと思われる。

最近になって、セム語学者のロバート・スティーグリッツがラビュリントスの語源は***R-pr R-ḥnt** であるというブルクシュ説をよみがえらせた。私がこの説を受け入れたことは『黒いアテナ　I』のなかで述べた(20)。私はいまもなお、この***R-pr R-ḥnt** がギリシア語のラビュリントスに影響を与えた語だったかもしれないと考えているが、現在では、かつてマスペロ〔一八四六―一九一六年、フランスのエジプト学者で、王族のミイラを多く発見した〕、シュピーゲルベルク、アーサー・エヴァンズが支持した語源論で、一九二〇年にはH・R・ホールが懐疑的に論じ、最近はアラン・ロイドが否定した語源論のほうがよいかもしれないと考えている(21)。その説とは、ラビュリントスの語源はエジプトで最初の「ラビュリントス」を造ったファラオ、アメンエムハト三世のプレノメン〔即位名〕、ニマアトラー Ny-mȝrt-Rʿ にほかならない、という説である。古典古代の著作家たちは、アメンエムハト三世のプレノメンのニマアトラー Ny-mȝrt-Rʿ には、マレース Marēs や、ラマレース Lamarēs や、ラマリス Lamaris や、ラバレース Labarēs およびラバリス Labaris を含むいくつかの異名があったと書き記している(22)。建造物の名前である「ラビュリントス」とファラオの異名との一致は驚くべきことであり、私にはこれが偶然の一致とは思われない。ラビュリントス *labyrinthos* の語尾*-nthos* は、普通は古代ギリシア以前の時代のものと考えられているが、歯音の前の字が単に鼻音化したにすぎないという説も含めて、多くの異なる説がある。しかし、ギリシア語のアントス *anthos*（花、生長）のように、語そのものがエジプト語の ***nṯr***（〔汎神論的意味の〕

神の賜《たまもの》である生長）に起源があると私は考えている[123]。ラビュリントス *labyrinthos* の場合、語尾の-***inthos*** はその可能性があるかもしれない。

すでに述べたように、ラビュリントスとエジプトの間には強い関連がある。さらに、クレタ島の宮殿の建築様式と装飾には、あきらかにエジプトの影響と思われるものが多数ある。これとは対照的に、青銅器時代のクレタ島とアナトリアとの関連はほんのわずかにすぎないし、リュディアとの関連については皆無である。意味論上の適合性が高いことに加えて、このような理由から、私はラビュリントス *labyrinthos* の語源はリュディア語ではなく、エジプト語であるとするほうが好ましいと考えている。

たとえ「ラビュリントス」という名称がエジプト語に由来する語でなかったとしても、また、後世のギリシア人や他の人びとの間で、牡牛のためのドロモス、葬祭殿、クレタ島の宮殿それ自体のあいだにあきらかな混乱があったにもかかわらず、エジプトの牡牛祭儀と宮殿時代の牡牛祭儀とのあいだには、あきらかに驚くべき類似性がある。牡牛祭儀はエジプトとクレタ島のどちらが先に発達したのだろうか。これにも疑問はない。エジプトは紀元前第四千年紀にまでさかのぼるが、クレタ島では紀元前二〇〇〇年頃に始まったにすぎないと思われるからだ。クレタ島へ伝播した牡牛祭儀の詳細に進むまえに、いくつかの神話上の並行関係を結びつけてみるのも有益だろう。

クレタ島のミノスには、偉大な立法者としての彼のイメージに似つかわしくない特徴があった[124]。彼はニンフや人間の女をレイプし誘惑することで有名だった。この点はもちろん、彼をゼウスと比較することができるが、ミノスはあきらかに不死ではなく、人間の道徳的規範を超えた存在ではなかった。しかしこれらの側面は、エジプトのファラオのミンではなく、エジプトの神のミンの特徴と対応している。

まず第一に、すでにふれたように、ミンの標章であるḤm（双矢石《ダブル・ベレムナイト》）とミノア文化期のクレタ島に広く見られる双斧《ダブル・アクス》とのあいだには、あきらかな対応がある。さらに、その美しさに感嘆したミノスが連れて帰り、自分の家畜の群れを率いさせた輝くばかりに白い牡牛をめぐる物語がある。ミノスの妻パシパエは、彼女が自分のためにダイダロスに頼んで造らせた部屋にひっそり暮らしていたが、やがてこの牡牛と交わり、ミノタウロスを生んだ。エジプトの牡牛神ミンに捧げられるのは白い牡牛であり、この牡牛はミンの異名の K3 mwt.f（彼の母君［を孕ませ給う］牡牛）と関連づけられていた。したがって、ミノスとパシパエの息子であるミノタウロスがミンに捧げられた白い牡牛であったならば、その限りでは、彼らをミンと同一視できる。ミンの祭儀に神聖な黒い牝牛 iḥt kmt が使われていたことも印象的である(125)。エジプトの〈ミンとアムン〉とクレタ島の〈ゼウスとミノス〔彼はフェニキアの王女エウロペをゼウスが白い牡牛となって連れ去って生まれた〕〉とのあいだに緊密な関係があるとすれば、『黒いアテナ Ⅰ』で論じたように、ゼウスの愛人イオ〔妻ヘラの怒りを恐れたゼウスによって牝牛に変えられた〕の名前が iḥt（牝牛）に由来した可能性が大きいということも興味深い(126)。

神のミンとファラオのミンの統合はクレタ島だけの現象ではなかっただろう。両者が一緒に崇拝された時代はエジプトにもあった。第一九王朝（紀元前一三世紀）にテーバイで催されたミン神の盛大な祝宴では、ミン神に次いで最初に登場したのはミン／メネスの彫像であった(127)。このように、何人かの学者が主張しているように、両者は実際は結合していなかったとしても、古代人は名前の語呂あわせから、両者に宗教的結びつきを見て礼拝した(128)。したがって、王のミン／メネス、神のミン、神聖な黒牡牛ムネヴィスは古代人のあいだでひとつになり、ミノスの伝説的特徴がつくりあげられたと思われる。

クレタ島にエジプトの影響はなかったという説

エジプトのミンとクレタ島のミノスのあいだに驚くべき類似性があったことを論証するのは、考古学ではなく比較神話学の問題である。さらに、ギリシアに残っていたクレタ島の神話伝説とクレタ島の宮殿時代に行われていた牡牛祭儀とのあいだには、かなり時間の隔たりがある。神話伝説は幾何学模様陶器時代（紀元前一〇〇〇年—七〇〇年）とアルカイック時代（紀元前七七六年—五〇〇年）の話であり、牡牛祭儀があらわれたのはそれよりも一〇〇〇年も前であった。クレタ島とエジプトとの並行関係は、カール・オットフリート・ミュラー〔一七九七—一八四〇、ドイツの考古学者、神話学者〕と彼の多くの信奉者たちの考えでは、ギリシアと「野蛮人《バーバリアン》」——すなわち、エジプト人やエジプトの神官——とのあいだの、後世の「結びつき」と「連携」の結果にすぎなかった。しかし、彼らのこの主張を総合的に見るならば、異議を唱えることができると思われる[129]。

　ミュラーたちの解釈には二つの大きな問題がある。まず第一に、クレタ島とエジプトの並行関係は並はずれて複雑である。第二に、より完全な形のミノス王伝説があらわれるのは後世だが、その断片はヘシオドスやホメロスの作品に登場しており、ミノス王伝説が彼らの時代に知られていたことはあきらかである。したがって、並行関係を後世のつくりごとであると主張する人びとは——ミュラーと異なり、彼らの説が系統的であるならば——、ミノス王伝説がつくられた年代を紀元前一〇世紀以前としなければならないだろう。私の考えではこれはヘシオドスの時代であり、詩人はそれより少し前の人であった[130]。すなわち、ミノス王伝説の主要部分がつくられた時期は、エーゲ海地域と中東のあいだの関係があまり複雑でなく、友好的な接触が相対的に少ない紀元前約一一五〇年—一〇〇〇年のサブ＝ミュケナイ時代か、あるいは後期青銅器時代か、どちらかであったにちがいない。伝説が後期青銅器時代につくられたとすれば、これはエジプトとレヴァントでは、高度な知識をもった神官階級がいた時代であったばかりでなく、クレタ島および／あるいはミュケナイでは、宮殿が栄え、ある種の歴史上の記録も存在していた時代であったことを意味するだろう。だとすれば、この伝説が歴史的フィクションだったという可能性は限られるようにも思われる。にもかかわらず、この神話はこの時期に創られた可能性があることは疑いない。さらに、紀元前一五世紀と一四世紀にエジプトとエーゲ海地域のあいだに密接な関係があったとすれば、このような伝説が作り出された動機は、二つの地域を結びつけ、北方〔クレタ島〕にたいするエジプトの卓越さを確固たるものにするためだったと考えることができるだろう。伝説には何らかの歴史上の現実が反映されている。そしてまた、近東の影響の結果、クレタ島の宮殿が発展したのと同じように、クレタ島の宮殿で重要な役割を演じた牡牛祭儀は、正確には紀元前二一世紀の、具体的にはエジプトに由来するものであった。この主張を裏書きするもっと簡単な証拠がある。

モンチュとラダマンテュス

この証拠を吟味するために、ミノスの伝説上の兄のひとり、ラダマンテュス王の考察から始めるのが有益と思われる。ラダマンテュスという印象的な名前について、ロバート・グレイヴズはラブドマンティス*Rhabda Mantis（杖を使って支配する者）に由来するという仮説を示唆し、ヴィラモヴィッツは漠然とこの語はカリア語であろうと述べている(131)。他方、シャントレーヌはこのような推測は「根拠がない」と退けている。私はこの名前はエジプト語の*Rdi Mntw（モンチュが与え給う者、あるいは、モンチュから授けられた者）に由来すると考えると、実りが多いと考えている。この語の慣用は実証されていないが、〈Rdi＋神の名前〉も〈神の名前のモンチュ Mntw〉も標準的な語の構成であり、いま残っているエジプト語のオノマスティカではありふれたものである(132)。動詞の *rdi* の語頭の *r-* の脱落が始まったのは中王国時代であり、したがって、エジプトにおける古語使用の復活を過小評価すべきでないとしても、ラダマンテュスという語のエジプト語からの借用は、それよりも早かったことを示している(133)。

最初に、ラダマンテュス／Rdi Mntw はモンチュ Mntw すなわち、モンチュ・レー Mntw Rr (Re) が混淆・合体した神をあらわしていたという可能性を考えよう。モンチュは太陽神でもあり、アムンとレーに結びつけられる神であった。彼は『ピラミッド・テキスト』のなかで、太陽あるいは星の神として言及されていた(134)。彼は上エジプトのテーバイ州の神であり、彼の登場は第一一王朝（紀元前二一五三年―一九七九年）のテーバイ州の登場と同時であった。第一一王朝の後半、彼の祭儀は王の宮廷と結びつき、国中いたるところで盛んに行われるようになった。しかし第一二王朝になると、アムン祭儀がそれに取って代わりはじめ、モンチュはアムンと同一視されるようになった。にもかかわらず、その後もテーバイ州では依然としてモンチュは重要な神であり、三〇〇年におよぶ第一中間期の分裂後、エジプトを再統一した第一一王朝と結びついた戦争の神として、一般民衆に人気があった。詳細は第5章で論ずるが、モンチュはとりわけ北方の未開人征服と結びついた神であった(135)。

モンチュにはもともと二人の妻がいた。最初の妻は**i̓wnyt**（南の**i̓wn**の女神）であり、その名前はモンチュ祭儀の中心地で、テーバイの上流二〇キロメートルにあるアルマント、すなわちヘルモンティスに由来した。**i̓wnyt**と対《つい》になる名前は、**i̓wn**すなわち、下エジプトのヘリオポリスであった(136)。二番目の妻は**Tnn**の女性形である**Tnnyt**と言い、地下にいる創造神**Tnn**は、鍛冶屋で創造神のプタハと融合した神であった。その後、**i̓wnyt**と**Tnnyt**は独立した個性を失い、**Rrt t3wy**（二つの土地のリア）に取ってかわられた(137)。**Rrt**が**Rr**の女性形であることはあきらかで、それがレア〔ギリシア神話でウラヌスとガイアの娘でクロノスの妻。ゼウスなど多くの神々の母〕の原型となったエジプトの神であることもあきらかである。新王国時代には、**Rrt**をアッカド語で**Riya**あるいは**Riʾa**と転写していたことが分かっており、したがって〔エジプト神話の〕**Rrt**と〔ギリシア神話の〕レアは音声学上完全に一致する(138)。ヌト〔エジプト神話の天空の女神。大地の男神ゲブの妹で妻であり、オシリス、イシスの母〕と同化された**Ria**は、ヘレニズム時代にはギリシアの神レアのエジプト版と考えられた。

天空の女神のヌトと洞窟やほら穴にいる若者を保護する地の神のレアとのあいだには、その性格上、あきらかに不一致がある。しかしエジプトの儀式では、星の女神ヌトの主な役割は、棺に納められたミイラをアーチ状の内部に保護し、墓所を守ることであり、この事実によってヌトとレアの性格上の不一致は解決できる。ヌトの来歴については、この女神は地下と強い結びつきがあり、そのために天空の女神から死の女神になったと主張する学説がある一方で、地下との結びつきは太古からあったと唱える学説もある(139)。ラダマンテュスとの関連でモンチュの妻 Rrt を見ると、レアがクレタ島の最も重要な神の一人だったということはとりわけ興味深いことであり、注目しなければならない。このことはクレタ島とこのエジプトの神との結びつきを強めている。

一般に用いられている Mntw Rr という名前は、この神と太陽神レーとの結びつきを示し、Mntw Hr という名前は幼い戦士の神ホルスとの関連を示している。ホルスとおなじように、略奪の神としてのモンチュは、鷹の頭部をもった人間の姿に描かれることもあった。しかし第一一王朝以降、彼は猛々しい牡牛と同一視され、第一二王朝までには、彼の祭儀の中心地すべてで、牡牛としての彼を崇拝したり、彼の崇拝に牡牛が伴ったことが立証されている。この時代までに、聖なる牡牛の色はしばしば白と考えられたが、モンチュの牡牛はミンの白い牡牛と密接な関係があった。モンチュは「黒い牝牛」すなわち、**iḥt km** とも結びつき、**iḥt km** がイオに対応することは前述した(140)。後世の紀元前七〇〇年以後、四種類のモンチュの牡牛祭儀があった。ひとつは神託の祭儀であったが、四種類すべてに牡牛に関係した儀式、行列、闘牛が伴った(141)。これまでこのような好戦的な神は、死者の審判者として宗教上重要な役割を演ずることはできないと考えられてきた。しかし、世界のどこでも、とりわけ黄泉の世界では、猛々しさは審判者としての欠格条項ではほとんどなかった。一般に『死者の書』として知られている『日のもとに出現するための書』には、モンチュがエリュシオン〔極楽〕に住む他の神々に交じっていると記されている(142)。

以上述べた特徴は、ラダマンテュスの特徴とどのように符合するだろうか。クレタ島のラダマンテュスは立法者として知られていた。彼のまま子のヘラクレスが引き合いに出した殺人についての法は、彼の法のひとつである「目には目を」の原則だったと考えられた。ヘシオドス、ホメロス、そして後世の著作家たちによれば、ラダマンテュスは死者の裁判官であった(143)。『オデュッセイア』のなかで、彼はクサントス *xanthos* と形容されている。この語は「金髪の」というよりも「聖なる」と訳すべき場合が多い。この問題については『黒いアテナ III』で論ずる(144)。『イリアス』のなかでは、彼にアンティテオス *antitheos*（神にもみまごう）という形容句が使われており、確かに、「金髪の」というよりも「聖なる」という形容がずっとふさわしい(145)。『オデュッセイア』では、ラダマンテュスは西の地の果ての島に行くことができ、一日で帰ることができたと考えられており、ここでは太陽との関連が強く示されている(146)。

立法者で裁判官という名声から、ラダマンテュスが穏和で平和的人物であるかと言えば、そうではない。この点をここで繰り返しておかなければならない。彼がイオニア諸島への支配権を得たのは、彼に裁判官としての名声があったからだけでなく、彼が「犯罪者……にたいして嘆願に動じない処罰」をするからでもあった(147)。本書の第2章で論じたように、伝説上、クレタ島からボイオティアへ逃れたラダマンテュスはゼウスと関連があり、彼はヘラクレスの「父」でもあった。このように、ヘラクレスが中王国のファラオであったとすれば、その限りで、ラダマンテュスは第一一王朝のパトロンとしてのモンチュと後期のファラオと並行関係にある(148)。

したがって、一般的に、ラダマンテュスとモンチュが関連するということには十分な根拠がある。ラダマンテュスとモンチュはいずれも好戦的であり、ある意味で、放浪する半神／ファラオの父であった。第2章で私は、モンチュがメンチュホテプ二世の保護者として表現されていることに注目した(149)。ラダマンテュスとモンチュはいずれもアムン／ゼウスと密接に結びついており、多かれ少なかれ牡牛とも結びついていた。音声学的にいえば、*-manthys* の部分がモンチュ Mntw に由来するということを示すのは困難ではない。人名の Mntw m ḥ3t はアッシリア語では Mantimehe と転写されたので、モンチュ Mntw は本来、*a* と発音されたことが分かっている(150)。

モンチュとクレタ島との結びつきはラダマンテュスに限定されない。のちにクレタ島の宗教でレアが中心となったことを考えると、エジプト神話のなかでは目立たない存在の Rrt／リアがモンチュの妻であったことは驚くべきことである。白い牡牛という存在によっても、〈モンチュとラダマンテュス〉は〈ラダマンテュスの兄ミノスとエジプトの神ミン〉とつながるように思われる。さらに、ムネヴィス〔太陽神レーの化身としての黒牡牛〕と同じように、モンチュは頭部が牡牛の人間としてあらわされた可能性がある。時代がくだると、確かにそういう事例があった(151)。第一中間期、あるいは第一一王朝にさかのぼる時代のテーバイ近くのカルナックから出土した他に類例のない三面の印章に、牡牛の頭を有した像が刻まれていた(152)。この時代にはモンチュが卓越した存在であったから、この像が彼であったことは大いにあり得るが、確実ではない。アメンエムハト二世（紀元前一九一七年—一八八二年）時代のモンチュの聖域の下からトゥードの財宝が発掘され、「牡牛人間の」像を刻んだメソポタミアの印章が二つ発見されたことも興味深いことであり、注目しなければならない。これについては第5章で議論する。こうした像がとりわけモンチュに相当すると考えられるかどうか、推測する価値はある(153)。

にもかかわらず、モンチュは中王国時代に牡牛と強く関連してはいたが、当時、モンチュは一般にハヤブサの頭をもつ像としてあらわされていた(154)。しかし、宮殿時代のクレタ島では、ミノタウロスを人身牛頭の姿で表現するということはまったく見られない。ギリシアの伝承で強烈なこのミノタウロスのイメージは、クレタ島が紀元前一五世紀にエジプトと接触してはじめて登場した。少なくとも、モンチュの猛々しい牡牛は、間接的にアムンと同一視されたミンの牡牛と同じように、ミノタウロス、すなわち、ミノスの息子にしてラダマンテュスの甥、ゼウスの孫にあたることは疑いない。

この時点で、ラダマンテュスはたんにエジプトの神に由来するのでなく、エジプトの王にも由来するという可能性を考察するのは有益だろう（ミノスが神のミンと王のミン／メネスのいずれとも同一視されていたことを忘れてはならない）。

第一王朝の正式な創始者としてのミン／メネスは、つねに征服者で立法者として誉れ高い王であった。彼の名声に匹敵するその他のエジプト王は、エジプトを再統一し、中王国を創始した王だけであった。紀元前二一五〇年ころに活躍したメンチュホテプ一世 Mntw htp I は、厳密にはファラオではなかったが、彼は第一一王朝の先祖として、また、テーバイ州にあった彼らの本拠地からエジプトを再統一した黒人の一族《ブラック・ファミリー》の出身だった(155)。紀元前二一世紀のメンチュホテプ二世 Mntw htp II は、第一一王朝では最も有力な統治者であり、五一年間におよぶその治世の間、エジプトはかつての古王国時代のように、ふたたび大国になった(156)。ガーディナーは次のように述べている。

> メンチュホテプという名前は「モンチュは満足し給う」を意味する。この神が満足したのには十分な理由があった。というのは、……長いあいだ続いた戦乱のあとで、「彼〔モンチュ〕は一人の統治者のもとでエジプト全土が再統一されたのを見たからであった(157)。

エジプトの伝承では、二人の偉大なメンチュホテプはたびたび中王国の創始者として登場し、ミン／メネスと比べられる。たとえば、第一九王朝のラメセス二世の時代に、テーバイ近くのラメッセウム〔ラメセス二世の葬祭殿〕で催されたミンの大祭でのミン／メネスの彫像の扱いは、とくに際立っていた(158)。したがって、ミン神の牡牛祭儀のなかで、ファラオのミン／メネスとメンチュホテプがとりわけ重要な役割を演じていることがわかる。

エジプトとクレタ島の祭儀に見られる神学上の並行関係は、複雑な関係であるとともに、きちんと整理できる関係でもある。エジプトでは、ミンとモンチュは白い牡牛と関連し、アムンと同一視されていた。クレタ島では、ミノスとラダマンテュスは兄弟であり、白い牡牛と関連するのは前者のミノスであり、兄弟は二人ともアムンに相当するゼウスの息子であった。ラダマンテュスとメンチュホテプを同一視することによって、みごとな相関関係ができあがる。ミノスは牡牛神ミンと〔第一王朝の〕初代ファラオのミン／メネスを結びつけ、他方、ラダマンテュスは牡牛神モンチュと〔第一二王朝の〕初代ファラオのメンチュホテプを結びつける。クレタ島では、ミノスとラダマンテュスが支配者と立法者という特徴を兼ね備えていたのとちょうど同じように、エジプトでは、二人のファラオが峻厳な支配者であり立法者であった。クレタ島では、王で半神でもあるミノスとラダマンテュスの二人が、本来はエジプトの制度である死者を裁く場で裁判官の役割も果たしている。

このような神と王との融合は奇妙に思われるかもしれないが、すでにミンの場合で見たように、エジプトではまったく問題はなかった。第5章で詳しく論ずるが、第一二王朝のファラオであるセソストリスについても、神との密接な並行関係が見られる。セソストリスは「intyw［野蛮人］を敗走」させる「白い牡牛」と記述されている[159]。エジプトの牡牛祭儀について広範囲に論じたドイツのエジプト学者オットーは、これについて次のように論評している。

これはモント（モンチュ）の好戦的性格との結びつきを表しているように思われる。同じように、好戦的な王と上エジプトの牡牛祭儀とのあいだの結びつきがどんなに緊密であったかについて、新しい証拠を提供していると思われる[160]。

エジプトの祭儀とクレタ島の祭儀のあいだには込み入った並行関係があり、驚いたことに、エジプトにおいて王である白い牡牛崇拝が栄えた紀元前二一世紀こそまさしく、すでに述べた考古学上の根拠から、クレタ島において最初の宮殿の基礎が置かれ、最初の牡牛祭儀が立証された時期であった[161]。前述したように、この時期は何人かの学者によって、クレタ島にたいするエジプトとレヴァントの影響が注目された時期でもあった。ペンドルベリによれば、エジプトとレヴァントの文化はナイル川デルタ地帯を経てクレタ島に大きな影響を与えたが、第一中間期のナイル川デルタ地帯のいくつかの地域を支配していたのはセム語を話す人びとであった[162]。ウィリアム・ウォードは——確実とおもわれる根拠にもとづいて――、この現象は中王国時代初期に起きたものであり、エジプトの影響は一般的にはフェニキアを経由して、とりわけビュブロスを経由して、クレタ島に伝えられたと考えるほうが好ましいと述べている(163)。ビュブロスはエジプトの影響が大きい町であった。そこには中王国時代のエジプト語の碑文がたくさん発見されている。この時代のエジプト語のテクストでは、その他のシリア＝パレスティナの支配者たちのように ***ḥkꜣ ḫꜣswt***「ヒクソス」、すなわち「外国の君主」と記されているのではなく、ビュブロスの君主は ***ḥꜣtỉ***（市長）と記されている(164)。

　メンチュホテプ二世はエジプトを再統一したばかりでなく、彼の将官たちはヌビア、シナイ半島、おそらくはさらに北方の地にまで出征したことが知られている。少なくとも公式の海外遠征隊が一回、ビュブロスに派遣されたことも記録資料から知られている(165)。これは考古学の証拠で確認されている。まず、第一一王朝の箱や棺にはシリアの木材が用いられていた。さらに、ビュブロスで発見された「モンテトの壺」の埋蔵物はエジプト製であり、年代は紀元前二一世紀にさかのぼる(166)。第一一王朝のエジプトがエーゲ海地域に進出していたという証拠は、前述したこの時期のエジプトの二つの彫像がアッティカ地方のラウリオン鉱山産出の銀で造られていたことで知られており、そこから遠征の動機も示唆される(167)。そういうわけで、エジプトとシリア＝パレスティナのいずれでも、メンチュホテプが支配者であり、この王の祭儀がモンチュとその獰猛な牡牛の祭儀であった紀元前二一世紀に、クレタ島はレヴァントからエジプトと西セムの大きな影響を受けたと思われる。

　この時期、エジプトがエーゲ海地域に遠征したという文書にみる証拠はない。しかし、このような状況で、〈沈黙からの議論〉に逆らう劇的な警告を発しているのがミト・ラヒーナの碑文である。この碑文には、以前は知られていない海路と陸路両方によるエジプトの海外遠征――詳しくは第5章で論ずる――が記されている。しかし、このような文化的影響の拡大については、征服による必要はない。メンチュホテプという名前のファラオがエジプトを再統一し、レヴァントで支配的大国の地位を確立し、北東アフリカと南西アジアでは手に入らない金属類を欲したという事実があれば、それで十分だろう。ラダマンテュスとメンチュホテプを同一視するならば、政治権力の拡大を示す伝承さえ残っている。ディオドロスはラダマンテュスについて次のように述べている。「彼は少なからぬ数の島々とアジアの大部分の沿岸を所有するようにもなった。彼は正義を実行したので、人びとはみな自由意志からみずからを彼の手にゆだねた」(168)。もうひとつ重要なことは、ディオドロスがこれらの地方を詳しくはカリア〔エーゲ海に面した小アジア南西部〕とイオニア〔小アジア西部の海岸とその付近のエーゲ海の島々〕であったと述べている点である(169)。『黒いアテナ I』で述べたように、ギリシア民族の一派のイオニア人という名前の起源は、おそらくエジプト語の **i wn**(前オールの漕ぎ手、野蛮人)に由来すると思われる(170)。このような観点から見ると、とりわけ北方の野蛮人との戦争にかかわったモンチュの称号が、**Nb ḥsf iwntyw**(野蛮人を鎮圧する君主)であったことは興味深い(171)。ラウリオン鉱山産出の銀を別にすれば、第一一王朝がエーゲ海地域に進出していたという考古学的確証は一切ない。私の知るかぎり、クレタ島以外のエーゲ海地域周辺で発見された中王国時代のエジプトの遺物は、スパルタで発見されたスカラベと、サモス島〔エーゲ海東部の島〕のヘライオン〔女神ヘラを祀った聖域〕から出土した木製の像だけである(172)。しかしこれらの遺物はおそらく、アルカイック時代(紀元前七七六年―五〇〇年)にサモア島とエジプトのあいだに密接な貿易関係があった時代の輸入品だった可能性のほうがずっと大きい。ラダマンテュスはボイオティア地方とも関連があった。私たちが第2章と第3章で見たように、ボイオティア地方は紀元前第三千年紀にエジプトの影響が大きい地域であった。

クレタ島で生き残った牡牛祭儀

一般には牡牛祭儀、とりわけモンチュ祭儀は、紀元二世紀と三世紀に衰退するまで、重要な宗教としてエジプトに残っていた。にもかかわらず、この宗教が絶頂に達したのは第一一王朝であった。第一二王朝では、羊頭や人頭のアムン神を崇拝する新しい王の祭儀の興隆にともなって、モンチュ祭儀が衰えたことは疑いない。エーゲ海地域の考古学者シンクレア・フッドの次の指摘は、クレタ島の牡牛祭儀がもつ重要な点を私たちに示していると思われる。「保守主義は……ミノア文化期のクレタ島の多くの側面を解く鍵である。当初、近東のほかの地域で盛んだった信仰や慣習がクレタ島ではすたれない傾向にあったからである」(173)。数世紀にわたった宮殿時代を通じて、牡牛祭儀が中心的祭儀として保持されたことによって、クレタ島に中王国時代のエジプトの宗教が保存された。このようなパターンは東アジア地域にも見られる。朝鮮と日本は、隋と唐の時代の中国から大量に文化を取り入れた。中国の王朝は代わったが、朝鮮と日本には隋と唐の多くの文化が残った。数世紀たつうちに、古い中国の文化は朝鮮や日本の地で修正され、その修正された中国文化がとりわけ朝鮮的な文化であり、とりわけ日本的な文化であると考えられるようになった。たとえば、こんにちの朝鮮女性の「民族衣装」〔チマ、チョゴリ〕は七、八世紀の中国の衣装スタイルを残している。もっと直接的に宗教に関連する並行関係が東アジアで見られる。仏教は発祥の地のインドでは実質的に消滅したが、スリランカ、チベット、東南アジアで生き残り、すべての地域で完全に地域的特色のある仏教になっている。

結論

本章の問題に戻れば、紀元前二〇〇〇年頃のクレタ島の考古学の証拠から、どのようなことが考えられるだろうか。初めに、私の第1章の議論を思い出してもらおう。第一に、強力な証拠が示すように、新石器時代のクレタ島はアナトリアから農業と陶器製造業を受け入れたが、そのときすでに北アフリカとレヴァントと接触していた。第二に、新石器時代と初期青銅器時代のクレタ島文化は混合文化であり、クレタ島、リビア、エジプト、レヴァント、アナトリア、北方のいろいろな影響が混じりあい、つくりあげられた文化であった。紀元前第三千年紀に入ったころ、南エーゲ海地域で発達した新しい形の交易社会が、もっと早い時期に近東で同じように発達した地域から、直接的・間接的に刺激をうけていた。これは証明できないが、まずは確実なことだろう。いずれにしても、エーゲ海地域が近東から、陶器様式や埋葬風習はもちろん、ろくろも取り入れたことはほとんど疑いない。初期ミノア文化期クレタ島の宗教的シンボリズムの遺物や遺跡の研究は、同時期のエジプト古王国時代の宗教とそれとのあいだに、きわめて密接な並行関係があったことを示している。

クレタ島の宮殿は徐々に自発的に出現したのではなく、前代との断絶を示していることはあきらかである。レヴァントの影響があった明確な証拠は、数世紀前の近東そのものに存在したパターンの宮殿および、その社会組織方法の採用に見られる。さらに、宮殿の構造と装飾の細部の多くは、エジプトに由来するものばかりである。クレタ島でちょうど宮殿社会が出現した紀元前二一世紀に、その後クレタ島で中心的な祭儀となる牡牛祭儀がエジプト第一一王朝の国家祭儀であった。これも印象的なことである。

考古学はこうしたことについて、驚くべき偶然の一致がそろったにすぎないというかもしれない。しかしこのような証拠とギリシアの伝承とエジプトの碑文を結びつけてみると、エジプトとクレタ島の詳細に入り組んだ並行関係が浮かび上がる。この並行関係は、牡牛祭儀が実際には当時のエジプトからの借り入れであったと考えてはじめて満足に説明できる。したがって、宮殿時代のクレタ島がミノスとミノタウロスの伝説にまつわる最も特徴的な祭儀をとり入れたのは、同時代のエジプトの国王の牡牛崇拝からである。三〇〇〇年以上も昔にさかのぼる、アナトリアのチャタル・ヒュユクにつながる弱い系譜からではない。

紀元前二一世紀のクレタ島の社会的・文化的変容は、第一一王朝下のエジプト再統一と、レヴァントおよびおそらくはレヴァント以遠へのエジプトの影響拡大と同時期に起きている。クレタ島がエジプト王朝の祭儀を採用したことはあきらかであり、これはこの決定的時期にエジプトの直接的影響があったことを示していると思われる。ヘレニズム時代の記録しかないが、当時、クレタ島とその島々はエジプトに支配され、属国であったという伝説もある。しかしそれは後世の記録であり、記録されているのは間接的記述であることを考えると、このような示唆は推論の域を出ない。しかし、紀元前二一世紀にクレタ島がエジプトの大きな影響を受けていたことは疑いない。

ここでは近東の、とりわけエジプトの大きな影響があったと仮定したが、だからといって、「ミノア人」〔古代クレタ島住民〕がただたんに彼らの隣人を模倣したということではない。他の多くの人びとと同じように、クレタ人はかなりの文化的独創性をもっていた。エジプトの二つのシンボルから、彼らは「神聖な角《つの》」を創りだしたと思われるが、それとまったく同じように、彼らは独自の牡牛祭儀を発達させたことは疑いない。たとえば、クレタ島ではあまりにもあたりまえになった〈牛跳び〉〔人が牛の背を跳びこす儀式〕をエジプト人が実践したという証拠はほんのわずかしかない(174)。同じように、様式やモチーフはエジプトとレヴァントから頻繁に借り入れたが、クレタ島美術の識別は容易である。とりわけ、大陸の近東美術の題材にはない海上生活が描かれている場合は難しくない。にもかかわらず、本章で述べた証拠から、他の地域と同じようにクレタ島もはっきりした地域的特徴をもっているが、初期宮殿時代のクレタ島が中東文明世界の一部であることは明確であり、エジプトとレヴァントからの借り入れが最も大量であった。

第5章

セソストリスⅠ

――ギリシアの記述にみる彼の征服　考古学と文書にみる証拠――

ヘロドトスの『歴史』（第二巻）にセソストリスという奇妙な人物が出てくるが、これはこの著作の問題の一つである。

（レヴィ、一九七一年、一一七ページ、注二四五）

すでに示したように、古代地中海世界を研究するために有効なアプローチは多い。なかには考古学、言語学、固有名詞、土地の人びとに後世まで伝えられた伝承が含まれるが、同時代の文書というアプローチも有効である。とりわけここでは、文書によるアプローチに意味がある。なぜなら紀元前第三千年紀の初めまでに、エジプトは確実に、レヴァントもほぼ確実に、文字を持っていたからだ。私たちの主な関心である紀元前第二千年紀のあいだに、アナトリアでもエーゲ海地域でも、文字による記述がおこなわれていたことははっきりしている。

ここでもふたたび次の点をあきらかにしておかなければならない。すなわち、考古学的証拠の場合もそうだが、「決定的証拠」というものが皆無だという点である。「ギリシアのある地にXというエジプト人／フェニキア人がやって来て、ここに（そこに）町／王国を建設した」というような〈古代モデル〉をはっきりと確認するようなタイプの同時代の文書は存在しない。しかし、そういうことなら、これを否定する文書もまた存在しない。文書の証拠がないところで何ができるだろうか。中期および後期青銅器時代のあいだに、レヴァントとエーゲ海地域のあいだに接触があったということが青銅器時代の文書からわかる、という状況証拠に注目するほかない。

この章で焦点を当てるのは、豊富にある文書的証拠のなかの、エジプトで出土した一つのテクストである。このテクストはギリシアに直接言及していない。ギリシアに直接言及している文書についての考察は第10章にゆずる。にもかかわらず、ミト・ラヒーナ碑文と、ヘロドトスや他の著作家によるファラオ、セソストリスの大征服にかんする報告とこの碑文との関係は、古典時代の史料の信頼性を確かめるためにとりわけ重要である。そればかりでなく、初期青銅器時代末期のアナトリア地方、バルカン地方、カフカス地方での変化を理解するためにも、この碑文はとりわけ重要である。

ミト・ラヒーナ碑文の発見

メンフィスに近い現在のミト・ラヒーナ村に、第一二王朝のファラオが建てた神殿跡地があり、そこに第一九王朝のファラオたちが建造した——すなわち増築した——プタハ神殿があった。その神殿の前にラメセス二世（紀元前一二九〇年—一二二四年）の巨像群が立っており、その一つの像の下から大きな碑文が見つかった。ここ数年、カイロのスイス考古学研究所所長、ゲルハルト・ヘーニィの気がかりはこの碑文であった。古代遺物監督官のサミ・ファラグの調査から、大きな平らな石に碑文が刻まれていることがあきらかになっていたからだ。

この碑文に見覚えがあったエジプト考古学界の大御所、ラビブ・ハバキは即座に、この大きな石は以前この近くで発見され、フリンダーズ・ピートリが一九〇九年に発表した、これよりもずっと小さい石の断片に刻まれた碑文と似ていることを認めた。すぐに、どちらの碑文も——断片に刻まれた碑文も大きい石に刻まれた碑文も——、同一の「例外的に長文の」碑文の一部と認められた。新しく発見された〔大きな〕「断片」は四角形で、二メートル×二・五メートルの大きさであったが、小さい断片も大きな断片も、石碑全体の一部にすぎなかった。もとの石碑の碑文は最初の部分も最後の部分も欠けており、石碑上部の文はすべて欠落していた。〔発見された碑文は写真に撮影されたが〕写真の左側は焦点が合っていなかったので、そこから写本がとられたという事実は碑文のテクストをさらに不明瞭なものにしている。また、これまでのところ、新たな写真撮影は不可能になっている。にもかかわらず、ファラグとベルギーのエジプト学者のジョルジュ・ポーゼナーは、この碑文はきわめて重要な碑文であり、こうした欠陥があるとしても、できるだけ早い時期に公表すべきであると考え、一九八〇年にこの碑文を『エジプト学評論』の誌上で発表した(1)。

碑文の完全な翻訳がないというのは驚くべきことでない。しかし、ポーゼナーとファラグは一部の碑文の内容に注をつけている。碑文で最も言及されているのは、中王国時代の第一二王朝初期（紀元前一九五九年から一八八二年まで）の二人のファラオ、センウスレト一世と彼の息子のアメンエムハト二世であり、碑文は後者のアメンエムハト二世の治世のすぐあとに刻まれたことはほぼ確実であろう(2)。碑文の主な関心は、エジプトから陸路と海路の両方から行われた遠征である。アフリカへの遠征もあったが、大部分はアジアへの遠征であった。シナイ半島への遠征が一回、Ḫnty-š（レバノン）への遠征が二回、そしてファラオ自身が遠征隊を率いたスティ Sṯt への遠征がもう一回あった。

スティ Sṯt ははるか北方の国の名前である。これは新王国時代にナリン国すなわち、シリア北部とメソポタミア地方にあったミタンニ王国を表すために用いられた語であり、第一一王国以来、この語があるアジア《アジアティック》の国を指すということが立証されている(3)。ミト・ラヒーナ碑文には、この国の名前のほかにも遠征で滅ぼした北方の国々が言及されている。しかしこの碑文以外のエジプト語のテクストには、こうした国々の名前は登場しない。この軍事行動すなわち侵略によってエジプトに大量の特別な戦利品がもたらされた。大部分は家畜、奴隷および金属類であった。

碑文の重要性――エジプト中王国時代のアジアにエジプト帝国が存在した証拠

このテクストのどこが衝撃的なのか。まず第一に、後述するように、ずっと後世のギリシアに、センウスレト一世とアメンエムハト二世がエジプトから遠い北方まで大軍事行動をおこなったという伝承が伝えられており、このテクストがこの伝承を支持する強力な証拠になると思われるからである。第二に、このテクストは中王国時代のエジプトがレヴァント地方に帝国、あるいは、少なくとも勢力圏をもっていたと主張してきたエジプト学者や古代の歴史家の主張を大いに補強するからである。第三に、このテクストはエジプト学と古代史の学問に有益な修正をもたらすからである。というのは、多くの大規模な軍事行動があったことを示す注目すべきこの新しい証拠は、公式文書でも文学作品でも、一般には十分な報告があると考えられた時期のものだからである。王朝建国者だったアメンエムハト一世が権力を掌握してからのち、エジプト第一二王朝は初期のあいだずっと、富裕で強力だったことがこうした文書や作品から知られていた。

この王朝の一族はエジプトよりもはるか南の出身であった。アメンエムハトの父は〔エジプトの〕テーバイ州《ノモス》の出身であり、母は国境の町のエレファンティネよりも南、すなわちヌビアの南の町 Tɜ Sty の出身だったと思われる。どちらにしても、この王朝はガーディナーのいう、「住民の一部が少なくともヌビア族だった」土地の出身だったことはほとんど疑いない(4)。したがって、この王朝のファラオたちの彫像は黒人《ブラック》として刻まれているが、それは彼らの姿を正確に捉えていると思われる。とはいえ、そのほかに、もっとアジア的《アジアティック》な外見の彫像も残っている。南方出身ではあったが、彼らは第一一王朝の首都だったテーバイから遷都し、王朝の首都を上エジプト北部のエル・リシュトに定めた。センウスレト一世の統治時代におこなわれた建設は並はずれていた。これについてエジプト学者のW・K・シンプソンは次のように述べている。「この王による広範囲な記念碑建設の活動が立証されない遺跡はほとんど見あたらない」(5)。この碑文がメンフィスのプタハ大神殿と関連があると思われる点はとりわけ興味深い。というのは——後述するように——、ギリシアの著作家たちは大神殿をとりわけセソストリスと結びつけているからである(6)。

私たちは、アメンエムハト一世の将軍たちが積極的にヌビアや西のリビアへ大軍事行動をおこしたことを知っている。センウスレト一世自身は、父親の暗殺計画があったリビアへの遠征のひとつを率いたと思われる。しかし、おそらくリビアに遠征したと思われるが、遠征したのかどうか、あるいは遠征が成功したのかどうか、はっきりしていない(7)。もし遠征が成功したのであれば、そして、その遠征が一〇年間の父子共同統治時代末期に行われたのであれば、センウスレトは速やかに秩序を回復し、エジプトの富と権力は拡大し続けた。

エジプト第一二王朝がアジアでどんな権益と権力をもっていたかという問題について、学者たちの意見は分かれている。これまでのところ、アジアにおける征服についての記録上の証拠は、Nsw Mntw 将軍の記念石柱《ステレ》があるだけで、この記念石柱にはアメンエムハト一世とセンウスレト一世の共同統治時代に輝かしい勝利を飾ったアジア人《アジアティックス》にたいする軍事行動と、彼らの要塞を破壊したことが記されている⑻。しかし、このような征服があったという間接的な証拠はかなり残っている。この時期のエジプトのアジアとの関係についてエジプト学者が得る情報源が、主として『シヌへの物語』という文学作品のテクストであることは興味深い⑼。

『シヌへの物語』は、ふとしたことからアメンエムハト一世の死にまつわる国家の秘密を立ち聞きしてしまった廷臣シヌへの物語であり、何世紀もの間、この心躍る物語はエジプトで最も人気のある物語のひとつであった。生命の危険を感じた彼はカナンの地へ逃亡し、さらに北方のビュブロスまで逃れた。やがて彼は「故郷を目指し」、ついにシリア南部の奥地と思われる上レテヌーに落ち着いた⑽。最初、彼はこの地の王の顧問官となったが、やがて自分の力で富裕な長《おさ》におさまった。その地で長い年月を暮らしたが、センウスレト一世はようやく彼のエジプト帰還を許し、彼のエジプト宮廷への復帰を喜んで迎えた。そして彼の遺体はエジプトに葬られた。

この物語のなかには、歴史的事実と創作的虚構の両方が含まれている。この点について誰も疑わないが、両者を区別しようとすると、そこには困難がある。シヌへのレテヌーでの暮らしには、戦争の話はほとんど出てこない。実際、レテヌーの住民とエジプト人の関係は一般に友好的である、センウスレト一世の使者はレテヌーの国内を往来する、シリアの王たちはエジプト当局にたいしてへりくだって接する——こうしたことはすべて、この地域にエジプトがある種の宗主権をもっているということを示していると思われる。他方、『シヌへの物語』のセンウスレト一世は、「ベドウィンを懲罰し、砂漠を旅する者を屈服させるために」、そしてまた、「一部のアジア人《アジアティックス》の首をへし折るために」王位についたと記されている。センウスレト一世の葬祭殿の場面では、被征服民から奪った家畜と戦利品、シリア人を含む捕虜の名簿が出てくる⑾。このように、センウスレト一世には戦争にかかわる構図と平和にかかわる構図という二つの対照的な面がある。これはどのように調整できるだろうか。ひとつの可能性は、エジプトの宗主権が及ぶ地域内部では平和の構図、それ以外の地域は戦争の構図、と想定することだろう。しかしこの可能性を追求するに先だって、中王国時代のエジプトにアジア帝国《アジアティック・エンパイア》があったのかどうか、それを見ておかなければならない。この問題には考古学上の証拠から得られたまったく異なる解釈がある。

シナイ半島の鉱山は盛んな操業していたことが知られており、そこでのエジプト人の活動を記念した多くの建造物がある。記念碑の数をみると、第一二王朝時代の記念碑は他の王朝時代のものをすべて合わせたよりも多い。さらに、他の時代とは対照的に、この地方とエジプトとの関係は友好的だったと思われる。古王国時代とは異なって、中王国時代には鉱山遠征隊が武装していたという記述はほとんど登場しない(12)。

しかし考古学的証拠から、エジプトはシナイ半島以遠の遠隔地とも接触があったことが知られている。センウスレト一世統治時代の遺物が、シリア＝パレスティナ地方ばかりでなく、アナトリア地方でも大量に発見されているからである。この章と次の章で見るように、この重要性は今世紀の二〇世紀に熱心に論じられてきた。セム学者でパレスティナ考古学者のウイリアム・フォックスウェル・オルブライトは、英米の考古学の結論を次のように述べている。

西パレスティナ、フェニキア、シリア各地はエジプトの力と物質文化に支配されていた……。時代を遠くさかのぼって、紀元前一九世紀［この時代をオルブライトは第一二王朝と考えている］にエジプト宮廷との直接的な結びつきが証明される記念碑は、北は遠くウガリットで、東は遠くフムスの北東にあるカトナで発見されている。ビュブロスで発掘された遺物は、フェニキアの美術と職人芸にエジプトの影響がみられることを生き生きとものがたっている。［第一二王朝末期にエジプトの敵をおおやけに弾劾した］呪詛文書を読むと、エジプトが支配した直接の勢力圏の境界線はダマスカスの北のシリア中央部からフェニキア中央部のエレウトレス渓谷に至る線だったことがわかる⒀。

この全体的構図を支持・発展させたのが、ジョルジュ・ポーゼナーとイスラエルの考古学者ラファエル・ギヴェオンであった⒁。ポーゼナーはシリア＝パレスティナ地域にエジプト「帝国」が存在し、定期的な情報交換や戦利品の輸送があったことに注目した。彼は『シヌへの物語』の、シヌへがレテヌーに住んでいた間の次の一節を引用している。「使者は（ファラオの）住まいから北へも南へも出かけたが、私がいたのでここに逗留した」⒂。ポーゼナーは、シヌへが行く先々でエジプト人を見かけたと指摘した。彼は、『職業風刺』として一般に知られている同時代の有名なテクストについてもふれている。これは学生に勉強を奨励するために、書記以外のすべての職業がどんなに面白くないかを記したテクストだが、そこに次のような一節がある。

子らに財産を残し
廷臣は砂漠を進む。
ライオンとアジア人《アジアティックス》［r3mw］におびえつつ
彼は［ただ］エジプトで［のみ］みずからを知る⒃。

一般に、r3mw はエジプト人ではない人びとにかかわる語であり、おそらくはセム族を指すと思われるが、この語の起源については専門家たちにもはっきり分からない。最も可能性の高い語源は、おそらく、（アッシリア語のテクストで Arami にあたる）ʾărami すなわち、遊牧民のアラム人と思われる。しかし、セム語が語源のアラム人は紀元前一二世紀末のアッシリアの征服王、ティグラト＝ピレセル一世の年代記に出てくる語だが、r3mw の語はそれよりも一〇〇〇年以上も前にエジプト語のテクストに現れているので、この説を支持するのは意味論上困難である[17]。しかし、民族の名前は長く残ることが知られており、二語には驚くべき類似性があるため、この困難は克服できると私は考える。r3mw とˇărami はいずれも、シリアと北メソポタミア地方の砂漠に住む遊牧民として出てくる。r3mw が初めて登場するのは古王国時代末期であり、中王国時代には一般的な語になるが、*3* は外国語の *r* と *l* を転写するときに用いられることが知られており、この点はまったく問題はない。もっと重大なのは、名前の最初の部分であるエジプト語のˆ*ayin* と、西セム語のˇ*aleph* との相違である。しかし、セム語のなかにも置き換えの実例は多数あるので、借用語に混乱があったという可能性は大きいだろう。とりわけ、ˆărăb すなわち、砂漠遊牧民をあらわすもうひとつのセム語がエジプト語と混合した可能性もあるだろう[18]。

神話学者フォンテンローズが指摘しているように、ホメロスはアリモイ人に言及しており、アラム人について知っていたと思われる。アリモイ人は『イリアス』のとくに魅力的な次の場面に出てくる。

さて、［アカイア勢の］軍勢が進むさまは、さながら大地が野火に焼き尽くされるかのよう。足下の大地は呻き、テュポエウスの隠れ棲むというアリモイ人の地の、彼の身を蔽う大地をゼウスが怒りに燃えて雷で鞭打つがごとく、進撃する軍勢の足下に大地は高く呻いて、兵士らは疾風のごとく野を駆け抜けてゆく[19]。

極端なアーリア主義者であるフランシス・ヴィアンは、ギリシアへのセム族の影響を意図的にぬぐい去ろうとするなかで、ホメロスが歌っている〈アリモイ人の地〉というのは完全に神話上の架空の国であると考えている[20]。フォンテンローズは、テュポエウス、すなわちテュポンの国をキリキアあるいはシリア北部と結びつけているが、この説の妥当性のほうがずっと大きい。紀元前九世紀になると、キリキアあるいはシリア北部で、アラム人が支配的になるからである(21)。この文脈で興味深いのは、ギリシアの神テュポエウスにあたるエジプトの神セト（Stḫ）が、スティ Stt の地に住む争乱と砂漠の神であるという点である。ふたつの名前には語呂合わせ的な関係が見られるように思われる。一般に、スティはシリア＝パレスティナと北部地方――r3mw の土地――と目されていた（二三一ページ〔本書三九四―三九五ページ〕参照）。ギリシア神話のテュポエウス／テュポンとゼウスの争いはあきらかにエジプト神話のセトとホルスとの争いの反映である(22)。

ホメロスに出てくるエレモス *erēmos* という語の語根 *erēmo* は、とりわけ砂漠と砂漠の民を暗示する「孤独でうち捨てられた場所や人びと」を意味するということが立証されている。そこで、ギリシアでは古くから r3mw ／アラム人が知られていたという可能性が大きくなる。英語の「隠遁者 **hermit**」は、この語根に由来する語のひとつのエレミテス *erēmitēs* から生まれた語だが、辞書編纂者たちはギリシア語エレモス *erēmos* の語源をインド＝ヨーロッパ系言語に見いだせないので、この語の語源がアフロ・アジア語族系言語であるという妥当性は大きい(23)。

当時エジプトがシリア＝パレスティナ地域を支配していたと見るポーゼナーの議論に戻ると、ビュブロスやベイルートばかりでなく、ウガリットやアレッポ、そしてその他の場所で発見された第一二王朝の黄金の胸当てや宝石の胸飾り、そしてスフィンクスといった遺物は、彼の解釈では属国の王たちへの儀式用の贈り物であった(24)。パレスティナからシリア、そして遠くクレタ島や南アナトリアの神殿に一般人のエジプト人像が奉納されていたことから、スティーヴンソン・スミスとウイリアム・ウォードはこうした地域でのエジプトの軍事的・政治的影響力《プレゼンス》はかなり長期にわたったと指摘している(25)。これを逆から考えると、ポーゼナーは、中部エジプトのベニ・ハサンで発掘された紀元前一九世紀初めの墓に描かれたアジア人《アジアティックス》は、これまで一般に考えられてきたような飢えたベドウィンではなく、随員をともなって、おそらくは交易および／あるいは公的任務のためにやって来た富裕な首長であると述べた。彼はこの絵を第一二王朝のエジプトにもたらされたおびただしいアジア《アジアティック》製の輸入品と奴隷を結びつけた。センウスレト一世統治時代初期に描かれた他の絵画には、エジプトやヌビアの兵士ばかりでなくアジア《アジアティック》人の兵士の姿も見える(26)。

しかしこのアジア《アジアティック》「帝国」の存在について、その他の学者たちはますます懐疑的になっている。過去三〇年間、ドイツのエジプト学を牛耳ってきたヴォルフガング・ヘルックは『シヌへの物語』から得られたシリアについての情報を簡単に片づけ、『物語』の著者はパレスティナ南部にいただけだろうと示唆している(27)。ヘルックはアジアにおけるエジプト「帝国」という考えを無視しているが、エジプトとビュブロスとの間にほとんど植民地のようなタイプの緊密な接触があったことはみとめている。しかし、遠くはアフガニスタンのような土地との間で確実に物資の交換があり、第一二王朝時代を通じてエジプトに相当数の奴隷がいたにしても、それは主としてシリアの仲介商人を通じた間接貿易の結果であると考えている。

同じように、アメリカの学者でレバノンとフェニキアの権威者であるウィリアム・ウォードもまた、エジプト中王国時代にアジア《アジアティック》「帝国」があったことについて懐疑的である。シヌへの指摘から、パレスティナ地方にエジプトの軍事的・政治的影響力《プレゼンス》があったことを認めているが、彼はシヌへがエジプトの東の境界線に建てられた防衛のための防壁のまわりをうろつかなければならなかったと書いていることを重視し、この境界線を越えた遠い土地までエジプトの支配が及んだことはありそうもないと述べている(28)。

しかし、たとえ維持・防御の十分な防壁であっても、中国帝国やローマ帝国の場合のように、城壁すなわち国境線ということはほとんどない。城壁とは通常、彼ら定住民と遊牧民を分かつ境界線である。エジプトの場合がそうでなかったという可能性はないと私は思う。

フランスとドイツの指導的なエジプト学者たちが真っ向から対立し、この問題は膠着状態におちいっているように思われた。ポーゼナーはすぐに、ミト・ラヒーナ碑文の発見が彼の主張の役に立つと考え、これを彼の著作の注で次のように述べた。

ミト・ラヒーナ碑文はそのなかに語彙、地理、経済の分野の興味深い情報を含んでいるが、そのほかに、第一二王朝初期のファラオたちの外交政策に新しい光を投げかける。私はこの点を強調したい。エジプトと近隣諸国との関係を論じたヘルックや、最近ではフランドセンのような学者たちは、エジプト第一二王朝のシリア地方とパレスティナ地方にたいする影響を大幅に縮小してきた。

これらの地方とエジプトの関係がどんな性格のものであったのか、正確には分からない。たとえ厳密に商業上の関係に還元されるものであったとしても、両当事者は対等ではなかった。エジプトのような強大な大国がアジアの小国に大きな圧力を行使することは必然だった。ここから数次の軍事的遠征に支えられた一定の〔エジプトによる〕支配が生まれた。

いまではミト・ラヒーナ碑文という証拠があるので、第一二王朝初期以降のシリア地方とパレスティナ地方にたいするエジプトの支配力を最小化すべきではない(29)。

ポーゼナーの死後、碑文の持つ意味を詳しく論じた彼の説が公表されてこなかったのは残念である。しかし、知識の追求に偏見と私心のなさを見せたのはヴォルフガング・ヘルックである。これは大学者たちのなかにおいてさえ珍しい。彼は小論文のなかで、ポーゼナーがミト・ラヒーナ碑文にもとづいて、彼やエジプトの影響力を最小化する人びとにたいして申し立てた異議が正しいことを認め、「少なくとも地理的広がりにおいては」、中王国時代のエジプトがシリア地方とパレスティナ地方に力を持っていたと述べた。それればかりではない。いまではヘルックは、センウスレト一世あるいは、少なくとも彼の息子のアメンエムハト二世はシリア、パレスティナよりもずっと北まで行ったと主張している(30)。

センウスレトとセソストリス

中王国時代のエジプトがシリア＝パレスティナ地域で帝国として存在したか否かという問題は重要だが、ミト・ラヒーナ碑文はそれよりもっと重要な問題を提起している。その問題はセンウスレト一世とセソストリスとの同一視に大いに関係がある。セソストリスは、ヘロドトスやその他の著作家によって偉大なエジプトの征服者と記されている王であり、紀元前三世紀のエジプトの神官で歴史家のマネトによれば、彼は第一二王朝のファラオであった。

カルトゥーシュ、すなわちロープで囲まれた楕円形の枠には歴代のファラオの名前が記されているが、名前の順序はきわめて不規則である。最初のうち、エジプト学者たちは一二王朝のファラオに共通する名前はウスレトセン Wsrt sn であると考えた。ギリシア人がこのエジプトの世界征服者に与えた名前は、セソストリス、セソオシス、あるいはセソンコシスなどのほかにも多くの異形があり、シャンポリオンや彼の学生たちはこれらの名前とウスレトセンとの類似性が分からなかった[31]。したがって彼らは、セソストリスは架空の人物であり、セソストリスは征服したと思われているが、実は、紀元前一三世紀のラメセス二世や九世紀のシェションクなど、後世のファラオによる征服が誇張されたのだと主張した。これはいくつかの理由から好都合な解釈だった。まず第一に、この解釈は、ヘロドトスや軽々に信ずる「末期の」ギリシア人にくらべて、科学的な近代のエジプト学のほうが豊富な知識《ベサヴィッセン》がある、すなわち「よく知っている」ということを確認する。第二にこの解釈は、アフリカ人で受動的とされているエジプト人による外国征服の数と範囲を限定する。一九世紀初めのキリスト教徒は、初期エジプト史に聖書の年代記を脅かす部分があるために初期エジプト史を嫌ったが、ウスレトセンとセソストリスを結びつけるのを渋る気持ちはこの嫌悪から来た可能性もある。ドイツの古代史家バルトルト・ニーブール〔一七七六―一八三一〕はヒクソス以前のエジプト史を否定したが、このときの彼の態度にそれがはっきり出ていた(32)。

しかし異なる意見もあった。ニーブールの秘書だったクリスチャン・ブンゼンを含めて数人の学者たちの心をつかんだのは、紀元前三世紀のエジプトの神官で歴史家のマネトがセソストリスは第一二王朝のファラオだったと明言していた事実であった。したがって彼らはウスレトセン Wsrt sn と呼ばれたとされる三人のファラオのうち、一人あるいはすべてのファラオをセソストリスと同一視したいと考えた(33)。一九〇〇年、ドイツのエジプト学者クルト・ゼーテは、王の名前をウスレトセンではなくセンウスレト S-n Wsrt（女神ウスレトの夫）と読むことでこの問題を解決した。この名前は伝統的にセンウスレトと読まれてきた名前であり、セソストリスの語源であると彼は主張した(34)。セソストリスのセンウスレトとの同一視にはあまりに圧倒的な妥当性があったため、この主張はほとんどすぐに受け入れられた。これまで七五年の間、異議申し立てはおこなわれていない(35)。

ファラオの祭儀はアムン神崇拝であったから、アメンエムハト ỉmn m ḥ3t（アムンが先頭におられる）という名前がファラオの名前であることははっきりしている。しかし、センウスレト S-n Wsrt という名前はよくわからない名前であり、興味深い名前でもある。女神ウスレトの名前は、「力強い、富裕な、勢力ある」という形容詞 *wsr* に由来する。この女神は古くからの神だが、よく知られていない。おそらく、ウスレトはテーバイの地方神であり、牝牛の姿をした美の女神のハトホル神に相当する女神だろう。女神のウスレトとハトホルはいずれも遠いはるかな土地と関係があった。とりわけハトホルは貴重な鉱物と鉱物資源の守護神であった(36)。著作家ディオドロスは、父セソストリスは娘アテュルティスに導かれて征服にのりだしたと記しており、これによってこのファラオとハトホルの関連が後世に残ることになった(37)。

後述するように、センウスレトのその後の征服と貴重な金属や宝石への関心という観点からみて、ハトホル／ウスレトとの関連はとりわけふさわしいものだろう。しかし、センウスレトという名前がついたのはこれらの活動が始まった前なのか後なのか、はっきりしない。専門的には、センウスレトとは、このファラオの長い称号のなかにあって、エジプト学者たちがいうノメン〔誕生名ともいう。ファラオが生まれた直後に与えられる名前〕である。この名前は通常、彼が即位する前に与えられるが、同じノメンをもった後世のファラオの場合も確実に同じ事情である(38)。アメンエムハト一世もまた外国征服にかかわったと思われるので、事情は同じだろう。アメンエムハト一世という名前は父との共同統治時代に行われた数次の征服以後に与えられた可能性もある。少なくともこの名前は、彼の治世の最も注目すべき活動の前触れにふさわしかった。

マネトのセソストリス

ここで、センウスレトとセソストリスが同一人物であることをさらに調べるために、まず、ギリシアと後期エジプトの著作家がセソストリスをどのように記述しているかを見ることにしよう。そのあとで、センウスレト一世について、エジプトの考古学と碑文でどのような証拠があるのかという問題を考える。

しかし、センウスレトとセソストリスを同一視することに、いくつかの問題がないわけではない。まず第一に、マネトはセソストリス〔マネトの用語ではセソンコシス〕は第一二王朝の三代目のファラオだったと述べている。そしてマネトは、この偉大な征服者〔セソストリス〕の先代のファラオは王朝創始者であるアメネメスであり、つぎにセソンコシス、つぎに子飼いの宦官に殺されたアマネメスが続いたと記している(39)。マネトはここでファラオの即位順を誤って記述していると思われるが、こんにちでは第一二王朝のファラオの順序はほぼ次のように確定している。

アメンエムハト一世　紀元前一九七九年―一九五〇年
センウスレト一世　同　一九五九年―一九一四年

アメンエムハト二世　同　一九一七年―一八八二年
センウスレト二世　同　一八八四年―一八七八年
センウスレト三世　同　一八七八年―一八五九年
アメンエムハト三世　同　一八五九年―一八一四年
アメンエムハト四世　同　一八一四年―一八〇五年
ソベクネフェルウ女王　同　一八〇五年―一八〇一年

マネトは彼がセソンコシスと呼んだファラオすなわちセンウスレト一世と、センウスレト二世およびセンウスレト三世を混同したようである。センウスレト三世は実に強力な支配者だった。彼は先王のだれよりも多くアフリカで征服をおこなった(40)。したがって、センウスレト一世の子孫、とりわけセンウスレト三世の業績が、後世の――たとえばヘロドトスのような――著作家によって、彼の先祖〔センウスレト一世〕の業績とされた可能性がある(41)。

マネトが提起する第二の問題は、セソストリスについての次のような彼の記述である。

> 九年もたたないうちに、彼は遠くトラキア地方に及ぶアジアとヨーロッパの全域を征服し、諸部族［エトゥネ *ethnē*］征服の記念碑を各地に建立した。彼は勇敢な人種の場合は男根を、陋劣な人種の場合は女陰をステレ［記念石柱］に刻ませた。こうして彼はエジプト人からオシリスに次ぐ存在として敬われた(42)。

セソストリスのこのイメージは、表面上、読者の性的好奇心ではないとしても、彼らの興味を惹くために創作され、それをセソストリスの神のように偉大な名声と結びつけたように見える。ここから近代の古典学者たちはマネトについて、ヘレニズム時代の信用ならない歴史家の典型であるというイメージを強めたと思われる。しかし私はこれから、彼の報告のいずれにも、ある程度の現実性があることを示そう。

ヘロドトスのセソストリス

こうした報告について論ずるまえに、征服者についての似たような記述すなわち、紀元前五世紀のヘロドトスと同一世紀のディオドロス・シケリオテスの記述を見なければならない。ヘロドトスは次のように記している。

そこで私もこれら諸王〔ミン以後の三三〇人のエジプト王〕のことは措き、彼らの後に王位に就いたセソストリスという人物について語ることにしよう。祭司たちの語るところによれば、セソストリスは有史以来始めて艦隊を率いて「アラビア湾」〔こんにちの紅海〕を発し「紅海」〔こんにちの主としてインド洋〕沿岸の住民を征服したということで、彼はさらに船を進めて浅瀬のために航行不能の海域まで達したという。その遠征からエジプトに帰還すると——祭司たちの話は続く——、大軍を召集して大陸を席捲し、その進路を阻む民族〔エトゥノス *ethnos*〕をことごとく平定した。独立の維持に懸命となって勇敢に戦う民族に遭遇するごとに、セソストリスは自分と祖国の名および自分の武力によってこの民族を征服した次第を記した記念石柱を、その国に建てるのが例であった。また戦闘もなく容易に町々を占領できた国には、勇敢に戦った民族の場合と同様の事項を記念石柱に刻んだ上、さらに女陰の形を彫り込ませたのである。それによってこの国の住民が女ほどにも勇気がなかったことを示そうとしたのである。かくしてセソストリスは勝利しながら進軍し、アジアからヨーロッパに渡り、スキュタイ人およびトラキア人をも征服するに至ったのであるが、これはエジプトの軍隊が達した最遠距離の記録であると私には思われる。というのは右の民族の国土では例の記念石柱が立っているのを確認できるが、それより以遠にはもはや見られないからである。彼はそこから引き返したのであるが、［コルキスの］パシス河畔に達してからあと、セソストリス王自身が軍隊の一部を割いてこの地に植民させるべく残したことはおおいにあり得ることで、あるいは他方、兵士の内で王の放浪の如き遠征に厭気のさした者たちが軍隊を離れたのかもしれない。いずれの推測が正しいのか私に確実なことはいえないが、コルキス人がエジプト人の末裔であるという事実は疑いない。……

エジプト王セソストリスが各地に建てた記念石柱は、大部分は失われて残っていないが、私はパレスティナ・シリアで現存するものをいくつか見た。それには前述の碑文や女陰の形も刻まれていたのである。またイオニア〔小アジア西海岸中部〕方面にも岩壁に浮彫にしたこの人物の像が二つある。一つはエペソスからポカイアへ通ずる街道上にあり、他はサルディスからスミュルナに通ずる路上にある。いずれの場合も、約七フィートほどの背丈の男の姿が彫り込まれており、その男は右手には槍を、左手には弓を持ち、その他の服装もこれと似合っている。というのは、つまり一部はエジプト式、一部はエチオピア式の服装をしているという意味である〔弓はエチオピア人の、槍はエジプト人の愛用した武器である〕。そしてその胸部には、一方の肩から他方にわたって、エジプトの神聖文字で記した碑銘が刻んであるが、その意味は、「われはこの地を、わが肩によりて得たり」というものである。……

さて祭司たちの話によれば、このエジプト人セソストリスは、彼の征服した国々の住民多数を捕虜として随え帰国してきたが、帰国の途中ペルシオンのダプナイに着いた時、セソストリスの弟で彼がエジプトの統治を委ねていた者が彼を出迎え、彼と子どもたちを饗応に招いた。彼らが晩餐の最中、弟は家の周りに薪を積み上げて火を放った。……そのため二人の子供は焼死したが、残りの子供は父とともに難を免れた。……

エジプト人でエチオピアに君臨したのはこの王ひとりであった。彼は自分の功業を記念するために、ヘパイストス［プタハ］神殿の前に、自分と妻の姿を写した四五フィートもある二体の石像と、四人の子供のためにはおのおの三〇フィートの石像を残した。それからずっと後になってからのことであるが、ペルシア王ダレイオスが右の像の前面に自分の立像を建てようとした時、ヘパイストスの祭司は、ダレイオスにはセソストリスの果たしたほどの業績がないから（という言葉を彼は使った）、それを許さなかった。セソストリスはダレイオスに劣らず多数の民族を征服したのみか、スキュタイ人も平定したが、ダレイオスはスキュティアを占領することができなかった。功業においてセソストリスを凌駕することができなかった者が、その人が奉納した物の前に自分の像を建てるのはよろしくないというのである。祭司の言葉に対し、ダレイオスもそれが真実であると認めて了承したという(43)。

ディオドロスのセソストリス

ディオドロスがセソオシスと呼ぶこのファラオについての記述はヘロドトスよりも長いが、その記述はヘロドトスと似ている。ディオドロスは彼が用いたのと同じエジプトの資料を使うと同時に、先輩の歴史家〔ヘロドトス〕の著作から直接引いてきたと思われる。ディオドロスのセソオシスの征服についての一節は次の通りである。

まず第一に、セソオシスと彼につき従う家臣団は、彼の父親の命令で軍隊とともにアラビアに派遣された。セソオシスは……アラブ民族をすべて征服した。アラブ民族を奴隷にしたのは彼の時代が初めてだった。ついで彼は西方の地域に派遣され、まだ若輩だったがリビアの大部分を平定した。父の死で王位に就いた彼は、当然それまでの手柄で自信をつけていたので、人の住む土地の征服に乗り出した……。

彼は軍をととのえ、まず始めに、エジプトの南に住むエチオピア人討伐のため進軍して彼らを征服し、黒檀、黄金、象牙を貢ぎ物として差し出すよう強要した。ついで彼は紅海〔こんにちの主としてインド洋〕に四〇〇隻の艦隊を派遣した。セソオシスは戦艦を建造した最初のエジプト人であり、この海域の島々を自分の領土にしたばかりでなく、遠くはインドに至る沿岸諸国も平定した。一方、彼自身は艦隊に乗らず、軍隊を率いて陸路を行軍し、アジア全域を平定した。実際に彼は、後世、マケドニアのアレクサンドロス〔大王〕が勝ちとった領土にその足跡をしるしたのみならず、アレクサンドロスが足を踏み入れなかった土地の人びとをも平定した。なぜなら彼はガンジス川を渡り、大洋の果て遠くインドまで遠征したからである。同時に、彼は遠くヨーロッパとアジアを分かつタナイス川まで足を延ばし、スキタイの諸部族も平定した。このとき、マエオティス湖［黒海の内海であるアゾフ海］に近いところに一部のエジプト人が残され、コルキス国を建国したと伝えられている。……同じように、彼は残るアジア全域を彼に従属させ、キクラデス諸島の大部分をも従属させた。ヨーロッパを横切り、広大なトラキアの地を通っての帰り道、彼は食糧不足と異なる自然風土のため、自軍のほとんどを失った。その結果、彼はトラキアの地で、これ以上遠征しないと決めた。そして彼がこれまで獲得した地域の多くの場所に記念石柱《ステレ》を建てた……。彼は被征服民に手荒な扱いをしなかった。そして九年におよぶ征服を終えたのち、各地の被征服民族にたいして、それぞれの能力に応じた贈り物をたずさえて、毎年エジプトに朝貢するように命じた。他方、彼自身は多数の捕虜と大量の戦利品を手に入れ、捕虜の数は空前絶後であった……。

　多くの偉大な業績がセソオシスに帰せられている。しかし彼の偉大さは、みずから宮殿を出て異国の支配者を出迎えるというところに最もよく表れている。彼への贈り物をたずさえて、セソオシスが平定した人びとをこれまで通り支配することを許された王たちと、セソオシスから支配の重責をまかされた者たちは、一定の回数、エジプトに朝貢にやって来ることになっていた。セソオシスは彼らを歓迎し、彼らに名誉と昇進を授与した。しかし彼が町や神殿を参詣しようとするときはいつも、四頭立て二輪戦車《チャリオット》から馬をはずし、そのかわり、王と高官たちにくびきをかけて二輪戦車につなぎ、四人をひと組にしてそれを引かせた(44)。

セソストリス伝説の真実と虚構

このような荒唐無稽な話のうち、信じられる話がどれくらいあるだろうか。こんにち、学者たちはセソストリス／セソオシスがセンウスレト一世および三世と同一人物であることを認めており、話の核心部分は史実にもとづいていると考えている。しかし彼らはこの核心部分が比較的小さく、奥深くに隠れていると主張している。彼らによれば、伝説上の人物セソストリスは、のちの征服王のファラオたち——とりわけ第一九王朝のラメセス二世と第二二王朝のシェションク——からその人物像を大部分借りて造形され、エジプトの征服王として、後世のペルシアとギリシアの戦勝者たちに匹敵する理想のファラオに仕立て上げられた、という。ヘロドトスの時代はペルシア帝国がまだ隆盛な時代であり、アレクサンドロス大王の驚くべき征服後の時代がマネトとディオドロスの時代であった[45]。学者たちの解釈に多少の真実はあるだろうが、このような解釈はあきらかに豊富な知識《ベサヴィッセン》を鼻にかけているようにみえる（『黒いアテナ　I』の読者であれば、私がこのような説明を古代情報より信用できないと考えていることがわかるだろう）。

しかし、他の学者たち、とりわけジョルジュ・ポーゼナーは、セソストリス伝説の大部分は次の二つの意味で中王国時代にさかのぼると主張している。まず第一に、この伝説には事実の根拠がかなりある。第二に、古王国時代末期以降、多くの目的から、とりわけ王の神話を創り出すという目的から、意識的にプロパガンダが使われていた[46]。

神話に相当するエジプト語は ***md.t***（話し、談話）であり、ギリシア語のミュトス *mythos* の語源である。***Mdw*** あるいは ***mwdw***（デモティック〔民衆文字〕では ***mt*** であり、コプト語では ***moute*** あるいは ***mout*** である）は、動詞としては「しゃべる、あるいは、助言する」を意味する語で、名詞としては「話し、あるいは、ことば」を意味する。***Mdw nṯr*** は「神のことば」を意味し、複数形では「神聖な文書」を意味する。***ḏd mdw*** という表現すなわち、デモティックの

ḏd md(t) やコプト語の ***ḏe mtau*** は「ことばを話す」、あるいは「魔法にかける」を意味する。***Mdt*** は「話し、ことば、法的訴え」である。しかしこの語の発音が ***mēt*** あるいは ***met*** であることは立証されている。したがって、ギリシア語のミュトス *mythos* が正確にはどんな形態の語からの借用語なのか、はっきりしない。にもかかわらず、***mdw/mdt*** とミュトス *mythos* は意味論的に厳密に対応し、この語幹をもつ多くの語があるということから見て、音声学上、ほぼ適合していると考えられるだろう(47)。

セソストリスについての報告に議論を戻そう。「古代人たちは軽々に信じやすい」と彼らの主張をけなして片づけるのではなく、ほかの情報源と照らしてあわせて、彼らの主張を検証することは価値があると思われる。私は『黒いアテナ　I』のなかで、議論の余地なく広まっていた古代の伝承を作業仮説として取りあげることは役に立つだろうと述べた。しかし実際には、古代に一般に受け入れられていた物語の部分だけを取りあげるということだから、そういう部分とは何か、これからそれを吟味していきたい。

私の知るかぎり、当時、異議があったのは、セソストリスはインドを征服した、ということだけであった。もっとも、ヘロドトスがセソストリスはメソポタミアに行った、ということにまったく触れていないのは興味深い(48)。したがって、セソストリスの北方征服は、「アジア」（この領域についてはのちに議論する）、コルキス（グルジア）、トラキア（バルカン地方南部）、南ロシアのスキタイに限られると思われる。しかし最後の二つの地方には多少疑問がある。

近代の著作家たちはセソストリスのトラキアとスキタイの征服を事実と考えてはならないと主張しており、これは妥当な主張である。その理由は、ヘレニズム時代のエジプト人はエジプトのセソストリスの征服を誇張して、アレクサンドロス大王をしのぐ征服だったといったからであるが、同じように、ペルシアがエジプトを征服中か征服した後に、セソストリスの征服はペルシアの大征服者、キュロスとダレイオスの征服にまさる、と主張しようとしたからである。これを裏書きすると思われるのが、セソストリスはスキタイ征服に成功したが、ダレイオスは失敗したので、メンフィスのプタハ神殿の前に自分の立像を建てようとしたが許されなかったという〔エジプトの祭司がヘロドトスに伝えた〕伝説である(49)。ペルシア人が征服できなかったヌビアについても同じ議論ができるだろう。センウスレト一世と三世はヌビア征服に成功し、あきらかにこの場合は碑文上、考古学上、祭儀上の証拠がある。したがって、エジプト人がトラキアとスキタイを通過した確実性は、彼らが「アジア」を通過した確実性に比べると依然として低い。しかしたとえ確実性が小さくても、この可能性についてはあとで検討する。

そこで、次に、「アジア」ということばの両義性の問題が出てくる。ギリシア語で「アジア」という語は、ヒッタイト・テクストのなかで西アナトリア地方にあったと報告されているアシュワ王国の一地方の古い名前であり、トロイア周辺のトロアド〔トロアス〕地方にあるアソスという町の名前に由来する。ところが紀元前六世紀、西アナトリア地方のリュディア王国がペルシア帝国に組み込まれたとき、イオニア人地理学者たちは「アジア」の意味を二つに拡大した。「アジア」は、ひとつにはアナトリア全体を意味する「アジア」を、さらに、ヨーロッパ大陸とリビア（アフリカ）大陸とともに三大陸の一つのアジア大陸を指す「アジア」を意味するようになった。

先人たちにならって、ヘロドトスは間違いなく「アジア」を第二の意味で使っている。ところが彼の著作にはアナトリアに相当する語がなく、彼は先代の地理学者や後代の地理学者と同じように、のちに「小アジア」と呼ばれるようになる地域の名前として「アジア」という名称を使った(50)。したがって、ヘロドトスがセソストリスについて「勝利しながら進軍し〔続け〕、アジアからヨーロッパに渡っ」たと記したとき、おそらく、アナトリアのつもりでアジアということばで表現したのだろう。「アジア」という名称がもつこの両義性こそ、ディオドロスや他の後世の著作家たちにセソストリスの征服は大陸の範囲に及んだと書かせた——と私は考えている。

このような後世のセソストリスの征服物語は、ディオドロスおよび／あるいは、彼の依拠した出典がセソストリスの功績をアレクサンドロス大王に匹敵させる必要があったという観点から理解しなければならない。後述するように、セソストリスとアレクサンドロス大王の「物語《ロマンス》」には近しい並行関係がみられる[51]。ここで注目に値するのは、青年セソストリスが彼の父の死後、世界征服の野心を抱くというディオドロスの記述が、アレクサンドロス大王の父フィリッポスにたいする態度とそっくりだということである。他方、おそらくこの架空の話は、セソストリスが「まだ若輩だったが、リビアの大部分を」平定したという、ある程度歴史的背景があると思われる状況と結びつけられている。おなじように、マネトはセソストリスの先王、アマネメスが「子飼いの宦官に殺された」と記しているが、これは近代エジプト学によって事実と確認されている[52]。

ヘロドトスとディオドロスの語る物語の多くはこのような空想と事実の混合であり、私たちはその跡をたどることができる。たとえば、セソストリスの兄弟の一人が彼を焼き殺そうとしたという話がある。このたぐいは民間伝承によくある話であり、信用できない話と思われる[53]。しかし、同じように空想的な、あるいはもっと空想的なその他の話のなかには、驚くことに事実の基盤をもった話がある。たとえば、ヘロドトス、マネト、ディオドロスには、ファラオが記念石柱《ステレ》に女陰と男根を彫り込ませたという記述があり、この話は事実に基づいている。エジプト語の*ḥm* （臆病な）には男性性器と女性性器の記号が両方含まれている。この語が男性の同性愛を侮蔑する意味をもっていることはあきらかであり、*ḥmt* （女性）と関係がある語であった。*ḥm* は、中王国時代の軍関係の文書では敵およびエジプト軍のなかの臆病者を指す語として用いられ、この語はヌビアの上ナイル川にあるセムナとウロナルティにセンウスレト三世が建てた国境の記念石柱にも刻まれていた[54]。

ディオドロスのもう一つの「荒唐無稽な」話は、セソストリスが彼の二輪戦車《チャリオット》をエジプトの支配者と外国の王たちに引かせたという話である。ゼーテ、マレーズ、バートンは、中王国時代に二輪戦車と馬がいた証拠は一つもなく、二輪戦車と馬をもたらしたのは侵略者ヒクソスだったと主張し、これに異議を唱えている[55]。しかし、ゼーテたちが主張するほど状況ははっきりしたものではない。ヌビアのブヘンにある中王国時代の要塞の近くで、役に立たなくなった馬を埋葬した墓が見つかっている。セソストリスが広く北方を征服したという主張が正しいとすれば、エジプト人たちは少なくとも簡単な二輪戦車を使う人びとと接触していたことになるだろう。円筒印鑑の証拠が示すように、二輪戦車は紀元前二〇世紀末、東アナトリアで知られていた[56]。しかしこれは循環論なので、満足のいく議論ではない。したがって、馬をつないだ二輪戦車という記述は後世つけ加えられたものかもしれない。

　他方、ディオドロスはセソストリスがのった車を高官や外国の国王たちが引いていったと述べているが、エジプトでは町への参詣に神々の像を運んだり引いていったりする長い伝統があるので、これはきわめて真実性の高い記述である。セソストリスは、前代のファラオたちが「神々しい」とか、神そのままの姿とか、「神に似た」姿、と形容されたのとは異なり、神そのものだったことを強調しなければならない[57]。さらに、このファラオが「神殿や町」を訪れるときの話のなかで、セソストリスを高官や外国の王が引いていったとディオドロスが伝えているという事実も、この話の真実性を裏づけている。

　セソストリスについてヘロドトスが伝えた最も「空想的」な話のなかに、ある程度の真実が含まれているとしても、セソストリスの広範囲におよぶ征服のなかでどれがより実体をもったものなのか、どうすればわかるだろうか。この問題にとりかかる前に、セソストリスの征服がなぜ近代の学者たちから無視されてきたのかを考えなければならない。

　広範囲におよぶ征服が行われたという主張は、考古学および歴史学の詳細な研究にもとづいて退けられたものではない。このような征服は本質的にばかげていると「理解され」たからである。〈古代モデル〉が放棄される以前でさえ、広範囲におよぶ征服があったという主張を疑う学者がいた。『黒いアテナ　I』でふれたが、一七五二年、エドワード・ギボンが一五歳のときに書いた最初の歴史エッセイは「セソストリスの時代」に関するものであり、彼がそれを一七八〇年までに破り捨ててしまったのは――彼はこれを次のように書いている――、「遠い雲間に隠れてしまっている古代のギリシア、ユダヤ、エジプトの歴史の関連性について、熟年の私にはもう推測できない」からであった[58]。

一八二〇年代と一八三〇年代までに人種のヒエラルヒーが確立し、エジプト人は風変わりで孤立した人びとであるというイメージは揺るぎないものとなった。アジアやヨーロッパにエジプト帝国があったという考えが問題外になったのは、ステレオタイプ化されたこのイメージのためであった(59)。

したがって、第一二王朝時代に行われたアフリカ遠征とこのファラオについてのギリシアの物語の一部が真実であると確認されたにもかかわらず、過去一五〇年間、セソストリスの北方遠征は本質的に虚偽だということが公理になっていた(60)。古代に広く信じられていた考えを深く考えずに無視するのは正当化できないと主張し、この風潮に異議を唱えたのは、フランスの古典学者ポール・フーカーただ一人だった(61)。それ以後に大量の新情報が利用できるようになったが、それに照らして、物語が伝えている征服があったという可能性を評価しようという試みはまったく行われてこなかった。

ディオドロスの主張から〈セソストリスはインドおよびインド以遠にまで足を延ばした〉という部分を抜いて考えると、〈セソストリスの征服はエチオピア、リビア、そして「紅海」遠征から始まった〉という図式が残る——一般にギリシア人にとって「紅海」はインド洋を意味していた。その後、セソストリスは陸路をとって、アナトリア、トラキアを経て、スキタイからコルキスに至るあきらかに黒海の周辺まで、九年のあいだ軍を率いた。明確ではないが、メソポタミアとペルシアを征服したことも暗示されている。

このような文脈で「征服」とは何を意味するのか。エジプト人はセソストリスの仁愛を強調するが、征服経験のある人びとにとって、征服はぞっとする経験であっただろう。エジプトの記録も古典時代の記録も、征服が破壊、捕囚と財産没収、貢ぎ物の強要であったことを伝えている。記念石柱《ステレ》の建立は支配維持の試みを暗示しているが、長期的な帝国が建設されたという様子はない。にもかかわらず、以下で論ずるように、植民地が建設されたという伝承もあった。

エジプト中王国の軍事能力

エジプト人が中王国時代を通じて南の熱帯地方まで船で航海していたことは、当時の「難破した水夫」の物語から知ることができる(62)。テーバイのナイル川対岸のデイル・エル・バハリの有名なハトシェプスト女王の浮き彫りからも、紀元前一五世紀までには、正式の艦隊が東アフリカの沿岸まで航海していたことを知ることができる(63)。

にもかかわらずバートンの主張では、エジプト人は古王国時代以来、「戦争する目的で」船を使って来たが、戦争のためにとくに設計された船の図は、紀元前一二世紀初頭のラメセス三世の治世の〈海の民〉との戦いまで登場していない。しかし文書の証拠から、第一八王朝の海軍には十分な戦闘能力があり専門化していたことが知られている(64)。中王国時代の艦隊についての私たちの知識は完全とはほど遠いので、このような戦闘能力のある船が第一八王朝より数世紀以前の中王国時代に存在したという可能性は排除できない。しかし、たとえそうであったとしても、セソストリスが「戦艦を建造した最初のエジプト人」だったというディオドロスの主張には疑うべき根拠がある。さらに、セソストリスは紅海、すなわちインド洋に四〇〇隻の船を派遣したとされるが――彼の軍事作戦の規模から見ると不可能とおもわれないが――、これはまゆつばの話だろう。同じように、ヘロドトスの次のような記述には問題がある。

[彼は]有史以来始めて艦隊を率いて「アラビア湾」〔こんにちの紅海〕を発し「紅海」〔こんにちの主としてインド洋〕沿岸の住民を征服したということで、彼はさらに船を進めて浅瀬(*brachys*)のために航行不能の海域まで達した(65)。

これは海洋の航海とナイル川の遡上航行とを混同した箇所と思われる。第一二王朝の軍事遠征では、浅瀬の航行はかなりむずかしかったことが知られている[66]。しかし、たとえそうであっても、この記述の前半を疑うべき根拠はない。一見すると、陸路によるセソストリスの遠征話はありそうもない話と思われる。なぜならセソストリスの軍隊は、アッシリアのティグラト・ピレセル王、ペルシアのキュロス大王、マケドニアのアレクサンドロス大王がおこなった古代の戦争と征服に通常は結びついている二輪戦車《チャリオット》、馬、剣といったものを持たなかったからだ。しかしセソストリス軍の装備は、約三〇〇年前に似たような地域を征服したメソポタミアのサルゴン大王の装備とくらべて、決して劣ったものでなかったことを忘れてはならない。さらに、馬がいたからといって、のちの軍隊が馬の輸送力に頼っていたということにはならない。実際、兵隊と兵站を陸路で移動させるために軍隊が行進しなくなったのは、それに代わるものが見つかった紀元一九世紀になってからであった。

ミト・ラヒーナ碑文から、船は戦利品のエジプトへの輸送に使われたことが分かっている。したがって、沿岸にいる軍隊への兵站を同じように輸送することはできただろう。ロバはすでにシリアでもアナトリアでも荷物を運搬する動物として使われており、エジプトの軍隊でも使われて役に立っていた。セソストリスの軍事行動についての報告が信頼できるとすれば、兵站の大部分は現地の住民から奪って調達したと思われる。ディオドロスの報告では、セソストリス軍は比較的貧しい遠方のトラキアとスキタイで困難に出会っただけで、その地で「彼は食糧不足と異なる自然風土のため、自軍のほとんどを失った」[67]。

軍服を着用し、槍、弓、棍棒で重武装したこの時期のエジプト軍、ヌビア軍、アジア軍《アジアティック》の兵士を描いた絵画や彫像はたくさんある[68]。しかし第一二王朝の軍隊の規模と実動兵員の最も印象的な絵は、ヌビアにあった彼らの要塞——今ではその大部分がアスワン・ハイ・ダムの建設で水没した——の遺跡から知ることができる。ヌビアの専門家ウィリアム・アダムズはこれについて次のように書いている。

南の国々の略奪で満足しなかったファラオたちは、バトゥン・エル・ハジャルの北のナイル川の防備を進め、それまでの古代世界になかった一連の最も強固な要塞を建設した。要塞の建設から四〇〇〇年後、要塞が最終的に放棄されてから三〇〇〇年がたっても、砂漠のところどころにとてつもなく巨大な遺跡である四〇フィートの泥壁が立っていた……。ナイル川の第二瀑布にあった砦が、センウスレト一世、センウスレト二世、センウスレト三世の統治時代に約一〇〇年以上かけて建造されたことはあきらかであった。これらの砦がひとつの複合建築を形づくっていることは間違いなく、統一的な司令下におかれていたのかもしれない。砦の設計図が似ていることは、複数の砦が同じ建築家によって設計され、ほぼ同時に建造されたことを暗示している……。とはいえ、ブヘン要塞の規模と複雑な守りを知ると、この考えはぐらつく。このブヘン要塞には稜堡、銃眼、濠、はね橋、緩衝地帯など、実質上、中世の築城法の古典的要素のすべてが備わっている……。多い少ないという程度の差はあるが、中王国時代のその他の要塞の大部分にも同じ特徴が見られる(69)。

セソストリス統治時代のエジプトは、富裕で中央集権化されていたことが知られており、ヌビアでの証拠から、このような資源を軍事目的のために集中させる能力があったことも知られている。だとすれば、このような軍事機構をもった国家がアジアを征服しなかったという本質的理由はまったくないように思われる。しかし、征服する能力があったからといって、実際に征服したということにはならない。そのためにはもっと証拠が必要であり、その証拠を以下で示すことにしよう。

背景

紀元前第四千年紀、第三千年紀のエジプトの年表

セソストリスのアジア征服という考古学上の痕跡をさがすに先だって、セソストリスが軍事行動を起こしたとされる年代を可能な限りはっきりさせておく必要がある。第一二王朝の場合、歴代ファラオの在位期間の記録がはっきりしており、かなり確固とした基準になる年もあると思われる。この基準年は、太陽年の新年と、ナイル川の氾濫の季節を告げる〈ソティスの出〉〔ソティスはシリウス星のこと〕との一致にもとづいており、これがセンウスレト三世の治世七年に起きたという記録がある〔訳注1〕。この一致をメンフィスで観測したとすれば、その年は紀元前一八七二年である。

エジプト学者は長い間、太陽年の新年と〈ソティスの出〉の一致が紀元前一八七二年であったことを認めてきた。一九五〇年、エジプト学者でエジプト天文学の専門家R・A・パーカーは、第一二王朝は〈紀元前一九九一年―一七八六年〉であったと確定した(70)。ところがその後何十年にわたって、パーカーや他の人たちは、ファラオたちの治世を短縮して彼らの共同統治期間を引きのばそうと、伝承の伝えるファラオの治世期間の検討を始めた。こうして、第一二王朝の始まりが従来よりも一二年遅くなり、王朝の期間は〈紀元前一九七九年―一八〇一年〉に修正された(71)。

同時に、数人のドイツの学者が、ソティス〔シリウス〕が観測されたのは緯度三〇度やその付近のメンフィスやヘリオポリスではなく、それより六度南の国境にあるエレファンティネであったと主張し始めた。この場合、〈ソティスの出〉と太陽年の新年の一致は紀元前一八三〇年になるので〔メンフィスの場合は一八七二年と考えられた〕、第一二王朝は――さらに四二年遅く始まることになり――、〈紀元前一九三七年―一七五九年〉になった(72)。以下の章で論ずるように、ギ

リシアの陶器時代区分が繰り上がるので、第一二王朝が〈紀元前一九三七年―一七五九年〉だったという可能性は排除できないが、いまのところはこれはありそうもないことだろう。

エジプト古王国の年表

二〇世紀の古代エジプト史の年代決定があきらかに示しているのは、低年表あるいは「短」年表の一般的な問題点と、この編年を提起した学界の勢力である。アカデミズムにはたらいているこの過程を理解するために――第一二王朝の年代決定には厳密には必要でないので本題から脱線するが――、エジプト古王国時代の年代決定を考察するのは役にたつと思う。

いま私たちの手元にあるすべてのエジプトの年表は、今世紀〔二〇世紀〕初期までに学者が利用していたもので、〈ソティス年代〉である〔訳注2〕。したがって、それ以来、すべての年表の年代が〈ソティス年代〉とエジプトの記録を結びつけて算出されている(73)。

第一一王朝の歴代ファラオの治世は第一二王朝の場合にくらべてはっきり確定していない。第一一王朝は一四三年存続したという近代の学者もいるが、全体としては一六〇年を超えたと思われる(74)。

第一一王朝の期間が一六〇年を超えたというのは、いわゆる『トリノ王名表』と呼ばれる史料にもとづいている。『トリノ王名表』はファラオと彼らの在位期間が記されたリストで、紀元前一三世紀の第一九王朝の間に作られた。このリストは約一〇〇〇年後、マネトがエジプトのギリシア人支配者のために書いた歴史〔『エジプト誌』〕に記されているリストと驚くほど似ている。エジプトのフランス領事ドロヴェッティが手に入れた時の『トリノ王名表』は、完全なものだったと思われる。しかし、トリノでシャンポリオンが見たときは断片になっていた。『トリノ王名表』という名前がついているのは、これが一八〇年間トリノにあったからである。気の遠くなるような苦労の末、小さくもろい小片が再び集められた。復元して王朝のつながりを確定するために、このテクストの表と、裏に記された税の記録ばかりでなく、パピルスの繊維片も利用された(75)。そのうちに、比較的確固とした重要な数字が出てきた。それは、エジプトの最初のファラオのネメスの治世の始まりから、古王国時代の最後の王朝、すなわち第六王朝あるいは第八王朝とその亜流の堕落した王朝までが、九五五年だったという数字である。

この数字を受け入れるとしても、第六王朝あるいは第八王朝が没落した後の、いわゆる第一中間期〔この時期の王朝は第七王朝、第八王朝、第九王朝、第一〇王朝である〕と呼ばれる時期の問題が残っている。エジプト史の中間期の専門家であるハンス・ストックが一九三〇年代に主張した王朝年表は、以下のようなものであった。

第七王朝　（約二七年間）　紀元前二一九〇年—二一六三年
第八王朝　（約六五年間）　紀元前二一七五年—二一一〇年
第九王朝　（約四五年間）　紀元前二一七五年—二一三〇年
第一〇王朝（約九〇年間）　紀元前二一三〇年—二〇四〇年(76)

この古王国時代の年表パターンは、二〇世紀初めの王国時代の年表パターンとは大変異なる。一九〇六年、アメリカのエジプト学者ジェイムズ・ブレステッドが提案した年表は次のようなものであった。

第七王朝　紀元前二四七五年
第八王朝　紀元前二四七五年
第九王朝　紀元前二四四五年

第一一王朝　紀元前二一六〇年[77]

ブレステッドの同時代人で、古代史家で博識家のエドゥアルト・マイヤーによれば、第一中間期は紀元前二四四〇年±一〇〇年から紀元前二一六〇年までの期間とされている[78]。前述したように、ストックの年表もそうだが、最近の学者たちは断絶期である中間期の期間を短縮している。晩年のガーディナーは、中間期の期間が一〇〇年以上、二〇〇年以下であったと考えていた[79]。ところがウィリアム・ヘイズは『ケンブリッジ古代史』のなかで、中間期はほんの四八年間にすぎず、第一一王朝によるエジプト統一は紀元前二〇四〇年と考えており、こんにち、大部分のエジプト学者が彼と同意見であることは疑いない[80]。

このような第一中間期の短縮化は、一般に、エジプト史の年代を現代に近い新しい年代にしておきたいという動機の表れと理解しなければならない。前述のように、ブレステッドとマイヤーの時代以後、エジプト年表についての新事実が発見されていないとすれば、学者たちはなぜ年代を現代に近づけたいのだろうか。私の考えでは、この趨勢は知識社会学の立場から見ると最もうまく説明できる。考古学者と古代史家は第一次大戦以来、「科学的」地位を獲得するために激しく闘ってきた。彼らの動機は「はるかに信頼できる」といわれたいからであった。慎重で保守的な学者は非難されるのを強く恐れるようになり、とりわけ思弁的と非難されるのを恐れた。同時に、彼らは革新的であることを期待された。このような状況のなかで、革新的であるということはあらゆる証拠、とりわけ古代の文書資料に過度に批判的になることでしかなかった。したがって、彼らは空間的にも時間的にも、古代の主張を限定する方向に傾いた。

皮肉にも、いまでは、「ハード」サイエンス〔自然科学〕がこの傾向に歯止めをかけている。エジプト学者と考古学者は「ハード」サイエンスの向こうを張ろうとしている。本書を通じてわかるように、新しい情報資料によって、古代の活動の歴史的奥行きの深さと地理的広がりの大きさがますます増加する傾向にある。

この場合、異議申し立ては放射性炭素分析から申し立てられた。一九七九年、幅広く活動しているアナトリア考古学者ジェイムズ・メラートは、イギリスの一般雑誌『古代』に「エジプトと近東の年表――ジレンマか」と題する驚くべき論文を発表した。彼はこのなかで、放射性炭素年代測定法による年表が整備されたために、従来の説つまり、ほかに年表資料がないので、エジプトとメソポタミアでは放射性炭素年代測定法による年代決定はできないという言い方はもう有効ではないと主張した。したがってメラートは、この新しい証拠に照らして、エジプトとメソポタミアの年表の再検討を提案した。エジプトについて彼は、放射性炭素年代測定法によると、第一王朝の始まりはおよそ紀元前三四〇〇年ころであったと結論した。こうして、エジプト史の全ての年代を新王国時代まで三〇〇年繰り下げなければならないが、新王国時代の開始が紀元前一五六七年だったという通説は信頼できるので、これには異論がないと彼は主張した。

彼の高年表は、第二中間期のあいだで通説と「クロスオーバー」する。そしてこの時期の大部分、エジプトは北方からの侵略者ヒクソスに支配されていた(81)。彼の主張では、この時期は普通考えられているよりもずっと長期にわたった。『ケンブリッジ古代史』では、第一二王朝が没落して第一八王朝が興隆するまで〔の第二中間期〕は〈紀元前一七八六年――一五六七年〉の二一九年間であったが、メラートは〈紀元前一九四六年――一五六七年〉の三七九年間であると考えた。このトピックについては第8章でもっと詳しくとりあげる。ヒクソスが紀元前一八世紀にエジプトを支配したことおよび、マネトと同時代の記念碑がいずれも示しているように、ヒクソスが侵略する前の第一三王朝には多数のファラオがいたこと――この二点をメラートは指摘し、それによって第二中間期は長期にわたったという自分の主張を裏づけた。ここではこれに注目しなければならない。

メラートは第一二王朝が〈紀元前二一五五年――一九四六年〉だったという彼の計算と〈ソティス年代〉が合わない

ことを認めている。しかし、放射性炭素年代測定法から得られた証拠は反駁できないように思われたので、彼には調整しようがなかった(82)。

それまで「中年表」支持派と更なる低年表支持派に分かれていたエジプト学のエスタブリッシュメントは、メラートのエジプトとパレスティナの年代測定に狼狽した。彼の論文にたいしては、バリー・ケンプとジェイムズ・ワインシュタインという二人のエジプト学者によってすぐに異議が申し立てられ、議論はたちまち専門的で痛烈な応酬となったため、大部分の読者はついていけなくなった(83)。にもかかわらず、彼らが攻撃した結果、メラートの年代修正の信用は失墜した。

八年後の一九八七年、放射性炭素年代測定法を用いたピラミッドの詳細な調査報告書が新たに発表された。ハーバート・ハースを長とするスイスとアメリカの学者たちの調査団がピラミッドから六四個の新鮮な有機体サンプルを採取し、テキサスとスイスの研究所で検査したからである。結果は驚くべきものであった。というのは、『ケンブリッジ古代史』の時代区分を三七四年はさかのぼらせる必要があるという結果が出たからである(84)。従来の年表を裏書きする傾向があった初期の放射性炭素年代測定法を論ずるなかで、ハースと彼の調査団員は次の事実に注意を喚起した。以前のサンプルは新鮮な検体とはほど遠かった事実、以前の研究者が用いた技術はまだ進歩しておらず正確でもなかった事実、そして、較正《こうせい》〔実験の前に行われる測定器の精度等の点検整備〕が変則的だった事実であった(85)。

テキサス人とスイス人のチームは、彼らの調査とその他の研究者たちのあいだにあるもう一つの違い――たとえば、ケンブリッジの考古学者イアン・ショーが発表した一九八五年の論文、「エジプトの年表とアイルランド樫の年輪」の主張との違い――については問題を提起しなかった(86)。ショーたちの研究はエジプト学のエスタブリッシュメントの立場に近く、彼らはその研究成果を従来の年表に適合させることに熱心だった。他方、ハースと彼の調査団員たちの大部分の関心は専門技術にあり、偏見のない気持ちで問題にとり組んだと思われるが、彼らの算定した年代と『ケンブリッジ古代史』の年代との大きな差は彼らにとって驚きであった[87]。ハース調査団報告にたいする反応はこれまでのところ表面化していない。一つの反論は、テキサス人とスイス人のチームは短命素材と長命素材の区別に適切な注意を払っていない、また、ピラミッド建造の数十年前あるいは数世紀前に年輪の中心部が死んでいたかもしれない木材からサンプルをとる場合、年代決定は正確さを欠く、というものである。ハースと彼の調査団員たちはピラミッドの建造には数十年かかることが多かったと主張し、反論を試みている[88]。さらに、サンプルのうち長命素材は少数しかないが、それらがピラミッドよりも古いことはあり得たとおもわれる。にもかかわらず、『ケンブリッジ古代史』の年表は三七四年さかのぼって修正されるべきだという彼らの主張は、少し割り引く必要があると私は思う。

しかし、テキサス人とスイス人のチームによる高年代決定への反論は興味深い。なぜならその反論は、初期の放射性炭素年代測定法によって作成されたエジプトの年表および、歴史資料にもとづいて作成された年表と一致しないから反対だ、という議論であるからだ。さらに、ハースらの年表はパレスティナの年表とも一致していないが、それはこの年表そのものが、エジプトの年表と初期の放射性炭素年代測定法にもとづいて作成されているからである[89]。

このような反論にたいして、実際にはハースらは、初期の放射性炭素年代測定法による年代を考慮に入れていたという議論はできる。さらに、ハースらの年代はこんにち再構成された歴史年表と一致しないが、上述の理由からその端数を切り捨てるとすれば、ブレステッドと彼の同時代人が同じエジプトの年代記にもとづいて算定した年代と一致している。前に述べたように、ブレステッドの年表は、時代を新しくするように修正の圧力がかけられた彼の後継者、すなわち亜流たちの年表よりもずっと信頼できると私は考えている。パレスティナの年表はほとんど全面的にエジプトの対照年表にもとづいている。したがって、この時期のパレスティナの年表をエジプトの対照年表として用いるのは循環論である。パレスティナの放射性炭素年代測定法については、この問題をめぐってワインシュタインとメラートのあいだで議論が行われているが、それを見ると彼らの解釈はきわめてあてにならない。

エブラの年表

ブレステッドとマイヤーの年表が復活すれば、これでシリアの大都市エブラ〔シリア北西部アレッポ付近にあった古代都市で、一九五七年に大量の楔形文字粘土板が発見されたことで有名〕の年表の問題が解決する。これはメリットである。この都市の発掘は過去第四・四半期の近東考古学で最大の事件であった。すべての時期の堆積層から豊富な遺物が発見されたが、第ⅡB1層と名づけられた堆積層から発掘された宮殿から見つかった巨大な文書館に注目が集まった。これらの粘土板が古代近東の経済・社会・宗教・言語の研究にあたえた衝撃はあまりにも大きく複雑で、ここで立ち入ることはできない(90)。

したがって私は、年表の問題および、文書館のあった宮殿が破壊された年代——したがって粘土板それ自体の年代——の問題だけを考察しよう。エブラを征服したのはメソポタミアの二人の支配者、サルゴン大王〔古代メソポタミアのセム系アッカド王朝の創始者〕と彼の孫ナラム・シンだったとされている。このエブラ遺跡をとくに選んで多くの宝物を発掘してきた考古学者パオロ・マッチアエは当初、建造物と美術様式を根拠に、宮殿を破壊したの紀元前二三世紀のナラム・シンだったと主張した(91)。

粘土板の多くは現地の言語すなわち、これまで知られていなかったセム語系言語のエブラ語で書かれていたが、この言語を復元してテクストを初めて解読した金石学者のジョヴァンニ・ペティナートはマッチアエの説に反対した。そしてエブラの文書館が破壊されたのはそれよりもずっと古く、サルゴン大王の治世よりもはるか昔だったと主張した。彼の説はいくつかの事実にもとづいていた。第一に、征服者サルゴンのメソポタミアにおける圧倒的な重要性と彼のシリアの略奪を考えるならば、テクストにふくまれている厖大な地理情報のなかに、サルゴン大王と彼の町アッカド〔古代バビロニアの北部地方の都市〕のことはまったく出てこない、これは異例なことである。第二に、エブラ語の粘土板と紀元前二五〇〇年頃のメソポタミアから出土した「サルゴン以前」のテクストの筆記文字と言語のあいだには、並行関係がみられた。そこで彼は、初めは、エブラの文書館を破壊したのはメソポタミア南部の都市ラガシュ〔チグリス川とユーフラテス川の間にあったバビロニア南部のシュメールの都市〕の王で、シュメール人のエアンナトゥム王だと考えた。この王はエブラの東一七〇マイルにあるユーフラテス川の上流の町、マリを征服したことで知られていた。しかし、その後ペティナートは文書館の破壊の年代についてこの年代を修正し、紀元前二四〇〇年ころの、メソポタミアの町キシュ〔古代バビロニアのシュメールとアッカド時代の古代都市で、遺跡がバビロン遺跡の東に残っている〕の支配者であったシュメール人のルガルザゲシ王による軍事侵略だったと考えた(92)。文書館の破壊はサルゴン以前だったというペティナートの主張が大勢を占めたので、マッチアエと彼の支持者たちもそっと主張を変え、ペティナートの考えたほど昔ではないが、紀元前二三五〇年ころ、サルゴンによって破壊されたと考えるようになった(93)。

マッチアエが初めに主張した〈ナラム・シン破壊説〉には有利な証拠が一つあると思われる。その証拠は、文書館が発見された第ⅡB1層の宮殿から、第四王朝のファラオのケフレン〔カフラーともいわれるファラオで、ギザに父クフに次ぐ第二の大きさのピラミッドを建てた〕の名前が刻まれた閃緑岩の器《うつわ》の破片と、第六王朝のペピ一世の名前があるアラバスター製の壺のふたの破片も出土したからである。『ケンブリッジ古代史』によれば、ペピ一世の治世は〈紀元前二三三二年―二二八三年〉であり、ナラム・シンの治世は〈紀元前二二九一年―二二五五年〉であった。マッチアエの考えでは、ナラム・シンの治世はこれよりも少し時代が下るが、彼はそこから、宮殿が破壊されたときケフレンの器はすでに骨董品だったが、ペピ一世のふたは同時代の贈り物だったと考えた。したがって彼は、エブラのこの宮殿を破壊したのはサルゴンや彼以前のメソポタミアの支配者ではあり得ないと主張した。彼はいまでは〈サルゴン破壊説〉を受け入れている。しかし、エジプトの対照歴史年表に遅れがあると見ている彼が、いまなおしっくりしない気持ちでいることはあきらかである(94)。

この時期のメソポタミアの支配者については、天文学のデータは『ケンブリッジ古代史』を裏書きしており、サルゴン時代の年代は九年だけ昔にさかのぼると思われる。したがっていまでは、サルゴンの治世は〈紀元前二三八〇年—二三二四年〉、ナラム・シンの治世は〈紀元前二三〇〇年—二二六三年〉と考えなければならない(95)。本書で提起するエジプト年表によれば、ペピ一世の治世は〈紀元前二六一四年頃—二五六五年頃〉である。だとすれば、ペティナートが最初に主張した、エブラ宮殿の破壊は紀元前二五〇〇年頃だったという最も古い年代でも十分に通用する。そして紀元前二五〇〇年頃というのは、メソポタミアとの関係で、大部分の学者が金石文から見て望ましいと考えている年である。

このほかに、ブレステッドとマイヤーによるエジプト古王国時代の年表を採用すると解決できる問題が二つある。まず第一に、エブラ・テクストがエジプトについてふれていないという問題である。ペティナートはエジプト古王国時代についてのオーソドックスな年代を受け入れて、第四王朝の繁栄はエブラ・テクストがカバーする五〇年から七〇年のあいだと考えたが、彼はエブラ・テクストがエジプトについてふれていないという問題に当惑した(96)。しかしいまでは、紀元前二五〇〇年までには第六王朝と古王国は衰亡しつつあったし、エブラ破壊の年代が紀元前二四七〇年頃まで時代がほぼ三〇年くだるとすれば、これはエジプト史上最も混乱した時期の一つと符合する時期であったと思われる。したがって、エブラ・テクストにエジプトが出てこないからといって驚かなければならない理由はないだろう。

しかし、こんにちでは、発掘された文書館がエブラの西方の地域についての地理情報をどれくらい含んでいるかについてかなりの議論があるので、この議論に深入りすることはできない(97)。

古王国時代の年代を昔にさかのぼらせることで、おそらく解決できる第二の問題は次の問題だろう。すなわち、エジプトの古王国時代ではなく第一中間期がメソポタミアのアッカド王朝と同時代だったとすれば、エジプトの遺物がメソポタミアで発見されていない——逆に、メソポタミアの遺物がエジプトで発見されていない——という問題が解決する。強力で広大なこの二つの帝国が同時代であったことを期待するのもむりはない。しかし、たがいに遺物が発見されないということは、メソポタミアのアッカド王朝がエジプトの第一中間期と同時期であったことを示している。

もちろん、最後の二点は私がこの著作で何度も攻撃してきた〈沈黙からの議論〉にもとづく議論である。にもかかわらず、こうした好都合な要因に加えて、エブラの同時代の年表からいえるのは、古王国の実際の年表は『ケンブリッジ古代史』の年表よりもかなり昔にさかのぼるということであり、最近の放射性炭素年代測定法によって、ブレステッド、マイヤー、そしてメラートによる古王国時代の編年の妥当性は確認されているように思われる——私がこれを疑わなければならない理由はない。

古王国以前のエジプトの年表

この議論は初期エジプトの年表全体まで広げられるだろうか。このような最近の結果および「年代をさかのぼらせた」古王国年表と、〈ソティス年代〉と『トリノ王名表』を合体させた従来の年表を調整する明白な方法は、古王国以前の時代——先王朝時代——を短縮することである。こうすると、たとえ第三王朝の始まりが紀元前三〇〇〇年頃だったとしても、第一王朝の始まりは紀元前三二〇〇年頃になるだろう。しかし残念だが、この解決方法では、『トリノ王名表』よりも少なくとも一〇〇〇年は古いもう一つのエジプト史の史料、パレルモ・ストーンが障害になる。現在シチリア島のパレルモにあるこの石は、あきらかに第五王朝時代に刻まれた碑の一部であり、第五王朝以前のファラオのリストとその治世中の大事件がいくつか刻まれている。『トリノ王名表』もそうだが、パレルモ・ストーンは興味津々の断片的情報を提供できるにすぎない。最初の二つの王朝が四四四年間つづいたという情報もその一つである。この数字は歴史的意味がある数字というよりも、秘数学的算術にもとづいた数字かもしれない。にもかかわらず、パレルモ・ストーンの最新の研究によると、最初の二つの王朝の期間は四〇五年から四八六年のあいだであったとされる[98]。したがって、パレルモ・ストーンに残されているファラオの名前は比較的少数であるが、この古王国以前の時代を二〇〇年以下とするのは不可能である。したがって、年表を復元したメラートは、エジプトにファラオ支配の基礎がおかれたのは紀元前三四〇〇年ころだったと考えており、彼が正しいことは疑いないだろう。ブレステッドもこの年のあたりと考えていた。いまでは、古王国の最初の王朝の第三王朝はおよそ紀元前三〇〇〇年に始まり、最後の王朝の第六王朝は紀元前二四七〇年ころに滅んだと考えなければならない。そしてこれは、古王国の滅亡が第一王朝創立から数えて九五五年後だったという『トリノ王名表』に書かれている数字にちかい[99]。

中王国の年代決定

メラートの古王国の年代決定が正しいとすれば、それはすなわち、中王国の場合も、彼のいう昔にさかのぼった年代を受け入れなければならないことを意味するのだろうか。そうは思わない。バリー・ケンプは〈ソティス年代〉のもつ圧倒的な妥当性を十分に擁護した[100]。昔にさかのぼらせた古王国時代の年代と中王国の〈ソティス年代〉を結びつける唯一の方法は、第二中間期の期間ではなく、第一中間期の期間を長くすることにある。ペピ二世が一〇〇歳で世を去って以後、一八人ものファラオが即位したことはほぼ疑いない。彼らは第六王朝末期から第八王朝のファラオであった。さらに、『トリノ王名表』は第九王朝から第一〇王朝のファラオとして一八人の名前を挙げている[101]。そのうえ、これらのファラオの治世のすべてが短く無秩序状態だったわけでないこともはっきりしている。数枚のパピルスには、少なくとも時代と地域によっては平和で繁栄した生活があったことが記されていた。州知事すなわち、州〔ノモス〕の「統治者」による王朝も少なからずあったと思われる[102]。

美術史家ウィリアム・スティーヴンソン・スミスは、エジプト年表を多くの局面で低年表にしようとする風潮に抵抗した美術史家であり、古王国と中王国のあいだに大きな文化的ギャップがあるのを見て、〔古王国時代と中王国時代のあいだの〕第一中間期を圧縮しようとする傾向に関心をもった[103]。エジプトの古王国時代にはすでに、中王国人がいたという痕跡と中王国時代の公用語になった筆記文字が存在していたが、中王国になってから公用語が変わったことは、両王国のあいだに実質的に政治的・文化的断絶があったことを示している[104]。このような変化が一世紀で起きたことはありそうもない。時間的中断がまったくないこともほとんどあり得ないだろう。

要するに、エジプトの年表についてはブレステッドに戻るべきだというのが私の考えである。これは先王朝時代、古王国時代、そして第一中間期の基本的修正を意味するが、本章に関係する年表、すなわち中王国とセソストリスの治世の年表にはほとんど変化はないだろう。

メソポタミアの年表

セソストリスが行った可能性のあるメソポタミアとアナトリアへの軍事行動の影響を評価するために、紀元前第二千年紀初期のメソポタミアの年表を多少は理解する必要がある。実際、この問題については過去五〇年以上にわたってかなりの討議がおこなわれてきた。その中心問題は、たとえば、バビロン〔古代バビロニアの首都。現在のバクダットの南にあった〕の有名なハンムラビ王の治世やその後のヒッタイトのバビロン征服の年代などについての「長」年表、「中」年表、「短」年表の争いであった。これらの年表は、粘土板にバビロニア語で刻まれた金星の天文観測の結果と合致する四つの年代にもとづいていた。この一〇年間で、最も早期の、したがって「長」年表を強力に擁護してきたのはMITの統計学者ピーター・フーバーであった。彼の主張によれば、バビロニアの八年周期の金星の観測ばかりでなく、数回の月食、ひと月の長さはすべて、ほかの二つの年表〔「中」年表と「短」年表〕ではなくて、「長」年表があてはまることを示している。この問題についての最新の論文のなかで彼は次のように結論している。

このため、紀元前第二千年紀初期の年表の問題はすっかり変わってしまったと私は考える。この問題はもはや、歴史的議論すなわち、天文学的でない議論にもとづいて、いくつかある金星年表のうち一つを選ぶという問題ではなく、ひとつの年表を認めるか否か、という問題になっている。

もちろん、九九パーセントの自信があるからといって、客観的確実さがあるということではない。しかし、この差は大部分の歴史的議論の差よりずっと少ないと私は考えている。この年表を認めないのであれば、きわめて強力な反証にもとづく異議申し立てをしなければならない(105)。

フーバーの出した結論は、アナトリア考古学者たちの長年にわたる優勢な方向と一致している(106)。問題は、いま、フーバーが要求した「強力な反証」が出てきたということにある。反証は年輪年代学から出された。年輪年代学者ピーター・クニホウムはいま、アナトリアのアジェム・ヒュユクにある宮殿――マリのイアクトゥン＝リム王の印章はここで発見された――の年代は紀元前一七九二年／一七九一年±三七年だろうと考えている(107)。イアクトゥン＝リム王はアッシリアのシャムシ＝アダド王より年上だが同時代の人物だったと思われ、シャムシ＝アダド王の治世は長年表では紀元前一九世紀中期であった。したがって、この輪年代学による年代決定を長年表と調和させるのはきわめて困難である。しかし、年輪年代学によるこの年代決定は「中」年表とすんなり一致し、「低」年表との一致にも多くの問題はない(108)。

他方、アジェム・ヒュユクからの年代決定にはいくつかの問題がある。第一に、この年代決定は「純粋な」年輪年代学の結果ではない、すなわち、中央アトリアには、現在までずっと連続している、比較対照の標準にできる年輪がないという問題がある。しかし、中央アナトリアに匹敵する地域の連続した年輪を放射性炭素年代測定法を用いて測定すると、この年代が得られた。したがって、この方法は単純な放射性炭素年代測定法よりもずっと信頼がおけるが、間違っている可能性がある。第二の問題は、木材と印章が発掘されたアジェム・ヒュユクの宮殿の発掘の調査報告書がまだ公表されていないという問題である。このような不確実性のために、私たちは長年表を簡単には捨てることはできない。しかし、それと同じように、私たちは長年表にフーバーのようなほぼ絶対的な自信をもっているわけでもない。

したがって、エジプト第一二王朝の年代についてパーカーの高年表とドイツ人研究者の低年表を考慮しておかなければならないのとちょうど同じように、メソポタミアを研究する場合も、私たちは高年代・中年代と低年代を考えておかなければならない。私たちの探求目標は、エジプト側からみて、センウスレト一世とアメンエムハト二世の時代すなわち、〈紀元前一九五八年―一八八三年〉あるいは〈紀元前一九一二年―一八四一年〉のあいだにエジプトによる破壊がアナトリアでおこなわれたのかどうかである。センウスレト一世治世の初期、エジプトがアナトリアで軍事行動をおこした可能性は低いだろう。政治的危機のなかで彼は即位し、治世当初、彼がリビアで戦っていたことを私たちは知っている。だとすれば、十分に強力な政治的・経済的・軍事的基盤を築きあげないで、彼がアジア「征服」というような行動に乗り出すということはなかっただろう。伝承は、海路と陸路による彼の遠征について、南方遠征のほうが北方遠征よりも早い時期におこなわれたと伝えている。最後に、ミト・ラヒーナ碑文の数カ所に彼の息子アメンエムハト二世のことが記されているが、ここから分かるのは、アメンエムハト二世も遠征にかかわっていた可能性と、軍事行動はセソストリスの治世の最後の時期に行われただろうという可能性だろう。したがって、〈紀元前一九三〇年―一九一六年〉あるいは〈紀元前一八九八年―一八八四年〉あたりで、アナトリアに強力な軍隊が存在したということを示す考古学上の証拠を探すこと、それが私たちの目標である。

考古学にみる軍事行動の証拠

セソストリスの征服があったと仮定すると、私たちはどんな考古学的記録の発見を期待すべきであろうか。まず第一に、この時期、アナトリア、トラキア、スキタイ、西カフカスといったすでに挙げた地域に広範囲の破壊のあとが見いだされなければならない。伝承には長期的な帝国が設立されたとは明記されていないので、エジプト支配の痕跡が多く発見されるとは期待できないが、エジプトの遺物がいくつか発見できるだろう。大きな幸運に恵まれるならば、被征服地からエジプトに送りかえされた戦利品の一部がみつかることもあり得るだろう。経済的には、破壊後の復興は経済的に弱い地域は時間がかかるだろうが、富裕な中心地域は比較的急速に復興するだろう。政治的には、短命におわった東南アジアへのモンゴルの来襲とサハラ以南へのヨーロッパ人の侵入の例から類推すると、このような「征服」に刺激されて、大量の移住、新国家の形成、民族的独自性が生み出されただろう。最後に、伝承は長期的な植民地が設立されたと伝えているので、破壊された地方のほかに、新しく繁栄した地域の発見も期待できるだろう。

考古学的には、シリア＝キリキアの中期青銅器時代I期の彩色陶器の分布のなかに、オルブライト、ポーゼナー、そして第一二王朝帝国の版図の大きさを力説する「最大限主義者たち《マクシマリスト》」が唱えた「帝国」の指標があるように思われる。紀元前第二千年紀に入ったころ、この地方の物質文化、たとえば彩色陶器はあきらかにシリアをキリキア——現在のトルコ南東部——と結んでいる。ジェイムズ・メラートが指摘しているように、そこでエジプト第一二王朝の遺物が発見されているので、この文化はエジプトと関係があった⑲。以下で見るように、キリキアはセンウスレト一世および／あるいは彼の息子アメンエムハト二世に征服された可能性が大いにある。そして征服後数十年のあいだ、エジプトの政治的影響下にあったことはまず確実だろう。東方から遊牧民に襲撃されたにもかかわらず、その前にエジプトの保護領という比較的安定した基盤が西シリア＝パレスティナ地方につくられていたので、セソストリスと彼の息子はこの保護領から軍事行動に乗り出すことができたと思われる。紀元前二〇世紀と一九世紀初期のあいだ、他の中東地方の状況とは驚くほど対照的に、この地方が安定していたことが考古学の記録からわかっているので、これはそう解釈できるだろう。

おそらく、メラートが論じているのはセンウスレト一世の治世末期以降だけであり、彼はエジプトと関係のあったシリア＝キリキアと、東方のアッシリアと交易関係をもっていた中央および北部のアナトリアとを峻別している(10)。

古代アナトリア——簡単な歴史

地中海的なみずみずしい平野があり、大陸的な高い山がそびえ、高原と内陸の湖もあるというアナトリアは、地理的に並はずれて不均一の地域であり、気候的に多様な地方である。現在のアナトリアは文化的統一性が比較的とれているトルコであるが、この状況は例外であり、人びとはこれに惑わされやすい。アナトリアの大部分の歴史にずっとよく似ているのは、こんにちのカフカス地方の状況である。革新と侵略に徹底的に痛めつけられてきたカフカス地方は、保守的で隔絶した多くの狭い地域が文化的・言語的にモザイクの状態にある。紀元前第二千年紀初期のアナトリアがこのような状況であったことは確実である。

巻末の**地図13**に、当時の名称とその後の分布状態から復元できるかぎりで言語のパターンが示してある。これらの言語のうち、ヒッタイト語、ルウィア語、パラ語、リュディア語、そしておそらくカリア語もそうだろうが、これらはみなインド＝ヒッタイト語族のアナトリア語系言語である。フリュギア語とアルメニア基語はインド＝ヨーロッパ系言語である。アナトリアにはハッティ語、カルトヴェリ基語——グルジア語はこれに由来する——、フルリ語もあったが、これらはすべて、非インド＝ヨーロッパ系言語である(11)。ヒッタイト語その他のアナトリア語系言語を話す人びとは北方から「到着」した——これが研究課題とされ、多くの歴史的言語復元研究者とアナトリアの破壊を解明しようとする研究者の関心はそこに向けられた。『黒いアテナ I』のなかで述べたように、私はゲオルギエフとレンフルーの説に従って、他の非インド＝ヨーロッパ系言語と同じように、これらの言語はこの地方に固有の言語であると考えている(12)。したがってここでは、これらが外部から持ち込まれた言語だというのは問題外である。他方、フルリ語が南東から、フリュギア語とインド＝ヨーロッパ語系要素をもっているアルメニア語が北方からやって来たことはあきらかだろう。フリュギア語とアルメニア基語の使用が紀元前第二千年紀初期のアルメニアで実証されているわけではないが、言語学上の証拠から、それ以前に二つの言語がアナトリアにやってきたことはあり得るだろう。しかし、フリュギア語が小アジア半島の中央部に広がったのは紀元前第一千年紀前半にすぎなかった。考古学とアッカド語の記録から紀元前二三世紀に大変動が起きたことが分かっており、これらの言語はこの動乱のなかで初めてアナトリアにやって来た可能性が最も高いと思われる。

この時期、カフカス地方の北にあった偉大なマイコープ・バローに代表される、いわゆるクルガン文化が東アナトリアに浸透し、現地の文明と融合したと思われる。これは一般に認められている(13)。ほぼ同時期に、「ルウィア族の侵略」と関連づけられてきた騒乱が西アナトリアでおきている。そのきっかけは北西からのフリュギア基語の到来だったということもあり得るが、その可能性はあまりおおきくないだろう(14)。

ともあれ、ほぼ紀元前二一〇〇年以後の中央および東アナトリアで、主として豊富な鉱物資源と、数回の重要な中断はあったが青銅器時代末期まで続いた中東交易とを基盤にした経済的拡大と繁栄の時期が始まった。いわゆる「ヒッタイト・ヒエログリフ」は、紀元前二〇〇〇年ころの例が最古である。この「ヒッタイト・ヒエログリフ」の発明は、アナトリア人が文字による記述を知ったのちであり、また、彼らが楔形文字と接触した可能性の高い、紀元前第三千年紀になるころよりもまえだったと思われる。ヒッタイト帝国は私たちの関心がある騒乱後に建設されたが、用いられた楔形文字はアッシリア・タイプの楔形文字ではなく、シリア・タイプの楔形文字であった。シリア・タイプの楔形文字がいつ、どのように伝えられたかについてはわかっていない。一つの可能性としては紀元前二〇世紀と一九世紀にシリアに伝えられたのかもしれない。

アナトリアの破壊――キュルテペ第II層とカールム・カネシュ

紀元前第三千年紀のアナトリアで、文字の読み書きがおこなわれていたという痕跡はこれまでのところなにもない。しかし、紀元前二〇世紀中期以後には中央アナトリア地方について歴史史料がのこっている。その史料とは、いまはキュルテペと呼ばれてトルコではありふれた名前の村になっているが、かつてはアッシリアとの交易所だったカールム・カネシュで発見されたおびただしい数の粘土板である。残念ながら、アッシリア学ではほとんどいつもそうなのだが、完璧主義と学者の私有財産意識に妨げられて、これらの粘土板はまだ公表されていない。にもかかわらず、粘土板のうちで利用できるものから、カールム（商業植民地という意味）の構造、カールムとアナトリアにおける他のアッシリアの植民地との関係、五〇〇マイル離れた難所にある都市アッシュールとの関係について、多くのことが分かってきた。古代世界の交易や一般人である商人の重要性についても、粘土板は多くのことを物語っている。具体的には、アッシリアよりもさらに東の、おそらくアフガニスタンからもたらされたメソポタミアの織物や錫と交換に、アナトリア産の大量の銀、金、鉛がアッシリアに輸出されていた[15]。

粘土板は、外国人商人が商売している社会についてもその一端をあきらかにしている。都市の大部分には王がいたが、多くの王がヒッタイト語の名前だった。一〇〇マイル西にあるブルシャタムに「偉大な君主」がいた。ヒッタイトの歴史では、彼らの最初の王はカネシュの北にあるクッシャラの王アニッタシュといい、彼は王国の首都をおそらくはカネシュと思われるネシャ、すなわちニシャに遷都した。伝えられるところでは、彼はいくつかの都市を征服し、プルシュカンダ／ブルシャタムの王を力ずくで降伏させた。アニッタシュはアッシリア語のテクストに登場し、彼の名前のついた短剣と矢じりがカネシュの破壊された宮殿跡から見つかっている。しかし、彼が紀元前二〇世紀末のキュルテペ第Ⅱ層、あるいは紀元前一九世紀のキュルテペ第Ⅰb層と同時代人であったのかどうか、学者たちのあいだで議論がある[16]。ともあれ、紀元前一八世紀中期あるいは末期の、ヒッタイト帝国の次の「創設者」であるラバルナ〔二世〕と彼とのあいだには、かなりの、そしてほぼ完全な隔たりがある。

このことは、キュルテペのテクストの年代という重大な問題につながってくる。私たちが関心をもっている二つの時期は、キュルテペ第Ⅱ層の時代とキュルテペ第Ⅰb層の時代である。いずれも、カネシュとアッシュールのあいだにかなりの交易が行われた繁栄の時代であり、おびただしい粘土板が出土している。しかし、キュルテペ第Ⅱ層の末期、アッシリア人が住んでいた都市部と周辺部はいずれも何の前兆もなく完全に破壊され、その後復興してキュルテペ第Ⅰb層が始まるのに数十年かかっている。

デンマークのアッシリア学者モヘンズ・トロル・ラーセンのカールム〔商業植民地〕の経済的・社会的構造についての著作はすばらしいが、彼はそこでは賢明にも年代決定の問題にとり組んでいない。したがって、カールムについての最も詳細な年代決定は、いまなおトルコの古代史家バルカンが一九五五年に発表した年代決定である。粘土板に刻まれたアッシリア王への言及を読みとった彼は、そのアッシリアの王たちを同時代のバビロンの王と結びつけることができた。アッシリアのカールムの始まりはエリシュム一世の治世が始まってすぐの頃と思われる。しかし粘土板文書で言及されているのは、四〇年あるいは四一年とされるこの王の治世最後の一四年間にすぎない。カールムの粘土板文書に登場するアッシリアの王は、エリシュム一世以降のイクヌム王、シャッル＝キン王であり、最後はプズル＝アッシュール二世で終わっている。残念ながら、アッシリアの諸王のリストは王の治世期間が書かれていないので、推論せざるをえない。しかし、カールムの再建は、確実なところ、シャムシ＝アダド王第一〇年だったと思われる。

アッシリアの年表では、エリシュム一世の即位からシャムシ＝アダド王の死まで一五九年間あった。カールム・カネシュを調査したバルカンは、この一五九年間を次のように配分している。すなわち、カールムの記録にない二六年間とそれ以後の八〇年間〔の合計一〇六年間〕はキュルテペ第Ⅱ層の時代、二三年間はシャムシ＝アダド王の治世のキュルテペ第Ⅰb層の時代、その二つの時代にはさまれた時期は三〇年間で、この三〇年のあいだにキュルテペ第Ⅱ層の破壊が起きたが、それは紀元前約一八九〇年であった、と(117)。

しかし、この説にはいくつかの問題がある。バルカン自身は、キュルテペ第Ⅱ層とキュルテペ第Ⅰb層のあいだの時期は比較的長かったという立場であり、次のような点を指摘している。まず、二つの地層のあいだは堆積物が一メートル以上ある、次に住居の方位や図面が変化しているが、これは新定住者が旧定住者の住居の配置《レイアウト》を知らなかったことを意味する、さらに、遺物のタイプや遺物を作る技術に変化が見られる、そして最後に、この中間期にいくつかの重要な言語上の変化が見られる(118)。第二の点はとりわけ多くのことを物語っていると思われる。なぜなら、たとえアッシリア人住民全体がカールムが破壊された時に殺されたとしても、旅商人のなかにはほかの場所で生き延びた人びとがいたにちがいないし、彼らは住居の配置《レイアウト》を知っていただろう。このような理由から、遺跡を発掘したオズギュッチはこのような変化には五〇年かかったと主張した。五〇年という年月は、最小限必要な年月だと私は思う(119)。

キュルテペ第Ⅱ層とキュルテペ第Ⅰb層のあいだの時期には、ナラム＝シン王の治世およびエリシュム二世の治世と、シャムシ＝アダド王の治世の最初の一〇年間が入る。バルカン教授は破壊がプズル＝アッシュール二世の治世末期に起きたと推測しているが、この推測には根拠がないようだ。プズル＝アッシュール二世の治世はおそらくもっと長期であっただろう。ナラム＝シン王の治世はすくなくとも一五年間あったことが知られている。したがって、エリシュム二世の治世についてはまるごと計算にいれないとすれば、キュルテペ第Ⅱ層とキュルテペ第Ⅰb層のあいだの三〇年は、〔シャムシ＝アダド王の一〇年と〕ナラム＝シン王の治世をさらに五年延長して〔二〇年〕か、あるいは〔シャムシ＝

アダド王の治世が一〇年、ナラム＝シン王の治世が一五年〕、プズル＝アッシュール二世の最末期の治世が五年、という内訳になるだろう。圧縮の幅が大きすぎるように思われる。

同時に、記録のあるキュルテペ第Ⅱ層の時期はあまりにも長いと思われる。商人の家族のなかにはそこに四世代のあいだ住んでいたと思われる家族もいるようだが、ラーセンがカールムにかんする詳細な研究のなかで例にあげたケースでは、〔本国との〕通信が始まる以前に曾祖父は他界し、曾孫はまだ幼かったと考えられる⑿。

そこで、記録が残されているキュルテペ第Ⅱ期の期間を短くし、キュルテペ第Ⅱ層とキュルテペ第Ⅰb層にはさまれた時期を二〇年から四〇年間長くしなければならないと思われる。アッシリアの歴代王年表では、エリシュム王一世の即位からシャムシ＝アダド王の死まで通算すると一五九年間だった。この歴代王の年表を受け入れ、カールム通信が始まる前のエリシュム一世の治世から三〇年を引き、シャムシ＝アダド王の治世からさらに二三年を引くならば、キュルテペ第Ⅱ層の時代と破壊期の期間は一〇八年になる。文字の記録が残されているキュルテペ第Ⅱ層の時代が約四〇年から五〇年続いたと見積もると、キュルテペ第Ⅱ層が破壊されたのは、シャムシ＝アダド王第一〇年以前の、五〇年前から七〇年前と概算できるだろう。したがって、すべては破壊がいつ行われたかにかかっている。長年表の紀元前一八五九年か、中年表の紀元前一八〇三年か、短年表の紀元前一七九二年か。それぞれの年表に六〇年から七〇年の幅をもたせると、破壊された年代は長年表では〈紀元前一九二九年と一九〇九年のあいだ〉、中年表では〈紀元前一八七三年と一八五三年のあいだ〉、短年表では〈紀元前一七九九年と一七七九年のあいだ〉になるだろう。パーカーによれば、長年表の年代はセンウスレト一世治世の後半部分と完全に同時期になる。

〔破壊の年代は〕中年表ではセンウスレト一世の治世に収まらないが、ドイツ人によるエジプト低年表のアメンエムハト二世の治世（紀元前一八七五年―一八四二年）には収まるだろう。センウスレト二世と三世の治世中に、エジプトがキュルテペ第Ⅱ層を破壊したと仮定すれば、両ファラオの治世と破壊が同時期だったことで折り合いをつけることができるだろう。だとすれば、エジプトの年表の年代は紀元前一八三〇年あるいは一七八八年に引き下げられる。メラートは第一二王朝の後期よりも初期に破壊がおこなわれたとみているが、破壊のあとが残るアナトリアの地層からは、エジプト第一二王朝のものだと限定できる遺物は発見されていない。他方、エジプト人についてふれたカールム通信の書簡は一通もないので、エジプト人がこの地方で長期的な軍事行動をしたというのはありそうもないことだと思われる。キュルテペ第Ⅱ層で発見された遺物と似た遺物がアメンエムハト二世の治世のエジプトに達していたことは、〈トゥードの財宝〉からの証拠からわかっている。この問題については後述する。

繰り返していえば、天文学にもとづいたフーバーの算定数値という裏づけのあるメソポタミアの長年表を受け入れるならば、キュルテペ第Ⅱ層の破壊とパーカーの年代決定によるセンウスレト一世の治世末期は同時期になる。アメンエムハト二世の治世期間についてのドイツ人の年表とメソポタミアの中年表でも同時期にはなるが、メソポタミアの低年表では同時期にならない。

メラートは高年表を前提に第一二王朝の遺物にもとづいて研究し、キュルテペ第Ⅱ層の破壊は紀元前一九四〇年と一九〇〇年のあいだであったと考えている[12]。この時期は、私たちがセソストリスの北方軍事遠征があったと仮定している年代――紀元前一九三〇年頃と一九一六年のあいだ――とも近い。

さて、なぜ私がキュルテペ第Ⅱ層の破壊の年代決定にこれほど多くの紙数を当ててきたのか、その理由があきらかになったと思う。カネシュあるいはネシャ、すなわち、ヒッタイト人からニシリと呼ばれた都市は、文化と軍事の鍵をにぎる要衝であった。ヒッタイト王国は北のハットゥーシャに遷都し、そののち長い時間が経ってから、ヒッタイト人は彼らのことばで、この都市をその建設者アニッタシュにちなんでそう呼んだのである。キュルテペ第Ⅱ層の末期に二〇、〇〇〇人―三〇、〇〇〇人というかなりの人口を擁するカネシュもまた、メソポタミアとシリアからの交易ルートの重要な合流点であった。交易ルートはそこを経由し、北は銀と鉛の豊富な鉱山である現在のセビンカラヒサルと黒海へ、西はエーゲ海沿岸地域とトロイアとつながっていた（**地図12参照**）。私たちはこのような文脈のなかで、一九五八年に出たメラートの古典的論文『アナトリア地方とエーゲ海地域の初期青銅器時代の終わり』の次の箇所を読んでみなければならない。

> カネシュ市の城壁の下に埋もれていたアッシリアの繁栄したカールムすなわち商業植民地は、……紀元前一九〇〇年頃に全焼して灰燼に帰し（レベル第Ⅱ層）、その後、半世紀間は人が住まなかった。同時代のもう一つの交易中心地、アリシャル・ヒュユクも同じ運命だったが、アラジャ・ヒュユク第Ⅴ層の場合はそれ以前に破壊されたことは確実である。キルシェヒル盆地にある多くの遺跡のうち、発掘されたのはハス・ヒュユクだけであるが、ここも火災にあっている。そしてハリス川〔キジルイルマク川の古代名で、黒海に注いでいる〕の南、アクサレイに近いアジェムキョイの大きな丘には幾層もの破壊のあとが残っており、これは紀元前約一九〇〇年か、あるいは少し後の時代に大火災があったことを示している。
>
> ハリス川とサンガリウス川にはさまれた丘陵地方で、広範囲の破壊が起きた。カラオーラン、ビチック、ポラトル、ゴルディオンは火災にあった。エチオクシュ、チェルケス、その他の遺跡は放棄された。サンガリウス川の大湾曲部にかこまれたエスキシェヒル平野には、初期青銅器時代のデミルジ・ヒュユク文化の村落が点在していたが、紀元前一九〇〇年以後少なくともその半数は放棄され、再び人が住むことはなかった。さらに、それよりもずっと西の、キュタヒヤの西にケプルエレンとタブシャンリというふたつの大きな丘があり、そこには破壊された市壁の焼け焦げたレンガが散乱していた。いずれの場合も、E・B・A陶器（トロイア第Ⅴ層タイプ）を連想させる。隣接するテペシク遺跡はこの時期の終わりに放棄されたと思われる。
>
> この地方とトロアド地方〔別称はトロアス地方で、古代都市トロイアを中心とする地域〕の間に、いまではヨルタン文化の

中心として有名になったバルケシル平野がある。ヨルタン文化についての知識はほとんどが墓地から得たものだが、墓地にはE・B・A末期よりも古い時代の陶器はなかった。

トロアド地方のトロイア第Ⅴ層は火災による破壊ではなかった。しかし、次の時代には文化の変化が見られ、クムテペ第Ⅱ層とカラアチュテペというほかの二つの遺跡、いわゆるトラキア半島の丘は放棄された。レムノス島にE・B・Aの最後の集落、ポリオクニがあり、これは地震で破壊されたと言われているが、中期青銅器時代のあいだこの地に再び人が住むことはなかった(122)。

メラートは大胆にも破壊された遺跡を数え上げており、一〇年後にはこの論文の要約を『ケンブリッジ古代史』に発表した。それ以来ずっと、メラート説は慎重な学者たちにつきつけられた難題になっている。アメリカの有力な考古学者ジェイムズ・ムーリーは、この破壊はたんなる「ある種の地方的事件」だったと考えた(123)。ハットゥーシャについて述べたある著者は、アッシリアのカールムは破壊されなかったと主張したが、その後の調査でそれと矛盾する結果が出ているように思われる(124)。実際には、メラートはカールムが破壊されたとは主張していない。しかし、たとえそうであれ、「その後の調査で私たちのリストから一部の遺跡が削除されることがあったとしても、ほかの遺跡が追加されることは疑いない」と述べているので、訂正の余地を認めていた。事実、のちにアフロディシアスとして知られるようになった西アナトリアの重要な都市は、この時期に破壊されたと思われる(125)。彼が述べているように、「火災があって放棄された遺跡が長い線になって続いている。このことは、初期青銅器時代末期、アナトリアの北半分にある種の騒乱があったことを論証している」ことは疑いない(126)。

セソストリスは破壊者だったか

一九五八年、メラートは中央アナトリアで起きた破壊はヒッタイトの侵入の結果であり、これが西への人口移動とさらなる大混乱につながったと主張した。そのため彼は、ヒッタイト王アニッタシュの名前が刻まれている槍の穂先は、破壊後のキュルテペ第Ｉｂ層のものだったと主張しなければならなかったばかりでなく、キュルテペ第Ⅱ層から出土したヒッタイトの名前を否定しなければならなかった(127)。彼の悩みは仮定の侵略者の物質文化が発見されないことだった。そのため彼は、「彼ら〔侵略者〕は中東文明地域の向こう側からやって来た」と考えるようになった。しかし、紀元前第三千年紀にアナトリアがトランス＝カフカスの向こう側の諸文化と接触があったことを示す物的証拠は豊富にあった。このように、彼の説の図式の一部には妥当性を欠くところがあったので、結局、彼は彼の説の全体を放棄してしまったようである。しかし、破壊の帯は相変わらず残っており、メラートが説明できなかったためますます謎になっている。

さて、アナトリアの破壊をセソストリスと結びつけ、セソストリスは「アジアの全域」を「東から西まで」征服したという、ヘロドトス、マネト、ディオドロスの記述を受け入れられないだろうか——なぜなら一般にアジアという用語は、アナトリアを指すのために用いられたからである。年表上の難しさはあるが、私はおそらく受け入れられるだろうと考えている。メラートは「北方の」遺物がないことに注目する一方で、のちに、道筋に沿った複数の重要な場所でいくつかのエジプト第一二王朝の遺物が発見されたことに注目している。前述したように、これらの遺物の一部は破壊年代が確定している場所から出土した(128)。さらに、中央アナトリアにおけるエジプトの軍事行動説に有利な考古学上の証拠がエジプトそのものから出土している。

トゥードの財宝

一九三〇年代、トゥードの財宝はルクソールから一七キロメートル上流にあるテーバイ州のトゥードで、モンチュ神の聖域の土台から発見された。モンチュ神は地方神で、テーバイ州は第一二王朝の発祥の地であった。神殿の建設は、テーバイ州からエジプトを支配してモンチュ神を主神とした第一一王朝にさかのぼる。しかしセンウスレト一世は前代からのこの建造物を取り壊し、新しい聖域を建てた。財宝そのものは、アメンエムハト二世の名前が刻まれた銅製の四つの小箱のなかに入っていた(129)。

小箱はエジプト製だったが、入っていたのはすべて外国製ばかりだった。平たい銀製の鉢が一四三個、広口の銀製の鉢が一〇個あり、金の塊《インゴット》、指輪や腕輪の鎖、金、銀、金銀合金《エレクトラム》のオーナメントも入っていた。ラピスラズリと数個の円筒印章がいっぱい詰まった小箱もあった。発掘者のビソン・ドゥ・ラ・ロクが指摘したように、遺物がアジアから到来したことは疑いない。ヌビア産と紅海沿岸産の金は袋——小箱ではない——に入れられてやって来た。ヌビアでも紅海沿岸でも銀は採れなかったので、当時、銀は金よりも貴重である場合が多かった(130)。バルカン半島に銀の大生産地があったが、エジプトにもたらされた銀は、最も近いところではアナトリア、カフカス、ギリシアのラウリオン産であった。

金属片のなかにはエジプトの分析官の検印が残っているものもあったから、中身が金属だったので、財宝が大事にされたことはあきらかだった。にもかかわらず、なかには押しつぶされた鉢もあるのに、これらの金属器が溶かされなかったという事実は、器のかたちと器の産地——のためだと私は考えているが——に付加価値があったからだということを示しているように思われる(131)。疑いもなく、金属の産地が重要だったとすれば、産地を決定するのは器のかたちであった。そして器はミノア文明の器のかたちだとも考えられてきたが、実際はそうではない。その形状から見て、一部の器はエーゲ海地域のペロポンネソス半島西部から到来したのかもしれないが、金属の器は全体としてはアナトリアとカフカスから来たことはあきらかである。そのなかのひとつの杯は、キュルテペ第Ⅱ層で発見された杯ときわめてよく似ている(132)。

円筒印章の産地についても、全体として同じことがいえる。大部分はメソポタミア産であるが、少なくとも一つは北中部アナトリアのカッパドキア産、もう一つはイラン産のものが含まれている。印章——あるいは貨幣——のコレクション全体がそうだが、集めるのに長い時間かかり、最後に一つのコレクションとしてまとまる。この場合、印章は紀元前二三世紀のアッカド時代末期にさかのぼる。ただし、大部分は紀元前二〇世紀か一九世紀初めのバビロン第一王朝から到来した印章である。メソポタミアの歴史を長年表で考えれば、この彫刻スタイルは第一王朝以前に存在したという、ポラーダの独創的な説は不要になるだろう(133)。紀元前二〇世紀末、エジプト人とその同盟者はアナトリアとそこにいたアッシリア人貿易商人を略奪した、という仮説は印章の産地および年代と完全に一致するからである。

そのほかに、財宝を構成する重要な要素としてラピスラズリがある。最終的にこれはアフガニスタンから到来した。エジプト軍がアフガニスタンまで行ったことは絶対にない、とはいえないが、ラピスラズリはメソポタミア、カフカス、アナトリア経由で到来した、と考えるほうがずっと妥当性があると思われる。新王国時代には、アッシリアがラピスラズリの特産地だったことを私たちは知っている(134)。

では、財宝はどのようにしてトゥードへやってきたのだろうか。銀製杯の一つには、運んできたエジプト人のしるしがつけられている。この運び人をポーゼナーは、『シヌへの物語』に登場する使者——彼らはシリア＝パレスティナ地域を巡回していた——と結びつけている(135)。ポーゼナーはトゥードのセソストリス神殿に刻まれている寄進文を引用し、寄進された奉納台が貴重な素材で作られていたと述べている。

〔奉納台には〕この国では見慣れない、二倍も美しい、二倍も種類の多い素材が使用されており、それは国々を旅する外国人と探検家によってもたらされたことを示している(136)。

セソストリスは、彼の名前のセンウスレト（ウスレトの夫）すなわち、異国の鉱山の保護者にふさわしいファラオであった(137)。彼の治世の後期に異例の事態が進行していたことが指摘されており、これについてはギリシア人著作家もミト・ラヒーナ碑文もほぼ似たようなことを記している。しかしそれを別にすれば、奉納台の素材をもたらしたのは、貢ぎ物をたずさえてきた外国人とエジプトの役人の両方であったことも、寄進文が示す通りである。以上のことは、エジプトにやってきた貢ぎ物を描いた新王国時代の記述や絵と一致している。ケンプとメリリーズは、新王国時代の贈りものについて次のように述べている。「なかには略奪品や征服した地域からの税もあったが、外交上の贈りものとしてエジプトに送られてきたものもあった」(138)。この事情はトゥードの財宝についてもいえるだろう。しかし、軍事行動があったという他の徴候に照らしてみると、略奪と租税に力点をおくべきである。

さらに、寄進の対象が Mntw すなわちモンチュ神であったことを忘れてはならない。モンチュはテーバイ州の神であると同時に、第一一王朝にとっても第一二王朝にとっても重要な中心的な神であり、戦争の神、とりわけ外国を征服し野蛮人を鎮圧する戦争の神であった。とくに、アジアのスティ Stt の地と関連する神であった(139)。驚くことに、ミト・ラヒーナ碑文のなかで、トゥードのモンチュはスティ Stt（ママ）からの戦利品のを受けとる神としてとくに名指しされていた(140)。

スティ Stt——正確には Stt——の場所つまりその所在と、トゥードのモンチュの神殿とスティとの関連の問題についてはあとでふれる。当面は、そうだっただろうと思われる財宝の機能について考察しなければならない。ケンプとメリリーズは、財宝のなかの未加工の金属類とその経済的価値を強調している。それが一つの機能だったことは間違いない。にもかかわらず、多くの遺物が基礎金属の塊《インゴット》に還元されないこと、および、この金属の塊がモンチュ神殿に寄進・保存されていたということを忘れてはならない。したがって、私たちは古代人ではないが、他の多くの神殿の財宝と同じように、これには二つの機能——すなわち一つは世俗的機能、もう一つは宗教的機能——があった、と考えることができるだろう。トゥードの財宝はたんなる貴金属の地金ではなかった。財宝のなかにある異国的なつぶれた遺物は、外国人の服従を表象するのにまったくふさわしいものであった。トゥードの財宝はモンチュ神へ捧げられた供物でもあり、この神のもたらしたエジプトの軍事的勝利へ捧げられた供物でもあった。

したがって、エジプト、レヴァント、アナトリアの考古学は、ギリシアの著作家たちが記しているセソストリスの征服という記述を排除しない。実際、このような軍事行動によって、以前は説明できなかったいくつかの現象——とりわけ注目に値するのが、破壊の帯とアナトリアおよびアナトリア以東からもたらされた遺物である——を説明することができるだろう。他方、メソポタミアの中年表や低年表をうけいれるならば、破壊はほかに原因があり、その結果ということになるだろう。しかし、ミト・ラヒーナ碑文とアナトリアの征服その他の証拠を考察するまえに、その他の地域の軍事行動の証拠をみておくのは有益と思われる。

トラキアとスキタイにセソストリスは行ったか

アナトリアの破壊の帯については、すでにメラートの著作から引用した通りであるが、そのなかで彼はケルソネストラキア〔ガリポリ半島の古称〕のヘレスポント海峡〔ダーダネルス海峡の別称〕の向こう側に、放棄された大遺跡があることに言及していた。

トルコ領トラキア（ヨーロッパ側のトルコ領）、海岸地方、そしてマケドニア（ギリシア領トラキア）は考古学地図の空白部分である。しかしブルガリアには、北アナトリアでの騒乱がそこにも伝わっていたという証拠がある。ブルガリアの学者は、初期青銅器時代（ユナキテ、サルクーツア、エチェロ等の遺跡がある）の終わりは紀元前一九〇〇年頃だったと考えている。遺跡が突然放棄され、それに加えて中期青銅器時代にその消息が完全に絶えたことは、何らかの大激変が起きたことを示している⁽⁴¹⁾。

メラートはギリシアのもっと複雑な状況の記述に進んでいったが、この問題については次章に譲る。ギリシアの状況についてここで述べないのは、それがギリシアの著作家たちが記述したソセストリスの征服の道程ではないからである。

ブルガリア領トラキアのマリシア渓谷では、初期青銅器時代文化が栄え、隣接する北方地域の文化と多くの特徴を共有しながらも、はるかにゆたかで発達した文化があった——この点は強調しておかなければならない。それとともに、ブルガリアの考古学者は初期青銅器時代といっているが、実は、ルーマニア、ユーゴスラヴィア、ロシアの考古学者はそれを指して銅石器時代、すなわち「銅器／石器・時代」と呼んでいる。銅も金も豊富だったが、道具と武器には青銅ではなく、従来通り石が用いられていた⁽⁴²⁾。バルカン半島の歴史で、紀元前一九世紀頃が分水界であるのは間違いない。

私の知るかぎり、この地域にエジプト中王国の軍隊が駐留したという証拠はない。しかし、いくつかの興味深い徴候がエジプトから見つかっている。銀三〇パーセント金七〇パーセントの金銀合金《エレクトラム》がエジプトで最初に使われたのは、中王国時代であった。この比率の金属を産出する場所は世界中でただ一箇所、トランシルヴァニアのアプシニ山地の鉱山だけである。アプシニ山地は紫水晶、碧玉、紅玉髄、玉髄も産出する。こうした貴石類がエジプトに登場するのは、ルーマニアのほかの場所から採掘された、くもりのない赤色や黄色の碧玉を嵌めこんだ象眼の場合と同じように、中王国時代になってからであった。エジプトにはこのようにくもりのない碧玉はないし、品質の高い紫水晶もない(143)。そこで、このような金銀合金と半貴石類は、バルカン半島から到来した可能性は大いにあるだろう。もちろん、だからといって、エジプトによるこの地域の征服が必然だというわけではない。政治的・軍事的支配がなくても、交易の道はこれよりずっと遠くまで延びていたことを私たちは知っている。他方、このような奢侈品への欲望は、この地域にエジプトが遠征する動機になるだろう。そして、セソストリスの征服をめぐる伝承が歴史的事実であったかどうかにたいする、もう一つの状況証拠になるだろう。

ロシアの大草原地帯《ステップ》でも、紀元前一九〇〇年ころに断絶があった。従来は、トラキアと同じようにそこでも、紀元前一九〇〇年ころに銅石器時代が終わって青銅器時代が始まったとされている。しかし、メラートがブルガリアで見たのと比較できるような広範囲の破壊について、考古学者たちは報告していない。この地域の人口の多くは——全部ではないにしても——遊牧民だったので、追跡はずっと困難だろう。注目しなければならないのは、南ロシアの繁栄したトリポリエの農業文化がそれより数世紀前に崩壊していたことである。アフリカの軍隊がステップの気候にどうやってうまく対応したのか、推測するのはむずかしい。ディオドロスがセソストリスについて記したとき、問題は寒さよりも飢えであったと述べている。「ヨーロッパを横切り、広大なトラキアの地を通っての帰り道、彼〔セソストリス〕は食糧不足と異なる自然風土のため、自軍のほとんどを失った」(144)。したがって、私たちはスキタイでは二つの困難にぶつかる。第一に、そこにエジプトの軍隊が駐留したという考古学的痕跡がまったくないという困難である。第二の困難は、前述したように、エジプト人にはセソストリスがスキタイを征服したという話を創作したいという明確な動機があり、彼らはスキタイ征服に失敗したペルシアの支配者たちよりもエジプトの英雄のほうが優れていることを示したかった(145)。にもかかわらず、まえにもふれたように、反ペルシアという同じ目的に使われたが、セソストリスのヌビア征服は事実だったことが証明されている。したがって、プロパガンダのためにファラオのスキタイ征服を利用したからといって、それ自体で、そのことが歴史的事実でなかったということにはならない。

コルキスにセソストリスは行ったか

セソストリスが黒海東岸のコルキスに行ったことがあるという主張には、はるかに強力な根拠がある。紀元前第三千年紀のあいだ、西カフカス地方全域の言語学的相違は大きかったに違いないが、その物質文明には驚くべき統一性があり、クラ＝アラクセス文化として知られている。この文化の陶器はすばらしい。そのすばらしさはレヴァントで知られており、最初に発見されたのはヒルベト・ケラク遺跡だった。この陶器は中央アナトリアでは発見されていないが、南は遠くパレスティナ地域で発見されている。地元消費用と南と北の地域への輸出用に、この文化はすでに南西カフカス地方で豊富な鉱山を開発していた(146)。

この文化は紀元前二三〇〇年前後に崩壊した。これはあきらかに、インド＝ヨーロッパ語族系言語と関わりのある北のクルガン文化に圧迫されたからであり、また、マイコープ〔ロシア南部の都市〕の王族の墓やグルジアのトリアレティの最初の土塚によってその存在が最もよく知られた人びとが侵略・侵入したからであった。この根本的な変化は、初期青銅器時代Ⅱ期から初期青銅器時代Ⅲ期への変化として、陶器の特徴にみてとることができる(147)。

破壊と文化的革新の年代については、考古学者たちのあいだに多少の混乱があると思われる。バーニイ教授はこれを前述したメラートの年表の時系列とむすびつけようとした(148)。しかし、そうすると、インド＝ヨーロッパ語族の侵略が紀元前二三〇〇年から一九〇〇年の四〇〇年間以上にわたって大幅に広がり、そのいずれの時期も破壊の波があったことになるだろう。この問題は、そのかわりに、紀元前二三〇〇年頃に北からの侵略があり、紀元前一九三〇年代か一九二〇年代にセソストリスの軍事行動があった、と仮定すれば解決できる。この仮定は、紀元前第二千年紀に変わるころについてバーニイとラングが次のように述べた次の一節と合致する。

……ついに、紀元前第三千年紀の長期間つづいた連続性は消滅した。根本的な人口の変化はなかったが、あたらしい要素が姿をあらわしてきた。新しい勢力がトランス＝カフカス地方〔カフカス山脈の南側の地方〕全域とウルミエ盆地の大部分でも活動していた(149)。

ラングは別のところで次のように述べている。

アルメニアと東アナトリアの初期青銅器時代を終わらせたのはある大人口移動であった。このことは、この地域の複数の遺跡に焼け跡の残る地層があり、そのほかにも突然の騒乱があったことを示す証拠があることによって示されている。私たちがアルメニアで観察する人口移動は、村落共同体定住者が住む肥沃な低地から、通常は牛や羊の大群を所有する人びとが好む高地牧草地への移動であった。高地牧草地での放牧は、ステップからやって来た古代のインド＝ヨーロッパ語部族の放牧生活の特徴であった(150)。

山地への退却は組織的軍隊の侵略にたいする反応であった、ということも十分にあり得ただろう。カフカスの金属細工師がいたという証拠がエジプト化のはなはだしい都市のビュブロスから発見されているが、これも同じような方向を示している。フランスの考古学者クロード・シェーファーは、紀元前二〇〇〇年前後に、この地域を襲った「例外的な激震」がカフカスの金属細工師の移動を引き起こしたと考えた。シェーファーの年表は、その後の新しい発見と新しい科学的方法によって修正する必要はあるが、彼の基礎的な論点はいまなお有効である。

紀元前第三千年紀の最終期を通じて、小アジア半島の諸国は西アジアと原史時代のヨーロッパのすべての地域よりも進んだ冶金術を有していたが、紀元前第二千年紀初頭にその独占を失い、最良の職人を奪われたことは事実である。紀元前二〇〇〇年と一五〇〇年のあいだの小アジアに見られる金属の種類の絶対的貧困は、考古学者にとってつねに衝撃的であり、それとは対照的に、周辺の諸国の金属の生産高が豊富だったことははるかに注目される[151]。

一九七八年にメラートは、北アナトリア——のちのアルメニアと西グルジア——全域について、そこには金属の大埋蔵量と金属づくりの実績もあったにもかかわらず、「中期青銅器時代の集落が一つも知られていない」と述べているが、これは印象的な指摘である[152]。北アナトリアよりも北の地域——グルジアの奥地にあるトリアレティの有名な遺跡もそこに含まれる——では繁栄が続いており、このことは強調しておかなければならない。初期青銅器時代末期、紀元前二三〇〇年頃の「侵略」はクバン川〔カフカス山脈に発してアゾフ海に注ぐ川〕流域と北カフカスを豊かにし、北東アナトリアの繁栄と技術を破壊しなかった。紀元前二〇世紀の騒乱によって荒廃した地域もあったが、あらゆる地域、とりわけ南の地域は利益をうけたように見える。レヴァント一帯では、北部の職人芸の痕跡と冶金術の大幅な進歩が見られた[153]。

この時期になって初めて、エジプトそのもので大規模に金属が使われはじめた。新しい冶金術によって製造できるようになった新しい武器——たとえば短剣、穴の開いた特徴的な斧、鎌形の刀——をいかに急速に第一二王朝が取り入れたのか。これも注目されることであり、興味深い。このころのヌビアからカフカスまで、どの程度まで軍の装備や技術のコイネー、すなわち共通標準があったのか、これは実に驚くべきことである(154)。

私の知るかぎり、この時期のカフカスからエジプトのものと確認された遺物はこれまでなにも発見されていない。しかし、アルメニアで発見された二個の棍棒の先端部は十分にエジプトのものだといえるだろう。他方、カフカスに由来する遺物がエジプトで発見されていることはほとんど間違いない(155)。

したがって、ブルガリアのトラキア地方と同じように、南西カフカス地方は考古学の証拠から大きな破壊にみまわれて長期的に荒廃したと思われるので、侵略されたと思われる。他方、北アナトリアとカフカスの冶金術はエジプト第一二王朝のあいだに南方へ拡大したが、考古学および文書資料のいずれからも、北からの侵略では説明できない。対照的に、ギリシア人著作家たちはセソストリスが大量の捕虜を連れ帰ったと記しているので、この現象はこれによってたいへんうまく説明できるだろう。

ミト・ラヒーナ碑文にみるセソストリスの「征服」の証拠

さて、このような伝承のなぞを解明するミト・ラヒーナ碑文にもどりたい。ミト・ラヒーナ碑文を読むと、このファラオの栄誉ある有益な軍事行動のイメージに浮かんでくる。大部分の征服は家畜、奴隷、貴重品、とりわけ金属をエジプトにもたらした。碑文は銀について頻繁に言及し、かつては新王国時代になってはじめて輸入されたと思われていた鉛についても一度ふれている(156)。銀や鉛はアナトリアから、カフカスから、あるいはギリシアからしか到来しない珍品だった。スティ Stt ∧ Stt という土地についての言及もある(157)。

ミト・ラヒーナ碑文をトゥードの財宝と結びつけるならば、アナトリアがスティ Stt に含まれている可能性は大きい。碑文の断片的な二行には、テーバイから二〇キロ上流のナイル川西岸の町、Iwny すなわちアルマントのモンチュ神殿に、スティからの供物――なかには金属もふくまれている――が奉納されていること、および、Ḏrty すなわちトゥードのモンチュ神に、スティからもたらされた供物をアメンエムハト二世が奉納したと記されており、この二つの供物には並行関係がある。はっきりした言及ではないが、アルマント iwny の神殿と有名なトゥードのモンチュ神殿に並行関係があるとすれば、奉納された対象がモンチュ神だった可能性が最も大きいだろう(158)。碑文に書かれているのはトゥードの財宝のことではない。にもかかわらず、考古学の発掘で発見されたアメネムヘト二世がトゥードのモンチュ神に奉納したアナトリアからの金属の遺物と、同じファラオが奉納したスティからの供物が結びつくのは驚くべきことである。したがって、その後スティが「アジア」と同義語になるのとちょうど同じように、少なくとも中王国時代には、アナトリアがスティに含まれていたことはほぼ確実だろう。

碑文はモンチュ神への供物についてふれる前に、アメンエムハト二世治下のスティ Stt の bꜣ（破壊あるいは征服）と思われるものについて記している。しかしこの場合、bꜣには別の意味がある(159)。碑文のこの箇所はスティが出てくる唯一の箇所だが、そこには、このほかに、以前には知られていなかったアジア《アジアティック》の地名が三つ登場する。

第一は Tmpꜣw という地名である。この地名は、一つの可能性として、 Tnpw すなわち、 Twn(y)pꜣと記される中央シリアの都市のトゥニプかもしれない。これはハンムラビ王時代のバビロニア・テクストのなかで知られている重要な都市であり、*n* と *m* が入れ代わっているが、その可能性があるだろう(160)。しかし、これには音声学上の問題がある。 pꜣは新王国時代には単純に *pa* と母音化されて用いられたが、中王国時代には流音のꜣはなくならずに残り、*r* あるいは *l* と発音された。それよりも重要なのは音声学上の問題よりも語義上の難点である。Tmpꜣw は「鉛」の生産地と記されているが、シリアにそういう場所はない(161)。可能性は低いが、タバルあるいはトバルという都市も Tmpꜣw の候補になるだろう。この都市はアッシリア語のテクストと聖書のなかで、金属の加工で有名な中央アナトリアあるいは北東アナトリアの一地方として出てくる。地名トバルのもとなったトバル・カイン（金属職人）について、「創世記」に「彼は青銅や鉄でさまざまの道具を作る者となった」と書かれている。紀元前第三千年紀以来、アナトリアでは少量の鉄が採掘されていた(162)。したがって、Ṯmp3から鉛がもたらされたということは、この時期のアナトリアでエジプトが力を持っていたということを示していると思われる。碑文にでてくるその他の新しい地名は、エジプトの軍隊に破壊・征服された二つの「都市」ỉw3ỉ と ỉ3sy である。ヴォルフガング・ヘルックによれば ỉw3ỉ ――あるいは彼の理解では ʾ3ur-a ――はウラである。ウラは六〇〇年後の紀元前一三世紀、キリキア〔小アジア南部の地中海沿岸を東西に走るタウルス山脈と地中海に挟まれた地方〕沿岸の重要な都市として、ヒッタイト語のテクスト、ウガリット語のテクスト、エジプト語のテクストのなかに登場する(163)。ỉw3ỉ はウラかもしれない。しかし ỉw3ỉ は、紀元前一四〇〇年ころのアメンホテプ三世の円柱台座に刻まれたエーゲ海地域風の名前、w3 ỉwr y とよく似ており、大多数の学者は w3 ỉwr y を（W）Ilios――すなわちトロイア――と同一視している(164)。ỉw3ỉ を w3y と読むことができれば同一視してもよいだろうが、そう読む可能性はうすいと思われる。しかし第3章で述べたように、トロアド地方で遠く古王国時代にさかのぼる政治的に重要なエジプトの遺物が見つかるかもしれないので、ỉw3ỉ は絶対にトロイアではないとはいえないだろう(165)。

メラートの作成した紀元前一九〇〇年頃からの破壊リストに、トロイアは含まれている。しかしこの時期に滅亡したトロイア第V市は、火災によって破壊されたのではなかった。にもかかわらずメラートは、この時期に決定的な断絶があったという主張を正当化しているように思われる(166)。この都市 ỉw3ỉ は b3 された――文字通りには「ばらばらにされた」、「破壊された」――と、ミト・ラヒーナ碑文に刻まれているのは事実である。そして少なくとも新王国時代には、b3という語は「征服する」を意味することばとして用いられたと思われる。だとすれば、ỉw3ỉ はトロイアだった、という説に越えられない困難はない。他方、ỉw3ỉ と Ilios〔トロイア〕との関連を示す根拠は余りにも薄弱であり、それに基づく実質的議論は不可能である。しかし、だからといって、紀元前二〇世紀末にアナトリアを席巻した破壊の帯からトロイアを除外すべきではない。私たちは第6章で、トロイアの城壁にせまるアフリカの軍隊という問題に戻る。

ヘルックはiw3iをウラと同一視すべきだという説だが、この説を補強しているのは碑文に刻まれたもう一つの都市の名前i3syと、一五〇キロメートル南の海の彼方にあるキプロス島との関連である。i3syがあったとされる地域は二つあり、いずれの地域もそれ自体が議論のまとになっているので、問題はきわめて複雑である。比較的問題が少ない第一の地域  irsは、アッカド語とヒッタイト語への転写にもとづいて、普通はアラシアAlasiaと有声音化する。irsは南アナトリアの海岸線一帯を指すと考える学者もいるが、一般にはキプロス島をさすと考えられる⑯⑦。この語の用例は、新王国時代になって初めてエジプトおよびその他のところで立証されている。3は中王国時代のあいだは流音字だったというのが事実であれば、i3syはアラシアAlasiaを指すふるい形だった、というメルツァーとヘルックの説には妥当性があるように思われる。これはミト・ラヒーナ碑文からの証拠とも一致するだろう⑯⑧。

ポーゼナーが指摘しているように、iw3iとi3syから一五四六人のr3mw（アジア人の《アジアティック》）捕虜が連れて来られており、両都市はアジアにあった都市だったにちがいない。青銅製斧、短剣、小刀を含むその他の戦利品は、アナトリアとキプロスのいずれからもたらされたものであっても問題はない。そして後期青銅器時代のキプロス島は、銅の一大供給源として知られていた。しかし、紀元前二〇〇〇年前後の初期キプリオットⅢ期以来、キプロスが銅を生産していたことは多くの学者から認められている⑯⑨。エジプトはＥＣⅢ期のキプロスに大きな影響力をもっていたと思われ、この時期のキプロスのものと同定されるものは中王国時代のエジプトではこれまで発見されていないが、同時代のキプロスの地層からは中王国時代のビーズと護符が見つかっている⑰⓪。紀元前二〇世紀のキプロスに破壊があったという証拠ははっきりしない。しかし、アナトリアで起きたような規模での破壊がなかったことはまず確実だろう。

小さな問題もある。すなわちそれは、碑文でiw3iとi3syが出てくるときはいずれも、都市――ほとんどつねに征服された都市――を表象する胸壁カルトゥーシュで囲まれており、一般に外国――この碑文ではTmp3w――を表す山の記号と一緒に使用されていない、という問題である。しかし領土とその主要都市を分ける線がはっきりしているとは限らないし、この場合、都市と国の irs／アラシア Alasia は頻繁に入れ替わる。したがって ỉ3sy は、エンコミというキプロスのもう一つの主要都市を指しているのかもしれない(71)。

ỉw3ỉ と ỉ3sy に密接な並行関係があることは、この二つの「都市」がウラとキプロスのように地理的に隣接しているということによって示されている。ỉw3 ỉ がトロイアを指し、ỉ3sy がキプロスを指すとすれば、これは当てはまらない。しかし、新王国時代の記録に出てくる  ỉsy という別の名前も考慮にいれると、ỉw3ỉ をめぐる問題はますますもつれてくる。ỉ3sy と驚くほど似ている ỉsy については多くの議論があり、これを irs／アラシア Alasia の古い形態と見る学者もいる。しかし一九四六年、古代アナトリアの専門家のH・T・ボッセルトによって、ỉsy はアシュワと同一であるということがはっきり突きとめられた(72)。前述したように、アシュワはヒッタイト語で西アナトリアにあった王国を指し、ギリシア語の「アジア」の語源となった語である。昔にさかのぼるならば、エジプト学者で古代史家のガストン・マスペロは一八八六年に、もともと彼は isy はキプロスを指す名称だと考えていたが、アジアは ỉsy が拡大した語であると述べた(73)。

この複雑な問題を解く鍵はミト・ラヒーナ碑文の ỉ3sy にある。すなわち、ỉ3sy はキプロスを指す現地の語すなわちレヴァントの語だが、それをエジプト人が採用し、さらにそれを拡大して、この語はキプロスの北西以遠の土地を指す語になったと考えることができる。一六世紀の〔大航海時代の〕ヨーロッパはインドという名称を拡大させて使ったし、ギリシア人はアジアそのものを拡大して使ったので、これと類推できるだろう。したがって、ỉ3sy の真の発祥地のキプロスでは音声がそのまま保たれ、文字で書く場合 irs／アラシア Alasia と記された。他方西アナトリアでは、ỉ3sy と書かれた文字は ỉsy と発音され、その後、ỉsy という書き方が優勢になった。一九一五年、古代史家のG・A・ウェインライトは ỉsy について、ỉsy は沿岸に位置し、シリアと小アジアと密接な関係があり、キリキアとの関連があったが、島と呼ばれたことはまったくなかったと結論したが、この結論は以上の仮説とうまく一致するようである(174)。

他方、このような議論にたいして、古代ギリシア研究家D・J・ゲオルガカスは「アジア」という名前にかんする詳細な研究のなかで、次の二つの異議を唱えている。まず第一に、エジプトにはすでに「アジア」を指すスティ Sṯt ということばがあったという異議である。しかし「アジア」ということばの漠然さを考えると、西アナトリアの特定の諸地域に、その地域独特の名前があってどうしていけないのか、私には理由がわからない。ゲオルガカスの第二の異議は第一のよりもっと有力で、アナトリア語系諸言語では〔「アジア」を指す〕アシュワということばが十分に定着しているのだから、エジプト起源のことばをもちだす必要性はまったくないという異議である(175)。

したがって、ỉsy や、アシュワ、アジアのあいだに関連があることははっきりしているが、これらのことばのもとのかたち《オリジン》ははっきりしない。同じように、ỉ3sy はおそらく ỉrs／アラシア／キプロスの古いかたちだろうが、これが ỉsy／アシュワ／アジアのもとのかたちであるという可能性もある。このいずれにも r3mw 捕虜と金属細工品の戦利品についての報告はあてはまる。キプロスはエジプトに近いので、その可能性は大きいと思われる。いずれにしても、ミト・ラヒーナ碑文にはスティ Sṯt や、Ṯmp3w や、ỉw3ỉ あるいは ỉ3sy という地名とそこの産物が列挙されており、これはあきらかに、セソストリスの遠征がシリア＝パレスティナ地域のずっとさきのキプロスとアナトリアまで達したことを示している。

結論

紀元一九世紀初め以来、セソストリスの北方軍事行動についての伝承は、この問題で考古学の証拠すなわち、碑文が発見されるまで長いあいだ信用を失っていた。まず第一に、伝承が拒否された理由は、新興の懐疑主義によって証拠のきわめて乏しい大昔についての推測が許されなかったからである。天地創造の時代に危険なまでに近い、ヒクソス以前のエジプト史にたいする宗教的な反対もあった。そのうえさらに、アフリカの王がレヴァントばかりでなく小アジアとヨーロッパにも軍事遠征ができたなどとは考えられないという、ますます強くなる意図的な人種差別を加えなければならない。

したがって、その後、この問題にいくらか関係があるかもしれない発見があっても、それはセソストリスの北方軍事行動についての伝承はばかげているという「知識」のなかで理解されてきた。しかしこの先入観に疑問を抱くならば、以前は無関係だと思われたいくつかの証拠が比較的筋の通ったパターンに収まる。このような証拠には次のようなものがある。ヌビアにある驚くべき要塞によってあきらかになった第一二王朝の圧倒的に強力で洗練された軍隊、ある時期に起こったアナトリアとバルカン半島での破壊、北方侵略の神モンチュに奉納された北方と東方の貴重な金属類と宝石類から成るトゥードの財宝、センウスレト一世あるいは彼の息子アメンエムハト二世に奉納された建造物に刻まれた碑文とレリーフ。

ミト・ラヒーナ碑文は、エジプトによるギリシアの植民地化とまったく関係がない。たとえこれを可能な限り広く解釈してセソストリス伝承と結びつけたとしても、この碑文に影響されるのはギリシアの半島と多島海そのものではなく、それに隣接するアナトリアとトラキアだけである。それでは、なぜ本書のこの章と次章でこの碑文を検討しなければならないのだろうか。最初の質問への解答は〈古代モデル〉と関係している。ミト・ラヒーナ碑文は、一般に、ヘロドトスおよびヘレニズム時代のギリシアの著作家が伝えた最もばかげていると考えられている話を裏書きする。このような話のなかに実質的に事実の部分があるとすれば、もっと真剣に〈古代モデル〉を受けとめなければならない。

ミト・ラヒーナ碑文は、とりわけ、エジプト人は〈アーリア・モデル〉の支持者たちが通常考えているような「故郷を離れない」保守的な人びとであるとは限らないということも論証している。今世紀〔二〇世紀〕はじめに古典学者のポール・フーカーは、ハトシェプスト女王時代のアフリカ遠征を描いたデイル・エル・バハリの浮き彫りに描かれた絵の発見によって、このようなエジプト人のイメージは完全に打ち壊され、この種のエジプト人の遠征が南方に限られなければならなかった理由はまったくないと述べた(176)。〈アーリア・モデル〉の支持者たちはこの論点を論破できず、これを無視した。しかしいまふたたび、この問題がより先鋭な形で持ち上がっている。シリア＝パレスティナ地域のずっとさきまで、陸路および海路で遠征がおこなわれたと書かれたミト・ラヒーナ碑文が出てきたからである。しかもその遠征の時期は、さいわいなことに〈アーリア・モデル〉の支持者たちがもはや「科学的真理」を独占しているとは主張できない時期である。

本書の最初の四章では、クレタ島とボイオティア地方の考古学的証拠を伝説・祭儀・地名という文脈のなかに入れる必要があった。それとちょうど同じように、ミト・ラヒーナ碑文とそれが意味するものを検討するために、私は本章で異なる情報源、とりわけ考古学からの証拠を持ち出さなければならなかった。考古学からの証拠については厳しい取捨選択はしなかったが、そういう方法をとることによって――ここでの問題とその他の問題にかんして――本章が示した全体像は、通説を信ずるのではなく、〈古代モデル〉を信頼すべきであるということを示していると私は確信している。しかし、そのほかにもギリシアの話が検証できる情報源、たとえば神話、伝説、民間伝承がある。次章ではそれにもどって論じよう。

第6章

セソストリスII
――祭儀・神話・伝説にみる証拠

本章ではいくつかの文化すなわち、エジプト、レヴァント、アナトリア、トラキア、黒海東岸のコルキス、そして最後にギリシアにおける祭儀・神話・伝承を考察する——このような祭儀・神話・伝承のなかに、歴史上の人物セソストリスの征服と考えられる記述があるかどうかを見るためである。

セソストリスの征服については驚くべき数の記述があり、実際に、このような歴史上の征服者がいたと想定することで、以前は説明できなかったいくつかの特徴が理解できるようになると私は考えている。これは前の章で論じた文書と考古学からの証拠と結びついて、ヘロドトス、マネト、ディオドロスが描いたようなセソストリス像が得られる——この人物像は、確実な人物像とはいえないかもしれないが、少なくともそういう可能性がある人物像である。ヘロドトスらが描いたセソストリスは、彼らの著作のなかの「最も空想的な」話のひとつと考えられているので、エジプト第一二王朝の征服は、その大多数でなくともその一部が歴史的事実であったということになれば、ギリシアとエジプトの歴史家の信頼性に重要で積極的なインパクトをもつにちがいない。

エジプトの伝承

ヘロドトス、マネト、ディオドロスが記述したのは、歴史上の人物としてのセソストリスであった——これを信ずるかどうかはともかく、この著作家たちが話を創作したからといって、誰も非難はできない。すでに見てきたように、彼らは〔第一二王朝の〕センウスレト一世および三世、そして〔第一九王朝の〕ラメセス二世の伝承を混同し、それを東洋的な誇張さでまとめ上げたというのが標準的な見方である。ドイツのエジプト学者ヴィルヘルム・シュピーゲルベルクは一九世紀、二〇世紀の偉そうな態度と豊富な知識《ベサヴィッセン》にどっぷりつかっていたが、一九二五年に彼がおこなった次の講義は、いまなおヘロドトスを擁護していると考えられる。

彼［ヘロドトス］の話のなかには、たとえば有名なランプシニトスの宝庫の話（巻二、一二一）、世界的征服者セソストリスの話（巻二、一〇二以下）など、純粋にエジプトの話が多い。そしてこのファラオたちの背後には何人ものエジプト王の功績が隠されており、その功績を数え上げることができる。きわめて地方的色彩の豊かなこうした話は、エジプトのパピルス文書から直接得られた話だったかもしれない。こうした話をマスペロは彼の楽しい古代エジプト民話コレクションに収録しているが、この点で彼はまったく正しい(1)。

したがって、紀元前第一千年紀にセソストリスの大征服の話がエジプトで流布していたことを認めることにはまったく問題はない。新王国時代にセソリス／センウスレト一世が崇拝されていた事実は、彼の特質がそれよりもずっと古いものだったことを強く示唆している(2)。ポーゼナーは、セソストリスの征服に確実な歴史的部分があると同時に、セソストリス伝説の本質的部分は中王国にさかのぼるとさえ述べている(3)。後世のファラオたちの時代、とりわけ、ラメセス二世の時代には大規模な復元プログラムがあるが、中王国時代の場合も、ミト・ラヒーナ碑文および／またはそれに類した遺物のように、復元の証拠として使えるものが多いように思われる。いうまでもなく、パピルスに書かれているこの時期の記録や年代記も存在する。

一般に、ヘロドトスやその他の著作家が書いていた時代には、かなり長いあいだ、連綿と伝えられてきたセソストリスの豊富な伝承が存在していたと思われる。ディオドロスおよび／または彼の情報提供者は、おそらくアレクサンドロス大王と張り合うためにこの伝承を潤色したのだろう、また、ペルシア人に対抗する競争心を満足させるために、伝説が誇大化されたと述べた近代人が正しかったこともほぼ確実だろう(4)。にもかかわらず、伝承の中核となる部分がはるかに古いこと、および、伝承の多くはエジプトの「征服」と同時代の情報源から伝わったものだったので、ある程度、情報源を確認する作業があったことはほとんど疑いない。

したがって、セソストリスについて真実を伝えようと望んだ紀元前五世紀の歴史家、ヘロドトスは確認する手段をもっていたと思われる。したがって、彼は確認する時間をもっていたのか、あるいは、確認するような性格の人間だったのか、という疑問に答える必要がある。他の地方にかんする彼の報告について、私たちが有する大半の知識に基づくならば、どちらの疑問への答えも「然り」である。マネトとディオドロスの報告についてはそれほどはっきりしていない。しかし、ヘレニズム時代のエジプトのナショナリズムという圧力はあったが、二人の報告とその情報源を反対証拠や補強証拠がないのに捨てなければならない理由はまったくない。

セソストリスとオシリス／ディオニュソス

エジプト伝承のなかに、オシリスの世界征服の話というもうひとつのセソストリスの征服の痕跡が残っている。エジプト人によれば——とディオドロスは記している——オシリスはエジプトを支配する何人かの神々を残し、みずからは音楽隊と舞踊隊とともに出発した。彼はエチオピアとインドの通過したのち、

象狩りに興味を示し、彼が足跡を残したあらゆる場所に記念石柱を立て、彼の遠征を刻ませた。アジアの他のすべての国々も訪れ、ヘレスポント海峡〔ダーダネルス海峡〕を通ってヨーロッパに渡った。トラキアではリュクルゴスを殺害した……。こうしてオシリスは最後に、人間が住むすべての世界を訪れ、栽培の最も容易な果物を伝えることによって、共同体生活をゆたかにした。ブドウの木が育たない土地には大麦からできる飲料を伝えた……。帰還した彼がエジプトにもたらしたのは、各地からの厖大な贈り物であった。そして彼には、彼が施した善行の大きさゆえに、万人の賛同を得た不死と天上の神に捧げられるのに等しい名誉が贈られた(5)。

それから一世紀以上たった紀元一〇〇年ころ、プルタルコスも同じようなことを書いている。

オシリスが王位について最初にしたことの一つは、貧しく獣のような生活から彼らを解放することであった。つまり、栽培して実りを得る道を示し、法を定め、神々を敬うことを教えた。のちに彼は全土を旅して、そこを身に寸鉄を帯びずに文明化し、あらゆる種類の歌と音楽とともに、説得力のあることばによって多くの民族を惹きつけて従えた。したがって、ギリシア人から見るとオシリスはディオニュソスだということになる(6)。

ここで引用した箇所を考察するときに最初にぶつかる問題は、この引用部分の古さという問題である。ディオドロスがセソストリスの征服について記述したときとちょうど同じように、彼はオシリスについての説明でインドや象乗りに言及しているが、ここにはあきらかにアレクサンドロス大王の影響が見られる。他方、『黒いアテナ I』で見たように、ディオニュソス——彼はギリシアでオシリスに相当する神である——の世界征服物語はアレクサンドロス大王の征服物語よりも前からあり、オシリスの征服についての伝承は少なくとも第一八王朝にまでさかのぼる(7)。したがって、ディオニュソスとオシリスの征服物語は並行関係にあり、その起源はエジプトしかありえない。

こうした物語には、あきらかに、ものごとの原因を説明する神話がふくまれている。飲んで大騒ぎする豊穣の祭儀の起源や広がりはもちろんのこと、農業および文明の起源や広がりもこれによって説明できる。もっとも、この物語から征服を説明するのはそれほど容易ではない。しかし、ディオドロスが述べたオシリスの征服物語とセソストリスの征服物語のあいだには構造的な類似性があり、この類似性は、オシリス物語のインスピレーションのみなもとはセソストリス物語であったことを暗示している。

これはエウヘメリズムの問題に行き着く。私は『黒いアテナ　I』のなかでこのエウヘメリズムということばを用いたが、その意味は通例使われている意味の〈神、変じて人間となる〉であった(8)。エウヘメロス自身は〈神とはすなわち、偉大な人間を神格化した存在である〉と述べたのだから、〈神、変じて人間となる〉の意味でエウヘメリズムという用語を用いるところに、彼よりも知識があるという豊富な知識《ベサヴィッセン》の精神が強く出ている(9)。しかし『第I巻』で述べたが、近代による古代思想の逆転が正当化される実例は多い。神話上の存在を「歴史上の」人物として「合理的に解釈する」というのが比較的普通のプロセスであることはあきらかであり、このプロセスはかなり昔からある。この場合、『トリノ王名表』がオシリス――と他の神々――は元来エジプトの王であったという伝承を立証していることは注目すべきであり、興味深い(10)。他方、私たちは、多くのファラオと後世の君主が先代のファラオや自分自身を神格化したことを知っている。第1章と第2章では、中王国のファラオがギリシア神話の半神に影響したことを論じた。したがって時には、エウヘメロスが述べたようなかたちで人間が神になることもあった(11)。

　歴史上のセンウスレト／セソストリスの征服が神話上のオシリス／ディオニュソスの征服のモデルだったとするならば、この事例はエウヘメロスが述べたもとの意味で、エウヘメリズム化されたよい実例である。しかし、この二つのプロセスが相互に相容れないという理由はない。〈人間、変じて神となる〉ことも、その逆に〈神、変じて人間になる〉ということも、大いにあり得ることだった。実際に、センウスレト／セソストリスとオシリス／ディオニュソスに見られる歴史と神話のこのサイクルは、歴史と神話の双方向プロセスを示す絶好の実例であるように思われる。神格化されたセンウスレトの輝かしい治世と征服はオシリス／ディオニュソスの特性に溶け込んでいる。神話上のオシリス／ディオニュソスによる征服と文明の広がりは、アレクサンドロス大王にインスピレーションを与えた。そして現実のアレクサンドロス大王が成し遂げた征服は、もちろん神話と伝説の新しいサイクルの始まりになると同時に、セソストリスの伝承とオシリス／ディオニュソスの神話のいずれにも取り入れられ、興味深い物語に仕立てあげられる⑫。したがってエジプトには、関連はするが明確に異なった二つのセソストリス征服伝承——第一は歴史的な伝承で、第二はオシリスと関連した神話的な伝承——が存在するように思われる。

アレクサンドロスの生涯と伝説にたいするセソストリスの影響は、たんに間接的なオシリス／ディオニュソスを通じた影響ではなかった。直接的な影響があったというあきらかな証拠がある。その直接的な影響は、たとえば、アレクサンドロス大王の生涯についていろいろな話を織り込んだ最初の厖大な伝説と伝承、すなわち『アレクサンドロス物語《ロマンス》』のなかに見うけられる。最も古い『アレクサンドロス物語』は、紀元前三二三年の彼のマケドニアでの死後まもなく書かれた⑬。このなかに、アレクサンドロスがエチオピアの洞窟のなかで征服者センソンコシスのまぼろしと出会う話がある。センソンコシスという名前は第二二王朝（紀元前九四五年—七三〇年）の初代ファラオのシェションクからとられた名前であり、ギリシアの著作家はセコンシスあるいはセソンコシスと呼び、聖書ではパレスティナとシリアに遠征したシシャクという名前で登場するファラオであった。しかし、センソンコシスという名前とその特性はセソストリスのそれと見分けがつかず、一体化していることは疑いない。たとばマネトはこの名前を交互に使っている⑭。ほかにもう一つ。アレクサンドロスが「セソンコシスの再来」と呼ばれていたことははっきりしており、彼の遺体がメンフィスに運ばれてきたとき、彼は「世界の支配者であり半神半人のセソンコシス」として迎えられたのであった⑮。このような異名があったことは歴史的事実であり、これを疑う理由はない。一般に、『アレクサンドロス物語』とエジプトの征服者の偉大な業績を描いた『セソンコシス物語《ロマンス》』には多くの並行関係がある。いずれの冒険物語もプトレマイオス朝とローマ時代のエジプトで民衆のあいだに大いに普及したが、ほかの地域でもそうだったことはほぼ確実である⑯。

レヴァントとアナトリアの伝承

レヴァントとアナトリアのテクストには、セソストリスのであれ他の誰かの征服であれ、エジプト人の「征服」という報告はまったく出ていない。にもかかわらず、エジプト人の「征服」を指すと思われる伝承と民間伝承はいくつかある。

最も印象的なことは、紀元前一七、一八世紀に𓋑、ヘジェト ***hḏt*** すなわち上エジプトの白冠、あるいは𓋖、セケムティ ***sḫmty*** すなわち上下エジプトの二重冠をかぶり、ハンマーと斧で敵を打ちすえている神の像の出現である。しかしこれは、ときにはもっと古いメソポタミアの伝承の象徴的な角《つの》と結合していることもある(17)。これがエジプト色の濃いイメージであることはあきらかであり、この神像はメソポタミアの雷神のバアル、テシュプ、タルクゥンと関連する。

このような神像はカナン人の神で雷と疫病の神、レシェフとも同一化されている。異国の神レシェフは、第一八王朝〔新王国時代〕のあいだにエジプトの神々の一人として受け入れられたが、神聖な名前として登場するのは中王国時代である。レシェフは西セム語では説明の困難な名前であり、この語は第2章で論じたように、エジプト語のヘリシェフ Hry š.f、ギリシア語のアルサペス（みずからの湖の上に）――この神はヘラクレスと関連がある――に由来する可能性があるだろうし、事実、ビュブロスのエジプト神殿にある奉納板ではヘリシェフとレシェフのあいだに多少の混乱が見られる(18)。だとすれば、次の魅力的なつながりに注目しなければならない。それはすなわち、〈レシェフはエジプトの神々の一人として受けいれられたあと、とりわけモンチュと結びつけられたが、すでに見たようにモンチュは北方の征服と結びついており、モンチュは――この神についての仮説が正しいとすれば――、ギリシアではクレタ島の支配者でヘラクレスの継父、ラダマンテュスにあたる〉というつながりにほかならない[19]。

ラメセス二世のステレに次の一節がある。「レシェフの如く荒れ狂う海を越えて陛下は［シリア北部の］オロンテスへお渡りになられた」[20]。したがって、少なくともエジプト人の目には、レシェフは――直接的にはファラオとモンチュを通じて――、間接的にはヘリシェフ Hry š.f とヘラクレスを通じて、王の北方征服と結びついていたことはほとんど疑いないと思われる。

神話上での同一化は、図像上でもあきらかである。「敵を打ちすえる神」の姿は、中王国時代の、異国人を打ちのめしているファラオの肖像を強く思い出させる[21]。印章の専門家のイーディス・ポラーダは、ヘブ・セドすなわち記念祭で踊るセソストリス一世の像と、一、二世紀後、テル・エル・ダバアで発見されたシリア＝パレスティナの気象の神との間に類似点を認めている。しかし、次のような重要な相違があることも彼女は述べている。

　王の後ろの足のかかとは地面から浮き上がった状態であるが、気象の神の足は山頂から離れた水平の状態である。さらに、エジプト王の上半身は大股に開いた両足で支えられて不動の姿勢であるが、気象の神の上半身はやや前かがみの姿勢である[22]。

にもかかわらず、この並行関係は注目に値する。

このようなレヴァントの人物像は、紀元前第三千年紀の遺物であるということは証明されていないため、そこにエジプトの古王国時代の影響をみとめることは不可能だろう。他方、このような人物像は、紀元前一五世紀の新王国時代のシリア征服以前の遺物であるということは十分確立されている。したがって、紀元前一五世紀のトゥトモセ三世と一三世紀のラメセス二世の活動は、神のように強くて破壊的なファラオというイメージを強化したかもしれないが、彼らがこのイメージを創りだしたことはあり得ない。ヘジェト *hdt* あるいはアテフ **3tf** （王冠）についていえば、形はたいへん異なるが、ヒッタイトの先細の長い帽子にこれが影響を与えた可能性がある。しかし、たとえこのようなつながりがないとしても、この特別の時期に出現した、エジプトのファラオの特徴をもった敵を打ちすえる神の像によって、セソストリスがこの地域に遠征したかどうかについてうまく説明できるだろう。

　このような観点から、前章で引用したヘロドトスの報告をもう一度繰り返して見ておく価値がある。

　エジプト王セソストリスが各地に建てた記念石柱は、大部分は失われて残っていないが、私はパレスティナで現存するものをいくつか見た。それには前述の碑文や女陰の形も刻まれていたのである。またイオニア〔小アジア西海岸中部〕方面にも岩壁に浮き彫りにしたこの人物の像が二つある。一つはエペソスからポカイアへ通ずる街道上にあり、他はサルディスからスミュルナに通ずる路上にある。いずれの場合も、約七フィートほどの背丈の男の姿が彫り込まれており、その男は右手には槍を、左手には弓を持ち、その他の服装もこれに準じている。というのは、つまり一部はエジプト式、一部はエチオピア式の服装をしているという意味である〔弓はエチオピア人の、槍はエジプト人の愛用した武器である〕。そしてその胸部には、一方の肩から他方にわたって、エジプトの神聖文字で記した碑銘が刻んであるが、その意味は、われはこの地を、わが肩によりて得たりというものである。ここの碑文にはこの征服者がどんな名前でどこの国の者であるかは記されていない[23]。

　このイオニア地方はメラートの破壊の帯の南側に位置している。しかし彼は、ミレトス〔古代小アジア・カリア地方の中心地〕から内陸へアナトリアの西岸に沿っていく途中の町、アフロディシアスで同時期の破壊の跡が発見されたと書いている[24]。したがって、セソストリスがアナトリアを征服したと仮定すれば、彼がそこに記念建造物を残したことはあり得る。他方、この浮き彫りがエジプトではなくヒッタイトのものであることはほぼ確実であり、エペソスからポカイアへいく途中の街道にある浮き彫りは、ヒッタイトのものだとされている。しかし、像がかぶっているヒッタイトの長い帽子はエジプトに由来するかもしれないし、手に持っている「殻竿」はエジプトの典型的な王の象徴である。ここにはエジプトとの結びつきがある(25)。

エジプト人のセソストリスについての話もそうだが、ヘロドトスがこのエジプト人〔セソストリス〕と浮き彫りとの関連を創作した可能性は低いと私は考えている。ヘロドトスは現地の西アナトリアすなわち、イオニアのギリシア人が伝えていた伝承に従って書いた可能性のほうがずっと大きい。

アナトリアにエジプトの影響があったことを示すもう一つの証拠は地名である。ヘレニズム時代に、小アジア半島の西海岸のシノペはメンフィスの近くにある町、**Se(s-t)-n Hr py**（ナイルの神ハアピ **Hr py** の場所）と混同された。エジプトの〔オシリスとアピスの〕合成神セラピスがアナトリアの古代王国ポントスの都シノペから連れて来られたという見方は、ここから生まれた。しかしここには、**S-t n Hp** すなわち、メンフィスにある牛神アピスの神殿とのごろ合わせもみられる。すでに私たちは『黒いアテナ I』で、ダナオスと〔彼の五〇人の娘を扱ったアイスキュロスの悲劇〕『救いを求める女たち』を論じたとき、ヘプゥ **Hp** とハアピ **Hrpy** という二つのことばのもじり《パロノメイジア》、あるいは混同があるのを見た(26)。したがって、アナトリアの地名の起源がエジプト語だったということも十分にあり得るだろう。

もっと驚くべき例がある。それは、ヘレスポント海峡〔ダーダネルス海峡〕の最も狭くなった重要な場所にある町、アビュドスの例である。この町は古代にはオシリスの墓があることで有名なオシリス信仰の中心地、エジプト語で3bdw——ギリシア語への転写ではアビュドス——とまったく同一であると考えられていた。ボスポラス海峡〔黒海とマルマラ海のあいだの海峡〕のヨーロッパ側の町、ビュザンティウム〔現在のイスタンブール〕は謎の地名だが、紀元五世紀のギリシア化したエジプトの学者ノンノスによれば、ビュザス（ビュザンティウムの町の名祖《なおや》で町の建設者）はカドモスと彼の兄弟の同族であった。アナトリア南東部のキリキアの名祖であるキリクスも、エーゲ海北部のタソス島の名祖タソスも、姉妹のエウロペを探すのをあきらめ、そこに定住したという。

　故郷をあとにしたもうひとりの男の話。男はゼウスの寵愛をうけた神々しいイオの一族で、名をビュザスといった。男は七つの河口をもったナイル川の水を飲んでいたが、かつて若い牝牛に姿を変えられたイナコスの娘イオが渡っていったボスポラス海峡の岸に沿った土地に腰をおちつけた。男が狂った強情な牡牛の首をぐるりと回し、周辺に住む人びとに光が射した(27)。

古代詩の例にもれず、この一節には博識に富んだ暗喩と二重の意味に満ちている。ここでいう光《ライト》」は、ヘレスポント海峡〔ダーダネルス海峡〕の突端にあるランプサコスを指していると思われる。『第I巻』ではイオ、牝牛、ナイル川、イナコス川の間の入り組んだ関係について論じた(28)。ここでは、牡牛に姿を変えたゼウスがここを渡ってエウロペを西に連れ去ったことで、伝承上、ボスポラスは「牡牛が連れ去った」場所と考えられていたということを付け加えておかなければならない。前記の詩では「狂った牡牛」はあきらかにゼウスを指している。さらに、エジプト北方遠征の守護神、牡牛神モンチュの化身であるセソストリスへの暗喩も含まれているかもしれない。

ビュザス自身と並行関係があると思われるもう一人の神話上の人物は、フェニキア王アゲノルの息子でカドモスの兄弟、ピネウスである。彼はビュザスと同じように、黒海とマルマラ海を分けるテュニア岬に定住した。ピネウスとペネウス川がエジプト語 **p3 nw(y)**（［男性名詞］水あるいは洪水）に由来することは第3章で論じた(29)。このケースでは、ピネウスとテュニアの並行関係は、テュニアが **T3 nwt**（［女性名詞］直線的な水の広がり）に由来するということによって説明できるし、地名の **T3 nwt** はエジプトそのもので用例が立証されている(30)。このような地名は、地中海から黒海に抜けるときに通過する海峡にふさわしい地名と思われる。

こうした地名が最終的にエジプト語だったとしても、どの段階で、誰がその名前をつけたのか――これをあきらかにすることは不可能であり、この事実は地名による証拠をきわめて不確実なものにしている。こうした地名はセソトリスの「征服」時代にさかのぼることもできるが、しかしそれと同じか、それよりもっと大きい次のような可能性がある。すなわちそれは、その後の接触で、エジプトの地名のつけ方の原則を知っているフェニキア人やギリシア人が直接命名したか、あるいは彼らを通じて命名したという可能性である。古典時代までには、エジプトの影響が沿岸地帯で感じられたのはあきらかである。なぜなら、レスボス島のミュティレネからマルマラ海南岸のランプサコス、キュジコスにいたるすべての町で、アムン神頭部の模様があるコインが発行されたからである(31)。私たちのまさに関心対象である時期に、エジプトの影響が見られる名前はマルマラ海沿岸にあるメムノンの墓であるが、この問題については後述する。

エジプトとアナトリア北西部の宗教、とりわけ再生する豊穣の神――エジプトのオシリス、セム族のアドニス、アナトリア北部のフリュギアのアッティス――には驚くべき並行関係がみられるが、これが時間的にどうつながっているのか、これも同じようにあいまいである。この問題については『黒いアテナ　Ⅲ』で詳しく論ずる(32)。ヘロドトスは『歴史』のなかで、(ファラオのプサンメティコスの命令で)二人の赤子を人間が話すのを一切聞かせないで育てたところ、赤子が最初に口にしたことばがフリュギア語で「パン」を意味するベコスという語だったことから、フリュギア語は――エジプト語よりもずっと古い――世界最古の言語であることが証明された、という話を記している(33)。近代言語学では、フリュギア語は狭い意味のインド＝ヨーロッパ系言語であり、エジプト語と比べてずっと新しい言語である。にもかかわらず、フリュギアがエジプトと古さを競う相手と見られていたことは興味深い。その理由については、両国の宗教に類似性があったというのが妥当だろう。ここでもまた、エジプトの影響がいつ始まったかという問題がある。セソストリスの暴力的侵略は短期的だったので、その時期の推定には不都合と思われる。にもかかわらず、私たちに年代決定の方法がまったくない地名とは異なって、アナトリアの祭儀はきわめて古く、紀元前第二千年紀にさかのぼる蓋然性は大きいと思われる。紀元前二〇世紀にエジプトとアナトリアの接触があった可能性はきわめて高いと思われる。

トラキアとスキタイ

北西アナトリアに残る紀元前二〇世紀のエジプトによる征服の伝承については、ギリシアからの伝承とあわせてこの章の後半でさらに議論する。ここしばらくは、ボスポラス海峡の対岸の地にあり、アナトリアとは反対側にあったトラキアでのエジプトの影響の痕跡を見ることにしよう。

ヘロドトスや後世の著作家たちは、トラキアの奥地に住んでいたサトライ族とベソイ族と呼ばれる部族のあいだでディオニュソス祭儀が行われていたと記している(34)。サトライという名前はサチュロイという名前と同じように、エジプト語の動詞 ***sntr***（聖別する）から来た***Sntrw** に由来する語であり、同じように、ベソイという名前は動詞 ***bs***（秘伝を授ける）から来たエジプト語の***Bsw**（秘伝を受けた人びと）に由来する語である——この問題については『黒いアテナ　Ⅳ』で論ずる。そのほかに、ベンディスやセバツィオスというようなトラキアの神の名前がエジプト語に起源をもっていることは大いにあり得るということを提起し、トラキアのオルペウス教とエジプトのオルペウス教に見られる並行関係に注目するつもりである。つけ加えておかなければならないが、このような並行関係を見出したのは私が最初ではない。何人かの学者が「リビア・トラキア基層」に言及し、トラキア＝フリュギアとアフリカに見る並行関係を説明してきた。しかし私はエジプトの影響の結果として説明するほうがもっと妥当すると思われる(35)。

しかし、祭儀におけるフリュギアとの並行関係の場合と同じように、このような影響の年代を確定するのは困難である。ディオニュソス祭儀のもとになったと思われるオシリス祭儀が盛んだったのは、アムン神祭儀が盛んだった同じ第一二王朝であり、私の考えでは、アムン神祭儀はゼウスと関連する牡羊祭儀の源流であった。そうすると、これらの祭儀が持ち込まれたのは「征服」が行われたときだったかもしれない。ベス神祭儀、イニシエーション神祭儀、ゲブ／オルペウス祭儀というような他の多くのエジプト的要素は、ずっと遅くやって来たように思われる。このときトラキアでは、エジプト祭儀の影響が認められるアムン神頭部の刻印された、コイン鋳造が行われていたことがわかっている(36)。紀元前第一千年紀の初めにこのような影響があったと考えるなら、それはこの時期の北部エーゲ海地域にフェニキア人がかなりの軍事的・政治的影響力《プレゼンス》を持っていたことと符合する。フェニキア人の軍事的・政治的影響力については、祭儀にみられる並行関係からはもちろん、歴史学と考古学からと地名からも論証できる。当時、エジプト文明に同化していたフェニキア人は、ほかの千年紀もそうだったように、エジプト文明をおおいに奨励した(37)。したがって、トラキアにエジプトの文化的影響があったという証拠はあきらかである。しかし、そのうちのどれが紀元前第二千年紀初めとセソストリスの征服にさかのぼるのか、それを示すことは不可能である。

私の知るかぎり、南ロシアのスキタイには、いかなる種類であれセソストリスやエジプトについての伝承はない。次の二〇〇〇年間、ステップ地帯は政治的に混乱し、文字による記録が完全に欠落していることを考えると、たとえアフリカの軍隊がそこを通過していたとしても、それが民間伝承として記憶された見込みは小さいだろう。しかし、黒海の東側の状況は大いに異なっている。

コルキス——エジプトの植民地か

コルキスは文化と言語の上で長期的な連続性のある地域である。最も古い時代からそこで話されていた言語は、二つのタイプのカフカス諸語——グルジア語が最も有名なカルトヴェリ語と、北西カフカス語の一つのアブハズ語——である。紀元九世紀のアラビア人支配時代におきた変化が唯一大きな変化であり、それは内陸山地のイベリア＝グルジア語が沿岸地域へかけた突破であった。このために、亜熱帯性気候の黒海沿岸部の南から北まで住み、西カルトヴェリ語を話していた先住民がとり残され、アブハズ語を話す人びとと混じり合った(38)。しかし現在、それよりもっと新しい言語——アルメニア語、イラン語、トルコ語——のグループもそこに住んでいる。コルキスはいつの時代も並はずれて言語的バラエティーに富んだ地域の一つだったと思われる。その理由は、ひとつには言語の連続性やカフカス地域にみられる多くの移住のせいだが、本質的には、この山岳地域が地理的に孤立しているからである。紀元前一世紀、ストラボンは、現在のスフミ市〔グルジア北西部のアブハズ共和国の首都〕にあたるディオスクリアス市の市場で、七〇の異なる部族が混じり合っていたと報告している(39)。こんにち、黒海沿岸部のこの混合は人びとの多様な体型に反映されている。これについてラングは「数千年紀におよぶ民族混合」の結果と見ているが、それは妥当だろう(40)。こうした背景を念頭に、セソストリスの征服についてヘロドトスが記述したところに戻らなければならない。

帰国の途上、セソストリスはパシス河畔に達してからあと、セソストリス王自身が軍隊の一部を割いてこの地に植民させるべく残したことはおおいにあり得ることで、あるいは他方、兵士の内で王の放浪の如き遠征に厭気のさした者たちが軍隊を離れたのかもしれない。いずれの推測が正しいのか私に確実なことはいえないが、コルキス人がエジプト人の末裔であるという事実は疑いない。他人から聞く以前に私自身がそれに気づいていた。この考えが頭に浮かんだとき、私はコルキス人にもエジプト人にも聞いてみたが、エジプト人がコルキス人を記憶している以上にコルキス人はエジプト人のことをよく記憶していることが判った。しかしエジプト人は、コルキス人はセソストリスの遠征軍の分《わ》かれだと思うと言った(41)。

イアソンと金毛羊皮——コルキスに黒人《ブラック》住民がいた証拠

黒海地域で最も有名なギリシアの伝承は、イアソンと金毛羊皮の物語である。この伝承は紀元前三世紀、アポロニオス・ロディオス〔ロドスのアポロニオス〕がエジプトのアレクサンドリアで書いた『アルゴナウティカ——アルゴ船物語』のなかに最も首尾一貫したかたちで記されている。物話は、ボイオティア地方のオルコメノスの王アタマスが、気のすすまないまま、山頂で彼の子どものプリクソスとヘレをゼウスに捧げるところから始まる。子どもたちを救うため、ゼウスが牡羊をつかわすと、牡羊は二人の子どもを背中に乗せてヘレスポント海峡——ヘレが牡羊の背中から落ちたところ——と黒海を横断し、コルキスに連れて行った。プリクソスは牡羊を犠牲にささげ、その金毛羊皮はイアソンに盗まれるまでコルキスの地にあった。

マイケル・アストゥアは、この話とアケダすなわち、イサクを犠牲にささげるアブラハムの話とのあいだに驚くべきこみ入った並行関係があることを論証し、アタマスの伝承はギリシアにたいするセム族の影響の結果うまれたものだと主張している(42)。しかし、伝播論の大立て者、R・A・ジェイラズボイはエジプト宗教における牡羊とその羊皮というテーマの重要性を指摘し、ヘロドトスの次の一節に言及している。テーバイの住人たちの神は牡羊のアムンであり、だから彼らは決して牡羊を生け贄として用いないと述べた部分に続いて次のように述べている。

しかし一年に一日だけ、ゼウス［アムン］の祭礼の折に一頭の牡羊を屠って皮を剥ぎ、かつてゼウスがしたと同じようにゼウスの神像を皮でおおう[43]。

この一節に詳細な注釈をつけたロイドは、この祭礼についてのヘロドトスの記述は「十中八九は正確だろう」と結論している[44]。アムンすなわちゼウスと牡羊の、緊密でこみ入った関係については、『黒いアテナ Ⅳ』で論ずる。ここではただ一点だけ、新王国時代のテーバイで初めてその用例が実証され、おそらく中王国時代にさかのぼると思われる牡羊と神託所とアムン伝説について述べておきたい[45]。ストラボンはコルキスの報告のなかで、プリクソスが建てた神託所では牡羊は決して生け贄にされなかったと記している[46]。

牡羊／羊皮にまつわるコルキスの伝承と牡羊姿のアムン神祭儀のエジプトの伝承には、きわめてちかい並行関係がみられる。ジェイラズボイは、へびが金毛羊皮の番をしていたという『アルゴナウティカ――アルゴ船物語』の一節に注目し、これをアムン＝レーの像と関連づけている。アムン神の頭部は牡羊であり、レー神の太陽円盤とウラエウス〔蛇形章〕を戴いていた。しかし、伝承と神像が関係するとしても、レーの記述は第一八王朝にならないと出てこないし、ジェイラズボイが出した例は第一九王朝の例である[47]。影響があったとしても、もっと後世のものだと思われる。一般に、アナトリアの祭儀の場合と同じように、エジプトの影響と推測されるものがいつ到来したのか、それを示すものはまったくない。

イアソンの航海は紀元前一三世紀と考えられていた[48]。この伝説が歴史的事実であったかどうかはともかくとして、これは後世に残った最古の叙事詩の一つである。紀元前一〇世紀にヘシオドスはプリクソスと金毛羊皮のいずれについてもふれている[49]。したがって、この伝承は少なくともこの時期までさかのぼる。

もちろん、コルキスについてのアポロニオスの報告が正確かどうか、それを評価するのは不可能である。にもかかわらずラングは、『アルゴ船物語』の詳細な記述にはヒッタイト語、アッシリア語、ウラルトゥ語の資料も散見されるが、それと同時に、この物語によって確かめられる考古学上の発見のなんと多いことか。これは驚くべきことである」と述べている。ついでラングは、アルゴ船の勇者たちがコルキスへの途上に出会った民族について細かく説明し、ソビエトの発掘によってアポロニオスのコルキスそのものの記述がどのように確認されたかを強調している(50)。したがって、黒海南部と黒海東部についての古代の著作家たちの記述は、著作家たちが生きていた時代に信じられていた話だったばかりでなく、それ以前の数世紀間信じられていた話だったと思われる。アポロニオスのコルキス伝承は一六〇〇年も昔の事件の記録であり、それが事実についての記録だったかどうかの問題は別である。にもかかわらず、コルキスすなわちアイアの歴史を語る、次のような叙事詩の一節を簡単に片づけてしまうのは愚かだろう。

考えてみたまえ。天空をめぐる星座もまだ現れていない時代、尊いダナオイ人を探すもむなしく、目に入るのはただ、月そのものよりも前から地に住み、丘の樫の木の実を糧にしていたアピダナアンのアルカディア人のみであった。この時代は、高貴なデウカリオンの子孫がペラスギス人の土地を支配する以前の時代であった。そしてこのころ、はるか昔の種族たちの母であるエジプトは、穀物が豊かにみのるあけぼのの国として知られていた。そして流域全体を潤し、トリトン川と呼ばれていたナイル川は少雨の土地を満々と水をたたえて流れ、川の氾濫はゆたかな実りをもたらしていた。伝えられる話では、強力で忠実な軍隊に支えられ、一人の王がこの国をあとにした。彼はヨーロッパとアジアの全域を踏破し、行く先々で都市を建設したという。なかにはいまなお残っている町もあるが、時の重みで消えてしまった町もある。しかし、こんにちまでアイアには、この王がそこに住まわせた人びとの末裔が住んでいた(51)。

この一節はたいへん興味深い。「めぐる星座」は、春分点歳差〔訳注1〕とプラトン年〔訳注2〕を指していると思われる(52)。プラトンがアトランティス大陸の年代を決定したのと同じように、アポロニオスはこの一節やその他の天文学への言及で、ギリシア最古の伝承が始まる以前の時代にふれているように思われる。ナイル川でなくトリトン川という名前を選んだことについては後述する。「アピダナアン Apidanaan」の「アピ Api-」は、ペロポンネソス半島を指す秘密の名称と思われる。この語が複雑に入りくんだエジプト語起源の語であったことについては『黒いアテナ I』で論じた(53)。

「ヨーロッパとアジアの全域を踏破し」たエジプト王については、これまで長い間、セソストリスを指すと考えられてきた(54)。したがって私たちは次の点を考える必要がある。すなわち、アポロニオスの記述は、エジプトによるコルキス植民地化というヘロドトスの報告とそれを補強する同時代のエジプトのフィクションにもとづいたものだったのか、それとも、彼は歴史上の伝説を直接的に述べたものだったのか。

前述したように、アポロニオスは生涯の大部分をアレクサンドリアに住んでいた。そのうえ、そこの大図書館の館長に任命されるほど深い学識の持ち主と考えられていた。彼にはこのほかにも黒海地域の報告があるが、その報告は正確であり、このことは彼がこの地域をヘロドトスに頼らずともよく知っていたことを示している。したがって私は、アポロニオスとヘロドトスはいずれも、コルキスの都市はエジプトの植民地だった、というコルキスに存在する伝承を記録していたと考える。しかし、このコルキスの伝承には真実の部分があったのか、それとも、伝承は遠隔地の住民が企てた、自分たちには古い中心地の遺産があるのだという箔づけだったのか。これを判断するのははるかに難しい。

この問題でヘロドトスは、次のような独立した確証を見つけたと考えていた。

この問題についての私の考えは、まず第一に、コルキス人が色が黒く、髪が縮れていることである（もちろんそれだけでは何の証明にもならない。そのような特徴をもった人種は他にもいるからだ）。第二に、それよりもさらに有力な根拠となるのは、コルキス人とエジプト人とエチオピア人だけが昔から割礼を行っている点である。フェニキア人およびパレスティナのシリア人は、その風習をエジプト人から学んだことを自ら認めているし、テルモドンおよびパルテオニス両河畔に住むシリア人および彼らと隣接するマクロネス人は、最近になってこれをコルキス人から学んだといっている。……

さらにコルキス人についてもう一つ、エジプト人に似ている点を挙げよう。それはコルキス人とエジプト人だけが同じ方法で亜麻布を織っていることで、またその生活様式も言語も互いに似ているのである。なおギリシア産の亜麻布をサルドニア亜麻布 Sardonian linen と呼んでいるが、エジプト渡来のものはエジプト亜麻布と称している(55)。

ここで興味深いのは、亜麻布製造がコパイス湖沿岸の特徴でもあったことである。第2章、第3章で見たように、コパイス湖沿岸はエジプトの影響があったことが強くうかがわれる地域である(56)。にもかかわらず、たとえこれが伝播のケースだったとしても、この技術がボイオティア地方とコルキスに広がった時期については知るすべがない。ヘロドトスが述べているコルキスの亜麻布と割礼の風習についても、これ自体きわめて重要であるが、確かめることができないことも残念である。

しかし、皮膚の黒さについては魅力的な証拠がある。その黒さに言及した古代の著作家はヘロドトスひとりではなかった。彼の同時代人のピンダロスは、黒い肌のコルキス人と戦ったイアソンの遠征にふれている。ヘロドトスの影響はあっただろうが、後世の著作家たちもコルキス人は黒いと書いている(57)。

形質人類学は助けにならない。山岳地帯の住人、イベリア＝グルジア人〔この場合の「イベリア」は古代の東グルジア地方を指す。スペインとは無関係〕はかなりの身体的連続性を示している。現在のグルジア人にも見られるその特徴は短頭、すなわち「頭蓋が短い」、あるいは超短頭であり、これはカフカス人の特徴である。対照的に、コルキス地方の沿岸部に住む人びとにはかなりの混合が見られるが、アフリカに由来すると思われる長頭、すなわち「頭蓋が長い」タイプが含まれている(58)。アブハズの言語学者で民族誌学者、ドミトリ・グリアはコルキス人の源流がアビシニア＝エジプトにあると考えているが、彼の主張ではアブハズ語の地名、神の名前、人の名前には、エジプトの影響の痕跡が見いだされる(59)。

なかでも最も興味を惹かれる証拠は、アブハズ共和国のスフミ市周辺に住んでいるアフリカ系黒人《ブラック》住民の存在である。この住民の一部はあきらかに、アブハズがトルコ帝国の一部だった一六世紀から一八世紀にかけて、アフリカから奴隷として連れてこられた黒人であった。しかし、この地域の黒人社会はソビエト政府が人種間婚姻と離散の政策によって消滅させようとしたにもかかわらず生き残り、この地で深く根を下ろしていて、黒人の大部分はアブハズ語しか話さない(60)。

この黒人《ブラック》のなかにヘロドトスが見た黒人の末裔がいるのだろうか。この問題をめぐっては、ロシアとグルジアの学者たちのあいだで一世紀以上にわたる議論が続いている。比較的最近だが、コルキスに黒人の末裔がいるという主張は、アメリカ人のパトリック・イングリッシュが書いた——学問的検証は不足しているかもしれないが——博学で重要な論文によって裏書きされている。彼はこの論文のなかで、コルキスにはいまなお黒人住民がいるという考えが、ヘロドトスから八〇〇年以上もたった紀元四世紀末ころの聖ヒエロニムス〔三四七頃—四一九／四二〇年。ラテン語訳聖書を完成した〕とソフロニオスの著作に見られた、と述べている(61)。この地方の黒人住民についての報告はヘロドトス以来途絶えているが、これで中断期が縮小するとすれば、現代までカフカスでは他の小集団が連続していることを考えると、黒人がそこにずっと住んでいたことはあり得るだろう。他方、コルキスの亜熱帯性の気候にさまざまな時期のアフリカ人が魅せられたこともあり得るだろう。

形而上的地理

エジプトとコルキスのあいだには、「宗教的」すなわち、「形而上的＝地理」の並行関係と呼んでもいいような複雑に入り組んだ関係がある。これからそれに目を向けることにしよう。そのため私たちは、アポロニオスが記した一節に戻らなければならない。

この時代は、高貴なデウカリオンの子孫がペラスギス人の土地を支配する以前の時代であった。そしてこのころ、はるか昔の種族たちの母であるエジプトは、穀物が豊かにみのるあけぼのの国として知られていた。そして流域全体を潤し、トリトン川と呼ばれていたナイル川は少雨の土地を満々と水をたたえて流れ、川の氾濫はゆたかな実りをもたらしていた(62)。

第2章で見たように、トリトンという名前はエジプト語の *tryt*（敬う）と関連があると思われる。そしてリビアの河川のいくつかにこの名前がついていた。トリトンはひょっとするとポセイドンの息子だったのかもしれない(63)。アポロニオスは続いて次のように記している。

しかし、こんにちまでアイアには、この王がそこに住まわせた人びとの末裔が住んでいた。さらに、彼らは先祖がのこした石の銘板を大切に保存しており、そこの地図にはあらゆる方向の海と陸地の概略がきざまれていた。地図の一つにオケアノス川の最も遠い支流があり、その広くて深い支流は商人を乗せた船も航行することができた。この川はアイアから遠く隔たったところにあったが、彼らはそれをイストロス川［一般にはダニューブ川と考えられている」という名で呼んでいた。その源流は、北風の吹く遠いかなたにあるリパイの山々から、勢いよく流れ下りてくる。やがて、しばらくの間一筋の流れとなって果てしない平野を進んで、トラキアとスキタイの国境に達すると二手に分かれる。一つの川はイオニア海［黒海］に注ぎ込み、もう一つ［ローヌ川か］は南へ進んで、シチリア海からのびる深い入り海、あなた方の岸辺を洗っている入り海に注いでいる――もしも私が間違っていなければ、シチリア海にはヘラス〔ギリシア〕からアケロオス川が流れ込んでいる(64)。

このあと、『アルゴナウティカ』の記述は黒海に沿った比較的着実で正確な旅路から一転し、ヨーロッパと地中海を一飛びに横断する。詩で描かれる宇宙論的側面が地理学的側面を圧倒していることはあきらかである。

ここでは、アポロニオスがナイル川とダニューブ川という二つの大河に言及していることに大きな意味がある。私は次の章で、エジプト語のナイル川、すなわち **itrw** および、世界を取りまいている大河すなわち「オケアノス」という語について論ずるが、これはギリシア語の語根 **Atla-** としてあらわれていると思うので、この語根は「大西洋 Atlantic」ばかりでなくダニューブ川という名称のなかにも見いだされる。しかし、アポロニオスの詩全体がそうであるように、その一節で彼が言及している地理は、実在の地理、天界の地理、黄泉《よみ》の地理であり、死者の霊魂が渡らなければならないという意味では霊界の地理でもあった。

この種の地理については、ソクラテスが死ぬ前に、死と不死について語った話をプラトンが伝えた『パイドン』に詳しく述べられている。

わたし〔ソクラテス〕の考えるには、大地はなにか非常に大きなものであり、パシス河からヘラクレスの柱までの間に住むわれわれは大地のなにか小さな部分に住んでいるのである。われわれは池のほとりの蟻や蛙のように、海〔地中海〕の周辺に住んでいるのだが、他にも似たような場所が沢山あって、そこには他の多くの人々が住んでいる(65)。

これは、地理的に見れば粗雑であり、自意識の強い偏狭な宇宙論である。その中心は地中海地域と黒海であり、まわりをとりまく天や大地の大洋からの水が四つかそれ以上の大河となってそこに流れ込んでいる。地中海地域での太陽の蒸発作用は謎だが、プラトンがホメロスを引用して語ったように、「遥かに遠く、地下いと深き穴のあるところ」への流れである、と説明されていた(66)。一般に、南から流れてくるナイル川、ヘラクレスの柱を通って西から流れてくる大西洋からの流れ、北から流れてくるダニューブ川［そして／あるいはローヌ川とポー川］、そして東から流れてくるパシス川——これらが四つの流れであった。

カシュとコルキス——エジプト語からの派生語か

「この大地」のさいはての二地点が、エジプトのナイル川上流をさかのぼった土地とコルキスのパシス川の豊かな渓谷であり、そのいずれにも黒人《ブラック》が住んでいたとすれば、この二地点がカシュ Kꜣš／コルキス Kolkhis (Colchis) という同じ名前を共有していたことはあり得るだろうか。この問題を検討するまえに、いくつかの実例を示し、エジプト語の地名が黒海沿岸にあるというのは不可能でないことを示したいと思う。すでに私はシノペとアビュドスという事例に言及したが、このほかにも驚くべき実例がある。

ポントス地方のポントスは、古典時代にはアナトリア北海岸およびロシア南海岸を表す名称であったばかりでなく、黒海を表す名称であった。ギリシア語には「海」を意味する多くの語があり、ポントスはその一つでもあった。従来この語は、インド＝ヨーロッパ語の語根√**pent**（歩く、道路）に由来し、ここからラテン語の「橋」すなわち *pons—pontis*

や英語の「道 path」が生まれたと考えられている。後述するように、海洋民族は普通、海を境界すなわち辺境と見ており、インド＝ヨーロッパ語でこの語根がこの意味で用いられたという類推はできないが、海は「道 path」すなわち「通路 passage」である、というふうに考えられないわけではない。じっさい、このような考え方は、エーゲ海と黒海を結ぶヘレスポント Helle*spont* という地名とたいへんうまく合致する。

しかし、ポントス（黒海）という語は、黒海のいずれの側の土地を指すときにも用いられているので、問題が生まれる。この観点から見ると、ポントスという語はエジプト語の地名プント Pwnt とのあいだに並行関係があると考えるほうがよいと思われる。プントはエジプトから船で紅海とインド洋を下って行くところにあった国で、そこからエジプトに熱帯の産物がもたらされた。この名前が北部地域で用いられていたという記録はない。にもかかわらず、エジプト人の標準的な宇宙観と地名の考え方では、土地は対《ペア》になって釣りあっている存在であった。ギリシアとローマの地理学に頻繁に出てくる〈コインキデンチアエ・オポジトルム〉〔反対の一致〕は、たいていの場合が東西の一致であった[67]。エチオピアが二つあった事例については後で述べることにしよう。しかし、エジプトではナイル川が軸であり、たいていの場合が南北の一致であった。下エジプト〔ナイル川デルタ地帯〕のほとんどの都市名は上エジプト〔カイロ以南のエジプト〕の都市名と同じであった。同様のことが、時にはエジプトの外でも当てはまった。たとえば、すでに述べたように、北と南にスティ Stt があったことを参照。同じように、Tȝ ntr（聖なる地）という地名はアナトリアから東アフリカまで伸びている土地を指したが、ほかに南と北に対《ペア》になっている地名があった。

このように、用例が実証されていないので独立の証拠として使うことはできないが、カシュ Kȝš とプント Pwnt は遠く北と南に離れていても、対《ペア》の地名であった可能性はたいへん高いと思われる。これによってエジプトがこの地域に関与したという全体図の奥行きが深まる。

コルキス Colchis、あるいは Kolchis という名前の語源は不明である。Chalkis あるいは Chalkidike という地名に見られる語根 Chalk- に由来するのかもしれない。一般に「青銅」あるいは「金属」を意味する語根 Chalk- は、セム語の語根√ḥlq（ならす、なめらかにする、鍛造する、加工する）に由来すると私は考えている(8)。コルキス王国は鉱物資源と冶金で有名だったことを考えると、コルキスという語はセム語あるいはギリシア語のどちらかに由来した可能性があるだろう。西カフカス地方では多くの言語が話されていたので、その一つに由来した可能性もある。

しかし、ほかにも一つ可能性がある。紀元四世紀、聖ヒエロニムスとソフロニオスはコルキス Colchis について「第二のエチオピア」と述べているからだ。したがって、コルキス Kolchis はエジプトの南部国境と接している上ヌビアのエジプト語名、カシュ Kȝš に由来した可能性がある。カシュをヘブライ語に直すとクシュ Kûš となるが、七〇人訳聖書〔紀元前三世紀にアレクサンドリアで翻訳されたギリシア語訳の旧約聖書〕では、Xous、Khus、すなわちアイティオピア Aithiopia である。流音字の *r* や *l* の初期の音価については、すでに頻繁に言及した。エジプト語やその他の言語では、*š* と *ḫ* は頻繁に置き換えられ、それがヘブライ語の有声音化によって *o* や *u* という後舌母音に置き換えられたことがわかっている。そのため、音声学的には、*Kolš/ḫ はコルキス Kolchis とみごとに合致する。

コルキス Kolchis の語源がエジプト語であることを認めると、中王国時代のコルキスの語形はカシュ Kȝš というかたちになるだろう。この語の新王国時代の発音は、ヘブライ語のクシュ Kûš に残っており、中王国時代の発音は、ȝを流音字のlやrと発音したことが示唆されている。したがってこのことは、この語が中王国時代の第一二王朝の語であった証拠になるだろう――新王国時代以前にエジプトの政治的・文化的影響が遠い北部まで及んだのは、エジプト第一二王朝だけである。意味論的にいえば、ヌビアとコルキスはいずれも金を豊富に産出し、気候的にも似ていた。下ヌビアまでは砂漠であるが、カシュには草木が青々としげっていた。現在でも降雨は少なく、雨は貴重である。

コルキスとエラムの黒人《ブラック》

カシュ Kaš とコルキス Kolchis は南北で対《ペア》になっている地名かもしれないが、この可能性を次の事実が複雑にしている。それは、多くの近代の学者が主張するように、聖書に出てくる名前クシュ〔訳注3〕は一般にはヌビアやエチオピアを指すが、二つの地方と民族――アラビア半島西部のミデアン人と、紀元前第二千年紀中期の大部分の時期にメソポタミアを支配したKaššû すなわちカッシート人――を指すときもこの語が使用されたという事実だ(69)。

実際には、二つの独立した同じ名前があったと思われる。しかし、どちらの場合も、人びとは色の黒い人、すなわち黒人だったと思われる。したがって、クシュ Kûš は黒人の総称になっていた。こうして、クシュという語はカナンの南東に住む、色が黒いミデアン人を指すのに用いられた。ミデアン人の多くは、こんにちアラビア半島南部に住む人びとと同じように、ソマリ族や他の北東アフリカ人に似ていた。

メソポタミア周辺から出たカッシート人はわかりにくい人びとである。彼らを位置づけるには、独立した主要な文明、つまりエラム文明について考察する必要がある。エラム人はスシアナ――現在はイランのフージスタン――に住んでいた。スシアナは、紀元前第二千年紀にイラン語を話す人びとがやってくる以前のイランの高地の一部分と、チグリス川の東にある平原を含んでいた(70)。現在では、エラム語が大ドラヴィダ語族に属することはほぼ確実になっている(71)。ドラヴィダ系言語を話す人びととの外見は「南インド人」に似ていたようである。したがって、彼らは西に住む人びとに比べて色が黒かった。住民のなかには、ニグロすなわち「黒色人種」さえいたようである(72)。エラム研究の大御所であるヒンツ教授は、紀元前五〇〇年ころの施釉レンガのレリーフに描かれたペルシア王ダリウスを護衛するエラム人について次のように述べている。

エラム風の衣服を着ているが、あきらかにペルシア人のつもりで描かれた肌の白い護衛が数人いる。第二の集団の肌は茶色で、第三の集団の肌は黒く、ほとんど真っ黒である。こうした人びとは奥地出身のエラム人に違いない。現在でもフージスタンには、ネグロイド〔黒色人種〕ではないが、肌の黒い人びとを見ることができる(73)。

このレリーフが作られてから二〇年後、これとおなじ軍隊についてヘロドトスが書いている。次の箇所はおそらく高地のエラム人を指しているのであろう。

　軍隊にいたエチオピア人には二種あって、東方のエチオピア人はインド人部隊に配置されており、言語と頭髪の二点以外は南方のエチオピア人と外貌は何等異なるところがなかった。東エチオピア人の方は頭髪が真直ぐであるが、リビアのエチオピア人は世界の民族中最も縮れた髪をもっているからである(74)。

東エチオピア人の真直ぐな頭髪とコルキス人の縮れ毛の明確な区別に注目してほしい。ヘロドトスはこの違いを強調している。したがって、彼がここで述べている東エチオピア人がコルキス人だった可能性はきわめて小さいだろう。エチオピア人が二種類いたという伝承は、ヘロドトスの時代よりも古くからある。『オデュッセイア』にはエチオピア人〔『オデュッセイア』ではアイティオペス人〕について、「この世の果てに住む民で二つに分かれ、一《いっ》は陽の神ヒュペリオンの沈む方《かた》、一はその昇る方に住む。」と述べられている(75)。したがって、西のリビア（アフリカ）と東のメソポタミアに黒人《ブラック》すなわち、アイティオペス人（「日焼けした顔の」という意味）がいた。

二つのエチオピアと二つのクシュ Kūš は並行関係にあったのだろうか。Khuz——これはフージスタン Khuzistan（エラム）という語のなかに含まれている——という名前をクシュと結びつけようとする人たちもいる。できなくはないだろうが、妥当性は低いだろう。しかし、エラムとクシュとのあいだには確かに結びつきがある。ペルシア帝国の諸地域が描かれた地図を見せながら、「その隣りがこのキッシアの国で、この国こそこのコアスペス河に沿って、スサの町があるところであります」と、ミレトスのアリスタゴラスが〔スパルタ王クレオメノスに〕説明するのをヘロドトスが記している[76]。このキッシアについてはストラボンもふれている。近代におけるキッシアという地名の用例は、フージスタン／エラムにある川で、現在はカシュガン川と呼ばれている名前でしか実証されていない。しかし、ヒンツはここにカッシート人の影響があるとみている[77]。

ではカッシート人に戻ることにしよう。アッカド語で **Kaššû** と呼ばれた彼らは、アッカド語のヌジ方言では **Kuššû** と呼ばれた。ギリシア語ではコッサイオイ Kossaioi であった。メソポタミアと聖書の専門家スペイサーの主張では、コッサイオイには聖書に出てくるクシュ Kûš とおなじ後舌母音〔u o a など〕が含まれていた。しかし、カッシート人は **Galzu Galdu Galšu** と自称していたらしい――したがってアッカド語では **Kaššû** となり、発音は *a* だったようだ[78]。

カッシート人の出身地という問題はきわめてむずかしく、彼らはメソポタミアの山地の山裾から出たらしいということ以上はいえない[79]。しかし、その後、彼らが拠点にしたのはメソポタミア東部のザグロス山脈〔イラン高原の西部から南部を走る山脈〕だったので、そこはエラムに近く、確実にエラムの影響圏だった。それからあとの時代になると、カッシート人がエラムにいたことはほぼ疑いない。しかし、カッシート語はほとんど残っていないため、そこにエラム語の痕跡が見られるかどうかについては学者のあいだで議論が分かれている[80]。他方、多くのエラム人が「黒」かったということは、カッシート人自身も黒人《ブラック》と見られていたのかもしれないという可能性が出てくる。これはまだ決着のついていない問題である。

この文脈で、聖書に出てくるメソポタミアの征服者、〈勇士ニムロド〉についても考察しなければならない。とりわけ、彼はクシュ Kûš の息子とされているからである[81]。この分野でいまなお大権威者と目されているスペイサーは、ニムロドはエジプト人だった可能性があるというエドゥアルト・マイヤーとクルト・ゼーテの説を即座に退けた。ゼーテはかつて、征服者ニムロドの名前はニブムアリアからの派生語であり、ニブムアリア Nibmuaria はネブマアト Nb M3r t という楔形文字への転写が実証されているので、この名前は、メソポタミアに軍事力はなくとも政治力を確実にもっていたアメノフィス三世〔すなわち、アメンホテプ三世〕の名前〔即位名のネブマアトラーの一部〕であったと提案したからであった(82)。

クシュ Kûš が東にあったとしても、クシュとアフリカとの結びつきをにべもなく退けるべきではないという昔の学者たちの意見に私は賛成である。しかし私は、センウスレト一世の称号の Nb r-ḏt（宇宙の主）――この大仰な称号をもつ神はほとんどいない――から、ニムロドという名前が派生したとする方がはるかに魅力的であり、聖書に「地上の勇士」と記され、みずからを神と称した傲慢さで知られた支配者にはとりわけふさわしいと考えている(83)。

スペイサーが唱えているのは、トゥクルティ・ニヌルタからニムロドが派生したという独創的だが強引な説だが、音声学上、Nb r-ḏr 説のほうが、この説よりも妥当性があることは確実である(84)。しかし、音声学上の大きな問題はさておき、スペイサーの仮説には意味論上の問題がある。第一に、トゥクルティ・ニヌルタはカッシート人ではなく、カッシート人をバビロンから駆逐したアッシリア人であった。第二に、トゥクルティ・ニヌルタの治世は紀元前一三世紀であり、これは困ったことに創世記がまとめられた時期と近い。「創世記」と『タルムード』の伝承で早い時期に登場するニムロドは「最初の」征服者だったとされ、これは彼がずっと昔の人物だったことを強く示唆している。このことは、トゥクルティ・ニヌルタ、アメノフィス三世〔アメンホテプ三世〕、Kaššû つまりカッシートの王にとってさえ不利な材料になるだろう(85)。

しかし、私はここで、ニムロドがたんにヘブライ版セソストリスだったと主張しようというのではない。メソポタミアの南部から北部まで、偉大な狩人の如く征服したという記述は、征服者がエジプト人だったというよりも、実際には、アッカドのサルゴンや彼の孫、ナラム・シンだったというほうがはるかにふさわしい。したがって私は、ニムロドは初期の偉大な征服者だったサルゴン、ナラム・シン、およびセソストリスを合体させた人物だったと考えている。しかし、アッカド人〔のサルゴンとナラム・シン〕はいずれも、どんな意味においてもエラムやカッシート人とは関連がない。そこで、ニムロドという名前とその生みの親として最も妥当なのは、三人目の征服者〔セソストリス〕ということになるだろう。

議論の要約——エジプトの植民地だったコルキス

さて、これから、このきわめて複雑な議論を要約してみよう。紀元前第二千年紀と第一千年紀の南西アジアには、二つの黒人《ブラック》住民グループがあったと思われる。第一のグループはコルキスに住む黒人住民だった。彼らの外見はアフリカ人であり、おそらく出自もアフリカ人だっただろう。コルキスという語の語源は、エジプト語のカシュ Kꜣš（エチオピア）かもしれない。ギリシア人は彼らのことを〈アイティオペス人〉とは呼んでいなかったが、教父たちはそう呼んだかもしれない。第二のグループはエラムに住むアジア系黒人で、彼らは〈アイティオペス人〉と呼ばれた。彼らの呼び名のなかにはクシュ Kûš という呼称もあった。クシュという語はたぶん隣国カッシートのカッシート語に由来するのだろう。この名称は現地で独自に発達したと思われる。

ヘロドトス、アポロニオスそしてディオドロスは、コルキスがセソストリス派遣軍の黒人《ブラック》が植民した土地だったことを確信していたが、これは一般に確実なことである。ヘロドトスは、彼がこの知識を得たのはエジプトではなくコルキスだったと主張している——彼によれば、エジプト人は彼らの「コルキス植民地」について多くを知らなかった。ディオドロスの場合、彼の記述がエジプトの資料にもとづいた可能性がある。アポロニオスの情報の出所は不明だが、おそらく彼は、ヘロドトスにもエジプトの神官およびエジプトの古代文書にも依拠したことだろう。他方、アポロニオスの叙事詩には、黒海南岸についての多くの正確な知識が見られるので、ヘロドトスとおなじように、コルキスがかつて植民地だったという確信の一部をコルキスから得た可能性は大きい。

したがって、少なくとも紀元前第二千年紀の後半、現地のコルキスに住む人びとが、自分たちの国はエジプトのファラオ、おそらくはセソストリスが建国した国だと確信していた可能性はきわめて高いだろう。この伝承は誤りで、すぐれた文化をもった先祖を持ちたいという願望から生まれた伝承だったかもしれないし、あるいは、このほうが可能性は大きいかもしれないが、祭儀上の並行関係があるばかりでなく一部の住民の外見がアフリカ人であることを説明したいという願望から生まれた、ということもあり得る。しかし、もしそうだとしても、アフリカ人の外見をした住民がいたという問題は依然として残る。バートンは二〇世紀のアブハズ共和国〔グルジア北西部の黒海に臨む自治共和国〕の黒人《ブラック》を論じたとき、この問題の概略を次のように述べた。

ここ〔アブハズ〕にはアフリカとインド洋沿岸地帯以外の旧世界で唯一の黒人社会がある。この地域に進出したエジプト第一二王朝の王は一人もいないので、彼らがセソストリスの軍隊兵士の末裔であることはありえないことは明白だ。しかし、彼らの出自は不明なままである(86)。

もちろん、コルキスが何らかの意味でセソストリスの遠征の結果生まれたという証拠は何もない。しかし、もつれた証拠を解く最も単純な方法は、コルキス人とギリシア人のいっていることを額面通り受けとり、紀元前二〇世紀にアフリカの軍隊が黒海東部地方に到達したということを受け入れることだろう。

メソポタミアとイラン

ヘロドトスは、セソストリスがメソポタミアやイランを征服したとは主張していない。すでに見たように、ディオドロスはそう考えていたが、これはアレクサンドロスと張り合うための、エジプトの必要にもとづいたものだったと思われる——ヘロドトスの著作は、アレクサンドロスが生まれるほぼ一世紀も前の紀元前五世紀に成立したのだから、彼がそう主張していないのは当然だった。「アジア」はアナトリアを意味することばからアジア大陸全体を意味することばに変わったが、ディオドロスはことばの意味が変わってからの時代を生きた。メムノンをめぐる伝説（後述）はそれよりもかなり古いが、ニネヴェ〔古代アッシリアの首都〕とスサ〔古代エラムの首都〕で、エチオピアの軍隊が活動したことにふれている。しかし私はこの大半が、上述したエラムの「エチオピア人」によって説明できると考えている。エジプトによるメソポタミアの征服については、エジプト人侵略者について同時代の伝承も後世の伝承もまったくふれていないので、エジプトのメソポタミア征服はなかった可能性のほうが大きいだろう。

しかし、だからといって、メソポタミアにエジプトの影響がなかったということではない。紀元前一九世紀初めごろにアッシリアは弱体化したが、これは、当時の東アナトリアと西アフカスにおけるアッシュール〔アッシリアの主要都市〕の商業ネットワークの崩壊と結びついていた可能性が高いと思われる。

メソポタミアを迂回してエジプトがイランを侵略した可能性はあるが、この場合もエラムとメソポタミアには多少の記録が残っていると考えられる。したがって、トゥード（第5章を参照）で発見された中央アジアの貴石類とイランの印章は、アナトリアのアッシリア人貿易商人によってもたらされたものだったと考えればわかりやすいだろう。

メムノンと彼のアナトリア征服についてのギリシアの伝説

ヘロドトス、アポロニオス、ディオドロスなどのギリシアの著作家がセソストリスの征服について述べたとき、彼らが依拠したのはエジプトとコルキスの資料であり、彼ら自身のギリシアの伝承ではなかった。基本的に『セソンコシス物語《ロマンス》』がエジプトの話だったことは一般に認められている(87)。何故だろうか。驚くにはあたらないが、ギリシア史に断絶があった——とりわけ紀元前一一五〇年—八〇〇年に「暗黒時代」があった——ばかりでなく、ギリシアの著作家たちがセソストリスの征服の影響はギリシアに及んだとは考えなかったからでもあった。ファラオに従属したのはキクラデス諸島だったとディオドロスが述べたのと同じように、ヘロドトスの場合も征服の影響は周辺的なものにすぎないと考えていた(88)。

それにもかかわらず、征服に関連する——と私が考える——伝承がギリシアに存在している。この伝承はアナトリアの西岸、小アジアのイオニア地方に集中しているが、これは意外なことではない。エジプトの伝承では、この地域はエジプト軍に征服された地域と考えられていた。イオニアの伝説とエジプトの伝承のあいだの決定的な相違は、イオニアの伝説にセソストリスの名前がまったく出てこないことにある。その代わり出て来るのがメムノンという名前である。西アナトリアにおける「エジプト」あるいは「エチオピア」の彫像について、ヘロドトスは次のように記しているが、そこにエジプトと西アナトリアの伝承の衝突が見られる。「これらの像を見た者の中には、これをメムノンの像と推定した者も幾人かあるが、見当違いもはなはだしい。なぜならほかの所ではこれがセソストリスであることは実に明白になっているからである」(89)。私はこれから、メムノンがセソストリスの息子のアメネメス二世〔アメンエムハト二世〕であったことを論ずるが、その前にメムノンについてのギリシアの伝承を考察したい。

メムノンに言及した現存する最古の例は、ヘシオドスの『神統譜』であると思われる。「エオスは　ティトノスとのあいだに　エティオピア人の王、青銅の鎧を着けたメムノンをもうけ給うた」(90)。これ以前にもメムノンは立派な鎧に身を固めてトロイアの救援におもむいたという伝承が伝わっていた。彼はネストル〔トロイア戦争のギリシア軍の顧問〕の息子のアンティロコスを殺したが、アキレウスの返り討ちにあった。これはミレトスのアルクティノスが書いた叙事詩『アイティオピス』〔全五巻。トロイア側のアマゾン女王ペンテシレイアとエティオピア人メムノン、アキレスの死が扱われている〕に出てくる話の要約である(91)。作者のアルクティノスは紀元前八世紀初めの人と考えられていた。しかし、ヘシオドスとホメロスがいずれもこの話を知っていたことはあきらかである。したがって、これはヘシオドスが『神統譜』を書いた紀元前一〇世紀か、それ以前にさかのぼる話にちがいない。二〇世紀の古典学者クラークとコウルソンは、メムノンの死と神話上の人物サルペドン〔ゼウスとエウロペの子でリュキアの王〕の死に驚くべき並行関係があることを指摘した。サルペドンはミノスとラダマンテュスの兄弟の名前だが、彼は南アナトリアにリュキア王国を建設したリュキア王であり、トロイア戦争ではトロイアを助けてリュキア軍と同盟軍を率いたが、アキレウスの愛人パトロクロスに討たれた。クラークとコウルソンの主張では、『イリアス』を書いた詩人が『アイティオピス』のアンティロコスとメムノンにまつわるできごとを熟知していたことはあきらかである。しかし、彼はこれらの半神を物語に登場させないことに決めた。……そのかわり彼は、メムノニスにかえてサルペドンの挿話を入れた」(92)。現代の古典学者グレゴリー・ネイジーは、サルペドンの運命がもとはメムノンの運命だったことを否定し、この並行関係はそれがひとつの伝承に属している結果だと説明している。しかし彼は、メムノン神話がサルペドン神話よりもずっと基本的であることは認めている(93)。

物語の細部のうち、どれがもとのもので、どれが後世付け加えられたものなのか。これを決めるのはもっと難しい問題である。しかし、ある種のテーマは実際にたいへん古いテーマと思われる。これは状況証拠からもそうであるし、紀元前六世紀の彫像や図像、そして紀元前五世紀の著作に広範に登場しているテーマからもそうである。伝承ではメムノンはいつでもエオス〔あけぼのの女神〕とティトノスの息子である。メムノンの母エオスとアキレウスの母テティスがゼウスに自分たちの息子の命を助けて欲しいと競って懇願する話や、半神たちの魂を天秤にかける話もたいへん古い(94)。散逸した叙事詩の表題『アイティオピス』とその初めの場面の叙述が示すように、メムノンはエチオピア人であり、したがって黒人《ブラック》だった、というのがこの物語の中心であった(95)。

他方、彼はどこの「エチオピア」の出身だったかという疑問は、早い時期からあったと思われる(96)。彼が東方からトロイアにやって来たことに疑いはなかった。紀元前五世紀までには、ヘロドトスはエラムのスサを「メムノンの都」と記していた(97)。ヘロドトスがこのように記してから数十年後、ペルシア王アルタクセルクセス二世はメムノンと自称した。それはおそらく、彼が冬の都と定めた町（スサ）とその周辺地域に住むエラム人の間で、彼の正統性を固めるためだったのだろう。したがって、少なくともその頃までには、メムノンはエラムの民族的英雄であったと思われる。アイスキュロスの散逸した劇『メムノン』の一節から、ストラボンがメムノンの母は「スシエンヌ」（すなわちスサ出身）だったと記しているのを、ベルギーの古典学者グーセンスも引用している。実際は、ストラボンは引用の箇所で彼女を「キッシア出身」と述べているにすぎないし、あきらかに彼はそう考えていたのだが、これは彼女がクシュ人〔スーダンにいた民族〕すなわち、黒人《ブラック》であったことも指しているのかもしれない(98)。

グーセンスの主張では、原型はスサの伝承であり、南の伝承はずっと後世のものだとされているが、スノウデンは彼の説に従っている(99)。しかし、メムノンは縮れ髪の「アフリカの」黒人《ブラック》というのが一般的なメムノン像であり、前述の引用が示しているように、ヘロドトスの報告では彼とセソストリスは混同されていた(100)。最後に、ギリシア人にとってはほぼ疑いなく、エチオピアとはまず第一にアフリカのエチオピアだったということが私には決定的に重要である。たとえば、テラ島のフレスコ画が示しているように、少なくとも紀元前一七世紀以来、エーゲ海地域にアフリカの黒人がいたようである(101)。アフリカのエチオピアとスサのエチオピアのどちらがメムノンのエチオピアだったのか。いずれの側にも確実な証拠はないし、伝承が伝えているメムノンのエチオピアが二ヵ所だったということも同じように古いと思われる。

さらに、きわめて古い時代から、両地域をなんとか調和させようという試みが始まっていた。紀元前四〇〇年ころ、アルタクセルクセス・メムノン王の宮廷で医師だったギリシア人、クニドスのクテシアスは次のように記したとされている。

テウタモスがアジアを支配者していたとき、……ギリシア人はアガメムノンを総大将にトロイアに遠征したので、……アッシリア王の臣下でトロイアの王プリアモスは……援軍を要請する使節を送った。そこでテウタモスは急遽、二〇〇台の二輪戦車《チャリオット》と一万人のエチオピア人、および同数のスシアナ人〔スシアナはエラムの別称〕を派遣し、ティトノスの息子メムノンを大将に任命した(102)。

メムノンの両親

後世の著作家たちは、エチオピアが東と南の両方にあったという伝承に従ったが、重点はますます南のアフリカのエチオピアとエジプトにおかれるようになった(103)。しかし、この問題と彼の名前の検討にすすむまえに、この半神〔メムノン〕伝説の、彼の両親の話で始まる神話の部分を調べてみれば役に立つだろう。メムノンの母エオスはあけぼのの女神で、したがって東方の擬人化であった。彼の父親のティトノスはもっと複雑である。前述したように、ホメロスは彼をトロイア王プリアモスの兄弟であったとしているし、クテシアスは彼をアッシリア王と結びつけているように思われる(104)。ホメロスにとって、ティトノスはあきらかに東方と関連があった。詩人は「あけぼのの女神は、貴公子ティトノスとの添寝の臥所《ふしど》から起き上がった」という定式表現を二回――『イリアス』で一回、『オデュッセイア』で一回――用いている(105)。

しかし、ティトノスの語源がアフロ・アジア語族〔訳注4〕であった可能性を考えると、状況はもっとこみ入ったものになる。この問題については『黒いアテナⅣ』でより詳しく論ずるが、おおざっぱにいえば、ティトノスの語源は二つあると思われる。第一の語源はセム語の *tit*（泥）である。これに種族を表す接尾辞の-nをつけると「泥人間」あるいは、「西方に埋葬されている死者」になる。ギリシア神話の嬰児殺しの怪物、ティティアス Titias、ティテュオス Tityos、ティタン Titan もセム語の *tit* に由来する。第二の語源は第一の語源のごろあわせの Tdn／Dtn／Ddn であり、この語には長年にわたる伝承がある。肝心なのは、これらの語がメソポタミアの西とシリア＝パレスティナの南に住んでいる野蛮人を指すという点である。こうしたセム系＝シュメール系の名前は、エジプトの南のヌビアとエジプトの西のリビアで発見された神、Ddwn と関係があると思われる(106)。Ddwn の祭儀は imn／アムンと密接な関係があり、imn／アムン自体がヌビア、エチオピア、南エジプトと強く結びついていた。ギリシアの伝承に見るようにゼウスはエチオピア人と特別な関係があった(107)。

前述の語源候補のうち、どの語が Tdn／ティトノスの語源である可能性があるのかはっきりしないが、彼は川の岸辺や世界を取りまく「海」のほとり――すなわち、ギリシアの宇宙論でエチオピア人の故郷と目されているところ――に住んでいたという議論から、その可能性はある程度せばまるだろう。imn／アムン／ゼウスとの関連にもどると、エジプト語の *imn* には「西」という意味もあり、この語と同語源のセム語√ymn は「右手」、あるいは「南」を意味する(108)。ティトノスが東方の人間、もっと明確にいえばアッシリア人であったと考えれば、この語の語源が Tidnu――すなわち、メソポタミアの西の砂漠に住む未開人――であったこともあり得るだろう。しかし、エチオピア人のイメージがそうだったように、おそらく、ティトノスはただ単に世界の果てから来た人間だった可能性のほうがずっと大きい。したがって、ティトノスは彼の息子〔メムノン〕と同じように、遠く離れた東方と南方から来たのである。そこで私たちは神話で伝えられている彼の息子の話に目を向けなければならない。

メムノンとオシリス

一九世紀の比較宗教学の偉大なパイオニア、ロバートソン・スミスによれば、伝説上の半神〔メムノン〕のひとつの面は、メムノンという語とカナン語のNåʿămån（いとしい人）を混同した結果であるという。一般にNåʿămånという語は、ギリシアでアドニス――その語源はカナン語のʿădônî（わたしの主）である――として知られる若くして死んだ神アドニスの形容句として使われている。花のアネモネ*anemōnē*のギリシア語名は、十中八九はNåʿămånに由来している[109]。このようなもじり《パロノメイジア》のあるなしにかかわらず、この場合、メムノンの征服と瀕死の神オシリスの征服および、アドニスに相当する神ディオニュソスの征服とよく符合する[110]。北西アナトリア自体にも、若くして死んだ草木の神アッティスがいた。そしてこのアッティス神祭儀は、オシリスとアドニスの祭儀と驚くほど似ていた[111]。

メムノンの墓はトロアド（北西アナトリアのトロイア周辺地域）とシリアのパルトスにあったと伝えられるが、墓はメムノイデスと呼ばれる黒い鳥と関連があったといわれている。黒い鳥はかつてのメムノンの妻たちで、神々は彼の死を嘆き悲しむ彼女たちに心をうたれ、女たちを黒い鳥に変えたという伝承がのこっている[112]。これを自然史のレベルでいうと、トロアドのメムノンの墓に集まる鳥とは中央アフリカから年に一回渡ってくる渡り鳥であり、ギリシア人はこの鳥のことをホメロス以来知っていたと思われる[113]。神話のレベルでもこれに似た話がある。それはイシス〔オシリスの妻〕とネフティス〔セトの妻〕がオシリスの死を嘆き悲しみ、鳥に変身した話である[114]。

このような祭儀によってメムノンが黒かったことは説明できるだろうし、オシリスも黒人《ブラック》とみなされていた[115]。エジプトのアビュドスにはオシリスの最も重要な墓があり、そこはオシリス祭儀の中心地でもあったが、他方、トロアドにメムノンの墓があり、そこから五〇マイル以上離れたところにアビュドスと呼ばれる都市もあった——これに注目しなければならない。シリアのパルトスにもメムノンの墓があったという伝承は、カナン語で Na'ămân すなわちアドニスと、ギリシアの伝承にのこる比類ない彼の美しさを思い出させるが、これと並行関係にあるのは、ホメロスがメムノンについて、彼はトロイアで「容姿最も優れた」武将だと述べている記述である[16]。さらに、メムノンは大部分のギリシアの半神と同じように、死んだけれども不死の存在になったオシリスと似ている。

しかし、メムノンの神話がすべてオシリスとの関連で説明できるわけではない。オシリスの場合、彼の体は復活するが、メムノンの場合は火葬にされ、けむりからメムノイデスが生まれた。この話は灰から生まれ出る不死鳥フォイニクスの物語と並行関係があるかもしれない。したがって、メムノンはヘリオポリスの太陽祭儀と関連する可能性があり、これについては『第Ⅳ巻』で論ずる。けむりも鳥も黒かったが、これにも大きな意味がある[17]。

黒はもちろんエチオピア人にふさわしい色だが、エジプトの国の色も黒だった。kmt（黒い土地）は「エジプト」を意味し、「人びと」に決定詞 *kmt* をつけるとエジプト人を意味する。最後に、エジプトの神で、黒いとされていたのはオシリスだけではない。アムン神も黒《ブラック》であった。この関連については以下で論ずる。

秤にかけられる半神

メムノン伝説にはあきらかにもう一つの神話の要素がみられる。それは〈魂の重さ比べ〉を意味するプシュコスタシア *psychostasia*、あるいはケロスタシア *kērostasia* の伝承であった。ヘクトルとアキレウスの最後の戦いを描いた次の場面には、この戦いに勝って生き延びるのはどちらであるかを決めるため、二人の半神の魂が秤にかけられるところがはっきり述べられている。

〔さて二人が四たび二つの泉にさしかかった時〕父神（ゼウス）は黄金の秤を拡げ、永く悲嘆を呼ぶ死の運命［ケレ *kēre*］を二つ――一つはアキレウスの、一つは馬を飼い馴らすヘクトルの――それに載せ、秤の真ん中を掴んで持ち上げると、ヘクトルの運命の日［アイシモン　エマル *aisimon ēmar*］が下にたれて冥王の館の方へ向いた(118)。

このテーマは、ほかのところでギリシア方とトロイア方の運命を予見するために用いられていた。ホメロスは別のところでも〈魂の重さ比べ〉について間接的に言及しており、それはより興味深く、より重要である。ドイツの学者ディートリヒは、〈魂の重さ比べ〉が昔からある古い概念であり、このような間接的言及や省略から、この概念がホメロスと彼の読者にとってよく知られていたことが分かると主張しているが、彼のこの主張には妥当性がある(119)。これとの関連で、ドイツの古典学者G・E・ラングは――多少の疑念をもちつつ――、ミュケナイの墳墓の一つから金箔製の天秤が発見されたことにふれている(120)。

メムノンとアキレウスのあいだにケロスタシア *kērostasia* があったことは明白である。サルペドンが戦死したときも、「秤」（タランタ *talanta*）が用いられたことが間接的に言及されており、サルペドンの死とメムノンの死のあいだに密接な並行関係がみられことは、クラークとコウルソンが指摘している(121)。さらに、この場面をアイスキュロスは、散逸した劇『メムノン』のなかでとりわけに力を注いで描写したようである(122)。図像の主題を見ても、メムノンとアキレウスの場合にケロスタシアがあったことは疑いない。アキレウスの母で海の精テティスと〔メムノンの母であけぼのの女神〕エオスが息子たちの命を救うために嘆願している場面を描いた絵は多い。ラングは、メムノンとアキレウスのケロスタシアの場面を描いた七つの壺を確認することができた。このほかに、クラークとコウルソンは三つの壺を確認している(123)。

〈魂の重さ比べ〉のこの場面は、エジプトの神学・文学・美術に最も出てくるイメージすなわち、死者の魂の重さを比べて、祝福される魂と呪われる魂に分ける場面と並行関係にある。ギリシアとエジプトにみられるこの並行関係はあまりに顕著なため、このことは二〇世紀初めには知られていた。両者に並行関係を見た神話学者オットー・グルッペは、ギリシアの絵ではヘルメスが魂の重さ比べで中心的役割を演じ、エジプトの絵ではつねにトト――エジプトのヘルメスに相当する神――が秤の記録係をしていると指摘した(124)。この指摘は〈アーリア・モデル〉にとって潜在的に危険だったので、ラングは次のように述べて調和をはかった。「[グルッペの理論は]このままの形では支持できない。というのは、ギリシアの〈魂の計量〉にエジプトの影響があったことは認められないからだ。むしろ、ヘルメスがトトに倣ったといわなければならない」(125)。ラングの議論には混乱がある。しかしこの混乱は、パラダイム――この場合〈アーリア・モデル〉――が問題に対処できなかったとき、何が起きるかを示す絶好の例である。もちろん、二つの場面には重要な違いがある。エジプトの絵は二人の魂が競争する場面ではなく、一人の魂と鳥の羽𓆄𓏏𓏤 *šwt* が計量される場面だからである。他方、ヘルメスはエジプトのトトに相当するばかりでなく、アヌビスに相当する神でもあり、『日のもとに出現するための書』〔一般には『死者の書』として知られている書〕では、魂の計量のときにいつもそばにいる神がアヌビスだったことに注目すると、これによってグルッペの主張は強化される。実際、ヘルメスとアヌビスはこの重要な場面で緊密に協力しているので、そこから後期エジプトとギリシアの宗教におけるヘルメスとアヌビスの融合という議論が十分になりたつと、私は考えている(126)。メムノンのプシュコスタシア *psychostasia* すなわち〈魂の重さ比べ〉では、ヘルメスがアヌビスの主要な役割とされる生と死の橋渡しをして、魂を永遠に導いていく場面が描かれることもあった(127)。

エジプト語の魂とギリシア語の魂

古代のテクストを注釈したアレクサンドリアの古典注釈者たちは、ホメロスのケロスタシア *kērostasia* とアイスキュロスのプシュコスタシア *psychostasia* には対立があると主張した。一九世紀のドイツの学者たちはこの主張をヘレニズム時代の余分で不必要なものと考え、「ケル ker はじつはプシュケ psyche の古い形にすぎず、プシュケと同じものを表している」と簡潔に片づけている[128]。ギリシアから見ると、ケルとプシュケの区別はむずかしい。しかし、注釈したのはエジプトの古典学者だったから、私は彼らがエジプト形而上学における区別を知っていたのかもしれないと考えている。これを調べるには、この二つのギリシア語のエジプト語の語源を見る必要がある。

ギリシア語のケル *kēr* は——ドーリス方言とアイオリス方言ではカル *kār* になる場合もある——、豊富で複雑な宗教的意味をもっている。この語が「宿命、非運、非業の死」を意味するようになったことは疑いない。しかし、前述のようにホメロスも、この語をそれとは別の意味、すなわち、個人の運命、あるいは個人の「魂」という意味で使っていた。『イリアス』の一節によれば、ケルは生まれながらにある人間に定められている運命であった[129]。ある人間に生まれながらに定められている運命というこのケルの意味は、死者の魂が生者をふたたび訪れるというアテネのアンテステリオン祭（ディオニュソスに捧げられた祭りで、毎年アッティカ暦の第八月（太陽暦では二月—三月）に行われた）の古い定式表現——「ケルどもは出ていけ、アンテステリオン祭は終った」——に残っていた[130]。したがって、ケルの中心的なもとの意味は、個人の魂という意味だったと思われる。しかしこの語の語源は、インド＝ヨーロッパ語族のなかにはまったく見つからない。

一方、普通は *ka* と表記されるが、カ *kꜣ* はエジプトの神学にとって中心的概念であり、意味論的に豊かな広がりをもっている。ヒエログリフの 𓂓 は拡げた腕、あるいは抱擁する腕をあらわし、カのもともとの意味は、存在するもの同士の関係——たとえば神と神、神と人間、人間と人間の関係——を意味していると思われる。父親と息子という意味では、とりわけ王という文脈で見ると、人間的・制度的な連続性と不死を暗示していた。こうしたことから、カはのちに亡霊という意味をもつようになったと思われる。古王国時代になってからもカの意味は発達し、人が死ぬ時に出会う霊的伴侶すなわち分身《ドッペルゲンガー》を意味するようになったが、そこから「運命」を意味する用法が広まったと思われる(131)。

エジプト語のカ *kɜ* とギリシア語のケル *kēr* は、意味論上はみごとに一致している。しかし、音声学上の並行関係はそれほどではなく、かなり一致している。エジプト語の名前をアッカド語に翻訳すると、*ku* と有声音で発音される。他方、エジプト語カは、後世のギリシア語とコプト語では、*ke* や、*ki* あるいは *choi* と転写される(132)。これが示しているのは、ケル *kēr* の原型と考えて差し支えないと思われる古い形、***kʷer** という語があったと思われるということだろう。カル *kār* はケルのバック・フォーメーションと説明できるだろうし、ケルはギリシア語に唇軟口蓋音〔唇と軟口蓋が同時に関与して発音される音。/w/など〕がなくなって初めて出てきた語であった。しかし、流音〔/l, r/であるが、/m, n/なども含めることがある〕としての ɜ の音は、この語が古い時代の借用語だったことを示唆している。この問題および、カの有声音の発音の不確実さにもかかわらず、エジプト語のカとギリシア語のケルは音声学的に類似性があるので、両語が意味論的に等しいことを確認するのは容易である。

プシュケ *psyche* の場合、この語の語源については *kēr* と同じほど正確にエジプト語だということはできない。言語のパラドックスだが、この語はしばしば「太陽」と「日陰」の両方を表すのに用いられる。インド＝ヨーロッパ語の語根 ***skāi*** や、***skəi*** そして ***ski*** も、「太陽」と「日陰」という二つの意味があり、ギリシア語のスキア ***skia***（日陰 **shadow**）とその同義語スコトス ***skotos*** はこの語根に由来するように思われる(133)。後者のスコトスの場合、語の最後に歯音字〔d, t など〕を加え――英語では「陰 shade」となる――、この語をインド＝ヨーロッパ語に由来すると考えてもよいだろう。しかし、それと同様に、エジプト語で同じ意味をもつ ***šw(y)t*** に由来するとも考えられるだろう。エジプト語の語根 ***šw*** は、この語に当たるインド＝ヨーロッパ語の語根と同じように多義性をもっている。***šw***𓆄𓅱𓇳 は「太陽とその光」および「乾燥した」を意味し、***šw*** 𓈙𓆄𓅱𓋺 は「パラソル、シェルター」を、***šw(t)*** 𓆄𓅱𓅱𓏏 は「空っぽの」を意味している。とりわけ私たちの問題と関連する語は、***šwyt*** 𓆄𓅱𓇌𓇳𓏏 あるいは、***šwt*** 𓆄𓅱𓇳𓏏（影、日陰）および、***šw(y)t*** 𓋺𓏏|

（人間の一部としての影、神の霊）である。

ギリシア語のプシュケ *psychē* は、おそらく男性冠詞 *pꜣ* のついたエジプト語 *sw* に由来すると思われる。プシュケと *pꜣ šw(t)* にのあいだには、意味論上、これ以上ないほど素晴らしい一致がある。さらに、音声学上の困難は見かけだけで、実際はそれほど問題ではない。紀元前第二千年紀末には、女性定冠詞 *tꜣ* が男性冠詞 *pꜣ* に置き換えられる傾向がますます大きくなっていた。したがって、後期エジプト語では、たとえば *ḏwt*（悪）のような「中性」抽象名詞が「男性」名詞になっていた(134)。*pꜣ šw(t)* の語のなかの *š* が歯茎口蓋音の音質を残しているならば、*pꜣ šw(t)* の音はギリシア語で発音しにくい **psch* という語になるだろう。したがって、音位転換によってこの語が *psych* という語になったと仮定しても、この仮定は正当化できると思われる。*šw* は意味論上、*psychros* や、*psychos* および *psychō* の語群と同じ意味――すなわち「陰の多い、冷たい、生命のない、空っぽの」――をもっており、これはこの語源論を補強・強化している。後世になると、「通気」「乾燥性の」という意味で *psychō* の語を用いる用法もあるので、このエジプト語がほかにも矛盾した意味をもっていることを示している(135)。

以上述べた語源論が正しいとすれば、ギリシア語のケル *kēr* とプシュケ *psychē* はエジプト語のカ *kꜣ* と *šw(t)* をあらわしており、異なる二つの魂、あるいは、人格の異なった二つの側面を表している。エジプト学者のなかには、ガーディナーのように、エジプト人のあやまりは彼らの魂の扱い方が二つあったことだ、と主張する者もいた。ガーディナーによると、まず第一に、エジプト人のあやまりは「〔魂を〕私たちよりもっと個人的で具体的な概念で考えていた」こと、第二に、例えば霊魂のカ *kꜣ* は「影のようにぼんやりした概念であり、文脈が異なるといろいろに変化すると考えていた」ことにあった(136)。したがって、例によって、非ヨーロッパ人〔エジプト人〕はどちらの方向でもあやまりをおかしていると考えた。しかし、実際は、混乱の原因は〔エジプトの〕形而上学と神学の捉えにくさにある。したがって、エジプトの神官たちは疑いなく二つの魂の違いを真剣に受けとめていた。他方、一般庶民や十分な知識をもたないギリシア人のような外国人がこの違いを理解していた可能性はきわめて低かった。

〔ギリシア語の魂という語がエジプト語からの〕借用語だったことは、ラングが識別した音声学上のパターンによって確かめられると思われる。その理由はほかでもなく、ケル *kēr* のほうが古い形だからである。すでに注目したように、新王国時代初期に流音の音質は消滅していた。したがって、意識的に古風な表記が使われた可能性は残るが、エジプト語からの借用は紀元前一五〇〇年以前だったと思われる。紀元前第二千年紀中期にはギリシアで〈魂の重さ比べ〉が知られていたとするなら――埋葬に関係すると思われる天秤の皿が竪穴墓で見つかっているのでその可能性は高いと思われる――、そのときまでには、ケロスタシア *kērostasia* という語はギリシア語に定着するようになっていただろう。『黒いアテナ　I』で論じたように、アイスキュロスは博学な人であり、古代エジプト語の資料に加えて比較的最近のエジプト語の資料にあたっていた。彼はホメロスの使った用語ケロスタシアをプシュコスタシア *psychostasia* に置き換えているが、それはこのことから説明できるだろう[137]。*psycho* にもとづいた用語を使ったことは適切だった。なぜなら、エジプトで死者の魂の重さを比べるとき用いたのは鳥の羽根、すなわち *šw*『だった！

メムノンと北西アナトリアの結びつき

エジプト神話とギリシア神話には複雑に入り組んだパターンがあり、ギリシア語とエジプト語の語彙には並行関係が見られる――このことは示唆に富んでいる。しかしだからといって、これがメムノン伝説についてなにか特別なことを語っているわけではない。私は本書を通じて、すべてのギリシア文明がエジプトの影響を受けていると主張しているが、これもなにか特別なことを語っているわけではない。最も優れた歴史的洞察は、伝説に出てくる民間伝承や神話のテーマではなく、そこに出てくる特有の地理や固有名詞から得られる。登場する英雄名が歴史上の人物として知られている人物名の物語――ウェールズの『マビノギオン』〔ウェールズの中世騎士物語〕やドイツの『ニーベルンゲンの歌』の物語〔南ドイツで一三世紀初め頃に成立した叙事詩〕――がそうであるように、この場合もあきらかに歴史的検証ができるケースである。

メムノンの出自が「エチオピア人」だったことについてはすでに詳細に論じた。そこで、ここでは、彼はとりわけ北西アナトリアおよびトロアド〔古代都市トロイアを中心とする地域〕と関係があったことを強調したい。すでに論じたように、トロイアおよびそこから東方約七〇マイル離れたところにある「墓」はメムノンと関連があった。青銅製の古代の武器についての興味深い一節のなかで、パウサニアスは次のように記している。「〔英雄時代には、武器・武具がすべて一様に青銅器だった。すなわち、パセリスにあるアテナの神域に奉納してあるアキレウスの〕槍の穂先と石突き、ニコメディア〔メムノンの「墓」の東方八〇マイルにある町〕のアスクレピオス神殿にあるメムノンの剣は全体が青銅造りであった」(138)。この記述は「メムノンの剣」がたいへん古いことを暗示している。しかし、遺物があてにならないことは有名だから、この武器が実際にメムノンの原型となった人物のものであったかといえば、その可能性はきわめて小さいだろう。さらに、メムノンの遠征がセソストリスの遠征と同一のものだったとしても――私はそれを示そうとしているが――、紀元前二〇世紀の剣で残っているものはほとんどなかった。

パウサニアスはほかのところで次のように記している。「いまなおフリュギア人たちは彼〔メムノン〕が〔スサから〕この国を横断してきた近道を指すことができる。道は軍の宿場ごとに区切られていた」(139)。この記述はヘロドトスの次の報告とも一致している。すなわち、〔古代小アジア地方西岸のイオニア地方の岩壁に彫られた〕人物について、ヘロドトスはセソストリスの像と考えていたが、リュディアすなわち、北西アナトリアでトロアドの南に位置する国に住む人びとは、メムノンの像であると考えていたからである(140)。全体として、メムノンと北西アナトリアの間には強い関連がある。

エジプト人のメムノン

メムノンはギリシア語の名前でもあったが、ナイル川をはさんでテーバイの対岸にある有名な巨大なファラオ像の名前もメムノンであり、このファラオを近代の学者たちはアメンホテプ imn htp 三世と呼び、エジプトの神官マネトはアメノフィスと呼んだ[141]。この像はあけぼのの女神エオスの息子にふさわしく、明け方に不思議な音をたてるというのでローマ時代には有名であった[142]。この像がいつ音を出すようになったのかは知られていない。しかし、おそらくこれはメムノンの母があけぼのの女神だった影響であろうし、メムノンと東方との結びつきによって強められたのだろう。すでに述べたように、この半神がエジプト人と同一視されていた時も、メムノンはティトノスと関連があった。この巨像にはギリシア語の落書きが多く刻まれているが、その一つはこの像を「ティトノスの息子、すなわちアメノトゥ」と呼んでいる。この形容句にはためらいがあるようだが、この巨像を「メムノンすなわちパメノトゥ」と呼んだもう一つの落書きにはもっと直接的にためらいが見られる[143]。混乱の原因は語の反復にあると思われる。しかし多くのギリシア人旅行者は、この像がだれを表しているかについてかなり確実に知っていたようである。アメノトゥ、パメノトゥそしてパメノプと呼ばれた人物について、この人物は (p3) imn htp すなわち、アメノフィスと解釈しても妥当と思われる。ほかの語形、たとえばパメノスなどは、大胆な変形か、あるいはただ単に p3 imn「アムン」だったと思われる。パウサニアスはこの問題についていろいろな説を次のように要約している。

エジプトのテーバイでナイル河を渡り、彼ら〔エジプト人たち〕が〈牧笛〉と呼んでいる側へ行くと、座形の神像が今日でも音を響かせているのを見た。大方の人はこの像をメムノンと呼び、エチオピアから出撃して、エジプトやスサあたりまで来た王だ、と話しているが、テーバイの伝承によると、この像はメムノンではなく、地元生まれのパメノプだという。わたしはこの像について、セソストリスの像だという説も聞いたことがある(144)。

エジプトを通ってスサまで行軍したエチオピア王というイメージは、エジプトを征服したエチオピア王のシャバカ〔紀元前七一六年―六九五年〕とタハルカ〔紀元前六八九年―六六四年〕にもとづいているように思われる。しかし、彼らはもちろん、ヘシオドス、ホメロス、アルクティノスよりも後世の人間であり、メムノン像の着想の源ではあり得ない。

では、この巨像がメムノンという名前で呼ばれていることについて私たちはどう説明できるだろうか。この問題について〔グーセンスとガーディナー〕の主要な二著作では、ギリシアの半神〔メムノン〕の名前と現地の名前が混同されるようになったからと考えている。いずれの著作も〈アーリア・モデル〉の枠組みで研究しているので、メムノンという名前そのものがエジプトに由来するという可能性は考慮されていない。

グーセンスは、メムノンと混同されたのはエラム人の神フンバン、あるいはウムマン、ひょっとするとアムマンかもしれないと主張している(145)。ガーディナーは、紀元前一世紀のギリシアの地理学者ストラボンが二つの巨像――その一つが「メムノン」という名前になっていた――の前に建っている葬祭神殿の名称をメムノニオンと記しているので、メムノンはこれに由来すると考えた。ガーディナーによれば、アメノフィス三世のプレノメンであるニマアトラー Nb m3rt Rr――これについてはニムロドとの関連で前述した――は、後期青銅器時代にはニブムアリアあるいはニムリアと転写された。テーバイのいわゆるメムノニオンは、ギリシア人からそう呼ばれていたアビュドスにある神殿の名称と混同されたものだった。神殿を建設したのはアメノフィスではなく、第一九王朝のファラオのセティ一世であり、セティ一世のプレノメンであるメンマアトラー *Mn m3rt Rr*は、*t3 ḥwt Mn m3rt Rr ib ḥr m 3bdw*（アビュドスで心から満足しておられるメンマアトラーの館）という定式表現のなかに使われていた(146)。しかし、メムノンあるいはメムノニオンとニムムリアとの混同は、音声学上、妥当性が少ないことははっきりしている。音声学上の妥当性は、メンマアトラー **Mn m3rt Rr** のほうが大きい。

しかし、私の考えでは、ストラボンが示したのは「ギリシアの」半神〔メムノン〕と誤解されたアメンホテプのエジプト語の名前ではなく、メムノンという名前そのものの起源への手がかりであった。ストラボンの記述によれば、イスマンデスはメムノンだとエジプト人が言っているので、アメネメス三世が建造したファイユームのエル・ラフンにあるラビュリントス〔迷宮〕――これについては第5章で論じた――がメムノニウムかもしれないという。彼はこの箇所のまえに、ラビュリントス〔迷宮〕に埋葬されているのはイマンデスだと述べている[47]。したがって、メムノンの名をアメノフィスの像に当てはめることに異議を唱えているのは、一部のエジプト人とおもわれる。他方、ほかの人びとはこの像をアメネメスと同一視していた。メムノンという名の起源は、〈**imn m ḥt**／アメンエムハト／アメネメス〉であり、〈**imn m ḥt**／アメンホテプ／アメノフィス〉ではない、と考えるほうがずっと妥当性がある。声学上の適合性は、実際に、〈メムノンと**imn m ḥt**〉の方が〈セソストリスおよびセソシスとセンウスレト **S-n Wsrt**〉よりもずっと大きく、無理がない。しかし、〔同名の一世から四世まで複数のファラオがいて〕それぞれが別人物だったために、アメンエムハト **imn m ḥts** を区別するのがマネトに困難だったとすれば、エジプト語の資料に従って読んでいこうとしていたギリシア人たちも、ある時期の資料が言及するアメンエムハト **imn m ḥt** とは誰なのか、マネトと同じかそれ以上に混乱したことは確実である[48]。しかし、ギリシアの伝承に登場するメムノンの最も妥当な候補者は誰かといえば、それはセソストリスの息子で、彼の後継者・共同統治者である、ともに軍事行動を行ったアメンエムハト二世である。

循環論と批判される危険はあるが、これはメムノンをめぐる神話の中核を構成する一連の事件の前提として、十分な基礎になると思われる。

紀元前一九〇〇年ころ、アナトリアを東から西へ、黒人《ブラック》の王子――第一二王朝のファラオがアフリカ深南部の出身だったことは注目される——に率いられた多数の黒人兵士から成るエジプトの軍隊が進軍したとするなら、これはどのように記憶されるだろうか。彼の大軍と美々しい衣裳の記憶はあとまで消えずに残るだろう。メムノンがあけぼのの女神エオスの息子だったというのは、彼が東方からやって来たからだろう。彼が東方からやって来たことと彼が黒かったということは、スサ（エラムの「エチオピア人」）との結びつきを説明し、同じように東と南からやって来た彼の父親、ティトノスが誰かということをもあきらかにするだろう。メムノンとオシリスに並行関係があるということの源泉は、メムノンが黒くてエジプト人でもあったことにあるだろうし、北西アナトリアでのアッティス祭儀（これについてはすでにふれた）の強さにもあるだろう。すでに考察したように、この並行関係の源泉は、オシリス／ディオニュソスの世界征服の話が第一二王朝のファラオたちの軍事行動という刺激、あるいはすくなくとも、その影響をうけただろうという可能性にも求められるだろう[149]。メムノンとアキレウスの戦いは、異なる時期の半神たちの戦いだっただろうと思われる。これは多くの神話、とりわけギリシア神話で頻繁にあらわれる現象である。たとえば、イアソンの船であるアルゴ船に乗った一行は、年代的にはさまざまな半神であり、「トロイアの包囲」に登場する半神たちも、たとえば前述したサルペドンのように幅がある[150]。

前述のように、二人の世界征服者セソストリス／セソンコシスと彼らの物語《ロマンス》のあいだには密接な関係がある。そして『セソンコシス物語《ロマンス》』は最も初期の『アレクサンドロス物語《ロマンス》』の形成に大きな影響を与えたと思われる[151]。『アレクサンドロス物語』は、紀元前三二三年のアレクサンドロス大王の死後二千年以上もユーラシア地域一帯に見いだせる。このことは、征服者が実際になしとげた業績にもとづいた奇想天外な物語が人びとのあいだにいろいろな形で広がり、生き残るということをみごとに示している[152]。実際に、一般的な文化的連続性という点では、紀元前二〇〇〇年間は紀元一〇〇〇年間よりもはるかに大きかった。だとすれば、紀元前二〇世紀の中期青銅器時代初期からギリシアの伝承に取り入れられた紀元前一〇世紀まで、セソストリスとメムノンの物語が残っていた可能性は大きいと思われる。

結論として、次の点をはっきりさせたい。エジプト人が北西アナトリアへ遠征したと仮定するとして、伝説上の人物、メムノンをめぐる断片的な伝承だけにもとづいて仮定するならば、それはばかげている。しかし、その他の情報から第一二王朝のファラオがアナトリアへ軍事遠征したことがわかるならば、伝承はその方向を指し示す証拠となると思われる。要するに、メムノン伝説それ自体は仮説という大きな構造物を支える支柱ではなく、強力な補強材ということなのだ。

エジプトのトロイア征服説――紀元前一九〇〇年頃

ギリシアの伝承では、メムノンは偉大だったが、彼をトロイアで倒したのはギリシアの半神アキレウスだった――これははっきりしている。しかし、この都市がエジプト人によって占領されたという可能性について考えておかなければならない。このころ、トロイア第V市が終わってトロイア第VI市（数字はトロイア遺跡の異なった諸都市を指す）が始まったことは疑いない。トロイア第V市は火災によって破壊されたのではなかった。メラートの主張によれば、この文化の急激な変化は、紀元前一九〇〇年頃に起きたトロイアにきわめて近い地域の破壊――これについてはすでに述べた――をふくむ一連の全般的破壊の一部と考えなければならないし、東方からの侵略者たちが破壊したのだという[153]。

ミト・ラヒーナ碑文から、セソストリスとアメンエムハトが iwꜣi と呼ばれる都市を破壊――すなわち *bꜣ*――したことがわかっている。この *bꜣ* は、必ずしも火災を意味しない。iwꜣi は Waiwry という都市の古名である可能性がある。一部の学者は Waiwry を（W）ilios（トロイア）と同一視している[154]。

このような証拠は弱いものだが、さらに、次の証拠が加えることができる。第一の証拠は、トロイア人捕虜についてのエジプトからの報告である。しかし、ゼーテとガーディナーが述べているように、これはおそらく、カイロの上流一〇キロメートルにあって、トロイアと同一視されたT3 R-3wyというエジプト語の地名――現在はテュラとして知られている都市――のごろ合わせの結果かもしれない。にもかかわらず、エジプトに北西アナトリアの奴隷がいたという考えを除外してはならない⑮。

第二に、ホメロスやその他の著作家による伝承では、有名なトロイア包囲の前に、ヘラクレスがトロイアを占領したと伝えられている。ロバート・グレイヴズが指摘するように、これに歴史的基礎があるとすれば、それはトロイア第V市の陥落を指しているにちがいない。ホメロスの詩ではヘラクレスはギリシア人だとはっきり記されており、すべての記録はヘラクレスが海路やって来たと述べている⑯。しかし私たちが第2章で見たように、ギリシアのヘラクレスは異なる起源をもつ多数の人びとの混合体であった。西から東へやって来たオシリス／ディオニュソスとは異なり、彼は太陽のように――東から西にやって来た――征服者だった。にもかかわらず、オシリス／ディオニュソスとヘラクレスをつなぐ、したがってセソストリス／メムノンとヘラクレスをつなぐ並行関係が存在する。私は第2章で、ヘラクレスは時には、エジプトのテーバイからやって来たエジプト人と見なされていたということも論じた⑰。ヘロドトスがそう考えていたことはあきらかであり、彼はヘラクレスをエジプトの「一二神」のひとりだと述べていた⑱。ディオドロスも次のように述べていた。

> 神話では、最古のヘラクレスはエジプトに生まれ、人びとの住む世界の大部分を武力で征服し、リビアに柱を建てたという⑲。

ヘラクレスが黒人《ブラック》だったことさえ暗示されている⑳。このことおよび、前述したヘリシェフ Ḥry š.f／ヘラクレスと

「敵を打ちすえる神」、そしてセソストリスとの関連から、エジプト中王国の征服者ファラオはヘラクレス神話の形成に重要な役割を演じたというさらに大きな可能性が出てくる[61]。

第三に、かなり強引であるが、アポロニオスによる次のようなコルキス人の報告はエジプトのトロイア征服を暗示する。

伝えられる話では、強力で忠実な軍隊に支えられ、一人の王がこの国をあとにした。彼はヨーロッパとアジアの全域を踏破し、行く先々で都市を建設したという。なかにはいまなお残っている町もあるが、時の重みで消えてしまった町もある。しかし、こんにちまでアイアには、この王がそこに定住させた人びとの末裔が住んでいた[62]。

もしもこれを真剣に歴史上の記述と受けとるとすれば、紀元前一九〇〇年頃から一四世紀まで五〇〇年以上続いた繁栄したトロイア第VI市は、こうした都市の一つであり得るのだろうか。このようなあいまいな断片的情報は、それだけでは、歴史的指標としてまったく役に立たない。しかし、エジプト第一二王朝のアナトリアにおける政治的・軍事的影響力《プレゼンス》という全般的文脈のなかで見ると、これらの断片的情報は状況証拠として多少の価値はある。

セソストリス／センウスレトとアメンエムハトによる征服——証拠の要約

私たちは本章と前章で、セソストリスの北方征服に関して、ギリシアとエジプトの著作家の報告にもとづいたさまざまな出典から得られた新情報の意味を見てきた。そこで、私はそこから得られた証拠をまとめてみたい。二人のファラオすなわち、センウスレト一世とアメンエムハト二世のシリア以遠に及ぶ軍事遠征を記したミト・ラヒーナ碑文の発見は、ヘロドトスや後世の著作家たちが記したセソストリス——すなわちセンウスレト一世——の「アジア」征服という主張に注目すべき刺激を与えている。ヌビアの要塞と軍事計画の考古学的証拠は、第一二王朝の軍隊がそのような大規模作戦を遂行する能力をもっていたことを示している。アナトリアを縦断した破壊の波と、そこで発見されたその時期に当てはまるかもしれないエジプトの遺物も、証拠になる可能性があると思われる。南エジプトのトゥードでも、アジアと特別の関連がある征服神、モンチュに奉納されたアナトリアの遺物が発見されている。

エジプト軍がシリアとアナトリアに遠征したという説に有利な証拠が図像でも見られる。その後まもなく、エジプトのファラオによく似た、敵を打ちすえる神がそこに登場したからである。現地とギリシアのいずれでも、大軍を率いたメムノンという黒人《ブラック》の王子が西アナトリアを進軍してきたという伝承が記録されている。こうしたことは、ミト・ラヒーナ碑文で、外国遠征で役割を果たしたと記されているセンウスレトの息子、アメンエムハトの記憶が人びとによく残っていたことをあらわしている。したがって、時にはヘロドトスもそう理解していたように、「アジア」とはすなわちアナトリアである、と理解するならば、このことは、セソストリスが「アジア」を進軍してきたというギリシア人著作家たちの主張に強力な論拠となる。

それに比べると、遠征軍のヨーロッパ通過を確認する証拠はずっと少ない。しかし、トラキアが征服されたという主張には妥当性があると思われる。センウスレトが軍事遠征をした可能性が最も高い紀元前二〇世紀後半、この地域で広範囲の長期的な破壊がみられたからである。スキタイ——現在のロシア南部——にエジプト軍が進軍したというエジプト＝ギリシアの主張を裏づける考古学と伝説の証拠はまったくない。しかし、この遊牧民の国には目にみえる破壊はほとんどなかったので、伝承が残るのは困難だっただろう。対照的に、旧ソ連・グルジアのコルキスには、その建国はセソストリスの軍隊によるものだったという根強い伝承が現地にのこっていることをギリシア人が報告している。興味深いことに、この地域に長い間住んでいる黒人《ブラック》の住民は、一部がこの軍隊の子孫という可能性がある。

その他のカフカス地方では、セソストリスが遠征したとされる時期に破壊があったようだ。さらに、破壊説に有利な次のような証拠がある。すなわち、昔から冶金技術が高度に発達したこの地域が破壊され、カフカスの金属職人たちはあきらかに、エジプトの影響下にあったレヴァントの諸都市に移住したという証拠がある。このことは、ギリシア人著作家の記述とミト・ラヒーナ碑文および、エジプト語のテクストに一致し、同時に、本当の名は s-n Wsrt というセンウスレト一世によって、空前の戦利品、とりわけ金属と奴隷という戦利品がエジプトにもたらされたことにも一致する。このような方法で、カフカスばかりでなく西アナトリアとトラキアにも遠征が行われたことも説明できる。この地域はすべて金属鉱石が豊富であり、冶金術の発達したところが多かった。したがって、センウスレトとアメンエムハトは、それほど政治的に中央集権化されていないが、技術的優位のある社会を占領するために、エジプトの強力な経済的基盤、効率的統治機構、軍事組織を行使したのだろう。この点、彼らは成功したと思われる。その後の数世紀間アナトリアは停滞したが、少なくとも部分的には、アナトリアとカフカスの技術に依拠したレヴァントとエジプトの金属細工が繁栄したことは間違いない。たとえば、当時、エジプトの宝飾品類には東方の影響が強くみられる。美術史家シリル・アルドレッドは次のように述べている。「おそらく、第一二王朝ではエジプトとアジアとの関係がますます緊密になったために、新技術が移住者によって導入され、それが現地の金細工師によって採用されたと思われる」[163]。

多くの点で、エジプトが完全に石器時代から抜け出し、金属をありふれた素材として使用する社会になったのはこの時期だけであった。アッシリアによる中央アナトリア貿易の独占が破られ、この地域とエジプトが支配していたシリアとのあいだに通商上の接触が確立されたことも注目すべきことであり、興味深い。意図的かそうでないかはともかく、こうしたことはおそらく、エジプトの遠征の結果だった可能性がある。

同じように、〔なぜエジプトが〕バルカン半島地域との接触を求めた〔かという理由〕については、上述した貴金属類や宝石類を求めたという観点から説明することができる(164)。それほど簡単でないのは南ロシアへの遠征であろうが、それはエジプト人たちがかなりの大量の戦利品を期待したのかもしれない。アレクサンドロス大王のように、彼らの行軍も軍事的・政治的に正当化される以上のものだったのかもしれない。また、彼らの成功が――エジプト＝ギリシア語でいう――ヒュブリス *hybris*〔傲慢不遜という意味〕な気持ちを生みだし、カフカスで立派な分捕り品を手に入れようと、黒海を一周する探検に出かけたのかもしれない。そうした可能性はずっと大きいように思われる(165)。したがって、ヘロドトスが書いた軍事行動やディオドロスが述べた九年間の遠征に、戦略的妥当性がないということはほとんどないと思われる。

大人になったギボンはセソストリスの「征服」を研究しなかったが、彼はその理由についてはっきりと、「遠い雲間に隠れてしまっている古代のギリシア、ユダヤ、エジプトの歴史の関連性について、私にはもう推測できない」と語った(166)。しかし、〔ギボンが研究を諦めた〕一七七〇年代以来、言語学と考古学は進歩してきているので、このような議論は少なくとも部分的に退けることができる。しかし、私たちがおかれている状況は、ギボンの場合には言わず語らずだったかもしれないが、その後の北の学者たちの間ではっきりしてきた状況である。それはすなわち、「文明化された」アフリカ人が意気揚々と南西アジアを横断したばかりでなく、「野蛮な」ヨーロッパの諸地域まで進軍したという考えをイデオロギー的理由から受け入れないという状況である。一九世紀が過ぎて二〇世紀の大部分が終わるまで、伝承になんらかの真実があるという考えは文字通り考えられないことだった。いま、この考えを再評価する時期が来ている。

（以上、上巻）

地図と図表

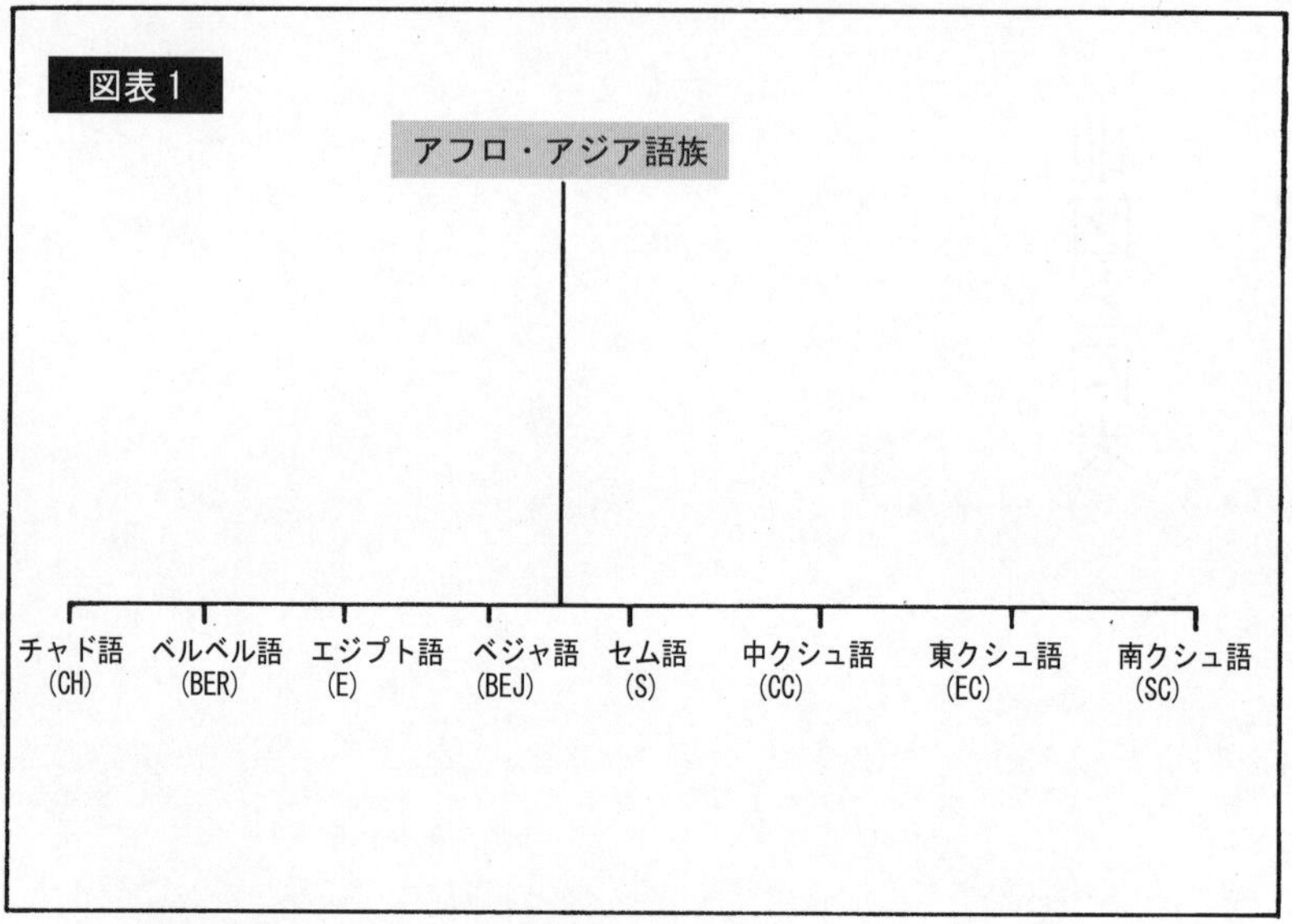

図表1

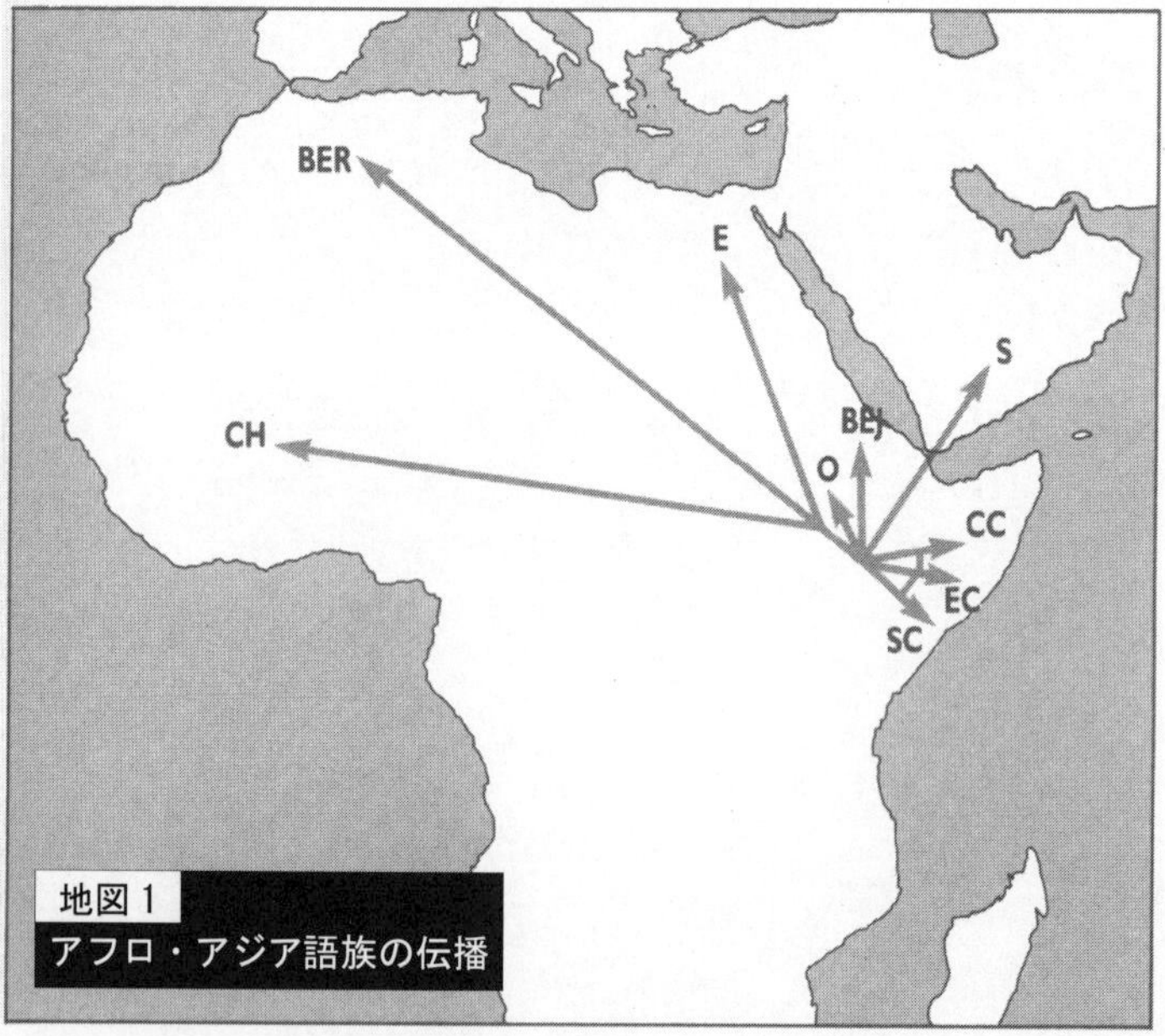

地図1
アフロ・アジア語族の伝播

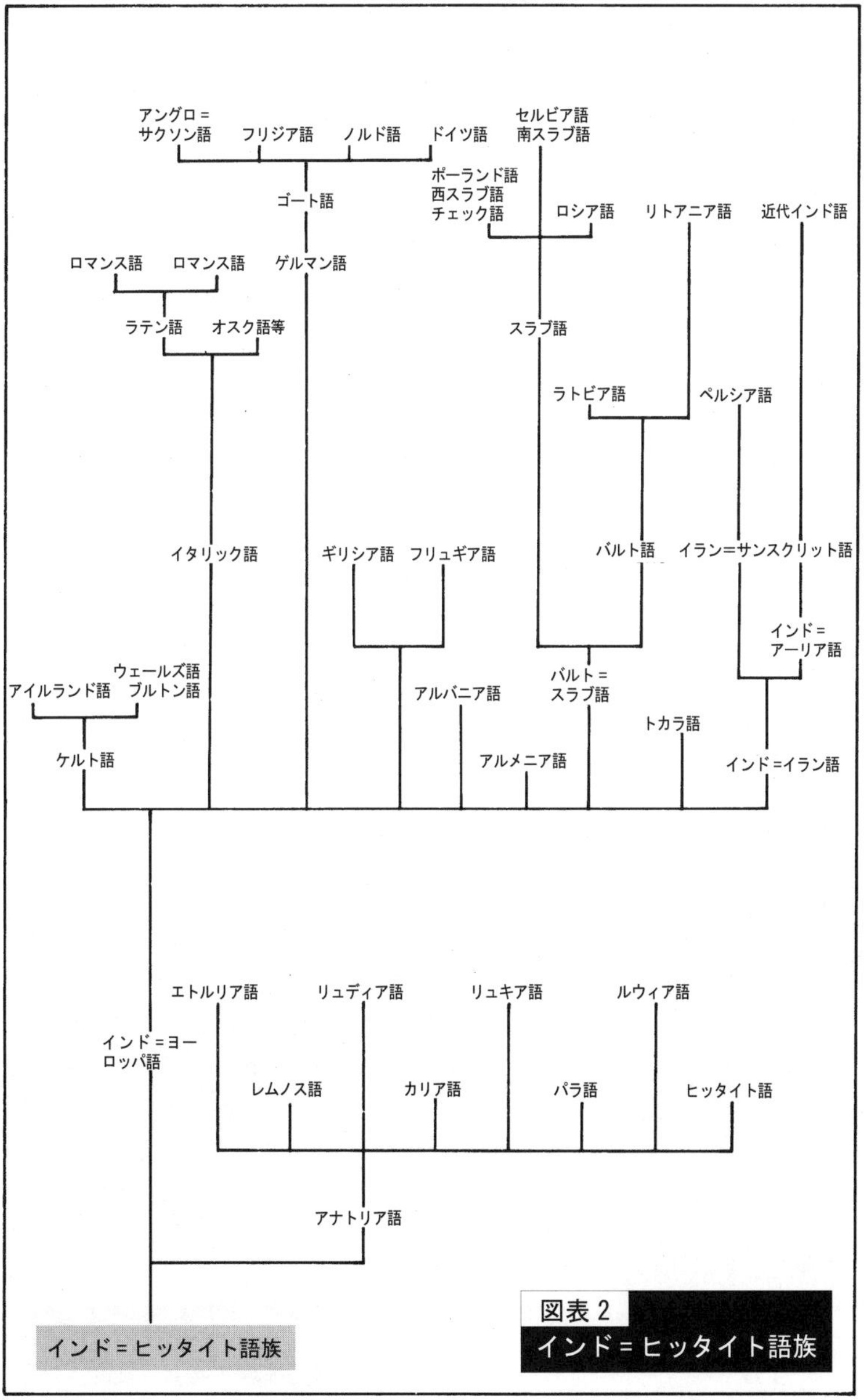
アングロ＝
サクソン語
フリジア語
ノルド語
ドイツ語
セルビア語
南スラブ語
ゴート語
ポーランド語
西スラブ語
チェック語
ロシア語
リトアニア語
近代インド語
ロマンス語
ロマンス語
ゲルマン語
ラテン語
オスク語等
スラブ語
ラトビア語
ペルシア語
イタリック語
ギリシア語
フリュギア語
バルト語
イラン＝サンスクリット語
インド＝
アーリア語
ウェールズ語
ブルトン語
アイルランド語
アルバニア語
バルト＝
スラブ語
トカラ語
ケルト語
アルメニア語
インド＝イラン語
エトルリア語
リュディア語
リュキア語
ルウィア語
インド＝ヨー
ロッパ語
レムノス語
カリア語
パラ語
ヒッタイト語
アナトリア語
インド＝ヒッタイト語族

図表2
インド＝ヒッタイト語族

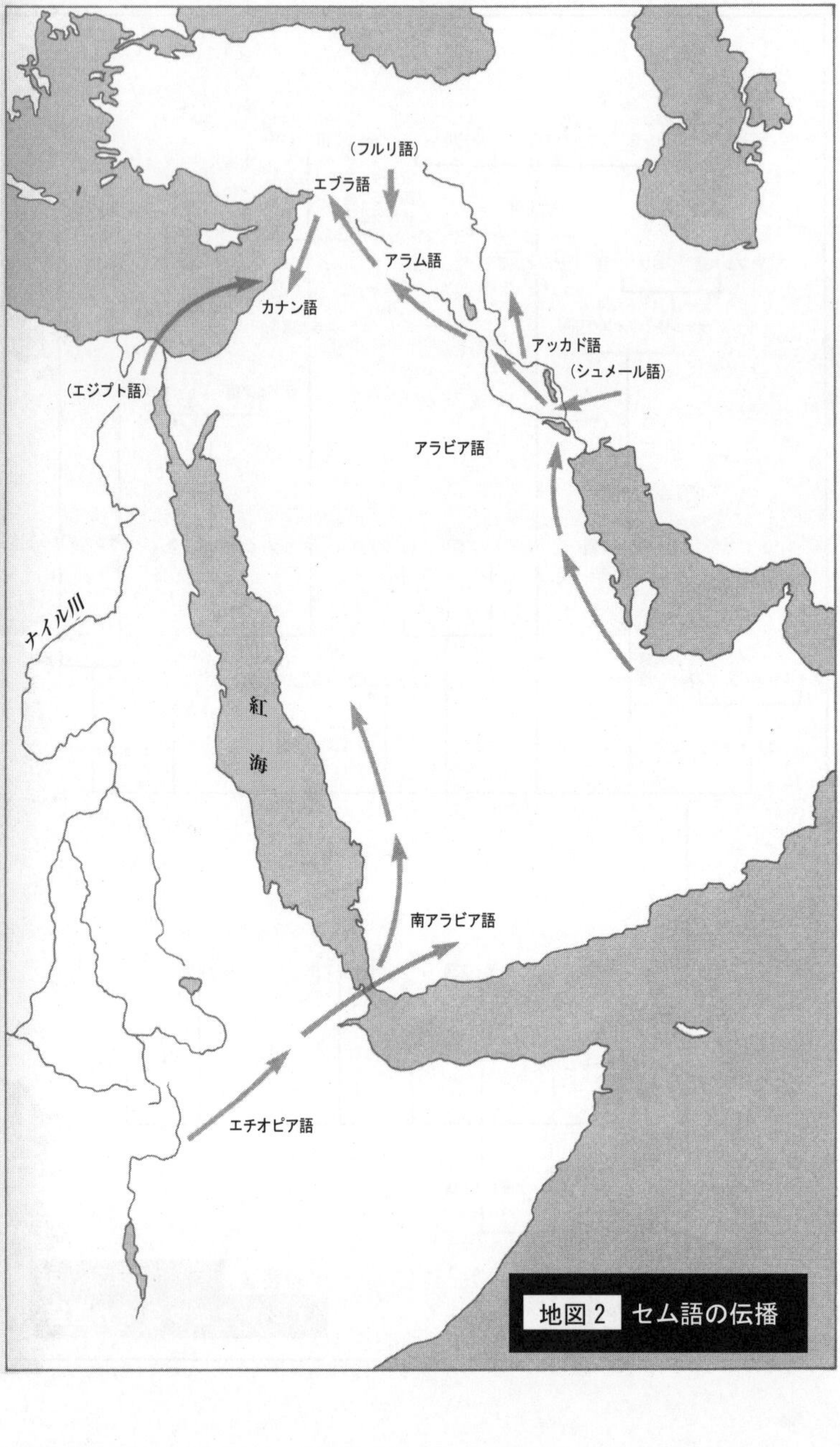
（フルリ語）
エブラ語
アラム語
カナン語
アッカド語
（シュメール語）
（エジプト語）
アラビア語
ナイル川
紅海
南アラビア語
エチオピア語
地図2　セム語の伝播

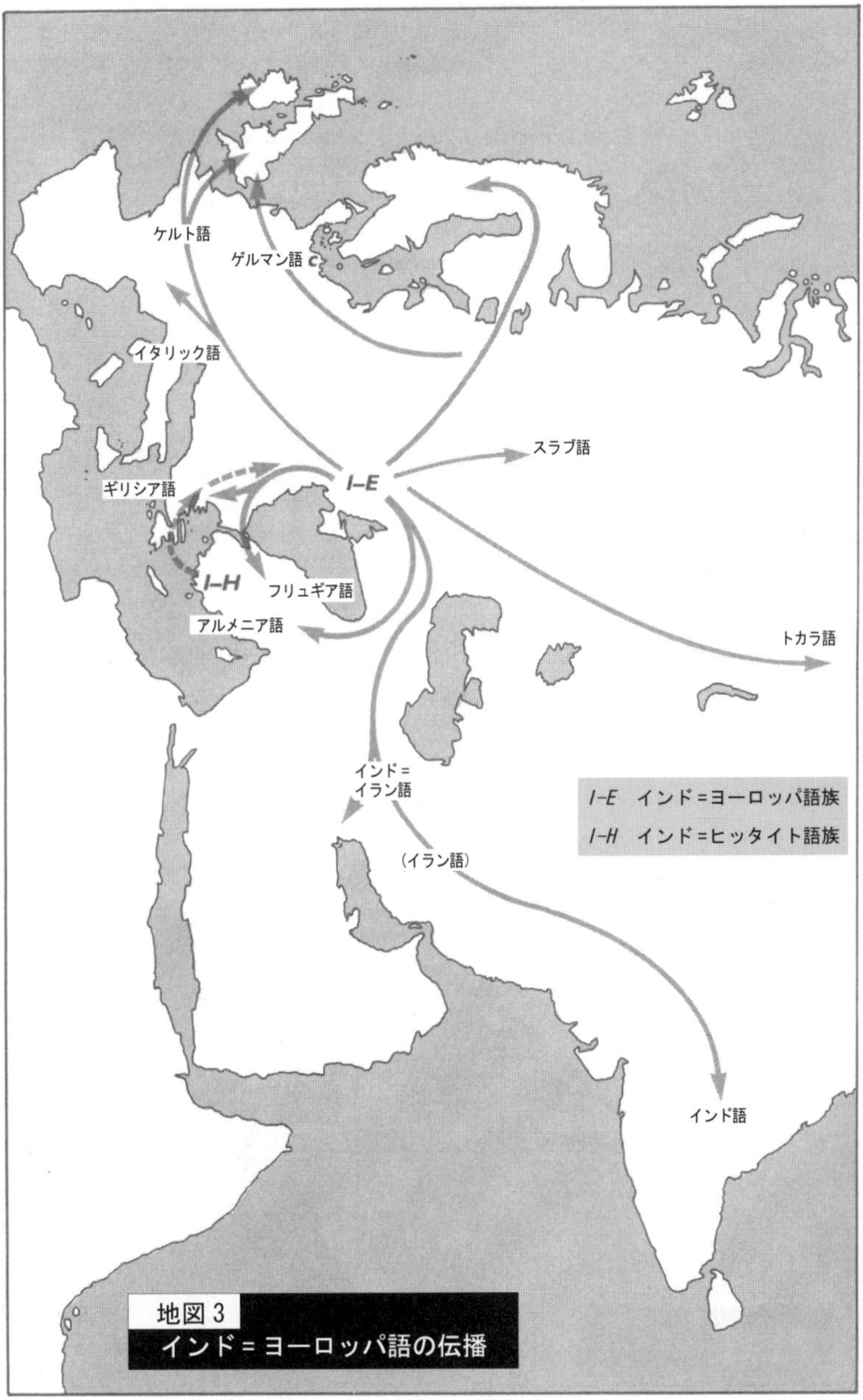

地図 3
インド＝ヨーロッパ語の伝播

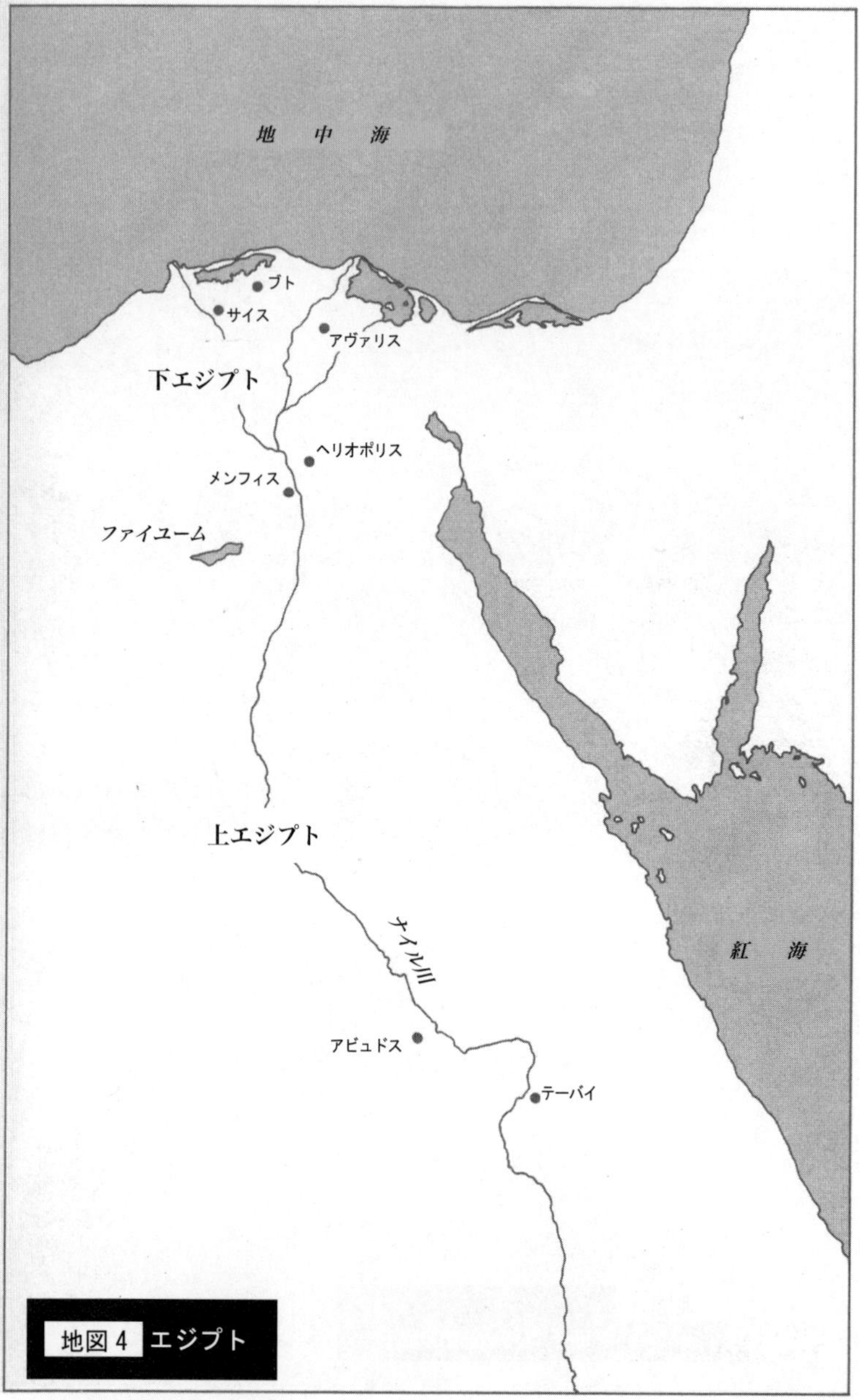
地　中　海
ブト
サイス
アヴァリス
下エジプト
ヘリオポリス
メンフィス
ファイユーム
上エジプト
ナイル川
紅　海
アビュドス
テーバイ
地図 4 エジプト

地図5　古代の東地中海地域

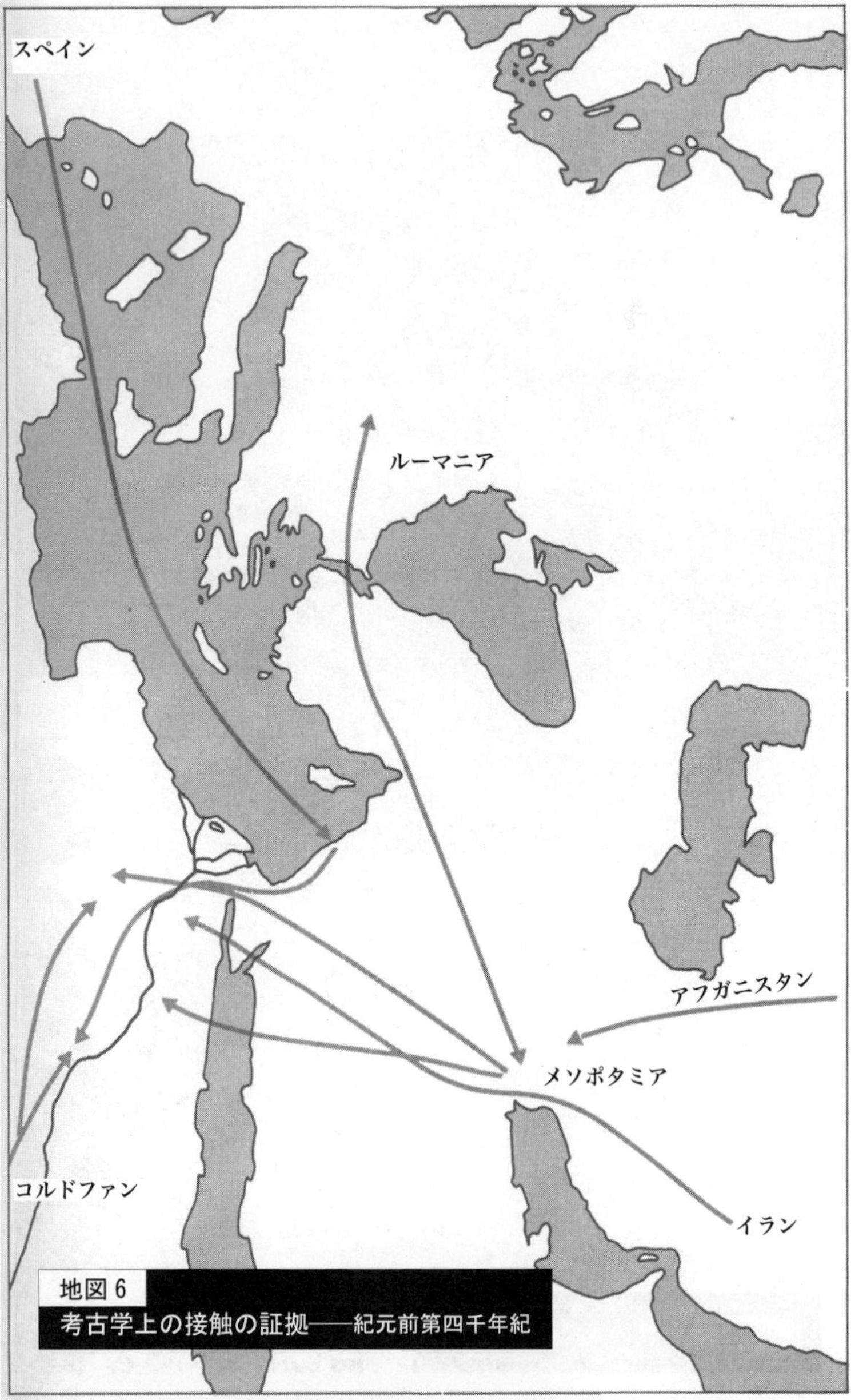

地図6
考古学上の接触の証拠――紀元前第四千年紀

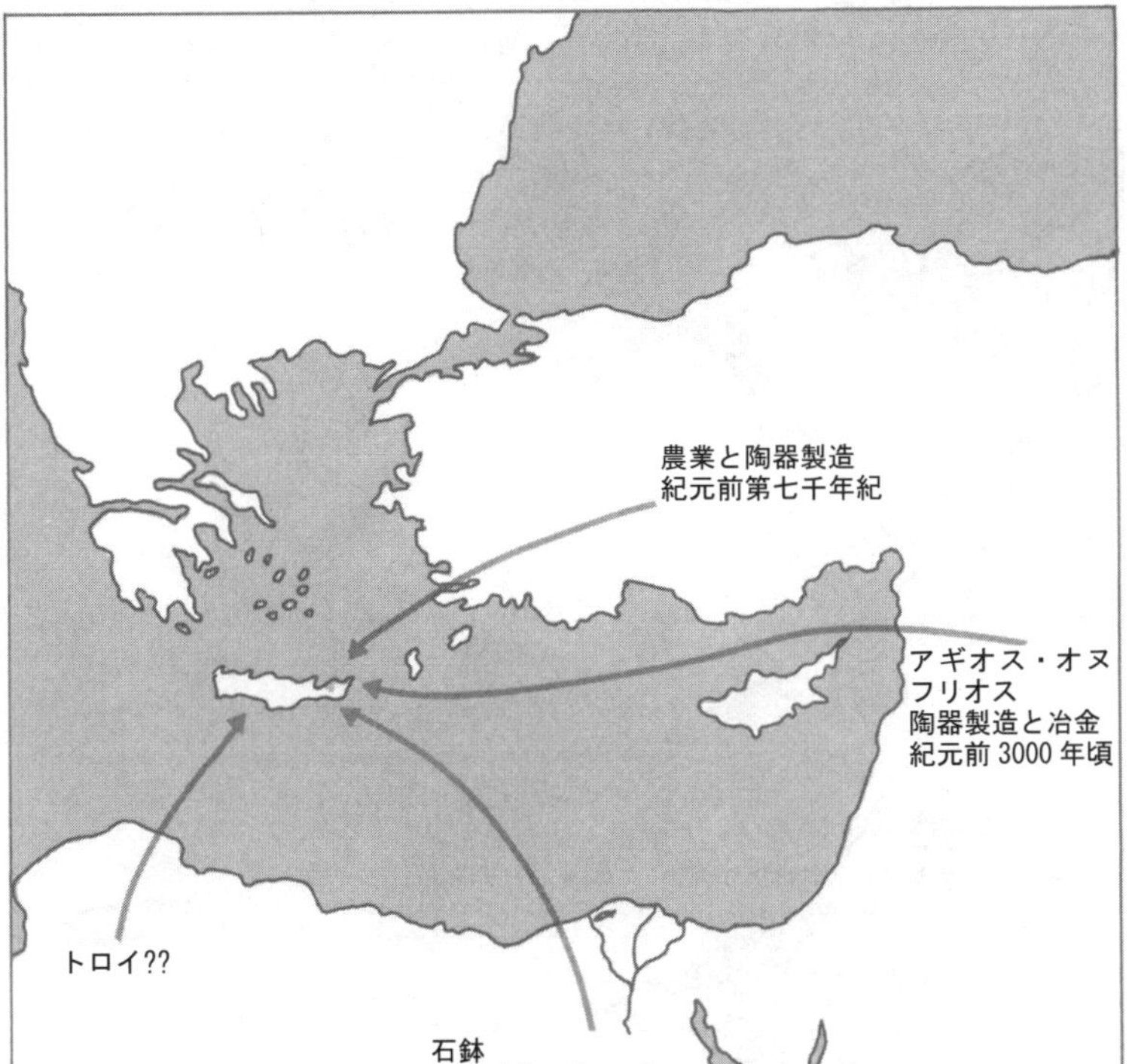

地図7
クレタ島への外からの影響——新石器時代および初期ミノア文化期

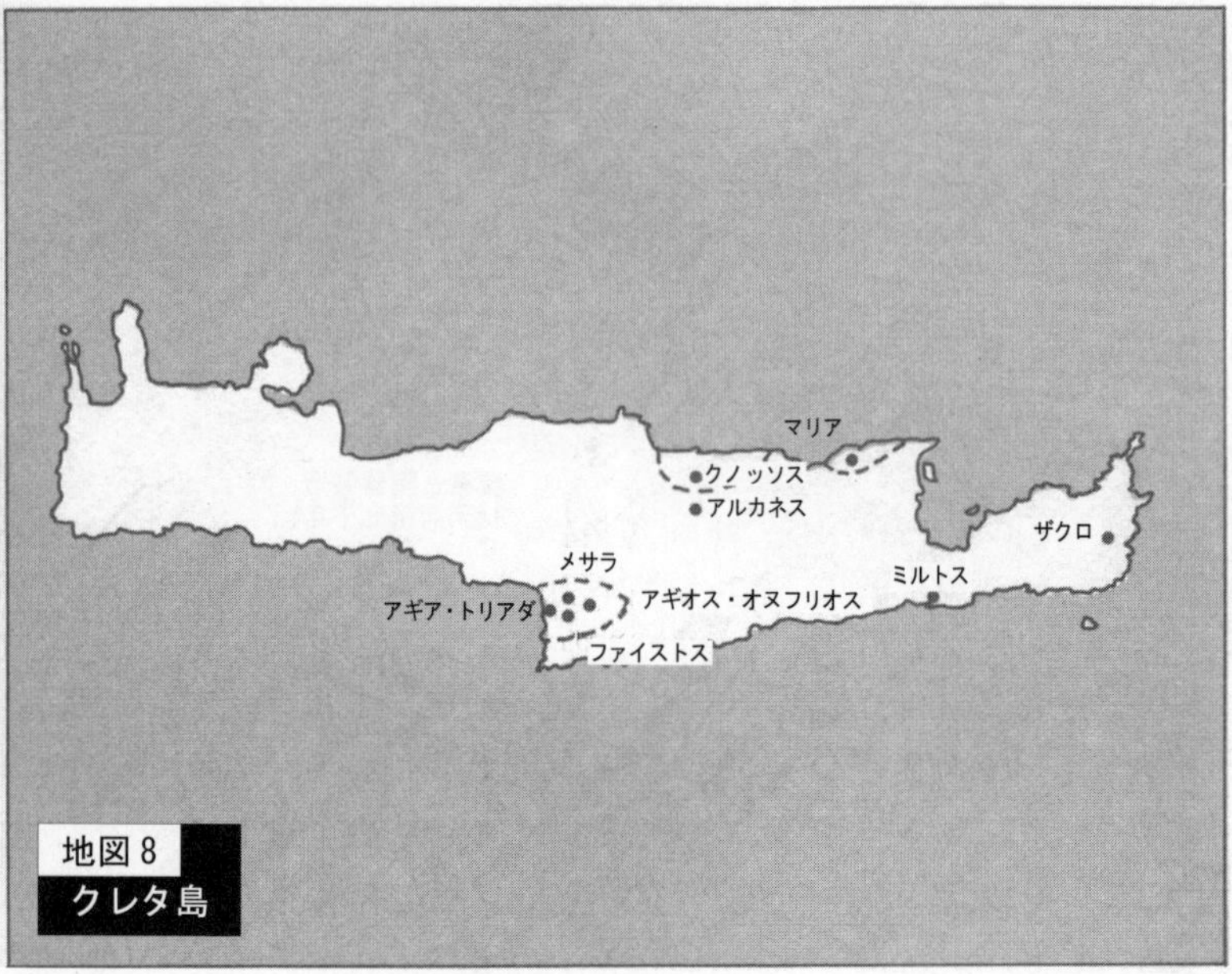

マリア
クノッソス
アルカネス
ザクロ
メサラ
ミルトス
アギア・トリアダ
アギオス・オヌフリオス
ファイストス
地図 8
クレタ島

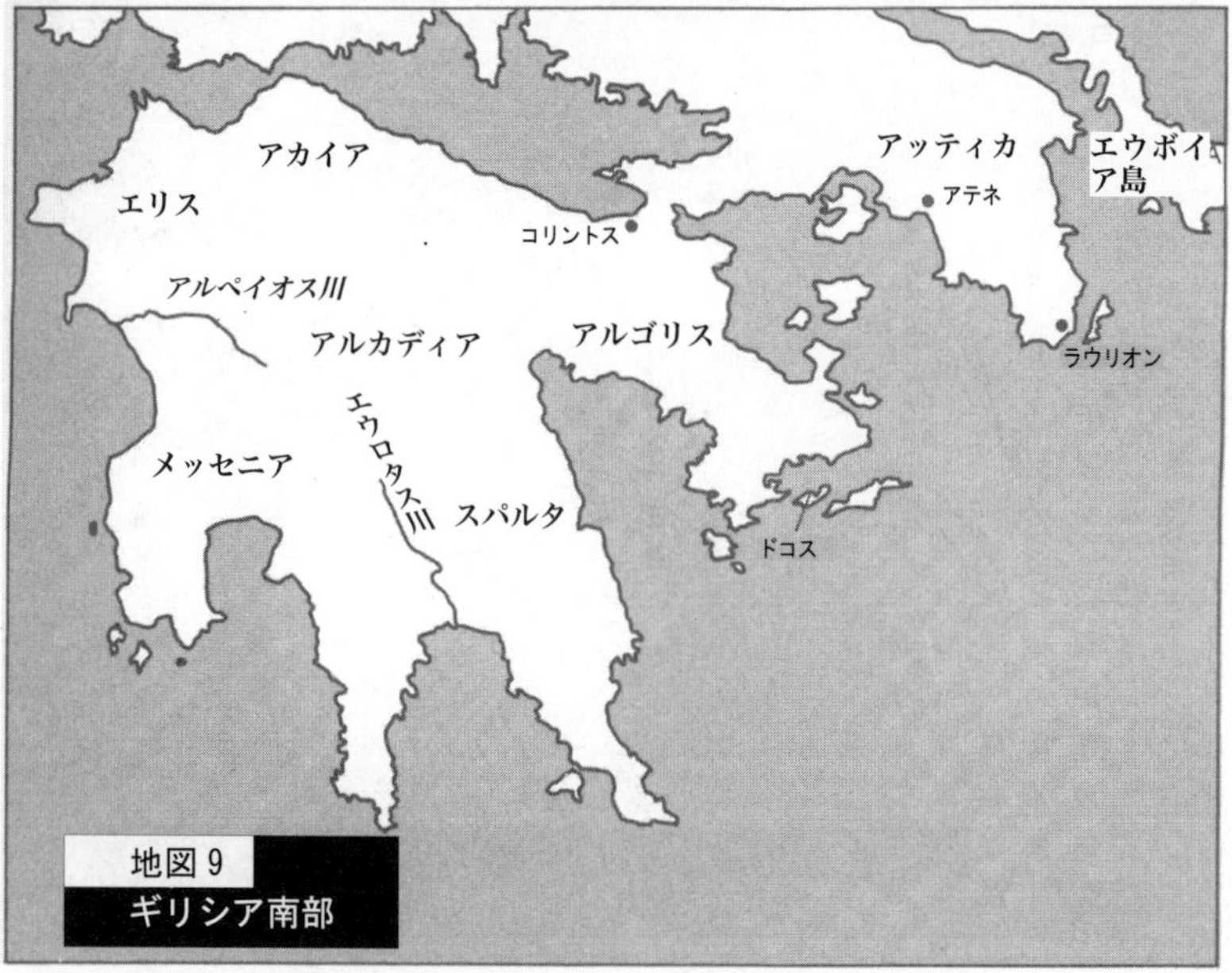

アカイア
アッティカ
エウボイア島
エリス
アテネ
コリントス
アルペイオス川
アルカディア
アルゴリス
ラウリオン
エウロタス川
メッセニア
スパルタ
ドコス
地図 9
ギリシア南部

エウボイア島
クロモン山
オルコメノス
トゥリオン山
コパイス
コロネイア
イトネイオン
テルプサ
アラルコメナイ
エレウシス?
アテナイ?
ハリアルトス
プトオン山
パラリムニ湖
メッサピオン山
ヒュリケ湖
リタレス
ステュゲイオン山
イスメノス川
ラドン川
ヘリコン山
ムーサ
の聖域
テスピアイ
ティスベ
テーバイ
エウトレシス
キタイロン山
20 KM
地図 10
ボイオティア地方

アカイア
ペネオス湖
ステュンパロス湖
ラドン川
サイティス・オリュクシス山
ラドン山
(ドラコヴィニ)
エリス
カピュアイ湖
オルコメノス
テルプサ
アルゴリス
オルコメノス湖
アルペイオス川
アルカディア
タッカ湖
メッセニア
川
地下水路
湖、湿地帯
地図 11
アルカディア地方
ラコニア

地図 12
セソストリスすなわちセンウスレト一世（および三世）の征服

地図13 アナトリア語系言語
――紀元前第二千年紀および第一千年紀――

注

〔"Black Athena" は Volume I, Volume II, Volume III, Volume IV のシリーズで構想されている著作であるが、二〇〇四年六月現在、Volume I, Volume II の二巻が既刊である（Volume I の正式なタイトルは次の通り。"Black Athena—The Afroasiatic Roots of classical Civilization," Volume I : The Fabrication of Ancient Greece 1785-1985, Free Association Books, 1987）。二巻のうち、日本語の翻訳としてはこの Volume II が最初の著作であり、Volume I は未刊である。したがって本注では、未邦訳の Volume I および、未刊行の著作 Volume III, Volume IV については『黒いアテナ　第一巻』、『黒いアテナ　第三巻』、『黒いアテナ　第四巻』と表記しない。Volume I, Volume III, Volume IV とのみ表記する。〕

まえがきと謝辞

（1）Peradotto and Myerowitz Levine（1989）.

序

（1）Volume 1, pp. 442-3.

（2）McNeal（1972, p. 20）. 私がこの論文で感心するのは、これが〈アーリア・モデル〉を支える、言語学から見て主観的な土台に大胆な攻撃をしかけており、ゲーテの重要な金言すなわち、「すべて事実に基づくものはすでに理論であり、重要なのはこれを理解することである」を実践しているからである。専門家であることへの信念と、確実でなければ受け入れないという彼の姿勢には異論がある。

（3）Edwards（1979, pp. 65-89）.

（4）Nilsson（1932）. Burkert（1985, pp. 47-53）はずっと慎重だが、Nilsson の基本的な主張は否定していない。

（5）Naveh（1973, pp. 1-8）; Bernal（1987, pp. 1-19）; Bernal（1990）.

（6）キプロスについては Jensen（1969, pp. 138-41）および Friedrich（1957, pp. 124-31）を参照。クレタ島については次の著作を参照。Davis（1967, p. 26）; Gordon（1966, p. 13）; Steiglitz（1976, p. 85）; Marinatos（1958, p. 228）; Raison and Brixhe（1961, p. 130）; Brown（1978, p. 44）; Brice（1959, p. 330）には失礼する。

（7）Thucydides I. 1 ; Pausanias, III. 3.3 ; および Plutarch *De Gen. Soc.* 5-7.

（8）Josephus, *Contra Apionem*, I. 12-21. フィロンについては Baumgarten（1981）および Attridge and Oden（981）を参照。マネトについては Waddell（1940, pp. vii-xxx）を参照。

（9）Josephus, *Contra Apionem*, I. 14. Walcot（1966, pp. 18-19）および Kirk, Raven, and Schofield（1983, pp. 48-72）.

（10）多くの注釈者が指摘しているように、ヘロドトスのエジプト史年表で訂正が可能なところは原文の一箇所である（de Selincourt, 1954, p. 166）。

（11）Josephus, *Contra Apionem*, I. 28, trans. p. 175.

（12）Josephus, *Contra Apionem*, I. 107-11, trans. pp. 205-7.

（13）後出第7章注（2）—（62）を参照。

（14）Åström（1978, pp. 87-90）.

（15）第7章を参照。

（16）Petrie（1890,1891,1894）. Cadogan（1978, p. 209）も参照。

（17）Plato, *Timaios*22D.

（18）Bernal（1989a, pp. 22-5）.

（19）Gardiner（1961, p. 309）; Wilson（1969, p. 27）. 物質文明の連続性については Prausnitz（1985, p. 191）を参照。

（20）（1975, p. 52）.

（21）Herrin（1987, pp. 19-53）を参照。

（22）Volume 1, pp. 303-5.

（23）とりわけ pp. 281-330 および Bernal（1988）。

（24）Leach（1986）および Thapar（1975,1977）には失礼する。両者はいずれも、一九世紀のインド学とインド＝ヨーロッパ語研究にたいして壊滅的ではなはだしいイデオロギー批判を書いている。

（25）Kuhn（1977, p. 463）. クーンの初期の「パラダイム」が「模範 exemplar」と「専門母体 disciplinay matrix」に分割できることについては Suppe（1977, pp. 135-55）を参照。

（26）Barnes（1982, p. 11）.
（27）Kuhn（1970, p. 169）.
（28）Lacatoš（1970, pp. 106-11）.
（29）Volume 1, pp. 407-8.
（30）Volume 1, pp. 326-30 および Bernal（1988）.
（31）Renfrew（1972, p. xxv）.
（32）Volume 1, p. 64.

第1章　宮殿時代以前のクレタ島

（1）M. H. Salomon（1982, とくに pp. 19-30）、Renfrew, Rowlands and Seagraves（1982）所収の諸論文を参照。
（2）Volume 1, pp. 407-8.
（3）Adams（1968）および Renfrew（987, とくに pp. 86-94）.
（4）Adams（1968, p. 213）.
（5）McNeal（1972, p. 19）. 序の注（2）を参照。
（6）Volume 1, pp. 407-12 を参照。
（7）Volume 1, pp. 270-2 を参照。
（8）このような考古学の動向をよくまとめている Trigger（1980, pp. 24-31,44-9）を参照。
（9）Myres の人種差別については Volume 1, p. 389 を参照。青年期のゴードン・チャイルドのアーリア人好みについては Volume 1, pp. 388-9 および Trigger（1980, pp. 49-53）を参照。もちろん、その後チャイルドはナチスの人種差別と反ユダヤ主義にたいする反対で顕著な役割をはたした。Trigger（1980, pp. 91-2）を参照。
（10）ライナハについては Volume 1, pp. 370-3 を参照。コッシナについては Trigger（1980, pp. 24-6）を参照。シュメール人がメソポタミア文明の開祖と見なされていたことを忘れてはならないだろう。この問題のいくつかのイデオロギー的側面については Volume 1, pp. 364-5 を参照。
（11）たとえば Trigger（1980, p. 50）を参照。

(12) Strabo, *Geography* 10.4.2.

(13) Branigan (1968a, p. 7).

(14) Branigan (1968a, p. 7); Renfrew (1972, pp. 63-4). Hood (1971, p. 28) はもっとも古い陶器はもっと東方の、もしかするとパレスティナから伝来したかもしれないという可能性を提起している。

(15) Weinberg (1965b, p. 47). この考えに Renfrew (1972, p. 67) が疑いをもっていることはあきらかだが、これに異議を唱えてはいない。ウバイド土器とセム語との関連については Volume 1, p. 12 を参照。

(16) Hood (1971, p. 31).

(17) Evans (1928, p. 34); Pendlebury (1963, p. 74); Alexiou (1967a, p. 484). Branigan (1970a, p. 141) も参照。ギリシアの偉大な考古学者 Xanthoudides (1924, p. 128) も同じ考えを提起した。これにたいする反対論を唱えているのは Banti (1933, pp. 244-5) および Hood (1971. p. 173) である。

シャントレーヌはインド＝ヨーロッパ語のなかにトロス *tholos* の語源で満足できる語を発見できないでいるが、トロスの語源は、エジプト語のデモティック〔民衆文字〕で、「地下室」あるいは「墓の玄室」を指す *dw3t' t(w)3t* という語かもしれない。この語は dw3w（夜明け、朝）に由来すると思われる。紀元前第三千年紀のエーゲ海地域の墓と日の出の結びつきについては Goodison (1985, pp. 70-2) を参照。

(18) Warren (1965, pp. 30-1). Pendlebury (1930a, pp. 20-1) および Hood (1971, p. 29) も参照。

(19) Warren (1965, p. 8); Renfrew (1972, p. 347).

(20) Evans (1921, pp. 64-70; 1928 (Volume 2), pp. 21-59; 1925 とりわけ pp. 11-23).

(21) Oates (1979, pp. 21-2 および 29-30).

(22) Jidejian (1968, pp. 11-15).

(23) Gardiner (1961, pp. 396-7); Hoffman (1979, pp. 293-4). ラピス〔ラズリ〕については Biggs (1966); Herrmann (1968) および Kulke (1976) を参照。

(24) Williams (1980; 1985, pp. 32-5 および 1986).

(25) 一般的な貿易のパターンについては Helck (1979, pp. 12-13) を参照。スペインからの証拠については Monteagudo (1985, pp. 36-41) を参照。ルーマニアについては Helck (1979, pp. 9-12) および Dumitrescu (1982, p. 84) を参照。放

射性炭素年代測定法よれば、年代はもっとさかのぼって、紀元前第五千年紀あるいは紀元前第六千年紀であると示唆されている。初期メソポタミア時代の粘土板については炭素14法で測定されていないので、私はこの測定値を完全に無視できるとは思わない。この粘土板が遠い昔のものだという可能性は残っている。にもかかわらず、これが交易と一緒に紀元前第四千年紀にもたらされた可能性も残っているだろう。同じように、メソポタミアのものであることは間違いない円筒印章と、マリクⅡ期のアルバニアで発掘されたアナトリア陶器の形に類似する陶器の年代は、最新情報によればおそらく、紀元前第四千年紀ではないとしても、紀元前第三千年紀初めではあるだろう。遺物については**Prendi**（1982, p. 204）および**Eggebrecht and Eggebrecht**（1988, p. 186）を参照。

（26）紀元前第四千年紀末期までにはドナウ川に近東の探鉱者たちがいた、という考えは昔からある。**Childe**（1949, とりわけ pp. 239-40）および**Dayton**（1982a, p. 154）を参照。〈極端なアーリア主義者〉のE. J. **Dayton**はイニシアチヴはヨーロッパから到来したと見ている。鉛の杯については**Dayton**（1982a, p. 166）を参照。

（27）この年代は通説とくらべてやや古いが、それは最近、放射性炭素年代測定法によるエジプト中王国時代の年代測定がおこなわれ、それをもとに中東の年表が改訂されたことを反映しているからである。第5章の注（71）—注（87）および注（96）—注（97）を参照。

（28）**Renfrew**（1972）および彼のもっと最近の著作（1984, pp. 248-57）を参照。**Trump**（1981, pp. 75-7）および**Andel and Runnels**（1988, pp. 240-2）も参照。

（29）**Andel and Runnels**（1988, pp. 242-5）を参照。興味深いことに、彼らの著作の表題はヨーロッパ中心主義的だが、彼らはレンフルー自身に比べると、ヨーロッパ中心主義者ではない。彼らは「エーゲ海世界における文明の勃興」について言及しているにすぎない。

（30）**Branigan**（1970a, pp. 199-200）. 一般的な解釈では、オヌフリオスという名称はウェンネフェル**Wn nfr**——「善的存在、あるいは美的存在」——というオシリスの一般的称号に由来する。もちろんこれは、アギオス・オヌフリオスすなわち、「聖オヌフリオス」という地名にちなんだ名前の陶器とは無関係である。

（31）**Branigan**（1970a, pp. 199-200）.

（32）**Renfrew**（1972, p. 89）.

（33）**Weinberg**（1954, p. 95 ; 1965a, pp. 302-8）. 紀元前三三〇〇年ころのパレスティナ、キクラデス諸島、スペインの要塞の形式のあいだには驚くべき並行関係もみられる。Vaux（1971, pp. 214-18）, Trump（1981, pp. 100,126）および Renfrew（1972, pp. 392-9）を参照。

（34）Branigan（1970a, pp. 199-203）; Hood（1971, pp. 36-8）. Branigan は彼の著作（1970a, pp. 181-2）ではエジプト古王国時代の遺物を一覧表にしているが、彼の論文（1973b）では遺物の数はたいしたことはないと述べている。このことは、ＥＭⅢ期以後、エジプトとエーゲ海地域の接触が大きく拡大したことを強調すると思われる。Warren もその著作（1965, p. 38）のなかで、初期ミノア文化期とガッスル文化の遺物とのあいだに驚くべき類似性があることを認めている。

（35）Renfrew（1972, p. 347）. この議論は Volume 1, pp. 15-16 で言及してある。

（36）Helck（1979, pp. 13-15）および Renfrew（1972, pp. 444-9）。象牙については Krzyszkowska（1983, pp. 163-70）を参照。

（37）Renfrew（1972, pp. 449）.

（38）Renfrew（1972, p. 57）.

（39）*Odyssey*, XIV. 252-8 ; Helck（1979, p. 4）.

（40）前出注（29）を参照。

（41）Renfrew（1972, p. xxv）.

（42）Renfrew（1972, p. 269）.

（43）Masson（1967, p. 9, n. 1）; Chantraine（1968-75, p. 785）.

（44）Dolgopolskii（1987, pp. 5,9）. グルジア語の *kvini* は、元来グルジア語だと考えられる場合もあるが、いまでは一般には借用語と見られている。この語の詳細な研究については Brown（1969, pp. 147-51）を参照。

（45）*yane* については Gordon（1966, pp. 28-9）を参照。後出の第10章注（137）も参照。この場合の ay ＞ a というモノフトニゼーションについては Rendsburg の近刊を参照。

（46）Harris（1939, pp. 8-9）; Moran（1961, pp. 34-72）; Moscati*et al.*（1969, p. 46）.

（47）Zohary and Hopf（1988, pp. 140-1）を参照。

（48）ともかく Lipinski（1981, p. 201）はこのように信じている。

(49) Goodison (1985, pp. 159-60;1988, p. 169). グッディソンにとってもっとも重要な祭儀対象は、いわゆる「フライパン」と呼ばれる土器である。こうしたものについての詳細な研究は Coleman (1985) を参照。
(50) Vol. 1, pp. 230-1 を参照。
(51) Katz (1986, pp. 168-9) および Pois (1986, pp. 43-5) を参照。この箇所を教えてくれたグレン・アヤラに感謝する。
(52) Müller (1820-4) ; *Black Athena*, Vol. 1, pp. 310-11.
(53) Burkert (1985, pp. 200-1).
(54) しかし Goodison (1985, p. 50) が指摘するように、日本のように太陽が女神である文化は多い。このような女神はアナトリアやウガリットのような地中海沿岸周辺にも発見されているので、太陽が女神であるというのは必ずしもエーゲ海地域の地方的現象とはいえない。ヘブライ語の *šemeš* (太陽) は女性名詞でもあるし男性名詞でもある。クレタ島の場合、私はエジプトとの関連を考えている。のちにクレタ島の主要な女神になるレアという名前は、太陽を女性に擬人化したエジプト語、Rrt (Riyat) tay に由来すると思われる。後出の第4章注 (137) — (138) を参照。このようにエーゲ海地域では女性の太陽神が好まれたが、これは、ギリシアがアルテミスとエウロペにエジプトの太陽神学をとりいれるという形でギリシアに影響を与えた。こうした問題については Volume 3 を参照。
(55) Goodison (1985, pp. 84-5 ; 1988, p. 169).
(56) Goodison (1985, pp. 85,101).
(57) Goodison (1985, p. 110). Watrous (1987b, p. 67) もクレタ島の甲虫の小彫像とエジプトのコガネムシとのあいだには関連があると見ている。
(58) 第2章注 (25) および Volume 3 を参照。
(59) Renfrew (1972, pp. 44-60) ; Goodison (1985, pp. 120-3).
(60) Burkert (1985, pp. 37-8).
(61) Newberry (1909, pp. 27-30) ; Hall (1929).
(62) 第4章注 (72) — (86) を参照。
(63) Cadogan (1986, p. 171). 北欧の双斧《ダブル・アクス》にたいする愛着については Volume 1, p. 467 を参照。
(64) 前出注 (27) を参照。

（65）Porada（1982, p. 291）を参照。

〔訳注1　双斧《ダブル・アクス》の形状は次の図のとおり。http : //labyrinthwork. com/article_CRETE. htm から転載。〕

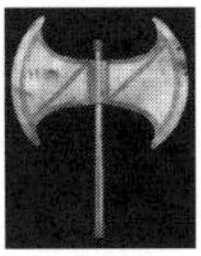

〔訳注2　双矢石《ダブル・ベレムナイト》の形状は次の図を参照。http : //www. thekeep. org/~kunoichi/kunoichi/themestream/min_html から転載。

第2章　ボイオティア地方とペロポンネソス半島におけるエジプトの影響　紀元前第三千年紀 I

（1）Theophratos, *Peri phytōn historias*, IV. 10.1 ; IV. 59 ; *Peri phytōn aitiōn*, II. 12.4 ; Pliny, *Natural History* II. 95 および XIX, 1.2.2 ; Plutarch *Sulla* 20.3-5. 以上の著作は Herodotos II. 156 との関連で理解しなければならない。また、ヘレニズム時代とローマ時代のテーバイで、セラピス、アムン、イシス、アヌビスなどの神々が礼拝されていたこと、および、ボイオティア地方南部のタナグラにセラピス祭儀の中心があったことも注意しなければならない。Spyropoulos（1972a, p. 25）を参照。当時、このような祭儀はギリシアに大きく広がっていたので、これらの祭儀の理解は困難である。

（2）Müller（1820-4, I, p. 92）.

（3）Müller（1820-4, I, p. 93）.

（4）コパイス湖とケピソス川については第3章注（94）—（97）を参照。ミニュアイ人については第3章注（48）および Volume 3 を参照。テーバイについては第12章注（49）—（52）を参照。

（5）*Iliad*, XIV. 321-5, tr. A. T. Murry, II, p. 91.

（6）Schachter（1981, p. 16）はテーバイではこの二つの祭儀は並行関係にあったと見ている。

（7）Volume 1, p. 95.

（8）シャントレーヌはこれをギリシア語の *selas*（火あるいはたいまつ）に由来する語としているが、これは妥当だろう。しかし彼はこの語の語源を見つけることができなかった。*selas* の語と、コプト語にある語で、「灯芯」あるいは「たいまつ」を意味するエジプト語のデモティック〔民衆文字〕の *sl*—*sol* とのあいだには連関があると思われる。この語根は古代エジプト語には存在しない。Černy は *sol* がセム語の **śˁl* に由来すると示唆しているが、これは妥当だろう。アラビア語で Šaˁala は「火がつく」、「燃えたつ」を意味している。したがって、もっとも有望な仮説は、デモティック〔民衆文字〕も場合もギリシア語の場合も、立証されてはいないが「火」、「炎」、「たいまつ」、「のろし」を意味する西セム語の **śaˁl* からの借用語だったという仮説だろう。

（9）Astour（1967*a*, pp. 170-2）. これへの鋭い批判については Burton（1972, pp. 102-3）を参照。

（10）エジプト文明の起源において家畜の移動がもつ重要性については Hoffman（1979, pp. 236-8）を参照。

（11）Pausanias, IX. 16.1.

（12）Volume I, p. 114 を参照。

（13）Ranke（1935-52, I, p. 226）を参照。

（14）Gardiner（1957, pp. 428-30）.

（15）Herodotos, II. 43.

（16）Tzetzes, *Scholiast on Lykophron.* これは Apollodoros, II. 4.12. にも受け入れられているかもしれない。Frazer（1921, I, p. 183, n. 1）の議論を参照。

（17）Strabo, IX. 2.18.

（18）Pausanias, IX. 33.1. このケクロプスがのちにアテナイ〔アテネ〕の王になったという考えについては Roesch（1982, p. 214）は異議をとなえ、Schachter（1986, p. 113）は支持した。おそらく Roesch は正しいだろうし、ここではパウサニアスはもっともらしい理由をつけて説明していると私は考える。

（19）Fossey（1974, p. 15, n. 40）を参照。Fossey は彼の論文を引用している Schachter（1981, p. 114, n. 3）のテーゼを引用している。

（20）Fossey（1974, p. 15, n. 40）.

（21）Schachter（1981, p. 113）.

(22) Strabo, IX. 2.29. Pausanias, I. 13.1 および X. 1.10、ならびに Farnell (1895-1909, I, pp. 402-3, n. 61) を参照。

(23) Sayed (1982, I, pp. 71-2,106-14).

(24) Keimer (1931, pp. 151-9) ; Hollis (1988, pp. 1-3).

(25) 第1章注 (58) を参照。さらに Volume 3 を参照。

(26) Strabo, IX. 2.29.

(27) Movers (1841-50, II, 1, p. 258) および Bérard, *Les Phénicians et l'Odyssée*, 2nd. ed., II, p. 337。これは同書の (一九〇二―三) 版にはない。Astour (1967a, p. 140) を参照。

(28) 「酒を飲むための大きなカップ」を意味する *kōthōn* を使用しているので、これはカルタゴの港を指しているか、あるいは、兵士のユーモアだった可能性があるかもしれない。この語源についてさらに Brown (1969, p. 157) を参照。

(29) Schachter (1981, p. 113) ; *Illiad*, IV. 8 and V. 908.

(30) Schachter (1981, p. 113).

(31) Pausanias, IX. 5.1.

(32) Pausanias, I. 38.7. Varro, *Res rusticae*, 3.1.2.

(33) Meyer (1928-36, II, p. 194). Fontenrose (1959, pp. 236-7) も参照。

(34) Aischylos, *The Persians*, II. 37-40.

(35) 後出の第7章注 (122) ― (123) を参照。

(36) Pope (1981, p. 170). 泥濘の地に住んでいたレファイム人 〔ヘブライ人以前にパレスティナに住んでいたとされる巨人たち〕 とギリシア神話のティタン人 (ティタネス人) との関係については Volume 4 でくわしく議論する。ティタン人 (ティタネス人) がギリシア語のティタノイ (泥の人びとあるいは白土《しろつち》の人びと) と関連づけられてきたのは正しいだろう。Astour (1967a, pp. 196-7, n. 3) は、この語はアッカド語の *ṭiṭu* のなかに見いだされる「泥あるいは粘土」に相当するセム語に由来すると示唆しているが、この示唆は妥当だろう。オギュゴスとオグとの関係についての節全体を私は Scott Noegel に負っている。West (1971, p. 41) も参照。

(37) Astour (1967a, pp. 236-7) は、レファイム√rp^ (癒す) が一方で大天使ラファエルと、他方ではヘビと関係があると述べている。

（38）Pope（1981, p. 170）.

（39）申命記、第三章第一一節。

（40）エゼキエル書、第三八章、第三九章およびその他の箇所。

（41）Midrash Bereshit Raba 31.13 ; Sanhedrin 108b ; Targum Yerushalmi Dt. 2.11,3.10 ; Yalkut Reubeni on Gn. 7.22.

（42）Astour（1967a, p. 212）.

（43）イザヤ書、第五四章第九節。

（44）Erman and Grapow（1982, I, p. 376）. しかしこれは Lesko and Switalski-Lesko（1982-90）のなかには出ていない。

（45）Gauthier（1925-31, I, p. 208）.

（46）エゼキエル書、第三九章第一八節。

（47）Astour（1967a, p. 212）.

（48）Zebahim 113b ; Sanhedrin 108b ; Rosh ha-Shanah 12a ; Yerushalmi Sanhedrin 10,29b ; イザヤ書第六四章第一一節にかんしては Yalkut 11508 の Yelmmadenu.

（49）Schachter（1981, p. 113）はオデュッセウスとの関連を完全なファンタジーだと片づけており、おそらく彼は正しいだろう。しかし、オデュッセウスという名前はたんに「航海者」――エジプト語の *wḏyt*（遠征、旅行、軍事行動）に由来する **wḏ (yt) w*――を意味するのかもしれない。このことはヘラクレスにも応用できるだろうが、彼とこの祭儀についての連関は後述する。

（50）Pausanias, IX. 33.7. Pausanias, VIII. 26.5-6. この箇所でパウサニアスは、アルカディア地方にもトリトン川があり、アスクレピオスとアテナ祭儀が行われていたと報告している。ペネオス川でもアスクレピオスとアテナ祭儀が行われていた。興味深いことに、後述するようにペネオス川はその名をエジプト語の *pꜣnw*（洪水）に由来していることが分かるだろう。トリトン川近くでのアテナの誕生やその他の活動については Farnell（1895-1909, I. pp. 266-9;385-6, n. 16）が言及している。もちろん、ファーネルはリビアのトリトン川はギリシアのトリトン川にちなんで名づけられたと信じている。

（51）Herodotos, IV. 178.

（52）Apollonios Rhodios, IV. 149 ; Diodoros, III. 53.4 ; Pliny, *Natural History*, V. 28.

(53) *twr* の派生語 *tr* についてはErman and Grapow (1925-31, V, pp. 255 および 318) を参照。

(54) Schachter (1981, p. 113).

(55) ラクタンティウスについてはStatius, *Thebaid*, VII. 330 を見よ。Schachter (1981, p. 122) を参照。

(56) Farnell (1895-1909, I, pl. xv) および Schachter (1981, p. 122) を参照。

(57) Schachter (1981, pp. 120-1).

(58) Sayed (1982, I, pp. 101-6). プリエネの硬貨および彫像についてはFarnell (1895-1909, I, p. 338) を参照。

(59) Sayed (1982, I, pp. 51-62).

(60) Sayed (1982, I, pp. 31-2).

(61) *Pyramid Texts* 508-9. Sayed, Doc. 196 (1982, I, pp. 31-2). 彼は公刊された翻訳すべてに言及している。

(62) Sayed (1982, I, pp. 61-2 ; II, pp. 319-20, Doc. 287).

(63) Sayed (1982, I, pp. 67-9). Hollis (1987b, pp. 8-9) も参照。

(64) セトとアポピにたいするネイトの戦争勝利についてはSayed (1982, I, pp. 72-6) を参照。セトとポセイドンの同一視についてはVolume 1, (pp. 66-7) を参照。これについてはVolume 4 で議論する。

(65) Farnell (1895-1909, I, pp. 270-1).

(66) Volume 1, pp. 303-6,320 を参照。

(67) Burkert (1985, p. 221).

(68) Burkert (1985, p. 221).

(69) セトの特徴についてはRundle-Clark (1959, pp. 114-15) を参照。

(70) Fontenrose (1959).

(71) Burkert (1985, p. 221).

(72) Schachter (1986, pp. 211-14).

(73) Pausanias, IX. 33.1 ; Strabo, IX. 2.36.

(74) *Iliad*, XXIII. 346-7 にかんするThebais の注。

(75) Pausanias, VIII. 25.4-7 および 42.1. Bérard (1894, pp. 136-7) も参照。

（76）この関連はアルカディア地方の硬貨にみられるEriōnの異形によって確認されると思われる。Schachter（1986, p. 222, n. 5）を参照。インド＝ヨーロッパ語に語源のないエリス *Eris*（争い）は西セム語の語根√ḥrr（焦がす、燃え上がらせる）に由来するかもしれない。この語根は旧約聖書『箴言』（第二六章第二一節）に「争いを燃え上がらせる」という意味で使われている。この語根についてはさらに以下のヘラクレスについての項を参照。

（77）Fontenrose（1959, p. 368, n. 5）.

（78）エリニュスおよびコレー／ペルセポネとマグダラのマリアとの並行関係についてはVolume 4でもっと詳しく論ずる。

（79）父親がオシリスだったという話はPlutarch, *De I side*…, 356Fおよび366B-Cにある。セトが父親だったという説についてはBudge（1904, p. 378）および未刊行の資料を用いたGraefe（1984, IV, col. 459, n. 20）を参照。

（80）Bérard（1894, pp. 136-7）およびFontenrose（1959, pp. 47,421）を参照。

（81）*Hymm to the Pythian Apollo*, 244-76.

（82）Bérard（1894, pp. 136-7）.

（83）Fontenrose（1959, p. 47, とりわけn. 5）. ガイアとデメテルとの関係についてはVolume 1, p. 57を参照。

（84）これにかんする完全な目録についてはSnowden（1970, pp. 307-8, n. 6）を参照。

（85）André（1948, pp. 44-53）.

（86）第4章注（99）および第10章注（9）を参照。

（87）Lewy（1895, p. 139）およびAstour（1967a, p. 130）. インド＝ヨーロッパ語学者たちは好んで、*erebos*の由来はサンスクリット語とアルメニア語に見いだされる**reg^{w}os*（薄黒い）にあると考えている。「西」を意味するもう一つのセム語のʾaḫărônはアケロンという地名——祭儀と神話では死と関係のある川の名前で、地理上は遠く北西ギリシアに位置した——に出てくる。Astour（1967a, p. 314）を参照。

（88）Plutarch *De I side*…, 366B. Trans. Babbit, p. 93.

（89）Knauss（1987a, pp. 43-6 ; 1987b, p. 3）.

（90）たとえばFontenrose（1959, pp. 177-81）を参照。

（91）Fontenrose（1959, pp. 370-2）.

（92）Astour（1967a, pp. 226-7 ; 250-71）.

(93) Hesiod, *Theogony*, 282-3.

(94) Strabo, IX. 2.25.

(95) Bérard (1894, p. 116) はペガソスという名前が √pgh (手綱) に由来するという Bochart の説を踏襲している。神話でアテナはペガソスに手綱をつけたことになっているので、この説は妥当と思われる。聖書のヘブライ語ではこの語の慣用は実証されていない。しかし、*pag* には「停止させる」という意味があり、西暦初期の世紀からアラム語と新ヘブライ語に *pagå*ˀ (くつわ) という語が現れるので、この語根がずっと以前から存在した可能性は大きいだろう。ベレロポンの語源がセム語だとすれば、ペガソスのこの語根も神話の形成に一つの役割を果たしたと思われる。

(96) Breasted (1906, III, §589 および IV, §111) を参照。

(97) Pindar, *Pythian Ode*, IV. 2 ; Strabo, X. 5.1 および XVII. 3.21 に引用されている Kallimachos を見よ。その他については Bates (1914, pp. 96-7) を参照。

(98) Bates (1914, p. 97).

(99) Breasted (1906, IV, §111).

(100) Lhote (1959, pp. 122-8) を参照。

(101) Herodotos, IV. 170-93.

(102) Herodotos, IV. 189.

(103) *Iliad*, VIII. 184-5, および *Odyssey*, XIII. 81-5

(104) Bernal (近刊)。

(105) Gardiner (1947, II, pp. 5, 28-9) を参照。

(106) Procopius, *History*, I. 19.29 ; Pliny, *Natural History*, VI, 35 ; Arkell (1961, p. 178) ; André (1948, pp. 44-53). 一般にギリシア語の *oasis* は、エジプト語の *wḥꜣt* や、コプト語の *uahe* に由来する語であると認められている。

(107) Bates (1914, p. 236) に引用されている Procopius, *De Bello Persico*, I. 19.29-31。

(108) Gauthier (1925-31, V, p. 21).

(109) Herodotos, II, 50.

(110) Lloyd (1976, pp. 237-8).

(111) Volume1, p. 67を参照。
(112) Herodotos, IV. 180および188を見よ。
(113) Dennis (1848, I, p. 109).
(114) 種族名の末尾語-*n*についてはGordon (1966, §8.60) を参照。エトルリア語のNethunがラテン語のNeptune〔ネプトゥヌス〕よりも古くなければならないという理由はない。Neptune〔ラテン語〕がNethun〔エトルリア語〕の語源だという可能性のほうがその逆よりも大きいと思われる。ローマ人がNbtyの意味を知っていたことについてはWinkler (1985, pp. 309-18) を参照。
(115) Delphosについては前出注 (84) を参照。語幹*Delph-*の意味についてはVolume 4を参照。
(116) Gauthier (1925-31, V, p. 27).
(117) RbおよびLibuについてはGardiner (1947, I, pp. 121-2) を参照。
(118) *Odyssey*, IV. 85およびX1V. 295を参照。
(119) Tilphousa/Telphousa/Thelpousaに言及した文献目録についてはFontenrose (1959, p. 367, nn. 3-4) を参照。
(120) 前出注 (86) を参照。
(121) 前出注 (83) — (84) を参照。
(122) Frazer (1898, IV, 262-3 ; 286).
(123) これについての詳しい議論は後出の第3章注 (85) — (86) を参照。
(124) Astour (1967a, p. 214). ウガリットとの並行関係についてはGray (1956, p. 32) を参照。聖書との並行関係についてはPope (1973, p. 30) を参照。アルカディア地方のラドン川とヘビあるいはドラゴンを結ぶ伝承は、現在、川の水源に近い山の地名ドラコヴィニDrakovouni (ドラゴンの山) に残っているように思われる。
(125) Hesiod, *Theogony*, 333-5. *Theogony*はヘビであるとは名指していないが、ラドン川との同一視についてはWest (1988, p. 258, I. 334) を参照。
(126) *Pistis Sophis*, 287-9, Budge (1934, pp. 357-79) およびFontenrose (l959, pp. 234-7) を参照。
(127) 第7章注 (107) — (118) を参照。
(128) Apollonios Rhodios, IV. 1396への注釈。

（129）Astour（1967a, p. 214）.

（130）Fontenrose（1959, p. 369）を参照。

（131）アヌケト（アヌキス）についてはOtto（1975c, cols 333-4）を参照。これがオンカの語源であるということでは、Bérard（1894, p. 140）には失礼する。

（132）Herodotos, II. 28. このような想像上の泉をめぐる議論は極めて錯綜しているが、その一部についてはLloyd（1976, pp. 107-17）を参照。

（133）ネフティスとアヌキスについてはGraefe（1982, cols 458-9）を参照。

（134）Sayed（1982, I, p. 125）.

（135）クヌムがNb ḳbḥwとして知られていたことについてはGardiner（1947, II, p. 4）を参照。ただし、彼が言及しているGauthier（1925-31, V, 170）はクヌムにふれていない。称号のḲbḥだけが用いられた可能性についてはBudge（1904, II, p. 5）を参照。

（136）第3章注（94）―（97）を参照。

（137）Pausanias, II. 4.5. を参照。

（138）Pausanias, II. 20.6. を参照。

（139）エスナの碑文についてはSayed, Doc. 1024（1982, II, pp. 634-5）を見よ。

（140）前出注（60）を参照。

（141）ネイトは牝牛でレーの母だということについてはSayed Doc. 260（1982, II, pp. 308-9）を参照。

（142）サムエル記上、第六章第七節―第一二節。Astour（1967a, pp. 157-8）.

（143）Pausanias, IX. 12.2.

（144）Symeonoglou（1985, pp. 7-11）.

（145）Euripides, *The Phoenician Women*, 822-33, trans. Vellacott（1972, p. 265）および [I]. 71 くの注釈;Apollodoros, III. 4.2で引用されているPherekydes ; Pindar, *Pythian Odes*, III. 94（167）; Diodoros, IV. 65.5 およびV. 49,1 ; Pausanias, IX. 12.3. さらに詳しい文献目録についてはFrazer（1921, I, p. 317, 注4）を参照。

（146）Eurpides, *The Phoenician Woman*, 822-7, trans. Vellacott（1972, p. 265）.

(147) この女神たちがヘビの性質をもっているというその他の理由についてはAstour（1967a, pp. 154-8,392）を参照。
(148) Astour（1967a, p. 160）.
(149) このことはBarthélemy（1763, p. 226）が気づいていた。二百年後の著者シャントレーヌは*horkos*の語源は「はっきりしない」と書いている。
(150) Sethe（1906-9, IV, I. 823）.
(151) Hintze（1975, col. 333）.
(152) Schachter（1981, p. 113）. しかしBickerman（1980, p. 20）の考えでは、これに相当するのはポセイドニオスPoseidoniosであった。
(153) Apollodoros, II. 4.8およびDiodoros, IV. 9.2.
(154) Schachter（1981, p. 121, n. 3）.
(155) Volume 1, p. 76.
(156) Gauthier（1925-31, III, pp. 112-28）のなかに出てくる*R*-から始まる八九の地名を参照。
(157) Lewy（1895, p. 194, n. 2）.
(158) Sayed（1982, p. 141）を参照。
(159) Sayed（1982, pp. 282-3, Docs. 220および221）.
(160) Burkert（1985, p. 209）.
(161) たとえばKirk（1974, p. 257）を参照。
(162) Jacobsen（1976, p. 195）.
(163) Jacobsen（1976, pp. 208-19）.
(164) Herodotos, II. 44およびLevy（1934, p. 48）.
(165) Dussaud（1946-8, p. 208）.
(166) これの完全な文献目録についてはLloyd（1976, pp. 205-6）を参照。
(167) Seyrig（1944-5）とDussaud（1946-8）を参照。Brundage（1958）も参照。Brundageはヘラクレス、ギルガメシュ、メルカルトのあいだの関係を有効に論証している。ついで彼は議論をすすめ、見当違いだがきちょうめんに、ギリシアの半神を七世紀の南西アナトリアと結びつけている。

(168) Chadwick (1976, pp. 87,95).

(169) アッカド語の *šarrum* とヘブライ語の *śar* (王) にもいくらか語呂合わせの要素があるかもしれない。*s* > *ḥ* という音への推移については Volume 3 で論ずる

(170) Roberts (1971) および Jacobsen (1976, pp. 226-32) を参照。

興味深いことに、ヴァルター・ブルケルトはエッラとテーバイとのあいだに関連があると考えている。しかし彼がこのメソポタミアの神と結びつけたのは、神話上のアルゴスの王で、敵国テーバイに向かう七将のひとり、アドラストスであった (1984, pp. 97-104)。したがって、ヘラクレスがエッラと同一視されるならば、彼はここではテーバイの擁護者というよりも敵になるだろう。にもかかわらず、これによってヘラクレスの暴力性とあてにならなさというものが十分可能になるだろう。

(171) Apollodoros, II. 5.8. さらに詳しい文献目録については Frazer (1921, p. 20l, n. 2) を参照。スペインのアブデラにおけるヘラクレス祭儀と、その純粋にフェニキア的性格を論ずる時にアーリア人主義者が感ずる困難については Farnell (1921, pp. 145,167) を参照。

(172) Herodotos, II. 43.

(173) Lloyd (1976, pp. 203-4).

(174) Sauneron (1968, p. 18).

(175) te Velde (1970, p. 186).

(176) te Velde (1970, p. 175). 実際、バッジは Ḥrkɜ p ḥrd の異体字すなわち、「Ḥrkɜ　子ども」に注目している。

(177) Budge (1904, I, p. 463) および Sauneron (1960) を参照。

(178) Budge (1904, I, p. 463, n. 3).

(179) Syncellus (1719, p. 81) を参照。これに関するレプシウス〔一八一〇―一八八四、ドイツのエジプト学者〕の解釈については後出注(222)を参照。

(180) Gardiner (1957, pp. 71-3) を参照。

(181) Herodotos, II. 43-4. Lloyd (1976, pp. 207-11) はフェニキアの祭儀との結びつきがあることを否定している。この事

例はすでに、地中海地域全体のなかで問題を考察したVan Berchem（1967）によって粉砕されているが、彼の著書をLloydを引用していない。

（182）Diodoros, III. 74.4.

（183）*De Natura Deorum*, III. 42.

（184）Altenmüller（1977, cols. 1015-18）およびYadin（1982）を参照。

（185）これの文献目録についてはYadin（1982, p. 266）を参照。

（186）セム語の語源といわれる語の不十分さについてはFulco（1976, pp. 64-5）を参照。

（187）ビュブロスにおける彼の祭儀についてはFulco（1976, p. 55, nn. 292-4）を参照。エジプトの神と西セムの神の混同についてはLeclant（1960, p. 53, nn. 7-10）、Simpson（1960, p. 68）および、失礼するがFulco（1976, p. 55）を参照。エジプトの都市についてはGardiner（1947, II, pp. 113-14,176）を参照。

（188）Fulco（1976, p. 20）.

（189）Gardiner（1947, II, p. 114）.

（190）Fulco（1976, pp. 3-21）.

（191）Diodoros, IV. 10.2. 第４章注（132）―（158）も参照。

（192）Yadin（1982, pp. 269-74）. ダン族についての彼の議論についてはYadin（1968）および後出の第10章注（53）―（59）を参照。〈海の民〉の出自がエーゲ海地域だったという議論についてはVolume 1, pp. 445-50を参照。

（193）Fulco（1976, p. 50）およびYadin（1982, p. 270）.

（194）Lloyd（1976, p. 195）.

（195）Posener（1966）.

（196）Sethe（1929, pp. 30-4）; Bonnet（1952, p. 142）; Griffiths（1955, p. 23）. 完全な文献目録についてはLloyd（1976, p. 195）を参照。

（197）前出注（170）を参照。ヘブライ語に「全面を焼く、疫病」という同じ意味をもつ語根√ršpがあるが、Fulco（1976, pp. 64-5）はこれを神の名前に由来するとみている。

（198）Sethe（1929, pp. 30-4）; Bonnet（1952, p. 142）; Griffiths（1955, p. 23）; Lloyd（1976, p. 195）.

(199) Apollodoros, II. 5.11.

(200) Gardiner（1947, II, p. 55）.

(201) Machiavelli（Gilbert, 1964, p. 354）. ヘラクレスとアンタイオスの完全な文献目録については Frazer（1921, I, pp. 222-3, n. 2）を参照。

(202) te Velde（1982, cols. 247-8）.

(203) Sayed（1982, pp. 139-40）.

(204) Sayed（1982, pp. 116,128）.

(205) 前出注（181）を参照。

(206) Herodotos, II. 44.

(207) Herodotos, II. 50.

(208) Lloyd（1976, p. 239）.

(209) メンチュホテプの神性については第4章注（158）を参照。センウスレト一世の神性については第V章注（57）を参照。

(210) Diodoros, I. 55.5.

(211) Rachel Levy（1934）は五〇年以上前、テル・アスマルの印章とヘラクレスの功業とのあいだに並行関係があると指摘した。このテーマをめぐる印章、ウガリット語テクスト、ギリシアの伝説についての詳細な研究については Rendsburg（1984）を参照。

(212) これは紀元四世紀の注釈者セルウィウスがウェルギリウスの『アイネーイス』VI. 287 の注釈で指摘した。

(213) Diodoros, IV. 18.6 および Graves（1955, II, p. 120）を参照。

(214) 前出注（122）—（127）を参照。Astour（1967a, p. 392）はテーバイで発見されたカッシートの印章の一つに、二匹のヘビを絞め殺している神像があると指摘している（後出の第12章注（75）—（87）を参照）。これはこの図像が青銅器時代の中東にさかのぼることを示しているが、これがテーバイにあったというのは偶然の一致にすぎないと私は考えている。

(215) Pausanias, IX. 38.7 および Strabo, II. 4.11.

(216) Herodotos, II. 99.

(217) Herodotos, II. 108.

(218) Herodotos, II. 13,101.
(219) Diodoros, I. 51.5-52.
(220) Diodoros, I. 57.1-4.
(221) Waddell（1940, pp. 223,225）を参照。前出注（209）も参照。
(222) Lepsius（1871, p. 54）. Burton（1972, pp. 171-3）は計測の技術的な困難をいくつか指摘している。.
(223) Wildung（1984, p. 40, ill. 33）.
(224) この詳細については第5章注（57）を参照。
(225) Stevenson Smith（1971, p. 169）.
(226) Burton（1972, pp. 175-6）. ニマアトラー Ny-mər t-Rrは、ラマレス Lamarēs やラマリス Lamaris やラバレス Labarēs およびラバリス Labaris を含むいくつかの異なる形で記されていた（Waddell, 1940, p. 224, n. 1）。
(227) これについては込み入った文献があるが、それを見事に概説している二冊、Burton（1972, pp. 162-3）および Lloyd（1976, p. 34）を参照。
(228) Astour（1967a, pp. 215-16）. Levin（1989）も参照。
(229) Kretschmer（1927, pp. 76-8）、Hrozný [Civ. of Hittites and Subaraeans] および Graves（1955, p. 206）.
(230) Pausanias, IX. 27.8. パウサニアスは、ヘラクレスをとくに「イダのダクテュロス」すなわち、幼な子ゼウスの保護者とされるクレタ島と北西アナトリアにあるイダ山の「指」として言及している。イダの名前と指の結びつきは、あきらかに、少なくともセム語の語幹√yd（手）との語呂合わせに由来している。また、この結びつきはおそらく、音価の *d* ——記号は  ——によって示される原エジプト語に由来するのだろう。もっとも、エジプト語のテクストでこの意味の慣用は実証されていない。Gardiner（1957, p. 455）および Greenberg（1986, p. 287）を参照。
(231) Pausanias, VII. 5.5. Astour（1967a, p. 215）はテスピアイに同じような像があったと述べているが、これは誇張と思われる。

〔訳注1　パウサニアスは『ギリシア案内記』のなかで次のように記している。「ボイオティア地方はアテナイをはじめとするアッティカ地方と境を接し、プラタイアがエレウテライの隣となる。ボイオテイア人という呼び名は種族全体とし

てはボイオトスに由来する。伝承によると、かれはイトノスとニンフのメラニッペとの間の子、イトノスはアンピクテュオンの子である。また、市ごとに男子——女子の方が多いが——の名に因んだ名がついている。わたしの考えでは、プラタイア人ははじめから土地生え抜きであり、その呼び名は〈アソポス〉河神の娘とされるプラタイアに由来する。」（飯尾都人訳『ギリシア記』、龍溪舎、一九九一年、五九一頁）

第3章　ボイオティア地方とペロポンネソス半島におけるエジプトの影響　紀元前第三千年紀 II

（1）Plutarch, *De Genio Socratis* ; de Lacy and Einarson pp. 389-97. この一節のテクスト上の問題についてはSchachter（1981, p. 14）を参照。墳墓とその発掘についてはさらにPersson（1932, pp. 295-307）を参照。

（2）Levi（1971, I, p. 380, n. 190）.

（3）Schwartz（1950, p. 81）.

（4）Cart1edge（1987, pp. 328-9）.

（5）Diogenes Laertios, VIII. 87, trans. Hicks（1925, pp. 401-3）.

（6）この問題はSchwartz（1950, p. 78）が考えているほど重要ではない。ネクタネビス Nektanabēs の統治が始まったのはシュウォルツが想定しているような紀元前三七八年でなく、三七九年だからである。Lloyd（1983, p. 281）を参照。

（7）Plutarch, *de Iside*, 10 ; Clement of Alexandria, *Strom.*, I. 15,69 ; Diogenes Laertios, VIII. 90 ; Schwartz（1950, p. 78）.

（8）プラトンがエジプトに旅行したというのは信頼できるのだろうか。この問題をめぐる議論の文献目録についてはVolume 1, p. 459, n. 148を参照。

（9）これは多くの著者の意見である。たとえば、Persson（1932, p. 303）およびSchwartz（1950, p. 81）を参照。

（10）Cartledge（1987, pp. 296-7）.

（11）Schwartz（1950, p. 79）.

（12）Symeonoglou（1985, pp. 15-19）およびShaw（1987, p. 60）を参照。

（13）Loeb, p. 214, no. 96 の Hesiod, Merkelbach and West, 1983, frg. 182. Palaephatos c. 42.

（14）*Odyssey*, XI. 262-4.

（15）Fragment of Hecataeous, Jacoby（1923-9, I, F. 119）.

（16）Volume 1, p. 83.
（17）Loeb, p. 214, no. 96 の Hesiod, Merkelbach and West, 1983, frg. 182. Palaephatos c. 42 を参照。この証拠についての一般調査については Buck（1979, p. 46）および Symeonoglou（1985, pp. 76-7）を参照。
（18）Fragment of Pherecydes, Jacoby（1923-9, III, F. 41）. エウリピデスの『フェニキアの女たち』六三八の注釈によれば、カドモスは牛の群れのなかから牝牛を自分で選び、その牝牛に導かれてテーバイにやって来たが、牛の群れを連れていた男の名前はペラゴンであった。この名前も Pꜣ rḳw に由来するということはありうるだろうか。
（19）以上の情報源にかんする詳細な議論については Buck（1979, p. 46）および Symeonoglou（1985, pp. 76-7）を参照。
（20）Pausanias, IX. 5.1-3.
（21）Strabo, IX. 2.28 ; Buck（1979, p. 46）; Symeonoglou（1985, pp. 76-7）.
（22）Aischylos, *Seven Against Thebes*, 526-9, および Pausanias, IX. 17.2. シメオノグロウはここで言及されている場所を同定しており、それについては Symeonoglou（1985, pp. 83,192）を参照。
（23）Loucas and Loucas（1987, p. 100）.
（24）Keramopoullos（1917, pp. 381-92）. Symeonoglou（1985, p. 273）も参照。
（25）Spyropoulos（1972a, pp. 18-23）. Loucas and Loucas（1987, p. 96）に引用されている Konsola（1981, p. 100）も参照。
（26）Pausanias, IX. 34.3 を参照。Higgins（1979, pp. 25-7）.
（27）Spyropoulos（1972a, p. 20）. 放射性炭素年代測定法によって年代をさかのぼらせたエジプトの対照歴史年表があるので、ここでは高年表のギリシアの陶器年代区分を使う。第5章注（84）―（88）を参照。
（28）Symeonoglou（1985, p. 273）.
（29）この結論を受け入れている学者については、たとえば Treuil（1983, p. 441）、Konsola（1981, p. 140）および Loucas and Loucas（1987, p. 96）を参照。
（30）Loucas and Loucas（1987, p. 97）に引用されている Schachermeyr（1967, pp. 269-70）および Konsola（1981, pp. 231-4, 238）を参照。
（31）Loucas and Loucas（1987, pp. 97-8）.
（32）Spyropoulos（1981a, pp. 84-6）.

(33) Pini (1968, p. 39).

(34) Spyropoulos (1981a, pp. 117-24).

(35) Treuil (1983, p. 441) には失礼する。

(36) Burl (1979, pp. 130, 254).

(37) Burl (1979, p. 129). このことは、シルバリーヒルその他の紀元前第三千年紀の巨石記念物を建造したのはエジプト人植民者だったという J. Ivimy (1974, pp. 68-80) に全面的に賛成することを意味しない。しかし私は、巨石記念物を建てた人びとが高度な数学の知識をもっており、エジプト古王国を確実に知っていたということには賛成である。アイヴィミイの問題はシルバリーヒルの建設がピラミッド以前だったと思われるというものだったが、いまではエジプト古王国の年代をさかのぼらせる高年表によってこの問題は解決している。

(38) Loucas and Loucas (1987, p. 99).

(39) Edwards (1947, pp. 136-7).

(40) Loucas and Loucas (1987, pp. 99-100).

(41) Pausanias, IX. 17.3;Levi (1971, I, pp. 342-3). バキスにかんする史料については Kern (1896, II, cols 2801-2) を参照。

(42) Pausanias, X. 32.9.

(43) Volume 1, pp. 117-20 を参照。

(44) ホメロスの『ガイア賛歌』11.6-7 および Euripides, Nauck frag. 195 を見よ。

(45) コパイス湖の干拓についての文献目録は Hope Simpson (1965, pp. 113-20) を参照。Spyropoulos (1972a, pp. 22-6,1973a); Fossey (1974); Wallace (1979); Knauss, Heinrich and Kalcyk (1984); Knauss (1986,1987a, 1987b) も参照。

(46) Fossey (1974, p. 7) および Wallace (1979, p. 8) を参照。しかしフォッセイは「最初の建設」はもっと早かったかもしれないと認めている。

(47) Lauffer (1981, pp. 245-6).

(48) Knauss, Heinrich and Kalcyk (1984); Knauss (1986,1987a, 1987b).

(49) Knauss, Heinrich and Kalcyk (1984, p. 56).

(50) Knauss (1987a, p. 103).

（51）Spyropoulos（1981, pp. 133-4）.

（52）Konsola（1981, p. 39）; Loucas and Loucas（1987, pp. 102-3）.

（53）Spyropoulos（1981, pp. 135-6）.

（54）最近は第一二王朝におけるファイユームの治水という重要な問題について発表された調査研究がどんなに少ないことか。これは驚くべきことである。しかし Arnold（1977, cols 87-93）を参照。

（55）Tzavella-Evjen（1984）を参照。

（56）Marinatos（1946）. Vermeule（1964, p. 35）も参照。

（57）Renfrew（1972, p. 110）.

（58）Renfrew（1972, p. 288）.

（59）Balcer（1974）は中期ヘラドス文化期あるいは初期ヘラドス文化期の可能性を考えていない。

（60）Knauss（1987a, pp. 103-4）.

（61）Knauss（1987a, p. 206, n. 33）.

（62）Spyropoulos（1973a, p. 209）.

（63）Shaw（1987）.

（64）Volume 1, pp. 88-98.

（65）Volume 1, p. 94.

（66）Volume 1, pp. 83,186.

（67）Pausanias, VIII. 14.2.

（68）Kalcyk and Heinrich（1986）; Knauss（1987c）; Knauss, Heinrich and Kalcyk（1986）.

（69）Hope-Simpson（1965, p. 81）.

（70）*Iliad*, II. 605. Knauss, Heinrich and Kalcyk（1986, p. 604）も参照。

（71）ヘラクレスとアルカディア地方の湖との関連については第２章注（213）―（214）を参照。

（72）Knauss, Heinrich and Kalcyk（1986, p. 604）.

（73）第２章注（122）―（124）を参照。

(74) Ventris and Chadwick（1973, p. 543）.
(75) Knauss, Heinrichand Kalcyk（1986, p. 611）.
(76) Knauss, Heinrich and Kalcyk（1986, p. 611）. Strabo, IX. 2.18 および Pausanias, IX. 24.1-3 を参照。
(77) ここでは動詞 *erchomai* からの混成語という可能性が多少ある。
(78) たとえば Moscati *et al*.（1969, p. 47）を参照。
(79) Hooker（1979）.
(80) Herodotos, V. 60, trans. de Selincourt（1954, pp. 360-1）.
(81) たとえば Astour（1967a, pp. 138-224）および Bérard（1894）を参照。
(82) Kalcyk and Heinich（1986, p. 12）.
(83) シャントレーヌの仮説はこれをリトアニア語の rūkēt（掘る）と結びつけている。
(84) ヨブ記、第三〇章第三節―第八節。
(85) 第2章注（59）―（71）および（139）―（141）を参照。
(86) 第2章注（123）―（124）を参照。Panau については Gardiner（1947, II, p. 177）を参照。
(87) Herodotos, VII. 128-9.
(88) Nonnos, *Dionysiaka*, VI. 366-80.
(89) 第2章注（122）を参照。
(90) Pliny, *Natural History*, XXXI. 54.
(91) Pausanias, VIII. 14.1 ; Levi（1971, II, p. 405）.
(92) Frazer（1898, IV. pp. 231-3）; Kalcyk and Heinrich（1986, p. 12）. 彼らの著書の一二ページに写真が掲載されているが、この写真ではこの線が私には見えない。
(93) 第8章注（48）―（49）を参照。
(94) Brugsch（1879-80, pp. 823-5）および Gauthier（1925-31, V, pp. 169-72）を参照。
(95) 第2章注（135）―（138）を参照。
(96) *-issos* については Volume 3 を参照。たとえば、ケピソスの聖域があったアッティカ地方のケピソス川の近く――そこではこの川が地下を流れているのが聞こえたという——で、テセウスが清めの儀式をしたという場所についてはPausanias, I. 37.3 および II. 20.6 を参照。

(97) Gauthier（1925-31, V, p. 171）を参照。

(98) *Natural History*, VII. 209. Knauss（1987a, p. 199, n. 22）を参照。

(99) Pausanias, IX. 3.3-4 および Eusebius, *Praeparatio Evangelica*, III. 1.6 所収の Plutarch, *Daedala* を参照。Ḍed については第4章注（45）を参照。

(100) Knauss（1987a, pp. 194-9）.

(101) Caskey（1956,1957,1960,1971）; Vermeule（1964, pp. 29-44）.

(102) Shaw（1987）.

(103) Vermeule（1964, p. 35）. エブラの体制については Pettinato（1981, pp. 69-95）を参照。

(104) Gale and Stos-Gale（1981）および Stos-Gale and Gale（1984b）.

(105) Vichos and Kyriakopoulou（1989）; Bass（1990a）.

(106) 第4章注（23）を参照。

(107) たとえば Dayton（1982a, p. 158）を参照。

(108) Vermeule（1964, pp. 45-58）および Renfrew（1972）を参照。

(109) Vermeule（1964, pp. 37-9）.

(110) 陶工のマークについては Vermeule（1964, pp. 40-1）を参照。

(111) Bernal（1990, pp. 54-6）を参照。

(112) 第4章注（43）—（44）を参照。

(113) Pettinato（1981, pp. 103-9）. Biggs（1966）, Herrmann（1968）および Kulke（1976, pp. 43-56）も参照。

(114) Dayton（1982a, pp. 159,163）.

(115) Pendlebury（1930a, pp. 53,57,64-5）.

(116) Brown（1975, pp. 8,106）. 最初の時代特定については Frödin and Persson（1938, p. 234）を参照。

(117) このカップはアテネ博物館所蔵品目四五七八である。Stevenson Smith（1971, p. 180）を参照。

(118) Helck（1979, p. 15）.

(119) このテクストの転写と議論についてはAstour（1967a, pp. 142-3）を参照。

(120) Volume 1, pp. 382,501を参照。

(121) Coldstream（1973）およびColdstream and Huxley（1984）.

(122) センセーショナルなこの主題についてのセンセーショナルな見解についてはPearson and Connor（1968）を参照。

(123) メラートが請け合っていることについては、たとえば、Mellaart（1967, p. 394）を参照。

(124) Mel1aart（1967, P. 401）を参照。

(125) Helck（1979, p. 16）. Vermeule and Vermeule（1970）も参照。

(126) Vermeule and Vermeule（1970, pp. 36-7）.

(127) Loucas and Loucas（1987, p. 103）に引用されているVerrmeule（1964, pp. 64-6）およびKonsola（1981, p. 182）を見よ。

(128) Caskey（1980）を参照。

(129) Stevenson Smith（1971, p. 181）.

(130) Howell（1973）およびCaskey（1986, pp. 22-3）を参照。これにかんする最近の議論の概略はDrews（1988, pp, 17-20）を参照。

(131) Vermeule（1964, p. 59）.

(132) Buck（1979, pp. 35-6）を参照。

(133) Symeonoglou（1985, pp. 69-70）.

(134) Symeonoglou（1985, pp. 70-5）.

(135) Spyropoulos（1981, pp. 133-7）.

(136) 前出注（18）およびBuck（1979, p. 47）を参照。

(137) Symeonoglou（1985, pp. 76-7）.

(138) Volume 1, pp. 51-4およびpp. 88-l01を参照。アテネとスパルタの事例についての詳細な議論はVolume 3にゆずる。

第4章　クレタ島の旧宮殿時代とエジプト中王国

（1）一九〇〇年以後、古代クレタ島をめぐる議論に望ましい新状況が出てきたことについては Volume 1, pp. 385-6 を参照。

（2）Renfrew（1972, p. 98）.

（3）Whitelaw（1983, pp. 323-40）.

（4）Lewthwaite（1983, p. 172）.

（5）Cherry（1983, p. 33）.

（6）Cherry（1983, p. 41）.

（7）Matz（1973a, pp. 141-3）.

（8）Ward（1971, p. 72）. Ward（pp. 74-82）は議論を続け、Åström の低年表の年代をくつがえした。その後の著作（1978, pp. 87-90）で Åström はここから立ち直れないでいる。もちろん、この著作ではメソポタミアは低年表にもとづいて記述しているが、それについては後出の第5章注（105）を参照。

（9）Cadogan（1978, pp. 209-14）. クノッソスのＭＭＩＡ期の陶器様式とそれ以外の地域のＥＭⅢ期の陶器様式が時期的に重なり合っているのは事実であり、この事実が状況を複雑にしている。Merrillees（1977, p. 37）を参照。

（10）Matz（1973a, pp. 141-5）.

（11）Ward（1971, pp. 72-125）.

（12）Branigan（1970a, p. 81）.

（13）Krzyszkowska（1983, p. 168）. 同様に、ＥＭⅢ期に増加したファヤンス焼きはエジプトかシリアからの輸入された可能性がある。Karen Pollinger Foster（1979, pp. 56-9）はシリア説をとっている。しかし、通説では近東の商品はシリアから到来したとされているのみならず、クレタ島で発見されたファヤンス焼きの技法はエジプトよりシリアの技法に近いと思われるという論拠なので、これは循環論である。

（14）Warren（1965, pp. 7-43 ; 1967, pp. 37-48 ; 1969, pp. 41-5,71-91）.

（15）Watrous（1987b, p. 67）. これらの陶器様式の孤立論的見解がくつがえされたことについては、彼の七〇ページの議論を参照。

（16）Watrous（1987b, p. 70）.
（17）Ward（1971, pp. 92-5）.
（18）Evans（1921-35, I, pp. 117-25）.
（19）Pendlebury（1963, p. 83）.
（20）Matz（1928, pp. 30-42）. マッツはこの時期のクレタ島とエジプトの結びつきを否定しているが、かぎ十字のモチーフはクレタ島から北東アフリカに伝えられたと彼は考えている。かぎ十字がアーリア「人種」と関連しているとすれば——この関連はナチスに限定されない——、この図形がアフリカからヨーロッパに伝わったということは、想像外のことだった。かぎ十字はクレタ島でもエジプトでも同時期に出現しているが、それはお互い無関係の発明の結果だったと主張することでWard（1971, pp. 85,89）はこの問題を避けている。
（21）Fimmen（1921, pp. 154-60）; Biesautl（1954, pp. 33-41）; Helck（1979, p. 20）.
（22）Ward（1971, p. 86）. 印章をめぐる論争の文献目録については彼の注（347）を参照。
（23）Poursat（1984, p. 87）にかんするZ. A. Stos-Galeのコメント。
（24）Ward（1971, pp. 107-25）; Helck（1979, pp. 21-2）.
（25）Kantor（1947, pp. 21-4）.
（26）Ward（1971, pp. 108-10）.「こま結び」模様がエジプトからクレタ島へ持ち込まれたのは、紀元前一九世紀か一八世紀だったと思われる。このことは興味深いし、注目しなければならない。Higgins（1979, p. 37）.
（27）たとえばVermeule and Vermeule（1970, p. 33）を参照。
（28）従来の年表でないこの年表を正当化する議論については第10章注（91）—（105）を参照。
（29）『ケンブリッジ古代史』はこの断絶を紀元前一七〇〇年にさかのぼらせているが、それはテラ島の噴火年代が紀元前一六二八年にさかのぼって修正されたので、陶器年代区分の更新が求められたからである。私は紀元前一七三〇年に断絶があったと考えている。後出第7章を参照。
（30）この事実を軽く扱う方法ついては、たとえばTrump（1981, p. 175）を参照。
（31）Graham（1962, pp. 231-2）.
（32）Graham（1970, pp. 238-9）.

(33) この原理は古代エジプトに応用されたが、この原理のすぐれた叙述については Springborg (1990, pp. 73-88) を参照。

(34) Higgins (1979, pp. 22-37).

(35) Schachermeyr (1967, p. 47) はクレタ島でこのしきたりが確立されたのはＭＭⅢ期の初めにすぎなかったと主張している。しかし、彼の主張はこのしきたりが適用されない壺にもとづいている。Thueris については Schachermeyr (1967, p. 31 and plates 63-9) を参照。

(36) Watrous (1987b, pp, 65-6,70).

(37) Bennet (1990, p. 194, n. 70).

(38) Branigan (1970a, p. 52).

(39) Bintliff (1984).

(40) Warren (1981) ; Sakellarakis and Sapouna-Sakellaraki (1981).

(41) Dow (1973, p. 602).

(42) Dow はこの問題には神経質だが、それは彼が「沈黙からの議論」を用いて、青銅器時代をアルカイック時代と分ける無文字の時代が長かったことを確立したいからである。青銅器時代の筆記文字が古典古代時代まで残っている点で、「キプロスは［ギリシアと］決定的に異なるかもしれない」と彼述べているが、そこに彼の不安を見てとることができる (1973, p. 606)。彼の議論と〈アーリア・モデル〉および〈アーリア・モデル〉との関係——〈アーリア・モデル〉に賛成し、〈古代モデル〉をおとしめるという関係——については、Volume 1, p. 398 および Bemal (1990, pp. 57-8) を参照。

(43) Godart (1983).

(44) Ventris and Chadwick (1973, p. 31).

(45) Evans (1921-35, II, p. 49). Rundle Clark (1959, p. 237) も参照。いずれの記号も、オーロクスすなわち野牛の椎骨——椎骨は精液、したがって生命の源泉であると考えられていた——に由来するという仮説は妥当性がある。この仮説については Schwabe, Adams and Hodge (1982) を参照。だからといって、これらの記号がその他の多くの象徴的意味と融合しなかったということではない。

(46) Newberry (1909, pp. 24-31) ; Gaerte (1922, pp. 72-5).

(47) *Pyramid Text*, Utt. 685. Faulkner (1969, p. 295).

(48) ミノア文明初期の祭儀については第1章注(55)を参照。*Lakh-*にインド＝ヨーロッパ語の語源はない。その他の3ḫから派生した語には*leikhēn*(苔、地衣)が含まれていると思われる。*Lakh-*は、英語のlickとギリシア語の*leikhō*にあるインド＝ヨーロッパ語の語根**leigh*に由来するというよりも、3ḫに由来するというほうがずっと妥当性があるように思われる。もうひとつの大きな可能性として、ギリシア語の*lasios*(毛むくじゃらの)という語がある。エジプト語では*ḫ*と*š*は頻繁に入れ替わった。

(49) ラリアン平野についての文献目録についてはFrazer(1898, II, pp. 514-15)を参照。Orgasの語源についてはVolume 4を参照。

(50) Nilsson(1950, p. 189).

(51) Powell(1977, pp. 72-3). これに関する初期の文献をパウエルが調査しているが、この調査はすばらしい。基本的な思想体系に影響を与えることなく、シンボルは完全に異質な文化間で伝達されうると主張することで、彼はこれに関する彼のアーリア主義的オーソドクシーを堅持した。

(52) *Kəyt*はこの島との関連では慣用が実証されていない。クレタ島を指す周知のエジプト語については後出第10章注(2)—(23)の議論を参照。

(53) アナトリアが好まれるという議論についてはVolume 1, pp. 391-2を参照。

(54) Burkert(1985, p. 37).

(55) 前出第1章注(60)を参照。

(56) Hoffmann(1979, p. 91).

(57) 初期ミノア文化の牡牛祭儀の証拠は、メサラ平野のポルティとクマサから出土した牡牛——人間が角をつけているように見える——を描いた瓶が二つあるにすぎない。Branigan(1970b, p. 81)はこれについて次のように書いている。〔この瓶は〕「初期ミノア文化Ⅱ期のものとみなすのが妥当だと考える人もいるだろうが、私たちに瓶の年代について確実なことはいえない。この瓶は、初期ミノア文化Ⅱ期よりも時代が下る可能性がある。牡牛形の器のなかには、アギオス・キリロスのそれのように、中期ミノア文化Ⅰ期のものであることが確実なものもある」(この箇所が引用できたのはLyvia Morganのお陰である)。年代の不確実さは、ヘラクリオン博物館にある粘土像、第四一二六号と第五〇五二号についてもあてはまる。これらのことは、クレタ島宮殿時代の牡牛祭儀起源は古いという主張、あるいは、起源はクレタ島にあるという主張に、有利で強力な根拠を与えないように思われる。

（58）Herodotos, II. 145.

（59）Diodoros, III. 8.

（60）Strabo, XVII. 2.3.

（61）Chassinat（1966-8, II, p. 676）; Gundlach（1982, cols 135-9）.

（62）Chassinat（1966-8, II, p. 676）.

（63）Chassinat（1966-8, II, pp. 676-7）. Gardiner（1947, I, pp. 80-6）も参照。

（64）Shack and Habte（1974, p. 26）. B^{w}äzä についてはさらに Leslau（1950, pp. 54-5）を参照。

（65）Cohen（1970-6, II, p. 53）. この名前の正統的な解釈では、これは bꜣ+ a^az（強さをもって）に由来するとされているが、問題のある解釈である。Mulder（1986, pp. 19-25）を参照。

（66）ルツ記、第三章第一節から—第一八節。この神話は並はずれて豊かな内容をもっており、この神話のその他の側面については Volume 3 で論ずる。

（67）列王記上、第七章第二一節。その他の例については Herodotos, II. 45 を参照。これにかんする文献目録については Lloyd（1976, p. 200）を参照。

（68）Shack and Habte（1974, p. 175）.

（69）たとえば Gordon（1962b, pp. 178-205）を参照。

（70）*Frag. Hist. Gr.* II 所収の K1earkhos, fr. 9. Cook（1914-40, II, pp. 28-32）を参照。Iapyges についてはさらに Bernal（1990, pp. 44-7）を参照。

（71）Cook（1914-40, II, p. 30）を参照。Jane Harrison（1927, pp. 176-7）も双斧《ダブル・アクス》をゼウスのカタバイテス *katabaites* および雷鳴と同一視した。稲妻と同一視されたのは双斧だけではなかった。Harrison（1927, pp. 56-7）が指摘したように、石斧もそのように見られていたし、近代ギリシアの農民も稲妻をアストロペレキア *astropelekia*（星の斧）と呼んだ。

（72）第1章（61）—（62）を参照。

（73）Gardiner（1957, p. 503, R-22）.

（74）Wainwright（1931, pp. 185-95）. ワインライトもホルスとアポロ——アポロはギリシア神話でホルスに相当する——

を飛び道具と関連させている。
(75) Cook (1914-40, I, pp. 84-6). ギリシア語のベレムナ *belemna*（飛び道具）は「ベレムナイト」〔古代のイカ類の化石で「矢石《やいし》」とも呼ばれる〕の語源である。このことから、どんなに容易にこれがベレムナ〔飛び道具〕の発射体とみなされるかということがわかる。
(76) Cook (1914-40, I. 1, pp. 85-6).
(77) Gardiner (1957, p. 487) および Gundlach (1982, p. 136) を参照。
(78) エジプトのこのシンボルは、女性の子宮というよりも子を産まない若い牝牛の子宮を表している。家畜、とりわけ牝牛が中心であるということについては前述したとおりである。Schwabe, Adams and Hodge (1982, p. 445) の主張では、これが人間の子宮のかたちであったという考えが紀元一六世紀のヴェサリウス〔1514-64 フランドルの解剖学者〕の著作までヨーロッパ思想のなかに残っていた。これを疑うわけではないが、彼らが Gardiner (1947) に言及している箇所は見あたらない。子宮、螺旋状の腸、迷宮とつづく連鎖については Eco (1989, pp. 362-3) を参照。
(79) *Ḫm* はその他の決定詞といっしょに使われ、興味ある語群が多い。〔決定詞の〕（崩落する壁）と （打つこと、暴力）を加えると、*ḫm* は「建造物を取り壊す、誰かを傷つける」を意味し、「締め出す、排除する」という意味でも用いられた。後期エジプト語ではこの語は「取り壊す、押し破る、突破する」を意味した。決定詞 （動作）を加えると、「動物などが荒々しい」を意味したと思われる。*Ḫmr* は「ぐいとつかむ、しっかりつかむ」あるいは「貫通する」、「撃退する」を意味した。まとめて考えると、この語群は意味論的にセム語の *bʷaz*――この語には二重の意味すなわち、破壊および貫通と保護という意味がある――にきわめて近いと思われる。*Ḫm* (*wy*) は「塵《ちり》 dust」をも意味した。この語が （帆）といっしょに書かれたということは、風と関連していたことを示唆している。嵐の神ブワザ *bwäzä* と嵐の神ミンの *Ḫm* とのあいだに並行関係があるとすれば、この語は「嵐」という意味ではギリシア語のケイモン *kheimōn* の語源である可能性がある。「冬」を意味するケイマ *Kheima* の語源がインド＝ヨーロッパ語であることはあきらかである。しかしギリシアの冬は嵐の季節だが、この語は異なる二つのルーツが合成された結果、比較的明確な二つの語義を持っているように思われる。
(80) Gauthier (1931, pp. 149-50); Chassinat (1966-8, II, pp. 684-91).
(81) Gundlach (1982, col. 136).

(82) Gauthier (1931, p. 197). これらの地域にあるこの神の碑文については、詳細に調査したBernand (1977) を参照。
(83) Gauthier (1931, p. 176).
(84) Otto (1966, p. 118 ; n. d., p. 123).
(85) Budge (1904, II, p. 18) ; Gauthier (1931, pp. 180-1) ; Otto (n. d., p. 123).
(86) Voss (1827-34). フォスおよびニーブールについてはVolume 1, p. 298を参照。
(87) Borgeaud (1979, p. 263). もっと乱暴な憶測についてはBorgeaud (1979, pp. 283-5) のアルフレッド・ウィリーによる付録を参照。
(88) Ruijgh (1967, s. 86, n. 40).
(89) Volume 1, p. 454, n. 50.
(90) これについての議論はVolume 1, pp. 91-2を参照。
(91) エジプト語の *in* (*t*) とギリシア語の *pan* はいずれも魚のテラピア・ニロチカを指した。
(92) Sethe (1908, pp. 11-14;1910a, pp. 71-8) を参照。Hani (1976, p. 69) も参照。これについてはさらにVolume 4を参照。
(93) Astour (1967a, pp. 174-5) を参照。ギリシア語の魚の不可思議な名前バッコス *bakkhos* はパン＝パノス *pan-panos* のもじりである可能性もある。
(94) たとえばFrazer (1911, I, pp. 6-121) およびJacobsen (1976, pp. 25-73) を参照。
(95) Plutarch, 'On the Obsolescence of Oracles', 419, trans. Babbit (1936, p. 403).
(96) プラトン『ミノス』(ローブ版) からの引用。*Hesiod*, p. 204.
(97) *Odyssey*, XI. 586.
(98) Budge (1904, II, p. 10) に引用されている一六二章と一六三章に付された題。Otto (1975b, cols. 245-6) も参照。
(99) 第10章注 (2) ― (8) を参照。
(100) Herodotos, II. 7および99. この二つの発音はもっと古い形である*Maynを示すかもしれないが、これは純然たる仮説である。
(101) Lloyd (1988, pp. 6-10) を参照。

(102) インドのヒンドゥー神話では政治秩序の創始者と立法者はマヌと呼ばれたから、この事実は状況をさらに複雑にしている。
(103) Diodoros, I.. XCIV 1-2, trans. Oldfather (1935, I, p. 319).
(104) Otto (1938, p. 5, n. 2) に引用されている Aelian XI, 10。
(105) Manetho fragments 8,9 and 10 ; Vercoutter (1975, col. 338). Lloyd (1976, p. 171) も参照。
(106) Herodotos (II. 99) はミンがメンピス〔メンフィス〕の町をつくったと述べた。Gardiner (1961a, p. 408) も参照。
(107) ỉwn、ỉwnw、あるいはʾOn については Volume 1, pp. 176-7 を参照。
(108) *Coffin Texts*, V. 1916 を参照。Kakosy (1982, col. 165) も参照。
(109) Sethe (1923, p. 191). Otto (1938, p. 34) も参照。
(110) 本文で述べた並行関係のほかにも、*mn ỉwt*(港)と *mrw*、*mr* と *mrgt* のような語にも並行関係を見いだせる。このような語はすべて、「港、岸、走り回る」を意味している。そして、*mr* と *mn* はいずれも「病人」を意味している。興味深いことに、現代のマグレブとエジプトのアラビア語では――football を *futban* と発音するように――、語の最後のダブル・エル〔-ll〕を-*n* と発音することが多い。
(111) *Mn ỉw* は後出のミニュアイ人のところで論ずる。
(112) Volume 3 を参照。
(113) Lloyd (1978, pp. 609-26). *mtwn* という語すなわち、このような闘牛を行う遺跡の名前および、*mtwn* と *mothos* や、その対格 *mothon*(動物の闘う音)、モトネ Mothone やメタナ Methana 等の地名との関係については、後出注(174)および Volume 3 を参照。
(114) Erman (1934, p. 27); Otto (1938, p. 36). Lanzone (1881-6, vol. I, pp. 170-2, pl. 55.3) に掲載されている牡牛の頭のムネヴィス像はプトレマイオス朝のものであり、私の知るかぎり、これよりも早い時期の実証例はない。
(115) Diodoros, I. 61.1-3 および Pliny N. H. XXXVI, 90 を参照。
(116) Herodotos, II. 148-49 および Strabo XVII. 1.37 を参照。ピートリが一八八九年と一九一一年にこの遺跡を調べたとき、彼が発見したのは厖大な量の石灰岩の破片だけで、かなりの量の生石灰がローマ時代にあったと思われる。Diodoros (I. 61.1-3) と Pliny (36.90) は、この建造物は彼らの時代に破壊されたと記した。Gardiner (1961a, pp. 139-40) を参照。これにかんして、ヘロドトスばかりでなくストラボンとピートリの証言をも否定しようという説得力のない特別の企てについては Armayor（1978, p. 70 ; 1985）を参照。古代末期以来、ヘロドトスのいうモイリス湖をファイユームと同一視する学者はいたが、モイリス湖とこの湖の近くにあった迷宮《ラビュリントス》、あるいはアメネメス三世にかんする彼の詳細な記述については、彼らのほとんどが受け入れていなかった。にもかかわらず、考古学と碑文の証拠によって確認された、とりわけ大きく精巧な安置神殿と思われるものが迷宮と関連するというのは、妥当と考えられてきた。すぐれた概説については Lloyd（1988, pp. 121-7）を参照。アルマヨルはもっと起源のはっきりしないクレタ島の迷宮を所与と考えており、これは注目に値する。このことは、エジプトに関するギリシア人の記述は彼らの熱狂的な想像力によるのだと見なしがちなアーリア主義者の懐疑的なアプローチを示している。

(117) Brugsch（1879-80, II, p. 50l）. Volume 1（pp. 258,261）でもブルクシュに言及している。

(118) Gauthier（1925-31, III, p. 119）.

(119) この仮説に関しては Kretschmer（1896, p. 404）およびその他の多くの著書を参照。Hester（1965, pp. 358-9）を参照。フリスクとシャントレーヌはブルクシュの仮説にふれていない。双斧《ダブル・アクス》祭儀とその起源が近東にあるということについては前出第1章注（61）―（63）を参照。

(120) Volume 1, p. 6 および Stieglitz（1981b, pp. 195-8）。

(121) Hall（1920, pp. 153-5）に出ている Hall（1905, pp. 320-4）. Lloyd（1970, pp. 92-6 ; 1988, pp. 120-1）.

(122) Waddell（1940, p. 224, n. 1）. Diodoros（I. 61）はこのファラオを「メンデスすなわちマッルス」と呼び、そのとき彼はこのファラオの両方の名前を再録している。私はこれらの名前がアメンエムハト ỉmn m ḥ3t およびニマアトラー Ny-m3r t-Rrに由来するだろうと見ている。しかし Vergote（1962）は、これらの名前はいずれもニマアトラーの異形であると主張している。アメンエムハトとメムノンとの関係については第6章注（147）―（148）を参照。

(123) Volume 3 を参照。

(124) Apol1odoros, II. 5.9 と III. 1.2 および、Nonnos, XIII. 222 と XL. 284. ミノスの性的冒険に関する古代資料の広範な文献目録については Graves（1955, I, p. 301）を参照。

(125) Gauthier（1931, p. 83）.

(126) Volume 1, p. 95.

(127) Gauthier（1931, pp. 83,205）. これとの関連で、ゼーテが解読したアビュドスのリストのうち、Nfr-kꜣ Min および Nfr-kꜣ Min rnnw という47と52の名前は興味深い（Stock, 1949, p. 35 の議論を参照）。彼らは紀元前二五世紀中頃の謎の第八王朝のファラオだが、ミンと四百年後のクレタ島の王たちを結びつけるのに役立つかもしれない。
(128) Gundlach（1982, col. 136）.
(129) Volume 1, pp. 310-11 を参照。
(130) Volume 1, pp. 85-8 を参照。
(131) Graves（1955, I, p. 298）; Wilamowitz-Moelendorff（1931-32, I, p. 56, n. 3）.
(132) Ranke（1935-52）. ラダマンテュスの語源をエジプト語であると最初に提起したのは私ではない。最初に提起したのは Bérard（1902-3, pp. 68-9）だった。彼はラダマンテュスという語はプルタルコスが「アマンテュス」と書き記したエジプト語の îmnty すなわち、「アマンティ」に由来すると述べた。「アマンティ」は死者が裁きをうける西方の地であった。そこにはいくらか語呂合わせがあったかもしれない（後出注（143）を参照）が、ベラールはラダマンテュスの最初の「ラダ-」の説明はできなかった。
(133) Gardiner（1957, p. 217, §288）.
(134) *Pyramid Texts*, Utt. 503.
(135) モンチュ祭儀についてのすぐれた一般的概説については Bourghouts（1982, cols. 200-4）を参照。
(136) Jahnkuhn（1980, col. 212）.
(137) Bourghouts（1982, col. 201）.
(138) Budge（1904, I, p. 328）; Mercer（1949, p. 125）.
(139) Rusch（1922）; Frankfort, de Buck and Gunn（1933, p. 27）. これと反対の見方については Hollis（1987a, pp. 7-8）を参照。
(140) Otto（1938, p. 47）; Bourghouts（1982, col. 201）; Drawer（1940, pp. 157-9）.
(141) Bourghouts（1982, col. 202）.
(142) *Book of Coming Forth by Day*, CXI, 6 および CLXX. Budge（1904, II, p. 26）を参照。
(143) Merkelbach and West（1983, frs 140-4）所収の Hesiod. *Odyssey*, IV564 ; Diodoros, V. 79 ; Nonnos, XIX. 190. Marinatos

(1949, p. 11) も参照。Victor Bérard (1902-3, pp. 68-9) はこれを「アマンティ」と結びつけている。前出注 (132) を参照。ラダマンテュスの特性であるこの面で、多少の語呂合わせはあるだろう。

(144) *Odyssey*, IV. 564 および VII. 323. Marinatos (1949, p. 11) はこれを「金髪」と解釈し、ラダマンテュスとボイオティア地方との結びつきを証拠立てるために用いている。彼はボイオティア地方の住民は金髪で有名だったとみている。

(145) *Iliad*, XIV. 322.

(146) *Odyssey*, VII. 323.

(147) Diodoros, V. 79.1-2.

(148) 第2章注 (190) ― (191)。

(149) 第2章注 (159) を参照。

(150) Ranke (1935-52, I, pp. 54,57). Mnṯw が「a」を伴って〔マンチュと〕発音されたことについては、さらに Gardiner (1947, II, p. 22) を参照。

(151) Drioton (1931, pp. 260-1) ; Lanzone (1881-6, vol. 1, pp. 293-9, pls 99.2 and 4).

(152) Ward (1971, p. 138).

(153) Contenau (1953, p. 17, plate 40). この〈トゥードの財宝〉については第5章注 (126) ― (137) で詳しく論ずる。

(154) Bourghouts (1982, col. 200).

(155) この並行関係については、たとえば Maspero (1884, p. 462, n. 1) を参照。もしもこの頭部が彼の頭部であるとすれば、シェイク・アンタ・ディオプが指摘したように、ミン／メネスは古代のアフリカ人の特徴をもっていた。Mnṯw ḥtp II〔メンチュホテプ二世〕の顔はあきらかに黒人だと分かる顔ではないが、カイロ博物館にある有名な彼の像を見ると、彼が黒いことは疑問の余地がない。Diop (1974, plates 5 and 9) を参照。

(156) Beckerath (1982a, col. 66 ; 1982b, cols 66-8).

(157) Gardiner (1961a, p. 120).

(158) Gauthier (1931, p. 205).

(159) Otto (1938, p. 47) に引用されているワディ・ハルファの碑文。

(160) Otto (1938, p. 47).

(161) 前出注（28）—（39）を参照。

(162) Pendlebury（1963, pp. 120-1）.

(163) Ward（1971, pp. 119-20）.

(164) これにかんする文献目録についてはHelck（1975a, cols 889-91）を参照。

(165) Ward（1971, pp. 58-65）.

(166) Ward（1971, pp. 62-3）.

(167) 前出注（23）を参照。

(168) Diodoros, V. 77. I, trans. C. H. Oldfather（III, p. 313）.

(169) Diodoros, V. 84.1-4.

(170) Volume 1, p. 83.

(171) Reisner and Reisner（1933, pp. 35-46）.

(172) Pendlebury（1930a, p. 109）; Burleigh and Hewson（1979）.

(173) 第1章注（16）を参照。

(174) *mṯwn*（闘牛場）という語の決定詞[illegible]にある、牡牛の背を跳び越える動きを示唆する奇妙なマークを参照（Erman and Grapow, 1982, II, p. 175）。*mṯwn*（闘牛場）の語は古王国時代から慣用が実証されている。前出注（107）—（112）を参照。

〔訳注1　双斧《ダブル・アクス》の形状については第1章訳注1を参照。〕
〔訳注2　双矢石《ダブル・ベレムナイト》の形状は第1章訳注2を参照。〕

第5章　セソストリスI

（1）Farag（1980, p. 75）; Posener（1982, p. 7）; Petrie and Walker（1909, pp. 6-7,17-18）.

（2）Giveon（1985, p. 16, n. 34）とおなじように、ファラグとポーゼナーはこの碑文は額面通りうけいれるべきであるし、第一二王朝にまでさかのぼるべきだと考えている。しかし同じく中王国時代の専門家のWilliam Ward（1987, p. 528）は、彼らの意見と他の断片をめぐるピートリの意見を退け、この碑文は「ラメセス時代」すなわち、紀元前一九世紀というよりも紀元前一三世紀のものだと主張している。彼は碑文の名前は存命中の王の名前ではなく、葬送記念碑にきざまれた王の名前であると指摘している。しかし彼はこれらの名前が「第一二王朝の初期の」王の名前だったことは認めている。

ウォードにたいしては、外国の地名が新王国時代には知られていない地名であり、中王国時代の発音らしいという反論ができる。このような理由と後述する状況証拠から、私はファラグとポーゼナーの説を選び、碑文のテクストは第一二王朝時代のものだったということを受け入れる。この見解は今では一般にエジプト学者から受け入れられている。O'Connor（1990）を参照。このもっとも著しい例はHelck（1989）である。

（3）Farag（1980, pp. 78-9）; Posener（1982, p. 8）. スティ Sṯt についてはGardiner（1947, I, p. 1 77）およびGauthier（1925-31, I, p. 95）を参照。

（4）Gardiner（1961a, p. 126）.

（5）Simpson（1984a, col. 891）.

（6）Herodotos, II. 110, およびDiodoros, I. 57.5を参照。Lloyd（1988, pp. 36-7）は——碑文を論じてはいないが——、そこに第一二王朝の遺物があることを認めており、ギリシア人がセソストリスと彼の家族の像と信じていたのは実はラメセス二世だった——ある程度これは妥当する——と主張している。

（7）これを疑問視する議論についてはSimpson（1984b, col. 950）を参照。暗殺成功説についてはPosener（1956, pp. 66-73）およびBlumenthal（1983, pp. 105-6）を参照。

（8）このステレおよびNsw Mntw自身についての文献目録についてはPosener（1971, p. 538）およびSimpson（1984a, col. 899）を参照。

（9）Lichtheim（1975, I, pp. 222-35）を参照。この有名な物語には多くの翻訳があり、その文献目録についてはLichtheim（pp. 222-3）およびSimpson（1984b, col. 953）を参照。

（10）レテヌー Rṯnw の場所に関する議論についてはGardiner（1947, I, pp. 142-9）を参照。

（11）Posener（1971, p. 538）.

（12）Posener（1971, p. 539）.

（13）Albright（1960, p. 85）.

（14）Posener（1940,1956, and 1971）; Giveon,（1978a, pp. 61-72 ; 1981 ; 1985）. ワインシュタインはレヴァントにおける中王国「帝国」という考えに大反対だが、パレスティナにセンウスレト一世〔時代〕の多くのスカラベがあり、彼の娘と思われる女性像がテル・ゲゼルで発見されていることは認めた。Weinstein（1974, p. 52）。それ以来、この王女をアメンエムハト三世の娘とする考古学的根拠はなくなった。

（15）Posener（1956, p. 109）.

（16）Posener（1971, p. 540）. この引用文についてはLichtheim（1975, I, 188）を参照。彼女はSh3b3tyという語を論じ、ヘルックはこの語を「隊商」と訳しているが、彼女とブラナーは「使節、特使」と訳している。

（17）Giveon（1975, cols 462-63）. Helm（1980, p. 229, n. 5）が述べているこの名前の短い文献目録も参照。

（18）この二つの名称の混乱は、ホメロスが『オデュッセイア』のなかでメネラオスの放浪を歌ったとき、エレンボイ人と呼ばれる人びとについて次のようにふれているところに示されている。「〔思えばさんざん苦しい目に遭い、各地に放浪の末、これらの財宝を持ち帰ったのであったが、それは実に八年目の帰国であった。私は〕キュプロス、ポイニケ（フェニキア）、アイギュプトス（エジプト）と渡り歩き、アイティオペス人の国、シドン、エレンボイ人の国を訪れ、さらにはリュビエ（リビア）へも行った……」（*Odyssey*, IV. 82-5）。

このエレンボイ人という名称は、古代にはアラブ人を指すと考えられていた（Strabo, I. 41）。しかしHelm（1980, p. 217）が指摘しているように、これはアラム人という名称と混同され、エレンボイ人はただ近東の遊牧民を意味していたのかもしれない。

それよりずっと昔、ギリシア語でアラブ人にふれているのはヘシオドスの『名婦列伝』である。そこでは「有徳のヘルマオンがベーロス王の娘トロニアとのあいだにもうけたアラボスの娘」と述べられている。Hesiod, *Catalogue of Women*, frg. 15（137）, trans. Evelyn-White（1914, p. 167）. Frg. 137 in Merkelbach and West（1983）.

この語が古セム語の文脈で出てきたことは、ベーロス王という名前からあきらかである。Volume 1, pp. 86-8で論じたように、ヘシオドスが紀元前一〇世紀の人だったとすれば、ヘシオドスのこの言及は近東におけるどの言及よりも古い。アラブ人にかんする近東における最初の用例は、紀元前八五三年のアッシリア王シャルマネセル三世の碑文である。聖書がアラブ人についてはじめて言及するのは紀元前六世紀の預言書である。この問題にかんするすべての資料についてはEph'al（1982, pp. 6-9）を参照。

Eph'al（p. 7, n. 24）は^ʿåråb（アラブ人）と^ʿåråbåh（砂漠）はまったく結びつきがないと簡単に片づけている。^ʿåråb の原形は^ʿåråbåh ではないというエファルの指摘は正しいが、しかし、この二つの語には関係がある。私の考えでは、アラブ人という名称のもっとも妥当な語源はセム語の語根√ʿrb あるいは√ġrb（入る、日没、西）だろう。したがって、アラブ人という種族の名前――すなわち民族の名前――はメソポタミアの名前であり、メソポタミアの西の砂漠に住む民族を指したと思われる。

（19）*Iliad*, II, 782-85.

（20）Vian（1960, pp. l9-24）.

（21）Fontenrose（1959, p. 71, n. 2）および Vian（1963, pp. 64-82）への反論。

（22）Fontenrose（1959, pp. 82,177-93）. セトとスティ Sṯt およびシリア＝パレスティナとの関連については Van Seters（1966, p. 99）を参照。

（23）Chantraine（1968-75, p. 371）はこれについて「明白なこと」だと述べ、当然だが、Pokorny（1959-69, pp. 332-3）の *erēmo*-がインド＝ヨーロッパ語の語根 *er*（束ねていない）に由来するという試みを退けている。

（24）Posener（1971, pp. 540-1）. これらの像のリストについては Helck（1971, pp. 68-9）を参照。

（25）Ward（1961, pp. 17-38）; Stevenson Smith（1965, pp. 14-150）. これらの完全な文献目録については Stevenson Smith（1965, p. 15, n. 48）を参照。

（26）Posener（1971, pp. 540-l）. 絵については Davies and Gardiner（1936, plates X and XI）を参照。

（27）Helck（1971, p. 41）.

（28）Ward（1971, p. 68）.

（29）Posener（1982, p. 8）.

（30）Helck（1989, p. 27）.

（31）Maspero（1901, p. 593）.

（32）Volume 1, pp. 252,306.

（33）Bunsen（1848-60, I, 309-24）; Maspero（1901, p. 593）.

（34）Sethe（1900,1904）. Burton（1972, p. 164）はゼーテの論文の年をそれぞれ一九〇二年および一九〇五年と誤っている。

（35）Maspero（1901, pp. 596-7）は Senwosre の読みについて、ゼーテの読みであるセンウスレトを受け入れたが、彼は当初、セソストリスという名前はラメセスの異名 Rr s s t sw に由来すると主張していた。一九〇四年、この主張をゼーテがくつがえした。
（36）Burton（1972, p. 166）.
（37）Diodoros, I. 53.8.
（38）Gardiner（1957, p. 74）.
（39）Manetho, frs 32,34-6, trans. Waddell（1940, pp. 64-73）.
（40）詳細については Delia（1980, pp. 24-107）を参照。
（41）原型はセンウスレト三世と考えている Hayes（1971, p. 505）には失礼する。
（42）Manetho, Frs 32,34-6.
（43）Herodotos, II, 100-110, trans. de Selincourt（1954, pp. 166-9）.
（44）Diodoros, I, 53.5 - 58.2, trans. Oldfather（1933, pp, 187-95）.
（45）Sethe（1900,1904）; Maspero（1901）; Rattenbury（1933）; Braun（1938, pp. 13-18）; Lange（1954）; Malaise（1966）; West（1977）; Lloyd（1982 ; 1988, pp. 16-18）を参照。
（46）Posener（1956, p. 15）.
（47）一九五三年、ソ連〔当時〕のエジプト学者でコプト学者の Petr Viktorovitch Ernshtedt（pp. 55-7）は *mythos* の語源を確立した。シャントレーヌによれば、*mythos* はもともと、「連続することばによって指導し、提案し、対話すること」すなわち、「内容のあることば」を意味する。*mythos* にたいするインド＝ヨーロッパ語の語源が存在しないという事実もある。
（48）Strabo, XV, 686 に引用されているメガステネスおよび Arrian, *Indica*, V. 4.
（49）Herodotos, II. 110 および Diodoros, I. 58.4 を参照。これにかんする近代の議論については Lloyd（1982, p. 37）を参照。
（50）Georgacas（1969, pp. 34-7）. Helm（1980, p. 23, n. 23）も参照。アジアという語にかんするエジプト語の語源論とエジプト語の訳語については後出注（164）—（172）を参照。
（51）第6章注（12）—（14）を参照。

（52）これにかんする文献目録についてはPosener（1956, pp. 68-9）を参照。

（53）Spiegelberg（1927, p. 25）の説明は、「ガイドの話で頻繁に繰り返されている凱旋のファラオという言い方にもとづいた」結果、セソストリスは二人の息子の身体をのりこえて火から逃れた、というものである。「多くの場合、セソストリスの像は両足でエジプトの敵、ニグロとシリア人を象徴する二つの頭を踏んづけている」というのは不自然だが、ありうるかもしれない。

（54）この並行関係を最初に指摘したのはIversen（1961, p. 149, n. 1 6）であった。Burton（1972, p. 171）も参照。詳細についてはDelia（1980, pp. 54-6）を参照。記号のᗡ（井戸）は中王国時代以降ḥm（女性性器）をあらわす語として用いられた。

（55）Sethe（1900, p. 3）; Malaise（1966, p. 250）; Burton（1972, P. 1 78）.

（56）Emery（1960, p. 6）; Clutton-Brock（1974, pp. 92-3）. キュルテペ第Ⅱ層から出土した円筒印章に描かれている「二輪戦車《チャリオット》」についてはDrews（1988, pp. 93-6）を参照。Drews（n. 48）はキュルテペ第Ⅱ層の年代について「中」年表の紀元前一九一〇年—一八四〇年を受け入れている。

（57）神々の移送に公的関与があったことについては、たとえば、Lichtheim（1975, pp. 123-9）が翻訳したIkhernofret記念石柱《ステレ》（ベルリン博物館1204）を参照。センウスレト一世の「神」という称号の新しさについては、Blumenthal（1985, pp. 108-9）を参照。Springborg（1990, pp. 46-7）も参照。

（58）Volume 1, pp. 170,185.

（59）Volume 1, p. 326を参照。

（60）セソストリスのアフリカ・アラビア征服物語が受け入れられていたことについては、たとえば、Sethe（1900, pp. 16-20）、Malaise（1966, pp. 260-4）およびLloyd（1988, p. 36）を参照。この点にかんする二次文献の完全な文献目録はLloydにある。

（61）E. Meyer（1928-36, I, p. 263）で引用されているFoucart（1914, p. 4）。フーカーについてはさらにVolume 1, pp. 264-5,314,380,383を参照。

（62）Lichtheim（1975, I, pp. 211-15）を参照。

（63）Naville（1894-1908, III, plates 69-71）; Stevenson Smith（1958, pp. 136,138 ; 1965, p. 7）.

(64) ラメセスの艦隊についてはBurton (1972, p. 169) を参照。第一八王朝の海軍についてはHayes (1973, pp. 367-9) およびSäve-Söderbergh (1946, pp. 33-50) を参照。第10章注 (86) も参照。
(65) Herodotos, II. 100.
(66) Delia (1980, pp. 77-9) で論じられているウロナルティ (Khartoum 2683) のセンウスレト三世治世第一九年 (紀元前一八六四年頃) の碑文を参照。セソストリスが浅瀬にはばまれたという字句の説明についてはLloyd (1988, p. 19) を参照。このテクストで言及されているのはナイル川でなく海だとロイドは解釈している。
(67) Diodoros, I. 55.6.
(68) たとえばWildung (1984, plates 140,150-1) を参照。
(69) Adams (1984, pp. 176-81). これらの要塞の比較的考察についてはvan Seters (1966, pp. 33-7) を参照。
(70) Parker (1950, p. 69).
(71) Parker (1976, pp, 178-84) ; Kitchen (1987, p. 43).
(72) Krauss (1985, pp. 73-82) ; Kitchen (1987, p. 43).
(73) Meyer (1904, pp. 45-51).
(74)『トリノ王名表』(1938, p. 35) のなかで、col. V. 1.1.8 はヒエラティック〔神官文字〕で書かれていたので、それをFarina (1938, p. 35) がヒエログリフに転写して以来、この〔第一二〕王朝は一四三年間存続したとされ、Winlock (1940, p. 118, n. 2) もためらいながら支持し、この一四三年というのが現代の定説になっている。Gardiner (1959, p. 16) も同じような形でこの『トリノ王名表』を複製し、ヒエログリフに転写した。しかし、Sethe (1905) はこれを〈一六〇年を超える〉と読み、Meyer (1907b, p. 21) とBreasted (1906, I, p. 41) がこれを支持した。きわめてあいまいなところがあるために、この問題の確定的判断はむずかしい。『トリノ王名表』のこの行は、異なる断片 (63、64および?《ママ》) から成る二つ三つの不明確な節だと思われる。マイヤーが述べたように、「これらの見るも情けない断片から［ゼーテ］がもちまえの正確さで割り出したのは」、〈一六〇年を超える〉という期間であった。ウィンロックが著書を執筆し、ファリーナとガーディナーが『トリノ王名表』のテクストに取りくんでいたとき、エジプト年表の年代は鮮明に現代に近い方に修正された (以下参照)。したがって、このテクストに彼らと彼らの同時代人たちが一四三という数字をみとめたのは、その数字がそこにあったからなのか、あるいは、その数字でなければならないと彼らが信じていたからなのか、そのどちらであるのかは分からない。近年の放射性炭素年代測定法による測定から、前代の学者たち〔ゼーテ、マイヤー、ブレステッド〕の年表のほうに信頼性が高まっており、私としてはここでも前代の学者の説に従いたい。

(75) Gardiner (1959, pp. 11-13).

(76) Stock (1949, p. 103).

(77) Breasted (1906, I, pp. 40-5).

(78) Meyer (1907b, pp. 68,178).

(79) Gardiner (1961a, p. 67).

(80) Hayes (1971, p. 996). 第一中間期の期間を縮小あるいはなくそうとする傾向を展望した文献目録については Kemp (1980, p. 27) を参照。

(81) Mellaart (1979, pp. 7-11).

(82) Mellaart (1979, p. 7).

(83) Kemp (1980) および Weinstein (1980).

(84) Haas *et al.* (1987). これらの結果は、ハノーファーでこれとは異なるサンプルを最新の方法を用いて分析した研究によっても支持されているように見える。Haas *et al.* (1987, p. 597).

(85) Haas *et al.* (1987, pp. 586-7).

(86) Shaw (1985).

(87) Shaw (1985, p. 304); Haas *et al.* (1987, pp. 596-7).

(88) Haas *et al.* (1987, pp. 588-9).

(89) Weinstein (1989b, p. 103) を参照。Harding and Tait (1989, pp. 151-2) も参照。

(90) エブラの発掘品とその発掘品の含意についての概観については Pettinato (1981) を参照。

(91) Matthiae (1981, p. 9).

(92) Pettinato (1981, p. 107).

(93) Matthiae (1988, p. 76).

(94) Matthiae (1988, p. 77). ビュブロスの対照歴史年表もサルゴンの治世がエジプトの第一中間期だったことを示している。

(95) Huber (1987b, p. 9).

(96) Pettinato (1981, p. 107). 一九八三年のコーネル大学への私信。

(97) Steinkeller (1986, pp. 31-40).

(98) Gardiner (1961a, pp. 62-3); O'Mara (1979, addendum) を参照。

(99) Mellaart (1979, p. 9).

(100) Kemp (1980, p. 25).

(101) Mit Rahina, col. 5+x を参照。

(102) Gardiner (196la, pp. 112-16).

(103) Smith (1965, p. xxiv).

(104) Callender (1975, p. 1) を参照。彼は、中エジプト語は古王国時代末期と第一中間期時代の口語であったとさえ示唆している。新エジプト語と中エジプト語の違いは、古エジプト語と中エジプト語の違いよりもはるかに大きいが、第二中間期の二三〇年という時間差は、ここで仮定した第一中間期の三一〇年という時間差よりも小さい――これは確実である。しかし、ヒクソスの侵略が言語にもたらしたインパクトよりも、古エジプト語と中エジプト語はいずれも下エジプトのメンフィスの口語にもとづいていた思われるが、新エジプト語は上エジプトのテーバイの口語だったという事実の方が重要である (Greenberg 1986, pp. 282-3 を参照)。したがって、第二の場合には大きな時間的距離と同時に地域的距離も存在していた。

(105) Huber (1987a, p. 17). Huber (1982) も参照。「長」年表はランズバーガーとナゲルが提起している〈高〉年表ほど年代が古くない (Strommenger, 1964, chart を参照)。この年表では八〇年ほど年代がさかのぼる。しかしフーバーはランズバーガーとナゲルの〈高〉年表の数字を〈低〉年表の数字ほど完璧にチェックしていないことは指摘しておかなければならない。彼の完膚無きまでの反論については Åström (1987-9, III, pp. 61-3) を参照。

(106) Mellaart (1957,1958, and 1967).

(107) 一九九〇年一〇月、ピーター・クニホウムからコーネル大学への私信。

(108) 地図と図を参照。

(109) Mellaart (1982, pp. 31-2).
(110) Mellaart (1982, pp. 31-2).
(111) Gurney (1973, pp. 229-32); Watkins (1986, pp. 45-8).
(112) Volume 1, pp. 13-14.
(113) Lang (1966, pp. 43-4; 1977, p. 76); Burney and Lang (1971,78-85); Bosch-Gimpera (1980, p. 171); Mellaart (1967, pp. 36-8).
(114) 昔の説については Mellaart (1967, pp. 29-31) を参照。
(115) Larsen (1976, pp. 80-105).
(116) この論争にかんする文献目録については Gurney (1973, pp. 232-3) を参照。その後 Macqueen (1975, p. 21) と Mellaart (1978, p. 57) が論争に参加している。
(117) Balkan (1955, pp. 58-63). 滅亡の年代は年輪年代学によっていまにも確定するように思われるが、年輪の輪はまだ絶対年表との対応がなされていない。Kuniholm and Newton (1989) を参照。
(118) Balkan (1955, pp. 42-3,58-63).
(119) Mellaart (1957, p. 58) からの引用。
(120) Larsen (1976, pp. 81-4).
(121) メラートは破壊があった年を Mellaart (1958, p. 9) および (1967, p. 37) では紀元前一九〇〇年頃、Mellaart (1978, p. 49) では紀元前一九四〇年頃としている。
(122) Mellaart (1958, p. 10).
(123) Muhly (1973b, p. 326). メラートは彼のテーゼを Mellaart (1967, pp. 44-5) で繰り返したが、一九七八年の著作では主張していない。
(124) Bittel (1970, pp. 46-7). 火災という説については Mellink (1977, p. 293) を参照。
(125) Kadish (1971, p. 123).
(126) Mellaart (1958, p. 10).
(127) Mellaart (1958, p. 14).

(128) Mellaart（1978, pp. 46-7）の地図。

(129) Bisson de la Roque *et al.*（1953, pp. 7-14）;Helck（1971, p. 382）. これにかんする文献目録については Kemp and Merrilles（1980, p. 290, n. 690）を参照。Vandier（1972, pp. 260-1）も参照。

(130) Bisson de la Roque *et al.*（1953, p. l0）.

(131) Kemp and Merrillees（1980, p. 296）には失礼する。

(132) Davis（1977, pp. 69-78, とりわけ p. 72 ; 1974, pp. 46-81）; Kemp and Merrillees（1980, p. 290）.

(133) Porada（1950, pp. 155-62）. これらの印章について、ケンプとメリリーズがまったくふれていないことは重要である。財宝の年代の繰り下げを企図した彼らの独創的な労作は、これによって評価を下げ、そうでなければ素晴らしい著作が台無しになっている。

(134) Bisson de la Roque *et al.*（1953, p. 9 and plates XLIII-XLIX）; Kemp and Merrillees（1980, p. 295）.

(135) Posener（1971, p. 540）.

(136) 未発表だが Posener（1971, p. 543）が引用している。

(137) 前出注（36）—（37）を参照。

(138) Kemp and Merrillees（1980, p. 295）.

(139) Erman and Grapow（1982, II, p. 92）.

(140) Farag（1980, p. 78, line 9+x）; Borghouts（1982, cols 200-4）. 以下参照。Helck（1989, p. 29）はミト・ラヒーナ碑文と〈トウードの財宝〉のあいだに一般的な結びつきを見ている。

(141) Mellaart（1958, p. 11）.

(142) Dumitrescu（1982, pp. 37-43）; Garašanin（1982a, pp. 142-52）.

(143) Dayton（1982a, p. 155）.

(144) Diodoros, I. 55.6-7.

(145) 前出注（49）を参照。

(146) Lang（1966, pp. 43-5 ; 1978, pp. 70-3）; Muhly（1973b, pp, 202-6）; Mellaart（1982, pp. 22-3）.

(147) Burney（1958, pp. 169-75）; Lang（1978, p. 78）; Burney and Lang（l971, p. 95）.

(148) Burney（1958, p. 178）; Lang（1978, p. 78）.

(149) Bumey and Lang（1971, p. 85）.

(150) Lang（1978, p. 76）.

(151) Schaefer（1948, pp. 544-5）.

(152) Mellaart（1978, p. 47）地図。ＥＢⅢ期のアナトリアにおける金属細工の高度な発展については Yakar（1985）を参照。

(153) Maxwell-Hyslop（1946）.

(154) Tylecote（1976, p. 21）; Yadin（1963, I, pp. 60-2,153-75）; Maxwell-Hyslop（1946）. 後出の第９章注（22）―（34）を参照。

(155) Lang（1978, p. 77）. たとえば、金を嵌めこんだカフカス産黒曜石でできた素晴らしい軟膏入れの二つの壺の図が Wildung（1984, p. 93, plate 82）にある。

(156) Helck（1971, p. 389）. 銀と鉛の主要な鉱山は、黒海沿岸の港町ギレスンの南五十五マイルにあるセビンカラヒサルの近くにある鉱山と、中部トルコのユーフラテス川上流にあるディヤルバキルの近くにあるエルガニ・マデンである。Dayton（1982a, p. 166）を参照。

(157) Gardiner（1947, I, p. 177）.

(158) Farag（1980, p. 78, lines 9+x and 10+x）. 碑文のこれらの部分は転写がはっきりしていないだけでなく、文のスタイルもはっきりしていない。たとえば、普通は *rdi* が使われるのに、*dy* が使われている。*ds*-ではなくて、、*-ds* が使われている。「ビール・ジョッキ」ではなくて、*inw* （みつぎ物）のような決定詞にある、一般的な奉納品が使われている。これについては Gardiner（1957, p. 530）を参照。中王国時代では一般に *n* あるいは *nt* を「……の〔of〕」と読むが、そうではなく、*n(y)w* を「……の〔of〕」と読むことを私は提案する。私がを「固形物」ではなく〈外国〉と解読したが、その理由は碑文の初めの部分で（＝）（スティ Sṯt の銅あるいは青銅）に言及しているからである。私が Edward Meltzer に感じている恩義はほかのところでも大きいが、ここでも大きい。もちろん、彼は私の結論にまったく責任はない。これとは別に、スティ Sṯt がどう書かれているかについての議論、また、第一王朝の碑文で *sṯtyw*（アジアティック人 Asiatics）という語でについてふれているという議論については van Seters（1966, p. 107）を参照。

(159) Farag (1980, p. 77, lines 8+x). Posener (1982, p. 8) によるとスティ Sṯt のまえにある「鳥」は bꜣと読む。私は彼の読みにしたがう。

(160) Helck (1971, pp. 295-7, 571).

(161) Muhly (1973b, pp. 209-11) はこの地域で銅が採掘されていたという報告さえ疑っている。

(162) 創世記、第四章第二二節。製鉄についてはTylecote (1976, p. 40) を参照。Yakar (1985) も参照。第11章注 (76) も参照。とりわけアナトリアへの言及との関連で、*m* や *p* および *b* との交換にかんする議論については Bernal (1990, pp. 92-3) を参照。Helck (1989, p. 28) も参照。

(163) Helck (1989, p. 28).

(164) Cline (1987, p. 28). さらに詳しい議論については前出第3章注 (122) ― (124) を参照。

(165) 第3章注 (122) および Macqueen (1975, p. 18) を参照。

(166) 前出注 (121) を参照。

(167) Gardiner (1947, p. 131) および Helck (1971, pp. 282-3) を参照。Strange (1980, pp. 169-83) の主張によれば、アラシア Alashia〔ママ〕はキプロスではない。しかし、Wachsmann (1987, pp. 99-102) は強く通説を支持している。Wachsmann (1987, pp. 99-102) が支持するこの主張の要点は、ほぼ五〇年前、Power (1929, p. 156) が主張したものと同じである。すなわちそれは、〈アラシアはビュブロスの北の都市ではありえない、なぜならビュブロス王リブ=アッディ Rib-Addi はアマルナ書簡一一四のなかで、アラシアは彼の敵を迂回してエジプトに行く途中にあると考えていたからである〉という主張であった。この主張は Astour の主張と似ているというのが Merrillees (1987, p. 59) の議論である。Merrillees のこの議論は説得力がまったくないというわけではない。しかし、エブラに向かう行程表にテル・マルディクが見あたらないという理由から、〈テル・マルディクはすなわちエブラである〉ということを Astour は否定しているが、これはあやまりである。〈エブラやウガリットという地名はその存在が現地のおびただしい数の記録によって立証されている。しかしアラシアはすなわちキプロスであるという主張はエブラやウガリットほど確実ではない〉という Merrillees の指摘はまさに正しい。他方、彼と彼のグループに〈アラシアとはこの土地をさしているのである〉という代案はない。そして紀元前第二千年紀のエジプト語、レヴァント語、メソポタミア語、ヒッタイト語の地名のなかに、キプロスに相当する語はアラシア以外には見あたらない。したがって、アラシアはキプロスであると見なすことはきわめて妥当だろう。〈確実性を求めるAstourは、テル・マルディとはすなわちエブラであるということを認めないで拒否している〉とMerrilleesは頻繁に述べているのに、Merrillees自身がアラシアとキプロスの関連について同じことを言っているのは妙である。

(168) メルツァー（一九八七年一〇月二二日の私信）およびHelck（1989, p. 28）。Vercoutter（1956, p. 93, n. 4）はi͗rsがアクエンアテンの治世後初めてあらわれたことを注目し、それ以前はi͗syだったにちがいないと主張した。i͗syも使われただろうが、i͗ꜣsyが使われた可能性も大きい。

(169) Farag（1980, p. 79, line 16+x）; Posener（1982, p. 8）.

(170) Catling（1971, pp. 818-22）; Merrillees（1977, pp. 44-6）.

(171) Ward（1961, p. 30）. あいまいなこの点をめぐる以前の著作については、Merrillees（1987, pp. 67-71）が完璧な概説をしている。Helck（1989, pp. 27-8）も参照。

(172) Bossert（1946, pp. 5-40,177）.

(173) Maspero（1886, pp. 361-8）.

(174) Wainwright（1915, pp. 1-36）.

(175) Georgacas（1969, pp. 39-41）. Vercoutter（1956, p. 181）はi͗syとアシュワとのあいだの結びつきをあっさり否定することでこの問題を避けている。Merrillees（1987, p. 36）が指摘しているように、Vercoutterが避けているのは「哲学的理由でなく歴史学的理由から」である。

(176) Foucart（1914, pp. 2-3）. Foucartについてはさらに Volume 1, pp. 70, 264-5, 314, 380, 383, 495を参照。フカールの説についてはVolume 4でもっと詳しく論ずる。

〔訳注1　エジプトの年代学では、ソティスと呼ばれるシリウス星の観測と太陽年すなわち、太陽が春分点を通過してから再び春分点に帰るまでの時間（約365.242日）が重要な役割を果たしている。〕

〔訳注2　〈ソティス・デイト〉Sothic dateとは、〈ソティス周期〉によって決定された年代のこと。〈ソティスの出〉と〈太陽年の新年〉が同時に起こるのは、一四六〇年に一度だけであり、これが〈ソティス周期〉と呼ばれてエジプトの年代学の基礎になっている。〕

第6章　セソストリス II

（1）Spiegelberg（1927, p. 20）. 学者としてシュピーゲルベルクは時代の子だった。しかし――私の考えでは――、彼の姿勢を Diels（1887, p. 423）、Sayce（1885）、この問題にかんする Armayor（1985）の姿勢と比べると、ずっと開放的だった。

（2）Simpson（1984a, col. 891）.

（3）Posener（1956, pp. 141-4）.

（4）第5章注（45）を参照。

（5）Diodoros, I. 20, trans. Oldfather, pp. 63-5.

（6）*De Iside*…, 356A, trans. V, p. 35.

（7）Volume 1, pp. 115, 461, n. 193.

（8）Volume 1, pp. 142-5.

（9）Dörrie（1979）.

（10）Gardiner（1961a, pp. 47-8）.

（11）ここでの議論については Posener（1960, p. 43）、Bell（1985a, p. 274 ; 1985b）、Springborg（1990, pp. 209-14）を参照。ファラオと半神については第2章注（208）―（210）を参照。

（12）Volmem 1, pp. 115-6 および後出注（16）を参照。

（13）*Alexander Romance* の最初の断片の年代については Rattenbury（1933, pp. 220-1）を参照。

（14）第二三王朝については Gardiner（1961, pp. 326-34）を参照。マネトの記した名前が不明確であることについては Frs 34 and 35, trans. Waddell（1940, pp. 66-9）を参照。

（15）*Alexander Romance*, Pseudo Kallisthenes, I. 34.2, I. 34.4 and III. 24.

（16）二つの伝承間の並行関係については Rattenbury（1933, pp. 219-23）、Braun（1938, pp. 13-18,41-2）および West（1977, pp. 47-8）を参照。このタイプの「物語《ロマンス》」はセソンコシスとアレクサンドロスの物語だけではなく、その他にも沢山ある。とりわけ、ニノス王とセミラミス女王の「物語《ロマンス》」は九世紀のアッシリアの支配者の事績に彩りを添えている。

Rattenbury（1933, pp. 221-6）、Braun（1938, pp. 6-18）ならびに最近の Pettinnato（1985）を参照。

（17）Simpson（1953, p. 86）. ビュブロスとウガリットから出土したこれらの紀元前第二千年紀の人物像の実例は、Amiet（1977, plates 73-7）を参照。角については、Amiet（1977, plate 49）を参照。これは現在ルーブル美術館にある有名な記念石柱《ステレ》に刻まれているナラム・シン王がかぶっている戦いの兜で、王冠というよりは明らかに兜である。この兜のまびさしは上エジプトの白冠のまびさしよりもずっと浅い。

（18）第2章注（187）を参照。

（19）Simpson（1960, p. 64）.

（20）Simpson（1960, p. 65）; Grdseloff（1942）.

（21）エジプトの実例については Wildung（1984, p. 40, plate 33）を参照。レヴァントの実例は Amiet（1977, pp. 390-3）、ヒッタイトと新ヒッタイトは Amiet（1977, p. 399）を参照。エーゲ海地域のこのような像についての議論は第11章注（217）—（224）にある。

（22）Porada（1984, p. 486）.

（23）Herodotos, II. 106.

（24）Kadish（1971, p. 123）.

（25）Wildung（1984, pp. 175-6, plates 150-1）収録のカイロ美術館の作品とレリーフを参照。

（26）Amiet（1977, p. 395, plate 518）; Spiegelberg（1927, p. 24）. Volume 1, pp. 92-5 も参照。S-t n Ḥp については Gauthier（1925-31, V, p. 83）を参照。Se n Hrpy はシノペであると最初に提唱したのは Guignant（1828）だった。しかし Griffiths（1970, pp. 396-7）はこの同一視は考えられないとしている。私も彼と同意見である。

（27）Nonnos, III, 1s. 365-71, trans. Rouse（1940, I, p. 127）.

（28）Volume 1, pp. 94-5 を参照。

（29）第2章注（123）、第3章注（86）—（92）および Apollonius, II. 11.178-533.

（30）Gauthier（1925-31, III, p. 75）.

（31）Parke（1967, p. 220）.

（32）Frazer（1914）.

（33）Herodotos, II. 1-2.

（34）Herodotos, VII. 107-109. trans. de Selincourt（1954, pp. 478-9）. Strabo, *Geography*, VIII. 319 および frg. VII。Pliny, *Natural History*, IV. 18,11,40. Harrison（1903, p. 371）にパウリナスが引用されている。

（35）Cook（1914-40, I, pp. 400-1）; Parke（1967, p. 159）.

（36）Cook（1914-40, I, p. 371）; Parke（1967, p. 220）.

（37）Volume 3 を参照。このことは、紀元前第二千年紀後半、この影響の一部がこの地域に及んだかもしれないということを否定しない。

（38）Lang（1966, pp. 20-2）. カフカス地方のアルバニア人とバルカン地方のアルバニア人が無関係なように、グルジア地方のイベリア人とスペインのイベリア人も無関係である。この地方では、イベリア人という名前は、グルジア人を指すアルメニア語とペルシア語の名前、Virkr に由来すると説明されている（Lang, 1966, p. 18）。しかし私は、イベリア人とヘブライ人の場合、彼らの名前はいずれも、紀元前第二千年紀にレヴァントでよく知られていた名前、ˆp/bri に由来するという説明のほうがずっと妥当性があると思う。名前の研究家できちょうめんなモシェ・グリーンバーグは、著書のなかでこれについては言及せず、多くのˆp/bri が町の中や町の近くに入植したことを論証している。Moshe Greenberg（1955, pp. 86-7）を見よ。にもかかわらず、この名前は動詞のˆåbar'（道を越えていく）および、ˆêber'（向こうの地域）に由来するという従来の説は、説得的だと私は考えている。スペインとカフカスのいずれでも、イベリア人というのは同化しない内陸住民であり、海上貿易の盛んな「文明化された」地域に住む沿岸住民とは対照的な区別される存在であった。これは興味深いことで、注目しなければならない。これらの地名の語源論の基礎を確立したのは一七世紀のボシャールであった。スコットランドを指す古語の Albany という語と同じように、Albanian という語、およびドーヴァー海峡の白い崖である Albion という語や Lebanon という語は、セム語とインド＝ヨーロッパ語に共通する語根√(a) lbn（白い）、したがって、石灰岩の山あるいは雪におおわれた山に由来していることははっきりしている。

（39）Strabo, XI. 2.16.

（40）Lang（1966, p. 18）.

（41）Herodotos, II. 104-5, trans. de Selincourt（1954, pp. 167-8）.

（42）Lloyd（1967, pp. 164-5,282-3）.

（43）Herodotos, II. 41, trans. de Selincourt（1954, p. 146）; Jairazbhoy（1985, p. 60）.
（44）Lloyd（1976, pp. 192-5）.
（45）Volume 3 および Borghouts（1980, pp. 33-46）を参照。
（46）Strabo, XI. 2.17-18.
（47）*Argonautika*, II. 402 ; Jairazbhoy（1985, pp. 59-60）.
（48）エラトステネスによれば紀元前一二二五年、エウセビオスによれば紀元前一二六三年—一二五七年。Bacon（1925, p. 143）.
（49）Hesiod（Merkelbach and West, 1983, frgs 68 and 255）from the*Catalogue of Women*and the*Great Eoiai*, Loeb, p. 177.
（50）Lang（1966, pp. 65-9）.
（51）Apollonios, IV. 260-80.
（52）Santillana and von Derchend（1969, pp. 58-9）を参照。歳差運動については Volume 1, p. 126 を参照。
（53）Volume 1, pp. 92-3.
（54）Riew intro. to Apollonios, pp. 27-8 を参照。
（55）Herodotos, II. 104-5.
（56）第2章注（1）を参照。
（57）Pindar, *Pythian Odes*, 4.11. Vradii（1914, pp. 116-17）を参照。Prokopios, *Wars*, VIII. 3,10-12.
（58）Lang（1966, pp. 19-20）; English（1959, pp. 49-50）.
（59）Tynes（1973）; Blakely（1986, pp. 10-11）.
（60）Blakely（1986, pp. 5-12,75-80）.
（61）English（1959, p. 53）. これは Bochart（1646, IV. XXXI, p, 286）で言及されている。
（62）前出注（51）を参照。
（63）第2章注（53）を参照。
（64）Apollonios, IV. 270-93, trans. Riew, p. 154.
（65）*Phaedo*, 109B, trans. Fowler, p. 375.

（66）*Iliad*, 8.14; *Phaedo*, 112. A. こうした問題にかんする、結局はあまり啓発的ではないが魅力的で刺激的な議論については Santillana and von Derchend（1977, pp. 179-212）を参照。

（67）Nagy（1979, pp. 206-7）を参照。

（68）シャントレーヌはこの語根についてまったく説明していない。ポコーニイはインド＝ヨーロッパ語の語根**ghelĝh* は外国文化からの借用と見ている。語幹 *ēlek[t]* **ālek[t]*（光り輝く）の起源について、シャントレーヌは「つまびらかでない」と述べているが、次の二つのどちらかの意味で√ḫlq を起源とするように思われる。第一に、この語根はセム語とインド＝ヨーロッパ基語に共通したものだったこと、そして**ālek[t]* は印欧基語喉音の ḫ が失われた結果として出てきた語であったこと。第二に、この語はカナン語 √*ḥlq* からの借用語であるが、このカナン語は *ḫ* と *ḥ* が混同された語であったこと。

（69）Sasson（1980, p. 212, n. 3）; Speiser（1967, pp. 25-6）.

（70）Hinz（1973）; Carter and Stolper（1984）を参照。

（71）McAlpin（1974, pp. 89-101; 1975, pp. 105-15）.

（72）Rashidi（1985, p. 20）を参照。

（73）Hinz（1973, pp. 21-2）. 最近、現在はアルメニアにあるウラルトゥで、八世紀のエラム語版ギルガメシュ伝説が発見された。これはエラム人たちが俳優やコロスの「演劇的」伝統をふくむ南西アジアの一般的文化を共有していたことを示している。Diakonoff and Jankowska（1990, pp. 109-10）を参照。

（74）Herodotos, VII. 71, trans. de Selincourt（1954, p. 468）. 彼はほかのところでキッシア人の艦隊について言及しているが、ここではスーサのエラム人に言及したとは思われない。しかし、ヒンツがダリウス軍のエラム人はエラム人の衣服だったと指摘しているのにたいして、ターバンを着用しているのを除けば、クセルクセス軍のキッシア人はペルシア人の衣服だったとロドトスが記しているのは奇妙である（VII. 62）。しかし、制服と民族服は突然変化するし、変化できる。

（75）*Odyssey*, I. 22-5.

（76）Herodotos, V. 50, trans. de Selincourt（1954, p. 358）.

（77）Strabo, XV. 3.2; Hinz（1973, P. 99）.

（78）カッシート語とエラム語が関連する可能性については Speiser（1930, pp. 122-3）を参照。Kassite/Kossaioi の有声音化については Speiser（1967, p. 25）を参照。ガルス Galzu 等については Balkan（1954, pp. 131-2）を参照。同一の音結合群に属しているという点で、Galšu と Kaš が近いということは厄介である。Galdu の *-ld-* はアッカド語では *-šš-* に置き換わり、Galdu はメソポタミアの野蛮な征服民族のカルデア人――ヘブライ語では Kaśdîm であり、アッシリア語では Kaldu であり、アラム語では Kalday である――に似ていることが気になる。Steiner（1977, pp. 137-43）はもとの音を摩擦側音の ŕ、あるいは南セム語の s^2 と仮定しており、彼の仮定は妥当だろう。この子音をもたない言語では、この音は ś と発音されもしたが、l とも発音された。もともと、カッシート人もカルデア人も ka ł/śu と呼ばれていたのだろうか。この符合は驚くべきことである。しかし、カッシート人とは異なって、カルデア人は南からやって来た人びとであり、もともとセム語を話していたと思われる。

（79）Gadd（1973, pp. 224-5）.

（80）Delitzsch（1884, pp. 39-47）.

（81）創世記第一〇章第八節―第九節。ユダヤの民間伝承とラビの著作のなかで、ニムロドが演じている役割は悪人の役割だったかもしれないが、卓越した役割である。とりわけ、ニムロドはこれらの著作のなかでバベルの塔を建てた人物とされている。Ginzberg *Legends of the Jews*（1968）の索引では、一九五箇所に及ぶニムロドへの引用が列挙されている。

（82）Speiser（1967, pp. 41-2）. このほかのメソポタミアの語源論については Gesenius（1953, p. 650）を参照。

（83）Gardiner（1957, p. 79,100.1）. この名前が『七十人訳聖書』では *Nebrōd* と記され、ヨセフスの著作では *Nebrōdēs* と書かれていることは注目すべきであり、興味深い。Burton（1972, p. 167）は、*pros tēn tōn holōn dynasteian*（世界全体を統べる帝国を獲得する）というディオドロスの句のなかに nb-r-ḏr が残っていると見ている。

（84）Speiser（1967, pp. 47-52）.

（85）Ginzberg（1968, V, pp. 199-201）.

（86）Burton（1972, p. 170）. Blakely（1986, p. 11）はユーゴスラビアとイランに黒人《ニグロ》のコミュニティがあったと指摘している。

（87）Lloyd（1982, pp. 37-40）を参照。

（88）Diodoros, I. 55.6.

（89）Herodotos, II. 106, trans. de Selincourt, 1954, p. 168.

(90) Hesiod, 1.984, trans. Evelyn-White（1914, p. 153）.

(91) Kinkel（1877, pp. 32-4）に収録されているProklos, *Krestomanthia*, II から。

(92) Clark and Coulson（1978, p. 73）.

(93) Nagy（1979, p. 205,42n. 3）. この二つの伝承はクラークとコウルソン、およびネイジイが想像しているよりもずっと近い関係にあると私は考えている。なぜなら、Volume 4 で論ずるように、私はアポロの名前とアポロの一部の性質はエジプトの暁の神、Ḥprr に由来するとみているからである。したがってここには、メムノンの母であるエオスと厳密な並行関係がある。これはクラークとコウルソンの主張を強化することにつながるだろう。

(94) Lung（1912, pp. 13-27）を参照。

(95) Lung（1912, pp. 10-12）は、メムノンがエチオピア人であり、メムノンにはつねに同伴する黒人《ブラック》がいるところが描かれていることを認めている。しかし彼は、多くの壺でメムノンは黒人《ニグロ》として描写されているが、なかには古い壺のなかには、この王子自身をギリシア人として描いたものもあると主張している。私はこの点をあまり重要視すべきでないと思う。それはちょうど、トラキア人として知られているもう一人の「野蛮な」半神オルペウスも、トラキア人に囲まれたギリシア人として描写されているからだ。Guthrie（1966, pp. 45-6, plates 4,6）を参照。

(96) Lung（1912, p. 10）.

(97) Herodotos, V. 54 ; VII. 151.

(98) Strabo, XV. 3.2 ; Goossens（1939, p. 337）.

(99) Goossens（1939, pp. 377-8）; Snowden（1970, pp. 151-5）.

(100) Lung（1912, pp. 10-13）; Snowden（1970, pp. 45-9, plates 15,16,18 and 19）.

(101) 第９章注（139）を参照。

(102) Diodoros, II. 22.1-3 からの引用。

(103) これらに関する素晴らしい文献目録についてはSnowden（1970, pp. 151-3）を参照。

(104) *Iliad*, XX. 239 ; Diodoros, II. XXII. 3.

(105) *Iliad*, XI. 1 ; *Odyssey*, V. 1.

(106) このような混乱ならびに、Ddwn に由来する名前とDōdōna 祭儀およびリビア砂漠のシーワにおける神託所における彼の祭儀については、Volume 3 を参照。

(107) *Iliad*, I. 423. エチオピア人に用いられるこの形容詞 *amymonas*（とがめなき）は、Amun という名前のもじりと思われる。Amun については Volume 1 (p. 114) でふれたが、Volume 3 ではもっと詳しく論ずる。一般に彼とメムノンは同一視されていた。もちろん、これによってホメロスの念頭にあったのはアフリカのエチオピアだったという言い分が強められる。

amymonas の語根 *-mym-*（とがめ）は西セム語の mûm（欠点、きず）に由来すると思われる。この派生論は、中期英語の maim という語がこれとまったく同じ意味をもっているのでこみいっている。しかし、maim の語源はまったく分かっていないので、問題全体は依然として未解決である。

(108) Rendsburg (1981, p. 198) を参照。西セム人は太陽の源泉の東を向いたが、エジプト人はナイル川の源泉の南を向いた、と彼は主張する。したがって、√*ymn* すなわち右手は、西セム人たちにとっては南であり、エジプト人たちにとっては西であった。

(109) Robertson-Smith (1894, p. 507). これらの神々と春の花との関連については、Volume 3 の Hyakinthos にかんする記述を参照。

(110) この概略については Volume 1 (pp. 115-16) を参照。もっと詳しくは Volume 3 を参照。

(111) これについての詳細は Frazer (1914) を参照。

(112) Strabo, XII. I. 2; XV. II. 2; Aelian, *Nat. Anim.*, V. I; Servius on*Aeneid*, I. 751. 一般的概説については Frazer (1898, V, p. 387) を参照。

(113) ホメロスは次のように記している。「〔トロイエ勢は群がる鳥の如く、喧しく叫びわめきつつ進む〕その有様は、冬の嵐と激しい雨を逃れた鶴の群が、小人族（ピュグマイオイ）に死の運命をもたらしつつ、啼き声も高らかにオケアノスの流れをめざして飛び、朝のまだきに仮借なき戦いをしかけてゆく、その鶴の叫びが大空の下に響きわたるさまにも似ていた。」(*Iliad*, III. 3-7)〔松平千秋訳『イリアス』上、岩波文庫、八七頁。〕

ギリシア語で「こびと」を意味する *nanos* は、インド＝ヨーロッパ語のなかに同語源の語がなく、おそらくエジプト語の *nm(w)*（こびと）に由来すると思われる。エジプト人が中央アフリカについて相当な知識をもっていたことは疑いない。デイル・エル・バハリの浮き彫りがあるだけでなく、第一二王朝の目の化粧法がウガンダのブスンビに由来することが分かっているという事実もある。Dayton（1982a, p. 164）を参照。*Pygmē*（ピグミーあるいはボクサー）は、この語源そのものが完全にはっきりしない語、*pyx*（握りこぶし）に由来している。テラ島の壁画に描かれていたのはアフリカ人ボクサーだった可能性があり、このスポーツはのちにアフリカ人と関連があった。このことと古代エチオピアにピグミー族が住んでいたことは疑いないということを合わせると、この語の起源はエジプトあるいはもっと南だったかもしれない。この語はと関連している可能性がある。このヒエログリフは普通は **gnb** (*tw*) と読み、「海路で行くアフリカの」プント Pwnt から来た縮れた髪の黒人《ニグロ》を指す。また、この語は**bgn* (*tw*) か、あるいは定冠詞 p3 を伴った *gnb* (*tw*) の転位**bgn* (*tw*) か、どちらかの転位と考えられるかもしれない。いずれにしても、鶴の群れが小人族を殺しに行くという伝説は、実際には鶴ではなく、黒い鳥すなわち、(*p3*) *gm* のごろ合わせだったかもしれない。この伝説に含まれているパロノメイジア〔ことばのもじり〕は、*gmi*（見いだす、統制する、打ち壊す）および *gmgm*（打ち砕く、引き裂く等）によって大きくなるだろう。

（114）Griffiths（1980a, pp. 49-50）を参照。

（115）Plutarch, *De Iside*, 359E. Griffiths（1982a, col. 628）は一部の肖像の色合いが緑がかった黒であることを強調している。

（116）*Odyssey*, XI. 52 2.

（117）Ovid, *Metamorphoses*, XIII ; Aelian, *Nat. Anima*, V. 1.

（118）*Iliad*, XXII. 208-13. Murray trans., 1925, II, pp. 469-71. *aisimos* の語根 aisa はミュケナイ語にあり、「与えられた資質」を意味し、この意味を拡大によって「運命」を意味する。この語はインド＝ヨーロッパ語のオスカン語のなかに *aetis*〈運命〉という同語源語をもっていると考えられている。同じように、あるいはこの可能性は大きいが、このギリシア語の語根の語源はエジプト語の isw やコプト語の「アソウ asou」および「エソウ esou」（むくい、償う）にあると思われる。ギリシア語の方言に、〈変わりやすさ〉を指す *wiswos* あるいは *hisos* という語がある。*isos* あるいは *eisē*（分け前、数、権利が平等である）の語源がエジプト語の isw であるという主張には大きな異議がないと思われる。英語の接頭辞 *iso-* はこれに由来する。シャントレーヌの説では *isos* の語源はインド＝ヨーロッパ語だが、この説は絶望的なほどあいまいである。

（119）*Iliad*, VIII. 60-70 および Clark and Coulson（1978, p. 67）で引用されている Dietrich（1964, p. 108）を参照。

（120）Lung（1912, pp. 20-1）Tomb 3（Schliemann, 1878, pp. 196-8）.

(121) *Iliad*, XVI. 658 ; Clark and Coulson (1978). *talant*-の語源がインド＝ヨーロッパ語であることははっきりしているが、はかりとはかりのさおを表す標準的なエジプト語 Mḫ3t は、ギリシア語の *mochlos*（てこ、はかりのさお）という語としてホメロスに出てくる。

(122) Plutarch, *De audiendis poetis*, 2, and schol. on*Iliad*, VIII. 70.

(123) Lung（1912, pp. 13-19）; Clark and Coulson（1978, pp. 70-1）.

(124) Gruppe（1906, II, p. 681, n. 7）.

(125) Lung（1912, p. 20）.

(126) この融合についてはVolume 1, p. 141を参照。

(127) Clark and Coulson（1978, p. 71）.

(128) Lung（1912, p. 14）を参照。

(129) *Iliad*, XXIII. 78. Malten（1924, col. 885）はkērとはこの意味であると強調している。Pârvulescu（1968）はkērの意味はたんに「運命」あるいは「死」ではあり得ないと論証しているが、これが「受難」を意味するという彼の議論はそれほど説得的でない。

(130) アンセステリオン祭Anthesteriaについてはparke（1977, pp. 116-17）を参照。Anthesteriaの語幹*anth*-がエジプト語起源であるということについては第4章注（123）を参照。

(131) この語をめぐる意味論分野のきわめて複雑な状況の概観については、Kaplony（1980, cols. 275-82）を参照。k3（力強い牡牛）との混同で状況はさらに複雑になっている。彼は注で充実した内容の文献目録を提示している。エジプトおよびのちのヨーロッパ政治思想のなかでk3は政治的機能を有したが、この議論についてはSpringborg（1990, pp. 89-117）を参照。

(132) Erman and Grapow（1925-31, V, p. 86）を参照。

(133) Pokorny（1959-60, I, pp. 917,957）. 彼はこれらを*skāi*や*skəi*および*sḱi*と転写している。

(134) Gardiner（1957, p. 417,511.4）.

(135) Chantraine（1968-75, pp. 1295-6）はこのグループには既知のインド＝ヨーロッパ語の語源はないと認めているが、知恵者のPokorny（1959-60, I, p. 146）は**bhes*（息、息をする）という語幹を考え出した。もちろん、こうした語源論の一部あるいはすべてが冠詞のない *šw* からの由来であるということは可能だろう。というのは、文字のΨは複数の不明瞭な歯擦音を表すために用いられたこと、最初の *p*-はことばがエジプト語に聞こえるようにつけ加えられた過剰訂正だったこと、それがはっきりしていると思われるからである。Bernal（1990, pp. 118-19）を参照。

コプト語に *šoou*（香、香水）という語がある。Černy（1976, p. 257）はその語源を ḫ3w（花）だと考えた。しかし、*šooue*（乾燥した）と *šouo*（空虚な）の語源がいずれも *šw* であるとすれば、すくなくとも、*šoou* はこれらの語と混同されたにちがいない。ともかく、このことから、ギリシア語 *thumos*（霊あるいは魂）は「煙 smoke」――英語では「煙のように実体のないもの fume」――にあたるインド＝ヨーロッパ語の語根に由来すると類推できるだろう。エジプト語の *snṯr*（芳香で満たす）および、私がその語のギリシア語の派生語だと考えている *xanthos* については以下を参照。

(136) Gardiner（1957, p. 173）.
(137) Volume 1, p. 93.
(138) Pausanias, III. 3.8 ; Levi（1971, II, p. 17）.
(139) Pausanias, X. 31.3 ; Levi（1971, I, p. 487）.
(140) 前出注（89）を参照。
(141) Goosens（1939）および Gardiner（196 lb）を参照。
(142) これに関する文献目録については Frazer（1898, II, pp. 530-1）を参照。
(143) *Corpus Insciptionum Graecarum*, nos. 4731 and 4727.
(144) Pausanias, I. 42.1 ; Levi（1971, I, pp. 116-17）.
(145) Goosens（1939, p. 339）.
(146) Gardiner（196lb, pp. 95-6）.
(147) Strabo, XVII. 1.37,42. Gardiner（1961b, p. 96）はギリシア語のラビュリントス〔迷宮〕とエジプト語の名称のあいだに混乱があったと考えている。ラビュリントス〔迷宮〕はアメンエムハト三世のもう一つの称号、ニマアトラーに由来するという議論については第４章注（117）―（119）を参照。
(148) これにはマネトに異なった多くの版があり、それについては Waddell（1940, pp. 62-73）を参照。
(149) この神話がエジプト起源であることについては Volume 1（p. 115）を参照。

(150) 前出注(92)を参照。
(151) 第5章注(51)および前出注(12)—(16)を参照。
(152) Lane Fox (1980, pp. 38-46, bibliography for ch. 1).
(153) 第5章注(121)—(125)を参照。
(154) 第5章注(163)—(166)を参照。
(155) Strabo, XVII. 1.34 ; Diodoros, I. 56.4. Gardiner (1947, II, pp. 126-7) を参照。
(156) *Iliad*, V. 640-5 ; Diodoros, IV. 32 ; Apollodoros, II. 6.4. その他の古代の資料についてはFrazer (1921, I, pp. 244-5) およびGraves (1955, II, p. 174) を参照。
(157) 第2章注(172)—(183)を参照。
(158) Herodotos, II. 42-5. ヘロドトスがエジプト人の神は十二神だったと記しているが、これを否定しこの一節を懐疑的に分析しているLloyd (1976, p. 202) を参照。
(159) Diodoros, III, 74.3, trans. Oldfather (1935, p. 331).
(160) Servius on *Aeneid*, V. 30 ; Tzetzes on Lykophron 472 ; Hyginus Fabula 89. 彼の図像はアフリカの黒人《ブラック》として描かれており、その図像については、彼がブシリス王を攻めている場面を描いた、ヒュドリアと呼ばれる有名なエトルリアの水差し壺《ヒュドリア》〔水平に二つ、垂直に一つの取っ手がある壺〕にある彼の肖像を参照。
(161) 前出注(13)—(15)を参照。
(162) 前出注(51)を参照。
(163) Aldred (1971, p. 113).
(164) 第5章注(142)—(143)を参照。
(165) ヒュブリス *Hybris* はインド=ヨーロッパ語では説明ができない。にもかかわらず、Szemerényi (1974a, p. 154) はこの語源について、用例が立証されていない語だが、ヒッタイト=ルウィア語の*Hu(wa)ppar に由来するとみている。私にとってこの語の説明は、用例が立証されているエジプト語 *wr ib*——文字通りには「偉大な心臓」だが、「傲慢不遜な」を意味している語——に由来するというほうがはるかに妥当性が高いように思われる。ヒュブリスというと、イソップ物語のカエルと牛の寓話が思い出される。ギリシア語では最初の帯気音は自動的にユプシロン〔英字では **y** または **u** に相当する字〕である。

(166) Gibbon (1794, p. 137). Volume 1 (p. 185) を参照。

〔訳注1　春分点歳差は、月・太陽および惑星の引力の影響で地球自転軸の方向が変り、春分点が恒星に対し、毎年五〇秒余ずつ西方へ移動する現象。このため回帰年（太陽が黄道上の春分点を発してから再び春分点に帰るまでの時間、すなわち三六五日五時四八分四六秒）と恒星年（地球が恒星に対して、太陽を一周する時間。すなわち太陽が或る恒星と同一黄経の位置をとってから再びそうなるまでの時間で、三六五日六時九分九秒）との差を生じ、恒星の赤経・赤緯が変る。〕

〔訳注2　天文学で、月・太陽の引力によって起る歳差運動が一巡すると想像された約二五、八〇〇年のことをプラトン年という。〕

〔訳注3　「創世記」第一〇章に、ノアの息子の一人、ハムの子孫としてクシュの名前が挙げられている。ニムロドはクシュの子であった。〕

〔訳注4　アフロ・アジア語族の旧称はハム＝セム語族。〕

用語解説

〔**ゴシック活字**は用語解説に見出し語があることを示す。〕

アーリア人 Aryan　**インド＝ヨーロッパ語族**のなかのインド＝イラン語を話す人びとを指す用語。紀元前第二千年紀の前半、彼らはイランとインドを侵略したと思われる。紀元一九世紀末、この用語はインド＝ヨーロッパ語族の「人種」全体を指すために用いられるようになった。

アッカド語 Akkadian　古代メソポタミアのセム語系言語で、シュメール語と相互に大きく影響し影響される関係にあった。紀元前第一千年紀のなかごろ、**アラム語**にとってかわられた。

アッシリア Assyria　紀元前第三千年紀中期にさかのぼる北メソポタミアの古代王国。この王国の最盛期は紀元前第二千年紀末と、紀元前九〇〇年と六〇〇年をはさむ時期であった。この王国の言語はもとは**アッカド語**の一方言であった。

アナトリア Anatolia　現在のトルコとほぼ同程度の広がりをもつ古代の地域。

アナトリア語系言語 Anatorian　アナトリア語系言語は**インド＝ヒッタイト語族**ではあるが、**インド＝ヨーロッパ語族**ではない。アナトリア語系言語には**ヒッタイト語**、パラ語、ルウィア語、**リュキア語**、**リュディア語**が含まれる。おそらく**カリア語**と**エトルリア語**もアナトリア語系言語と思われる。

アブハズ語、アブハズ人 Abkhaz　北西カフカス語族に属する言語および、黒海沿岸からグルジア西部一帯に住んでいる民族集団。

アフロ・アジア語族 Afroasiatic　旧称をハム＝セム語という大語族。これには**ベルベル語**、チャド語、**エジプト語**、**セム語**、東クシュ語、南クシュ語、中クシュ語をふくむいくつかの語族が属している。

アラム語 Aramic　もとは現在のシリアの諸地域で話されていた西セム語であったが、**アッシリア**、**バビロン**を首都とした新バビロニア帝国、**ペルシア帝国**の共通語 lingua franca になった。紀元前第一千年紀のなかごろ、東地中海地域で、アラム語は**カナン語**の方言である**フェニキア語**と**ヘブライ語**にとってかわったが、やがてギリシア語とアラビア語にとってかわられた。

アルカイック時代 Archaic Greece　ギリシアの歴史時代の名前。第一回オリュンピア競技祭が開かれた紀元前七七六年から、紀元前五〇〇年ころに始まった**ギリシア古典時代**までの時代を指す。

アルメニア語 Armenian　東アナトリアに住んでいた古代人の言語で、インド＝ヨーロッパ語族の言語。とりわけギリシア語と近い言語とみなされる場合がある。しかし、現存する最古のテクストは紀元四世紀のものにすぎないため、ギリシア語の影響やセム語との接触の結果、似ているのかもしれない。

暗黒時代（キリスト教の） Dark Ages (Christian)　紀元五世紀の西ローマ帝国陥落後から、通常は九世紀あるいは一〇世紀の中世が始まったとされるまでの時代を指す一般名称。

暗黒時代（ギリシアの） Dark Ages (Greek)　ギリシア史で、紀元前一二世紀のミュケナイ宮殿の陥落後から**アルカイック時代**の勃興までの時代を指す名称。

イオニア人 Ionians　中部ギリシアと南ギリシアの人びと。彼らは**ドーリア人**の征服を生き延び、一部は**アナトリア**の西沿岸に移住した。

一元論 monism　本書で「一元論」というばあい、すべての事象の原因は一つと考える概念を指す。

意味論の semantic　語義の、すなわち、語の意味の。

インド＝ヒッタイト語族 Indo-Hittite　**アナトリア語系言語**とインド＝ヨーロッパ語族のいずれをも擁する大語族。

インド＝ヨーロッパ語族 Indo-European　バスク語、フィンランド語、ハンガリー語を除くヨーロッパのすべての言語と、イラン語、北インド諸言語、**トカラ語**を含む語族。**フリュギア語**と**アルメニア語**は**アナトリア**の言語だが、**アナトリア語系言語**ではなく、インド＝ヨーロッパ語族に属している。

ウガリット Ugarit　シリア沿岸の大きな港町。紀元前第二千年紀後半に栄えた。

ウガリット語 Ugaritic　ウガリットで話されていた西セム語。この町で発見された粘土板の多くに**楔形文字**のアルファベット文字が記録されている。

ウラルトゥ、ウラルトゥ語 Urartu　紀元前第一千年紀前半、南カフカスにあった王国。その言語は**フルリ語**および現在の北西カフカス諸言語と関係があった。

エウドクソス Eudoxos　ギリシアの天文学者で数学者。アナトリア沿岸のクニドス出身で、エジプトで学んだ。紀元前四〇〇年頃に生まれ、同三五〇年頃に没した。

エウヘメリズム euphemerism　通常は神として崇拝されているが、実はこの神は神格化された英雄であるという**エウヘメロス**が唱えた説。この説は近代に拡大され、宗教信仰を合理的なことばで説明し貶めるために用いられた。

エウヘメロス Euphemeros　紀元前三〇〇年ころの哲学者。

エジプト語 Egyptian　古代エジプトの言語で、**アフロ・アジ**

ア語族の独立言語。こんにちエジプトで話されているアラビア語の一方言としてのエジプト語ではない。古代のエジプト語は古王国時代（紀元前三四〇〇年頃―二四〇〇年頃）に話されていた古エジプト語と、中王国時代（紀元前二二〇〇年―一七五〇年）に話されていた中エジプト語に分けられる。中エジプト語はその後一五〇〇年のあいだ公式言語であった。形容句をつけないで「エジプト語」という場合、この中エジプト語を指している。後期エジプト語は紀元前一六世紀には話されていたが、紀元前第一千年紀末まで、筆記文字としては使用されなかった。ギリシア語に最大の影響を与えたのは後期エジプト語であったというのが私の主張である。後世の**デモティック**〔民衆文字〕と**コプト語**についてはそれぞれの見出し語を参照。

エチオピア Ethiopia　古代ギリシア人が名づけた黒人《ブラック・ピープル》が住む二つの地域。その一つはほぼエラムと思われる。もう一つのエチオピアは、エジプトの南にある、もっとよく知られていたアフリカのエチオピアであった。

エチオピア語 Ethiopic　**エチオピア**で話されているいくつかの言語で、セム語派の言語。このなかには、古代教会の言語であるゲーズ語、現代のエチオピアの公用語であるアムハラ語、セム語の古い形が残っていると思われるグラーゲ語系の諸言語がふくまれている。

エトルリア文明の、エトルリア語 Etruscan　エトルリア文明は古代イタリアの文明。古代には、エトルリア人は北西アナトリアの**リュディア**からやって来たという見方が有力であった。エトルリア語は**アナトリア語系言語**だったようだが、よく分かっていない。これにきわめて近い言語は**レムノス島**近くの島の碑文に見られる。紀元前九世紀から六世紀にかけて、エトルリア文明はフェニキア文明に強く影響されたと思われる。この文明自体はラテン文化の形成に主要な影響を与えた。

エピクレシス epiclesis　異名あるいは添え名。

エブラ Ebla　シリアの古代都市。一九七〇年代に初めて発掘されたこの都市は、紀元前二五〇〇年ころ、シリア＝パレスティナ地域に大規模な交易ネットワークと領土を有していた。

エブラ語 Eblaite　エブラの言語。セム語系言語の独立言語で、**カナン語**の先祖と考えることができる。

絵文字 pictogram　絵や直接的な表現によって対象を意味する文字。

エラトステネス Eratosthenes　紀元前二七五年頃―一九五年頃。ギリシアの学者でアレクサンドリア大図書館の館長。地球の全周と地軸の傾きを計算した最初のギリシア人。

エラム Elam　紀元前第四千年紀から紀元前三〇〇年頃にメソポタミアの東にあった古代文明。

エラム語 Elamite　エラムの言語。**ドラヴィダ語族**に属している。

オリュンピア競技祭 Olympic Games　ペロポンネソス半島北西部のオリュンピアで開かれていた宗教的祭りと競技会。紀元前七七六年以降、四年に一度開催されたが、紀元四世紀末にローマ皇帝テオドシウスによって中断された。近代になって競技祭はヨーロッパの民族意識とエリート意識から復活し、このような精神が一九世紀末の〈アーリア・モデル〉の登場をもたらした。

オルペウス教徒 Orphics　オルペウスを開祖と称する宗教の信者。彼らはピュタゴラス学派と非常によく似ていた。エジプトの宗教を奨励した彼らは、とりわけ霊魂の不滅に関心があった。

音位転換 metathesis　子音や母音の位置が変化・転換すること〔古英語の horse はゲルマン語の hros が音位転換した例〕。

音声対応 phonetic correspondences　音が事実上あるいは語源的に類似していること。

音素 phoneme　一言語のなかで意味の差をあらわす最小単位。

夏 Xia（Hsia）　中国の王朝。紀元前一九〇〇年頃—紀元前一六〇〇年頃。商〔殷〕に滅ぼされた。

カッシート人 Kassites　メソポタミアの東部にいた人びと。彼らは紀元前一八世紀にメソポタミアの全域を征服し、紀元前一三世紀後半までその地を支配した。

カナン語、カナン〔文化〕**の** Canaanite　〔アフロ・アジア語族の〕セム語派に属する言語。カナン語は紀元前一五〇〇年から五〇〇年のあいだ、**アラム語**にとってかわられるまでシリア＝パレスティナの南部で話されており、エジプト語の大きな影響がみられる。**フェニキア語**と**ヘブライ語**はもっともよく知られたカナン語の方言である。「カナン〔文化〕の」という語は、紀元前一五〇〇年頃—一一〇〇年頃の青銅器時代末期のシリア＝パレスティナの南部の物質文化を述べるときにも用いられる。

カリア地方 Caria　南西アナトリアにあった地域。この地域の言語はおそらく**アナトリア語系言語**ではあっただろうが、**インド＝ヒッタイト語**ではなかったと思われる。カリア語のアルファベットの存在は紀元前六世紀にさかのぼる。

カルデア人、カルデア語 Chaldaean　紀元前八世紀、メソポタミアの南から来た人びとを記述するときに用いた名前。この名前はその後メソポタミア全体に用いられた。その言語は、紀元前五〇〇年から紀元五〇〇年のあいだ、通常は**アラム語**として知られていた。

カルトヴェリ語 Kartvelian　カフカス語群の一言語。カフカス語群のなかでは**グルジア語**がもっとも有名である。

漢 Han　中国の王朝名。**秦**の次の王朝で、紀元前二〇六年から紀元二二〇年まで続いた。

ギリシア古典時代 Classical Greece　ギリシアの紀元前五世紀と四世紀の時代。この時期、ギリシアの天才のもっとも偉大でもっとも「純粋な」成果があらわれたと一般に考えられている。

楔《くさび》形文字 cuneiform　メソポタミアで発達した筆記文字。乾いていない粘土に釘の形をした楔《くさび》を押しつけて刻印した。

屈折言語 inflected languages　意味を伝達するために活用形や語形変化に大幅に依存している言語。ギリシア語、ラテン語、ドイツ語など。

グルジア人、グルジア語 Georgian　大昔から中部カフカスに住んできた人びと。グルジア人の言語は**カルトヴェリ**語に属している。

ケクロプス Kekrops　アテナイ〔アテネ〕の建国者で王だったという伝説上の人物。一般に彼は**土着の**人物だったとされているが、彼がエジプトから来たという伝承が少数者のなかに伝えられている。『第Ⅲ巻』でこの説を裏書きする証拠を示す予定。

決定詞 determinative　ヒエログリフを構成する要素の一つ。語の音ではなく、語の意味をあらわす部分。

原ギリシア語、原ギリシア人 Proto-Greek　復元によってギリシア語やギリシア人の起源だったとされる言語や人びと。立証されていない。

現地の autochthonous　土着の、自生の。

喉音 laryngeals　喉頭あるいは咽喉全体を用いて発音する音。より正確にいえば、〈喉音〉は〈軟口蓋摩擦音〉、〈咽頭音〉、〈狭い意味の喉音〉に分かれる。*ḫ* と *ǵ* が〈軟口蓋摩擦音〉であり、*ḥ* と ^ が〈咽頭音〉であり、ˇ と *h* が〈狭い意味の喉音〉である。*ǵ* を別にすれば、これらのすべての音がセム語と**エジプト語**にある。しかし、**インド＝ヨーロッパ語族**では *h* 以外のすべての音が消えてしまった。

後期ヘラドス文化期あるいはミュケナイ文化期 Late Helladic or Mycenaean　**陶器年代区分**によるギリシア本土の時代。紀元前一六七五年頃―一一〇〇年頃。

後期ミノア文化期 Late Minoan　**陶器年代区分**によるクレタ島の時代。紀元前一六七五年頃―一四五〇年頃。この時代にクレタ島はギリシア人に支配されるようになった。

古王国時代 Old Kingdom　第三王朝から第六王朝までの時代。この時期のエジプトは強大で繁栄した。紀元前三〇〇〇年頃―二五〇〇年頃。

語幹 stem　特別な**母音化**や種々の接頭辞や接尾辞が加わった語根から派生する語形。

語根 root　単語から他のすべての部分を取り去ったときに残る本質的部分。

コプト語、コプト文化の Coptic　エジプト人キリスト教徒の言語と文化。この言語は紀元一五世紀あるいは一六世紀まで話されていたが、いまなおエジプト人キリスト教徒の典礼用語として残っている。書くときはギリシア語のアルファベットと、数個のエジプト語の**デモティック**〔民衆文字〕に由来する文字を使う。コプト語はエジプト語の最末期の形態である。

孤立言語 isolating languages　中国語や英語のように活用形への依存が比較的小さく、単語の構文あるいは文中の位置に大幅に依存している言語。

孤立論 isolationism　文化がよそからの影響をうけることは基本的にあり得ないという考え方。

コルキス Colchis　黒海の東端にあった古代国家。現在は〔ソ連解体後、独立国家共同体の一つとなった〕**グルジア**〔社会主義共和国〕とアブハジア〔グルジア国内の自治共和国〕。

歯音 dentals　歯に舌を接触させて発音する子音。たとえば *d* や *t* などの子音がある。

歯間音 interdentals　*th* のように歯と歯の間に舌を置いて発音する子音。

歯擦音 sibilants　*s* *š* *ṣ* *z* のようにシーという音を出す子音。

シドン Sidon　海神シドに捧げられたといわれる古代フェニキアの都市。最盛期は初期鉄器時代。したがって、古代の歴史書である聖書やホメロスでは、「シドンの」という語は一般にフェニキアを指すのに用いられている。約紀元前九世紀、その優越的地位は好敵手だった**テュロス**にとってかわられた。

周 Zhou（Chou）　紀元前一一〇〇年頃、**商**〔殷〕の次に成立した中国の王朝。紀元前八世紀には政治権力を失ったが、皇帝の称号は保持した。しかし最終的に紀元前二二一年、始皇帝によって滅ぼされた。

修正伝播論 modified diffusionism　文化は外部勢力によって変化・変形されうるが、たいていの場合、現地文化とかなりの相互作用があってはじめて変化が起きるという考え方。

商〔殷〕Shang　中国の王朝。紀元前一六〇〇年頃—一一〇〇年頃。湯王が**夏**を滅ぼして最初の皇帝になった。やがては商も**周**に滅ぼされた。

初期ヘラドス文化期 Early Helladic　**陶器年代区分**でギリシア本土の初期青銅器時代にあたる時代。紀元前三三〇〇年頃—二〇〇〇年頃。

初期ミノア文化期 Early Minoan　**陶器年代区分**でクレタ島の初期青銅器時代にあたる時代。紀元前三三〇〇年頃—二〇〇〇年頃。

秦 Qin（Ch'in）　中国の王朝。紀元前二五六年—二〇七年。英語の中国〔China〕という名称はこの王朝名に由来すると思われる。この王朝を「全国統一」王朝として創始したのは始皇帝であった。しかし秦王朝は彼の死後わずかしか続かず、漢王朝がそれにかわった。

唇音 labials　*b*、*p*、*m* などのように唇を用いて発音する子音。

神統記 theogony　神々の先祖や誕生の系譜。これは数編の詩の主題になっており、ヘシオドスによる神統記が最も有名である。

唇軟口蓋音 labiovelars　たとえば英語の *qu-* のように、唇を丸くして発音する軟口蓋音。

枢軸時代 Axial Age　紀元前七〇〇年から五〇〇年までの時代。この時期に、ギリシア、イスラエル、イラン、インドおよび中国で宗教上、哲学上、科学上の突破があり、近代はこれらの突破によってもたらされたと考える人びとがいる。

記念石柱《ステレ》 stele　模様や碑文が刻まれている直立した石柱。

ストラボン Strabo　ギリシアの地理学者。紀元前一世紀と紀元一世紀を生きた。

西暦紀元 Common Era　AD、すなわち〈キリスト紀元〉という宗派的な用語をさけるために、一般には非キリスト教徒、とりわけユダヤ教徒が用いる紀元〔略称はCE。BCを使わず、BCEを用いる〕。

セレウコス王朝 Seleucid　シリアとメソポタミアにあった王朝。創始者はアレクサンドロス大王の将軍だったセレウコス。

線文字A Linear A　ギリシア語の確立以前にクレタ島とほかの地域で使用されていた音節文字。

線文字B Linear B　**線文字A**の基語となった文字から派生した音節文字。紀元前約一四〇〇年の使用が立証されているが、筆記はそれよりずっと以前からおこなわれていたと思われる。

ゾロアスター Zoroaster　イランの宗教改革者。紀元前第二千年紀の人。

ゾロアスター教 Zoroastrianism　ゾロアスターを開祖とする宗教で、ペルシア帝国の国教になった。宇宙は善と悪との永遠の闘争の場であり、その闘争は微妙な均衡状態にあると説いた。イランがイスラム教徒に征服された後、この宗教はそこではほぼ消滅したが、世界ではパールシー社会〔インドに住んでいるゾロアスター教徒〕をふくむほかの地域でいまもなお盛んである。

多元的起源説 polygenesis　事象の起源、とりわけ人類と言語の起源は多元的だったという考え方。**単一起源説**と対立する説。

単一起源説 monogenesis　本書では主として人類と言語に限定しているが、人類と言語は単一の起源から発達したという考え方。**多元的起源説**と対立する説。

地名 toponym　土地の名前。

中王国時代 Middle Kingdom　エジプト第一一王朝、第一二王朝、第一三王朝をふくむ時代。紀元前二一五〇年頃—一七五〇年頃。この時代のエジプトは統一的な強国であった。厳密ではなかったが、この時代は〔クレタ島の〕**中期ミノア文化期**と〔ギリシア本土の〕**陶器年代区分**による**ヘラドス文化期**の年代の基礎であった。

中期ヘラドス文化期 Middle Helladic　**陶器年代区分**によるギリシア本土の時代。紀元前二〇〇〇年頃—一六七五年頃。

中期ミノア文化期 Middle Minoan　**陶器年代区分**によるクレタ島の年代区分。紀元前二〇〇〇年頃—一六七五年頃。

ディオドロス・シケリオテス〔シチリアのディオドロス〕 Diodoros Sikeliotes　シチリア島生まれのギリシアの歴史家。紀元前八〇年頃―二〇年頃。『歴史文庫』の著者として知られている。

デモティック〔民衆文字〕Demotic　厳密にいえば、デモティック〔民衆文字〕は紀元前七世紀以後のエジプトで用いられた**ヒエログリフ**〔聖刻文字〕と**ヒエラティック**〔神官文字〕に由来する筆記文字。この名称はこの時期の言語を述べるときにも使われる。

テュロス〔ティルス〕Tyre　古代フェニキアの都市。この都市が最もはなやかだったのは、紀元前九世紀から一〇世紀までの時代であったが、紀元前三三三年にアレクサンドロス大王によって滅ぼされるまで、政治と文化の重要な中心地であった。

テラ島 Thera　クレタ島の北七〇マイルにある火山島。紀元前第二千年紀のあいだに、火山が大噴火した。現在では噴火した年は紀元前一六二八年だったことがわかっている。

添頭字 prothetic or prosthetic　単語の語頭に子音を置くことを避けるために語頭に置かれる母音。とりわけ、二重子音の前に添頭字の母音が置かれるばあいが多い。

伝播論 diffusionism　文化的な特徴はある文化から別の文化へ伝達できるという考え方。

天命 Mandate of Heaven　天命は中国古代の政治思想で、中国語ではティアンミン Tianming という。この思想によれば、ある王朝が天命を保持しているかぎりその王朝の支配は続くが、最終的に天命はその王朝を離れ、新しい挑戦者に移るとされる。

陶器年代区分 ceramic period　陶器様式をもとに考古学者が再構成した時代区分。

トゥキュディデス Thucydides　ペロポンネソス戦争史を著したギリシアの歴史家。紀元前四六〇年頃に生まれ、紀元前四〇〇年頃に没した。

ドーリス人 Dorians　北西ギリシア出身のギリシア人部族。紀元前一二世紀に彼らは南ギリシアの大部分を蹂躙した。もっとも有名なドーリス人の国家はスパルタであった。

トカラ語 Tokharian　インド＝ヨーロッパ語族の一言語。紀元一千年紀に、現在はトルコ語を話す地方と中国西部の新疆「自治区」で話されていた。トカラ語は西インド＝ヨーロッパ語の特徴を共有しているが、その特徴はインド＝アーリア語にはみられない。したがって、初期**インド＝ヨーロッパ語族**の性質についての決定的な情報をトカラ語から知ることができる。

ドラヴィダ語族 Dravidian　独立した語族で、古代に南インドから東メソポタミアまで及んだ。**ハラッパ**文明の言語はドラヴィダ語だったと思われる。この語族のなかでもっともよく知られているのは、いまもなお南インドで盛んに使われているタミル語とテルグ語、および古代エラム文明の言語の**エラム語**であった。

鉛《なまり》同位体分析 lead isotope analysis　鉛に含まれる放射性同位体の比率の測定。この測定によって鉛鉱床の地質学年代を決定できるため、遺物に含まれた鉛の年代が測定できる。

軟口蓋音 velars　たとえば *k* や *g* のように、舌を用いて口腔の奥で発音する**閉鎖音**。

年輪年代学 dendrochronology　年代測定法の一つ。年輪を数えることで木材とその考古学的コンテクストの年代を測定する。

パウサニアス Pausanias　紀元二世紀の人で、浩瀚な著作『ギリシア案内記』を著した。

発生的な genetic　諸言語間の「発生的な」関係は、諸言語が一つの祖語から出たと想定される関係を指している。たとえばフランス語とルーマニア語は「発生的な」が関係ある。というのは、両言語には相違点があるにもかかわらず、いずれもローマ軍で話されていた俗ラテン語に由来するからである。

ハッティ Hatti　中部アナトリア地域の古代名。**ヒッタイト**の祖国。

バビロン Babylon　メソポタミア中南部の古代都市。いくつかの重要な王国の首都であったが、最終的に紀元前六〇〇年から五三八年のあいだ、バビロニア帝国の首都となった。

ハラッパ Harappa　紀元前二五〇〇年頃から一七〇〇年頃のあいだ北西インドで栄えた古代文明では、ハラッパ遺跡ともうひとつのモヘンジョ・ダロ遺跡という名前が知られている。この文明は北方からの侵略者の**アーリア人**によって滅ぼされた。文字はまだ解読されていないが、言語は**ドラヴィダ語族**に属すると思われる。この言語は現在の南インドの有力な言語であり、西パキスタンの山間部でいまなお話されている。

汎神論 pantheism　万物に神が宿っており、万物が神であるという考え方。このような世界観はエジプトの宗教とギリシアの宗教に近い。紀元一七世紀、とりわけスピノザの著作が出版されて以後、この考え方は重要になった。

ヒエラティック〔神官文字〕Hieratic　エジプト語の筆記文字。約紀元前二七〇〇年に**ヒエログリフ**〔聖刻文字〕から徐々に発達した。絵文字のヒエログリフが変化し、同一原則にもとづいた筆写文字になった。

ヒエログリフ Hieroglyphic　エジプト語の筆記文字。最古の立証例は紀元前第四千年紀末の文字である。〔母音はなく、子音だけの〕表音文字と決定詞から構成されている。表音文字の音は単一子音字、二子音字、三子音字であらわし、「**決定詞**」は語の意味のカテゴリーを示す。

鼻音 nasals　*m* と *n* のような鼻腔を使って発音する子音。通例、鼻音化は閉鎖音の前に鼻音をおく現象である。たとえば、〈**b** や **p** や **f** の前に **m** をおく〉、〈*d* や *t* や *th* の前に

n をおく〉、〈g や k や ch の前に ng をおく〉など。

ヒクソス人 Hyksos　北方からの侵略者。紀元前一七二五年頃から一五七五年頃のあいだエジプトを支配した。大部分は西セム語を話す人びとだったが、**フルリ語**や、あるいはインド＝アーリア語を話す人びとも含まれていたかもしれない。

ヒッタイト人、ヒッタイト語 Hittite　紀元前第二千年紀を通じて中部**アナトリア**にあった帝国を形成した人びと。ヒッタイト語は**アナトリア語系言語**だった。当初、文字は一種の**楔**《くさび》**形文字**だったが、のちに独自の象形文字をもった。

『日のもとに出現するための書』 *Book of Coming Forth by Day*　一般には『死者の書』として知られている書。祈祷文、呪文、および死後の旅路を行く死者の魂を導く教訓など、複雑な要素から構成されている。

ピュタゴラス Pythagoras　ギリシアの哲学者、数学者（紀元前五八〇年頃―五〇〇年頃）。エジプトで学んだ彼はエジプトの数学と宗教を持ち帰り、ピュタゴラス教団を創立した。

ピュタゴラス派 Pythagoreans　ピュタゴラスの信奉者。彼らのつくった「教団」の方向は、一般にはエジプト的と考えられる線に沿っていた。紀元前五世紀と四世紀、シチリア島と南イタリアのギリシア人社会でピュタゴラス派は政治、宗教、科学の上で重要な役割を演じた。

ビュブロス Byblos　現在の南レバノンにあった古代都市。紀元前第四千年紀以来エジプトと緊密な接触があり、紀元前第二千年紀末に**シドン**の勃興によって衰えるまで、レヴァントのもっとも重要な都市であった。

フェニキア Phoenicia　現在のレバノンから北イスラエルにかけて細長く伸びる海岸地帯にあった諸都市。なかでも最も有名だったのは**ビュブロス**、**テュロス**、**シドン**であり、フェニキアという名前は古代を通じてずっとこの地域を指した。しかし、諸都市の歴史のなかでもっとも重要だった時期は紀元前一一〇〇年から七五〇年のあいだであった。フェニキアの「言語」は**ヘブライ語**と同じようにカナン語の方言であった。アルファベットを発明したのはフェニキア人だったということがよく言われている。この地域はおそらくアルファベットの発祥地だろうが、アルファベットが発達したのはフェニキア時代よりもずっと昔であった。

副名 byname　副次的な名称。

プトレマイオス王朝 Ptolemy　プトレマイオス一世はアレクサンドロス大王の将軍だったが、大王の死後エジプトで権力を掌握し王朝を開いた。歴代の子孫が王朝を継承し、最後の君主はクレオパトラ七世であった。彼女はカエサルからもアントニウスからも愛されたが、紀元前三〇年、劇的生涯を閉じた。

プトレマイオス文化 Ptolemaic　プトレマイオス王朝時代の

エジプト文化の名称。

フリュギア、フリュギア語 Phrygia　紀元前第一千年紀前半、北アナトリア地方にあった強国。この言語はアルファベット表記だったが、**アナトリア語系言語**ではなく、**インド＝ヨーロッパ語族**であり、ギリシア語と非常に近い関係があった。

フルリ人、フルリ語 Hurrian　紀元前第二千年紀と紀元前第三千年紀にシリアと東**アナトリア**に住んでいた人びとの名称。フルリ語は**ウラルトゥ語**と同じように死に絶えた言語であり、北西カフカス地方の諸言語に代表される語族に属し、**アフロ・アジア語族**と**インド＝ヒッタイト語族**のいずれにも属していなかった。フルリ語を話す人びとのもっとも重要な国家はミタンニ王国であり、この国は紀元前第二千年紀後半、西メソポタミアと北シリアで栄えた。

閉鎖音 stop　息を止め破裂させて発音する子音。英語では *b p d t g k* という文字の音。

豊富な知識《ベサヴィッセン》 *Besserwissen*　「豊富な知識」に相当するドイツ語。この学問的アプローチの土台は、「科学」および「歴史的方法」と称する方法によって、一九世紀と二〇世紀の歴史家たちが自分たちの結論は古代の著作家よりも無条件にすぐれているという信念である。

ヘシオドス Hesiod　ギリシアの詩人。紀元前一〇世紀にボイオティア地方で生まれた。彼のもっとも有名な著作は『神統記』である。

ヘブライ語 Hebrew　**カナン語**の方言。紀元前一五〇〇年から五〇〇年のあいだ、イスラエル王国、ユダ王国、モアブ王国で話されていた。宗教上の理由から特別な言語として扱われることが多い。

ペラスギ人 Pelasgians　古典時代の伝承では、最も昔にギリシアに住んでいたとされる人びと。

ヘラスの Hellenic　ギリシアの、あるいはギリシア語を話す、を意味する。とりわけ北ギリシアのテッサリア地方と関連する。一八世紀以来、この語は暗黙裡に、高潔さ、北方の、アーリア民族の「血」、という多くの意味を有した。

ヘラドス文化期 Helladic　ギリシア本土の年代区分の名称。ヘラドス文化期は**陶器年代区分**では三期ある。クレタ島の**陶器年代区分ミノア文化期**とほぼ同時期であった。

ペリシテ人 Philistines　紀元前一三世紀末と一二世紀にエーゲ海地域と**アナトリア**からやって来てエジプトとレヴァントを侵略した人びと。

ペルシア帝国 Persian Empire　キュロス大王が紀元前六世紀中頃に建国したペルシア帝国は、ギリシア人に押し返されるまで、中東、小アジア、エーゲ海地域を支配した。最終的には、紀元前四世紀後半にアレクサンドロス大王によって滅ぼされた。

ベルベル語 Berber　北西アフリカの原住民が話していた諸言語。いまなおこれらの言語はエジプトの西にひろがる砂漠からモロッコにかけて使用されている。

ヘレスポント海峡 Hellespont　地中海と黒海を結び、アジアとヨーロッパを隔てる海峡〔別名ダーダネルス海峡〕。

ヘレニズムの Hellenistic　東地中海地域にあまねく及んだギリシア文化の名称。この地域は紀元前四世紀末にアレクサンドロス大王が征服し、紀元前一世紀にローマ帝国に編入されたが、その間この文化はその全域に行き渡った。

ヘロドトス Herodotos　ギリシア最古の歴史家。小アジアのハリカルナッソス生まれ。紀元前四八五年頃に生まれ、紀元前四二五年頃に没した。

母音化 vocalization　子音に母音を加えること。

ボハイラ方言 Bohairic　もとはナイル川の西デルタ地帯で話されていた**コプト語**の方言。のちにエジプトのキリスト教徒全体の標準語になった。

翻訳借用 calque　別の言語から表現や慣用句を文字通りに借用すること。

ミノア文化期 Minoan　ミノア文化期はクレタ島の伝説的人物ミノス王にちなむ名称で、アーサー・エヴァンズが命名した。この年代区分は、ギリシア語を話す人びとがクレタ島に到着する以前の文化に適用され、**陶器年代区分**——この年代区分もエヴァンズが確立した——は三期に分かれる。

ミュケナイ Mycenae　ペロポンネソス半島北東部の都市アルゴスの近くにある都市。後期青銅器時代の主要な都市として有名。

ミュケナイ文化 Mycenaean　ミュケナイで初めて発見された青銅器時代の物質文化の名称。これが広まり後期青銅器時代のギリシア文化の名称となった。

流音 liquids　〔上顎に近づけた舌の両側を〕息が流れるときに出る音で、*l* および *r* のような子音。

リュキア Lycia　リュキアは南**アナトリア**の地域。リュキア語は**アナトリア語系言語**であり、**ヒッタイト語**の間接的な派生語であった。このアルファベットを刻んだ銘は紀元前五世紀にさかのぼる。

リュディア、リュディア語 Lydia　リュディアは北西**アナトリア**の地域。リュディア語は**アナトリア語系言語**に属していた。伝承の伝えるところ、**エトルリア人**はリュディアからやって来た。リュディア語のアルファベットが刻まれた銘は紀元前五世紀にさかのぼる。

レムノス島 Lemnos　北西エーゲ海に浮かぶ島。この島では古典期に**エトルリア語**と関係のある非インド＝ヨーロッパ語族の言語が話されていた。

著者紹介

Martin BERNAL（マーティン・バナール）

1937年ロンドン生まれ。コーネル大学名誉教授。ケンブリッジ大学キングズ・カレッジ卒業。コーネル大学政治学部正教授を2001年に退職。著書に『1907年以前の中国における共産主義』（コーネル大学出版局、1976年）、『黒いアテナ――古典文明のアフロ・アジア的ルーツ　第一巻　古代ギリシアの捏造　1785-1985』（フリー・アソシエーション・ブックス、ラトガーズ大学出版局、1987年）、『カドモスの文字――紀元前1400年以前のセム語アルファベットの西方伝播』（アイゼンブラウンズ社、1990年）、『「黒いアテナ」批判に答える』（デューク大学出版局、2001年。邦訳藤原書店、金井和子訳、2012年）など。

訳者紹介

金井和子（かない・かずこ）

1945年愛知県生まれ。1977年、東京教育大学大学院文学研究科博士課程修了。同志社大学講師。訳書にM・マイヤー『彼らは自由だと思っていた』（共訳、未来社、1983年）、ギャヴァン・マコーマック『侵略の舞台裏――朝鮮戦争の真実』（共訳、シアレヒム社、1990年）、ウォルター・ラカー『ヨーロッパ現代史』第一巻、第二巻、第三巻（共訳、芦書房、1998年、1999年、2000年）、アルヴィン・H・ローゼンフェルド『イメージのなかのヒトラー』（未来社、2000年）など。

黒《くろ》いアテナ――古典文明《こてんぶんめい》のアフロ・アジア的《てき》ルーツ
II 考古学《こうこがく》と文書《ぶんしょ》にみる証拠《しょうこ》　上巻

2004年 6月30日　初版第1刷発行©
2012年12月30日　初版第5刷発行

訳者　金井和子
発行者　藤原良雄
発行所　株式会社　藤原書店
〒162-0041　東京都新宿区早稲田鶴巻町523
TEL　03（5272）0301
FAX　03（5272）0450
info@fujiwara-shoten.co.jp
振替　00160-4-17013
印刷・製本　図書印刷

落丁本・乱丁本はお取り替えします
定価はカバーに表示してあります
Printed in Japan
ISBN978-4-89434-396-2

音と人間社会の歴史

音の風景

A・コルバン
小倉孝誠訳

鐘の音が形づくる聴覚空間と共同体のアイデンティティーを描く、初の音と人間社会の歴史。一九世紀の一万件にものぼる「鐘をめぐる事件」の史料から、今や失われてしまった感性の文化を見事に浮き彫りにした大作。

A5上製　四六四頁　**七二〇〇円**
（一九九七年九月刊）◇4-89434-075-5

LES CLOCHES DE LA TERRE　Alain CORBIN

「社会史」への挑戦状

記録を残さなかった男の歴史

（ある木靴職人の世界1798-1876）

A・コルバン　渡辺響子訳

一切の痕跡を残さず死んでいった普通の人に個人性は与えられるか。古い戸籍の中から無作為に選ばれた、記録を残さなかった男の人生と、彼を取り巻く一九世紀フランス農村の日常生活世界を現代に甦らせた、歴史叙述の革命。

四六上製　四三二頁　**三六〇〇円**
（一九九九年九月刊）◇4-89434-148-4

LE MONDE RETROUVÉ DE LOUIS-FRANÇOIS PINAGOT　Alain CORBIN

現代人の希求する自由時間とは何か

レジャーの誕生

A・コルバン
渡辺響子訳

多忙を極める現代人が心底求める自由時間（レジャー）と加速する生活リズムはいかなる関係にあるか？　仕事のための力を再創造する時間としてあった自由時間から「レジャー」の時間への移行過程を丹念にあとづける大作。

A5上製　五六八頁　**六八〇〇円**
（二〇〇〇年七月刊）◇4-89434-187-5

L'AVENEMENT DES LOISIRS (1850-1960)　Alain CORBIN

コルバンが全てを語りおろす

感性の歴史家アラン・コルバン

A・コルバン　小倉和子訳

飛翔する想像力と徹底した史料批判の心をあわせもつコルバンが、「感性の歴史」を切り拓いてきたその足跡を、『娼婦』『においの歴史』から『記録を残さなかった男の歴史』までの成立秘話を交え、初めて語りおろす。

四六上製　三〇四頁　**二八〇〇円**
（二〇〇一年一一月刊）◇4-89434-259-6

HISTORIEN DU SENSIBLE　Alain CORBIN

＊表示価格は税別

イスラームは「世界史」の中心か?

別冊『環』④

イスラームとは何か

「世界史」の視点から

〈座談会〉『世界史』の中のイスラーム」
三木亘+西谷修+板垣雄三

〈寄稿〉ウォーラーステイン/トッド/サドリア/飯塚正人/梅村坦/岡田恵美子/加賀谷寛/黒木英充/黒田壽郎/黒田美代子/小杉泰/桜井啓子/鈴木董/鈴木均/田村愛理/中堂幸政/東長靖/鷹木恵子/中村光男/西井凉子/奴田原睦明/羽田正/久田博幸/日野舜也/堀内勝/宮田律/松原正毅/三島憲一/宮治美江子/武者小路公秀/フサイン

菊大並製 三〇四頁 二八〇〇円
(二〇〇二年五月刊)
◇4-89434-284-7

多様な視点から総合的に分析

別冊『環』⑤

ヨーロッパとは何か

〈インタビュー〉哲学者が語るヨーロッパ
ラクー=ラバルト

〈座談会〉**内なるヨーロッパを越えて**
遠藤郁子+陣内秀信+三木亘+武者小路公秀

〈対談〉**ヨーロッパの思想家のヨーロッパ**
中沢新一+鈴木一策

〈寄稿〉深澤英隆/山内進/糟谷啓介/ショーニュ/岡田明憲/沓掛良彦/北川誠一/伊東俊太郎/松村賢一/眞田芳憲/橋本毅彦/吉田忠/谷村晃/中山茂/樋口恒晴/加藤博/田中道子/小川了/上村忠男/桜井直文/中島義道/三島憲一/倉田稔/飯塚正人

菊大並製 三六八頁 三二〇〇円
(二〇〇二年一二月刊)
◇4-89434-315-0

日本の原点を捉え直す

別冊『環』⑧

「オリエント」とは何か

〈座談会〉「オリエント」とは何か
岡田明憲+杉山正明+井本英一+志村ふくみ

〈寄稿〉堀晄/紺谷亮一/川瀬豊子/吉枝聡子/岡田恵美子/前田耕作/春田晴郎/北川誠一/黒田壽郎/香月法子/小川英雄/大貫隆/山形孝夫/川口一彦/森本公誠/山田明爾/宮治昭/森谷公俊/田辺勝美/岡田保良/長澤和俊/石野博信/増田精一/岡崎正孝/山内和也/中務哲郎/高濱秀/一海知義/久田博幸

菊大並製 三〇四頁 三五〇〇円
(二〇〇四年六月刊)
◇4-89434-395-9

「西洋中心主義」徹底批判

リオリエント

(アジア時代のグローバル・エコノミー)

A・G・フランク　山下範久訳

ウォーラーステイン「近代世界システム」の西洋中心主義を徹底批判し、アジア中心の単一の世界システムの存在を提唱。世界史が同時代的に共有した「近世」像と、そこに展開された世界経済のダイナミズムを明らかにし、全世界で大反響を呼んだ画期作の完訳。

A5上製 六四八頁 五八〇〇円
(二〇〇〇年五月刊)
◇4-89434-179-4

ReORIENT Andre Gunder FRANK

＊表示価格は税別